민법강의 I

-총칙·물권-

이 명 우 저

三 潮 社

머 리 말

재산상의 법률관계뿐만 아니라 신분상의 법률관계에서도 민법은 우리 생활의 전반에 걸쳐 영향을 미치고 있다. 오히려 일상생활에 있어서 민법과 관련되지 않은 일이 없다고 하여도 과언이 아닐 정도이다.

부동산에 관하여 임대차계약을 체결하고 매매계약을 체결하고 이에 기초하여 등기를 하는 경우, 은행에 돈을 맡기거나 대출받고 담보를 설정하는 경우, 선남선녀가 만나 혼인하고 아이가 출생하여 권리주체로서의 자격을 얻고 부모님의 사망으로 재산을 상속받는 경우뿐만 아니라 출근하고 일하고 퇴근하고, 마트에서 생활용품을 구입하는 경우 등, 우리의 일상생활 속의 행위들은 대부분 민법에 의하여 규율되는 법률관계에 해당한다.

민법은 재산관계에 관한 내용으로서 물권과 채권, 가족관계에 관한 내용으로서 친족과 상속 그리고 이들에 대한 공통원칙으로서 총칙으로 나눌 수 있다. 제1편 총칙, 제2편 물권, 제3편 채권, 제4편 친족, 제5편 상속에 관하여 정하고 있고, 총 1,118개 조문으로 만들어져 있다.

이 책에서는 총칙과 물권을 범위로 하였으며(채권과 친족 · 상속에 관한 내용은 자매서인 「민법의 이해」에서 소개하고 있다.), 책의 구성은 총2개편으로 순서는 민법전에 따라 제1편에서는 총칙, 제2편에서는 물권으로 구성하였다.

이 책의 특징을 간략하게 살펴보면 다음과 같다.

첫째로, 민법이론을 쉽게 설명하고자 하였다. 이를 위하여 법이론과 연결하여 생활주변에서 쉽게 접할 수 있는 적절한 예들을 찾아 소개함으로써 초보자도 이해할 수 있도록 하였다. 필요한 경우 본론의 설명에 앞서 용어를 정리하였으며, 또한 법률용어도 가능하면 한글로 표기하도록 하였으나 정확한 전달을 위한 경우와 강조하고 싶은 부분은 한자를 병기하였다.

둘째로, 책의 분량이 지나치게 늘지 않도록 하였다. 최근에 출간되는 법서들을 보면 그 내용을 둘째치고 우선 분량에 주눅이 들 정도이다. 이 책에서는 비교법적 설명이나 연혁에 관한 내용 등을 과감히 생략함으로써 민법학을 공부하는 데 드는 시간과 노력을 절약할 수 있도록 하였다.

셋째로, 최근의 대법원판례나 변경된 판례들을 수집하여 소개하는 데 집중하였다. 판례를 직접 접촉해 보는 것은 다분히 추상적인 민법이론을 구체화할 수 있어서 바람직할 뿐만 아니라 학설의 대립이 있는 경우에 판례는 우리 생활의 현실적인 행위기준을 제시하여 주기 때문에 그 중요성을 아무리 강조하여도 지나치지 않을 것이다.

넷째로, 개정법의 내용을 모두 반영하였다. 2013년 7월 1일부터 시행되는 개정민법에서는 종전의 행위능력제도를 변경 내지는 폐지하는 대신 새로운 제도를 도입하였다. 즉 종래에는 행위무능력자라 하여 미성년자, 한정치산자와 금치산자를 인정하였으나 행위무능력자라는 용어가 갖는 부정적인 이미지 등을 고려하여 제한능력자라는 용어로 대체하였다. 미성년자의 나이를 20세에서 19세로 하향조정하였고, 금치산제도와 한정치산제도를 폐지하는 대신에 피성년후견제도와 피한정후견제도로 대신하도록 하였으며, 친족회 제도를 없애고 그 대신에 후견감독인제도를 도입하는 등의 변화가 있었다. 이 책에서는 개정된 민법의 내용은 물론, 부동산등기법, 주택임대차보호법이나 상가건물임대차보호법 등 최근에 개정된 관련 법령의 내용을 반영하였다.

앞으로도 독자들이 실망하지 않도록 저자로서 최선을 다할 것을 약속드리며, 끝으로 새롭게 인연을 맺게 된 도서출판 삼조사의 무궁한 발전을 기원한다.

2014년 4월

이 명 우 識

차례 Contents

|차 례|

제1편 총 칙

제1장 통 칙

제2장 자 연 인

제3장 법 인

제4장 물 건

제5장 법률행위

제6장 기 간

제7장 소멸시효

제2장 점 유 권

제3장 소 유 권

제4장 지 상 권

제5장 지 역 권

제6장 전 세 권

제7장 담보물권 일반

제8장 유 치 권

제9장 질 권

제10장 저 당 권

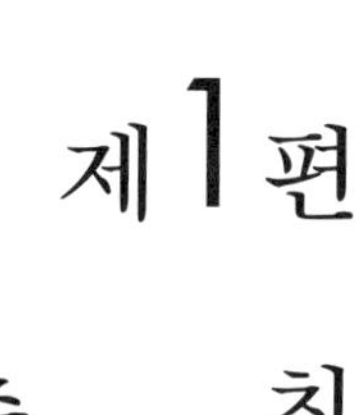

제1편 총 칙

제1절 민법의 의의

Ⅰ. 의 의

1. 형식적 민법

형식적 의미(形式的意味)의 민법(民法)이라 함은 법률 제471호(1958.2.22. 제정 · 시행) 즉, 민법전(民法典)을 가리킨다.

민법은 총 5편(編)으로 구성되어 있으며 제1편 총칙(제1조 내지 제184조), 제2편 물권(제185조 내지 제372조), 제3편 채권(제373조 내지 제766조), 제4편 친족(제767조 내지 제996조), 제5편 상속(제997호 내지 1118조)에 관하여 규정하고 있다.

2. 실질적 민법

실질적 민법(實質的民法)이라 함은 사법(私法)의 일부로서 민사관계를 규율하는 원칙적인 법을 말한다. 즉, 사법 가운데서 상법이나 기타의 특별사법(特別私法)을 제외한 일반사법을 실질적 의미의 민법이라고 한다.

이러한 실질적 의미의 민법에는 형식적 의미의 민법, 즉 민법전의 대부분과 민법 부속법령(민법전에 규정된 민법 법규의 구체화를 위한 절차를 정한 것으로서 예컨대 부동산 등기법, 공탁법, 유실물법 등) 그리고 민사특별법령(특별한 사항에 관하여 규율할 목적으로 제정된 민사에 관한 특별법률, 예컨대 부동산실권리자명의등기에 관한 법률, 입목에 관한 법률, 집합건물의 소유 및 관리에 관한 법률, 가등기담보 등에 관한 법률, 주택임대차보호법, 상가건물임대차보호법 등)을 포함한다.

3. 형식적 민법과 실질적 민법의 불일치

형식적 의의의 민법과 실질적 의의의 민법이 반드시 일치하지는 않는다. 예컨대 형식적 의미의 민법에는 법인의 이사에 대한 처벌규정(민법 제97조, 이하에서는 제○○조라 한다)이나 강제집행(제389조)과 같은 공법적 규정을 포함하는 경우가 있다.

공법법규 가운데도 실질적 민법규정을 포함하는 경우도 있다. 예컨대 저작권법, 국토의 계획 및 이용에 관한 법률, 환경정책기본법 등에는 민사에 관한 규정을 포함하기도 한다.

II. 민법의 성질

1. 사법으로서의 민법

법을 공법(公法)과 사법(私法)으로 나눌 때 민법은 사법에 해당한다.

무엇을 기준으로 공법과 사법으로 구분할 것인지에 대하여 사익을 목적으로 하는지 공익을 목적으로 하는지에 따라서 구분할 것이라는 이익설(利益說), 평등관계를 규율하는지 불평등관계를 규율하는지에 따라서 구분하고자 하는 성질설(性質說), 사인간(私人間)의 관계와 국가나 공공단체 상호간의 관계에 따라서 구분하고자 하는 주체설(主體說), 인류나 인간으로의 생활관계를 규율하는지 국민으로서의 생활관계를 규율의 대상으로 하는지에 따라서 구분하자는 생활관계설(生活關係說)로 대립하는데, 전자를 사법, 후자를 공법이라고 한다.

최근에는 법을 공법과 사법으로 이분하고자 하는 견해에 대하여 노동법이나 경제법, 사회보장법과 같은 제3의 영역이 출현함으로써 이분법에 대한 비판이 강하다.

2. 일반사법으로서의 민법

민법은 사법 가운데서 특별사법을 제외한 일반사법(一般私法)이다. 즉, 민법은 사람·장소·사물에 대하여 특별한 제한 없이 적용되는 법이다. 이에 대하여 특별사법은 일부의 사람·장소·사물에 대해서만 적용된다. 이러한 특별사법으로는 상법, 경제관계법, 노동관계법 또는 무체재산법 등이 있다.

사법을 일반사법과 특별사법으로 구별하는 실익은 하나의 생활사실이 양쪽에 규정을 두고 있는 경우에 특별법은 일반법에 우선하여 적용되는 데 있다. 이를 '특별법 우선의 원칙'이라고 한다. 특별법에 규정이 없는 경우에는 일반법에 따른다.

3. 실체법으로서의 민법

민법은 권리나 의무에 관하여 직접적으로 정하고 있는 실체법(實體法)인 점에서 민사소송법과 같이 실체법상의 권리를 실행하거나 또는 의무의 실현을 위한 절차법(節次法)과 구별된다.

4. 행위규범이며 재판규범으로서의 민법

민법은 일상생활에 있어서 사인(私人)이 지켜야 할 행위규범(行爲規範)인 동시에 사인 상호간에 분쟁이 발생한 경우에 법원이 판결을 내리기 위한 기준으로서 법관이 재판을 할 때에 따라야 할 재판규범(裁判規範)이기도 하다.

제2절　민법의 법원

Ⅰ. 법원의 의의

법원(法源)이라 함은 형식적인 의미로는 법의 존재형식, 즉 법의 연원(法의 淵源, Rechtsquelle)을 말하며 실질적 의미로는 법이 성립하는 기초인 법의 타당성 근거를 말한다.

이러한 법원은 그 표현형식에 따라서 성문법과 불문법으로 나뉜다. 성문법(成文法, written law, geschriebenes Recht)이라 함은 문자로 적어서 나타내고 문서의 형식을 갖추고 있는 법을 말한다. 이러한 성문법에는 법률, 명령, 규칙 등이 있다.

불문법(不文法, unwritten law, ungeschriebenes Recht)이라 함은 문서에 의하지 않고 성립되어 있는 법을 말한다. 이러한 불문법에는 관습법, 판례법, 조리 등이 있다.

성문법을 1차적 법원으로 삼는 태도를 성문법주의(成文法主義)라 하며, 관습법이나 판례법과 같은 불문법을 1차적인 법원으로 삼는 태도를 불문법주의(不文法主義)라 한다.

민법 제1조 [법원(法源)]에서는 「민사(民事)에 관하여 법률(法律)에 규정이 없으면 관습법(慣習法)에 의하고 관습법이 없으면 조리(條理)에 의한다.」고 함으로써 성문법을 제1차적인 법원으로 인정하고 성문법의 흠결이 있는 때에는 불문법인 관습법 등을 보충적인 법원으로 인정하고 있다.

II. 성문법주의의 장단점

1. 성문법주의의 장점

성문법을 1차적인 법원으로 인정하는 성문법주의를 택하면 법을 통일적으로 정비함으로써(법의 통일적 정비) 법질서를 안정화시킬 수 있다(법질서의 안정). 또한 법의 의미와 내용이 명확하여 법을 구체적으로 시행하기에 적합하다(법의 명료화). 성문법주의의 장점은 불문법주의가 가지는 단점이 된다.

2. 성문법주의의 단점

성문법주의를 택하면 법의 경화(硬化)로 유동적인 사회변화와 실정에 적응하기 어렵고 또한 사회질서의 유동성을 저해할 수 있다. 성문법주의의 단점은 불문법주의의 장점으로 볼 수 있다.

III. 성문법의 종류

민법 제1조에서 민사(民事)에 관한 1차적인 적용법규로서 법률이라 함은 성문법, 즉 제정법(制定法)을 말하는 것으로서 여기에는 헌법에서 정하는 절차에 따라 제정하여 공포한 법률(이를 형식적 의미의 법률이라고 한다)뿐만 아니라 법률에서 위임한 사항 등을 처리하기 위한 하위규범으로서 명령, 규칙이나 조례와 같은 자치법규 또는 조약 등을 포함하는 것으로 이해한다.

이에 반하여 물권법정주의(物權法定主義)를 정하고 있는 민법 제185조 「물권은 법률 또는 관습법에 의하는 외에는 임의로 창설하지 못한다.」에서의 '법률'은 형식적 의미의 법률만을 의미하고 하위규범은 포함되지 않는다.

IV. 불문법의 종류

1. 관 습 법

(1) 의 의

관습법(慣習法)이라 함은 사회의 거듭된 관행으로 생성한 사회생활규범이 사회의 법적 확신과 인식에 의하여 법적 규범으로 승인·강행되기에 이른 것을 말한다. 즉, 사회에서 스스로 발생하는 관행(慣行)이 단순한 도덕적 규범을 넘어 사회의 구성원에 의하여 법적 구속력을 가지고 있는 것으로 인식될 정도, 즉 법적 확신의 단계에 이르게 된 것을 말한다.

이와 같이 사회적 관행이 법적 규범으로서 성립하는 것은 규범과 사회적 사실이 일치하여 그 사이에 틈이 없이 일치하기 때문이며 이러한 관습법이야말로 가장 직접적이고도 근원적인 법존재의 형태이다.

이러한 의미에서 관습법은 법원으로서 제1차적인 것이라 할 수 있을 것이다. 또한 관습법은 사회생활의 유동성에서 오는 필연적 결과일 뿐만 아니라 성문법의 고정성에서 발생하는 결함을 보충하고 수정하는 역할을 하게 된다.

(2) 법사상과 관습법

(가) 자연법론 자연법론(自然法論)의 입장에서는 법이란 이성을 전제로 하여 존재하는 것으로 이해함으로써 시대나 민족을 초월하는 보편타당성을 가지는 것에서 그 근원을 구한다. 즉, 시대와 장소를 초월하는 영원불변한 법의 존재를 주장한 것이다. 이와 같은 자연법론의 입장에서는 시대나 민족에 따라서 발생하거나 변화하는 관습법에 대한 법원성을 부정한다.

(나) 역사법학파 역사법학파(歷史法學派)는 법의 민족적 내지는 역사적 성격을 강조하는 입장으로서 관습법을 제1차적인 법원으로 인정한다.

(다) 법실증주의 법실증주의(法實證主義)는 국가의 입법작용에 의하여 만들어진 실정법에 한하여 법으로 인정하고자 하는 입장으로 자연법의 존재를 부정할 뿐만 아니라 관습법을 경시한다.

(라) 자유법론/자유법학(freirechts schule) 자유법론(自由法論)은 법문(法文)의 문자(文字)에 구애되지 아니하고 자유로운 해석을 함으로써 법을 사회의 실정에 합치시키려고 하는 논의를 말한다.

자유법론은 개념법학이 개념의 분석을 일삼아 법문의 해석이 사회의 실정에 맞지 않게 된 것을 비판하면서 법학의 실천적 기능을 중요시하는 입장이다. 즉 법의 경화(硬化)를 타파하고 재판을 통하여 법의 탄력성을 부여하고자 한 점에서 높이 평가된다. 그러나 법적 안정성을 해칠 뿐만 아니라 정치의 도구로 이용될 위험성이 높은 점에서 비판을 받는다.

이 견해는 법원(法源)을 성문법에 한정시키지 않고 사회관습, 광범위한 자유법, 문화규범 혹은 정의와 형평의 이념, 조리 등에서도 구해야 하며, 법관의 자유재량과 과학적인 법원 탐구에 광범위한 영역을 인정해야 한다고 주장한다.

(3) 관습법의 성립요건

(가) 관행이 존재할 것 관행(慣行)이라 함은 어떤 사항에 관하여 오랜 기간동안 동일한 행위가 반복되고 그와 유사한 경우에는 일반적으로 같은 행위가 행하여지는 것으로 인정되는 상태를 말한다.

(나) 관행에 대하여 법적 확신을 가질 것 관행이 법적 구속력을 가지는 것으로 생각하여 사회구성원들이 관행에 따르는 것을 법을 준수하는 것으로 인식하고 있어야 한다. 즉, 관행에 대하여 사회구성원들의 법적 확신이 있어야 한다(법적 확신설이라고 한다. 다수설 · 판례(대판 83.6.14. 80다3231 등)). 이에 대하여 관습법이 성립하기 위해서는 국가기관에 의한 승인이 필요하다고 주장하는 견해도 있다(국가승인설이라고 한다).

(다) 전체 법질서에 반하지 아니할 것 사회의 거듭된 관행으로 생성한 어떤 사회생활규범이 법적 규범으로 승인되기에 이르렀다고 하기 위해서는 헌법을 최상위 규범으로 하는 전체 법질서에 반하지 아니하는 것으로서 정당성(正當性)과 합리성(合理性)이 있다고 인정될 수 있는 것이어야 할 것이다.

그러므로 전체 법질서에 반하는 사회생활규범은 비록 그것이 사회의 거듭된 관행으로 생성된 것이라고 할지라도 이를 법적 규범으로 삼아 관습법으로서의 효력을 인정할 수 없다고 할 것이다.

또한 사회의 거듭된 관행으로 생성된 사회생활규범이 관습법으로 승인되었다고 하더라도 사회 구성원들이 그러한 관행의 법적 구속력에 대하여 확신을 갖지 못하게 되었다거나, 사회를 지배하는 기본적 이념이나 사회질서의 변화로 인하여 그러한 관습법을 적용하여야 할 시점에 있어서의 전체 법질서에 부합하지 않게 되었다면 그러한 관습법은 법적 규범으로서의 효력이 부정될 수밖에 없다고 할 것이다.

예컨대 대법원 판결(대판 2005.7.21. 2002다1178 전원합의체)은 성년 남자만을 종중(宗

中)의 구성원으로 하는 종래의 관습법이 더 이상 우리 법질서가 지향하는 남녀평등의 이념에 부합하지 않게 됨으로써 그 법적 효력이 인정되지 않고, 종중 구성원의 자격에 관하여 '공동선조의 성(姓)과 본(本)을 같이 하는 후손은 성별의 구별 없이 성년이 되면 당연히 그 구성원이 된다'고 하고 있다.

또한 종중 구성원의 자격에 관한 종래의 대법원 판례를 변경하면서 변경된 대법원의 견해는 이 판결 선고 이후의 종중 구성원의 자격과 이와 관련하여 새로이 성립되는 법률관계에 대하여만 적용된다고 하여 소급적용을 인정하지 않고 있다.

종중 구성원의 자격에 관하여 변경된 대법원의 견해를 소급하여 적용한다면 최근에 이르기까지 수십 년 동안 유지되어 왔던 종래 대법원 판례를 신뢰하여 형성된 수많은 법률관계의 효력을 일시에 좌우하게 되고, 이는 법적 안정성과 신의성실의 원칙에 기초한 당사자의 신뢰보호를 내용으로 하는 법치주의의 원리에도 반하게 되기 때문이라고 한다.

(4) 관습법의 성립시기

다수설인 법적 확신설에 따르면 관습법이 성립하는 시기는 국가가 시인하는 규범으로서의 관습이 성립한 때이다. 즉, 법원이 판결에 의하여 관습법의 존재를 인정한 때로부터 비로소 관습법이 성립하는 것이 아니라 관습이 사회구성원들로부터 법적 확신을 얻어서 사회에서 행하여지게 된 때, 즉 관습법의 성립요건이 구비된 때에 소급하여 존재하고 있었던 것으로 된다.

왜냐 하면 사법기관(司法機關)으로서의 법원(法院)은 관습법을 제정하는 것이 아니라 단지 사회에 관습법이 성립하여 존재한다는 규범적 판단을 함으로써 법을 인식하기 때문이다.

(5) 효　　력

관습법이 성립한 경우에 관습법은 법원(法源)으로서 법령(法令)과 같은 효력을 갖게 된다. 즉, 관습법은 다른 법령과 같이 보편적인 구속력을 지닌 법규범으로서의 지위를 가진다.

소송에 있어서 당사자가 관습법의 존재를 주장 · 입증하지 않아도 법원이 직권으로 조사하여 판단하여야 하는 점에서 당사자가 주장 · 입증하여야 비로소 법원이 재판의 기초로 할 수 있는 사실(事實)로서의 관습(慣習)과 다르다(대판 83.6.14. 80다3231).

불문법으로서의 관습법의 효력에 대하여 학설이 대립한다.

(가) 보충적 효력설　보충적 효력설(補充的效力說)은 민법 제1조를 근거로 관습법은

성문법의 흠결이 있는 경우에 한하여 그 흠결을 보충하는 효력만을 가진다고 하는 견해이다. 이 견해에 따르면 성문법규정이 존재하는 범위에서는 관습법은 성립할 수 없게 된다. 또한 보충적 효력설에 의하면 관습법에 의하여서도 물권이 창설될 수 있다고 정한 민법 제185조를 민법 제1조의 예외규정으로 이해한다.

(나) 변경적 효력설 변경적 효력설(變更的效力說)은 관습법의 현실적 기능에 착안하여 관습법에 기존의 성문법을 개폐하는 효력을 인정하는 견해이다.

이 견해에 따르면 성문법규정과 다른 관습법이 성립하는 것을 인정하게 되는데 이 경우에 관습법이 직접적으로 성문법을 수정하는 것을 뜻하는 것이라고는 할 수 없고 구체적 사안에 따라서 성문규정의 적용을 일시적으로 배제 또는 유보함으로써 관습법을 우선적으로 적용하는 것으로 이해한다. 즉, 동일한 사항에 관하여 구법으로서의 성문법과 신법으로서의 관습법이 성립하게 되어 '신법(또는後法)우선(新法優先)의 원칙'에 따라서 관습법이 적용되게 된다. 대등적 효력설이라고도 한다.

변경적 효력설의 논거는 다음과 같다.

첫째, 성문법이 경화하여 사회의 변화에 적응할 수 없는 경우에는 사회의 수요에 따라서 자연적으로 발생하는 관습법의 성립과 적용을 성문규정의 흠결이 있는 때에 한하여 적용하는 것은 사실상 불가능하다.

둘째, 민법 제106조와 관련하여 사실인 관습이 임의법규에 우선하여 적용될 수 있도록 하여 법률행위의 해석에 관한 한 임의법규를 개폐하는 효력이 인정된다. 또한 사적 자치가 인정되는 범위에서는 사실인 관습과 관습법의 구별은 거의 실익이 없기 때문에 민법 제1조의 의의를 반감시킨다.

셋째, 민법 제185조는 물권법정주의를 지양함으로써 관습법상의 물권을 인정하여 관습법의 성문법에 대한 대등적 효력을 부여하고 있다.

(다) 판 례 판례(대판 83.6.14. 80다3231)는 보충적 효력설을 따른다. 즉, 판례는 「가정의례준칙 제13조의 규정과 다른 관습법의 존재를 인정하는 것은 관습법의 성문법에 대한 열후적(劣後的)·보충적(補充的) 성격에 비추어 관습법의 법원으로서의 효력을 정한 민법 제1조의 취지에 어긋난다.」고 한다.

(6) 학설 · 판례가 인정한 관습법상의 권리

(가) 수목이나 미분리과실의 소유권이전에 관한 관습상의 명인방법 한 그루의 수목이나 수목의 집단 또는 미분리 과실에 대하여 관습법상의 명인방법을 구비하면 이들은 토지와는 독립한 소유권의 객체로 될 수 있다.

명인방법(明認方法)이란 제3자로 하여금 수목과 같은 지상물의 소유권이 누구에게 속하고 있다는 것을 명백히 인식하게 하는 방법을 말하는 것으로, 지상물이 독립된 물건이며 현재의 소유자가 누구라는 것이 명시되어야 한다(대판 90.2.13. 89다카23022).

(나) 동산의 양도담보　양도담보(讓渡擔保)란 채권을 담보할 목적으로 동산 또는 부동산의 소유권을 채권자에게 이전하고 채무자가 채무를 이행하지 않는 경우에 그 동산 또는 부동산으로부터 채권을 우선 변제받을 수 있는 담보제도의 일종이다.

(다) 관습법상의 법정지상권　토지와 건물이 동일인에게 속하고 있었으나 그 중에 어느 한쪽이 매매 기타의 일정한 원인에 의하여 토지와 건물의 소유권을 각각 달리하게 된 경우, 건물철거에 관한 특약이 없는 한 관습법상 건물소유자는 당연히 지상권을 취득하게 된다(대판83.7.26.83다카419, 420 등).

(라) 분묘기지권　타인의 토지 위에 분묘를 설치한 자가 그 분묘를 소유하기 위하여 분묘의 기지부분(基地部分)에 대한 타인소유의 토지를 사용할 권리를 분묘기지권이라고 한다(대판 73.2.26. 72다2454 등).

2. 판 례 법

판례(判例)라 함은 구체적 사건에 대한 법원의 판결(判決)의 집적을 말한다. 판례법은 법원에서 법관에 의하여 이루어진다는 점에서 법관법(judge-made law)이라고도 한다.

판례에 대하여 법원성을 인정할 것인가에 대하여 학설이 대립한다.

(1) 긍 정 설

어떤 사건에 대하여 법원의 판결이 반복되면 거기에 추상적인 법원칙이 발생하게 되고 그 법원칙은 이후에도 유사한 사건에 적용할 개연성을 가지게 됨으로써 판결에 의한 일반적인 법규범이 성립하게 되는데, 이를 판례법이라고 한다. 즉, '선례구속(先例拘束)의 원칙(principle of precedents)'에서 판례의 법원성을 찾고자 하는 입장이다.

이와 같이 법원이 구체적인 사건을 재판하면서 행한 법의 해석결과를 이후의 동종사건에 대하여 구속력 있는 것으로 하는 이유는 동일한 법규범은 그것이 적용되는 시기나 장소에 상관없이 동일하게 해석되고 적용되어야 한다는 법의 일반성(一般性)이라는 속성 때문이다.

또는 법원조직법 제8조「상급법원의 재판에 있어서의 판단은 당해사건에 관하여

하급심을 구속한다.」를 근거로 들기도 한다.

(2) 부 정 설

판례를 법이나 법규범이라고 하여 그 법원성을 인정하게 되면 사법부에 의한 입법작용을 인정하는 결과가 되어 삼권분립(三權分立)의 원칙에 반한다고 한다.

또한 긍정설이 근거로 들고 있는 법원조직법 제8조는 구체적 사건의 해결을 위하여 해당사건에 대한 상급심법원의 판단이 하급심법원의 판단을 구속한다는 것일 뿐이고 이후의 유사한 사례에 대한 구속력까지 인정하고 있는 것은 아니다. 즉, 우리 법체계상 사실상으로 선례가 유사한 다른 사례에 반복적으로 적용될 수는 있겠지만 법률상의 구속력을 인정하고 있지 않기 때문에 판례의 법원성을 인정할 수 없다(다수설).

3. 조 리

(1) 의 의

조리(條理)라 함은 사물의 도리 또는 사물의 본질적 법칙을 말한다. 즉, 일반사회인이 보통 인정한다고 생각되는 객관적인 원리 또는 법칙을 말한다.

(2) 조리의 표현

조리는 경우에 따라서 사회통념, 사회적 타당성, 신의성실, 사회질서, 정의와 형평 등의 이름으로 표현되기도 한다.

(3) 조리의 법원성

(가) 긍정설 민법 제1조를 근거로 조리의 법원성을 인정한다.

(나) 부정설 조리를 재판의 준칙으로 정한 것은 조리가 법이기 때문이 아니라 성문법주의하에서 필연적으로 법의 흠결이 발생하게 되며 이 경우에 법원은 법의 흠결을 이유로 재판을 거부할 수 없기 때문이라고 한다. 또는 민법 제1조를 법의 흠결에 대비한 법의 해석방법을 정한 규정으로 이해하여 조리의 법원성을 부정하기도 한다.

제3절 근대 민법의 기본원칙

근대 민법은 자유주의와 개인주의의 시대사조를 배경으로 하여 사유재산권존중의 원칙, 사적자치의 원칙과 과실책임의 원칙을 지도원리로 하고 있었다.

이러한 근대 사법은 인격절대주의를 배경으로 하는 개인주의적 법사상(個人主義的

法思想)에 기초하고 있으며, 모든 개인은 봉건제도에 있어서의 구속으로부터 자유이며 평등하고, 또한 사람은 누구나 합리적 판단력을 가지고 있다고 전제하는 추상적 인간(抽象的人間)을 출발점으로 하고 있다.

Ⅰ. 근대 민법의 3대 원칙

1. 사유재산권존중의 원칙

개인의 사유재산권에 대한 절대적 지배를 인정하여 국가나 타인은 이를 침해해서는 안된다는 원칙이다. 사유재산권존중의 원칙에 의하여 개인은 자기의 재화를 자유롭게 지배할 수 있을 뿐만 아니라 나아가 자기가 지배하는 재화에 자본을 투하하여 이를 이용할 수 있도록 하였다.

사유재산권 가운데 가장 전형적인 것이 소유권이므로 사유재산권존중의 원칙을 소유권절대의 원칙(所有權絶對原則)이라고도 한다.

2. 사적자치의 원칙

국가는 개인의 자유가 최대한 보장되고 실현될 수 있도록 노력하여야 하며, 이를 위해서는 개인은 자유로운 의사형성에 의한 법률행위를 할 수 있어야 하고, 국가는 이러한 개인의 의사가 실현될 수 있도록 노력하여야 하는 것이다.

이와 같이 근대국가에 있어서의 개인은 자유로운 의사에 의하여 법률관계를 형성할 수 있고 또한 그러한 결과에 대해서만 구속받는 것이며, 국가는 이를 보장하여야 한다는 사적자치의 원칙(私的自治原則)을 근대국가의 기본원칙으로 삼게 되었다.

사적 자치의 원칙을 개인의사자치의 원칙(個人意思自治原則), 법률행위자유의 원칙(法律行爲自由原則) 또는 계약자유의 원칙(契約自由原則)이라고도 부른다.

계약자유의 원칙은 계약체결의 자유, 상대방선택의 자유, 계약내용결정의 자유, 방식의 자유를 그 내용으로 하며, 계약해제의 자유는 포함하지 않는다.

3. 과실책임의 원칙

개인이 타인의 신체나 재산에 대하여 발생케 한 손해에 대하여는 그 행위가 위법하고 또한 고의(故意)나 과실(過失)에 의한 경우에만 책임을 지고, 고의나 과실이 없는 행위에 대하여는 그 결과에 대하여 책임을 지지 않는다는 원칙이다. 자기책임의 원칙

(自己責任原則)이라고도 한다.

II. 현대 민법의 최고이념과 근대 민법의 기본원칙의 수정

「사람은 누구나 합리적인 판단능력을 가지고 있다.」는 추상적 인간을 전제로 하여 출발한 근대 민법의 기본원칙은 자본주의가 발달함에 따라 새로운 국면에 부딪치게 되었다.

자본주의의 발달은 사람들 사이에 빈부의 격차나 자본가와 노동자의 계급대립과 같은 문제를 초래하게 되었고 그 결과 구체적 인간은 결코 자유롭지도, 평등하지도 않다는 것이 명백해졌다.

즉, 법률적으로 상정된 자유로운 인격자에게 주어진 기회의 평등은 실제로는 공허한 것이 되었고 현실적으로 나타난 결과는 법률적 내지는 형식적인 자유와 평등 대신에 경제적 내지는 실질적 부자유와 불평등이었다.

이에 국가가 이러한 현실적 불평등을 직시하고 실질적인 자유와 평등을 실현하기 위하여 적극적으로 관여하기에 이르렀으며, 이를 위하여 근대 민법의 전제가 된 추상적 인간에 대신해서 구체적 인간을 전제로 하여 실질적 자유와 평등을 실현하기 위한 새로운 지도원리가 필요하게 되기에 이르렀다.

이러한 요청에 부응하여 자유인격의 원칙(自由人格原則)과 공공복리(公共福利)가 현대 민법의 최고이념으로 등장하게 되었고, 그 실천을 위한 행동원리로서 신의성실, 권리남용의 금지, 사회질서, 거래안전 등의 기본원칙이 있고 그 밑에 근대 민법의 3대 원칙이 존재하는 것으로 수정되기에 이르렀다.

제4절 사권의 종류

용어정리

권 리

권리(權利)라 함은 일정한 이익을 향수하게 하기 위하여 법이 인정하는 힘을 말한다(권리의 본질에 대한 학설 가운데 권리법력설에 따른 권리의 개념이다).

권 능

권능(權能)이라 함은 권리의 내용을 이루고 있는 개개의 법률상의 힘을 말한다. 예컨대 소유권이라는 권리의 내용인 사용권, 수익권, 처분권 등은 권능이다. 모든 권리가 여러 개의 권능으로 구성되는 것은 아니며 권리의 내용이 하나의 권능으로 성립하는 경우도 있는데 이러한 경우에는 권리와 권능은 동일하다.

권 한

권한(權限)이라 함은 타인을 위하여 그 타인에게 일정한 법률효과를 발생케 하는 행위를 할 수 있는 법률상의 자격을 말한다. 예컨대 대리인의 대리권, 법인의 이사의 대표권, 사단법인사원의 결의권 또는 선택채권의 선택권 등이 권한에 속한다.

권 원

권원(權原)이라 함은 법률상 또는 사실상의 행위를 정당하게 하는 원인을 말한다. 예컨대 어떤 물건을 점유하기 위해서는 소유권, 지상권, 전세권 또는 임차권과 같은 원인, 즉 권원을 가지고 있어야 하며 권원에 의한 점유라야 정당한 점유가 된다. 정당한 권원 없이 타인의 물건을 점유하면 무단점유(無斷占有)가 된다.

권리와 의무의 관계

의무(義務)라 함은 자기의 의사에 관계없이 일정한 행위를 행할 것을 요구당하는 법률상의 구속을 말한다.

일반적으로 의무는 권리에 대응하는 반면(反面)으로서, 권리와 의무는 서로 대응하는 것이 보통이다. 그러나 의무만 있고 권리는 없는 경우도 있고, 권리만 있고 이에 대응하는 의무가 없는 경우도 있다. 청산인의 채권신고 최고의무(제88조)나 책임무능력자에 대한 감독자의 감독의무(제755조) 등은 의무만 있고 권리가 없는 경우이며, 형성권은 권리만 있고 이에 대응하는 의무는 없다.

Ⅰ. 내용에 따른 분류

사권(私權)은 그 내용, 즉 권리자가 받는 생활이익을 기준으로 재산권, 인격권, 신분권(또는 가족권), 사원권으로 분류된다.

1. 재 산 권

경제적 가치 있는 이익의 향수를 목적으로 하는 권리, 즉 금전으로 평가될 수 있는 권리를 총칭하여 재산권(財産權)이라고 한다. 재산권에는 물권, 채권, 무체재산권 등이 있다.

(1) 물　　권

물권(物權)이라 함은 권리자가 일정한 물건을 타인을 개입시키지 않고 직접 지배하여 이익을 얻는 배타적인 권리이다.

민법상 물권의 종류에는 소유권과 점유권, 용익물권으로서 지상권, 지역권, 전세권이 있고, 담보물권으로서 유치권, 질권, 저당권이 있다.

물권은 물권자가 타인의 행위를 배제하여 직접으로 물건을 지배·사용할 수 있는 배타성을 갖는 점이 특징이다.

이러한 강력한 힘을 갖는 물권은 법률 또는 관습법에 의하는 외에는 당사자가 임의로 창설하지 못하는데(제185조), 이를 물권법정주의(物權法定主義)라고 한다.

(2) 채　　권

채권(債權)이라 함은 특정인(채권자)이 다른 특정인(채무자)에 대하여 일정한 행위를 요구할 수 있는 권리이다. 채권은 채무자라는 특정인에 대한 권리로서 배타성을 갖지 않는 것이 물권과 다른 점이다.

(3) 무체재산권

무체재산권(無體財産權)이라 함은 정신적 또는 지능적 창조물을 독점적·배타적으로 이용하는 권리이다. 여기에는 저작권, 특허권, 실용신안권, 디자인권, 상표권 등이 있다.

2. 인 격 권

인격권(人格權)이라 함은 권리주체와 분리할 수 없는 인격적 이익의 향수를 내용으로 하는 권리이다. 인격권에는 생명권, 신체권, 자유권, 정조권, 성명권, 초상권, 명예권, 신용권 등이 있다.

민법은 타인의 신체, 자유 또는 명예를 해하거나 기타 정신상 고통을 가한자는 재산 이외의 손해에 대하여도 배상하도록 함으로써(제751조) 소극적으로 인격권의 보호를 규정하고 있다.

판례(대결 2005.1.17. 2003마1477)에 따르면 명예는 생명, 신체와 함께 매우 중대한 보호법익이고 인격권으로서의 명예권은 물권의 경우와 마찬가지로 배타성을 가지는 권리라고 할 것이므로 사람의 품성, 덕행, 명성, 신용 등의 인격적 가치에 관하여 사회로부터 받는 객관적인 평가인 명예를 위법하게 침해당한 자는 손해배상 또는 명예회복을 위한 처분을 구할 수 있는 이외에 인격권으로서 명예권에 기초하여 가해자에 대하여 현재 이루어지고 있는 침해행위를 배제하거나 장래에 생길 침해를 예방하기 위하여 침해행위의 금지를 구할 수도 있다고 한다.

3. 신 분 권

신분권(身分權)이라 함은 일정한 신분적 지위에 따르는 생활적 이익을 내용으로 하는 권리이다. 신분권은 다시 친족권과 상속권으로 나눌 수 있다. 가족권(家族權)이라고도 한다.

(1) 친 족 권

친족권(親族權)이라 함은 일정한 친족상의 신분으로부터 발생하는 권리이다. 친권, 후견인이 가지는 권리, 배우자가 가지는 권리, 부양청구권 등이 그것이다.

(2) 상 속 권

상속권(相續權)이라 함은 사람이 사망한 경우에 그 사망한 자(피상속인)의 재산상의 지위를 그 자와 일정한 친족관계에 있는 자(상속인)가 포괄적으로 승계하는 권리이다.

4. 사 원 권

사원권(社員權)이라 함은 단체의 구성원이 그 구성원이라는 지위에 기하여 단체에 대하여 가지는 권리이다.

사원권은 다시 공익권(共益權)과 자익권(自益權)으로 나누어진다. 공익권이란 사단의 관리나 운영에 참가하는 것을 내용으로 하는 권리이며 결의권(제73조), 소수사원권(少數社員權 제70조) 등이 있다. 자익권이란 사원 자신의 이익을 누리는 것을 내용으로 하는 권리로서 이익배당청구권, 잔여재산분배청구권, 설비이용권 등이 있다.

II. 작용(효력)의 차이에 따른 분류

사권은 그 작용, 즉 효력의 차이를 기준으로 지배권, 청구권, 형성권, 항변권으로 분류된다.

1. 지 배 권

지배권(支配權)이라 함은 타인의 행위를 개입시키지 않고 권리의 객체를 직접 지배하여 생활상의 이익을 향수하는 권리를 말한다. 물권, 무체재산권, 인격권, 신분권의 일부 등이 있다.

2. 청 구 권

청구권(請求權)이라 함은 특정인에 대하여 일정한 급부(작위 또는 부작위)를 청구하는 권리이다.

청구권의 가장 전형적인 것으로 채권(債權)이 있다. 그러나 채권 이외의 권리에 의하여서도 청구권이 발생하는 경우가 있다. 물권에 기초하여 발생하는 물권적 청구권, 신분권에 기초하여 발생하는 부양청구권 등이 그것이다.

채권과 청구권

채권은 청구권과 동일한 개념이 아니며 다음과 같은 차이가 있다.

- 채권은 청구권 가운데 하나일 뿐이며 청구권에는 채권 이외에도 물권적 청구권이나 부양청구권 등이 있다.
- 채권에 있어서 청구권은 채권의 본질적 내용을 이루지만 채권에는 청구권 이외에도 급부를 수령하고 이를 보유할 수 있는 효력(급부보유력)이나 강제력이 인정되고 있다.

• 이행기가 도래하지 않은 채권에 있어서 채권은 존재하여도 청구권은 아직 발생하고 있지 않으며 청구권은 채권의 이행기가 도래하여야 발생한다.

3. 형 성 권

형성권(形成權)이라 함은 권리자의 일방적 의사표시에 의하여 법률효과를 발생시키는 권리로서, 이러한 형성권은 법률의 규정(예컨대 취소권에 관해서는 민법 제5조, 제10조, 제13조 등)이 있는 경우에 한하여 인정된다.

형성권에는 권리자의 일방적 의사표시만으로 효과가 발생하는 것과 법원의 판결에 의하여 효과가 발생하는 것이 있다.

권리자의 일방적 의사표시만으로 법률효과가 발생하는 것에는 동의권, 취소권, 추인권, 상계권, 해제권, 해지권 등이 있다.

법원의 판결에 의하여 효과가 발생하는 것에는 채권자취소권(제406조), 혼인취소권(제816조), 재판상 이혼권(제840조), 친생부인권(제846조), 입양취소권(제884조), 재판상 파양권(제905조) 등이 있다. 특히 신분상의 형성권은 신분질서의 안정을 위하여 재판절차를 통하여 행사하도록 하는 것이 특징이다.

청구권이라는 명칭이 붙어 있으나 형성권의 성질을 가지는 것으로 지상물매수청구권(제283조, 제285조), 지료증감청구권(제286조), 전세권자나 전세권설정자의 부속물매수청구권(제316조), 차임증감청구권(제628조), 매매대금감액청구권(제572조) 등이 있다.

4. 항 변 권

항변권(抗辯權)은 청구권의 행사에 대하여 그 작용을 저지하는 권리로서 청구권자의 이행청구가 있을 때 이를 거절하는 형식으로 행사된다. 항변권은 다시 연기적 항변권과 영구적 항변권을 나눌 수 있다.

연기적 항변권(延期的抗辯權)이란 청구권의 행사를 일시적으로 저지할 수 있는 권리로서 여기에는 동시이행의 항변권(제536조)과 보증인의 최고 · 검색의 항변권(제437조)이 있다.

영구적 항변권(永久的抗辯權)이란 청구권의 행사를 영구적으로 저지할 수 있는 권리로서 상속에 있어서의 한정승인(限定承認, 제1028조)이 있다. 즉, 상속인이 피상속인의 재산에 대하여 한정승인을 한 경우에는 상속인은 상속재산의 범위내에서만 상속채무를 변제하면 되고, 상속재산으로 변제하지 못한 상속채무가 있더라도 상속채권자는 더 이상 상속인에게 채무의 변제를 주장할 수 없게 된다.

Ⅲ. 효력범위(또는 의무자의 범위)에 따른 분류

사권은 그 행사되는 모습에 따라 절대권과 상대권으로 나눈다.

1. 절 대 권

절대권(絶對權)은 특정인이 아닌 일반인을 의무자로 하여 주장할 수 있는 권리로서 대세권(對世權)이라고도 한다. 절대권에는 물권, 무체재산권, 친권, 인격권 등이 있다.

2. 상 대 권

상대권(相對權)은 특정인을 의무자로 하여 그 자에 대하여서만 주장할 수 있는 권리로서 대인권(對人權)이라고도 한다. 상대권에는 채권 등 청구권이 있다.

Ⅳ. 권리의 이전성에 의한 분류

사권은 권리와 그 주체 간의 긴밀한 정도에 따라서 일신전속권과 비전속권으로 나눈다.

1. 일신전속권

일신전속권(一身專屬權)이라 함은 성질상 타인에게 귀속시킬 수 없는 권리, 즉 양도나 상속 등에 의하여 타인에게 이전할 수 없는 권리이다. 특히 이러한 권리를 귀속상(歸屬上)의 일신전속권이라고 하여 신분권의 대부분이 여기에 속한다.

타인이 대신하여 행사할 수 없는 권리를 일신전속권이라고 하는 경우가 있는데, 이를 귀속상의 일신전속권에 대하여 행사상(行使上)의 일신전속권이라고 한다. 인격권 침해에 의한 손해배상청구권 등이 여기에 속한다.

2. 비전속권

비전속권(非專屬權)이라 함은 타인에게 귀속시킬 수 있는 권리를 말한다. 재산권은 전형적인 비전속권이다.

V. 주된 권리와 종된 권리

어떤 권리의 존재를 전제로 하여 그에 대하여 종속관계에 있는 권리가 있는 경우에 전자를 주(主)된 권리라 하고, 후자를 종(從)된 권리라 한다. 예컨대 원본채권(元本債權)에 대한 이자채권(利子債權), 피담보채권(被擔保債權)에 대한 질권이나 저당권 또는 채무자의 채권에 대하여 보증인에 대한 채권은 종된 권리이다.

주된 권리의 소멸시효가 완성한 때에는 종속된 권리에 그 효력이 미친다(제183조).

VI. 기 대 권

권리발생요건 가운데 일부분만이 충족되어 있기 때문에 남은 요건이 실현되면 장차 권리를 취득할 수 있다는 현재의 기대상태에 대한 법의 보호를 기대권(期待權)이라고 한다. 예컨대 조건부 권리, 기한부 권리 또는 상속개시 전의 추정상속인의 지위 등이 그것이다.

제5절　권리의 경합

I. 권리의 경합

1. 의　　의

권리의 경합(競合)이라 함은 하나의 생활사실이 민법의 여러 법률요건을 충족하는 경우에 그 결과로서 여러 개의 권리가 발생하는 경우를 말한다. 청구권의 경합이라고도 한다.

2. 발　　생

권리의 경합은 지배권에 관해서는 발생하지 않고 청구권 또는 형성권에 관하여 발생하는 것이 보통이다. 예컨대 임대차계약이 완료된 후에 임차인이 임차물을 반환하지 않는 경우에 임대인은 임차인에 대하여 임대차계약에 기한 반환청구권(제654조)과 소유권에 기한 반환청구권(제213조)을 갖는다.

또는 버스를 타고 가다가 사고로 승객이 다쳤다면 승객은 버스회사를 상대로 채무불이행을 이유로 하는 손해배상청구(제390조)를 할 수 있고 불법행위를 이유로 하는 손해배상청구(제750조)를 할 수도 있다.

3. 행　　사

권리의 경합에 있어서 각각의 권리는 독립적으로 존재하며 독립적으로 행사할 수도 있고 또한 시효로 인한 소멸 등도 별도로 진행한다. 그러므로 채권자가 동일한 목적을 달성하기 위하여 복수의 채권을 갖고 있는 경우에 채권자로서는 그 선택에 따라 권리를 행사할 수 있고 그 중 어느 하나의 청구를 한 것만으로는 다른 채권 그 자체를 행사한 것으로 볼 수는 없으므로 특별한 사정이 없는 한 그 다른 채권에 대한 소멸시효 중단의 효력은 없는 것이고, 채권자가 채무자를 상대로 공동불법행위자에 대한 구상금 청구의 소를 제기하였다고 하여 이로써 채권자의 사무관리로 인한 비용상환청구권의 소멸시효가 중단될 수는 없다고 할 것이다(대판 2001.3.23. 2001다6145).

4. 효　　과

권리의 경합에 있어서 수 개의 권리는 각각 독립적이지만 동일한 이익을 목적으로 하기 때문에 하나의 권리를 행사함으로써 목적을 달성한 때에는 나머지 권리도 자동적으로 소멸한다.

II. 법규의 경합

법규의 경합(競合)이라 함은 하나의 생활사실이 수 개의 법규가 정하는 법률요건을 충족시키지만 그 중의 하나가 다른 법규를 배제하는 취지를 가질 때에는 전자의 권리만 발생하는 경우를 말한다. 법조의 경합(法條競合)이라고도 한다.

법규의 경합은 수 개의 법규가 특별법과 일반법의 관계를 갖는 경우에 흔히 발생한다. 예컨대 甲과 乙이 주택임대차계약을 체결하면서 그 존속기간을 약정하지 않은 경우에는 민법 제635조에 의하여 당사자 쌍방은 언제든지 계약의 해지를 통고할 수 있고 해지통고 후 일정한 기간이 경과되면 임대차계약은 소멸한 것으로 인정된다. 다른 한편 주택임대차보호법 제4조 제1항은 「기간의 정함이 없거나 기간을 2년 미만으로 정한 임대차는 그 기간을 2년으로 본다.」고 규정하고 있다.

이 경우와 같이 임대차계약기간을 정하지 않았다고 하는 동일한 생활사실이 민법과 주택임대차보호법이 정하는 법률요건을 충족하고 있지만, 주택임대차보호법은 민법의 특별법이기 때문에 특별법 우선의 원칙에 의하여 주택임대차보호법만이 적용되고 민법은 적용되지 않는다.

제6절　권리의 충돌과 순위

Ⅰ. 권리의 충돌

권리의 충돌(衝突)이라 함은 동일한 객체에 대하여 수 개(數個)의 권리가 존재하는 경우에 그 객체가 모든 권리를 만족시켜 주지 못하는 현상이 일어나는 것을 말한다. 이 경우에 충돌하는 권리들 상호간에 우선순위를 정할 필요가 있다.

Ⅱ. 권리의 순위

1. 소유권과 제한물권의 충돌

소유권과 제한물권이 충돌한 때에는 성질상 언제나 제한물권이 소유권에 우선한다.

2. 제한물권 상호 간의 충돌

1) 서로 종류를 달리하는 물권 상호 간에는 법률의 규정에 의한다.

2) 같은 종류의 제한물권 상호 간에는 시간상 먼저 성립한 물권이 나중에 성립한 물권에 우선한다. 예컨대 1번 저당권은 2번 저당권이나 3번 저당권에 우선한다.

3. 물권과 채권의 충돌

물권과 채권 사이에 있어서는 성립시기에 관계 없이 물권이 채권에 우선하는 것이 원칙이다.

그러나 채권에 있어서도 물권과 같은 효력이 인정되는 경우에는 그러하지 아니하다. 예컨대 등기된 부동산 임차권(제621조)이나 주택임대차보호법(주택임대차보호법 제3조)이나 상가건물임대차보호법(상가건물임대차보호법 제3조)상의 일정한 요건을 구비한 주택임차권 또는 상가건물임차권에는 물권과 같은 대항력이 인정된다.

즉, 부동산임차권은 등기할 수 있고 이를 등기한 때에는 그 때부터 제3자에게 대항할 수 있고(제621조), 주택임차인은 임차권의 등기가 없는 경우에도 주택의 인도와 주민등록(전입신고)을 한 다음 날부터(주택임대차보호법 제3조 제1항), 상가건물 임차인은 상가건물의 인도와 세법상의 사업자등록을 신청하면 그 다음 날부터 대항력을 갖는다(상가건물임대차보호법 제3조 제1항).

또한 임금우선특권(근로기준법 제37조)과 주택임차인이나 상가건물임차인의 보증금 중의 일정액의 최우선특권(주택임대차보호법 제8조, 상가건물임대차보호법 제14조)은 질권 또는 저당권에 우선하고, 조세채권은 법정기일(法定期日) 이후에 성립한 저당권 등에 우선하며 저당목적물 자체에 부과된 조세채권(이른바 당해세(當該稅))은 법정기일 이전에 등기된 저당권에 대하여서도 항상 우선한다(국세기본법 제35조 제1항 제3호).

4. 채권 상호 간의 충돌

채권 상호 간에 있어서는 채권의 발생원인, 발생시기, 채권액의 많고 적음에도 불구하고 채권자평등의 원칙에 의하여 어떤 채권자를 다른 채권자보다 우선하게 하지 않고 평등하게 취급한다. 따라서 어떤 채권자가 채무자의 재산에 대하여 강제집행을 실시하는 경우에 다른 채권자들도 그 배당절차에 참가하여 평등한 배당을 요구할 수 있다.

제7절　권리행사의 자유와 그 제한

Ⅰ. 권리행사의 자유

개인주의와 자유주의를 사상적 기초로 하여 권리본위(權利本位)로 만들어진 근대 사법에 있어서 권리행사는 권리자의 자유에 맡긴다는 것을 원칙으로 한다. 따라서 권리자가 자기의 권리를 행사하는 것은 그 누구를 해치는 것도 아니라고 인식하였다.

그러나 한편으로 권리의 근거는 사회적 승인이며 따라서 권리도 사회적으로 승인될 수 있는 범위 안에서만 존재하는 데 지나지 않는다고 할 것이다.

이와 같이 권리는 무제한의 자유가 아니라 사회성(社會性)과 공공성(公共性)을 갖는 것이기 때문에 일정한 범위에서 제한될 수 있는 것으로 이해된다.

II. 권리행사의 제한

1. 신의성실의 원칙

> 제2조(신의성실)
> ① 권리의 행사와 의무의 이행은 신의에 좇아 성실히 하여야 한다.
> ② 권리는 남용하지 못한다.

(1) 신의성실

민법에서 신의성실의 원칙(信義誠實原則)을 권리행사의 일반원칙으로 정하고 있는 것은 권리의 공공성(公共性)의 표현이라고 할 것이다. 그리하여 권리는 한편에서는 권리자의 이익을 보호하면서 다른 한편에서는 사회규범인 법에 의하여 인정되는 것이므로 일정한 사회적 목적을 가지는 것으로서 당연히 사회적 제약을 받는다고 할 것이다.

(2) 일반조항으로서의 신의성실의 원칙

신의성실의 구체적 내용이나 일반적 요건을 정하는 것은 불가능하고 신의성실의 내용을 구체화하는 작업은 전적으로 법관의 재량에 맡겨져 있다.

따라서 권리행사에 관한 일반원칙으로서의 신의성실원칙의 규정은 법관의 사회적 사명에서 관찰하여야 한다는 사법이념(司法理念)의 일반적 · 추상적 내용을 나타낸 일반조항(一般條項)(또는 백지규정(白紙規定) 이라고도 한다)이다.

> **일반조항**(一般條項, General Klausel)
>
> 일반조항이란 광범한 범위의 사항을 규율하는 개괄적인 규정을 말하는 것으로서, 예컨대 신의칙에 관한 민법 제2조가 여기에 해당한다. 즉 일반조항은 추상적 기준만 정하여져 있고 그 내용이 구체화되어 있지 않기 때문에 그 내용을 구체화하는 작업이 법관에게 위임되어 있는 법률규정을 말한다.

(가) 신의성실의 원칙의 긍정적 측면 신의성실의 원칙의 구체적 내용이나 요건이 법률로 정하여져 있지 않기 때문에 그 구체적 내용은 법관의 재판을 통하여 실현될 수밖에 없다. 신의성실의 원칙은 탄력성을 가지고 사회의 변화와 필요에 따라서 그 시대의 정신에 부합하도록 부단한 진화 속에서 살아 있는 법을 찾아내는 방법이다. 이렇게 함으로써 기존의 법률 등에 의하여 처리할 수 없는 새로운 사태가 발생한 경우에도 이를 훼손하지 않고 보충하거나 수정하여 타당한 결론을 얻을 수 있다.

(나) 신의성실의 원칙의 부정적 측면 신의칙은 그 구체적 내용이나 요건이 법률로 정해져 있지 않기 때문에 법관이 자의적으로 그 기준을 정하게 됨으로써 법적 안정성(法的安定性)을 해칠 수 있다거나 또는 기존의 법률 등에 의하여 처리할 수 있는 사건임에도 불구하고 이를 소홀히 하고 직접 신의칙을 적용함으로써 용이하게 사건을 해결하고자 하는 위험성, 즉 「일반조항으로의 도피현상」이 나타날 위험성도 존재한다.

따라서 일반조항으로서의 신의칙은 실정법 규정이나 기타의 해석론으로 해결할 수 없는 최후의 수단으로써 원용되는 보충적인 원칙이라고 할 것이다.

(3) 신의칙의 기능

신의칙은 권리의 발생(發生), 권리의 변경(變更), 권리의 소멸(消滅)의 기능을 갖는다.

권리발생적 기능(權利發生的機能)으로는 예컨대 계약 당사자에게는 계약상의 권리와 의무뿐만 아니라 신의칙상의 부수적 의무도 가지며 이러한 부수적 의무를 위반하게 되면 계약체결상의 과실에 따른 손해배상청구권(제535조) 등이 발생하는 경우가 있다.

권리변경적 기능(權利變更的機能)으로는 사정변경에 의한 계약의 해제나 계약내용의 변경이 인정되는 경우가 있다. 예컨대 증여계약 후에 증여자의 재산상태가 현저히 변경되고 그 이행으로 인하여 생계에 중대한 영향을 미칠 경우에는 증여자는 계약을 해제할 수 있고(제557조), 경제사정 등의 변경으로 약정한 금액이 상당하지 않게 된 때에 당사자는 지료증감청구권(제286조)·전세금증감청구권(제312조의 2)·차임증감청구권(제628조)을 행사할 수 있다.

권리소멸적 기능(權利消滅的機能)으로는 권리의 행사가 권리남용이 되는 경우에는 권리자의 권리를 박탈하는 경우가 있다. 예컨대 친권자가 친권을 남용하면 친권을 상실케 되는 경우가 있다(제924조 내지 제927조 참조).

(4) 적용범위

신의성실의 원칙은 채권법 분야에서 발달하기 시작하였으나 지금은 민법뿐만 아니라 사법 일반의 보편적인 법원리이다. 나아가서 공법의 영역에서도 신의칙이 도입되어야 한다는 주장이 유력하다. 공법에 속하는 민사소송법 제1조에서도 신의성실의 원칙이 채택되어 있다.

(5) 신의칙 위반의 효과

신의성실의 원칙과 권리남용은 표리관계에 있다. 따라서 권리행사가 신의칙에 위반하면 권리남용이 되는 것이 보통이다. 의무이행이 신의성실에 반하는 경우에는 의무를 불이행한 것으로 평가된다.

신의칙을 위반한 경우에 권리자의 권리행사가 부정되는 경우가 있다. 판례(대판 2003.4.22. 2003다2390, 2406)는 신의성실의 원칙에 위배된다는 이유로 그 권리의 행사를 부정하기 위해서는 상대방에게 신의를 제공하였다거나, 객관적으로 보아 상대방이 신의를 가짐이 정당한 상태에 있어야 하고, 이러한 상대방의 신의에 반하여 권리를 행사하는 것이 정의관념에 비추어 용인될 수 없는 정도의 상태에 이르러야 할 것이라고 한다.

(6) 신의칙의 파생원칙

(가) 사정변경의 원칙　사정변경의 원칙(事情變更原則)이라 함은 법률행위의 성립의 기초가 된 사정이 그 이후에 당사자가 예견하지 못하였거나 또는 예견할 수 없었던 중대한 변경을 받게 되어 처음에 정해진 법률행위의 효과를 그대로 유지하거나 강제하면 부당한 결과가 생기는 경우에 당사자는 그러한 행위의 효과를 신의칙에 맞도록 적당히 변경할 것을 상대방에게 청구하거나 또는 계약을 해제 · 해지할 수 있다는 원칙이다.

민법에서는 사정변경의 원칙에 관한 일반규정(一般規定)을 두고 있지는 않지만 개별규정을 두고 있는 경우가 있다. 예컨대 지료증감청구권(제286조), 전세금증감청구권(제312조의 2), 차임증감청구권(제628조), 증여자의 재산상태변경과 증여의 해제(제557조) 등이 있다.

판례는 사정변경의 원칙을 일반원칙(一般原則)으로 인정하고 있지는 않고 구체적인 경우마다 그 적용 여부를 개별적으로 판단하여야 한다는 입장이다.

판례(대판 2007.3.29. 2004다31302)는 '이른바 사정변경으로 인한 계약해제는 계약성립 당시 당사자가 예견할 수 없었던 현저한 사정의 변경이 발생하였고 그러한 사정의 변경이 해제권을 취득하는 당사자에게 책임 없는 사유로 생긴 것으로서, 계약내용대로의 구속력을 인정한다면 신의칙에 현저히 반하는 결과가 생기는 경우에 계약준수 원칙의 예외로서 인정되는 것이고, 여기에서 말하는 '사정(事情)'이라 함은 계약의 기초가 되었던 객관적인 사정으로서, 일방당사자의 주관적 또는 개인적인 사정을 의미하는 것은 아니다. 또한, 계약의 성립에 기초가 되지 아니한 사정이 그 후 변경되어 일방당사자가 계약 당시 의도한 계약목적을 달성할 수 없게 됨으로써 손해를 입게 되었다 하더라도 특별한 사정이 없는 한 그 계약내용의 효력을 그대로 유지하는 것이 신의칙에 반한다고 볼 수도 없다'고 한다.

판 례

대판 63.9.12. 63다452

「매매계약을 맺은 때와 그 잔대금을 지급할 때와의 사이에 장구한 시일이 지나서 그 동안에 화폐가치의 변동이 극심하였던 탓으로 매수인이 애초에 계약할 당시의 금액표시대로 잔대금을 제공한다면 그 동안에 앙등한 매매목적물의 가격에 비하여 그것이 현저하게 균형을 잃은 이행이 되는 경우라 할지라도 민법상 매도인으로 하여금 사정변경의 원리를 내세워서 그 매매계약을 해제할 수 있는 권리는 생기지 않는다 할 것이다.」라고 하여 경제사정의 변경에 의한 계약해제를 부인하고 있다.

대판 90.2.27. 89다카1381

이에 대하여 「회사의 임원이나 직원의 지위에 있기 때문에 회사의 요구로 부득이 회사와 제3자 사이의 계속적 거래로 인한 회사의 채무에 대하여 보증인이 된 자가 그 후 회사로부터 퇴사하여 임원이나 직원의 지위를 떠난 때에는 보증계약 성립 당시의 사정에 현저한 변경이 생긴 경우에 해당하므로 사정변경을 이유로 보증계약을 해지할 수 있다고 보아야 하며, 위 계속적 보증계약에서 보증기간을 정하였다고 하더라도 그것이 특히 퇴사 후에도 보증채무를 부담키로 특약한 취지라고 인정되지 않는 한 위와 같은 해지권의 발생에 영향이 없다.」고 사정변경의 원칙을 인정한 경우도 있다.

그러나 「회사의 이사가 채무액과 변제기가 특정(特定)되어 있는 회사채무에 대하여 보증계약을 체결한 경우에는 계속적 보증이나 포괄 보증의 경우와는 달리 이사직 사임이라는 사정변경을 이유로 보증인인 이사가 일방적으로 보증계약을 해지할 수 없다(대판 2006.7.27.2004다30675).」고 할 것이다.

(나) 실효의 원칙 실효의 원칙(失效原則)이라 함은 권리자가 장기간 권리를 행사하지 않았기 때문에 의무자인 상대방으로서 이제는 권리자가 더 이상 그 권리를 행사하

지 않을 것으로 믿을 만한 정당한 기대를 가지게 된 다음에 권리자가 새삼스레 그 권리를 행사하는 것이 신의칙에 반한다고 인정되는 경우에는 그 권리행사는 권리남용으로 되어 허용되지 않으며, 상대방은 그 권리행사에 대하여 실효의 항변으로 대항할 수 있다.

예컨대 해제의 의사표시가 있은 무렵을 기준으로 볼 때 무려 1년 4개월 가량 전에 발생한 해제권을 장기간 행사하지 아니하고 오히려 매매계약이 여전히 유효함을 전제로 잔존채무의 이행을 최고함에 따라 상대방으로서는 그 해제권이 더 이상 행사되지 아니할 것으로 신뢰하였고, 또 매매계약상의 매매대금 자체는 거의 전부가 지급된 점 등에 비추어 보면 그와 같이 신뢰한 데에는 정당한 사유도 있었다고 봄이 상당하다면, 그 후 새삼스럽게 그 해제권을 행사한다는 것은 신의성실의 원칙에 반하여 허용되지 아니한다 할 것이다(대판 94.11.25. 94다12234).

실효의 원칙이 적용되기 위하여 필요한 요건으로서의 실효기간(失效期間)의 길이와 의무자인 상대방이 권리가 행사되지 아니하리라고 신뢰할 만한 정당한 사유가 있었는지의 여부는 일률적으로 판단할 수 있는 것이 아니라 구체적인 경우마다 권리를 행사하지 아니한 기간의 장단(長短)과 함께 권리자측과 상대방측 쌍방의 사정 및 객관적으로 존재한 사정 등을 모두 고려하여 사회통념에 따라 합리적으로 판단하여야 할 것이다(대판 2005.10.28. 2005다45827).

다만 인지청구권(認知請求權)은 본인의 일신전속적인 신분관계상의 권리로서 포기할 수도 없으며 포기하였더라도 그 효력이 발생할 수 없는 것이고, 이와 같이 인지청구권의 포기가 허용되지 않는 이상 거기에 실효의 법리가 적용될 여지도 없다고 할 것이다(대판 2001.11.27. 2001므1353).

(다) 모순행위금지의 원칙 모순행위금지의 원칙(矛盾行爲禁止原則)이라 함은 당사자가 어떤 행위를 한 후에는 그 행위에 대한 상대방의 신뢰에 반하는 모순행위를 해서는 안 된다는 원칙이다. 금반언(禁反言)이라고도 한다.

예컨대 민법 제452조 [양도통지와 금반언]는 「양도인이 채무자에게 채권양도를 통지한 때에는 아직 양도하지 아니하였거나 그 양도가 무효인 경우에도 선의인 채무자는 양수인에게 대항할 수 있는 사유로 양도인에게 대항할 수 있다.」고 규정하고 있다.

그러나 강행법규에 위반한 자가 스스로 그 약정의 무효를 주장하는 것은 신의칙에 반하지 않는다고 할 것이다. 왜냐 하면 강행법규를 위반한 자가 스스로 그 약정의 무효를 주장하는 것이 신의칙에 위배되는 권리의 행사라는 이유로 그 주장을 배척한다면, 이는 오히려 강행법규에 의하여 배제하려는 결과를 실현시키는 셈이 되어 입법 취지를 완전히 몰각하게 되기 때문이다(대판 2007.11.29. 2005다64552).

2. 권리남용금지의 원칙

(1) 의　　의

권리남용금지의 원칙(權利濫用禁止原則)이라 함은 외관상으로는 권리행사인 것처럼 보이지만 권리행사 자체가 신의성실의 원칙에 위반되거나 또는 권리남용의 결과가 되는 경우에는 그 권리행사가 허용되지 않는다는 원칙을 말한다.

Schikane(시카아네) 금지와 권리남용

권리남용금지원칙은 로마법에 있어서 신의칙의 구체적 형태로 나타나기 시작한 것으로서 당시의 권리남용금지의 원칙은 「가해(加害)의 의사」를 요건으로 하였고 이것이 Schikane 금지의 원칙, 즉 「타인을 해칠 목적으로만 하는 권리의 행사는 허용되지 않는다.」는 원칙으로서 독일 민법(BGB)에서 명문화되었던 것이다.

(2) 요　　건

(가) 객관적 요건　권리행사가 권리남용으로 되기 위하여서는 그 권리가 인정되는 사회적 목적에 반하는 행사이어야 한다. 즉, 권리행사를 권리남용이라고 하기 위해서는 권리행사라고 볼 수 있는 행위가 있어야 하며, 권리행사가 사회질서에 위반되는 것이라야 한다.

적극적인 권리행사뿐 아니라 불성실한 권리의 불행사도 권리남용이 된다고 할 것이다. 예컨대 친권자에게 친권을 행사할 의무가 부과되어 있음에도 이를 불성실하게 불행사하는 경우도 권리남용이 될 수 있을 것이다.

(나) 주관적 요건　권리행사의 목적이 자기에게는 이익이 없는데도 오직 상대방에게 고통이나 손해를 주기 위한 것이라야 한다.

권리행사가 남용이 되기 위해서는 주관적인 요건을 구비하여야 하는지에 대하여 학설은 부정적인 데 대하여, 판례(대판 93.5.14. 93다4366)는 주관적인 요건을 구비하여야 권리남용이 된다는 입장이다. 즉, "권리의 행사가 주관적으로 오직 상대방에게 고통을 주고 손해를 입히려는 데 있을 뿐 이를 행사하는 사람에게는 아무런 이익이 없고 객관적으로 사회질서에 위반된다고 볼 수 있으면 그 권리의 행사는 권리남용으로서 허용되지 아니한다"고 하고 있다.

판 례

권리행사가 권리남용에 해당하기 위한 요건 및 판단방법에 관한 판례

권리의 행사가 주관적으로 오직 상대방에게 고통을 주고 손해를 입히려는 데 있을 뿐 이를 행사하는 사람에게는 아무런 이익이 없고, 객관적으로 사회질서에 위반된다고 볼 수 있으면 그 권리의 행사는 권리남용으로서 허용되지 아니하고, 그 권리의 행사가 상대방에게 고통이나 손해를 주기 위한 것이라는 주관적 요건은 권리자의 정당한 이익을 결여한 권리행사로 보여지는 객관적인 사정에 의하여 추인할 수 있으며, 어느 권리행사가 권리남용이 되는가의 여부는 개별적이고 구체적인 사안에 따라 판단되어야 한다(대판 2003.11.27. 2003다40422).

(3) 효　　과

권리가 남용되면 권리행사에 따른 법률효과가 발생하지 않는다. 구체적으로 청구권의 행사가 남용으로 되면 법은 이에 협력하지 않으며, 형성권이 남용으로 되면 본래 발생하여야 할 법률효과가 발생하지 않는다.

권리남용의 결과 타인에게 손해를 주면 위법한 행위로 손해배상책임을 지게 되거나(대판 2008.4.17.2006다35865) 또는 권리가 박탈되는 경우도 있다(친권의 상실에 관한 민법 제924조 참조). 다만, 권리의 박탈은 법률의 규정이 있는 경우에 한하여야 할 것이다.

제8절　사권의 보호

점유권이 침해된 경우에는 점유회복의 소(訴)를, 상속권이 침해된 경우에는 상속회복의 소를 제기하는 것과 같이 사권(私權)의 침해가 있는 경우에는 국가권력, 특히 사법작용(司法作用)을 통하여 그 구제를 받는 것이 원칙이다. 다만, 예외적인 경우에는 사력(私力)에 의한 구제도 가능하다고 할 것이다.

Ⅰ. 국가권력을 통한 권리구제

국가권력을 통한 구제방법으로는 재판절차를 통하여 분쟁을 해결하는 것이 보통이겠으나 그 이외에도 재판에 대체하는 분쟁해결방법(Alternative Dispute Resolution, ADR)으로서 화해제도나 조정제도 또는 중재제도 등도 생각할 수 있다.

문제는 재판 외의 분쟁해결방법으로서 화해나 조정 등은 법률에서 정한대로 분쟁을 해결하는 것이 아니라 당사자가 상호 양보하여 분쟁을 해결하는 방법으로서 엄격한 법의 정신 내지는 법의 확실성을 해칠 염려가 있다는 것이다.

Ⅱ. 사력(私力)에 의한 권리구제

중앙집권국가에서는 권리가 침해되거나 분쟁이 발생한 경우에 국가의 사법작용(司法作用)을 통하여 구제받는 것이 원칙이다. 다만, 일정한 경우에는 사력(私力)에 의한 권리구제를 인정한다.

민법에서는 사력구제(私力救濟)로서 자력구제(제209조)만을 인정하고 있지만 그 이외에도 정당방위나 긴급피난을 통한 사력구제가 허용되는 경우도 있다.

제9절 민법의 효력

Ⅰ. 때에 관한 효력

법률은 그 시행일로부터 폐지될 때까지 효력을 가진다. 법이 개정된 경우에는 개정된 내용이 개정되기 이전에 발생한 사항에 관하여 효력을 가지는지에 대하여 소급효를 인정하는 태도와 소급효를 인정하지 않는 태도가 있다.

민법은 다음과 같이 정하고 있다. 민법 부칙 제2조 [본법의 소급효]는 「본법은 특별한 규정이 있는 경우 외에는 본법 시행일 전의 사항에 대하여도 이를 적용한다. 그러나 이미 구법에 의하여 생긴 효력에 영향을 미치지 아니한다.」고 하여 소급효를 인정하면서 구법하에서 발생한 권리를 보호한다.

II. 사람에 대한 효력

우리 나라 사람이면 국내에 있든 외국에 있든 상관없이 모두 우리 나라 민법의 적용을 받는다. 이러한 원칙을 속인주의(屬人主義)라고 한다.

III. 장소에 대한 효력

민법은 우리 나라의 영토에 그 효력이 미친다. 우리 나라의 영토는 한반도와 그 부속도서로 한다(헌법 제3조). 따라서 한반도인 북한지역에도 우리 나라 민법의 효력이 미친다. 다만, 미수복지역이기 때문에 실효성이 없다. 그러나 통일이 되면 별도의 법이 제정되지 않아도 민법은 당연히 북한지역에서도 그 효력이 미치게 된다.

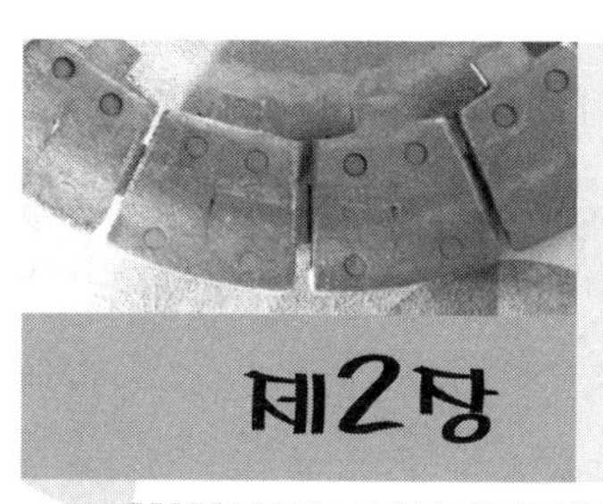

제2장 자 연 인

제1절 능 력

용어정리

권리능력

권리능력(權利能力)이라 함은 권리와 의무의 주체가 될 수 있는 지위 내지 자격으로서 인격이라고도 한다.

권리능력은 권리의 주체가 될 수 있는 추상적 내지는 잠재적인 지위에 지나지 않는다. 즉, 권리능력은 단순히 권리나 의무의 주체가 될 수 있는 가능성을 말하는 것으로 권리능력자가 법률행위를 통하여 구체적으로 권리를 취득하거나 의무를 부담하는 것과는 별개의 문제이다.

권리의 주체는 동시에 의무의 주체이기도 하기 때문에 권리능력을 의무능력이라고도 한다. 즉, 권리능력이 있는 자는 의무능력이 있는 자이다. 민법의 권리능력에 관한 규정은 강행규정이므로 이를 제한하거나 포기하는 것은 허용되지 않는다.

당사자능력

당사자능력(當事者能力)이라 함은 민사소송에 있어서 소송당사자가 될 수 있는 자격으로서 민사소송법상의 권리능력이라고도 한다. 권리능력자는 모두 당사자능력자이다. 예외적으로 권리능력 없는 사단이나 재단도 당사자능력을 갖는 경우가 있다(민사소송법 제52조).

등기능력

「종중, 문중 그 밖에 대표자나 관리인이 있는 법인 아닌 사단이나 재단에 속하는 부동산의 등기에 관하여서는 사단 또는 재단을 등기권리자 또는 등기의무자로 한다.」(부동산등기법 제26조)고 규정하여 권리능력은 없지만 등기능력(登記能力)이 인정되는 경우가 있다.

의사능력

의사능력(意思能力)이라 함은 자기의 행위에 대한 의미나 결과를 합리적으로 판단할 수 있는 정신적 지능 내지 판단능력을 말한다.

의사무능력자의 법률행위는 법률상 효력이 없다. 즉, 절대적으로 무효이다. 법률행위에 일정한 법률효과가 발생하는 것은 모든 사람은 자기의 자유로운 의사에 의하여서만 권리를 취득하고 의무를 부담한다는 사적자치의 원칙에 따른 것이다. 그러나 의사무능력자의 행위는 자기의 의사에 의한 것이라고 할 수 없기 때문에 법률효과를 인정할 수 없다. 예컨대 의사무능력자로는 유아(幼兒), 심신상실자, 만취자 등이 있다.

의사능력의 유무는 획일적 기준에 따라서 판단될 수 없고 구체적인 법률행위에 따라서 개별적으로 판단하여야 하며, 의사무능력을 이유로 법률행위의 무효를 주장하는 자가 의사무능력에 대한 입증책임을 부담한다(대판 2002.10.11.2001다10113).

어떤 법률행위가 그 일상적인 의미만을 이해하여서는 알기 어려운 특별한 법률적인 의미나 효과가 부여되어 있는 경우, 의사능력이 인정되기 위하여는 그 행위의 일상적인 의미뿐만 아니라 법률적인 의미나 효과에 대하여도 이해할 수 있을 것을 요한다(대판 2009.1.15.2008다58367).

책임능력

책임능력(責任能力)이라 함은 자기의 행위에 대한 책임을 인식할 수 있는 정신적 능력 내지 지능을 말한다. 즉, 자기의 행위의 결과가 위법한 것으로서 법률상 비난받는 것임을 인식하는 정신능력을 말한다. 책임능력을 불법행위능력(不法行爲能力)이라고도 한다.

행위능력

행위능력(行爲能力)이라 함은 누구의 도움도 없이 혼자의 힘으로 완전하게 유효한 법률행위를 할 수 있는 자격 내지 법률상 지위를 말한다. 이러한 자격을 갖추지 못한 자를 제한능력자(制限能力者)라 하며, 미성년자 · 피성년후견인 · 피한정후견인이 여기에 해당한다. 행위능력, 제한능력은 법률행위에 한하여 적용되며, 행위능력의 유무는 나이가 19세 미만인 자와 같은 형식적 · 획일적 기준에 의하여 정해진다.

소송능력

소송능력(訴訟能力)이라 함은 단독으로 유효하게 소송행위를 하거나 또는 법원이나 상대방의 소송행위를 받을 수 있는 자격을 말한다.

제한능력자는 원칙적으로 소송무능력자이다. 제한능력자가 단독으로 한 법률행위는 유효하며 취소할 수 있을 뿐이지만 소송무능력자가 단독으로 한 소송행위는 무효이다.

선의(善意) · 악의(惡意)

법률용어 중에서 통상적인 의미와는 달리 사용되는 점에 유의하여야 한다. 선의란 착한 의도가 아니라 「사정을 모르고」라는 의미로 사용되며, 악의란 나쁜 의도가 아니라 「사정을 알면서」라는 의미로 사용된다.

이해상반행위

이해상반행위(利害相反行爲)란 행위의 객관적 성질상 친권자와 그 자녀 사이 또는 친권에 복종하는 여러 명의 자녀 사이에 대립이 생길 우려가 있는 행위를 가리키는 것으로서, 친권자의 의도나 그 행위의 결과 실제로 대립이 생겼는지의 여부는 묻지 않는다(대판 96.11.22.96다10270).

이해상반행위에 있어서는 친권자의 대리권이 제한되며, 이 경우에는 친권자의 청구에 의하여 법원이 선임한 특별대리인이 그 이해상반행위에 관하여 대리권을 갖는다. 법인과 이사의 이익이 상반되는 경우에도 이사의 대표권은 제한된다. 이 경우에 이해관계인이나 검사의 청구에 의하여 법원이 선임하는 특별대리인이 법인을 대표한다(제64조).

Ⅰ. 권리능력

1. 권리능력의 시기(始期)

권리능력(權利能力)이라 함은 권리의 주체가 될 수 있는 자격을 말한다. 「사람은 생존하는 동안 권리의 주체가 될 수 있는 자격, 즉 권리능력을 가진다(제3조).」

'사람이 생존한다' 함은 출생한 때로부터 사망할 때까지를 말한다. 반대로 출생하기 전에는 권리능력이 없으며 또한 사망으로 권리능력을 상실한다.

사람의 출생시기에 대하여는 학설이 대립되어 있다. 진통설, 일부노출설, 전부노출설, 독립호흡설이 그것이다. 통설은 물리적으로 출생의 시기를 쉽게 확인할 수 있는 전부노출설(全部露出說)에 따른다.

태아(胎兒)는 출생 이전의 신분이므로 전부 노출설에 따르면 권리능력이 인정되지 않는다.

외국인(外國人)에 대해서도 내국인과 마찬가지로 원칙적으로 생존하는 동안 권리능력이 인정된다. 다만, 일정한 경우에는 권리를 취득할 수 없거나 제한되는 경우도 있다.

2. 태아의 민법상의 지위

(1) 태아보호의 필요성

사람은 모체로부터 전부 노출된 때부터 권리능력이 인정되기 때문에 출생 이전의 신분인 태아(胎兒)에게는 권리능력이 없다(통설). 그러나 이를 획일적으로 적용하게 되면 분만 중에 있는 태아에게도 권리능력을 인정하지 않는 등의 불합리한 문제가 발생할 수 있다. 이러한 불합리한 문제를 해결하기 위하여 태아를 보호할 필요가 있다고 할 것이다.

(2) 태아의 보호방법

태아를 보호하는 방법으로서 모든 법률관계에서 태아를 출생한 것으로 인정하여 보호하자는 일반적 보호주의(一般的保護主義)와 일정한 경우에 한하여 태아를 출생한 것으로 보아 보호하자는 개별적 보호주의(個別的保護主義)를 생각해 볼 수 있다.

민법은 개별적 보호주의를 취하여 일정한 경우에 한하여 태아를 이미 출생한 것으로 인정하여 보호하고 있다.

(3) 민법의 태아보호규정

민법에서는 불법행위로 인한 손해배상청구(제762조), 상속(제1000조 제3항), 유증(제1064조, 제1000조 제3항), 사인증여(제562조)에서 태아의 권리능력을 인정한다.

다만, 사인증여(死因贈與)의 경우에 태아의 권리능력을 인정할 것인지에 대하여는 학설이 대립하고 있다. 소수설은 민법 제562조에서 「증여자의 사망으로 인하여 효력이 생길 증여에는 유증(遺贈)에 관한 규정을 준용한다.」고 함으로써 유증에서와 같이 태아의 권리능력을 인정하여야 한다고 주장한다.

이에 대하여 다수설 · 판례(대판 96.4.12. 94다37714, 37721)는 유증의 법적 성질은 단독행위인 데 대하여 증여의 법적 성질은 계약이므로 '유증에 있어서 태아는 이미 출생한 것으로 본다'는 규정(제1064조, 제1000조 제3항)은 준용될 수 없다고 할 것이고, 따라서 사인증여에 있어서는 태아에게 권리능력이 인정되지 않는다고 해석한다.

'준용한다'와 '유추적용한다'

'준용(準用)한다'는 말은 입법기술상의 한 가지 방법으로서, 법규를 제정할 때 법률을 간결하게 하기 위하여 비슷한 사항에 관하여 다른 유사한 법규를 적용하도록 규정하는 것을 말한다. 다만 준용한다는 것은 그대로를 적용한다는 의미가 아니므로 필요한 변경을 가할 수 있다.

이에 대하여 '유추(類推)한다'고 하는 것은 법해석의 한 가지 방법이다. 예컨대 '유추해석'한다고 하는 것은 서로 비슷한 사실이 있을 경우에 어떤 사실(A)에 관하여서는 법률의 규정이 있는데 비슷한 다른 사실(B)에 관하여서는 법률의 규정이 없을 경우에 비슷한 다른 사실(B)에 관하여서도 법률의 규정이 있는 어떤 사실(A)과 마찬가지의 결과를 인정하는 법해석의 방법을 말한다.

대판 96.4.12. 94다37714, 37721

[1] 민법 제562조는 사인증여에 관하여는 유증에 관한 규정을 준용하도록 규정하고 있지만 유증의 방식에 관한 민법 제1065조 내지 제1072조는 그것이 단독행위임을 전제로 하는 것이어서 계약인 사인증여에는 적용되지 아니한다.

[2] 민법 제562조가 사인증여에 관하여 유증에 관한 규정을 준용하도록 규정하고 있다고 하여 이를 근거로 포괄적 유증을 받은 자는 상속인과 동일한 권리의무가 있다고 규정하고 있는 민법 제1078조가 포괄적 사인증여에도 준용된다고 해석하면 포괄적 사인증여에도 상속과 같은 효과가 발생한다. 그러나 포괄적 사인증여는 낙성 · 불요식의 증여계약의 일종이고 포괄적 유증은 엄격한 방식을 요하는 단독행위이며, 방식을 위배한 포괄적 유증은 대부분 포괄적 사인증여로 보여질 것인바, 포괄적 사인증여에 민법 제1078조가 준용된다면 양자의 효과는 같게 되므로 결과적으로 포괄적 유증에 엄격한 방식을 요하는 요식행위로 규정한 조항들은 무의미하게 된다. 따라서 민법 제1078조가 포괄적 사인증여에 준용된다고 하는 것은 사인증여의 성질에 반하므로 준용되지 아니한다고 해석함이 상당하다.」고 판시하여 사인증여에 있어서 태아의 권리능력을 부정하는 듯하다.

이러한 논의는 사인증여가 아닌 일반의 증여계약에 있어서는 적용되지 않는다. 따라서 일반의 증여계약에 있어서는 태아에게 권리능력, 즉 수증능력(受贈能力)이 없다.

인지(認知)라 함은 혼인 외의 자녀에 대하여 부 또는 모가 자기의 자녀임을 인정함으로써 법률상의 친자관계를 발생케 하는 단독행위이다. 부(父)는 태아를 인지할 수 있지만(제858조) 태아에게는 인지청구권(認知請求權)이 없다.

제1000조 제3항과 관련하여 태아에게 대습상속과 유류분권도 인정되는가?

통설은 이들 제도가 상속과 관련하여 발생하는 점에서 당연히 긍정하는 데 대하여, 소수설은 이들에 관해서는 명문의 규정이 없고, 다만 민법 제1000조 제3항을 유추적용하여 태아의 권리능력을 인정하여야 한다는 입장이다.

(4) 「이미 출생한 것으로 본다.」의 해석

「태아는 상속순위에 관하여는 이미 출생한 것으로 본다(제1000조 제3항).」와 같이 민법은 일정한 경우에 태아를 이미 출생한 것으로 보는데 그 의미를 어떻게 해석할 것인지에 대하여 학설이 대립한다.

정지조건설(停止條件說)에 따르면 태아는 불법행위나 피상속인의 사망과 같은 일정한 사실이 발생한 때에 권리(손해배상청구권 또는 상속권)를 취득하지 못하고 살아서 출생한다는 조건이 성취되면 비로소 그 사실이 발생한 때, 즉 불법행위가 발생하거나 피상속인이 사망한 때에 소급하여 권리취득을 인정하여야 할 것이라는 입장이다. 태아의 신분에서는 권리를 행사할 수 없게 되어 태아의 보호에 소홀할 수 있다는 비판을 받는다. 정지조건설은 출생시기를 과거의 일정한 시기까지 소급시키므로 인격소급설(人格遡及說)이라고도 한다.

해제조건설(解除條件說)은 불법행위나 피상속인의 사망과 같은 일정한 사실이 발생한 때에 태아의 권리취득을 인정하는 입장으로서 다수설이다. 따라서 태아의 신분에서 취득한 권리를 행사할 수 있으며, 권리의 행사는 임신부를 법정대리인(法定代理人)으로 하여 행사하게 된다.

해제조건설이 정지조건설에 의하는 경우보다 태아의 보호에 철저한 입장이다.

판례(대판 76.9.14. 76다1365)는 정지조건설(停止條件說)을 따른다. 즉, 「태아가 손해배상청구권에 관하여는 이미 태어난 것으로 본다는 민법 제762조의 취지는 태아가 살아서 출생한 때에 출생시기가 문제의 사건의 시기까지 소급하여 그 때에 태아가 출생한 것과 같이 법률상 본다고 해석함이 상당하므로 그가 모체와 같이 사망하여 출생의 기회를 못가졌다면 배상청구권을 논할 여지가 없다.」고 판시하여 정지조건설을 따른다.

입법론(立法論)으로 가정법원의 감독하에 태아를 위한 재산관리인제도의 도입을 주장하는 견해도 있다.

3. 외국인의 권리능력

(1) 내 · 외국인 평등주의

민법은 외국인의 능력에 관하여 규정을 두고 있지 않지만 현행법은 상호주의 내지 평등주의에 따라서 외국인에 대하여도 내국인과 마찬가지로 권리능력을 인정하는 것이 일반적이다. 다만, 일정한 경우에는 외국인의 권리능력이 제한된다.

(2) 외국인의 권리능력이 제한되는 경우

(가) 권리능력이 절대적으로 제한되는 경우 한국선박과 항공기 소유권(선박법 제2조, 항공법 제6조), 도선사의 자격취득(도선법 제6조 제1호)은 인정되지 않는다.

종래에는 외국인에 대한 광업권과 조광권을 제한하였었으나 외국인에 대한 광업권향유의 제한 및 특수광물에 대한 광업권설정의 제한을 폐지함으로써 외국인투자를 촉진시키고 국내광업의 대외경쟁력을 높이기 위하여 광업권과 조광권에 대한 국적조항을 폐지함으로써(법률 제5824호, 1999.2.8.), 외국인도 일정한 범위에서 광업권을 가질 수 있고(광업법 제10조의 2) 또한 조광권도 가질 수 있도록 하였다(광업법 제48조 참조).

또한 공증인법 제12조도 개정(법률 제5590호, 1998.12.28.)되었다. 공증인의 자격을 정하고 있던 '대한민국 국민일 것'을 정한 국적요건은 외국과의 투자자유화협상과 관련하여 외국인에 대한 내국민대우의 원칙을 위반한 것이라는 이유로 협상의 걸림돌이 되어 삭제함으로써 외국인도 공증인이 될 수 있도록 하였다. 또한 외국인도 국내변호사자격을 취득할 수 있도록 허용하고 있다.

(나) 상호주의에 의한 제한 외국인의 토지의 취득 또는 양도는 상호주의(相互主義)에 의하여 제한을 받는다(외국인토지법 제3조). 토지를 취득한 외국인은 계약체결일로부터 60일 이내에 시장 등에게 신고하도록 하였다(외국인토지법 제4조 제1항).

각종 지적재산권의 제한, 예컨대 저작권(저작권법 제3조), 특허권(특허법 제25조), 상표권(상표법 제5조의24), 디자인권(디자인보호법 제4조의24), 실용신안권(실용신안법 제3조)에 관하여도 상호주의에 따라 제한한다.

또한 국가나 지방자치단체를 상대로 하는 손해배상청구(국가배상법 제7조), 수산업에 관한 권리의 취득(수산업법 제5조 제3항)도 상호주의에 따라 제한된다.

(다) 국회의 동의를 요하는 경우 수산업법 제5조는 시·도지사나 시장·군수 또는 자치구의 구청장은 외국인 또는 외국법인에 대하여 수산업(水産業)에 관한 면허 또는 허가를 하고자 할 때에는 국회의 동의를 얻도록 하였던 규정을 개정(1995.12.30. 법률 제5131호)하여 해양수산부장관과 협의하도록 함으로써 국회의 동의를 필요 없는 것으로 하였다(수산업법 제5조 제1항). 다만 상호주의에 의한 제한을 할 수 있도록 하였다(수산업법 제5조 제3항).

4. 권리능력의 종기(終期)

(1) 사망시기

사람은 생존하는 동안에만 권리능력이 인정되므로 사망하면 권리능력을 상실하게 된다. 사람의 사망(死亡)으로 상속에 개시되고 피상속인의 권리와 의무가 상속인에게 이전된다.

사망의 시기에 대하여는 뇌사한 때라는 견해(뇌사설)와 맥박과 호흡이 정지된 때라는 견해(맥박 정지설)가 있으나 법학에 있어서는 맥박정지설이 통설이다. 다만, 일정한 경우에는 뇌사판정에 의하여 장기를 적출한 결과 사망에 이르는 경우를 특별히 취급하고 있다(장기 등 이식에 관한 법률 제16조 이하 참조).

(2) 동시사망의 추정

> 민법 제30조(동시사망)
> 2인 이상이 동일한 위난으로 사망한 경우에는 동시에 사망한 것으로 추정한다.

민법에서 동시사망에 대한 추정규정을 둔 것은 사망의 시기에 대한 증명(證明)이 곤란한 경우를 대비하기 위한 것이다. 즉, 동시사망(同時死亡)에 관한 규정을 두지 않으면 사실상 먼저 이익을 차지하는 자가 보호된다는 불합리한 결과가 초래된다.

예컨대 甲에게는 배우자 乙, 노모 丙 그리고 자녀 A가 있다고 할 경우에 甲이 자녀 A와 함께 백화점에서 쇼핑을 하던 중 건물의 붕괴로 모두 사망하였다든지, 배를 타고 가다가 배가 침몰하여 사망한 경우에 이들 중 누가 먼저 사망하였는지에 따라서 상속권자가 달라진다.

甲이 먼저 사망하고 그 후에 자녀 A가 사망하였다면 甲의 재산은 자녀A와 배우자 乙이 공동으로 상속받게 되고 그 후에 자녀 A도 사망하였으므로 A의 재산을 乙이 상속받게 된다. 노모 丙이 상속권을 주장하기 위해서는 손자 A가 甲보다 먼저 사망한 사실을 증명하여야 한다. 반대로 A가 먼저 사망하고 그 후에 甲이 사망한 경우에는 A의 재산은 甲과 乙이 공동으로 상속받게 되고 그 후에 甲이 사망한 때에 甲의 재산을 직계존속 丙과 배우자가 공동으로 상속받게 된다. 이 경우에 배우자 乙이 재산을 모두 상속받기 위해서는 A보다 甲이 먼저 사망한 사실을 증명하여야 한다.

그러나 설례(設例)에서와 같이 동일한 위난으로 2인 이상이 사망한 경우에 이들이 각각 다른 시기에 사망한 사실을 증명한다는 것은 거의 불가능에 가까운 것이므로 사실상 甲의 재산을 먼저 차지하여 상속권을 주장하는 자가 이익을 받게 되는 불합리한 결과가 발생될 수 있는데 이를 방지하고자 동시사망에 관한 추정규정을 두고 있다.

동시사망으로 추정받는 자, 예컨대 선례에서의 甲과 A의 상호간에는 상속문제가 발생하지 않는다.

동일하지 않은 위난으로 2인 이상이 사망한 경우에도 민법 제30조가 유추적용될 수 있는지에 대하여 긍정하는 견해와 부정하는 견해가 대립한다.

추정과 간주

민법 제30조에서와 같이 증명의 곤란을 구제하기 위하여 일정한 사실을 법률에서 추정(推定)하는 경우가 있는데, 이 추정의 효과를 소멸케 하기 위해서는 추정사실과 다른 사실을 증명(반대사실의 증명)하면 된다.

이에 대하여 실종선고에 의하여 실종자가 일정한 시기에 사망한 것으로 인정되는 경우와 같이 법률에서 일정한 사실을 간주(看做)하는 경우가 있는데, 이 경우에 간주의 효과를 소멸케 하기 위해서는 간주사실과 반대되는 사실을 증명하는 것만으로는 간주의 효과가 소멸하지 않고 그 반대사실의 증명에 기초하여 법원이 실종선고 자체를 취소하여야 간주효과가 소멸하는 점에서 추정과 구별된다.

대판 98.8.21. 98다8974 「민법 제30조에 의하면, 2인 이상이 동일한 위난으로 사망한 경우에는 동시에 사망한 것으로 추정하도록 규정하고 있는 바, 이 추정은 법률상 추정으로서 이를 번복하기 위하여는 동일한 위난으로 사망하였다는 전제사실에 대하여 법원의 확신을 흔들리게 하는 반증을 제출하거나 또는 각자 다른 시각에 사망하였다는 점에 대하여 법원에 확신을 줄 수 있는 본증을 제출하여야 하는데, 이 경우 사망의 선후에 의하여 관계인들의 법적 지위에 중대한 영향을 미치는 점을 감안할 때 충분하고도 명백한 입증이 없는 한 위 추정은 깨어지지 않는다고 보아야 한다.」

동시사망으로 추정되는 경우 대습상속의 가능 여부

대판 2001.3.9. 99다13157 「원래 대습상속제도는 대습자의 상속에 대한 기대를 보호함으로써 공평을 꾀하고 생존 배우자의 생계를 보장하여 주려는 것이고, 또한 동시사망 추정규정도 자연과학적으로 엄밀한 의미의 동시사망은 상상하기 어려운 것이나 사망의 선후를 입증할 수 없는 경우 동시에 사망한 것으로 다루는 것이 결과에 있어 가장 공평하고 합리적이라는 데에 그 입법 취지가 있는 것인바, 상속인이 될 직계비속이나 형제자매(피대습자)의 직계비속 또는 배우자(대습자)는 피대습자가 상속개시 전에 사망한 경우에는 대습상속을 하고, 피대습자가 상속개시 후에 사망한 경우에는 피대습자를 거쳐 피상속인의 재산을 본위상속하므로 두 경우 모두 상속을 하는데, 만일 피대습자가 피상속인의 사망, 즉 상속개시와 동시에 사망한 것으로 추정되는 경우에만 그 직계비속 또는 배우자가 본위상속과 대습상속의 어느 쪽도 하지 못하게 된다면 동시사망 추정 이외의 경우에 비하여 현저히 불공평하고 불합리한 것이라 할 것이고, 이는 앞서 본 대습상속제도 및 동시사망 추정규정의 입법 취지에도 반하는 것으므로, 민법 제1001조의 '상속인이 될 직계비속이 상속개시 전에 사망한 경우'에는 '상속인이 될 직계비속이 상속개시와 동시에 사망한 것으로 추정되는 경우'도 포함하는 것으로 합목적적으로 해석함이 상당하다.」

(3) 인정사망

인정사망(認定死亡)이라 함은 가족관계의 등록 등에 관한 법률에서 수난(水難), 화재 기타 사변(事變)으로 인하여 사망한 자가 있는 경우에 그를 조사한 관공서로 하여금 지체 없이 사망자의 시·읍·면의 장에게 사망의 보고를 하도록 하고 있는데(가족관계의 등록 등에 관한 법률 제87조), 이와 같이 일정한 경우에 관공서의 사망보고에 의하여 사망한 것으로 인정되는 경우를 말한다.

이러한 인정사망은 사망의 개연성이 높지만 시체를 발견할 수 없는 경우에는 이를 조사한 관공서의 보고에 의하여 사고가 발생한 때에 사망한 것으로 추정(推定)함으로써 그 자를 중심으로 한 법률관계를 처리할 수 있도록 한 사망의 특별절차이다.

인정사망으로 처리된 자는 사망으로 추정될 뿐이고, 권리능력을 상실하지 않는다. 그러므로 추정사실과 다른 사실을 증명하면 법원의 취소절차가 없이도 사망의 추정효과는 소멸된다.

나아가 판례(대판 89.1.31. 87다카2954)는 인정사망이나 실종선고에 의하지 아니하고 법원이 경험칙(經驗則)과 논리칙(論理則)에 의하여 사망사실을 인정할 수 있다고 한다.

II. 행위능력과 제한능력

1. 행위능력제도

(1) 행위능력제도의 의의

행위능력(行爲能力)이라 함은 다른 사람의 도움 없이 혼자만의 힘으로 완전히 유효한 법률행위를 할 수 있는 자격을 말한다.

이에 대하여 혼자의 힘만으로는 완전하게 유효한 법률행위를 할 수 있는 자격이 없는 경우를 제한능력(制限能力)이라 한다.

(2) 제한능력자의 유형

제한능력자는 나이와 같은 획일적 기준 내지는 형식적 기준에 의하여 정하여지는 점에서 구체적인 경우마다 개별적으로 그 구비여부를 판단하여야 하는 의사능력과 구별되며, 이러한 제한능력자에는 미성년자, 피성년후견인과 피한정후견인이 있다.

미성년자는 개인적인 능력의 차이와 상관없이 19세 미만인 자라고 하는 형식적 · 획일적 기준에 의하여 당연히 제한능력자로 취급된다. 피성년후견인과 피한정후견인은 법률에서 정한 일정한 요건과 절차에 따라 법원이 선고함으로써 제한능력자로 된다.

이외에도 정신적 제약으로 일시적 후원 또는 특정한 사무에 관한 후원이 필요한 사람을 위한 특정후견제도를 신설하였다.

(3) 제한능력자가 한 법률행위의 효과

(가) 취소할 수 있는 법률행위 제한능력자라도 스스로 법률행위를 할 수 있고, 그 법률행위는 유효하다. 다만, 일정한 기간 내에는 그 법률행위를 취소할 수 있도록 하고 있다.

제한능력자라는 사실에 대한 입증책임은 의사무능력의 경우와 마찬가지로 제한능력을 이유로 법률행위의 효력을 부인하고자 하는 자에게 있다.

(나) 절대적 무효 제한능력을 이유로 법률행위를 취소한 경우에 그 효과는 절대적 무효이다. 즉, 제한능력자가 한 유효한 법률행위를 취소하면 소급적으로 무효가 되며, 그 무효는 선의의 제3자에 대하여도 주장할 수 있다.

이와 같은 제한능력자제도는 제한능력자의 보호에 편중하여 거래의 안전을 해칠 수 있다는 비난을 받기도 한다.

(다) 부당이득의 반환과 그 범위 제한능력자가 단독으로 한 법률행위임을 이유로 취소되면 법률행위는 소급적으로 무효로 되는 결과 아직 이행하지 않은 부분은 앞으로도 이행할 필요가 없으며 이미 이행한 부분은 부당이득으로서 반환하여야 한다. 다만, 제한능력자가 반환하여야 하는 부당이득은 취소된 법률행위로 인하여 받은 이익이 현존하는 범위에서 반환하면 된다(제141조 단서).

이익이 현존하는지에 대한 입증책임은 누가 부담하는지에 대하여 학설이 대립한다. 다수설과 판례(대판 2005.4.15. 2003다60297, 60303, 60310, 60327)는 제한능력자가 취득한 이익은 현존하는 것으로 추정하여 제한능력자측에서 현존이익이 없음을 증명하여야 한다는 입장이다.

또한 제한능력자의 책임을 제한하는 민법 제141조 단서 규정은 의사능력의 흠결을 이유로 법률행위가 무효가 되는 경우에도 유추적용되므로, 이익이 현존하지 아니함은 이를 주장하는 자, 즉 의사무능력자측에 입증책임이 있다고 할 것이다(대판 2009.1.15. 2008다58367). 이에 대하여 소수설은 제141조 단서의 제도적 취지는 제한능력자 보호에 있으므로 제한능력자의 상대방이 이익이 현존한다는 것을 증명하여야 한다고 주장한다.

(라) 이중효(Doppel Wirkung) 제한능력자인 미성년자나 피성년후견인이 의사무능력의 상태에서 법률행위를 한 경우, 한편으로는 제한능력자가 한 법률행위로서 취소할 수 있으며 다른 한편으로는 의사무능력자가 한 법률행위이므로 무효이기도 하다. 하나의 법률행위에 무효와 취소원인이 경합하는 것을 법률행위의 이중효(二重效)라 한다.

2. 제한능력자

(1) 미성년자

(가) 의 의 미성년자라 함은 만 19세 미만인 자를 말한다(제4조). 즉, 출생한 날로부터 기산하여 만 19세에 달하지 않은 자를 미성년자라 한다.

(나) 요 건 민법은 만 19세라는 획일적인 기준에 의하여 미성년자에 해당하면 개별적인 능력의 차이에도 불구하고 모두 제한능력자로 취급한다.

(다) 미성년자의 행위능력(行爲能力)

(a) 원 칙: 미성년자가 법률행위를 하려면 법정대리인의 동의를 얻어서 단독으로 하거나 또는 법정대리인이 대리하여 할 수 있을 뿐이다. 미성년자가 법정대리인의

동의 없이 단독으로 한 법률행위는 유효하지만 일정한 기간 내에 취소할 수 있다.

(b) 예 외: 일정한 경우에는 미성년자가 법정대리인의 동의 없이 단독으로 법률행위를 할 수 있는 경우가 있다. 이러한 경우에는 미성년자가 단독으로 한 법률행위일지라도 완전히 유효하며 제한능력을 이유로 취소할 수 없다. 다만, 미성년자가 단독으로 법률행위를 하는 경우에도 의사능력은 가지고 있어야 한다.

미성년자가 단독으로 할 수 있는 법률행위

단순히 권리만을 얻거나 의무만을 면하는 행위

단순히 권리만을 얻거나 의무만을 면하는 행위는 미성년자에게 불리하지 않기 때문이다. 채무변제를 수령하는 행위는 여기에 포함되지 않는다. 채무를 변제받는 행위는 한편으로는 미성년자에게 유리하지만 다른 한편으로는 채권을 상실한다는 불이익도 발생되기 때문이다.

범위를 정하여 처분을 허락한 재산의 처분행위

법정대리인이 일정한 범위를 정하여 처분을 허락한 재산에 대한 법률행위는 미성년자가 법정대리인의 동의 없이 단독으로 할 수 있다. 예컨대 자기의 용돈을 타인에게 주는 행위 등이 여기에 해당한다. 또는 만 19세가 넘은 미성년자가 월 소득범위 내에서 신용구매계약을 체결한 경우, 스스로 얻고 있던 소득에 대하여는 법정대리인의 묵시적 처분허락이 있었다고 보아 위 신용구매계약은 처분허락을 받은 재산범위 내의 처분행위에 해당한다고 할 것이다(대판 2007.11.16. 2005다71659, 71666, 71673).

법정대리인이 사용목적을 정하여 처분을 허락한 경우에 미성년자가 그 사용목적과 다른 용도로 처분행위를 한 경우에 어떻게 해석할 것인지에 대하여 학설이 대립한다. 통설은 법정대리인이 정한 사용목적은 미성년자를 구속하지 않는 것으로 이해한다. 따라서 미성년자가 법정대리인이 정한 사용목적과 다른 목적의 법률행위를 한 경우에도 그 법률행위는 미성년자가 단독으로 한 것임을 이유로 취소할 수 없다고 할 것이다.

미성년자의 전재산을 처분할 수 있도록 허락하는 것처럼 제한능력자제도에 반할 정도로 포괄적인 처분을 허락하는 것은 허용되지 않는다(통설).

법정대리인의 허락을 얻은 영업행위

법정대리인이 특정한 영업에 대하여 허락을 한 때에는 미성년자가 단독으로 법률행위를 할 수 있다.

법정대리인이 미성년자에 대하여 어떤 종류의 영업을 허락할 경우, 미성년자의 보호를 위하여 예컨대 100만원 이상의 거래는 반드시 법정대리인의 동의를 얻도록 하는 등의 조건을 붙이는 것은 허용되지 않는다고 할 것이다.

영업을 허락하는 방법에는 특별한 방식을 요하지 않지만 영업행위가 상업인 경우에는 상업등기를 하여야 한다. 법정대리인의 허가에 대한 입증책임은 영업허가를 이유로 법률행위의 유효를 주장하는 자에게 있다.

법정대리인이 미성년자에 대하여 특정한 영업을 허락한 경우에 미성년자는 그 영업에 관하여 성년자와 동일한 행위능력을 가지게 되며, 그 범위 내에서 법정대리인의 대리권은 소멸한다.

혼인한 미성년자의 법률행위

미성년자도 남녀 모두 18세에 달하면 법정대리인의 동의를 얻어 혼인할 수 있고, 미성년자가 혼인한 때에는 사법상(私法上)의 법률관계에 있어서 성년자로 보아 단독으로 법률행위를 유효하게 할 수 있다.

일단 혼인에 의하여 미성년자가 성년자로 의제되면 성년에 달하기 전에 이혼 등의 사유로 혼인이 해소되어도 다시 제한능력자로 되지 않는다.

혼인이라 함은 혼인신고에 의하여 성립하는 법률혼만을 의미하며 사실혼에 대하여는 적용이 없다.

대리행위

미성년자도 타인의 대리인이 될 수 있으며 타인의 대리인으로서의 법률행위를 한 때에는 제한능력을 이유로 그 대리행위를 취소할 수 없다.

제한능력자제도는 제한능력자 자신을 보호하기 위한 제도이므로 제한능력자가 타인을 위하여 대리행위를 한 경우에는 그 적용이 없도록 한 것이다.

유 언

미성년자도` 17세에 달한 때에는 법정대리인의 동의 없이 유효하게 유언을 할 수 있다. 이 경우에도 미성년자에게 의사능력은 있어야 한다.

회사의 무한책임사원으로서의 행위

미성년자가 법정대리인의 허락을 얻어 회사의 무한책임사원이 된 때에는 그 사원자격으로 인한 행위에 있어서는 능력자로 본다.

> 근로기준법상의 행위
>
> 근로기준법상 친권자 또는 후견인은 미성년자의 근로계약을 대리할 수 없도록 하였고, 미성년자는 독자적으로 임금을 청구할 수 있다.

(라) 동의와 허락의 취소

법정대리인은 미성년자가 아직 법률행위를 하기 전에는 미성년자의 법률행위에 대한 동의와 일정한 범위를 정하여 처분을 허락한 재산의 처분행위에 대한 허락을 취소할 수 있다(제7조). 동의와 허락의 취소는 소급효가 없고, 미성년자가 법률행위를 하기 전에 그 법률행위를 장래에 향하여 하지 못하게 하는 철회의 의미를 갖는다.

법정대리인은 미성년자에 대한 특정한 영업에 관한 허락을 취소 또는 제한할 수 있고(제8조 제2항), 취소의 의사표시는 미성년자 또는 그 상대방에 대하여 하여야 하며, 허락의 취소는 선의의 제3자에게 대항하지 못한다(제8조 제2항 단서).

(마) 법정대리인

(a) 법정대리인의 자격: 미성년자의 보호기관으로는 1차적으로 친권자, 친권자가 없으면 2차적으로 미성년후견인이 선임된다.

미성년자의 친권자는 부모이다(제911조). 양자는 양부모의 친권에 복종한다(제909조 제2항). 미성년자에게 친권자가 없거나 친권자가 법률행위의 대리권과 재산관리권을 행사할 수 없는 경우에는 미성년후견인을 두어야 한다(제928조).

미성년후견인은 1인으로 하며(제930조 제1항), 미성년자에게 친권을 행사하는 부모는 유언으로 미성년후견인을 지정할 수 있고(제931조 제1항), 가정법원은 부모의 유언에 따라 미성년후견인이 지정된 경우라도 미성년자의 복리를 위하여 필요하면 생존하는 부 또는 모, 미성년자의 청구에 의하여 후견을 종료하고 생존하는 부 또는 모를 친권자로 지정할 수 있다(제931조 제2항).

가정법원은 부모의 유언에 따라 지정된 미성년후견인이 없는 경우에는 직권(職權)으로 또는 미성년자, 친족, 이해관계인, 검사, 지방자치단체의 장의 청구에 의하여 미성년후견인을 선임한다(제932조).

미성년후견인을 지정할 수 있는 사람은 유언으로 미성년후견감독인을 지정할 수 있다(제940조의 2). 가정법원은 지정된 미성년후견감독인이 없는 경우에 필요하다고 인정하면 직권으로 또는 미성년자, 친족, 미성년후견인, 검사, 지방자치단체의 장의 청구에 의해 미성년후견감독인을 선임할 수 있다(제940조의 3).

(b) 법정대리인의 권한과 제한: 미성년자가 법률행위를 함에 있어서 법정대리인은 동의권과 대리권을 가진다. 다만 친권자가 그 자녀의 행위를 목적으로 하는 채무를 부담할 경우에는 본인의 동의를 얻어야 한다(제920조). 법정대리인의 동의는 묵시적으로도 가능하다(대판 2007.11.16. 2005다71659, 71666, 71673).

법정대리인인 친권자와 미성년인 자녀 사이에 이해상반되는 법률행위를 함에는 친권자의 대리권이 제한된다. 이 경우에 친권자는 법원에 그 자녀의 특별대리인의 선임을 청구하여야 한다. 미성년인 자녀들 간의 법률행위를 대리함에 있어서도 같다(제921조).

예컨대 상속재산에 대하여 소유의 범위를 정하는 내용의 공동상속재산 분할협의는 그 행위의 객관적 성질상 상속인 상호간 이해의 대립이 생길 우려가 없다고 볼만한 특별한 사정이 없는 한 민법 제921조의 이해상반행위에 해당하며(대판 2011.3.10. 2007다17482), 미성년자 소유의 부동산을 친권자에게 증여하는 행위도 이해상반행위에 해당하며(대판 2002.2.5. 2001다72029), 친권자인 모가 자신이 연대보증한 채무의 담보로 자신과 자(子)의 공유인 토지 중 자의 공유지분에 관하여 법정대리인의 자격으로 근저당권 설정계약을 체결한 행위도 이해상반행위에 해당한다(대판 2002.1.11. 2001다65960).

그러나 법정대리인인 친권자가 부동산을 매수하여 이를 그 자(子)에게 증여하는 행위는 미성년자인 자에게 이익만을 주는 행위이므로 친권자와 자 사이의 이해상반행위에 속하지 아니하고(대판 81.10.13. 81다649), 법정대리인인 친권자가 부동산을 미성년자인 자에게 명의신탁하는 행위도 이해상반행위에 속한다고 볼 수 없다(대판 98.4.10. 97다4005).

(바) 효 과 미성년자가 단독으로 한 법률행위는 유효하지만 취소(取消)할 수 있다. 법률행위의 취소권자는 미성년자 본인 또는 법정대리인이며, 법정대리인의 동의에 대한 입증책임은 법률행위의 유효를 주장하는 미성년자측에게 있다.

미성년자의 법률행위가 법정대리인의 동의나 허락을 얻어서 행하여진 경우, 미성년자는 그 법률행위를 취소할 수 없다.

(2) 피성년후견인(被成年後見人)

(가) 의 의 피성년후견인이라 함은 질병, 장애, 노령, 그 밖의 사유로 인한 정신적 제약으로 사무를 처리할 능력이 지속적으로 결여된 사람으로서 일정한 자의 청구에 의하여 가정법원으로부터 성년후견개시의 심판을 받은 사람을 말한다.

(나) 요 건 1) 질병, 장애, 노령, 그 밖의 사유로 인한 정신적 제약으로 사무를 처리할 능력이 지속적으로 결여되어 있어야 한다.

2) 본인, 배우자, 4촌 이내의 친족, 미성년후견인, 미성년후견감독인, 한정후견인, 한정후견감독인, 특정후견인, 특정후견감독인, 검사 또는 지방자치단체의 장이 청구를 하여야 한다.

3) 가정법원은 성년후견개시의 심판을 할 때 본인의 의사를 고려하여야 한다.

(다) 피성년후견인의 행위와 취소(取消) 피성년후견인의 법률행위는 취소할 수 있다(제10조 제1항). 피성년후견인이 후견인의 동의 없이 단독으로 한 법률행위뿐만 아니라 후견인의 동의를 받고 한 법률행위도 취소할 수 있는 것이 원칙이다(제17조 제2항 참조). 다만 가정법원은 취소할 수 없는 피성년후견인의 법률행위의 범위를 정할 수 있으며(제10조 제2항), 일용품의 구입 등 일상생활에 필요하고 그 대가가 과도하지 아니한 법률행위는 성년후견인이 취소할 수 없다(제10조 제4항).

친권자와 그 자녀 사이 또는 수인의 자녀 사이의 이해상반행위에 대한 친권행사의 제한에 관한 규정은 성년후견인에게도 준용되며, 성년후견인은 법원에 그 피성년후견인을 위한 특별대리인의 선임을 청구하여야 한다. 그러나 후견감독인이 있는 경우에는 그러하지 아니하다(제949조의 3).

(라) 성년후견 종료의 심판

성년후견개시의 원인이 소멸된 경우에는 가정법원은 본인, 배우자, 4촌 이내의 친족, 성년후견인, 성년후견감독인, 검사 또는 지방자치단체의 장의 청구에 의하여 성년후견종료의 심판을 한다(제11조). 성년후견종료의 심판이 확정된 때에는 피성년후견인은 장래에 향하여 행위능력자로 된다.

(마) 성년후견인의 선임

가정법원의 성년후견개시심판이 있는 경우에는 그 심판을 받은 사람의 성년후견인을 두어야 한다(제929조). 성년후견인은 피성년후견인의 신상과 재산에 관한 모든 사정을 고려하여 여러 명을 둘 수 있고, 법인도 성년후견인이 될 수 있다(제930조 제2항, 제3항).

성년후견인은 가정법원이 직권으로 선임한다(제936조 제1항). 성년후견인이 사망, 결격, 그 밖의 사유로 없게 된 경우에도 가정법원은 직권으로 또는 피성년후견인, 친족, 이해관계인, 검사, 지방자치단체의 장의 청구에 의하여 성년후견인을 선임한다(제936조 제2항). 가정법원이 성년후견인을 선임할 때에는 피성년후견인의 의사를 존중하여야 하며, 그 밖에 피성년후견인의 건강, 생활관계, 재산상황, 성년후견인이 될 사람의 직업과 경험, 피성년후견인과의 이해관계의 유무(법인이 성년후견인이 될 때에는 사업의 종류와 내용, 법인이나 그 대표자와 피성년후견인 사이의 이해관계의 유무를 말한다) 등의 사정도 고려하여야 한다(제936조 제4항).

(3) 피한정후견인(被限定後見人)

(가) 의 의 피한정후견인이라 함은 질병, 장애, 노령, 그 밖의 사유로 인한 정신적 제약으로 사무를 처리할 능력이 부족한 사람에 대하여 본인, 배우자, 4촌 이내의 친족, 미성년후견인, 미성년후견감독인, 성년후견인, 성년후견감독인, 특정후견인, 특정후견감독인, 검사 또는 지방자치단체의 장의 청구에 의하여 가정법원에 의하여 한정후견개시의 심판을 받은 사람을 말한다.

(나) 요 건 1) 질병, 장애, 노령, 그 밖의 사유로 인한 정신적 제약으로 사무를 처리할 능력이 부족한 사람이어야 한다.

2) 본인, 배우자, 4촌 이내의 친족, 미성년후견인, 미성년후견감독인, 성년후견인, 성년후견감독인, 특정후견인, 특정후견감독인, 검사 또는 지방자치단체의 장의 청구가 있어야 한다.

3) 가정법원은 한정후견개시의 심판을 할 때 본인의 의사를 고려하여야 한다.

(다) 한정후견개시의 심판과 한정후견인 가정법원의 한정후견개시의 심판이 있는 경우에는 그 심판을 받은 사람의 한정후견인을 두어야 한다(제959조의2). 한정후견인은 가정법원이 직권으로 선임하며(제959조의3), 가정법원은 한정후견인에게 대리권을 수여하는 심판을 할 수 있다(제959조의4).

(라) 피한정후견인의 행위와 취소(取消) 가정법원은 피한정후견인이 한정후견인의 동의(同意)를 받아야 하는 행위의 범위(範圍)를 정할 수 있고(제13조 제1항), 또한 가정법원은 본인, 배우자, 4촌 이내의 친족, 한정후견인, 한정후견감독인, 검사 또는 지방자치단체의 장의 청구에 의하여 제1항에 따른 한정후견인의 동의를 받아야만 할 수 있는 행위의 범위를 변경할 수 있다(제13조 제2항).

한정후견인의 동의를 필요로 하는 행위에 대하여 한정후견인이 피한정후견인의 이익이 침해될 염려가 있음에도 그 동의를 하지 아니하는 때에는 가정법원은 피한정후견인의 청구에 의하여 한정후견인의 동의를 갈음하는 허가를 할 수 있다(제13조 제3항).

한정후견이 개시된다고 할지라도 피한정후견인은 가정법원이 한정후견인의 동의를 받도록 따로 정한 행위에 대해서만 행위능력(行爲能力)이 제한되며, 피한정후견인이 한정후견인의 동의가 필요한 법률행위를 한정후견인의 동의 없이 하였을 때에는 그 법률행위를 취소(取消)할 수 있다. 다만, 동의를 받도록 정한 행위 중에서도 일용품의 구입 등 일상생활에 필요하고 그 대가가 과도하지 아니한 법률행위에 관하여는 완전한 행위능력을 갖는다(제13조 제4항).

종래 한정치산(限定治産)의 경우 한정치산자의 행위능력은 미성년자와 동일하게 취급되어 후견인이 포괄적 대리권을 가지며 한정치산자가 재산상의 법률행위를 할 때에는 동의를 받도록 하고 동의 없이 한 법률행위는 취소할 수 있도록 하고 있었다.

그러나 피한정후견인의 정신적 능력의 구체적 상황을 고려하지 아니하고 포괄적으로 행위능력을 제한하는 것은 성년후견제도의 이념에 맞지 않다. 따라서 피한정후견인의 잔존능력을 최대한 활용할 수 있도록 동의가 필요한 범위를 가정법원이 따로 정할 수 있도록 개정한 것이다.

피한정후견인은 한정후견인의 동의를 받도록 정한 범위 내에서만 민법 제15조 이하의 제한능력자에 해당하며, 그 이외의 범위에서는 완전한 행위능력자로 취급된다.

피한정후견인이 신분상의 법률행위를 하는 경우에 관하여는 민법에서 아무런 규정도 두고 있지 않다.

피한정후견인이 신분상의 법률행위를 함에는 법정대리인의 동의를 받지 않아도 되고 법정대리인의 대리행위에 의하지 않고 완전한 행위능력자로서 단독으로 할 수 있다(다수설).

(마) 한정후견종료의 심판 한정후견개시의 원인이 소멸된 경우에는 가정법원은 본인, 배우자, 4촌 이내의 친족, 한정후견인, 한정후견감독인, 검사 또는 지방자치단체의 장의 청구에 의하여 한정후견종료의 심판을 한다(제14조). 한정후견종료의 심판이 확정되면 피한정후견인은 그 때부터 행위능력자로 된다.

(바) 한정후견인의 선임 가정법원의 한정후견개시의 심판이 있는 경우에는 그 심판을 받은 사람의 한정후견인을 두어야 하며, 한정후견인은 가정법원이 직권으로 선임한다.

한정후견인은 피한정후견인의 신상과 재산에 관한 모든 사정을 고려하여 여러 명을 둘 수 있고, 법인도 한정후견인이 될 수 있다.

친권자와 그 자녀 사이 또는 수인의 자녀 사이의 이해상반행위에 대한 친권행사의 제한에 관한 제921조의 규정은 한정후견인에게도 준용되며, 한정후견인은 법원에 그 피한정후견인을 위한 특별대리인의 선임을 청구하여야 한다. 그러나 후견감독인이 있는 경우에는 그러하지 아니하다(제949조의 3).

(4) 피특정후견인(被特定後見人)

(가) 의 의　피특정후견인이라 함은 질병, 장애, 노령, 그 밖의 사유로 인한 정신적 제약으로 일시적 후원 또는 특정한 사무에 관한 후원이 필요한 사람에 대하여 본인, 배우자, 4촌 이내의 친족, 미성년후견인, 미성년후견감독인, 검사 또는 지방자치단체의 장의 청구에 의하여 가정법원에 의하여 특정후견의 심판을 받은 사람을 말한다.

(나) 요 건　1) 질병, 장애, 노령, 그 밖의 사유로 인한 정신적 제약으로 일시적 후원 또는 특정한 사무에 관한 후원(後援)이 필요한 사람이어야 한다.

2) 본인, 배우자, 4촌 이내의 친족, 미성년후견인, 미성년후견감독인, 검사 또는 지방자치단체의 장의 청구가 있어야 한다.

3) 특정후견은 본인의 의사에 반하여 할 수 없다.

(다) 특정후견의 심판　특정후견의 심판을 하는 경우에는 특정후견의 기간 또는 사무의 범위를 정하여야 한다. 가정법원은 피특정후견인의 후원을 위하여 필요한 처분을 명할 수 있고, 그 처분으로 피특정후견인을 후원하거나 대리하기 위한 특정후견인을 선임할 수 있다(제959조의 8, 9).

또한 피특정후견인의 후원을 위하여 필요하다고 인정하면 가정법원은 기간이나 범위를 정하여 특정후견인에게 대리권을 수여하는 심판을 할 수 있는데, 이 경우 가정법원은 특정후견인의 대리권 행사에 가정법원이나 특정후견감독인의 동의를 받도록 명할 수 있다(제959조의 11).

(라) 심판 사이의 관계　가정법원이 피한정후견인 또는 피특정후견인에 대하여 성년후견개시의 심판을 할 때에는 종전의 한정후견 또는 특정후견의 종료 심판을 하여야 하며, 가정법원이 피성년후견인 또는 피특정후견인에 대하여 한정후견개시의 심판을 할 때에는 종전의 성년후견 또는 특정후견의 종료 심판을 한다(제14조의 3).

(마) 피특정후견인과 행위능력　특정후견이 되더라도 피특정후견인의 행위능력에는 아무런 영향이 없고, 피특정후견인은 민법 제15조 이하의 제한능력자에 해당하지 않는다. 특정 법률행위를 위하여 특정후견인이 선임되고 법정대리권을 부여받은 경우에도 당해 법률행위와 관련된 피특정후견인의 행위능력은 제한되지 않는다.

(5) 제한능력제도의 적용범위

제한능력자제도는 대체로 재산적 법률행위에 적용되고, 다른 사법상의 법률행위에는 민법총칙에서 정하는 제한능력자제도의 적용이 제한되는 경우가 있다.

예컨대 신분법상의 법률행위에 있어서 미성년자라도 17세에 달한 때에는 단독으로 유언할 수 있고(제1061조), 피한정후견인은 모든 신분상의 법률행위를 단독으로 할 수 있으며, 피성년후견인도 의사능력이 회복된 때에는 혼자서 유언을 할 수 있을(제1063조) 뿐만 아니라 법정대리인의 동의를 얻어 혼인(제808조 제2항), 이혼(제835조), 인지(제856조) 또는 입양(제873조)을 할 수도 있다.

또한 재산적 법률행위 가운데 유가증권의 거래와 같이 외형을 신뢰하여 신속하게 이루어지는 법률행위 또는 회사나 노동자단체 등과 같은 조직법적 내지는 단체법적인 법률관계를 구성하는 법률행위에도 그 적용이 제한된다.

3. 제한능력자와 거래한 상대방의 보호

(1) 상대방을 보호할 필요성

제한능력자가 한 법률행위는 취소권자인 제한능력자나 그 법정대리인이 취소하면 소급적으로 무효가 되지만 취소하지 않고 그대로 방치해 두면 취소권이 소멸되어 유효하게 된다. 이와같이 제한능력자의 법률행위는 일방적인 취소권의 행사에 의하여 그 효력이 좌우되는 불확정상태에 있게 되어 상대방의 법률상의 지위는 불안할 수밖에 없고 또한 거래의 안전을 위협한다.

민법은 이와같은 취소할 수 있는 법률행위의 불확정상태를 신속하게 해소하기 위한 제도를 두고 있다.

첫째로 제한능력자와 법률행위를 한 상대방에게 불확정한 법률관계를 신속히 확정시킬 수 있는 지위를 인정하는 것이다. 즉, 민법은 제한능력자와 법률행위를 한 상대방에게 확답을 촉구할 권리(최고권), 철회권, 거절권을 인정하고 있다.

둘째로 제한능력자의 취소권을 일정한 경우에 배제함으로써 상대방을 보호할 수 있는 경우를 정해 두고 있다.

그 이외에도 제한능력자가 한 법률행위를 포함하여 모든 취소할 수 있는 법률행위에 대하여 취소권의 단기소멸기간과 법정추인제도를 두고 있다.

(2) 최고권(제한능력자와 거래한 상대방의 확답을 촉구할 권리) · 철회권 · 거절권

(가) 최고권(상대방의 확답을 촉구할 권리)　제한능력자의 상대방은 제한능력자가 능력자가 된 후에 그에게 1개월 이상의 기간을 정하여 그 취소할 수 있는 행위를 추인할 것인지 여부의 확답을 촉구할 수 있다. 능력자로 된 사람이 그 기간 내에 확답을 발송하지 아니하면 그 행위를 추인한 것으로 본다(제15조 제1항).

제한능력자가 아직 능력자가 되지 못한 경우에는 그의 법정대리인에게 1개월 이상의 기간을 정하여 그 취소할 수 있는 행위를 추인할 것인지 여부의 확답을 촉구를 할 수 있고, 법정대리인이 그 정하여진 기간 내에 확답을 발송하지 아니한 경우에는 그 행위를 추인한 것으로 본다(제15조 제2항).

다만 특별한 절차가 필요한 행위는 그 정하여진 기간 내에 그 절차를 밟은 확답을 발송하지 아니하면 취소한 것으로 본다(제15조 제3항).

(나) 철회권 제한능력자가 맺은 계약은 추인이 있을 때까지 상대방이 그 의사표시를 철회할 수 있다. 다만, 상대방이 계약 당시에 제한능력자임을 알았을 경우에는 그러하지 아니하다(제16조 제1항). 즉 철회권을 행사하려면 상대방은 선의이어야 하며, 철회의 의사표시는 법정대리인뿐만 아니라 제한능력자에게도 할 수 있다(제16조 제3항).

(다) 거절권 제한능력자의 단독행위는 추인이 있을 때까지 상대방이 거절할 수 있다. 제한능력자의 단독행위는 상대방 있는 단독행위를 의미하며, 거절의 의사표시의 상대방은 법정대리인 또는 제한능력자이다(제16조 제2항, 제3항).

거절권은 철회권과 달리 표의자가 제한능력자라는 사실을 상대방이 알고 있는, 즉 악의인 경우에도 인정된다(다수설).

(라) 제한능력자의 속임수(또는 사술(詐術)) 제한능력자가 속임수로써 자기를 능력자로 믿게 한 경우에는 그 행위를 취소할 수 없도록 제한한다(제17조 제1항).

또한 미성년자나 피한정후견인이 속임수로써 법정대리인의 동의가 있는 것으로 믿게 한 경우에도 그 행위를 취소하지 못하도록 하였다(제17조 제2항).

속임수에 대한 입증책임은 민법 제17조 소정의 속임수에 의하여 제한능력자의 취소권이 배제되었다고 주장하는 상대방측에게 있다.

제한능력자의 속임수는 적극적인 방법으로 상대방을 기망하여야 하는 것인지, 상대방으로 하여금 오신하도록 유발하는 등의 소극적 방법에 의하여도 성립하는지에 대하여 견해가 대립한다.

판례(대판 71.12.14. 다2045)는 제한능력자의 속임수는 적극적인 것이어야 한다는 입장으로서, 예컨대 미성년자가 단순히 자기를 성년자(또는 능력자)라고 말하는 것은 속임수를 쓴 것에 해당하지 않고, 법정대리인의 동의가 없었음에도 불구하고 동의서를 위조하는 등의 적극적인 사기 수단을 쓰는 경우에 취소권이 배제되는 속임수에 해당한다.

제2절 주 소

Ⅰ. 서 설

법률관계에 있어서 여러 경우에 주소(住所)가 문제로 된다. 민법상에서 주소는 부재자 및 실종의 기준(제22조, 제27조), 채무이행의 장소를 정하는 기준(제467조), 부부동거의 장소를 정하는 기준(제826조) 그리고 상속개시의 장소의 기준(제998조)이 된다.

민법 이외의 영역에서는 재판관할결정의 기준(민사소송법 제3조)이 되거나 어음행위의 장소(어음법 제2조)의 기준이 되기도 한다.

Ⅱ. 민법상 주소

민법은 주소를 정함에 있어서 실질주의, 객관주의, 복수주의를 따른다. 또한 일정한 법률행위에 있어서 당사자는 가주소를 정할 수 있도록 하고 있다(제21조 참조).

1. 형식주의와 실질주의

주소를 정함에 있어서 형식주의는 사당이 있는 곳 또는 본적지를 주소로 하는 것과 같이 형식적 기준에 따라서 획일적으로 주소를 정하는 입장이다.

실질주의는 실질적 생활사실에 의하여 주소를 정하는 입장이다. 민법 제18조는 「생활의 근거되는 곳을 주소로 한다.」고 하여 실질주의를 취한다.

주소를 알 수 없으면 거소(居所)를 주소로 보며(제19조), 국내에 주소가 없는 자에 대하여는 국내에 있는 거소를 주소로 본다(제20조).

거소(居所)란 사람이 다소의 기간 동안 계속하여 거주하는 장소로서 그 장소와의 밀접한 정도가 주소만 못한 곳을 말한다. 또 거소는 자연인에 한하여 가질 수 있으며, 관념적 존재인 법인은 거소를 가질 수 없다고 할 것이다.

주민등록지와 주소

30일 이상 거주할 목적으로 일정한 장소에 주소 또는 거소를 가진 자가 주민등

> 록법의 규정에 의하여 등록한 장소를 주민등록지라 하는데(주민등록법 제6조), 주민등록지는 민법상 주소로 추정할 만한 근거로 될 수는 있겠지만 주소 그 자체는 아니다. 예컨대 지방에 주민등록을 둔 사람이 서울에 실질적인 생활의 근거를 두고 있는 경우에는 서울이 민법상의 주소로 될 것이다.

2. 의사주의와 객관주의

의사주의는 주소의 설정을 위하여 객관적인 정주(定住)의 사실 이외에 주관적으로 정주의 의사(예컨대 관공서에 신고 등의 의사표시)를 필요로 한다는 입장이다. 의사주의에 따르면 의사무능력자는 주소를 설정할 수 없게 된다. 주관주의라고도 한다.

객관주의는 객관적인 정주의 사실만으로 주소를 정하는 입장이다. 객관설이라고도 한다.

민법은 객관주의에 따라 주소를 정한다.

3. 단수주의와 복수주의

단수주의는 한 개의 주소만을 인정하는 입장이고, 복수주의는 사회생활의 복잡성을 반영하여 복수의 주소를 인정하는 입장이다. 민법에서는 「주소는 동시에 두 곳 이상 있을 수 있다.」고 정하고 있다(제18조 제2항).

4. 가 주 소

어느 행위에 있어서 당사자는 가주소(假住所)를 정할 수 있고, 가주소를 정한 때에는 그 행위에 관하여는 이를 주소로 본다(제21조). 가주소를 정한 경우에는 모든 법률행위가 아닌 일정한 법률행위에 대해서만 가주소를 주소로 보게 된다.

제3절　부재와 실종

Ⅰ. 부 재 자

1. 부재자의 재산관리의 필요성

부재자(不在者)라 함은 해외지사에 근무하는 상사주재원이나 교도소에 수감 중인

자와 같이 종래의 주소나 거소를 떠나서 당분간 돌아올 가망이 없는 자를 말한다.

부재자의 경우에 종래의 주소에 남겨 둔 재산이 관리되지 않고 방치되어 있는 결과 그 재산을 관리할 필요가 있다. 부재자가 자기의 재산을 관리하기 위하여 재산관리인을 정해 둔 경우에는 문제가 없지만 그렇지 않은 경우에는 일정한 자의 청구에 의하여 법원이 부재자의 재산관리에 관한 필요한 처분을 명할 수 있도록 하고 있다(제22조).

부재자에게 법정대리인이 있는 경우에도 그 법정대리인에 의하여 부재자의 재산관리가 이루어지고 있기 때문에 부재자를 위하여 별도로 재산관리인을 선임할 필요가 없다.

2. 부재자의 재산관리인

(1) 부재자가 자신의 재산관리인을 둔 경우

부재자가 스스로 자기의 재산관리인을 선임한 경우, 그 재산관리인은 부재자의 수임인(受任人)으로서 성질상 임의대리인으로서의 지위를 가지는 것으로 이해한다. 부재자에 의하여 선임된 재산관리인의 권한이나 기타의 사항은 계약에 의하여 정해진다.

부재자가 재산관리인을 정한 경우에 부재자의 생사가 분명하지 아니한 때에는 법원은 재산관리인, 이해관계인 또는 검사의 청구에 의하여 재산관리인을 개임(改任)할 수 있다(제23조).

(2) 부재자가 재산관리인을 두지 않은 경우

(가) 이해관계인이나 검사의 청구 부재자가 재산관리인을 선임하지 않은 경우에 법원은 이해관계인이나 검사의 청구에 의하여 재산관리에 필요한 처분을 명하여야 한다.

이해관계인(利害關係人)이라 함은 법률상(法律上)의 이해관계인으로서 추정상속인, 채권자, 보증인 등을 말한다. 사실혼관계에 있는 자나 친구들은 사실상의 이해관계인으로서 여기에 포함되지 않는다. 또한 부재자에게 제1순위 상속인이 있는 경우에 후순위의 상속인은 부재자를 위하여 재산관리인의 선임 등을 청구할 수 있는 이해관계인이 될 수 없다(대판 86.10.10. 86스20).

이해관계인이나 검사의 청구를 받은 법원은 부재자의 재산에 대하여 필요한 처분을 명하여야 하는데(제22조 제1항), 대체로 부재자를 위한 재산관리인을 선임하고 그를 통하여 일정한 행위를 하게 한다.

(나) 법원이 선임한 재산관리인의 지위 이해관계인이나 검사의 청구에 의하여 법원이 선임한 부재자의 재산관리인은 성질상 부재자의 법정대리인(法定代理人)으로서의

지위를 갖는 것으로 이해한다.

(다) 권한과 의무 법원에 의하여 선임된 재산관리인은 원칙적으로 권한을 정하지 않은 대리인과 마찬가지로 민법 제118조의 행위만 할 수 있다. 즉, 보존행위나 관리행위만 할 수 있고 처분행위를 하기 위해서는 법원의 허가(許可)를 얻어야 한다(제25조).

법원의 허가결정은 그 허가를 받은 재산에 대한 장래의 처분행위뿐만 아니라 기왕의 매매를 추인하는 방법으로도 할 수 있다(대판 2000.12.26. 99다19278).

부재자재산관리인이 법원으로부터 권한초과행위의 허가를 받고 그 선임결정이 취소되기 전에 위 권한에 의하여 이루어진 행위는 부재자에 대한 실종선고기간의 만료된 후에 이뤄졌다고 하더라도 유효한 것이고, 그 재산관리인의 적법한 권한행사의 효과는 이미 사망한 부재자의 재산상속인에게 미친다(대판 75.6.10. 73다2023).

재산관리인은 보수청구권을 가지며 법원은 재산관리인에게 부재자의 재산으로 상당한 보수를 지급하여야 한다(제26조 제2항).

재산관리인의 의무로는 위임계약에 기한 재산을 관리하는 것과 동일한 의무를 부담한다. 즉, 선량한 관리자의 주의로 부재자의 재산을 관리하여야 하며, 관리할 재산목록을 작성하고 재산의 관리(제24조 제1항) 및 반환에 관하여 담보를 제공하여야 하는 경우도 있다(제26조 제1항).

(라) 임무의 종료 부재자 스스로 재산을 관리하게 되거나 부재자가 나중에 재산관리인을 선임한 때 또는 부재자가 실종선고를 받은 때에는 법원이 선임한 재산관리인의 임무는 종료한다.

그러나 법원에 의하여 선임된 부재자의 재산관리인은 그 부재자의 사망을 확인했다고 하더라도 선임결정이 취소되지 아니하는 한 계속하여 권한을 행사할 수 있다 할 것이다(대판 91.11.26. 91다11810).

II. 실 종

1. 실종의 의의

실종(失踪)이라 함은 종래의 주소를 떠나서 생사여부가 불분명한 경우를 말하며, 이러한 상태에 있는 자를 실종자(失踪者)라 한다.

실종자의 생사여부가 불분명한 상태에서는 실종자의 재산을 상속할 수도 없고, 부부관계가 해소되지 않기 때문에 생존배우자는 재혼을 할 수 없는 등의 문제가 발생한다.

즉, 실종선고제도는 실종자의 주소지를 중심으로 한 불확정적인 사법상의 법률관계를 확정할 수 있도록 하기 위하여 일정한 자의 청구에 의해 법원이 실종선고를 할 수 있도록 하고, 실종선고를 받은 자는 일정한 시기에 사망한 것으로 간주하도록 하였다.

2. 요 건

(1) 부재자의 생사가 불분명할 것

실종선고를 하기 위하여는 부재자가 살아있다는 증명도, 사망하였다는 증명도 할 수 없는 경우라야 한다.

(2) 실종기간이 경과하였을 것

보통실종의 경우에는 5년간 생사가 불분명한 때, 사망의 개연성이 높은 특별실종의 경우, 예컨대 전쟁에 나간 때에는 전쟁이 끝난 후, 또는 선박의 침몰, 항공기의 추락 기타 위난이 종료한 후 1년간 생사가 불분명하여야 한다(제27조).

(3) 이해관계인이나 검사의 청구가 있을 것

이해관계인이나 검사의 청구에 의하여 법원이 실종선고를 하여야 한다. 이해관계인이라 함은 법률상 이해관계(法律上利害關係)를 가지고 있는 자 즉, 부재자의 법률상 사망으로 인하여 직접적으로 신분상 또는 경제상의 권리를 취득하거나 의무를 면하게 되는 사람만을 말한다(대판 86.10.10. 86스20). 여기에는 법률상의 배우자, 상속인, 채권자 또는 법정대리인 등이 있다.

(4) 공시최고

실종선고를 하기 위하여는 6개월 이상의 공시최고(公示催告)를 하여야 한다(가사소송규칙 제53조, 제54조).

3. 효 과

법원으로부터 실종선고를 받은 자는 실종기간이 만료한 때에 사망한 것으로 본다(제28조). 따라서 사망한 것으로 간주되는 실종기간이 만료한 때를 기준으로 재산상속이 개시되고 잔존배우자는 재혼을 할 수 있다.

실종선고는 실종자의 권리능력을 박탈하는 제도가 아니라 종래의 주소를 중심으로 한 사법상(私法上)의 법률관계만을 종료시켜 재산상속과 잔존배우자의 재혼을 가능하게 할 뿐이다.

따라서 실종선고를 받은 자일지라도 생존하고 있는 경우에는 실종선고와 관계 없이 법률행위를 통해서 권리와 의무를 취득할 수 있고, 공법관계(예컨대 선거권이나 범죄의 성립 등)에는 사망의 효과가 미치지 않는다.

또한, 실종선고의 효과는 실종선고를 청구한 사람뿐만 아니라 모든 사람에 대하여 발생한다.

4. 실종선고의 취소

(1) 실종선고의 취소원인

실종자가 생존하고 있는 때, 실종기간의 만료시와 다른 때에 사망한 사실의 증명이 있는 때, 또는 실종기간의 기산점 이후의 어떤 시점에 생존하고 있었던 때에는 실종선고의 취소를 청구할 수 있다.

(2) 일정한 자가 실종선고의 취소를 청구할 것

실종선고의 취소를 청구할 수 있는 자는 실종선고를 청구할 수 있는 자와 그리고 실종자가 살아 돌아온 때에는 실종자 본인(本人)도 취소를 청구할 수 있다.

(3) 공시최고는 불필요

실종선고를 취소하는 경우에는 실종선고의 경우와는 달리 공시최고를 할 필요는 없다.

(4) 실종선고 취소의 효과

(가) 소급효와 그 제한 실종자가 살아서 돌아온 경우와 같은 실종선고취소의 요건이 충족된 것만으로는 실종선고에 의한 사망간주의 효과가 소멸하지 않고, 실종선고의 취소요건이 구비된 경우에 일정한 자의 청구에 기초하여 법원이 실종선고 자체를 취소하는 선고를 하여야 비로소 실종선고에 의한 사망간주의 효과가 소멸한다.

이와 같이 간주의 경우에는 간주된 사실(사망)과 반대사실을 증명한 것만으로는 실종선고의 효력이 소멸하지 않고, 간주된 사실과 반대되는 사실에 기초하여 법원에서 실종선고 자체를 취소하는 선고를 하여야 간주의 효과가 소멸하는 점에서 추정(推定)과 다르다.

실종선고가 취소되면 실종선고로 인한 법률효과는 소급적(遡及的)으로 소멸한다. 따라서 실종선고로 재산을 상속받은 자는 재산을 반환하여야 하며, 전혼(前婚)도 부활하는 것이 원칙이다. 다만, 민법에서는 소급효에 대하여 일정한 제한을 하고 있다.

즉, 「실종선고 後 그 취소 前」에 선의(善意)로 한 행위는 실종선고의 취소에 의하여 영향을 받지 않도록 소급효를 제한하고 있다(제29조 제1항 단서).

「실종선고 후 그 취소 전에 선의로 한 행위」의 의미

1. 재산행위

쌍방선의설, 상대적 효력설, 절대적 효력설이 대립한다.

쌍방선의설(雙方善意說)은 당사자 쌍방이 모두 선의인 경우에 한하여 실종선고의 취소로 인하여 실종선고 후 그 취소 전에 한 행위의 효력에 영향이 없다는 입장이다. 즉, 유효하다는 입장이다. 따라서 실종자는 재산을 회복할 수 없게 된다.

예컨대 甲이 실종선고를 받아서 그 부동산을 乙이 상속받고 乙은 상속재산을 丙에게 양도한 후 甲에 대한 실종선고가 취소된 경우, 乙과 丙이 모두 선의이면 실종선고가 취소되어도 실종선고 후 그 취소 전에 乙과 丙이 한 양도행위에는 영향을 미치지 않는다. 즉, 실종자 甲은 그 부동산을 회복할 수 없다.

그러나 쌍방이 모두 악의인 경우와 일방이 악의인 경우에는 실종선고의 취소로 양도행위는 무효로 되어 실종자는 부동산을 회복할 수 있게 된다. 양수인 丙이 다시 취득한 부동산을 丁에게 전매한 경우에도 마찬가지이다. 이 경우에는 乙·丙·丁이 모두 선의인 경우에 한하여 丁이 부동산의 소유권을 취득할 수 있다.

상대적 효력설(相對的效力說)은 실종선고 취소의 효력을 당사자마다 상대적·개별적으로 정하여야 한다는 입장이다. 즉, 선의자에 대한 관계에서는 유효로 하고 악의자에 대한 관계에서만 무효로 한다는 입장이다. 예컨대 설례에서 丁이 선의이기만 하면 丙이 악의인 경우에도 보호된다. 그러므로 甲은 丁에 대해서는 부동산의 반환을 청구할 수 없다.

절대적 효력설(絶對的效力說)은 당사자 일방이 선의이면 보호된다는 점은 상대적 효력설과 같지만 일단 선의의 양수인이 권리를 취득한 이후에는 그 후의 전득자가 악의인 경우에도 전득자는 선의의 양수인으로부터 완전한 소유권을 승계한 자로서 보호된다는 입장이다. 예컨대 설례에서 丙이 선의이면 丁이 악의인 경우에도 보호되기 때문에 실종자 甲은 그 반환을 청구할 수 없다.

2. 신분행위

통설은 당사자 쌍방이 선의인 경우에 한하여 후혼(後婚)은 유효하며 전혼(前婚)은 부활하지 않는다고 한다. 이 견해에 따르면 쌍방이 악의인 경우나 일방이 악의인 경우에는 전혼이 부활되고 후혼은 중혼(重婚)이 되며, 전혼에 대해서는 혼인 중에 부정한 행위를 한 때에 해당하여 재판상 이혼원인(제840조 제1호)이 발생하고 후혼에 대해서는 혼인 중에 또 혼인을 한 경우, 즉 중혼으로서 취소할 수 있는 혼인(제816조, 제810조)이 된다는 입장이다.

> 이에 대하여 민법 제29조 제1항 단서의 규정은 신분행위에는 적용되지 않는다는 견해가 있다(고상룡, 민법총칙(2004), 108면 참조). 이 견해에 따르면 실종선고의 취소로 전혼은 부활하고 후혼은 선의 · 악의를 불문하고 중혼으로 되어 취소할 수 있는 혼인으로 된다.

(나) 재산반환의무와 그 범위　실종선고가 취소된 경우에 실종선고를 직접원인(直接原因)으로 하여 재산을 취득한 자는 그 재산을 부당이득반환의 법리에 따라서 반환하여야 한다(제29조 제2항). 예컨대 실종선고를 직접원인으로 이익을 받은 자로는 상속인이나 수유자(受遺者) 등이 있다.

반환범위(返還範圍)는 실종선고를 원인으로 재산을 취득한 자가 선의인 경우에는 그 받은 이익이 현존하는 한도에서 반환할 의무가 있고, 악의인 경우에는 그 받은 이익에 이자를 붙여서 반환하고 손해가 있으면 이를 배상하여야 한다(제29조 제2항).

부당이득반환의 경우, 수익자가 반환해야 할 이득의 범위는 손실자가 입은 손해의 범위에 한정되고, 여기서 손실자의 손해는 사회통념상 손실자가 당해 재산으로부터 통상 수익할 수 있을 것으로 예상되는 이익 상당이라 할 것이며, 부당이득한 재산에 수익자의 행위가 개입되어 얻어진 이른바 운용이익(運用利益)의 경우, 그것이 사회통념상 수익자의 행위가 개입되지 아니하였더라도 부당이득된 재산으로부터 손실자가 통상 취득하였으리라고 생각되는 범위 내에서는 반환해야 할 이득의 범위에 포함된다(대판 2008.1.18. 2005다34711).

실종선고를 간접원인으로 하여 이익을 받은 자, 예컨대 전득자와 같은 자도 그 재산을 반환하여야 하는지에 대하여 학설이 대립한다. 즉, 실종선고를 직접원인으로 하여 재산을 취득한 자에 한하여 반환의무가 있다는 견해에 대하여 전득자가 당사자 쌍방이나 일방이 악의이기 때문에 영향을 받는 경우에는 이를 준용하여야 한다는 견해가 대립한다.

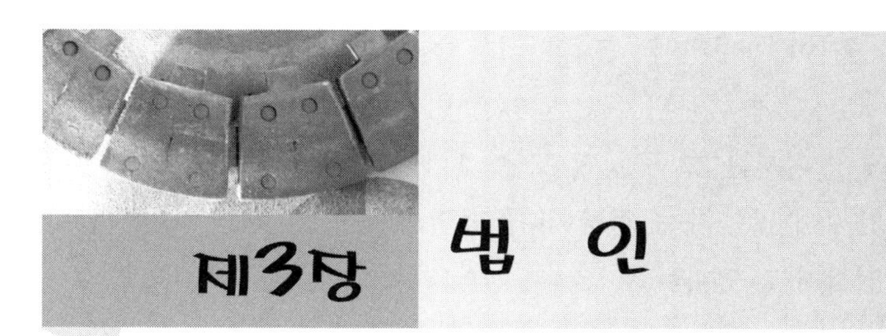

제3장 법 인

제1절 서 설

법인(法人)이라 함은 자연인 이외의 것으로서 권리능력이 인정된 것을 말한다. 현행법상 일정한 목적과 조직하에 결합한 사람의 집단, 즉 사단(社團)과 일정한 목적을 위하여 제공된 재산, 즉 재단(財團) 그 자체에 대하여 법인격이 부여되는 경우가 있는데 전자를 사단법인(社團法人), 후자를 재단법인(財團法人)이라고 한다.

제2절 법인의 본질

사단법인에 있어서 법인을 구성하는 개인 또는 재단법인에 있어서 그 재산으로부터 독립한 실체를 가지는 것인지, 즉 법률상 독립한 권리주체로 인정되는 법인의 본질이 무엇인지에 관하여 학설이 대립한다. 이와 같이 법인의 본질을 논하는 실익은 법인의 능력 특히, 불법행위능력을 인정할 것인지에 있다.

Ⅰ. 법인의제설

법인의제설(法人擬制說)은 개인의사 절대의 원칙하에서 권리와 의무의 주체는 자연인인 개인에 한하며, 자연인이 아니면서 권리와 의무의 주체가 될 수 있는 것은 법률에 의하여 자연인에 의제된 것에 한한다. 즉, 법인은 법률에 의하여 자연인에 의제된 것일 뿐이며 사단법인에 있어서는 그 구성원 또는 재단법인에 있어서는 그 재산을 초월한 독자적인 실체를 가지지 않는다는 입장이다. 법인의제설은 19세기 전반의 반단체적(反團體的) 사상에 입각하고 있다.

II. 법인격부인설

법인격부인설(法人格否認說)은 법인의제설에서 발전된 견해로서 법인이 법률의 규정에 의하여 자연인에 의제된 것이라면 결국은 법인에게는 법인격이 인정되지 않는다는 것에 지나지 않는다는 입장이다. 따라서 법인이라고 하는 독자적인 사회적 실체를 인정할 수 없고, 다만 그 본체는 법인을 구성하는 개인 또는 재산이라고 하는 입장이다. 법인격부인설에는 다시 목적재산설, 수익자주체설, 관리자주체설 등이 있다.

III. 법인실재설

법인실재설(法人實在說)은 법인은 법률규정에 의하여 의제적으로 창조된 공허물이 아니라, 권리주체로서의 실질을 가지는 사회적 실체라고 하는 입장이다. 다만 자연인과 달리 관념적 존재라는 특징을 가진다. 법인실재설에는 다시 유기체설, 조직체설, 사회적 가치설 등이 있다.

제3절 법인의 종류

법인에는 공법인과 사법인이 있다. 공법인(公法人)에는 예컨대 국가나 지방자치단체가 있고, 사법인(私法人)에는 그 구성요소가 사단인지 재단인지에 따라 사단법인과 재단법인으로 나눌 수 있다.

사단법인(社團法人)과 재단법인(財團法人)에는 다시 법인의 목적이 영리추구에 있는지에 따라서 영리법인과 비영리법인으로 나눌 수 있다. 영리법인(營利法人)이라 함은 구성원의 이익추구를 목적으로 하는 법인을 말한다. 그러므로 구성원이 없는 재단법인에는 이론상 영리법인이 있을 수 없다.

민법에서는 비영리(非營利)를 목적으로 하는 사단법인과 재단법인에 대해서만 규율하며, 영리를 목적으로 하는 법인, 예컨대 상사회사나 민사회사(제39조)는 상법의 규율을 받는다.

인적 결합체(人的結合體)로서의 사단(Verein)과 민법상 조합(Gesellschaft)의 구별

1. 사단(社團)은 단체로서 그 구성원의 개성을 초월한 존재이며 구성원의 개성은 단체 속에 매몰되는 데 대하여, 조합(組合)은 구성원과 독립한 단체이기는 하지만 단체로서의 단일성보다 구성원의 개성이 강하게 표면에 나타난다.

2. 사단의 행위는 기관에 의하여 행하여지고 그 법률효과는 단체 자체 또는 구성원 전원에게 총유의 형태로 귀속한다. 이에 비하여 조합에 있어서 단체의 행위는 구성원 전원 또는 전원으로부터 대리권이 부여된 자에 의하여 행하여지며 그 법률효과도 단체에 귀속되지 않고 구성원 전원에게 합유(合有)의 형태로 공동 귀속한다.

3. 사단구성원은 사원총회를 통하여 단체의 운영에 참가하고 대표기관의 행동을 감독한다. 이에 비하여 조합의 구성원은 공동목적에 의하여 결합되어 있으므로 다수결의 의사결정방식을 따른다.

4. 사단의 자산이나 부채는 단체에 귀속하며 단체구성원은 자산으로부터 배당을 받거나 그 설비를 이용할 수 있을 뿐이다. 법인격 없는 사단의 경우에 자산은 총구성원이 총유(總有)형태로 공동소유한다. 이에 비하여 조합에 있어서는 단체의 자산과 부채는 조합원 전원이 합유형태로 공동소유한다.

5. 判例의 태도

대판 92.7.10. 92다2431: 「민법상의 조합과 법인격은 없으나 사단성이 인정되는 비법인사단을 구별함에 있어서는 일반적으로 그 단체성의 강약을 기준으로 판단하여야 하는 바, 조합(組合)은 2인 이상이 상호간에 금전 기타 재산 또는 노무를 출자하여 공동사업을 경영할 것을 약정하는 계약관계에 의하여 성립하므로 어느 정도 단체성에서 오는 제약을 받게 되는 것이지만 구성원의 개인성이 강하게 드러나는 인적 결합체인 데 비하여, 비법인사단(非法人社團)은 구성원의 개인성과는 별개로 권리의무의 주체가 될 수 있는 독자적 존재로서의 단체적 조직을 가지는 특성이 있다 하겠는데 민법상 조합의 명칭을 가지고 있는 단체라 하더라도 고유의 목적을 가지고 사단적 성격을 가지는 규약을 만들어 이에 근거하여 의사결정기관 및 집행기관인 대표자를 두는 등의 조직을 갖추고 있고, 기관의 의결이나 업무집행방법이 다수결의 원칙에 의하여 행해지며, 구성원의 가입·탈퇴 등으로 인한 변경에 관계 없이 단체 그 자체가 존속되고, 그 조직에 의하여 대표의 방법, 총회나 이사회 등의 운영, 자본의 구성, 재산의 관리 기타 단체로서의 주요사항이 확정되어 있는 경우에는 비법인사단으로서의 실체를 가진다고 할 것이다.」

제4절 법인의 설립

Ⅰ. 법인설립에 관한 입법주의

법인설립에 관한 입법의 태도는 자유설립주의, 준칙주의, 허가주의, 인가주의, 특허주의, 강제주의 등이 있다.

준칙주의라 함은 설립요건을 미리 법률로 정하고 그 요건이 충족되면 당연히 법인으로 성립하는 것으로서 각종의 영리법인과 노동조합이 여기에 속한다. 특허주의라 함은 법인설립을 위하여 특별한 법률의 제정을 필요로 하는 것으로서 한국은행, 산업은행, 대한주택공사 등이 여기에 속한다. 강제주의라 함은 법인의 설립을 국가가 강제하는 경우로서 변호사회나 약사회 등이 여기에 속한다.

민법 제31조는 「법인은 법률의 규정에 의함이 아니면 성립하지 못한다.」고 규정함으로써 자유설립주의(自由設立主義)를 배제하고, 주무관청의 허가를 받아야 하는 것으로 정하여 허가주의(許可主義)를 택하고 있다(제32조).

Ⅱ. 사단법인의 설립요건

1. 목적의 비영리성

법인을 설립하기 위해서는 학술, 종교, 자선, 기예, 사교와 같은 영리가 아닌 사업을 목적으로 하여야 한다.

비영리사업이라 함은 구성원 개개인의 이익을 목적으로 하지 않는 사업을 말하며 굳이 공익을 목적으로 할 필요는 없다. 다만, 비영리사업의 목적을 달성하기 위하여 필요한 범위 내에서 그 본질에 반하지 않는 정도의 영리사업을 할 수는 있다. 예컨대 비영리 학교법인이 그 목적 범위 내에서 학교시설의 임대사업을 하는 등의 수익사업을 할 수 있다.

2. 설립행위(정관작성)

법인을 설립하기 위하여 2인 이상의 설립자가 법인의 근본원칙을 정하여 이를 서면(이를 '정관(定款)' 이라고 한다)에 기재하고, 기명날인하여야 한다(제40조).

정관에는 일정한 사항을 기재하여야 한다. 이를 필수적 기재사항이라고 하며, 필수적 기재사항에는 목적, 명칭, 사무소의 소재지, 자산에 관한 규정, 이사의 임면에 관한 규정, 사원자격의 득실에 관한 규정, 존립시기나 해산사유를 정하는 때에는 그 시기나 사유가 있다. 필수적 기재사항 이외의 사항도 기재할 수 있으며, 이를 임의적 기재사항이라 한다.

사단법인 또는 법인 아닌 사단의 동일성 판단기준

사단법인은 일정한 목적을 위해 결합한 사람의 단체에 법인격이 인정된 것을 말하고, 사단법인에 있어 사원 자격의 득실변경에 관한 사항은 정관의 기재사항이므로(제40조 제6호), 어느 사단법인과 다른 사단법인이 동일한 것인지 여부는 그 구성원인 사원이 동일한지 여부에 따라 결정됨이 원칙이다. 다만, 사원 자격의 득실변경에 관한 정관의 기재사항이 적법한 절차를 거쳐서 변경된 경우에는 구성원이 다르더라도 그 변경 전후의 사단법인은 동일성을 유지하면서 존속하는 것이고, 이러한 법리는 법인 아닌 사단에 있어서도 마찬가지이다(대판 2008.9.25.2006다37021).

사단법인 설립행위의 법적 성질

사단법인 설립행위는 서면에 의하는 요식행위(要式行爲)이다. 또한, 사단(社團)에 대하여 장래에 법인격취득이라는 법률효과를 발생하게 하기 위한 법률행위로서 그 성질을 단체적 효과의 발생을 목적으로 하는 특수한 계약으로 이해하는 견해도 있으나 합동행위(合同行爲)로 이해하는 견해가 다수설이다.

이와 같이 사단법인 설립행위의 법적 성질을 합동행위라고 이해하면 자기계약·쌍방대리금지에 관한 민법 제124조는 적용되지 않으며 합동행위를 이루는 의사표시의 일부가 의사의 흠결 또는 하자에 의하여 무효가 되거나 취소되어도 다른 의사표시의 효력에 영향을 미치지 않는다.

3. 주무관청의 허가

법인설립을 위해서는 주무관청의 허가를 얻어야 한다(제32조). 허가여부는 행정청의 재량행위에 속한다. 따라서 주무관청의 허가를 얻지 못한 경우에도 행정소송의 대상으로 되지 않는다(대판 79.12.26. 79누248).

법인의 목적이 두 개 이상의 행정관청의 관할사항인 경우에 그 중 하나의 관청의 허가를 얻으면 된다는 견해에 대하여 모든 관청의 허가를 얻어야 한다는 견해가 대립한다.

4. 설립등기

일정한 요건이 구비된 경우에는 주된 사무소의 소재지에서 설립등기를 하여야 한다. 설립등기는 법인의 성립요건이다(제33조). 설립등기 이외의 등기사항은 대부분 제3자에게 대항하기 위한 요건이다(제54조 제1항, 제60조 참조).

법인설립의 허가가 있는 때에는 3주간 내에 주된 사무소소재지에서 설립등기를 하여야 한다.

등기사항은 다음과 같다(제49조 제2항).

① 목적 ② 명칭 ③ 사무소 ④ 설립허가의 연월일 ⑤ 존립시기나 해산이유를 정한 때에는 그 시기 또는 사유 ⑥ 자산의 총액 ⑦ 출자의 방법을 정한 때에는 그 방법 ⑧ 이사의 성명, 주소 ⑨ 이사의 대표권을 제한한 때에는 그 제한

法人設立 中에 있는 社團(이른바 設立中의 法人)의 지위

사단법인의 설립과정을 보면 대체로 「발기인조합 또는 설립자조합 ⇨ 법인설립 중에 있는 사단 ⇨ 사단법인」의 과정을 거치게 된다.

설립자조합이 조합계약의 이행행위로서 정관을 작성하고 법인의 최초의 구성원을 확정하면 설립자조합의 단계를 넘어 설립 중의 법인이 된다. 설립중인 법인은 아직 법인격이 없기 때문에 그 자산은 구성원 총원이 총유형태로 공동소유하며, 설립중인 법인이 법인설립을 위하여 한 행위의 효과는 나중에 성립한 법인에 귀속된다.

사단법인에 관한 민법의 규정은 법인격을 전제로 한 규정을 제외하고 설립중인 법인에 준용된다고 할 것이다.

Ⅲ. 재단법인의 설립요건

1. 목적의 비영리성

재단법인의 목적이 비영리적인 것이라야 하는 점은 사단법인과 같다.

2. 설립행위(정관작성)

재단법인을 설립하고자 하는 자는 일정한 재산을 출연(出捐)하고 목적, 명칭, 사무소의 소재지, 자산에 관한 규정, 이사의 임면에 관한 규정을 기재한 서면, 즉 정관을 작성하여 기명날인하여야 한다(제43조).

재단법인의 정관의 필수적 기재사항에는 사단법인과 달리 사원이 존재하지 않기 때문에 사원자격의 득실에 관한 사항은 기재할 필요가 없다.

재단법인의 설립자가 정관의 필수적 기재사항 중 목적과 자산만을 정하고 나머지 사항에 관하여는 정하지 않고 사망한 경우에 이해관계인이나 검사의 청구에 의하여 법원이 이들 사항을 보충하여 재단법인을 성립시킨다(제44조 참조).

(1) 재단법인 설립행위의 법적 성질

재단법인의 설립행위는 서면에 의하는 요식행위이다. 재단법인 설립자가 1인인 경우에는 상대방 없는 단독행위로 이해한다(통설).

설립자가 수인(數人)인 경우에는 단독행위의 경합으로 이해하는 견해와 합동행위라는 견해가 대립한다.

(2) 출연재산의 귀속시기

재단법인을 설립하기 위하여 부동산을 출연한 경우에 그 출연부동산이 언제 법인에 귀속하는지에 대하여 민법 제48조 [출연재산의 귀속시기] 「① 생전처분으로 재단법인을 설립하는 때에는 출연재산은 법인이 성립한 때로부터 법인의 재산이 된다. ② 유언으로 재단법인을 설립하는 때에는 출연재산은 유언의 효력이 발생한 때로부터 법인에 귀속한 것으로 본다.」는 규정과 관련하여 학설이 대립한다.

(가) 이전등기시설 이전등기시설(移轉登記時說)은 재단법인의 설립자가 부동산을 출연한 때에는 법인이 성립한 때, 또는 설립자의 사망시까지는 출연재산의 이전청구권만 발생하고 이전등기를 갖춘 때에 비로소 부동산의 소유권이 법인에 귀속한다는 입장이다.

이 견해는 민법 제186조에 충실한 해석이다. 즉, 재단법인설립행위라고 하는 법률행위로 인한 부동산물권변동은 등기하여야 그 효력이 생기기 때문에(제186조 참조) 출연부동산에 대한 이전등기가 행하여지기 전에는 채권적 청구권만 가질 뿐이고 이전등기가 있어야 비로소 부동산의 소유권이 법인에 귀속된다고 한다.

(나) 법인설립시설 법인설립시설(法人設立時說)은 민법 제48조를 민법 제187조 「상속, 공용징수, 판결, 경매 기타 법률의 규정에 의한 부동산에 관한 물권의 취득은 등기를 요하지 아니한다.」의 기타 법률의 규정으로 보아 등기 없이도 부동산의 소유권은 민법 제48조에서 정한 때, 즉 법인설립등기 또는 설립자의 사망시에 법인에 귀속한다는 입장이다.

이 견해는 이전등기가 있어야 부동산의 소유권이 법인에 귀속된다는 입장에 따를 경우에 ① 민법 제48조의 취지를 무시하게 된다. ② 재단법인이 설립등기를 갖추더라도 출연재산의 이전등기를 할 때까지는 재산이 없는 재단법인이 있게 된다는 점에서 재단법인의 본질에 반한다. ③ 출연행위가 물권행위인 경우에 물권행위로부터 채권적 청구권이 발생하는 모순이 발생한다고 비판한다.

(다) 판 례 판례(대판 79.12.11.78다481, 482 전원합의체)는 '재단법인을 설립함에 있어서 출연재산은 그 법인이 설립된 때로부터 법인에 귀속된다는 민법 제48조의 규정은 출연자와 법인과의 관계를 상대적으로 결정하는 기준에 불과하여 출연재산이 부동산인 경우에도 출연자와 법인 사이에는 법인의 성립 외에 등기를 필요로 하는 것은 아니지만, 제3자에 대한 관계에 있어서 출연행위는 법률행위이므로 출연재산의 법인에의 귀속에는 부동산의 권리에 관한 것일 경우 등기를 필요로 한다'는 입장이다.

예컨대 甲이 유언으로 재단법인을 설립하면서 자기 소유의 부동산을 출연한 경우, 甲의 상속인 A에 대하여는 이전등기 없이도 유언의 효력이 발생한 때로부터(유언자가 사망한 때, 제1073조 제1항) 출연부동산의 소유권을 주장할 수 있지만 상속인 A가 출연부동산을 재단법인에게 이전하지 않고 제3자 B에게 매각하여 이전등기까지 마친 경우에는 재단법인도 제3자 B에 대하여서는 부동산의 소유권을 주장할 수 없게 된다(대판 93.9.14. 93다8054 참조).

3. 주무관청의 허가

설립자는 재산을 출연하고 정관을 작성하여 주무관청의 허가를 얻어야 한다. 허가여부는 주무관청의 재량사항이므로 주무관청의 허가를 얻지 못한 경우에도 행정소송의 대상이 되지 않는다(대판 79.12.26. 79누248).

4. 설립등기

재단법인은 그 주된 사무소의 소재지에서 설립등기를 함으로써 성립한다(제33조).

법인설립의 허가가 있는 때에는 3주간 내에 주된 사무소소재지에서 설립등기를 하여야 한다.

등기사항은 다음과 같다(제49조 제2항).

① 목적 ② 명칭 ③ 사무소 ④ 설립허가의 연월일 ⑤ 존립시기나 해산이유를 정한 때에는 그 시기 또는 사유 ⑥ 자산의 총액 ⑦ 출자의 방법을 정한 때에는 그 방법 ⑧ 이사의 성명, 주소 ⑨ 이사의 대표권을 제한한 때에는 그 제한

제5절　법인의 능력

Ⅰ. 권리능력

법인이 성립하면 일정한 범위에서 자연인과 같은 권리능력자가 된다. 다만, 자연인과 달리 그 능력범위가 제한되는 경우가 있다.

1. 성질에 의한 제한

법인에게 권리능력을 인정하는 경우에도 법인은 자연인과 달리 관념적(觀念的)인 존재에 지나지 않기 때문에 자연인과 같은 천연의 성질을 전제로 하는 권리는 인정되지 않는다. 생명권, 친권, 정조권 등은 법인에게는 인정되지 않는다. 그러나 법인에게도 재산권, 명예권, 성명권, 신용권 등은 인정된다.

2. 법률에 의한 제한

권리주체가 권리능력을 가지는 것은 법률의 규정에 의한 것이기 때문에 법률의 규정에 의하여 능력범위가 제한되는 경우도 있다. 예컨대 민법 제81조는 「해산한 법인은 청산의 목적범위 내에서만 권리가 있고 의무를 부담한다.」고 하여 권리능력을 제한하고 있다.

민법에서는 자연인에 한하여 상속인이 될 수 있도록 정하고 있기 때문에(제1000조

참조) 법인은 상속인이 될 수 없다. 그러나 법인도 포괄적 유증을 받음으로써 상속과 동일한 효과가 생길 수 있다(제1078조 참조).

3. 목적에 의한 제한

민법 제34조에서 「법인은 정관에서 정한 목적범위 내에서 권리와 의무의 주체가 된다.」고 하고 있는데, 그 '목적범위 내(目的範圍內)'의 의미에 대하여 견해가 대립한다.

다수설은 법인의 목적범위 내의 의미를 「법인의 목적에 위반되지 않는 범위 내」라고 소극적으로 이해하여 법인의 목적을 넓게 해석하고자 한다. 이와 같이 법인의 목적을 넓게 해석하면 법인에게 충분한 활동의 기회를 줄 수 있을 뿐만 아니라 거래의 안전을 꾀할 수 있다는 설명이다.

이에 대하여 소수설은 법인의 목적범위 내의 의미를 「법인의 목적을 달성하는 데 필요한 범위 내」라고 적극적으로 이해하여 그 목적범위를 좁게 해석하고 있다.

판례(대판 2005.5.27. 2005다480)는 '법인의 권리능력은 법인의 설립근거가 된 법률과 정관상의 목적에 의하여 제한되나 그 목적 범위 내의 행위라 함은 법률이나 정관에 명시된 목적 자체에 국한되는 것이 아니라 그 목적을 수행하는 데 있어 직접 · 간접으로 필요한 행위는 모두 포함되고, 목적수행에 필요한지의 여부는 행위자의 주관적, 구체적 의사가 아닌 행위 자체의 객관적 성질에 따라 판단하여야 한다'고 함으로써 법인의 목적 범위를 좁게 해석하고 있다.

II. 행위능력

법인에게 권리능력을 인정하는 것과 달리 행위능력을 인정할 수 있는지, 즉, 법인의 행위라고 인정할 만한 것이 존재하는지에 대하여는 법인의 본질을 어떻게 이해하는지에 따라서 학설이 대립한다.

법인의제설(法人擬制說)에 따르면 법인은 권리와 의무의 주체로서 자연인에 의제된 존재에 불과하기 때문에 권리능력을 가질 뿐 행위능력은 인정되지 않는다고 한다. 권리능력자인 법인이 현실적으로 권리를 취득하고 의무를 부담하는 것은 대리인의 행위를 통하여 가능하다는 설명이다.

실재설(實在說)에 따르면 법인은 의제설에서 말하는 바와 같이 공허물이 아니며 법인도 단체의사 내지는 조직적 의사를 가지고 있고, 이러한 의사에 기하여 행동하므로 법인의 행위는 존재한다. 다만, 법인은 관념적 존재이므로 대표기관을 통하여 법률행위를 하고 법인의 대표기관에 의한 일정한 행위는 법인의 행위라고 할 것이라고 설명한다.

법인에게 행위능력이 인정되는 경우에 그 능력범위는 권리능력의 범위와 일치한다. 왜냐 하면 관념적 존재인 법인에게는 미성년자와 같은 판단능력의 미성숙이나 피성년후견인이나 피한정후견인과 같은 판단능력의 불완전의 문제가 발생할 여지가 없기 때문이다.

Ⅲ. 불법행위능력

1. 법인의 불법행위능력

민법 제35조 제1항은 「법인은 이사 기타 대표자가 직무에 관하여 타인에게 가한 손해를 배상할 책임이 있다. 이사 기타 대표자는 이로 인하여 자기의 책임을 면하지 못한다.」고 규정하고 있다. 이 규정을 어떻게 이해할 것인지에 대하여는 법인의 본질에 대한 이해에 따라서 학설이 대립한다.

(1) 의제설의 입장

의제설은 법인의 행위능력을 인정하지 않을 뿐만 아니라 불법행위능력도 인정하지 않는다. 민법 제35조 제1항의 배상책임은 법률정책상의 이유로 타인의 행위에 대하여 법인으로 하여금 책임을 지도록 규정한 것이라는 입장이다.

(2) 실재설의 입장

실재설에 따르면 법인은 그 자체의 의사에 기하여 행위를 하기 때문에 법인의 행위로 인하여 타인에게 손해를 준 경우에는 이는 법인의 불법행위이므로 법인이 배상하여야 한다는 민법 제35조 제1항의 규정은 당연한 것이라는 입장이다.

2. 불법행위의 성립요건

(1) 대표기관의 행위일 것

법인의 불법행위가 성립하기 위해서는 이사 기타 대표자의 행위로 인하여 타인에게 손해를 가한 경우라야 한다. 법인의 대표기관에는 이사(제59조), 임시이사(제63조), 특별대리인(제64조), 청산인(제82조) 등이 있다.

이사의 직무정지가처분신청 등에 의하여 이사의 직무가 정지되는 경우에는 이사의 직무대행자를 선임하게 되는데(제52조의 2, 제62조의 2), 법원에 의하여 선임된 직무대행자(職務代行者)도 법인의 대표기관이 된다.

'법인의 대표자'에는 그 명칭이나 직위 여하, 또는 대표자로 등기되었는지 여부를 불문하고 당해 법인을 실질적으로 운영하면서 법인을 사실상 대표하여 법인의 사무를 집행하는 사람을 포함한다. 구체적인 사안에서 이러한 사람에 해당하는지는 법인과의 관계에서 그 지위와 역할, 법인의 사무 집행 절차와 방법, 대내적 · 대외적 명칭을 비롯하여 법인 내부자와 거래 상대방에게 법인의 대표행위로 인식되는지 여부, 공부상 대표자와의 관계 및 공부상 대표자가 법인의 사무를 집행하는지 여부 등 제반 사정을 종합적으로 고려하여 판단하여야 한다(대판 2011.4.28. 2008다15438).

또한 '이사 기타 대표자'는 법인의 대표기관을 의미하므로 대표권이 없는 이사는 법인의 기관이기는 하지만 대표기관은 아니기 때문에 그들의 행위로 인하여 법인의 불법행위가 성립하지 않는다(대판 2005.12.23.2003다30159).

감사(監事)는 대표기관이 아니므로 감사의 행위는 법인의 불법행위를 성립시키지 않는다. 법인의 이사는 특정한 법률행위를 하도록 대리인을 선임할 수 있다(제62조). 이 경우 대리인은 대표기관이 아니므로 대리인이 불법행위를 하더라도 이것은 법인의 불법행위로 되지 않고 대리인 자신의 불법행위로 되거나 또는 법인이 사용자로서의 책임(제756조 참조)을 질 뿐이다.

(2) 직무에 관한 행위일 것

법인의 행위가 외형상으로 기관의 직무수행행위라고 볼 수 있는 행위 및 직무행위와 사회관념상 견련성을 가지고 있어야 한다.

판례(대판 75.8.19. 75다666)는 직무관련성을 행위의 외형을 기준(外形基準)으로 하여 객관적으로 판단하여야 할 것이라는 입장이다. 그러므로 외형상 법인의 대표자의 직무행위라고 인정할 수 있는 것이라면 대표자 개인의 사리(私利)를 도모하기 위한 것이었거나 혹은 법령의 규정에 위배된 것이었다 하더라도 직무에 관한 행위에 해당한다(대판 2004.2.27. 2003다15280).

다만, 법인의 대표자의 행위가 직무에 관한 행위에 해당하지 아니함을 피해자 자신이 알았거나 또는 중대한 과실로 인하여 알지 못한 경우에는 법인에게 손해배상책임을 물을 수 없다고 할 것이다(대판 2009.11.26. 2009다57033).

▌판 례▌

대판 75.8.19. 75다666

「학교법인의 대표자가 교육시설의 확장 등 학교의 정상적인 유지·운영을 위하여 금원을 차용하고 수표를 발행하는 행위는 피고법인 대표자의 직무행위라 할 것이고, 또 이는 피고법인의 사무집행에 관한 행위로서의 외형을 갖추었다 할 것이니 설사 원고로부터 차용한 금원을 피고법인의 유지·운영을 위한 것이 아닌 개인적인 용도에 소비하였다 하더라도 그러한 사실만으로는 위 금원차입 등 행위가 피고법인의 사무집행에 관한 행위로 볼 것임에 지장을 준다고 할 수 없다.」

(3) 불법행위성립의 일반적 요건을 구비할 것

법인의 불법행위도 불법행위의 일종이므로 불법행위의 일반적 성립요건(제750조)으로서 고의 또는 과실이 있을 것, 행위의 위법성, 손해의 발생, 위법한 행위와 손해의 발생 간에는 인과관계가 있을 것 그리고 책임능력을 구비하여야 법인의 불법행위가 성립한다.

3. 기관 개인의 책임

(1) 불법행위가 성립하는 경우

법인의 불법행위가 성립한 경우에 대표기관 개인도 법인과 함께 그 불법행위에 대하여 책임을 지는가?

의제설은 민법 제35조는 정책적 특별규정으로 법인이 책임을 지더라도 대표기관의 행위는 기관 자신의 행위이기 때문에 기관은 책임을 면할 수 없고 기관 개인이 책임을 지는 것은 당연하다는 입장이다.

실재설은 기관의 행위는 법인의 행위이기 때문에 기관 개인의 책임은 인정되지 않는다. 그러나 피해자를 두텁게 보호한다는 의도에서 기관의 행위는 법인의 행위로서의 측면과 기관 개인의 행위로서의 측면을 가지기 때문에 법인의 행위에 대해서는 법인의 책임이, 기관 개인의 행위에 대하여는 기관 개인의 책임이 발생하는 것으로 이해한다.

이 경우에 피해자는 법인과 기관 개인 모두를 상대로 손해배상을 청구할 수 있고 이들은 부진정연대채무(不眞正連帶債務)를 부담한다.

법인이 피해자에 대하여 불법행위로 인한 손해배상책임을 부담한 경우에 기관 개인에 대하여 선량(善良)한 관리자(管理者)로서의 주의의무 위반을 이유로 구상권(求償權)을 행사할 수 있다.

(2) 불법행위가 성립하지 않는 경우

법인의 목적범위외(目的範圍外)의 행위로 인하여 타인에게 손해를 가한 경우는 법인의 불법행위가 아니다. 이와 같이 법인의 행위가 그 목적범위를 벗어났기 때문에 불법행위가 성립하지 않는 경우에도 그 사항의 의결에 찬성하거나 그 의결을 집행한 사원, 이사 및 기타의 대표자는 공동 불법행위(제760조)의 성립여부를 불문하고 연대(連帶)하여 배상하도록 함으로써 피해자를 보호하고 있다(제35조 제2항).

제6절 법인의 기관

Ⅰ. 서　설

관념적 존재인 법인이 독립한 인격체로서 사회적으로 활동하기 위해서는 의사를 결정하고, 행동하고, 내부의 업무를 처리하기 위한 일정한 조직이 필요하다. 이러한 법인의 조직(法人組織)을 이루는 것이 법인의 기관(法人機關)이다.

법인의 본질에 관하여 의제설이나 법인격부인설에 따르면 법인의 기관은 법인과 독립한 별개의 인격으로서 대리인이라고 한다. 이에 대하여 실재설에 따르면 법인의 기관은 법인과 독립되지 않은 법인의 내부기관으로 이해한다.

Ⅱ. 기관의 종류

법인의 기관에는 대표기관으로서의 이사(理事), 감독기관으로서의 감사(監事) 그리고 사단법인에 있어서 최고의 의사결정기관으로서 사원총회(社員總會)가 있다.

대표기관 및 업무집행기관으로서의 이사는 사단법인이나 재단법인 모두에게 필수기관이며, 이사의 업무 등을 감독하는 기관으로서의 감사는 임의기관이다. 법인의 최고의사결정기관인 사원총회는 사단법인에 있어서는 필수기관이지만 사원이 존재하지 않는 재단법인에는 존재하지 않는다.

1. 이 사

(1) 의 의

이사(理事)는 대외적으로는 법인을 대표하는 대표기관이며 대내적으로는 법인의 업무를 집행하는 집행기관으로서 사단법인이나 재단법인 모두의 필수기관이다. 즉, 사단법인이나 재단법인 모두에 반드시 이사를 두어야 하며 이사의 수(數)에는 제한이 없다. 이사가 될 수 있는 자격은 자연인(自然人)에 한한다.

(2) 이사의 임면

이사를 선임하는 행위의 법적 성질은 법인과 이사 간의 위임계약(제680조 이하)과 유사한 계약이다. 따라서 이사는 선량(善良)한 관리자(管理者)로서의 주의의무를 가지고 충실하게 직무를 수행할 의무를 가진다(제61조).

이사가 선량한 관리자의 주의의무를 위반하여 그 임무를 해태한 때에는 법인에 대하여 연대하여 손해배상의 책임이 있다(제65조).

이사의 성명과 주소는 등기사항이며, 이를 등기하지 않으면 이사의 선임·해임·퇴임을 제3자에게 대항할 수 없다(제54조 제1항).

판 례

이사의 사임의 의사표시의 효력발생시기

법인과 이사의 법률관계는 신뢰를 기초로 한 위임 유사의 관계이므로, 이사는 민법 제689조 제1항이 규정한 바에 따라 언제든지 사임할 수 있고, 법인의 이사를 사임하는 행위는 상대방 있는 단독행위이므로 그 의사표시가 상대방에게 도달함과 동시에 그 효력을 발생하고, 그 의사표시가 효력을 발생한 후에는 마음대로 이를 철회할 수 없음이 원칙이다. 그러나 법인이 정관에서 이사의 사임절차나 사임의 의사표시의 효력발생시기 등에 관하여 특별한 규정을 둔 경우에는 그에 따라야 하는바, 위와 같은 경우에는 이사의 사임의 의사표시가 법인의 대표자에게 도달하였다고 하더라도 그와 같은 사정만으로 곧바로 사임의 효력이 발생하는 것은 아니고 정관에서 정한 바에 따라 사임의 효력이 발생하는 것이므로, 이사가 사임의 의사표시를 하였더라도 정관에 따라 사임의 효력이 발생하기 전에는 그 사임의사를 자유롭게 철회할 수 있다(대판 2008.9.25.2007다17109).

(3) 이사의 권한

(가) 대외적 권한(법인대표권) 이사는 법인의 사무에 관하여 각자 법인을 대표한다(제59조 제1항). 다만, 정관 등에서 이사의 대표권을 제한할 수 있다. 이사의 대표권에 대한 제한은 이를 정관에 기재하여야 하며 정관에 기재하지 않으면 그 효력이 없다(제41조). 또한 대표권의 제한은 등기하여야 제3자에게 대항할 수 있다(제60조).

판 례

대판 2005.3.25. 2004다65336

법인의 이사 전원 또는 그 일부의 임기가 만료되었거나 사임하였음에도 불구하고 그 후임 이사의 선임이 없거나 또는 그 후임 이사의 선임이 있었다고 하더라도 그 선임결의가 무효이고, 남아 있는 다른 이사만으로는 정상적인 법인의 활동을 할 수 없는 경우에도 임기 만료되거나 사임한 구 이사로 하여금 법인의 업무를 수행케 함이 부적당하다고 인정할 만한 특별한 사정이 없는 때에는 구 이사는 후임 이사가 선임될 때까지 종전의 직무를 수행할 수 있다고 할 것이다.

대표권의 제한

1. 정관(定款)에 의한 제한

이사의 대표권은 제한할 수 있으며 제한을 한 경우에는 반드시 정관에 기재하여야 하며 등기(登記)하지 않으면 제3자에게 대항하지 못한다(제60조).

대표권의 제한을 등기하지 않아서 대항할 수 없는 제3자(第3者)라 함은 악의의 제3자도 포함한다는 견해(무제한설)에 대하여 대표권의 제한을 등기하지 않은 경우에 그 제한으로 선의의 제3자에게는 대항할 수 없으나 악의의 제3자에 대하여는 등기 없이도 대항할 수 있다는 견해(제한설)가 대립한다.

제한설을 따른 판례(대판 62.1.11. 4294민상473 등)가 있으나 최근의 판례(대판 92.2.14. 91다24564 등)는 이사의 대표권 제한을 등기하지 않은 경우에는 선의·악의를 불문하고 제3자에게 대항할 수 없다는 입장이다.

대판 92.2.14. 91다24564 「법인의 정관에 법인대표권의 제한에 관한 규정이 있으나 그와 같은 취지가 등기되어 있지 않다면 법인은 그와 같은 정관의 규정에 대하여 선의이냐 악의이냐에 관계 없이 제3자에 대하여 대항할 수 없다.」

2. 사원총회(社員總會)의 결의에 의한 제한

사단법인에 있어서는 최고의 의사결정기관인 사원총회의 결의로 대표권을 제한할 수 있다. 이 경우에도 대표권의 제한을 등기하여야 하며, 등기하지 않으면 제3자에게 대항하지 못한다.

3. 이익상반행위(利益相反行爲)의 제한

법인과 이사의 이익이 상반되는 사항에 관하여 이사는 대표권이 없다. 이 경우에는 이해관계인이나 검사의 청구에 의하여 법원이 선임하는 특별대리인(特別代理人)이 법인을 대표한다(제64조). 특별대리인은 당해사항에 관하여서만 법인을 대표할 권한을 갖는다.

4. 임시이사(臨時理事)

이사가 없거나 결원이 있는 경우에 이로 인하여 손해가 생길 염려가 있는 때에 법원은 이해관계인이나 검사의 청구에 의하여 임시이사를 선임하여야 한다(제63조).

임시이사는 정식의 이사가 선임될 때까지 이사와 동일한 권한을 가지는 법인의 대표기관이다.

5. 이사의 직무대행자(職務代行者)

이사의 직무집행정지 가처분신청에 의하여 이사의 직무가 정지되는 경우에는 이사의 직무대행자를 선임하게 되는데, 이 경우에 직무대행자는 가처분명령에 다른 정함이 있는 경우 외에는 법인의 통상사무에 속하는 행위만 할 수 있다. 다만 법원의 허가를 받은 경우에는 통상사무의 범위를 벗어난 행위도 할 수 있다(제60조의 2 제1항).

예컨대 가처분결정에 의하여 선임된 이사직무대행자가 그 가처분의 본안소송인 이사회결의 무효확인의 제1심판결에 대하여 항소권을 포기하는 행위는 학교법인의 통상업무에 속하지 않는다고 보아야 할 것이므로 그 가처분결정에 다른 정함이 있거나 관할 법원의 허가를 얻지 아니하고는 이를 할 수 없다고 할 것이다(대판 2006. 1.26. 2003다36225).

이사의 직무대행자가 법원의 허가 없이 통상사무의 범위를 벗어난 행위를 한 경우, 법인은 선의의 제3자에 대하여 책임을 진다(제60조의 2 제2항).

법원의 직무집행정지 가처분결정에 의해 회사를 대표할 권한이 정지된 대표이사가 그 정지기간 중에 체결한 계약은 절대적으로 무효이고, 그 후 가처분신청의 취하에 의하여 보전집행이 취소되었다 하더라도 집행의 효력은 장래를 향하여 소멸할 뿐 소급적으로 소멸하는 것은 아니라 할 것이므로, 가처분신청이 취하되었다 하여 무효인 계약이 유효하게 되지는 않는다(대판 2008.5.29. 2008다4537).

가처분재판에 의하여 법인 등 대표자의 직무대행자가 선임된 상태에서 피대행자의 후임자가 적법하게 소집된 총회의 결의에 따라 새로 선출되었다 하여도 그 직무대행자의 권한은 위 총회의 결의에 의하여 당연히 소멸하는 것은 아니므로 사정변경 등을 이유로 가처분결정이 취소되지 않는 한 직무대행자만이 적법하게 위 법인 등을 대표할 수 있고, 총회에서 선임된 후임자는 그 선임결의의 적법 여부에 관계없이 대표권을 가지지 못한다(대판 2010.2.11.2009다70395).

6. 복임권(復任權)의 제한

이사는 자신이 직접 대표권을 행사하는 것이 원칙이다. 다만, 정관이나 총회의 결의로 금지하지 않은 사항에 한하여 타인으로 하여금 특정한 행위를 대리하게 할 수 있다(제62조). 즉, 이사에게 포괄적인 복임권은 인정되지 않는다.

이사가 선임한 대리인은 법인의 대표기관이 아니다. 따라서 대리인이 불법행위를 한 경우에 법인이 사용자로서의 책임(제756조)을 질 수는 있겠지만 불법행위책임은 부담하지 않는다. 이사는 대리인에 대한 선임·감독의 책임을 진다.

(나) 대내적 권한(업무집행권) 이사는 법인의 모든 내부적 사무를 집행할 권한이 있다(제58조 제1항). 즉, 이사의 업무집행권에는 재산목록의 작성, 사원명부의 작성, 사원총회의 소집, 총회의사록의 작성, 파산신청, 청산인이 되는 것 그리고 일정한 등기업무 등이 있다.

판 례

이 사 회

이사가 수인(數人)인 경우에 법인의 업무집행에 관한 의사를 결정하기 위하여 이사 전원으로 이사회를 구성하는 것이 보통이다. 이사가 수인인 경우에 법인의 업무집행은 다른 규정이 없으면 과반수로써 결정한다(제58조 제2항).

민법상 법인의 이사회 결의의 부존재(不存在) 혹은 무효 등 하자가 있는 경우 법률에 별도의 규정이 없으므로 이해관계인은 언제든지 또 어떤 방법에 의하든지 그 무효를 주장할 수 있다(대판 2003.4.25. 2000다60197).

> **대표권의 남용**
>
> 법인의 대표기관이 대표권을 남용한 경우에 법률행위의 상대방이 그 사실을 알고 있었다면 법인에게 법률효과가 발생한다고 할 것인지에 대하여 판례는 신의칙을 적용하여 무효라고 하고 있는 경우도 있으나, 대체로는 민법 제107조 제1항 단서의 규정을 유추적용하고 있다.
>
> 대판 87.10.13. 86다카1522 주식회사의 대표이사가 그 대표권의 범위 내에서 한 행위는 설사 대표이사가 회사의 영리목적과 관계 없이 자기 또는 제3자의 이익을 도모할 목적으로 그 권한을 남용한 것이라 할지라도 일응 회사의 행위로서 유효하고, 다만 그 행위의 상대방이 그와 같은 정을 알았던 경우에는 그로 인하여 취득한 권리를 회사에 대하여 주장하는 것이 신의칙에 반하므로 회사는 상대방의 악의를 입증하여 그 행위의 효과를 부인할 수 있을 뿐이다.
>
> 대판 97.8.29. 97다18059 주식회사의 대표이사가 그 대표권의 범위 내에서 한 행위는 설사 대표이사가 회사의 영리목적과 관계 없이 자기 또는 제3자의 이익을 도모할 목적으로 그 권한을 남용한 것이라 할지라도 일단 회사의 행위로서 유효하고, 다만 그 행위의 상대방이 대표이사의 진의를 알았거나 알 수 있었을 때에는 회사에 대하여 무효가 되는 것이다.

2. 감 사

사단법인이나 재단법인은 정관 또는 총회의 결의로 감사(監事)를 둘 수 있다(제66조). 즉, 감사는 법인의 임의기관이며 반드시 두어야 하는 필수기관이 아니다.

감사의 직무권한에는 다음과 같은 것이 있다(제67조). 법인의 재산상황을 감사하는 일, 이사의 업무집행의 상황을 감사하는 일, 재산상황 또는 업무집행에 관하여 부정이나 불비한 것이 있음을 발견한 때에는 이를 총회 또는 주무관청에 보고하는 일 그리고 일정한 사항을 보고하기 위하여 필요한 때에는 총회를 소집하는 일 등이 있다.

3. 사원총회

(1) 의 의

사원총회는 사단법인을 구성하는 사원의 전원으로 구성되는 최고의 의결기관(議決機關)으로서 사단법인에는 반드시 사원총회(社員總會)를 두어야 한다. 사단법인에 있어서 사원총회는 영리법인에 있어서 주주총회에 해당한다.

사원총회는 사단법인의 필수기관인 데 대하여, 재단법인에는 사원이 존재하지 않기 때문에 사원총회가 없다.

(2) 총회의 종류

(가) 통상총회　통상총회(通常總會)란 적어도 1년에 한 번 일정한 시기에 소집되는 총회를 말한다. 총회의 소집시기는 정관에서 정하는 것이 보통이지만 정관에 규정이 없으면 총회의 결의로 정할 수 있고 총회의 결의도 없으면 이사가 임의로 정할 수 있다.

(나) 임시총회　임시총회(臨時總會)란 이사가 필요하다고 인정하는 때, 감사가 필요하다고 인정하는 때 또는 총사원의 5분의 1 이상으로부터 회의의 목적사항을 제시하여 청구하는 때 열리는 사원총회이다.

사원의 총회소집을 위한 최소한도의 권한을 소수사원권(少數社員權)이라고 한다. 총회소집을 위한 총사원의 5분의 1이라는 정수는 정관으로 증감할 수 있다(제70조). 그러나 소수사원의 총회소집권을 전적으로 박탈할 수는 없다.

(3) 소집절차

총회의 소집은 1주간 전에 그 회의의 목적사항을 기재한 통지를 발하고(발신주의) 기타 정관에 정한 방법에 의하여야 한다(제71조).

(4) 사원총회의 권한

사원총회는 사단법인의 최고의 의사결정기관으로서 정관에서 이사 기타의 임원에게 위임한 사항 이외에는 법인사무의 전반에 관하여 결정권을 가진다(제68조).

특히 정관변경(제42조)과 임의해산(제77조 제2항)은 사원총회의 전권사항(專權事項)으로서 정관에 의하여도 이러한 권한을 박탈하지 못한다. 정관에서 이를 박탈하는 규정을 두어도 이러한 정관의 규정은 무효이다.

(5) 총회의 결의

총회의 성립에 관하여는 민법의 규정이 없다. 그리고 정관에도 정한 바가 없으면 2인 이상의 사원의 출석으로 총회는 성립한다.

총회에서 결의할 수 있는 사항은 정관에 다른 규정이 없으면 그 총회를 소집할 때 미리 통지한 사항에 한정된다(제72조).

총회에서 각 사원은 원칙적으로 평등한 결의권을 가진다(제73조 제1항). 그러나 이 결의권 평등의 원칙(決議權平等原則)은 정관으로 변경할 수 있다(제73조 제3항).

결의권의 행사방법에 관하여 정관에 다른 규정이 없으면 사원은 서면이나 대리인으로 결의권을 행사할 수 있다(제73조 제2항).

사단법인과 어느 사원과의 관계사항을 의결하는 경우에는 그 사원은 결의권이 없다(제74조).

총회의 결의는 민법이나 정관에 다른 규정이 없으면 사원 과반수의 출석과 출석사원의 결의권(決議權)의 과반수(過半數)로써 한다(제75조 제1항). 다만, 사단법인의 정관변경은 총사원의 3분의 2 이상의 동의를, 사단법인의 해산은 총사원의 4분의 3 이상의 동의를 필요로 한다(제42조 제1항, 제78조).

❚판 례❚

이사회에서 결의사항에 이해관계가 있는 이사가 의결권을 갖는지 여부[소극]

민법 제74조는 사단법인과 어느 사원과의 관계사항을 의결하는 경우 그 사원은 의결권이 없다고 규정하고 있으므로, 민법 제74조의 유추해석상 민법상 법인의 이사회에서 법인과 어느 이사와의 관계사항을 의결하는 경우에는 그 이사는 의결권이 없다. 이 때 의결권이 없다는 의미는 상법 제368조 제4항, 제371조 제2항의 유추해석상 이해관계 있는 이사는 이사회에서 의결권을 행사할 수는 없으나 의사정족수 산정의 기초가 되는 이사의 수에는 포함되고, 다만 결의 성립에 필요한 출석이사에는 산입되지 아니한다고 풀이함이 상당하다(대판 2009.4.9. 2008다1521).

(6) 사 원 권

사원권(社員權)이라 함은 사단법인의 구성원인 사원이라는 자격에 기하여 인정되는 여러 가지의 권리를 말한다. 사원권에는 사단의 관리와 운영에 참가하는 공익권(共益權)과 사원 자신의 이익을 누릴 수 있는 자익권(自益權)이 있다.

공익권에는 결의권 · 소수사원권 · 업무집행권 · 감독권 등이 있으며, 자익권에는 이익배당청구권, 잔여재산분배청구권 또는 사단의 설비를 이용할 권리 등이 있다.

사단법인의 사원의 지위는 양도 또는 상속할 수 없다(제56조). 판례(대판 97.9.26. 95다6205)는 사원권의 양도 · 상속금지를 정하고 있는 민법 제56조는 임의규정으로 이해한다. 즉, 사단법인의 사원의 지위는 양도 또는 상속할 수 없다고 규정한 민법 제56조의 규정은 강행규정이라고 할 수 없으므로 비법인사단에서도 사원의 지위는 규약이나 관행에 의하여 양도 또는 상속될 수 있다.

제7절 정관의 변경

Ⅰ. 서 설

정관의 변경(定款變更)이라 함은 법인이 그 동일성을 유지하면서 조직을 변경하는 것을 말한다.

사단법인은 인적 결합체로서 그 조직이나 활동은 구성원의 자주적 의사결정에 의하여 이루어진다. 즉, 자율적(自律的)으로 운영되는 사단법인에 있어서는 필요에 따라 그 동일성을 유지하면서 그 정관을 스스로 변경할 수 있으며 나아가서 정관에서 그 변경을 금지하고 있는 경우에도 총회의 결의로 변경할 수 있다(통설).

재단법인은 설립자가 정관에 나타낸 목적과 조직에 따라서 운영되어야 할 타율적(他律的)인 법인이기 때문에 그 동일성을 유지하면서 조직을 변경하는 것은 원칙적으로 불가능하다.

Ⅱ. 사단법인과 정관변경

총사원의 3분의 2 이상의 동의가 있으면 정관을 변경할 수 있다. 다만, 총사원의 3분의 2 이상이라는 특별결의의 정수는 정관에서 다르게 정할 수 있다(제42조).

사단법인에 있어서 정관변경은 사원총회의 전권사항이므로 정관에서 「이사회의 결의로 정관을 변경할 수 있다.」고 정하고 있는 경우에도 이 정관의 규정은 무효이다.

정관의 변경은 주무관청의 허가를 받아야 하며, 변경사항이 등기사항인 경우에는(제49조 제2항) 등기를 하여야 하며 등기하지 않으면 정관의 변경을 가지고 제3자에게 대항하지 못한다(제54조).

Ⅲ. 재단법인과 정관변경

재단법인에 있어서는 정관을 변경하지 못하는 것이 원칙이지만 예외가 있다. 즉, 설립자가 정관 속에서 그 정관의 변경방법을 정하고 있는 경우에는 이에 따른 변경이 가능하다(제45조 제1항). 그러나 이것은 엄밀한 의미에서 정관변경이 아니라 정관의 실행이라고 할 것이다.

정관에서 그 변경방법을 정하고 있지 않은 경우에도 재단법인의 목적달성 또는 재산의 보전을 위하여 적당한 때에는 명칭이나 사무소의 소재지와 같은 법인의 본질에 관계가 적은 사항은 이를 변경할 수 있다(제45조 제2항).

그밖에도 정관에서 변경방법을 정하고 있지 않더라도 일정한 제약하에 목적 기타의 정관의 규정의 변경을 인정하는 경우가 있다. 즉, 재단법인의 목적을 달성할 수 없는 때에는 설립자나 이사는 주무관청의 허가를 얻어 설립의 취지를 참작하여 그 목적 기타 정관의 규정을 변경할 수 있다(제46조).

판 례

대판 96.5.16. 95누4810 전원합의체

재단법인의 정관변경에 대한 주무관청의 허가의 법적 성질에 대하여 「민법 제45조와 제46조에서 말하는 재단법인의 정관변경 '허가(許可)'는 법률상의 표현이 허가로 되어 있기는 하나, 그 성질에 있어 법률행위의 효력을 보충해 주는 것이지 일반적 금지를 해제하는 것이 아니므로 그 법적 성격은 인가(認可)라고 보아야 한다.」

제8절 법인의 소멸

Ⅰ. 서 설

법인의 소멸(法人消滅)이라 함은 자연인에 있어서의 사망과 같이 법인이 권리능력을 상실하는 것을 말한다. 다만, 법인에게는 자연인의 경우와 달리 상속이라는 것이 없기 때문에 현존사무의 처리와 재산관계를 정리하기 위하여 법인을 해산하고 청산의 단계로 들어가게 된다.

해산(解散)이라 함은 법인이 본래의 본격적 활동을 정지하고 잔무의 처리와 재산을 정리하는 절차에 들어가는 것을 말한다. 해산한 법인도 그 목적의 범위 내에서는 아직 존속하는 것으로 본다(채무자 회생 및 파산에 관한 법률 제328조).

청산(淸算)이라 함은 해산한 법인의 재산관계를 정리하는 절차이다. 법인을 해산한 후부터 청산종결시까지 존속하는 법인을 청산법인(淸算法人)이라고 하며, 청산법인도 청산의 목적범위 내에서 권리능력을 가진다(제81조).

II. 청산법인의 성격

1. 의 제 설

법인은 해산으로 소멸하고, 그 이후에는 법률의 규정(제81조)에 따라서 해산 전의 법인과 동일성을 유지하면서 존속하는 것으로 의제한다.

2. 실 재 설

법인의 해산으로 법인이 소멸하는 것은 아니고 법인의 목적이 청산의 범위 내로 제한될 뿐이며 청산법인은 해산 전의 법인과 동일성을 유지하면서 존속한다.

III. 해산사유

1. 사단법인과 재단법인에 공통한 해산사유(제77조 제1항)

(1) 존립기간의 만료 기타 정관에서 정한 해산사유의 발생

(2) 법인의 목적달성 또는 달성불능

(3) 파산

법인이 채무를 완제(完濟)하지 못하게 된 때, 즉 적극재산이 소극재산보다 적게 된 때에는 법인의 이사 또는 청산인은 파산신청을 하여야 한다(제79조, 채무자 회생 및 파산에 관한 법률 제295조).

(4) 설립허가의 취소

법인이 목적범위 이외의 사업을 하거나, 설립허가의 조건에 위반하거나 기타 공익을 해하는 행위를 한 때에 주무관청은 그 허가를 취소할 수 있다(제38조). 법인의 설립허가가 취소된 때에는 장래에 향하여 법인격이 소멸되고 소급효가 없다.

2. 사단법인에만 특유한 해산사유(제77조 제2항)

(1) 사원이 1인도 없게 된 때

(2) 총회의 결의

사단법인은 총사원의 4분의 3 이상의 동의가 있으면 법인의 해산을 결의할 수 있다. 그러나 이 정족수는 정관에서 달리 정할 수 있다.

제9절 청 산

Ⅰ. 서 설

청산(清算)이라 함은 해산한 법인이 잔무를 처리하고 재산을 정리하는 절차를 말한다. 청산절차에는 법인의 파산으로 인한 경우와 기타의 원인에 의한 경우가 있다. 전자의 경우는 채무자 회생 및 파산에 관한 법률의 규정에 의하고, 후자의 청산절차는 민법이 정하는 절차에 따른다.

Ⅱ. 청산법인의 능력

청산법인은 청산의 목적범위 내에서만 권리가 있고 의무를 부담한다(제81조).

Ⅲ. 청산법인의 기관

1. 청 산 인

법인이 해산하면 이사에 갈음하여 청산인이 청산법인의 집행기관이 되어 외부적으로 청산법인을 대표하고 내부적으로 일정한 사무를 처리한다. 청산인이 되는 자는 정관 또는 총회의 결의로 정한 바가 없으면 해산 당시의 이사가 당연히 청산인이 된다(제82조).

청산인이 될 자가 없거나 청산인의 결원으로 인하여 손해가 생길 염려가 있는 때에는 법원은 직권 또는 이해관계인이나 검사의 청구에 따라 청산인을 선임할 수 있고(제83조), 또한 중요한 사유가 있는 때에 법원은 직권 또는 이해관계인이나 검사의 청구에 의하여 청산인을 해임할 수 있다(제84조).

2. 기타의 기관

해산한 법인에는 이사에 갈음하여 청산인이 정하여지고 기타의 기관에는 변동이 없다. 즉, 감사는 청산인의 직무를 감독하고 총회는 최고의 의사결정기관으로 존속한다.

Ⅳ. 청산사무

1. 해산등기 및 신고

청산인은 파산의 경우를 제하고는 취임 후 3주간 내에 해산의 사유, 연월일, 청산인의 성명 및 주소와 청산인의 대표권을 제한한 때에는 그 제한을 등기하고(제85조), 주무관청에 신고하여야 한다(제86조).

2. 현존사무의 종결

법인이 청산절차에 들어간 때에는 청산인은 현존사무(現存事務)를 종결하여야 한다(제87조 제1호).

3. 채권의 추심 및 채무의 변제(제87조 제2호)

채권을 추심(推尋)하고 채무를 변제하는 방법은 다음과 같다.

(1) 채권신고의 최고

청산인은 취임한 날로부터 2월 내에 3회 이상의 공고로 채권자에 대하여 일정한 기간 내에 그 채권을 신고할 것을 최고하여야 한다. 그 기간은 2개월 이상이어야 한다. 이와 같은 공고에는 채권자가 기간 내에 신고하지 아니하면 청산으로부터 제외될 것을 표시하여야 한다(제88조).

청산인이 알고 있는 채권자에 대하여는 각각 그 채권신고를 최고 하여야 하며, 알고 있는 채권자는 청산으로부터 제외하지 못한다(제89조).

(2) 채권신고기간 내의 변제금지

청산인은 채권신고기간 내에는 이행기가 도래한 채권에 대해서도 변제하지 못한다. 그러나 법인은 채권자에 대한 지연손해배상의 의무를 면하지 못한다(제90조).

(3) 채권변제의 특례

청산중의 법인은 채권신고기간이 만료한 때에 변제기에 이르지 아니한 채권에 대하여도 변제할 수 있으며, 조건 있는 채권이나 존속기간이 불확정한 채권, 기타 가액이 불확정한 채권에 관하여는 법원이 선임한 감정인의 평가에 의하여 변제하여야 한다(제91조).

(4) 청산으로부터 제외된 채권

청산으로부터 제외된 채권자는 법인의 채무를 완제(完濟)한 후 귀속권리자에게 인도하지 아니한 재산에 대하여서만 변제를 청구할 수 있다(제92조).

4. 잔여재산의 인도(제87조 제3호)

잔여재산이 있는 때에는 이를 귀속권자에게 인도하여야 한다(제80조). 첫째로, 잔여재산의 귀속권자는 정관에서 지정한 자이다(제80조 제1항). 법인 해산시 잔여재산의 귀속권리자를 직접 지정하지 아니하고 사원총회나 이사회의 결의에 따라 이를 정하도록 하는 등 간접적으로 그 귀속권리자의 지정방법을 정해 놓은 정관규정도 유효하다고 할 것이다(대판 95.2.10. 94다13473).

둘째로, 정관으로 귀속권리자를 지정하지 아니하거나 이를 지정하는 방법을 정하지 아니한 때에는 이사 또는 청산인은 주무관청의 허가를 얻어 그 법인의 목적에 유사한 목적을 위하여 그 재산을 처분할 수 있다. 그러나 사단법인에 있어서는 총회의 결의가 있어야 한다(제80조 제2항).

셋째로, 앞의 방법에 의하여 처분되지 아니한 재산은 국고에 귀속한다(제80조 제3항).

5. 파산신청

청산 중에 법인의 재산이 그 채무를 완전히 변제하기에 부족한 것이 분명하게 된 때에는 청산인은 지체 없이 파산선고를 신청하고 이를 공고하여야 한다(제93조 제1항). 청산인이 파산관재인에게 그 사무를 인계함으로써 그 임무가 종료한다(제93조 제2항).

6. 청산종결의 등기 및 신고

청산이 종결된 때에는 청산인은 3주간 내에 이를 등기하고 주무관청에 신고하여야 한다(제94조). 판례(대판 80.4.8. 79다2036)는 청산종결등기를 마쳤더라도 청산사무가 종료되었다고 할 수 없는 경우에는 청산법인으로 존속한다는 입장이다.

7. 법인의 감독

법인의 사무는 주무관청이 검사하고 감독한다(제37조). 다만, 법인의 해산 및 청산은 법원이 검사하고 감독한다(제95조). 법인의 해산이나 청산은 법인의 목적과 관계 없으며, 재산정리에 관하여 복잡한 이해관계가 얽혀 있기 때문이다.

제10절　법인격 없는 사단과 재단

Ⅰ. 권리능력 없는 사단

1. 의　　의

권리능력 없는 사단(社團)이라 함은 일반적으로 사단으로서의 실체를 가지면서도 법인격이 없는 인적 결합체(人的結合體)를 말한다. 법인격 없는 사단 또는 비법인사단(非法人社團)이라고도 한다.

권리능력 없는 사단이라고 할 수 있기 위하여는 단체로서의 조직을 갖추고 대표의 방법, 총회의 운영 또는 재산의 관리 등에 관한 사단으로서의 주요한 점들이 정관에 의하여 확정되어 있어야 한다. 이러한 권리능력 없는 사단에는 교회, 종중, 동문회, 친목회 등이 있다.

권리능력 없는 사단에 관하여는 민법에서 재산귀속관계를 총유(總有)로 한다는 규정(제275조)을 두고 있을 뿐이며, 기타 사항에 관하여는 학설 · 판례에 맡겨져 있는 실정이다. 다수설 · 판례(대판 2003.11.14. 2001다32687)는 권리능력 없는 사단에 대하여는 사단법인에 관한 규정 중에서 권리능력을 전제로 하는 것을 제외하고 유추적용하여야 하며, 민법상의 조합에 관한 규정(제703조 내지 제724조)을 준용하여서는 안 된다는 입장이다.

판 례

교회의 성립과정에서 취득한 재산의 귀속관계

「교회가 그 실체를 갖추어 법인 아닌 사단으로 성립한 경우에 교회의 대표자가 교회를 위하여 취득한 권리의무는 교회에 귀속되나, 교회가 아직 실체를 갖추지 못하여 법인 아닌 사단으로 성립하기 전에 설립의 주체인 개인이 취득한 권리의무는 그것이 앞으로 성립할 교회를 위한 것이라 하더라도 바로 법인 아닌 사단인 교회에 귀속될 수는 없고, 또한 설립중의 회사의 개념과 법적 성격에 비추어, 법인 아닌 사단인 교회가 성립하기 전의 단계에서 설립중의 회사의 법리를 유추적용할 수는 없다(대판 2008.2.28. 2007다37394, 37400).」

이와 같은 경우, 대표자가 취득한 권리의무는 구체적인 사정에 따라 발기인 개인 또는 발기인 조합에 귀속되는 것으로서, 이들에게 귀속된 권리의무를 설립 후의 회사(또는 사단법인)에게 귀속시키기 위하여는 양수나 계약자 지위인수 등의 특별한 이전행위가 있어야 할 것이다(대판 98.5.12. 97다56020 참조).

법인의 불법행위에 관한 제35조 제1항이 비법인사단에 유추적용되는지 여부(적극)

「비법인사단의 대표자가 직무에 관하여 타인에게 손해를 가한 경우 그 사단은 민법 제35조 제1항의 유추적용에 의하여 그 손해를 배상할 책임이 있고, 비법인사단의 대표자의 행위가 대표자 개인의 사리를 도모하기 위한 것이었거나 혹은 법령의 규정에 위배된 것이었다 하더라도 외관상, 객관적으로 직무에 관한 행위라고 인정할 수 있다면 민법 제35조 제1항의 직무에 관한 행위에 해당한다 할 것이나, 한편 그 대표자의 행위가 직무에 관한 행위에 해당하지 아니함을 피해자 자신이 알았거나 또는 중대한 과실로 인하여 알지 못한 경우에는 비법인사단에게 손해배상책임을 물을 수 없다. 여기서 중대한 과실(重大한 過失)이라 함은, 거래의 상대방이 조금만 주의를 기울였더라면 대표자의 행위가 그 직무권한 내에서 적법하게 행하여진 것이 아니라는 사정을 알 수 있었음에도 만연히 이를 직무권한 내의 행위라고 믿음으로써 일반인에게 요구되는 주의의무에 현저히 위반하는 것으 로 거의 고의에 가까운정도의 주의를 결여하고, 공평의 관점에서 상대방을 구태여 보호할 필요가 없다고 봄이 상당하다고 인정되는 상태를 말한다(대판 2008.1.18. 2005다34711).」

이사의 대표권에 대한 제한과 대항요건에 관한 제60조의 유추적용 여부(소극)

「비법인사단의 경우에는 대표자의 대표권 제한에 관하여 등기할 방법이 없어 민법 제60조의 규정을 준용할 수 없고, 비법인사단의 대표자가 정관에서 사원총회의 결의를 거쳐야 하도록 규정한 대외적 거래행위에 관하여 이를 거치지 아니한 경우라도, 이와 같은 사원총회 결의사항은 비법인사단의 내부적 의사결정에 불과하다 할 것이므로, 그 거래 상대방이 그와 같은 대표권 제한 사실을 알았거나 알 수 있었을 경우가 아니라면 그 거래행위는 유효하다고 봄이 상당하고, 이 경우 거래의 상대방이 대표권 제한 사실을 알았거나 알 수 있었음은 이를 주장하는 비법인사단측이 주장·입증하여야 한다(대판 2003.7.22. 2002다64780).」

임시이사의 선임에 관한 제63조의 유추적용 여부(적극)

「민법 제63조는 법인의 조직과 활동에 관한 것으로서 법인격을 전제로 하는 조항이 아니고, 법인 아닌 사단이나 재단의 경우에도 이사가 없거나 결원이 생길 수 있으며, 통상의 절차에 따른 새로운 이사의 선임이 극히 곤란하고 종전 이사의 긴급처리권도 인정되지 아니하는 경우에는 사단이나 재단 또는 타인에게 손해가 생길 염려가 있을 수 있으므로, 민법 제63조는 법인 아닌 사단이나 재단에도 유추적용할 수 있다. 임시이사를 선임할 수 있는 '이해관계인'이라 함은 임시이사가 선임되는 것에 관하여 법률상의 이해관계가 있는 자로서 그 단체의 다른 이사, 사원 및 채권자 등을 포함한다(대결 2009.11.19. 2008마699 전원합의체).」

교인들이 집단적으로 탈퇴한 경우의 교회의 재산관계

「우리 민법이 사단법인에 있어서 구성원의 탈퇴나 해산은 인정하지만 사단법인의 구성원들이 2개의 법인으로 나뉘어 각각 독립한 법인으로 존속하면서 종전 사단법인에 귀속되었던 재산을 소유하는 방식의 사단법인의 분열은 인정하지 아니한다. 그 법리는 법인 아닌 사단에 대하여도 동일하게 적용되며, 법인 아닌 사단의 구성원들의 집단적 탈퇴로써 사단이 2개로 분열되기 전 사단의 재산이 분열된 각 사단들의 구성원들에게 각각 총유적으로 귀속되는 결과를 초래하는 형태의 법인 아닌 사단의 분열은 허용되지 않는다.

교회가 법인 아닌 사단으로서 존재하는 이상, 그 법률관계를 둘러싼 분쟁을 소송적인 방법으로 해결함에 있어서는 법인 아닌 사단에 관한 민법의 일반 이론에 따라 교회의 실체를 파악하고 교회의 재산 귀속에 대하여 판단하여야 하고, 이에 따라 법인 아닌 사단의 재산관계와 그 재산에 대한 구성원의 권리 및 구성원 탈퇴, 특히 집단적인 탈퇴 등에 관한 법리는 교회에 대하여도 동일하게 적용되어야 한다.

따라서 교인들은 교회재산을 총유의 형태로 소유하면서 사용 · 수익할 것인데, 일부 교인들이 교회를 탈퇴하여 그 교회 교인으로서의 지위를 상실하게 되면 탈퇴가 개별적인 것이든 집단적인 것이든 이와 더불어 종전 교회의 총유재산의 관리처분에 관한 의결에 참가할 수 있는 지위나 그 재산에 대한 사용 · 수익권을 상실하고, 종전 교회는 잔존 교인들을 구성원으로 하여 실체의 동일성을 유지하면서 존속하며 종전 교회의 재산은 그 교회에 소속된 잔존 교인들의 총유로 귀속됨이 원칙이다.

그리고 교단에 소속되어 있던 지교회의 교인들의 일부가 소속 교단을 탈퇴하기로 결의한 다음 종전 교회를 나가 별도의 교회를 설립하여 별도의 대표자를 선정하고 나아가 다른 교단에 가입한 경우, 그 교회는 종전 교회에서 집단적으로 이탈한 교인들에 의하여 새로이 법인 아닌 사단의 요건을 갖추어 설립된 신설 교회라 할 것이어서, 그 교회 소속 교인들은 더 이상 종전 교회의 재산에 대한 권리를 보유할 수 없게 된다(대판 2006.4.20. 2004다37775 전원합의체).」고 하여 '교회의 분열이 가능하며, 교회가 분열된 경우에 그 재산은 분열 당시의 교인들의 총유관계로 된다'고 하였던 종전의 판례를 변경하였다.

교회재산의 처분방법

[1] 기독교단체인 교회에 있어서 교인들의 연보, 헌금 기타 교회의 수입으로 이루어진 재산은 특별한 사정이 없는 한 그 교회 소속 교인들의 총유에 속한다. 따라서 그 재산의 처분은 그 교회의 정관 기타 규약에 의하거나 그것이 없는 경우에는 그 교회 소속 교인들로 구성된 총회의 결의에 따라야 한다.

[2] 비법인사단인 교회의 대표자는 총유물인 교회재산의 처분에 관하여 교인총회의 결의를 거치지 아니하고는 이를 대표하여 행할 권한이 없다. 그리고 교회의 대표자가 권한 없이 행한 교회재산의 처분행위에 대하여는 민법 제126조의 표현대리에 관한 규정이 준용되지 아니한다(대판 2009.2.12. 2006다23312).

2. 내부관계

정관에 따라서 총회를 최고의 의사결정기관으로 하여 업무를 처리하여야 한다. 정관에서 특별히 정하고 있지 않은 경우, 총회의 결의는 과반수의 출석과 출석한 사원의 과반수로 성립한다.

3. 외부관계

권리능력 없는 사단에 대하여는 사단법인의 법인격에서 유래되는 규정은 유추적용되지 않는다. 그러나 권리능력 없는 사단도 그 대표자가 정하여져 있으면 민사소송법상의 당사자능력(當事者能力)을 갖는다(민사소송법 제48조).

또한 권리능력 없는 사단도 재산을 소유할 수 있으며, 재산귀속관계의 공시방법에 관하여는 부동산등기법상의 등기능력(登記能力)을 가진다. 즉, 「종중, 문중, 그 밖에 대표자나 관리인이 있는 법인 아닌 사단이나 재단에 속하는 부동산의 등기에 관하여는 그 사단 또는 재단을 등기권리자 또는 등기의무자로 하며, 등기는 그 사단이나 재단의 명의로 그 대표자나 관리인이 신청한다.」고 규정하고 있다(부동산등기법 제26조 제1항, 제2항).

권리능력 없는 사단의 채무는 구성원에게 총유적(總有的)으로 귀속한다. 즉, 총사원이 준총유를 한다(제278조).

권리능력 없는 사단의 채무에 대하여 책임을 지는 것은 사단재산뿐이며 각자의 구성원은 개인재산으로 책임질 필요가 없는 유한책임이다.

| 판 례 |

총유재산에 대한 보존행위를 목적으로 하는 소송방법

대판 2005.9.15. 2004다44971 전원합의체 이러한 총유재산에 관한 소송은 권리능력 없는 사단이 그 사단의 명의로 사원총회의 결의를 거쳐 하거나 또는 그 사단의 구성원 전원이 당사자가 되어 필수적 공동소송의 형태로 할 수 있을 뿐이지 그 사단의 구성원은 설령 그가 사단의 대표자라거나 사원총회의 결의를 거쳤다 하더라도 그 소송의 당사자가 될 수 없고, 이러한 법리는 총유재산의 보존행위(保存行爲)로서 소를 제기하는 경우에도 마찬가지이다.

종 중

1. 의 의

종중(宗中)이라 함은 공동선조의 후손 중 성년(成年) 이상의 자를 구성원으로 하여 공동선조의 분묘수호와 제사, 종중 상호간의 친목을 목적으로 하는 종족의 자연적 집단을 말한다.

2. 종중의 성립

종중은 자연발생적인 관습상의 종족집단체로서 특별한 조직행위를 필요로 하는 것이 아니며, 종중의 성립을 위하여 반드시 특정한 명칭의 사용 및 서면화된 종중 규약이 있어야 하는 것은 아니고, 또한 종중원이 10여 명에 불과하다 하여 종중의 성립에 영향을 주는 것도 아니다(대판 92.2.14. 91다1172).

또한, 대외적인 행위를 할 때에는 대표자를 정할 필요가 있는 것에 지나지 아니하며 종중의 대표자가 계속하여 선임되어 있는 등 조직을 갖추어야 하는 것은 아니다(대판 95.11.14. 95다16103).

3. 종중의 구성원

종중(宗中)이란 공동선조의 분묘수호와 제사 및 종원 상호간의 친목 등을 목적으로 하여 구성되는 자연발생적인 종족집단이므로, 종중의 이러한 목적과 본질에 비추어 볼 때 공동선조와 성과 본을 같이 하는 후손은 성별(性別)의 구별없이 성년(成年)이 되면 당연히 그 구성원이 된다고 보는 것이 조리에 합당하다(대판 2005.7.21. 2002다1178 전원합의체).

종중 유사단체는 비록 그 목적이나 기능이 고유한 의미의 종중과 별다른 차이가 없다 하더라도 공동선조의 후손 중 일부에 의하여 인위적인 조직행위를 거쳐 성립된 경우에는 사적 임의단체라는 점에서 자연발생적인 종족집단인 고유한 의미의 종중과 그 성질을 달리하므로, 그러한 경우에는 사적 자치의 원칙 내지 결사의 자유에 따라 그 구성원의 자격이나 가입조건을 자유롭게 정할 수 있음이 원칙이다. 따라서 그러한 종중 유사단체의 회칙이나 규약에서 공동선조의 후손 중 남성만으로 그 구성원을 한정하고 있다 하더라도 특별한 사정이 없는 한 이는 사적 자치의 원칙 내지 결사의 자유의 보장범위에 포함되고, 위 사정만으로 그 회칙이나 규약이 양성평등 원칙을 정한 헌법 제11조 및 민법 제103조를 위반하여 무효라고 볼 수는 없다(대판 2011.02.24. 2009다17783).

타가(他家)에 출계(出系)한 자와 그 자손 역시 공동선조의 제사봉행이라는 종중의 주목적과 종래 관습상 양자제도의 취지에 비추어 볼 때 친가의 생부를 공동선조로 하는 종중의 구성원이 될 수 없다(대판 92.12.11. 92다30153).

종중이 그 구성원인 종원(宗員)에 대하여 그 자격을 박탈하는 것은 공동선조의 후손으로서 혈연관계를 바탕으로 하여 자연적으로 구성되는 종족 단체인 종중의 본질에 반하는 것으로 무효이다(대판 83.2.8. 80다1194).

4. 고유한 의미의 종중과 종중유사단체

본래 종중은 공동선조의 후손들에 의하여 선조의 분묘수호와 제사 및 후손 상호간의 친목을 목적으로 형성되는 자연발생적인 종족단체로서 선조의 사망과 동시에 자손에 의하여 성립되는 것이므로 후손 중 특정지역 거주자나 특정범위 내의 자들만으로 구성된 종중이란 있을 수 없지만, 특정지역 거주자나 특정범위 내의 자들만으로 분묘수호와 제사 및 친목도모를 위한 조직체를 구성하여 활동하고 있어 단체로서의 실체를 인정할 수 있을 경우에는 본래의 의미의 종중은 아니나 권리능력 없는 사단으로서의 단체성을 인정할 여지가 있다(대판 93.5.27. 92다34193).

고유의미의 종중에 관한 규약을 만들면서 일부 구성원의 자격을 임의로 배제할 수 없는 것이며, 특정지역 내에 거주하는 일부 종중원에 한하여 의결권을 주고 그 밖의 지역에 거주하는 종중원의 의결권을 박탈할 개연성이 많은 종중규약은 종중의 본질에 반하여 무효이다(대판 92.9.22. 92다15048).

5. 종중규약의 자율성

종중의 성격과 법적 성질에 비추어 보면, 종중에 대하여는 가급적 그 독자성과 자율성을 존중해 주는 것이 바람직하고, 따라서 원칙적으로 종중규약은 종원이 가지는 고유하고 기본적인 권리의 본질적인 내용을 침해하는 등 종중의 본질이나 설립 목적에 크게 위배되지 않는 한 그 유효성을 인정하여야 한다.

이와 같은 종중의 성격과 법적 성질에 비추어 보면 종중에 대하여는 가급적 그 독자성과 자율성을 존중해 주는 것이 바람직하고, 따라서 원칙적으로 종중규약은 종원이 가지는 고유하고 기본적인 권리의 본질적인 내용을 침해하는 등 종중의 본질이나 설립 목적에 크게 위배되지 않는 한 그 유효성을 인정하여야 한다.

그러므로 종중회칙이 종손(宗孫)에게 회장후보자 추천권과 종무위원 선출권을 함께 부여하고 있다는 점만으로 종중의 본질이나 설립 목적에 반하여 무효라고 볼 수 없다(대판 2008.10.9. 2005다30566).

6. 소종중이 통합된 경우 통합종중의 법적 성격 및 재산의 적법처분절차

[1] 고유한 의미의 종중은 공동선조의 후손들에 의하여 그 선조의 분묘수호와 제사 및 후손 상호 간의 친목을 목적으로 형성되는 자연발생적인 종족단체로서 그 선조의 사망과 동시에 그 자손에 의하여 성립하므로, 같은 혈족이지만 공동선조를 달리하던 별개의 소종중이 통합하여 새로 구성된 종족집단으로서의 통합종중은 고유한 의미의 종중이 아니긴 하지만 그 단체로서의 실체를 인정할 수 있을 경우에는 종중 유사의 권리능력 없는 사단으로서 단체성만을 인정할 수 있고, 그 경우에도 자연발생적 집단으로서 선조의 사망과 동시에 자손에 의하여 자연발생적으로 성립하는 고유한 의미의 종중인 통합 전 소종중의 객관적 실체가 없어지는 것은 아니다.

[2] 통합종중의 규약에서 통합 전 소종중의 재산이 통합종중에 귀속되는 것으로 정하였다 하더라도 통합 전 소종중원의 총유에 속하는 재산의 처분에 관하여는 그 소종중의 규약 혹은 종중총회결의에 따른 적법한 처분절차를 거치지 아니하는 이상 그 유효성을 인정할 수 없고, 그 주장입증에 대한 책임은 처분행위의 유효를 주장하는 측에 있다(대판 2008.10.9. 2008다41567).

7. 종중회의

종중회의에 관하여는 그 성질에 반하지 않는 한 민법의 사단법인의 총회소집에 관한 규정(제71조 이하)을 유추적용할 수 있을 것이다. 종중총회는 특별한 사정이 없는 한 족보에 의하여 소집통지 대상이 되는 종중원의 범위를 확정한 후 국내에 거주하여 소재가 분명하여 연락통지가 가능한 모든 종중원에게 개별적으로 소집통지를 함으로써 각자가 회의와 토의와 의결에 참가할 수 있는 기회를 주어야 하고, 일부 종중원에게 소집통지를 결여한 채 개최된 종중총회의 결의는 효력이 없으나, 그 소집통지의 방법은 반드시 직접 서면으로 하여야만 하는 것은 아니고 구두 또는 전화로 하여도 되고 다른 종중원이나 세대주를 통하여 하여도 무방하다(대판 2000.2.25. 99다20155). 그러나 종중의 규약이나 관행에 의하여 매년 일정한 날에 일정한 장소에서 정기적으로 종중원들이 집합하여 종중의 대소사를 처리하기로 되어 있는 경우에는 별도로 종중회의의 소집절차가 필요하지 않다(대판 2005.12.8. 2005다36298).

또한 공동 선조의 자손인 성년 여자도 종중원이므로, 종중총회 당시 남자 종중원들에게만 소집통지를 하고 여자 종중원들에게 소집통지를 하지 않은 경우 그 종중총회에서의 결의는 효력이 없다고 할 것이다(대판 2010.2.11. 2009다83650).

소집절차에 하자가 있어 그 효력을 인정할 수 없는 종중총회의 결의라도 후에 적법하게 소집된 종중총회에서 이를 추인(追認)하면 처음부터 유효로 된다(대판 96.6.14. 96다2729).

8. 종중원이 종중재산에 대한 분배청구권을 행사하는 방법

종중재산은 종중총회의 결의에 의하여서만 분배될 수 있으므로 종중원은 종중으로 하여금 정당한 분배결의를 하게 한 후 그 결의에 따른 분배금을 청구할 수 있을 뿐이고, 종중재산이 별도의 구체적인 분배결의 없이도 종중원에게 균등한 비율로 당연히 귀속되는 것으로 보아 종중원이 바로 종중에게 그 몫에 해당하는 금액의 지급을 구할 수는 없다(대판 97.10.14. 97다21277).

9. 종중의 토지에 대한 수용보상금을 종중총회의 결의에 의하여 분배할 수 있는지 여부(적극)

비법인사단인 종중의 토지에 대한 수용보상금은 종원의 총유에 속하고, 그 수용보상금의 분배는 총유물의 처분에 해당하므로, 정관 기타 규약에 달리 정함이 없는 한 종중총회의 결의에 의하여 그 수용보상금을 분배할 수 있고, 그 분배비율, 방법, 내용 역시 결의에 의하여 자율적으로 결정할 수 있다. 그러나 종중은 공동선조의 분묘수호와 제사 및 종원 상호간의 친목 등을 목적으로 하여 구성되는 자연발생적인 종족집단으로 그 공동선조와 성과 본을 같이하는 후손은 그 의사와 관계없이 성년이 되면 당연히 그 구성원(종원)이 되는 종중의 성격에 비추어 종중재산의 분배에 관한 종중총회의 결의 내용이 현저하게 불공정하거나 선량한 풍속 기타 사회질서에 반하는 경우 또는 종원의 고유하고 기본적인 권리의 본질적인 내용을 침해하는 경우 그 결의는 무효라고 할 것이다.

여기서 종중재산의 분배에 관한 종중총회의 결의내용이 현저하게 불공정한 것인지 여부는 종중재산의 조성경위, 종중재산의 유지 · 관리에 대한 기여도, 종중행사 참여도를 포함한 종중에 대한 기여도, 종중재산의 분배경위, 전체 종원의 수와 구성,

> 분배비율과 그 차등의 정도, 과거의 재산분배 선례 등 제반사정을 고려하여 판단하여야 한다. 그런데 공동선조와 성과 본을 같이하는 후손은 남녀의 구별 없이 성년이 되면 당연히 그 구성원(종원)이 되는 것이므로 종중재산을 분배함에 있어 단순히 남녀 성별의 구분에 따라 그 분배비율, 방법, 내용에 차이를 두는 것은 개인의 존엄과 양성의 평등을 기초로 한 가족생활을 보장하고, 가족 내의 실질적인 권리와 의무에 있어서 남녀의 차별을 두지 아니하며, 정치 · 경제 · 사회 · 문화 등 모든 영역에서 여성에 대한 차별을 철폐하고 남녀평등을 실현할 것을 요구하는 우리의 전체 법질서에 부합하지 아니한 것으로 정당성과 합리성이 없어 무효라고 할 것이다(대판 2010.9.30. 2007다74775).

II. 권리능력 없는 재단

권리능력 없는 재단(財團)이라 할지라도 그것이 일정한 재산을 중심으로 하여 사실상 사회생활의 하나의 단위를 이루는 조직을 가지는 경우에는 법률상 특수한 사회작용을 담당하는 하나의 독립적 존재가 될 수 있기 때문에 대체로 법률상 권리능력 없는 사단에 대한 설명이 그대로 적용될 수 있다.

권리능력 없는 재단도 일정한 경우에 민사소송법상의 당사자능력(當事者能力)과 부동산등기법상의 등기능력(登記能力)이 인정된다.

재산권의 귀속에 대하여는 법률규정이 없는데 재단에는 사단과 달리 구성원이 없기 때문에 총유관계나 합유관계를 인정할 수 없다. 또한 공시방법이 없기 때문에 재단의 단독소유라고 할 수는 없다. 현재로는 재산은 관리자의 개인명의로 보유되며 법률행위도 개인명의로 하는 수밖에 없을 것이다.

제4장 물 건

제1절 서 설

권리는 일정한 사회적 이익을 그 내용 또는 목적으로 하는데, 이러한 내용 또는 목적이 성립하기 위하여 필요한 일정한 대상을 권리의 객체(權利客體)라고 한다.

예컨대 물권은 일정한 물건을 직접 지배하는 것이 그 내용 또는 목적이다. 그러므로 물건(物件)은 물권의 객체이다.

채권은 채권자가 채무자에 대하여 특정한 행위(급부)를 청구하여 그 행위에 의하여 일정한 이익을 향수할 수 있는 권리이다. 그러므로 채무자의 행위, 즉 급부가 채권의 객체이다.

이와 같이 권리의 객체는 권리의 내용이나 목적 또는 종류에 따라 다르다. 물권에 있어서는 물건, 채권에 있어서는 채무자의 행위, 권리 위의 권리에 있어서는 권리, 형성권에 있어서는 법률관계, 무체재산권에 있어서는 저작 등의 정신적 산물, 인격권에 있어서는 권리주체 자신, 친족권에 있어서는 친족법상의 지위, 상속권에 있어서는 상속재산 등이 각각 권리의 객체이다.

제2절 물권의 객체(물건)

Ⅰ. 물건의 의의

민법은 「본법에서 물건(物件)이라 함은 유체물 및 기타 관리할 수 있는 자연력을 말한다.」고 하고 있다(제98조).

Ⅱ. 물건의 요건

(가) 유체물 또는 관리가능한 자연력일 것 물권의 객체로서의 물건은 유체물(有體物)이거나 또는 유체물이 아니더라도 관리가 가능한 자연력이면 상관 없다. 관리할 수 있다는 것은 배타적 지배가 가능한 것을 의미한다. 관리가능한 자연력에는 가스나 전기 등을 생각할 수 있다.

(나) 비인격적일 것 근대법은 인격을 갖는 사람에 대하여는 물건으로서 배타적 지배를 허용하지 않는다.

물건이기 위해서는 외부의 일부, 즉 비인격적인 것이어야 한다. 인체에 부착된 의치, 의족, 의수 등도 신체에 고착되어 있는 한 신체의 일부로서 물건이 아니다.

인체의 일부일지라도 모발이나 혈액이 인체로부터 분리된 때에는 물건으로서 분리 전의 사람의 소유에 속한다. 시체도 물건이다(통설). 시체가 소유권의 객체가 될 수 있는지에 대하여는 학설이 대립한다. 다수설은 특수한 소유권의 객체가 된다는 입장이다. 즉, 시체에 대한 소유권의 내용은 제사지내고 매장하는 등의 경우에 한하며 보통의 소유권과 같이 사용하거나 수익할 수 없다는 점에서 특수성을 갖는다는 것이다. 이에 대하여 시체에 대한 권리는 소유권이라고 할 수 없고, 매장하고 제사를 지내는 권리에 지나지 않으며 양도하거나 포기할 수 없는 것으로서 관습상의 관리권이라고 주장하는 견해도 있다.

(다) 독립한 물건일 것 권리의 객체인 물건은 하나의 독립한 존재를 가지고 있어야 하며, 물건의 구성부분이 아니라야 한다. 독립한 물건인지의 여부는 사회통념 내지는 거래관념에 따라서 결정하여야 할 것이다.

Ⅲ. 물건의 일부 · 단일물 · 합성물 · 집합물

1. 1물1권주의와 물건의 일부

하나의 독립한 물건에는 성질이 같은 물권은 하나만 인정되는 것이 원칙이다. 이를 일물일권주의(一物一權主義)라고 한다. 그러므로 물건의 일부는 원칙적으로 권리의 객체가 되지 못한다.

그러나 부동산의 일부는 용익물권의 객체가 되며, 미분리과실과 수목의 집단은 명인방법이라는 관습법상의 공시방법을 갖춘 때에는 토지로부터 독립한 물건으로서 소유권의 객체가 된다.

2. 단 일 물

단일물(單一物)이라 함은 한 권의 책이나 한 마리의 소와 같이 형태로 보아 단일한 일체를 이루고 각각의 구성부분이 개성을 잃고 있는 물건을 말한다.

3. 합 성 물

합성물(合成物)이라 함은 건물, 선박이나 차량과 같이 각각의 구성부분이 개성을 잃지 않고 그들이 결합하여 단일한 형태를 이루고 있는 물건을 말한다. 합성물은 법률상 하나의 물건으로 다루어진다.

4. 집 합 물

집합물(集合物)이라 함은 상점에 있는 상품의 전체나 도서관의 장서와 같이 하나하나가 단일물 또는 합성물인 다수의 물건이 집합하여 경제적으로 단일한 가치를 가지고 거래상으로도 일체로서 다루어지는 물건을 말한다.

1물1권주의의 원칙상 집합물 위에 하나의 물권이 성립할 수 없고, 다만 특별법에 의하여 일정한 집합물에 대하여는 특별한 공시방법으로 법률상 하나의 물건으로 다루어진다.

이러한 특별법으로는 공장 및 광업재단저당법, 입목에 관한 법률 등이 있다. 판례(대판 90.12.26. 88다카20224 ; 동 2004.11.12. 2004다22858)는 양만장(養鰻場) 내 뱀장어 약 백만 마리 또는 돈사에서 대량으로 사육되는 돼지와 같은 유동집합물을 양도담보의 목적물로 삼을 수 있다고 한다.

제3절 물건의 분류

Ⅰ. 융통물 · 불융통물

사법상(私法上) 거래의 객체가 될 수 있는 물건을 융통물이라고 하고, 그렇지 못한 물건을 불융통물이라고 한다. 불융통물에는 공용물, 공공용물, 금제물이 있다.

1. 공 용 물

공용물(公用物)이라 함은 관공서의 건물이나 국 · 공립학교의 건물과 같이 국가나 공공단체의 소유에 속하며 국가나 공공단체에 의하여 공적 목적에 사용되는 물건이다. 공용물은 원칙적으로는 사법상의 거래가 허용되지 않지만 공용폐지 후에는 사법상의 거래의 객체가 된다. 예컨대 학생이 없어서 폐교된 학교의 부지와 교사는 공용폐지 후에 매각할 수 있다.

공유수면(公有水面)으로서 자연공물(自然公物)인 바다의 일부가 매립에 의하여 토지로 변경된 경우에 다른 공물과 마찬가지로 공용폐지가 가능하다고 할 것이며, 이 경우 공용폐지의 의사표시는 명시적 의사표시뿐만 아니라 묵시적 의사표시도 무방하다. 다만 공용폐지에 관하여 국가의 묵시적인 의사표시가 있다고 인정되려면 공물이 사실상 본래의 용도에 사용되고 있지 않다거나 행정주체가 점유를 상실하였다는 정도의 사정만으로는 부족하고, 주위의 사정을 종합하여 객관적으로 공용폐지 의사의 존재가 추단될 수 있어야 한다(대판 2009.12.10. 2006다87538).

2. 공공용물

공공용물(公共用物)이라 함은 도로, 하천, 항만 또는 공원과 같이 공중의 일반적 사용에 제공되는 물건을 말한다.

공공용물은 반드시 국가나 공공단체의 소유에 속하여야 하는 것은 아니며 개인의 소유에 속할 수도 있다. 이러한 점에서 국가나 공공단체의 소유에 속하는 공용물과 구별된다. 예컨대 도로부지는 개인의 소유에 속할 수 있다.

3. 금 제 물

금제물(禁制物)이라 함은 아편이나 위조화폐와 같이 법령의 규정에 의하여 거래가 금지되는 물건을 말한다.

II. 가분물 · 불가분물

물건의 성질 또는 가격을 현저하게 손상하지 않고도 분할할 수 있는 물건을 가분물(可分物), 그렇지 않은 물건을 불가분물(不可分物)이라고 한다. 구별실익은 공유물의 분할(제269조), 다수 당사자의 채권관계(제408조 이하)에서 나타난다.

III. 대체물 · 부대체물

일반거래상 물건의 개성이 중요시되는지 아닌지에 따른 구별이다. 구별실익은 소비대차(제598조 이하), 소비임치(제702조) 등에서 나타난다.

IV. 특정물 · 불특정물

구체적인 거래에 있어서 당사자가 물건의 개성을 중요시하여 동종의 다른 것으로 바꾸는 것을 허용하지 않는 물건을 특정물(特定物), 그렇지 않은 물건을 불특정물(不特定物)이라고 한다. 구별실익은 목적물의 보관의무(제374조), 채무변제의 장소(제467조), 매도인의 담보책임(제569조 이하) 등에서 나타난다.

V. 소비물 · 비소비물

물건의 성질상 그 용법에 따라 1회 사용하면 다시는 동일한 용도에 사용할 수 없는 물건이 소비물(消費物)이며, 물건의 용도에 따라 반복하여 사용 · 수익할 수 있는 물건을 비소비물(非消費物)이라고 한다. 구별실익은 소비대차(제598조 이하), 사용대차(제609조), 임대차(제618조)에서 나타난다.

제4절 동산과 부동산

I. 동산과 부동산의 차이

물건(物件)을 동산과 부동산으로 구별할 경우 이들 간에는 다음과 같은 차이가 있다.

(가) 공시방법 동산물권의 공시방법은 점유, 부동산물권의 공시방법은 등기에 의한다.

(나) 공신의 원칙 동산거래에 있어서는 공시의 원칙(公示原則)과 공신의 원칙(公信原則)이 모두 인정되지만(제249조), 부동산거래에 있어서는 공시의 원칙은 인정되지만 공신의 원칙은 인정되지 않는다.

(다) 무주물과 부합 무주물의 선점(無主物先占(제252조)), 부합(附合(제256조, 제257조)) 등에 있어서의 법률효과가 다르다. 예컨대 무주의 동산은 선점자에게 그 소유권이 인정되지만(제252조 제1항), 무주의 부동산은 국가소유이다(제252조 제2항).

부합(附合)에 있어서 부동산의 소유자는 그 부동산에 부합한 물건이면 그것이 동산이든 부동산이든 불문하고 부합물의 소유권을 취득하지만(제256조), 동산과 동산이 부합한 경우에는 동산 간에 주종을 구별할 수 있으면 그 합성물의 소유권은 주된 동산의 소유자에게 속하며, 주종을 구별할 수 없는 때에는 동산의 소유자는 부합 당시의 가액의 비율로 합성물을 공유한다(제257조).

(라) 부동산과 용익물권 용익물권과 저당권은 부동산에 관하여서만 인정되며, 질권은 동산에 대해서만 인정된다(질권은 동산에 대해서만 인정된다는 표현은 물건에 있어서는 동산에 한하여 인정된다는 것이며, 질권의 대상에는 동산 이외에도 권리가 있다는 점을 주의할 것).

(마) 재판관할권 부동산에 관하여는 재판관할에 관한 특별규정을 두고 있으며 강제집행의 절차나 방법에 차이가 있다.

II. 부 동 산

토지 및 그 정착물은 부동산이다(제99조). 토지라 함은 지표뿐만 아니라 지배가능한 범위 내에서 지상과 지하공간도 포함한다. 따라서 토지의 구성부분인 토사나 암석, 지하수 또는 온천수도 토지의 일부분으로서 토지소유권의 객체로 된다.

문제는 미채굴의 광물을 토지소유권과 독립한 물건으로 볼 것인지에 대하여 학설이 대립한다. 즉, 미채굴의 광물은 토지소유자의 소유이지만 이는 국가의 배타적인 채굴취득허가권의 객체이므로 이 범위 내에서 소유권의 행사가 제한된다는 견해와 토지소유권으로부터 독립한 부동산으로 보아서 국가의 소유권을 인정하는 견해가 대립한다.

광업법 제5조(분리광물의 귀속)
① 광구에서 광업권이나 조광권에 의하지 아니하고 토지로부터 분리된 광물은 그 광업권자 또는 조광권자의 소유로 한다.
② 광구 밖에서 토지로부터 분리된 광물은 그 취득자의 소유로 한다.

1. 토 지

토지의 개수(個數)는 필지(筆地)로 계산하며, 일물일권주의의 원칙상 1필지의 토지가 독립한 소유권의 객체로 된다. 그러므로 1필의 토지에 대하여 분필절차를 밟지 않고 그 일부를 양도할 수 없다.

이에 대하여 1필의 토지의 일부에 대하여 분필절차를 밟지 않아도 취득시효가 인정된다(통설 · 대판 93. 12.14. 93다5581). 다만, 점유취득시효가 완성된 토지의 일부에 대하여는 분필절차를 밟은 후에 시효취득을 원인으로 하는 등기를 하여야 한다.

판 례

지적법에 의한 분필절차를 거치지 않은 분필등기(分筆登記)의 효력유무(소극)
(地籍法, 지적법은 폐지(법률 제9774호, 2009.6.9.)되고 '측량 · 수로조사 및 지적에 관한 법률'로 대체됨)

토지의 개수(個數)는 지적법에 의한 지적공부상의 토지의 필수(筆數)를 표준으로 하여 결정되는 것으로 1필지의 토지를 수필의 토지로 분할하여 등기하려면 먼저 위와 같이 지적법이 정하는 바에 따라 분할의 절차를 밟아 지적공부에 각 필지마다 등록이 되어야 하고 지적법상의 분할절차를 거치지 아니하는 한 1개의 토지로서 등기의 목적이 될 수 없는 것이며 설사 등기부에만 분필(分筆)의 등기가 실행되었다 하여도 이로써 분필의 효과가 발생할 수는 없는 것이므로 결국 이러한 분필등기는 1부동산1등기용지의 원칙에 반하는 등기로서 무효라 할 것이다(대판 90.12.7. 90다카25208).

2. 토지의 정착물

토지의 정착물(定着物)이라 함은 건물, 수목, 교량 또는 돌담과 같이 토지에 고정적으로 부착되어 있어서 쉽게 이동할 수 없는 물건으로서 거래관념상 계속적으로 토지에 부착하여 이용하는 것으로 인정되는 것을 말한다.

토지의 정착물은 토지의 일부로 취급되며, 따라서 토지소유권이 이전되면 특별한 의사표시나 공시방법을 구비하지 않아도 토지의 정착물에 대한 소유권도 함께 이전되는 것이 원칙이다. 예컨대 단독주택에 대한 소유권이전을 합의하면서 정원수에 대하여 특별한 합의가 없으면 정원수의 소유권도 대지의 소유권과 함께 이전된다. 그러나 가식(假植) 중인 수목이나 토지 및 건물에 충분히 정착되어 있지 않은 기계 등은 토지의 정착물이 아니며 동산에 지나지 않는다.

3. 토지의 정착물로서 독립한 부동산

현행법상 토지와 별개의 독립한 부동산으로 다루어지는 정착물에는 건물, 입목에 관한 법률에 의하여 등기된 수목, 관습법상의 명인방법을 구비한 수목이나 미분리과실과 농작물이 있다.

(1) 건 물

민법은 건물을 토지와는 독립한 부동산으로 취급한다. 독립한 부동산으로서의 건물이라고 하기 위하여는 최소한의 기둥과 지붕 그리고 주벽이 이루어져야 된다(대판 2001.1.16. 2000다51872). 그러므로 건축주의 사정으로 건축공사가 중단되었던 미완성의 건물을 인도받아 나머지 공사를 마치고 완공할 경우라도 그 건물이 공사가 중단된 시점에서 이미 사회통념상 독립한 건물이라고 볼 수 있는 형태와 구조를 갖추고 있었다면 원래의 건축주가 그 건물의 소유권을 원시취득한다고 할 것이다(대판 2002.4.26. 2000다16350).

토지와는 달리 1동의 건물의 일부가 독립하여 소유권의 객체가 될 수 있다. 즉, 건물의 일부를 소유권의 객체로 인정하고 있다. 이를 구분소유권(區分所有權)이라고 한다(제215조). 건물의 일부분이 구분소유권의 객체로 될 수 있으려면 그 부분이 구조상으로나 이용상으로 다른 부분과 구분되는 독립성이 있어야 한다(대판 95.9.29. 94다53587, 53594).

(2) 입　　목

토지에 정착한 수목의 집단으로 소유자가 「입목에 관한 법률(1973.2.6. 법률 제2484호)」에 따라서 소유권보존등기가 된 수목의 집단을 입목(立木)이라 하며(입목에 관한 법률 제2조), 이 입목은 부동산으로서 그 지반으로부터 독립한 소유권이나 저당권의 대상으로 된다(입목에 관한 법률 제3조).

(3) 관습법상의 명인방법을 갖춘 미분리과실과 수목

입목에 관한 법률의 적용을 받지 않는 수목의 집단 또는 개개의 수목도 명인방법이라는 관습법상의 공시방법을 갖춘 때에는 토지로부터 독립한 소유권의 대상으로 할 수 있다.

명인방법(明認方法)이란 제3자로 하여금 수목 등과 같은 지상물의 소유권이 누구에게 속하고 있다는 것을 명백하게 인식하게 하는 방법으로서, 명인방법이 유효하기 위해서는 지상물이 독립된 물건이며 현재의 소유자가 누구라는 것이 명시되어야 하며, 또한 계속되어야 한다(대판 90.2.13. 89다카23022 ; 동 76.12.28. 76다2557).

(4) 농 작 물

농작물은 토지의 정착물로서 토지의 일부에 지나지 않기 때문에 독립한 물건으로 다루어지지 않는다. 토지임차권과 같은 정당한 권원(權原)에 의하여 타인의 토지에서 경작 · 재배한 경우에는 그 농작물은 토지에 부합하지 않고 토지로부터 독립한 별개의 부동산과 같이 다루어진다(제256조 단서).

이에 대하여 판례(대판 63.2.21. 62다913 등)는 아무런 권원(權原) 없이 타인의 토지에서 경작 · 재배한 경우에도 그 농작물의 소유권은 언제나 경작자에게 있다는 입장이다.

Ⅲ. 동　　산

부동산 이외의 물건은 동산이다(제99조 제2항). 선박, 자동차, 항공기, 중기(重機) 등은 동산이지만 물권변동에 있어서는 마치 부동산과 같이 취급된다. 일반적으로 동산의 소유권 이전을 위해서는 당사자 간에 소유권 이전의 합의와 공시방법으로서 인도를 필요로 하지만, 이들 선박이나 자동차 등의 경우에는 소유권 이전을 위하여 소유권 이전의 합의와 인도가 아닌 등기 또는 등록에 의한 공시방법을 구비하여야 한다. 또한, 선박이나 자동차 등은 동산임에도 불구하고 저당권의 객체가 된다(상법 제787조, 자동차 등 특정동산저당법 제3조 등 참조).

제5절　주물과 종물

Ⅰ. 의　　의

자물쇠와 열쇠 또는 주택과 창고처럼 물건의 소유자가 그 물건의 상용(常用)에 이바지하기 위하여 자기 소유인 다른 물건을 이에 부속하게 하는 경우가 있는데, 전자를 주물(主物)이라고 하고 후자를 종물(從物)이라고 한다.

Ⅱ. 종물의 요건

1. 종물은 주물의 상용(常用)에 이바지하는 것일 것

주물의 '상용에 이바지한다' 함은 주물 그 자체의 경제적 효용을 다하게 하는 작용을 하는 것을 말하는 것으로서, 주물의 소유자나 이용자의 상용에 제공되어 있더라도 주물 그 자체의 효용과는 직접 관계없는 물건은 종물이 아니다(대결 2000.11.2. 2000마3530). 예컨대 TV, 책상, 침대 등은 주택이라는 건물 자체의 효용과 직접 관계가 없으므로 주택에 대한 종물이 아니다.

2. 종물은 독립한 물건일 것

종물은 주물과 독립한 물건이라야 하며, 주물의 구성부분이나 그 일부는 종물이 아니다. 독립한 물건이면 동산에 한하지 않고 부동산도 종물이 될 수 있다. 예컨대 농가 옆에 지어진 농기구를 보관하는 창고는 부동산으로서 농가의 종물에 해당한다.

3. 주물과 종물은 동일인 소유일 것

주물과 종물을 동일인의 소유이어야 한다. 민법 제100조 제2항에서는 종물은 주물의 처분에 따르는 것으로 규정하고 있는데, 동일인 소유가 아닌 종물을 주물의 처분에 따르도록 하게 되면 제3자의 권리를 해칠 수 있기 때문이다.

판례(대판 2008.5.8. 2007다36933, 36940)도 종물은 물건의 소유자가 그 물건의 상용에 공(供)하기 위하여 자기 소유인 다른 물건을 이에 부속하게 한 것을 말하므로, 주물과 다른 사람 소유에 속하는 물건은 종물이 될 수 없다는 입장이다.

다만 제3자의 권리를 해치지 않는 범위에서 다른 소유자에게 속하는 물건도 종물이 될 수 있다고 주장하는 견해도 있다.

4. 종물은 주물에 부속될 것

종물은 주물에 부속된 것이라야 한다. 부속된 것으로 보기 위하여는 주물과 종물 간에 어느 정도의 밀접한 장소적 관계를 가지고 있어야 한다. 예컨대 독립한 가옥과 그 근처에 지은 창고나 헛간은 종물이다.

종물이 주물에 부속된 것이면 주물의 소유자가 부속시켰을 것을 요하지 않는다.

Ⅲ. 효 과

종물은 주물의 처분에 따른다(제100조 제2항). '주물이 처분(處分)된다'는 것은 주물의 물권적 처분뿐만 아니라 채권적 처분도 포함하는 넓은 의미로 이해된다.

그러므로 처분행위가 아닌 경우에는 민법 제100조 제2항은 적용되지 않는다. 예컨대 점유취득시효(제245조 제1항)에 있어서 주물에 대해서만 일정한 기간 점유하였다면 점유로 인한 소유권의 시효취득의 효력은 주물에 한하여 미치며 점유하지 않은 종물에 대하여서는 미치지 않는다.

유치권이나 질권과 같이 점유를 수반하는 권리에 대하여도 민법 제100조 제2항은 적용되지 않는다. 그러나 저당권에 있어서는 민법 제358조에서 「저당권의 효력은 저당부동산과 그 종물에 미친다.」고 정하고 있다.

'종물은 주물의 처분에 따른다'는 민법 규정은 강행규정(强行規定)이 아니므로 당사자는 이와 다른 특약을 할 수 있다. 판례(대판 78.12.26. 78다2028)도 같은 입장이다.

제6절 원물과 과실

Ⅰ. 의 의

어떤 물건으로부터 발생하는 경제적 이익을 과실(果實)이라고 하며, 과실을 생기게 하는 물건을 원물(元物)이라고 한다.

II. 과실의 종류

과실은 물건으로부터 생긴 것이라야 한다. 즉, 과실을 발생케하는 원물은 물건이라야 한다. 예컨대 건물을 임대하고 임대인이 임차인으로부터 받는 차임(借賃)이나 토지의 지상권자로부터 받는 지료(地料)는 과실이다.

노동의 대가인 임금이나 권리사용의 대가로 받는 사용료 등은 물건으로부터 생긴 경제적 이익이 아니므로 과실이 아니다(통설).

과실에는 물건의 용법에 의하여 수취하는 산출물인 천연과실(天然果實, 제101조 제1항)과 물건의 사용대가로 받는 금전 기타의 물건인 법정과실(法定果實, 제101조 제2항)이 있다. 예컨대 천연과실에는 어미소가 낳은 송아지, 과수에 달린 과일 등이 있고, 법정과실에는 이자, 물건의 사용료, 차임 등이 있다.

III. 과실의 귀속

천연과실은 그 원물로부터 분리하는 때에 이를 수취할 권리자에게 속한다(제102조 제1항). 과실수취권자로는 소유자 이외에도 선의의 점유자(제201조), 지상권자(제279조), 전세권자(제303조), 매도인(제587조), 임차인(제618조) 등이 있다.

유치권자(제323조)와 질권자(제343조)도 과실수취권을 가진다. 그런데 유치권자에게 인정되는 과실수취권의 법적 성질에 대하여는 소유권취득설과 유치권취득설이 대립하고 있다.

현재 다수설은 유치권자의 과실수취권의 법적 성질을 과실에 대한 소유권을 취득하는 것이 아니라 유치권을 취득하는 것으로 이해한다. 그러므로 유치권자나 질권자가 수취한 과실로부터 변제에 충당하기 위해서는 과실이 금전인 경우를 제외하고 경매하여야 한다(제323조 제1항).

법정과실은 수취(收取)할 권리의 존속기간일수의 비율로 취득한다(제102조 제2항).

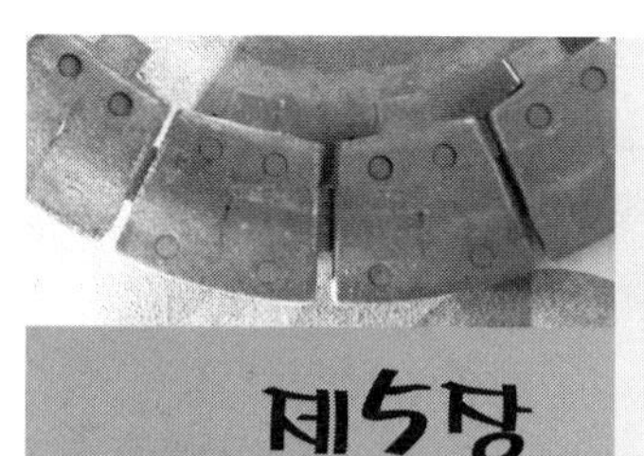

제5장 법률행위

제1절 총　　칙

Ⅰ. 서　　설

1. 권리변동의 의의

사람의 생활관계는 유동적이며 계속적으로 변화하기 때문에 새로운 생활관계가 발생하거나 변경 또는 소멸된다. 이와 같은 사람의 생활관계의 발생, 변경, 소멸의 과정은 법률관계에서도 그대로 나타나는데, 이 법률관계를 권리를 중심으로 파악하면 권리의 발생, 변경, 소멸로 나타나게 된다. 이를 권리의 변동(權利變動)이라고 한다.

2. 권리변동의 태양

권리의 변동에는 권리의 발생, 권리의 변경, 권리의 소멸이 있다. 권리의 발생은 권리를 취득하는 것을 말하며, 권리의 변경은 권리의 동일성을 잃지 않고 주체·내용·작용에 관하여 변경되는 것을 말한다. 권리의 소멸은 권리를 상실하는 것이다.

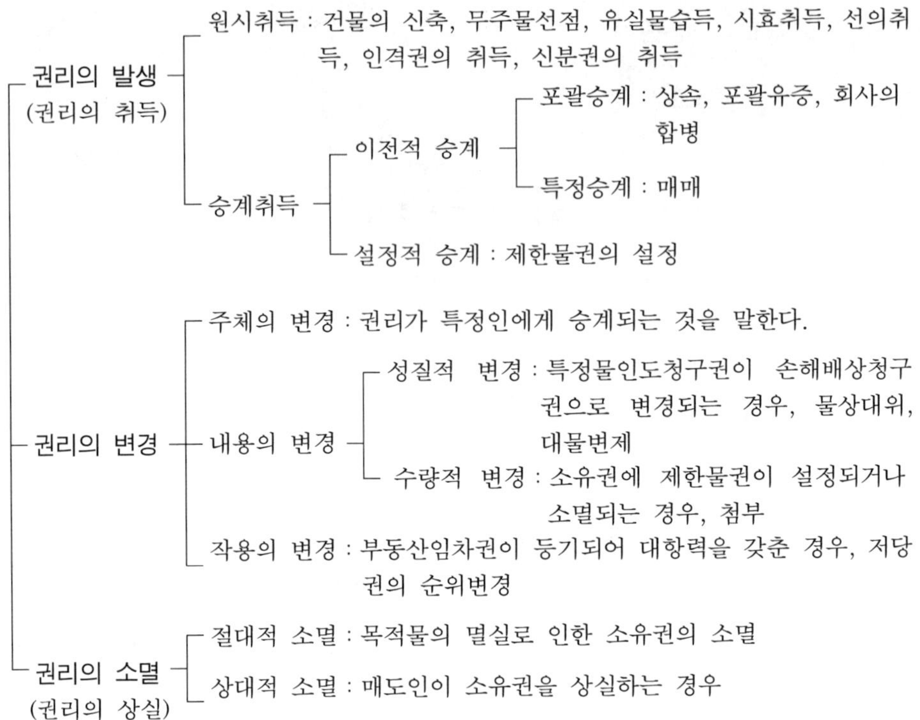

3. 권리변동의 원인

권리를 변동케 하는 원인으로는 법률요건과 법률사실이 있다.

(1) 법률요건

법률요건(法律要件)이라 함은 일정한 법률효과를 발생케 하는 사실의 총괄을 말한다. 이러한 법률요건에는 법률행위뿐만 아니라 준법률행위, 부당이득, 불법행위, 사무관리 등이 있다.

(2) 법률사실

법률요건을 구성하는 개개의 사항을 법률사실(法律事實)이라고 한다. 이러한 법률사실에는 사람의 정신작용에 기초한 용태(容態)와 사람의 정신작용에 기초하지 않은 사건(事件)이 있다.

법률사실을 도표로 보면 다음과 같다.

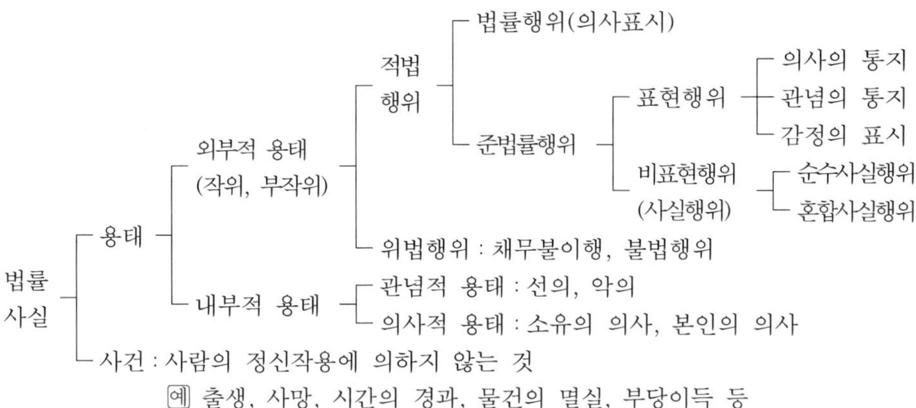

법률행위와 준법률행위

법률행위(法律行爲)라 함은 1개 이상의 의사표시를 필수불가결의 요소로 하는 법률요건을 말한다. 법률행위가 유효한 경우에는 당사자의 내심적 효과의사에 따라서 법률효과가 발생하게 된다.

준법률행위(準法律行爲)라 함은 사람의 정신작용에 기한 의식 있는 행위이지만, 그 법적 효과는 당사자가 의욕하거나 표시된 행위대로 발생하지 않고 법률에서 정하고 있는 바에 따른다. 즉, 준법률행위에는 의사표시가 필요 없거나 의사표시가 포함된 경우에도 법률행위와는 달리 당사자의 내심적 효과의사에 의하여 법률효과가 발생하는 것이 아니라 당사자의 의사와는 관계없이 법률의 규정에 의하여 법률효과가 발생하게 되는 점에서 법률행위와 다르다.

예컨대 제한능력자와 법률행위를 한 상대방이 제한능력자측에 대하여 일정한 기간 내에 제한능력자가 한 취소할 수 있는 법률행위의 추인여부의 확답을 최고하는 의사표시를 한 경우에 상대방의 내심적 효과의사와는 관계없이 제한능력자측에서 그 기간 내에 확답을 발하지 않으면 민법의 규정에 의하여 추인한 것으로 인정되거나(제15조 제1항, 제2항) 추인을 거절한 것으로 인정된다(제15조 제3항).

이러한 준법률행위에는 표현행위로서 의사의 통지, 관념의 통지, 감정의 표시가 있고, 비표현행위(또는 사실행위)로서 순수사실행위와 혼합사실행위가 있다.

(가) 의사의 통지 의사의 통지(意思通知)는 의사를 외부에 표시하는 점에서는 의사표시와 같으나 그 의사가 법률효과에 향하여진 효과의사가 아닌 점에서 다르다. 즉, 의사의 통지에 대하여 행위자가 어떤 법률효과의 발생을 의욕하였는지와 관계없이 법

률에서 일정한 법률효과를 부여하고 있다.

각종의 최고와 거절이 의사의 통지에 해당한다. 예컨대 제한능력자와 거래한 상대방의 최고(제15조), 채권신고의 최고(제88조), 무권대리인의 상대방의 최고(제131조)나 제한능력자의 상대방이 하는 거절(제16조), 변제수령의 거절(제487조) 등이 있다.

(나) 관념의 통지 관념의 통지(觀念通知)는 표시된 의식내용이 무엇을 의욕하는 의사가 아니라 어떤 객관적 사실에 관한 관념 또는 표상에 지나지 않는 것이다. 사실의 통지라고도 한다. 예컨대 사원총회소집의 통지(제71조), 대리권 수여의 표시(제125조), 채무의 승인(제168조, 제450조), 채권양도의 통지 또는 승낙(제450조), 공탁의 통지(제488조), 승낙연착의 통지(제528조) 등이 있다.

(다) 사실행위 사실행위(事實行爲)는 행위에 의하여 표시되는 의식의 내용이 무엇인지를 묻지 않고 행위가 행하여져 있다는 것 또는 그 행위에 의하여 생긴 결과만이 법률상 의미가 있는 것으로 인정되는 것을 말한다.

사실행위는 행위자의 의식내용의 여하에 따라서 법률이 어떤 의미를 인정하는 것이 아니기 때문에 법률상으로는 사건과 마찬가지로 취급된다. 이러한 사실행위에는 순수사실행위와 혼합사실행위가 있다.

(a) 순수사실행위: 순수사실행위(純粹事實行爲)는 외부적 결과의 발생만 있으면 법률이 일정한 효과를 주는 행위를 말한다. 예컨대 주소의 설정, 매장물의 발견, 가공 등이 있다.

(b) 혼합사실행위: 혼합사실행위(混合事實行爲)는 외부적 결과의 발생 이외에 어떤 의식과정이 따를 것을 요하는 행위이다. 예컨대 무주물선점, 물건의 인도, 부부의 동거, 채무의 변제, 사무관리 등이 있다.

(라) 사 건 사건(事件)은 사람의 정신작용에 기하지 않은 법률사실을 말한다. 사건은 사람의 정신작용과는 관계없는 사실로서 법률에 의하여 법률상의 의미가 있는 것으로 인정되는 것이다.

예컨대 물건의 멸실, 시간의 경과, 출생, 사망, 부당이득 등이 있다.

II. 법률행위

1. 법률행위의 의의

법률행위(法律行爲)라 함은 일정한 사법상의 법률효과발생을 목적으로 하는 한 개 이상의 의사표시를 필수불가결의 요소로 하는 법률요건을 말한다.

2. 법률행위의 종류

(1) 단독행위, 계약, 합동행위

법률행위를 의사표시의 개수(個數)나 태양(모습)에 따라서 나누면 단독행위, 계약, 합동행위가 있다.

(가) 단독행위 단독행위(單獨行爲)는 행위자의 한 개의 의사표시로 성립하는 법률행위이다. 단독행위에는 의사표시가 상대방에게 도달하여야 효력이 발생하는지에 따라서 상대방 있는 단독행위와 상대방 없는 단독행위로 구별된다.

상대방 있는 단독행위는 하나의 의사표시가 특정의 상대방에 도달하여야 법률행위의 효력이 발생하게 되며, 이러한 법률행위에는 동의, 취소, 해제, 해지, 상계, 채무면제 등이 있다.

상대방 없는 단독행위는 의사표시를 수령할 자가 특정되어 있지 않기 때문에 의사표시가 상대방에 도달하지 않아도 법률효과가 발생하는 경우이다. 예컨대 유언, 유증, 재단법인의 설립행위, 소유권의 포기(제한물권의 포기의 성질에 대하여는 상대방 있는 단독행위로 이해하는 견해가 다수설임) 등이 그러하다.

(나) 계 약 계약(契約)이라 함은 청약의 의사표시와 승락의 의사표시의 합치에 의하여 성립하는 법률행위를 말한다.

민법에서는 전형적인 계약의 형태로서 14가지를 정하고 있다. 증여, 매매, 교환, 소비대차, 사용대차, 임대차, 고용, 도급, 현상광고, 위임, 임치, 조합, 종신정기금, 화해계약이 그것이다.

(다) 합동행위 합동행위(合同行爲)라 함은 같은 방향의 수개의 의사표시에 의하여 성립하는 법률행위를 말한다. 이에 대하여 합동행위의 개념을 부인하고 합동행위 긍정설에서 말하는 합동행위 유형을 계약의 일종으로 포섭하고자 하는 견해도 있다. 합동행위를 인정하는 견해에 따르면 사단법인 설립행위 등이 여기에 해당한다.

(라) 계약과 합동행위의 구별실익 합치되어야 할 수개의 의사표시 가운데 일부가 무효 또는 취소되어 효력이 생기지 않는 경우에 계약에 있어서는 나머지 의사표시만으로 법률효과가 생기지 않지만, 합동행위에 있어서는 그러한 경우에도 나머지 의사표시만으로 일정한 법률효과가 발생한다는 점에서 차이가 있다.

(2) 요식행위 · 불요식행위

의사표시가 일정한 방식에 따라서 행하여지는 것이 법률행위의 요건으로 되는가에 따라서 요식행위와 불요식행위로 나누어진다.

(가) 요식행위　요식행위(要式行爲)는 당사자로 하여금 신중하게 법률행위를 하도록 할 필요가 있거나 또는 법률관계를 명확하게 하기 위하여 일정한 방식에 의하도록 하는 경우와 외형을 신뢰하여 신속하게 거래가 이루어질 필요가 있는 행위로서 일정한 방식을 요구한다.

전자의 경우로는 유언이나 법인의 설립행위가 있고, 후자의 경우로는 어음 또는 수표 등의 유가증권에 관한 행위가 있다.

또한 의사표시 그 자체에는 일정한 방식을 필요로 하지 않지만 의사표시와 함께 일정한 방식(신고)을 갖추는 것이 요구되는 행위도 요식행위이다. 예컨대 혼인의 신고나 파양의 신고와 같은 가족법상의 행위가 그것이다.

(나) 불요식행위　불요식행위(不要式行爲)는 법률행위에 특별한 방식을 요하지 않는 경우이다. 계약자유의 원칙에 의하여 대부분의 법률행위는 불요식행위에 속한다.

(3) 생전행위와 사후행위

행위자의 사망으로 효력이 생기는 법률행위를 사후행위(死後行爲) 또는 사인행위(死因行爲)라고 한다. 이러한 사후행위에는 유언이나 유증 또는 사인증여 등이 있다.

생전행위(生前行爲)라 함은 행위자의 사망을 법률효과의 발생요건으로 하지 않는 보통의 경우를 말한다.

(4) 부담행위와 처분행위

법률행위에 의하여 발생하는 효과에 따라 법률행위를 부담행위와 처분행위로 나눈다.

부담행위(負擔行爲)라 함은 당사자 사이에 채권 · 채무를 발생케 하는 법률행위를 말한다. 부담행위는 채권을 발생시키는 행위이므로 채권행위라고도 하며, 매매 · 증여 · 임대차 등과 같은 계약이 여기에 해당한다. 이러한 부담행위에 의해서는 직접적으로 권리가 변경되지 않는다. 예컨대 매매에 의하여 매도인은 매수인에게 매매대금의 지급청구권을 취득하고 매매목적물에 대하여 소유권을 이전해 줄 의무를 부담하게 된다.

처분행위(處分行爲)라 함은 권리의 이전 · 변경 · 소멸을 가져오는 법률행위를 말한다. 예컨대 처분행위에는 물권행위(소유권이전행위, 저당권 설정행위, 질권설정행위 등),

채권양도나 채무면제와 같은 준물권행위가 있다. 처분권 없는 자가 한 처분행위는 무효로 된다.

(5) 채권행위 · 물권행위 · 준물권행위

(가) 채권행위 채권행위(債權行爲)라 함은 매매나 임대차와 같이 채권을 발생시키는 것을 목적으로 하는 법률행위로서 채권행위는 언제나 이행의 문제를 남긴다.

그러므로 채권이 발생한 경우에도 채무자의 채무내용에 좇은 이행행위가 있어야 비로소 권리의 만족을 얻게 된다.

(나) 물권행위 물권행위(物權行爲)라 함은 물권변동을 일어나게 하는 의사표시(물권적 의사표시)를 요소로 하는 법률행위를 말한다. 소유권이전이나 저당권설정행위와 같이 직접 물권변동을 초래하고 이행의 문제를 남기지 않는 점이 특징이다. 이러한 점에서 이행의 문제를 남기는 채권행위와 구별된다.

(다) 준물권행위 준물권행위(準物權行爲)라 함은 물권 이외의 권리를 종국적으로 변동시키고 이행이라는 문제를 남기지 않는 법률행위를 말한다. 이러한 준물권행위에는 채권양도, 무체재산권의 양도, 채무면제 등이 있다.

(6) 출연행위 · 비출연행위

(가) 출연행위 출연행위(出捐行爲)라 함은 자기의 재산을 감소시키고 그 결과로 타인의 재산을 증가시키는 효과를 발생케 하는 행위를 말한다. 예컨대 출연행위에는 매매, 임대차, 소유권의 양도, 재단법인 설립행위 등 보통의 재산행위가 있다.

(나) 비출연행위 비출연행위(非出捐行爲)라 함은 행위자의 재산이 감소되지 않는 경우 또는 행위자의 재산의 감소가 직접 타인의 재산을 증가시키지 않는 행위를 말한다. 전자에는 대리권의 수여행위가 있고, 후자에는 소유권의 포기행위가 있다.

(7) 유인행위 · 무인행위

(가) 유인행위 유인행위(有因行爲)라 함은 어떤 법률행위의 효력이 그 원인인 법률관계의 존부나 효력의 유무에 영향을 받는 경우를 말한다. 이와같은 유인행위는 원인이 성립하지 않거나 또는 무효인 경우에는 법률행위의 효력도 발생하지 않게 된다.

원인행위가 무효로 되어 법률효과가 발생하지 않는 경우에는 이미 이행된 부분에 대해서는 부당이득으로 반환하여야 한다. 예컨대 매매는 매매대금청구권을 발생케 하는 직접적인 법률상의 원인이므로 유인행위이다. 매매가 무효인 경우에는 효력도 발생하지 않기 때문에 상대방으로부터 이미 지급받은 매매대금은 부당이득으로서 반환하여야 한다.

(나) 무인행위 무인행위(無因行爲)라 함은 어떤 법률행위의 효력이 그 원인인 법률관계의 존부나 효력의 유무에 영향을 받지 않는 경우를 말한다.

어음행위는 전형적인 무인행위이다. 예컨대 甲이 乙에 대한 매매대금의 지급을 위하여 어음을 발행·교부하고 乙은 다시 그 어음을 丙에게 교부한 후에, 丙이 甲에 대하여 어음금지급의 청구를 한 경우에 甲은 乙과의 계약이 무효이기 때문에 甲이 乙에게 매매대금의 지급을 위하여 발행·교부한 어음행위도 무효라고 주장할 수 없게 된다.

(8) 독립행위·보조행위

(가) 독립행위 독립행위(獨立行爲)라 함은 직접적으로 법률관계에 변동을 일으키는 법률행위를 말한다. 보통의 법률행위는 독립행위이다.

(나) 보조행위 보조행위(補助行爲)라 함은 다른 법률행위의 효과를 보충하거나 확정하는 데 불과한 행위를 말한다. 예컨대 보조행위에는 동의, 추인, 대리권의 수여행위 등이 있다.

(9) 주된 행위·종된 행위

법률행위가 유효하기 위해서 다른 법률행위의 존재를 전제로 하는 경우를 종(從)된 행위라고 하고, 그 전제가 되는 법률행위를 주(主)된 행위라고 한다.

예컨대 저당권설정행위가 유효하려면 그 전제로 피담보채권이 유효하게 성립하고 있어야 한다. 이 경우에 금전소비대차계약은 주된 행위이고 저당권설정행위는 종된 행위이다. 또한 채권자와 채무자의 계약에 대한 보증계약이 체결된 경우에 전자를 주된 행위라고 하고, 후자를 종된 행위라고 한다.

종된 행위는 주된 행위와 법률상 운명을 함께 한다. 예컨대 주된 권리로서 피담보채권이 소멸되면 종된 권리로서 저당권이나 질권도 함께 소멸한다(제369조 참조).

(10) 신탁행위

민법에서 신탁행위(信託行爲)라 함은 일정한 경제적 목적을 달성하기 위하여 일방당사자(이를 신탁자 라 한다)가 상대방(이를 수탁자 라 한다)에게 그 목적달성에 필요한 범위를 넘어서 일정한 권리를 부여하는 것을 말한다. 예컨대 양도담보나 채권의 추심을 위하여 채권을 양도하는 행위 등이 여기에 해당한다.

이에 대하여 신탁법상의 신탁은 어떤 자가 타인에게 권리를 이전하는 동시에 그 재산권을 일정한 목적에 따라 자기 또는 제3자를 위하여 관리·처분하도록 하는 법률관계이다(신탁법 제1조 참조).

3. 법률행위의 해석

(1) 의　의

법률행위의 해석(解釋)이라 함은 법률행위의 목적 내지 그 내용을 명확하게 하는 것을 말한다. 법률행위가 그 효력을 발생하려면 먼저 그 전제로서 법률행위의 내용을 명확하게 할 필요가 있다.

법률행위는 의사표시를 필수적 요소로 하기 때문에 법률행위의 해석은 결국 의사표시의 해석문제이기도 하다.

(2) 의사표시의 해석방법

법률행위의 해석방법으로는 자연적 해석, 규범적 해석, 보충적 해석이 있다.

(가) 자연적 해석　자연적 해석(自然的解釋)이라 함은 표현된 문자나 언어의 의미에 구속되지 않고 표의자(表意者)의 내심적 효과의사를 추구하여 표의자의 시각에서 법률행위를 해석하는 방법이다. 이러한 해석방법은 단독행위에 있어서 커다란 기능을 한다.

(나) 규범적 해석　규범적 해석(規範的解釋)이라 함은 표의자의 내심적 의사와 표시행위가 일치하지 않는 경우에 상대방의 시각에서 표시행위에 따라 법률행위의 성립을 인정하는 해석방법이다.

(다) 보충적 해석　보충적 해석(補充的解釋)이라 함은 법률행위의 내용에 틈이 있는 경우에 이를 제3자의 시각에서 해석하여 보충하는 법률행위의 해석방법이다. 이러한 해석방법은 계약에 있어서 커다란 기능을 한다.

예컨대 계약당사자 쌍방이 계약의 전제나 기초가 되는 사항에 관하여 같은 내용으로 착오가 있고 이로 인하여 그에 관한 구체적 약정을 하지 아니하였다면, 당사자가 그러한 착오가 없을 때에 약정하였을 것으로 보이는 내용으로 당사자의 의사를 보충하여 계약을 해석할 수 있는바, 여기서 보충되는 당사자의 의사는 당사자의 실제 의사 또는 주관적 의사가 아니라 계약의 목적, 거래관행, 적용법규, 신의칙 등에 비추어 객관적으로 추인되는 정당한 이익조정의사를 말한다(대판 2006.11.23. 2005다13288).

(라) 예문해석　예문해석(例文解釋)이라 함은 당사자가 합의로 보통거래약관이나 또는 이와 유사한 기능을 가지는 거래관행서식을 이용하여 계약을 체결하였다 하더라도 부동문자로 인쇄된 계약서의 문구나 약관의 내용은 단지 예문에 불과하여 당사자를 구속할 수 없는 것으로 해석하는 것을 말한다.

예컨대 판례(대판 97.11.28. 97다36231)는 '市가 무단점유하던 토지를 소유자로부터 매수하기로 하여 작성된 매매계약서상에 부동문자로 인쇄된 계약일 이전의 그 토지에 대한 권리의 포기 조항이 단순한 예문(例文)에 불과하여 소유자가 시에 대한 부당이득반환청구권을 포기한 것으로 볼 수 없다'고 하였다.

(마) 판 례 법률행위의 해석은 당사자가 그 표시행위에 부여한 객관적인 의미를 명백하게 확정하는 것으로서, 당사자가 표시한 문언에 의하여 객관적인 의미가 명확하게 드러나지 않는 경우에는 그 문언의 내용과 법률행위가 이루어지게 된 동기 및 경위, 당사자가 법률행위에 의하여 달성하려고 하는 목적과 진정한 의사, 거래의 관행 등을 종합적으로 고찰하여 사회정의와 형평의 이념에 맞도록 논리와 경험의 법칙, 그리고 사회일반의 상식과 거래의 통념에 따라 합리적으로 해석하여야 한다(대판 2009.10.29. 2007다6024, 6031).

오표시무해의 원칙(falsa demonstratio non nocet)

오표시무해(誤表示無害)의 원칙이라 함은 표의자 및 그 상대방이 표시행위를 본래의 의미와 다른 의미로 이해한 때에는 그 법률행위는 표의자나 상대방이 실제로 이해한 의미대로 성립한다는 원칙이다.

즉, 오표시무해의 원칙은 표의자가 표시를 잘못하였음에도 불구하고 상대방이 그 표시가 잘못되었다는 것을 알았을 뿐 아니라 표의자의 진의가 무엇인지도 알고 있는 경우에는 당사자가 실질적으로 합의한 내용에 따라 법률효과를 인정하는 것이다. 이 경우에는 설령 표시의 잘못이 있다고 할지라도 당사자 간에 진정한 의사의 합치가 있었기 때문에 당사자가 의도한 대로 법률효과가 발생한다고 할 것이다.

이와 같은 의사표시의 해석원칙은 로마법 이래로 인정된 것으로 Falsa demonstratio non nocet의 원칙으로서 우리말로는 「오표시무해의 원칙」 또는 「잘못된 표시는 해가 되지 않는다.」고 해석되며, 표의자가 의사표시를 잘못한 경우에도 상대방이 그 표시의 진정한 의미를 알 수 있거나 또는 그것이 명백한 때에는 표의자에게 해가 되지 않는다는 의미를 갖는다.

오표시무해의 원칙은 원래 Haakjöringsköd사건에서 비롯된 것이다. Haakjöringsköd 사건이란 신용장의 상품명에는 'Haakjöringsköd'라고 기재되어 있었고, 이 말의 뜻은 노르웨이어로 상어고기를 의미함에도 불구하고 노르웨이어를 모르는 계약 당사자는 일치하여 고래고기를 의미하는 것으로 이해하고 있었던 것이다. 이 사건에 대하여 법원은 계약은 신용장에 표시된 대로 상어고기에 대한 것이 아니라 계약 당사자가 일치하여 이해하고 있는 의미대로 고래고기를 의미하는 것으로 해석하였던 것이다.

대판 96.8.20. 96다19581,19598 「부동산의 매매계약에 있어 쌍방 당사자가 모두 특정의 甲 토지를 계약의 목적물로 삼았으나 그 목적물의 지번 등에 관하여 착오를 일으켜 계약을 체결함에 있어서는 계약서상 그 목적물을 甲 토지와는 별개인 乙 토지로 표시하였다 하여도, 甲 토지에 관하여 이를 매매의 목적물로 한다는 쌍방 당사자의 의사합치가 있은 이상 그 매매계약은 甲 토지에 관하여 성립한 것으로 보아야 하고 乙 토지에 관하여 매매계약이 체결된 것으로 보아서는 안 될 것이다.」

(3) 해석의 표준

민법은 법률행위의 해석의 표준으로 제105조는 「법률행위의 당사자가 법령 중의 선량한 풍속 기타 사회질서에 관계없는 규정과 다른 의사를 표시한 때에는 그 의사에 의한다.」고 하고, 또 제106조에서 「법령 중의 선량한 풍속 기타 사회질서에 관계없는 규정과 다른 관습이 있는 경우에 당사자의 의사가 명확하지 아니한 때에는 그 관습에 의한다.」고 규정하고 있다.

'법령 중의 선량한 풍속 기타 사회질서에 관계없는 규정'을 임의법규(任意法規)라 하고, '법령 중의 선량한 풍속 기타 사회질서에 관계있는 규정'을 강행법규(强行法規)라 한다.

민법 제105조와 제106조를 기초로 법률행위의 해석기준을 살펴보면 당사자의 목적 → 관습 → 임의법규 → 관습법(보충적 효력설에 따름) → 신의칙의 순서로 해석하게 된다.

(가) 당사자가 기도하는 목적 법률행위는 일정한 사회적 또는 경제적인 목적을 실현하기 위한 법률적 수단이다. 따라서 법률행위의 해석은 우선 당사자가 달성하고자 하는 목적을 포착하는 것이 첫번째 과제이다. 이를 위하여 표시행위의 문자나 표현에 구애받지 않고 당사자가 의도하는 목적을 밝혀 내고 실현시키는 노력을 하게 된다.

의사표시 해석에 있어서 당사자의 진정한 의사를 알 수 없다면 의사표시의 요소가 되는 것은 표시행위로부터 추단되는 효과의사 즉 표시상의 효과의사이고 표의자가 가지고 있던 내심적 효과의사가 아니므로, 당사자의 내심의 의사보다는 외부로 표시된 행위에 의하여 추단된 의사를 가지고 해석함이 상당하다(대판 2002.2.26. 2000다48265).

(나) 관 습 강행법규에 위반하지 않으며 또한 임의법규와 다른 관습이 있는 경

우에 당사자의 의사가 명백하지 않은 때에는 그 관습은 임의법규에 우선하여 법률행위를 해석하는 기준이 된다.

사실인 관습과 관습법

1. 의　　의

관습법(慣習法, 제1조)이라 함은 일정한 관행이 사회구성원에 의하여 법적 확신에 의하여 지지되고 법으로서의 가치를 가지게 된 관습이다.

이에 대하여 사실인 관습(事實인 慣習, 제106조)이라 함은 일정한 관행이 아직은 사회구성원에 의하여 법적 확신에 의하여 지지될 정도에 이르지 않은 것을 말한다. 이러한 사실인 관습과 관습법을 구별하는 것이 판례 및 다수설이다.

2. 관습과 관습법의 차이

첫째로, 사실인 관습은 당사자의 의사를 해석하는 표준이 됨으로써 의사표시의 내용이 되고 이때에 비로소 효력을 가지게 된다. 이에 대하여 관습법은 당사자의 의사와는 관계없이 당연히 법으로서의 효력을 가진다.

둘째로, 다수설 · 판례가 따르는 관습법의 효력에 대한 보충적 효력설에 의하면 법률에 규정이 있는 사항에 관하여는 관습법이 존재할 수 없지만, 사실인 관습은 법률행위의 해석을 통하여 임의법규를 개폐하는 효력을 가진다. 즉, 민법 제1조에 의하면 법의 적용순서는 강행법규 ⇨ 임의법규 ⇨ 관습법의 순서가 된다.

이에 반하여 제106조에 따르면 강행법규 ⇨ 사실인 관습 ⇨ 임의법규 ⇨ 관습법의 순서가 된다. 그러므로 사실인 관습은 임의법규에 우선하는데 관습법은 임의법규에 대한 하위규범으로서의 지위를 가지게 되는 문제가 발생한다.

즉, 사회생활에 있어서 규범성이 약한 사실인 관습이 규범성이 보다 강한 관습법에 비하여 상위에 있다는 것을 의미한다. 이러한 모순을 조정하기 위하여 다수설은 사실인 관습은 관습법의 하위에 있지만 사실상으로는 관습법 이상의 효력을 가지는 것으로 이해한다. 이에 대하여 소수설은 사실인 관습과 관습법은 성질상 같은 것이며 양자 사이에는 효력의 차이가 없다고 이해한다. 또는, 관습법을 강행법규적 성질을 가지는 것과 임의법규적 성질을 갖는 것으로 나누어 전자를 관습법, 후자를 사실인 관습이라고도 한다.

관습법과 사실인 관습에 관한 판례

대판 83.6.14. 80다3231 [1] 관습법(慣習法)이란 사회의 거듭된 관행으로 생성한 사회생활규범이 사회의 법적 확신과 인식에 의하여 법적 규범으로 승인 · 강행되기에 이르는 것을 말하고, 사실(fact)인 관습(慣習)은 사회의 관행에 의하여 발생한 사회생활 규범인 점에서 관습법과 같으나 사회의 법적 확신이나 인식에 의하여 법적 규범으로서 승인된 정도에 이르지 않은 것을 말하는바, 관습법은 바로 법원으로서 법령과 같은 효력을 갖는 관습으로서 법령에 저촉되지 않는 한 법칙으로서의 효력이 있는 것이며, 이에 반하여 사실인 관습은 법령으로서의 효력이 없는 단순한 관행으로서 법률행위의 당사자의 의사를 보충함에 그치는 것이다.

[2] 법령과 같은 효력을 갖는 관습법은 당사자의 주장 · 입증을 기다림이 없이 법원이 직권(職權)으로 이를 확정하여야 하고, 사실인 관습은 그 존재를 당사자가 주장 · 입증(主張 · 立證)하여야 하나, 관습은 그 존부 자체도 명확하지 않을 뿐만 아니라 그 관습이 사회의 법적 확신이나 법적 인식에 의하여 법적 규범으로까지 승인되었는지의 여부를 가리기는 더욱 어려운 일이므로, 법원이 이를 알 수 없는 경우 결국은 당사자가 이를 주장 · 입증할 필요가 있다.

(다) 임의법규 「법률행위의 당사자가 법령 중의 선량한 풍속 기타 사회질서에 관계없는 규정」 즉, 임의법규와 다른 의사를 표시한 때에는 그 의사가 임의법규에 우선하는 법률행위의 해석기준이 된다(제105조). 그러므로 특별한 의사표시가 없거나 또는 의사표시가 불완전한 경우에는 임의법규가 법률행위의 해석기준으로 된다.

(라) 신의칙 이상의 기준에 의하여 법률행위의 내용을 확정할 수 없는 경우에는 공공복리를 실현하기 위한 행동원리인 신의성실의 원칙 또는 법의 기본이념으로서의 조리에 따라서 법률행위를 해석하게 된다.

(4) 법률행위의 해석의 성질

법률행위를 해석하는 데 있어서 당사자의 내심의 효과의사는 하나의 객관적인 사실에 지나지 않지만 그 해석은 법률적 가치판단이기 때문에 법률행위의 해석은 사실문제가 아닌 법률문제(法律問題)라고 하여야 한다(통설).

법률행위의 해석을 사실문제로 이해하면 법률행위 해석의 당부는 법률심(法律審)인 상고심(대법원)에서 다툴 수 없지만, 이를 법률문제로 이해하면 상고심에서 다툴 수 있게 된다.

4. 법률행위의 성립요건과 유효요건

(1) 법률행위의 성립요건

법률행위의 성립요건에는 다시 일반적 성립요건과 특별 성립요건이 있다.

(가) 일반적 성립요건 법률행위의 일반적 성립요건(一般的成立要件)이라 함은 모든 법률행위의 성립에 공통적으로 필요한 요건을 말한다. 이러한 일반적 성립요건에는 당사자가 존재할 것, 법률행위의 목적이 존재할 것 그리고 의사표시가 존재하여야 한다.

계약을 체결하는 행위자가 타인의 이름으로 법률행위를 한 경우에 행위자 또는 명의인 가운데 누구를 계약의 당사자(當事者)로 볼 것인가에 관하여는 우선 행위자와 상대방의 의사가 일치한 경우에는 그 일치한 의사대로 행위자 또는 명의인을 계약의 당사자로 확정해야 하고, 행위자와 상대방의 의사가 일치하지 않는 경우에는 그 계약의 성질·내용·목적·체결경위 등 그 계약체결 전후의 구체적인 제반사정을 토대로 상대방이 합리적인 사람이라면 행위자와 명의자 중 누구를 계약 당사자로 이해할 것인가에 의하여 당사자를 결정하여야 한다.

그러므로 일방 당사자가 대리인을 통하여 계약을 체결하는 경우에 있어서 계약의 상대방이 대리인을 통하여 본인과 사이에 계약을 체결하려는 데 의사가 일치하였다면 대리인의 대리권존부 문제와는 무관하게 상대방과 본인이 그 계약의 당사자라고 할 것이다(대판 2009.12.10. 2009다27513).

(나) 특별 성립요건 법률행위의 특별 성립요건(特別成立要件)이라 함은 모든 법률행위의 성립에 필요한 공통요건은 아니며 개별적인 법률행위의 성립을 위하여 필요한 요건을 말한다. 예컨대 이러한 특별 성립요건에는 법인설립을 위한 등기 등이 있다.

(2) 법률행위의 유효요건

법률행위의 유효요건에는 일반적 유효요건과 특별유효요건이 있다.

(가) 일반적 유효요건 법률행위의 일반적 유효요건(一般的有效要件)이라 함은 모든 법률행위가 유효하기 위한 공통요건을 말한다.

이러한 법률행위의 일반적 유효요건으로 법률행위의 당사자가 권리능력, 의사능력 등을 구비하여야 한다. 제한능력자가 한 법률행위는 유효하므로 행위능력은 유효요건이 아니지만 제한능력자의 법률행위를 취소하면 소급적으로 무효가 된다.

법률행위의 목적 내지 내용은 확정되어 있거나 이행기를 기준으로 확정될 수 있어야 하며 실현 가능하여야 한다. 또한, 법률행위의 목적은 적법하여야 하며 사회적 타당성을 가지고 있어야 한다.

의사표시에 있어서는 의사와 표시가 일치하여야 하며, 의사표시에 사기나 강박과 같은 하자가 없어야 한다.

법률행위의 일반적 유효요건으로서의 적법성과 사회적 타당성의 동일성 문제

법률행위의 일반적 유효요건으로서 적법성과 사회적 타당성을 별개로 분리하여 각각 구비하여야 하는 것으로 설명하는 것이 보통이다. 즉, 법률행위의 목적이 강행법규에 위반하지 않아야 적법성을 구비한 것이고 이와 별도로 법률행위의 목적이 선량한 풍속 및 기타 사회질서에 위반하지 않아야 사회적 타당성을 구비한 것으로 되어 법률행위가 유효하다는 것이다.

이에 대하여 법률행위의 적법성이나 사회적 타당성은 모두 사적자치의 한계를 선언하는 것으로서 그 한계를 유월하는 법률행위를 위법하다 하여 허용하지 않는 것이므로 이들 양자는 동일한 것이며 따라서 법률행위의 목적의 사회적 타당성을 적법성에서 분리·독립시키는 것은 우리 민법체계에 반하는 것이라고 주장하는 견해가 있다(이영준, 민법총칙(2005), 181면 이하 참조).

(나) 특별유효요건 법률행위의 특별유효요건(特別有效要件)이라 함은 모든 법률행위가 유효하기 위한 요건은 아니며 개별적 법률행위에만 해당하는 유효요건을 말한다. 이러한 특별유효요건에는 대리행위에 있어서 대리권의 존재, 유언에 있어서 유언자의 사망, 조건부 법률행위에 있어서 조건의 성취 또는 기한부 법률행위에 있어서 기한의 도래와 같은 것이 그것이다.

5. 법률행위의 목적(내용)

(1) 목적의 확정

법률행위의 목적이 법률행위의 성립 당시에 확정(確定)되어 있거나 또는 장차 확정할 수 있는 표준이 정해져 있으면 된다.

법률행위의 목적을 확정하는 표준으로서 당사자의 의사에 따라서 정하여지는 것이 보통이지만 일정한 경우에는 거래의 관습(제106조 참조) 또는 법률의 규정에 의하여 표준이 정하여지는 경우도 있다.

법률의 규정에 의하여 법률행위의 목적의 표준이 정해지는 경우로서는 민법 제

375조가 있다. 민법 제375조 [종류채권]은 「① 채권의 목적을 종류로만 지정한 경우에 법률행위의 성질이나 당사자의 의사에 의하여 품질을 정할 수 없는 때에는 채무자는 중등품질의 물건으로 이행하여야 한다.」고 규정하고 있다.

(2) 목적의 실현가능성

법률행위의 목적은 실현가능(實現可能)한 것이라야 한다. 실현가능성의 여부는 사회통념에 의하여 결정된다. 따라서 법률행위의 목적이 불능인 때에는 그 법률행위는 무효가 된다. 법률행위의 목적의 불능에는 원시적 불능과 후발적 불능, 또 전부불능과 일부불능 그리고 객관적 불능과 주관적 불능 등으로 나뉜다.

(가) 원시적 불능과 후발적 불능 원시적 불능(原始的不能)이라 함은 법률행위가 성립할 당시부터 그 목적이 불능인 경우를 말하는 것으로 원시적 불능을 목적으로 한 법률행위는 무효로 되는 것이 원칙이다.

다만, 일정한 경우에는 계약체결상의 과실책임을 부담하는 경우가 있다. 예컨대 민법 제535조 [계약체결상의 과실] 제1항은 「목적이 불능한 계약을 체결할 때에 그 불능을 알았거나 알 수 있었을 자는 상대방이 그 계약의 유효를 믿었음으로 인하여 받은 손해를 배상하여야 한다.」고 규정하고 있다.

이에 대하여 법률행위가 성립할 당시에는 그 목적의 실현이 가능하였으나 이후에 불능하게 된 경우를 후발적 불능(後發的不能)이라고 한다. 법률행위의 목적이 후발적 원인에 의하여 불능하게 된 경우에 그 법률행위는 유효하다. 다만, 채무불이행책임(이를 이행불능이라고 한다. 제390조 참조) 또는 위험부담(제537조)의 문제가 생길 수 있다.

이와 같이 원시적 불능을 목적으로 한 법률행위는 무효이지만 후발적 불능인 법률행위는 유효한 점에서 다르다.

(나) 전부불능과 일부불능 전부불능(全部不能)이라 함은 법률행위 목적의 전부가 불능인 경우를 말하고, 일부불능(一部不能)이라 함은 법률행위 목적의 일부분만이 불능인 경우를 말한다.

법률행위 목적의 전부가 불능인 때에는 법률행위의 전부가 무효로 되고, 법률행위 목적의 일부만이 불능인 경우에도 법률행위의 전부가 무효인 것이 원칙이다. 다만, 그 무효부분이 없더라도 법률행위를 하였을 것이라고 인정될 때에는 나머지 부분은 무효로 되지 않고 유효하다(제137조 참조).

(다) 객관적 불능과 주관적 불능 법률행위의 목적이 모든 사람에게 불능인 경우를 객관적 불능(客觀的不能)이라고 하고, 채무자에게만 법률행위의 목적이 불능인 경우를

주관적 불능(主觀的不能)이라고 한다. 예컨대 타인 소유의 부동산에 관한 매매계약을 체결한 경우와 같이 매매계약을 체결한 당시에는 부동산의 소유권이 매도인에게 속하지 않는 경우에도 매도인은 그 권리를 취득하여 매수인에게 이전하여 줄 수 있기 때문에 이는 단순한 주관적 불능일 뿐 객관적 불능이 아니다.

법률행위의 목적이 객관적 불능인 경우에 한하여 그 법률행위가 무효로 된다. 법률행위의 목적이 주관적 불능인 경우에도 법률행위는 유효하며, 다만 채무불이행책임 또는 담보책임을 부담하는 경우는 있다(第569조 「타인의 권리의 매매」 참조).

(라) 법률상 불능과 사실상 불능 법률행위의 목적의 실현이 법률상 허용되지 않거나 법률상의 장애가 존재하는 경우를 법률상 불능(法律上不能)이라 하고, 법률행위의 목적을 달성하는 것이 물리적으로 불가능한 경우를 사실상 불능(事實上不能)이라고 한다.

(3) 목적의 적법성

법률행위의 목적은 적법(適法)하여야 한다. 적법하다는 것은 법률행위의 목적이 강행법규(强行法規)에 위반되지 않아야 한다는 것이다. 즉, 민법은 '선량한 풍속 기타 사회질서에 관한 규정'을 강행법규라고 하고, 그렇지 않은 규정을 임의법규라고 한다.

강행법규에 반하는 법률행위는 무효로 되지만 임의법규에 반하는 법률행위는 무효로 되지는 않는다. 즉, 법률행위의 당사자는 강행법규의 내용을 변경하거나 배제할 수 없지만, 임의법규에 대하여서는 사적자치의 원칙에 의하여 그 적용을 배제하거나 변경하는 합의를 하여도 이는 유효하다.

강행법규에 위반한 법률행위로서 무효로 되는 경우에는 나중에 그 강행규정이 개정되어도 유효한 법률행위로 되지 않는다.

이러한 강행법규에 해당하는 것으로 민법총칙편에서 규정하고 있는 것 중에는 능력에 관한 규정이나 법인제도, 소멸시효제도에 관한 규정 등이 있고, 물권편에서 정하고 있는 내용은 대체로 강행규정에 속한다. 그리고 채권편에서 정하고 있는 것 중에서 경제적 약자를 보호하기 위한 규정이나 거래안전을 위한 규정이 여기에 속하고 또한 친족 · 상속편에서 정하고 있는 내용들은 대부분 강행규정들이다.

(가) 강행법규와 단속법규의 관계 다수설에 따르면 강행법규에 효력규정(效力規定)과 단속규정(團束規定)이 포함된 것으로 이해하여, 강행법규 가운데 효력규정에 위반하면 법률행위의 사법상 효력(私法上效力)이 부정되지만, 단속규정은 국가가 일정한 행위를 단속할 목적으로 그것을 금지하거나 제한하는 데 불과하기 때문에 이를 위반하여도 법률행위의 사법상 효력에는 영향이 없는 것을 말한다.

이에 대하여 소수설은 강행법규와 단속법규를 구별하여 이를 대치시키고 단속법규를 다시 효력규정과 단순한 단속규정으로 나눈다. 단속법규 가운데 효력규정을 위반한 법률행위는 무효로 되지만, 단순한 단속규정에 위반하는 법률행위는 이를 무효로 하지 않고 단지 이에 위반하는 행위에 대하여 처벌 등 불이익을 가하는 것으로 그친다.

경찰법규는 단순한 단속법규이며 이것에 위반하더라도 법률행위의 효력에는 영향을 미치지 않는다. 예컨대 무허가 음식점에서 음식을 판매하는 행위나 무허가 숙박업 행위 등이 여기에 해당된다.

(나) 탈법행위　강행법규를 위반하는 법률행위의 모습을 기준으로 볼 때 정면으로 강행법규를 위반하는 경우와 우회적인 방법으로 강행법규에서 금지하고 있는 내용을 실현함으로써 실질적으로 강행법규를 위반하는 경우로 나누어서 전자를 직접적 위반, 후자를 간접적 위반 또는 탈법행위(脫法行爲)라고 설명한다.

예컨대 공무원의 연금을 받을 권리는 대통령령으로 정하는 금융기관 이외에는 담보로 제공하지 못하도록 하고 있는데(공무원연금법 제32조), 이 규정의 적용을 피하기 위하여 채권자에게 연금증서를 교부하고 또한 연금을 수령할 대리권도 함께 수여해서는 그 추심한 연금으로부터 채권을 만족받도록 함으로써 결과적으로 연금받을 권리를 담보로 제공한 것과 동일한 법률효과가 발생하게 되는 경우가 그러하다.

탈법행위는 무효이며 추인(追認)에 의하여서도 유효하게 되지 않는다.

(4) 목적의 사회적 타당성

법률행위의 목적은 사회적 타당성(社會的妥當性)을 가지고 있어야 한다. 즉, 법률행위의 목적이 선량한 풍속 기타 사회질서에 위반하지 않아야 한다.

판례(대판 2001.2.9. 99다38613)는 민법 제103조 [반사회질서의 법률행위]에 위반하여 무효로 되는 법률행위는 법률행위의 내용이 선량한 풍속 기타 사회질서에 위반되는 경우뿐만 아니라 그 내용 자체는 반사회질서적인 것이 아니라고 하여도 법률적으로 이를 강제하거나 법률행위에 반사회질서적인 조건 또는 금전적인 대가가 결부됨으로써 반사회질서적 성질을 띠게 되는 경우 및 표시되거나 상대방에게 알려진 법률행위의 동기가 반사회질서적인 경우를 포함하는 것으로 이해한다.

그러나 강제집행을 면할 목적으로 부동산에 허위의 근저당권설정등기를 경료하는 행위는 민법 제103조의 선량한 풍속, 기타 사회질서에 위반한 사항을 내용으로 하는 법률행위로 볼 수 없고(대판 2004.5.28. 2003다70041), 또한 다수의 세입자입주권을 투기의 목적으로 매수하는 행위도 사회질서에 반하는 법률행위로서 무효라고 할 수 없다

(대판 91.5.28. 90다19770).

사회질서에 위반하는 행위의 기준은 대체로 다음과 같다.

(가) 정의에 반하는 법률행위 법률행위의 목적이 정의의 관념에 반하는 때에는 그 법률행위는 무효로 된다. 예컨대 청부폭력과 같은 범죄행위를 목적으로 한 법률행위는 무효로 된다. 또한, 범죄행위나 불법행위를 하지 않을 것을 조건으로 금전을 지급하기로 하는 약정도 무효로 된다.

이와는 달리 법률행위의 성립과정에서 불법(不法)이 사용된 경우에는 민법 제103조의 반사회질서의 법률행위에는 해당하지 않는다는 것이 판례의 태도이다.

판 례

대판 96.4.26. 94다34432

「민법 제103조에 의하여 무효로 되는 반사회질서행위는 법률행위의 목적인 권리의무의 내용이 선량한 풍속 기타 사회질서에 위반되는 경우뿐 아니라, 그 내용 자체는 반사회질서적인 것이 아니라고 하여도 법률적으로 이를 강제하거나 그 법률행위에 반사회질서적인 조건 또는 금전적 대가가 결부됨으로써 반사회질서적 성격을 띠는 경우 및 표시되거나 상대방에게 알려진 법률행위의 동기가 반사회질서적인 경우를 포함하지만, 단지 법률행위의 성립과정에서 불법적 방법이 사용된 데 불과한 때에는, 그 불법이 의사표시의 형성에 영향을 미친 경우에 의사표시의 하자를 이유로 그 효력을 논의할 수는 있을지언정 반사회질서의 법률행위로서 무효라고 할 수는 없다.」

대판 96.4.26. 94다34432

「법률행위 목적이 불법의 한 경우로서 당사자의 일방이 그의 독점적 지위 내지 우월한 지위를 악용하여 자기는 부당한 이득을 얻고 상대방에게는 과도한 반대급부 또는 기타의 부당한 부담을 과하는 법률행위는 반사회적인 것으로서 무효이다.」

(나) 윤리에 반하는 법률행위 예컨대 대리모계약이나 첩계약은 윤리에 반하는 법률행위로서 처의 동의와 관계없이 무효로 된다. 그러나 이와 달리 첩관계를 청산하면서 첩의 생계유지를 위하여 재산을 증여하기로 하는 행위는 무효로 되지 않는다.

❙판 례❙

대판 80.6.24. 80다458

「피고가 원고와의 부첩관계를 해소하기로 하는 마당에 그동안 원고가 피고를 위하여 바친 노력과 비용 등의 희생을 배상 내지 위자하고 원고의 장래 생활대책을 마련해 준다는 뜻에서 금원을 지급하기로 약정한 것이라면 부첩관계를 해소하는 마당에 위와 같은 의미의 금전지급약정은 공서양속에 반하지 않는다고 보는 것이 상당하다.」고 한다.

대판 55.7.14. 4288민상156

「부첩관계를 맺음에 있어서 처의 사망 또는 이혼이 있을 경우에 첩과 혼인신고를 하여 입적하게 한다는 부수적 약정도 공서양속에 위반한 무효한 행위이다.」

(다) 개인적 자유를 심하게 제한하는 법률행위　개인의 자유를 제한하는 정도가 심한 법률행위도 무효로 된다. 예컨대 어떠한 경우에도 이혼하지 않겠다든지 평생토록 혼인하지 않는다는 것 등을 내용으로 하는 법률행위는 무효로 된다. 또한, 일정한 특혜를 조건으로 근로자에게 근로관계의 해지권을 박탈하는 약정도 경우에 따라서는 무효로 될 수 있다.

❙판 례❙

대판 82.6.22. 82다카90

「해외파견된 근로자가 귀국일로부터 일정기간 소속회사에 근무하여야 한다는 사규나 약정은 민법 제103조 또는 제104조에 위반된다고 할 수 없고, 일정기간 근무하지 않으면 해외파견 소요경비를 배상한다는 사규나 약정은 근로계약기간이 아니라 경비반환채무의 면제기간을 정한 것이므로 근로기준법 제21조에 위배하는 것도 아니다.」

(라) 사행성이 현저한 법률행위　도박계약과 같이 사행성(射倖性)이 현저한 법률행위는 무효로 된다. 그러나 사행성이 현저한 법률행위일지라도 복권, 경마, 경륜 또는 강원도 정선의 카지노와 같은 경우에는 법률에서 고차원적인 목적을 위하여 허가한 행위로서 위법하지 않다.

(마) 생존의 기초가 되는 재산을 처분하는 법률행위 자기가 장래에 취득하는 모든 재산을 증여하거나 양도하기로 하는 약정은 생존을 불가능하게 하므로 무효이다.

부동산 이중매매행위와 민법 제103조의 반사회질서의 법률행위

예컨대 甲이 자기 소유의 부동산을 乙에게 팔고 대금을 완납받은 후 소유권이전등기절차를 이행하고 있지 않는 동안에 다시 그 부동산을 丙에게 팔고 소유권이전등기절차를 이행한 경우에 제1매수인 乙은 甲과 제2매수인 丙과의 사이의 법률행위는 반사회질서의 법률행위이기 때문에 무효라고 주장하면서 자기에게 소유권을 이전하여 줄 것을 청구할 수 있는지 하는 문제이다.

1. 대판 94.3.11. 93다55289 「부동산의 이중매매가 반사회적 법률행위로서 무효가 되기 위하여는 매도인의 배임행위와 매수인이 매도인의 배임행위에 적극 가담한 행위로 이루어진 매매로서, 그 적극가담하는 행위는 매수인이 다른 사람에게 매매목적물이 매도된 것을 안다는 것만으로는 부족하고, 적어도 그 매도사실을 알고도 매도를 요청하여 매매계약에 이르는 정도가 되어야 한다.」

2. 부동산 이중매매가 무효로 되기 위해서는 제2매수인이 매매목적인 부동산이 이미 매도된 것을 알고 있는 것만으로는 부족하고 매도인의 배임행위에 적극 가담하여 이루어진 경우라야 한다는 것이다. 그러므로 부동산의 이중매매도 제2의 매수인이 배임행위에 적극 가담한 바 없다면 그 매매계약은 유효하다고 할 것이다.
   대판 76.4.27. 75다1783 「본건 부동산에 관한 이중매수가 매도인을 적극 유인하여 이루어졌다 하더라도 위 매도인이 무자력하여 그의 채권자인 원고가 그 채권회수의 방법으로 체결한 것이 명백하고 그 매매대금도 불상당하게 저렴하다고 보여지지 않는다면 위와 같은 이중매매 사실만으로 당장 본조에 의하여 그 법률행위의 효력을 부인할 수는 없다.」
   대판 89.11.28. 89다카14295, 14301 「을이 이 사건 토지의 원소유자인 갑으로부터 그 토지를 1차 매수한 바 있더라도, 그 후 매도인인 갑이 위 토지를 2차로 병에게 매도하여 소유권이전등기까지 경료하여 주었고 병의 다음 소유명의자인 정으로부터 무가 다시 위 토지를 매수한 것이라면, 무는 본래의 의미의 이중매수인에 해당한다고도 보기 어려울 뿐더러 무가 위 토지를 매수함에 있어서 그 토지가 을에게 매도되고 다시 을의 아들에게 증여되어 을의 아들이 사실상의 소유자로서 현재까지 이를 가옥의 대지로 점유사용해 오고 있다는 점을 알았다고 하더라도, 나아가 매도인의 배임행위(또는 배신행위)를 유인, 교사하거나 이에 협력하는 등 적극적으로 가담하지 않은 이상 이를 민법 제103조 소정의 반사회질서의 법률행위에 해당한다고 볼 수 없다.」

3. 부동산 이중매매행위가 무효인 경우에는 제1매수인은 매도인을 대위(代位)하여서만 제2매수인 명의의 등기에 대한 말소를 청구할 수 있는지 아니면 제1매수인이 직접 제2매수인에 대하여 등기의 말소를 청구할 수 있는지는 학설이 대립한다. 이에 대하여 판례는 제1매수인이 매도인을 대위하여 제2매수인에 대한 등기의 말소를 청구할 수 있을 뿐이라고 한다.
대판 83.4.26. 83다카57 「매도인의 매수인에 대한 배임행위에 가담하여 증여를 받아 이를 원인으로 소유권이전등기를 경료한 수증자에 대하여 매수인은 매도인을 대위하여 위 등기의 말소를 청구할 수는 있으나 직접 청구할 수는 없다는 것은 형식주의 아래서의 등기청구권의 성질에 비추어 당연하다.」

4. 무효인 부동산의 이중매매에 기초하여 취득한 목적 부동산의 소유권이 제2매수인으로부터 제3자에게 이전된 경우에 그 제3자, 특히 선의의 제3자는 부동산의 소유권을 취득할 수 있는지가 문제이다.
대판 96.10.25. 96다29151 「부동산의 이중매매가 반사회적 법률행위에 해당하는 경우에는 이중매매계약은 절대적으로 무효이므로, 당해 부동산을 제2매수인으로부터 다시 취득한 제3자는 설사 제2매수인이 당해 부동산의 소유권을 유효하게 취득한 것으로 믿었더라도 이중매매계약이 유효하다고 주장할 수 없다.」

5. 제1매수인의 매도인에 대한 대상청구권(代償請求權)

대판 95.2.3. 94다27113 「민법에는 이행불능의 효과로서 채권자의 전보배상청구권과 계약해제권 외에 별도로 대상청구권을 규정하고 있지 않으나 해석상 대상청구권을 부정할 이유가 없다.」

(바) 불공정한 법률행위(폭리행위)

(a) 의 의: 불공정한 법률행위(不公正法律行爲)라 함은 당사자의 궁박, 경솔 또는 무경험으로 인하여 현저하게 공정을 잃은 법률행위로서 폭리행위라고도 한다(제104조). 민법 제104조(불공정한 법률행위)는 민법 제103조(반사회질서의 법률행위)의 예시(例示)에 해당하는 것으로 이해하는 것이 통설 · 판례이다.

(b) 요 건

① 객관적 요건: 급부와 반대급부 사이에 현저한 불균형이 있어야 한다. 급부와 반대급부 사이에 현저한 불균형이 있으면 계약에 한하지 않고 단독행위에도 불공정한 법률행위가 성립한다고 할 것이다(대판 75.5.13. 75다92). 그러나 증여나 기부행위와 같이 아무런 대가관계가 없이 당사자 일방이 상대방에게 일방적인 급부를 하는 법률행위는 급부와 반대급부 사이에 불균형의 문제가 발생하지 않기 때문에 불공정한 법률행위로 되지 않는다(대판 93.10.26. 93다6409 등). 또한 경매에 있어서도 불공정한 법률행위에 관한 민법 제104조의 규정은 적용될 여지가 없다(대결 80.3.21. 80마77).

② 주관적 요건: 당사자의 궁박 · 경솔 또는 무경험을 이용하여 법률행위를 하였어야 한다.

'궁박(窮迫)'이라 함은 급박한 곤궁을 의미하는 것으로서 경제적 원인에 기인할 수도 있고, 정신적 또는 심리적 원인에 기인할 수도 있다. '무경험(無經驗)'이라 함은 일반적인 생활체험의 부족을 의미하는 것으로서 어느 특정영역에 있어서의 경험부족이 아니라 거래일반에 대한 경험부족을 뜻한다.

당사자가 궁박 또는 무경험의 상태에 있었는지 여부는 그의 나이와 직업, 교육 및 사회경험의 정도, 재산상태 및 그가 처한 상황의 절박성 정도 등 제반사정을 종합하여 구체적으로 판단하여야 한다(대판 2002.10.22. 2002다38927).

당사자의 궁박, 경솔 또는 무경험은 어느 한가지만 구비하면 되고 3가지 요건을 모두 구비하지 않아도 된다(대판 99.5.28. 98다58825).

또한, 상대방은 당사자의 그와 같은 사정을 알면서 이를 이용하려는 악의(惡意)를 가지고 있어야 한다(대판 96.10.11. 95다1460).

대리인이 한 대리행위가 불공정한 법률행위인지 여부를 판단함에 있어서 경솔 · 무경험은 대리인을 기준으로 하고, 궁박 상태에 있었는지는 본인을 기준으로 판단하여야 한다는 것이 판례의 태도이다(대판 72.4.25. 71다2255).

(c) 입증책임: 당사자 사이의 법률행위가 불공정한 법률행위에 해당하여 무효라고 하려면 급부와 반대급부 사이에 현저한 불균형이 존재하는 경우에도 당사자 일방의 궁박 · 경솔 · 무경험은 추정되지 않기 때문에 무효라고 주장하는 자가 그 요건을 증명하여야 한다. 판례(대판 70.11.24. 70다2065)도 같은 입장이다.

(d) 불공정의 판단시기: 법률행위의 불공정을 판단하는 시기에 관하여 법률행위시를 기준으로 하는 견해와 이행기를 기준으로 하는 견해로 대립한다. 법률행위시를

표준으로 하여야 한다는 견해가 통설 · 판례이다.

판 례

대판 2013.09.26. 2011다53683

전원합의체 [어떠한 법률행위가 불공정한 법률행위에 해당하는지는 법률행위 시를 기준으로 판단하여야 한다. 따라서 계약 체결 당시를 기준으로 전체적인 계약 내용에 따른 권리의무관계를 종합적으로 고려한 결과 불공정한 것이 아니라면, 사후에 외부적 환경의 급격한 변화에 따라 계약당사자 일방에게 큰 손실이 발생하고 상대방에게는 그에 상응하는 큰 이익이 발생할 수 있는 구조라고 하여 그 계약이 당연히 불공정한 계약에 해당한다고 말할 수 없다].

(e) 효　력:　불공정한 법률행위는 무효이며 추인하더라도 유효한 법률행위로 되지 않는다(대판 94.6.24. 94다10900).

불공정한 법률행위는 무효이기 때문에 아직 이행하지 않은 부분은 앞으로도 이행할 필요가 없다. 문제는 이미 이행한 부분을 부당이득으로 반환하여 줄 것을 청구할 수 있는지이다.

이에 대하여 통설은 민법 제746조 [불법원인급여(不法原因給與) 「불법의 원인으로 인하여 재산을 급여하거나 노무를 제공한 때에는 그 이익의 반환을 청구하지 못한다. 그러나 그 불법원인이 수익자에게만 있는 때에는 그러하지 아니하다.」]의 적용을 긍정한다. 즉, 불공정한 법률행위는 반사회적 법률행위의 일종이며 불법원인은 수익자에게만 있기 때문에 민법 제746조 단서가 적용되는 결과 피해자는 이미 이행한 것을 부당이득으로 반환청구할 수 있다는 것이다.

또한, 불공정한 법률행위에 의하여 권리를 취득한 자로부터 다시 권리를 이전받은 제3자는 선의라 할지라도 그 권리를 취득하지 못한다. 불공정한 법률행위는 절대적 무효이기 때문이다.

제2절 의사표시

Ⅰ. 의사표시이론

의사표시는 기본적으로 의사(意思)와 표시(表示)라는 요소로 구성되어 있다. 그런데 의사표시에 의사적 요소가 존재하지 않거나 또는 의사적 요소가 존재하는 경우라도 그 의사에 하자가 있는 경우에는 의사표시의 효력은 어떻게 되는지에 관한 문제가 의사표시이론이다.

1. 의사주의

법률행위는 개인의 의사에 따라서 법률효과가 부여되는 것이기 때문에 표의자의 진실한 의사가 현실적으로 존재하여야만 한다. 따라서 표시행위가 존재한다고 할지라도 그에 대응하는 효과의사가 존재하지 않으면(예컨대 의사와 표시가 불일치하는 경우) 의사표시가 존재하지 않거나 무효로 된다는 입장이다. 즉, 의사주의(意思主義)는 표시행위가 아니라 내심의 효과의사를 의사표시의 본체로 이해하는 입장이다.

이러한 의사주의는 개인의사의 자유 또는 개인주의적 사회관에 따라서 표의자의 이익을 보호하는 데 중점을 두는 입장이다.

2. 표시주의

표시주의(表示主義)는 의사표시에 있어서 표의자의 의사보다는 표시행위에 중점을 두는 이론으로서 의사와 표시가 불일치하는 경우에는 표의자의 내심의 의사와 관계없이 표시된 대로 법률효과가 발생한다는 입장이다. 즉, 표시주의는 표의자의 내심의 효과의사가 아니라 표시행위를 의사표시의 본체로 이해하는 입장이다.

이러한 표시주의는 표의자 본인의 이익보다는 선의의 상대방의 보호나 거래의 안전과 신속에 중점을 두는 입장이다.

3. 절충주의

절충주의는 법률행위에 따른 법률효과를 부여하는 데 표의자의 내심의 의사와 표시의 어느 하나만을 기준으로 삼지 않고 의사주의 또는 표시주의에 다른 원칙을 가미하여 법률효과를 발생케 한다는 입장이다.

4. 민법의 입장

민법은 절충주의를 취하고 있다. 다만, 당사자의 진실한 의사가 절대적으로 존중되는 가족법상의 법률행위에 있어서는 표시주의의 이론은 원칙적으로 적용되지 않는다.

II. 의사와 표시의 불일치

법률행위에 있어서 필수불가결의 요소인 의사표시는 의사와 표시가 일치하는 경우에 당사자가 의욕한 대로 법률효과가 발생하는 것이 원칙이다. 그런데 표의자의 내심의 의사와 표시행위로부터 추단되는 의사가 일치하지 않는 경우가 있다. 의사와 표시가 일치하지 않는 경우를 「의사와 표시의 불일치」 또는 「의사의 흠결」이라고 한다(제116조 제1항 참조).

의사와 표시가 불일치하는 경우에는 표의자가 스스로 그 불일치를 알고 있는 경우와 당사자가 그 불일치를 알지 못하는 경우가 있다. 전자에는 다시 표의자가 단독으로 하는 허위표시인 「진의 아닌 의사표시」와 상대방과 통정하여 하는 허위표시인 「허위표시」가 있다. 후자에는 「착오에 의한 의사표시」가 있다.

1. 진의 아닌 의사표시

(1) 의　의

제107조(진의 아닌 의사표시)
① 의사표시는 표의자가 진의(眞意) 아님을 알고 한 것이라도 그 효력이 있다. 그러나 상대방이 표의자의 진의 아님을 알았거나 알 수 있었을 경우에는 무효로 한다.
② 전항의 의사표시의 무효는 선의의 제3자에게 대항하지 못한다.

진의(眞意) 아닌 의사표시(意思表示)라 함은 의사와 표시가 일치되지 않는다는 것을 표의자가 알면서 하는 의사표시를 말한다. 비진의표시(非眞意表示) 또는 심리유보(心裡留保), 또는 단독 허위표시라고도 한다.

'진의(眞意)'라 함은 특정한 내용의 의사표시를 하고자 하는 표의자의 생각을 말하는 것이며, 표의자가 진정으로 마음 속에서 바라는 사항을 뜻하는 것은 아니다(대판 2001.1.19. 2000다51926).

그러므로 표의자(表意者)가 의사표시의 내용을 진정으로 마음 속에서 바라지는 아니하였다고 하더라도 당시의 상황에서는 최선이라고 판단하여 그 의사표시를 하였을 경우에는 이를 내심의 효과의사가 결여된 진의 아닌 의사표시라고 할 수 없다.

(2) 요 건

1) 의사표시가 있어야 한다.

2) 의사와 표시가 일치하지 않아야 한다.

3) 표의자는 스스로 의사와 표시가 일치하지 않는 것을 알고 있어야 한다.

(3) 효 과

(가) 원 칙 진의 아닌 의사표시는 원칙적으로 의사표시의 효력에 영향을 미치지 않는다(제107조 제1항 본문). 즉, 진의 아닌 의사표시는 유효하며 표의자의 진의와 관계없이 표시된대로 법률효과가 발생한다.

(나) 예 외 상대방이 표의자의 진의 아님을 알았거나 이를 알 수 있었을 경우에는 진의 아닌 의사표시는 무효로 한다(제107조 제1항 단서).

상대방이 표의자의 진의 아님을 알았거나 알 수 있었을 것에 대한 입증책임은 표의자에게 있다. 즉, 법률행위의 무효를 주장하는 자가 상대방의 악의(상대방이 표의자의 진의 아님을 알았다는 것) 또는 과실(상대방이 표의자의 진의 아님을 알 수 있었음에도 불구하고 부주의로 알지 못하였다는 것)을 증명하여야 한다(통설).

판 례

대판 2005.4.29. 2004두14090

근로자가 회사의 경영방침에 따라 사직원을 제출하고 회사가 이를 받아들여 퇴직처리를 하였다가 즉시 재입사하는 형식을 취함으로써 근로자가 그 퇴직 전후에 걸쳐 실질적인 근로관계의 단절이 없이 계속 근무하였다면 그 사직원제출은 근로자가 퇴직을 할 의사 없이 퇴직의사를 표시한 것으로서 비진의 의사표시에 해당하고 재입사를 전제로 사직원을 제출케 한 회사 또한 그와 같은 진의 아님을 알고 있었다고 봄이 상당하다 할 것이므로 위 사직원제출과 퇴직처리에 따른 퇴직의 효과는 생기지 않는다고 하고 있다.

(다) 선의의 제3자의 보호 진의 아닌 의사표시가 무효로 되는 경우에도 그 무효로 선의의 제3자에게 대항하지 못한다(제107조 제2항).

(a) 선 의: 선의(善意)라 함은 의사와 표시가 일치되지 않은 것을 제3자가 알지 못하는 것을 말한다.

선의를 결정하는 표준시기는 법률상의 이해관계가 생겼을 때이다. 그러므로 선의의 제3자로부터 다시 전득(轉得)한 자에 대하여는 전득자가 전득 당시에 악의라 할지라도 표의자는 비진의표시의 무효를 전득자에게 주장하지 못한다. 왜냐 하면 전득자(轉得者)는 선의의 제3자가 취득한 권리를 승계한 자에 지나지 않기 때문이다.

(b) 제3자: 제3자(第3者)라 함은 당사자와 상속인과 같은 포괄승계인 이외의 자로서 진의 아닌 의사표시에 기초하여 새로운 이해관계(利害關係)를 맺은 자를 말한다(대판 97.12.26. 96다44860). 예컨대 진의 아닌 의사표시의 상대방으로부터 권리를 전득(轉得)한 자 등이다.

(c) 대항하지 못한다: '대항하지 못한다'는 것은 표의자가 선의의 제3자에 대하여 진의 아닌 의사표시이기 때문에 무효라는 주장을 할 수 없다는 것이다. 그러나 선의의 제3자가 표의자에 대하여 진의 아닌 의사표시의 무효를 주장할 수 있는지에 대하여는 학설이 대립한다.

(4) 적용범위

(가) 계약과 단독행위 진의 아닌 의사표시는 계약뿐만 아니라 상대방 있는 단독행위에도 적용됨은 물론이다. 나아가서 진의 아닌 의사표시는 상대방 없는 단독행위에도 적용된다.

다만, 상대방 없는 단독행위에는 민법 제107조 제1항 단서가 적용될 여지가 없고 제1항의 본문만 적용되기 때문에 진의 아닌 의사표시가 상대방 없는 단독행위인 경우에는 항상 유효하다(다수설).

(나) 신분상 법률행위 신분법상의 법률행위에는 당사자의 진의를 절대적으로 필요로 하기 때문에 진의 아닌 의사표시에 관한 민법규정은 적용되지 않는다. 민법도 당사자 간에 혼인의 의사가 없는 혼인을 무효로 하며(제815조 제1호), 당사자 간에 입양의사가 없는 입양도 무효로 하고 있다(제883조 제1호).

(다) 주식의 청약 주식인수의 청약에 관하여 진의 아닌 의사표시에 관한 민법규정은 적용되지 않는다(상법 제302조 제3항).

(라) 공법상의 의사표시 공법행위(公法行爲)에는 진의 아닌 의사표시에 관한 민법

제107조 제1항 단서의 규정이 적용되지 않는다.

예컨대 소취하(訴取下)와 같은 소송행위가 내심의 의사에 반하는 것이라 할지라도 무효로 할 수 없고 또한 군인의 전역(轉役) 지원의 의사표시(대판 94.1.11. 93누10057)나 공무원의 사직(辭職)의 의사표시(대판 97.12.12. 97누13962)가 진의 아닌 의사표시라 하더라도 그 무효에 관한 법리를 선언한 민법 제107조 제1항 단서의 규정은 그 성질상 사인(私人)의 공법행위(公法行爲)에는 적용되지 않는다 할 것이므로 그 표시된 대로 유효한 것으로 보아야 할 것이다.

판 례

대판 97.12.12. 97누13962

공무원이 사직의 의사표시를 하여 의원면직처분을 하는 경우 그 사직의 의사표시는 그 법률관계의 특수성에 비추어 외부적·객관적으로 표시된 바를 존중하여야 할 것이므로, 비록 사직원제출자의 내심의 의사가 사직할 뜻이 아니었다고 하더라도 진의 아닌 의사표시에 관한 민법 제107조는 그 성질상 사직의 의사표시와 같은 사인(私人)의 공법행위(公法行爲)에는 준용되지 아니하므로 그 의사가 외부에 표시된 이상 그 의사는 표시된 대로 효력을 발생한다.

2. 허위표시

(1) 의　　의

허위표시(虛僞表示)라 함은 상대방과 통정하여 하는 진의 아닌 의사표시를 말한다. 예컨대 채무자가 채권자로부터의 강제집행을 면하기 위하여 타인과 상의하여 그 타인에게 자기 소유의 부동산에 대하여 매도한 것처럼 가장하여 부동산의 등기명의를 이전하는 경우이다. 이러한 허위표시를 요소로 하는 법률행위를 가장행위(假裝行爲)라고 한다.

허위표시와 은닉행위의 구별

자기의 부동산을 타인에게 증여하면서 매매를 가장하는 경우에 그 외형상의 행위인 매매는 가장행위, 즉 허위표시이고 증여는 은닉행위에 해당한다.

은닉행위(隱匿行爲)는 그것이 숨겨져 있다는 이유로 무효로 되지 않으며 숨겨진

행위가 일정한 요건을 구비한 경우에는 유효하다고 할 것이다.

허위표시와 신탁행위의 구별

채권의 추심을 위하여 채권양도를 가장하는 신탁행위는 적어도 당사자 간에 권리를 이전한다는 점에서는 진정한 합의가 있기 때문에 유효하다는 점에서 무효인 단순한 허위표시와 구별된다.

(2) 요 건

(가) 의사표시가 있어야 한다.

(나) 표시로부터 추단되는 의사와 표시가 일치하지 않아야 한다.

(다) 진의와 표시의 불일치를 표의자 스스로 알고 있어야 한다.

(라) 진의 아닌 의사표시를 하는 데 대하여 상대방과 합의가 있어야 한다.

(3) 효 과

(가) 허위표시의 무효 허위표시는 의사표시의 당사자 사이에서는 항상 무효이다(제108조 제1항).

허위표시로서 무효인 법률행위에 의하여 이미 이행된 부분은 부당이득으로서 반환하여야 하며, 민법상의 불법원인급여에 관한 규정(제746조)은 적용되지 않는다. 왜냐하면 허위표시 그 자체가 불법(不法)은 아니기 때문이다.

(나) 선의의 제3자의 보호 허위표시의 무효는 선의의 제3자에게 대항하지 못한다(제108조 제2항). 제3자의 '악의'에 대한 입증책임은 허위표시에 해당하여 무효라고 주장하는 표의자에게 있다.

판 례

대판 78.12.26. 77다907

「통정허위표시에 의한 매수인으로부터 부동산의 권리를 취득한 제3자는 선의(善意)로 추정(推定)되므로 제3자가 악의라는 사실의 주장 · 입증책임은 그 무효를 주장하는 자에게 있다.」

(a) 선 의: 선의(善意)라 함은 의사표시가 허위표시라는 것을 제3자가 알지 못하는 것을 말한다. 선의 또는 악의를 결정하는 표준시기는 법률상의 이해관계가 생겼을

때이다.

그러므로 선의의 제3자로부터 다시 전득(轉得)한 자에 대하여는 전득자가 전득할 당시에 악의라 할지라도 허위표시의 무효를 가지고 대항하지 못한다. 왜냐 하면 전득자는 선의의 제3자의 권리를 승계한 자이기 때문이다.

제3자는 선의일 뿐만 아니라 무과실(無過失)이어야 하는지에 대하여 판례(대판 2006.3.10. 2002다1321)는 제3자는 선의이면 족하고 무과실은 요건이 아니라는 입장이다.

(b) 제3자: 제3자라 함은 당사자와 포괄승계인을 제외한 제3자로서 허위표시에 기초하여 새로운 이해관계(利害關係)를 맺은 자를 말한다.

예컨대 가장매매의 매수인으로부터 목적부동산을 다시 매수한 자(전득자), 가장매매의 매수인으로부터 제한물권을 설정받은 자, 제한물권설정의 가장을 믿고 그 제한물권을 양수한 자, 가장매매에 기초한 물품대금채권의 양수인, 가장 양도된 목적물에 대하여 가장양수인의 일반채권자가 압류한 경우의 압류채권자, 통정허위표시에 의하여 발생한 채권을 가압류한 자, 채권의 가장양도에 기초한 가장양수인에 대하여 변제 기타의 행위로 채무를 소멸시키는 행위를 한 채무자, 파산관재인 등이 여기에 해당한다.

(c) 제3자에 해당하지 않는 자: 가장매매의 매수인의 상속인, 가장매매에 기초한 손해배상청구권의 양수인 또는 채권의 가장양도에 있어서의 채무자, 대리인이나 대표기관이 상대방과 허위표시를 한 경우의 본인 또는 법인, 채권의 가장양수인으로부터 추심을 위하여 채권을 양수받은 자 등은 여기서 말하는 제3자에 해당하지 않는다. 왜냐 하면 이들은 허위표시의 당사자로부터 독립한 이익을 가지는 법률관계에 들어온 자가 아니기 때문이다.

저당권 등의 제한물권을 가장포기한 경우에 후순위권리자도 여기서 말하는 제3자가 아니다. 왜냐 하면 기존의 제한물권자는 허위표시를 신뢰하여 새로운 법률관계에 들어온 자가 아닐 뿐만 아니라 허위표시로서 무효가 되더라도 그 자에게는 아무런 불이익이 발생하지 않기 때문에 보호할 필요가 있는 제3자에 해당하지 않는다.

(d) 대항하지 못한다: '대항(對抗)하지 못한다'라 함은 표의자가 선의의 제3자에 대하여 허위의사표시이기 때문에 무효라는 주장을 할 수 없다는 것이다. 그러나 선의의 제3자가 표의자에 대하여 허위표시의 무효를 주장하는 것은 가능하다.

허위표시의 철회

허위표시의 철회(撤回)라 함은 통정 허위표시를 한 자가 합의에 의하여 법률행위의 외관을 해소하고 진정한 권리자에게 등기 등의 권리를 회복시키는 것을 말한다. 당사자가 통정한 가장매매로 상대방에게 등기를 이전한 후에 합의로 법률행위의 외관을 소멸시켜 원래대로의 권리상태로 회복하는, 즉 등기를 다시 권리자에게 회복시켜 주는 것을 말한다.

허위표시를 철회할 수 있는지와 관련하여 '철회'란 표의자 스스로 자기가 한 의사표시를 거둬 들임으로써 그 효과의 발생을 저지하는 것인데, 무효인 허위표시를 철회함으로써 법률효과의 발생을 저지한다는 것을 논리적으로 모순이므로 허위표시의 철회를 부정하는 견해도 있으나, 대체로 긍정하여도 무방할 것으로 이해한다. 그러나 철회를 하더라도 그로써 선의의 제3자에게는 대항할 수 없다고 할 것이다(통설).

허위표시와 채권자취소권

판례(대판 98.2.27. 97다50985 등)는 허위표시로서 무효인 법률행위를 채권자취소권(債權者取消權)의 대상이 되는 것으로 본다. 이러한 판례의 입장에 따르면 허위표시는 무효가 되기도 하면서 또한 취소원인이 되기도 하는 이중효(二重效)가 발생한다.

(4) 적용범위

(가) 계약과 상대방 있는 단독행위　허위표시는 계약에 한하지 않고 상대방 있는 단독행위에도 적용된다. 예컨대 채권자와 채무자가 통정하여 하는 채무면제의 의사표시는 무효이다.

(나) 상대방 없는 단독행위　상대방 없는 행위에는 허위표시가 적용되지 않는다(통설). 예컨대 유언이나 재단법인 정관작성행위와 같은 상대방 없는 단독행위에 관하여는 성질상 적용이 없다.

(다) 신분상 법률행위　신분법상의 법률행위에 있어서는 당사자의 진의가 절대적으로 필요하기 때문에 허위표시에 관한 제108조가 적용될 여지가 없고 언제나 무효이다. 다만 가족법상의 행위라도 재산법적 성격을 가지고 있는 상속재산분할의 협의(제1013조)나 상속재산의 포기(제1041조) 등에 대해서는 통정허위표시에 관한 제108조가 적용될 수 있다고 주장하는 견해도 있다.

3. 착오에 의한 의사표시

(1) 의　　의

착오(錯誤)에 의한 의사표시라 함은 표시로부터 추단되는 의사와 진의가 일치되지 않는 의사표시로서 의사와 표시의 불일치를 표의자 자신이 알지 못하는 것을 말한다.

(2) 요　　건

(가) 의사표시가 있어야 한다.

(나) 의사와 표시가 일치하지 않아야 한다.

(다) 착오(錯誤)가 있어야 한다.

'착오'라 함은 진의, 즉 착오가 없었더라면 가졌을 것으로 생각되는 의사와 표시의 불일치를 말한다(다수설).

착오에 의한 의사표시는 의사와 표시가 불일치하는 것을 표의자가 알지 못하는 점에서 의사와 표시의 불일치를 표의자가 알면서 하는 진의 아닌 의사표시나 통정허위표시와 다르다.

(라) 착오는 법률행위의 중요부분(重要部分)에 관한 것이라야 한다.

착오에 의한 의사표시를 취소하기 위하여는 착오가 법률행위의 중요부분에 관한 것이라야 한다.

'중요부분'의 착오란 만일 표의자가 어떤 착오가 없었더라면 그러한 의사표시를 하지 않았으리라고 생각될 정도의 중요한 것이어야 하고, 보통 일반인도 표의자의 처지에 섰더라면 그러한 의사표시를 하지 않았으리라고 생각될 정도의 중요한 것이어야 한다.

의사표시의 착오가 법률행위의 내용의 중요부분에 관한 것인지의 여부는 각 행위에 관하여 주관적·객관적 표준에 의하여 구체적 사정에 따라 가려져야 할 것이고 추상적·일률적으로 이를 가릴 수는 없다고 할 것이다(대판 85.4.23. 84다카890).

(마) 입증책임(立證責任)은 표의자에게 있다.

법률행위의 중요부분에 착오가 있다는 점에 대한 입증책임은 착오를 이유로 법률행위를 취소하고자 하는 표의자가 부담한다.

즉 착오를 이유로 의사표시를 취소하는 자는 법률행위의 내용에 착오가 있었다는 사실과 함께 그 착오가 의사표시에 결정적인 영향을 미쳤다는 점, 즉 만약 그 착오가 없었더라면 의사표시를 하지 않았을 것이라는 점을 증명하여야 한다(대판 2008.1.17.

2007다74188).

(바) 표의자에게 중대(重大)한 과실(過失)이 없어야 한다.

법률행위의 내용의 중요부분에 관하여 착오로 의사표시를 한 경우에도 표의자에게 중대한 과실이 있는 때에는 그 의사표시를 취소하지못한다(제109조 제1항 단서).

'중대한 과실'이라 함은 표의자가 그의 직업이나 행위의 종류 또는 목적 등에 비추어 보통 베풀어야 할 주의의무를 현저하게 위반한 경우를 말한다. 중대한 과실에 대한 입증책임은 표의자로 하여금 의사표시를 취소하지 못하게 하고자 하는 상대방이 부담한다.

다만 표의자에게 중대한 과실이 있는 때에도 상대방이 표의자의 착오를 알면서 이를 이용한 경우에는 민법 제109조 제1항의 단서의 규정을 적용할 수 없다고 해석하는 견해가 있다(이영준, 370면). 왜냐 하면 민법 제109조 제1항 단서 규정은 상대방의 이익을 보호하기 위한 것이므로 상대방이 표의자의 착오를 알고 이를 이용한 경우에는 이 규정에 의하여 보호받을 수 없다고 해석하는 것이 착오제도의 목적에 부합할 뿐만 아니라 신의칙에도 부합하기 때문이다. 판례(대판 55.11.10. 4288민상321)도 같은 취지이다.

판 례

대판 2000.5.12. 99다64995

「신용보증기금의 신용보증서를 담보로 금융채권자금을 대출해 준 금융기관이 위 대출자금이 모두 상환되지 않았음에도 착오로 신용보증기금에게 신용보증서 담보설정 해지를 통지한 경우, 그 해지의 의사표시는 민법 제109조 제1항 단서 소정의 중대한 과실에 기한 것이다.」

착오의 유형

1. 표시상의 착오(表示上錯誤)

표시행위 자체를 잘못하여 내심적 효과의사와 표시상의 의사에 불일치가 생기는 경우를 말한다. 예컨대 100만 원으로 표시할 것을 잘못하여 1,000만 원으로 표시한 경우가 그것이다.

2. 내용의 착오(內容錯誤)

표시행위 자체에는 착오가 없지만 표시행위가 가지고 있는 의미를 잘못 이해하고 있는 경우이다. 예컨대 미국 달러와 홍콩 달러가 동일한 가치를 가지는 것으로 이해하여 미국돈 $100로 표시할 것을 홍콩돈 $100로 표시한 경우가 그것이다.

3. 동기의 착오(動機錯誤)

의사표시를 하게 된 동기에 착오가 있는 경우이다. 표시상의 착오와 내용의 착오와 마찬가지로 의사표시에 동기의 착오가 있는 경우에도 그 의사표시를 취소할 수 있는지에 대하여 학설이 대립한다.

다수설 · 판례는 동기가 표시되고 상대방이 알고 있는 경우에 동기는 의사표시의 내용이 되므로 그 범위 안에서 동기의 착오는 의사표시의 내용의 착오로 되어 취소할 수 있다는 입장이다. 동기의 표시는 명시적일 필요는 없고 묵시적으로 표시되어도 상관없다.

소수설은 동기의 착오도 그것이 표시되었거나 또는 표시되지 않았거나 불문하고 다른 유형의 착오와 마찬가지로 민법 제109조를 적용하여야 한다는 입장이다. 이 견해는 동기의 착오를 언제나 취소할 수 있다고 하지 않고 동기의 착오가 민법 제109조의 요건을 구비한 때, 즉 동기의 착오가 법률행위의 중요부분에 관한 것이며 또한 표의자에게 중대한 과실이 없어야 취소할 수 있다고 할 것이다.

대판 2000.5.12. 2000다12259 「동기의 착오가 법률행위의 내용의 중요부분의 착오에 해당함을 이유로 표의자가 법률행위를 취소하려면 그 동기를 당해 의사표시의 내용으로 삼을 것을 상대방에게 표시하고 의사표시의 해석상 법률행위의 내용으로 되어 있다고 인정되면 충분하고 당사자들 사이에 별도로 그 동기를 의사표시의 내용으로 삼기로 하는 합의(合意)까지 이루어질 필요는 없지만, 그 법률행위의 내용의 착오는 보통 일반인이 표의자의 입장에 섰더라면 그와 같은 의사표시를 하지 아니하였으리라고 여겨질 정도로 그 착오가 중요한 부분에 관한 것이어야 한다.」

4. 상대방에 의하여 유발(誘發)된 동기의 착오

상대방에 의하여 유발된 동기의 착오에 대하여는 그 동기를 의사표시의 내용으로 삼을 것을 상대방에게 표시하였는지 여부에 상관없이 민법 제109조에 의한 취소를 인정하는 것이 판례의 입장이다.

대판 90.7.10. 90다카7460 「시로부터 공원휴게소 설치시행허가를 받음에 있어 담당공무원이 법규오해로 인하여 잘못 회시한 공문에 따라 동기의 착오를 일으켜 법률상 기부채납의무가 없는 휴게소부지의 16배나 되는 토지 전부와 휴게소건물을 시에 증여한 경우 휴게소부지와 그 지상 시설물에 관한 부분을 제외한 나머지 토지에 관해서만 법률행위의 중요부분에 관한 착오」에 해당하여 취소할 수 있다고 한다.

대판 91.3.27. 90다카27440 「시(市)가 산업기지개발사업을 실시하기 위해 토지를 취득함에 있어 일부가 그 사업대상토지에 편입된 토지는 무조건 잔여지를 포함한 전체토지를 협의매수하기로 하여 지주들에게는 잔여지가 발생한 사실 등을 알리지 아니한 채 전체토지에 대한 손실보상협의요청서를 발송하고 매수협의를 진행함에 따라 지주들이 그 소유 토지 전부가 사업대상에 편입된 것 등으로 잘못 판단하고 시의 협의매수에 응한 것에 대하여 그 의사표시의 동기에 착오가 있었음을 이유로 취소할 수 있다.」

법률행위의 중요부분에 착오가 있는 경우

1. 당사자인 사람에 대한 착오

법률행위의 당사자인 사람의 동일성에 관한 착오는 그 사람이 누구인지를 중요시하는 법률행위인 경우에는 중요부분의 착오가 된다. 예컨대 증여, 신용매매, 금전소비대차, 고용 등이 그것이다. 사람의 직업, 신분, 자산상태 또는 약력과 같은 속성에 관한 착오도 그 속성이 중요한 의의를 가지는 때에는 법률행위의 중요부분에 관한 착오로 된다.

그러나 현실매매(現實賣買)나 현실증여(現實贈與)와 같이 상대방이 누구인가를 중요시하지 않는 법률행위의 경우에는 사람의 동일성에 관한 착오는 법률행위의 중요부분의 착오가 아니다.

2. 목적물에 관한 착오

목적물의 동일성에 관한 착오는 대체적으로 중요부분의 착오가 된다. 또한 목적물의 성상·내력 등에 관한 착오는 대체로 동기의 착오이나 그것이 거래상 중요한 의미를 가지며 또한 표시된 때에 한하여 중요부분의 착오가 된다. 예컨대 국산 참깨라고 믿고 매수하였으나 알고 보니 중국산 참깨인 경우 또는 항소심에서 승소판결을 알지 못하고 화해를 한 경우가 그러하다. 이에 대하여 물건의 수량이나 가격 등에 관한 착오는 상당히 큰 차이가 없는 한 일반적으로 중요한 부분의 착오로 되지 않는다(대판 92.10.23. 92다29337).

3. 법률행위의 종류에 관한 착오

법률행위의 종류 또는 성질에 관한 착오는 일반적으로 법률행위의 중요부분에 대한 착오이다. 예컨대 임대차를 사용대차로 착오한 경우 또는 연대채무를 보증채무로 착오한 경우가 그것이다.

4. 법률행위내용의 중요부분의 착오와 경제적 불이익

착오가 법률행위내용의 중요부분에 있다고 하기 위하여는 표의자에 의하여 추구된 목적을 고려하여 합리적으로 판단하여 볼 때 표시와 의사의 불일치가 객관적으로 현저하여야 하고, 만일 그 착오로 인하여 표의자가 무슨 경제적인 불이익을 입은 것이 아니라면 이를 법률행위내용의 중요 부분의 착오라고 할 수 없다.

그러므로 주채무자의 차용금반환채무를 보증할 의사로 공정증서에 연대보증인으로 서명·날인하였으나 그 공정증서가 주채무자의 기존의 구상금채무 등에 관한 준소비대차계약의 공정증서이었던 경우, 소비대차계약과 준소비대차계약의 법률효과는 동일하므로 공정증서가 연대보증인의 의사와 다른 법률효과를 발생시키는 내용의 서면이라고 할 수 없어 표시와 의사의 불일치가 객관적으로 현저한 경우에 해당하지 않을 뿐만 아니라, 연대보증인은 주채무자가 채권자에게 부담하는 차용금반환채무를 연대보증할 의사가 있었던 이상착오로 인하여 경제적인 불이익을 입었거나 장차 불이익을 당할 염려도 없으므로 위와 같은 착오는 연대보증계약의 중요부분의 착오가 아니다(대판 2006.12.7. 2006다41457).

(3) 효　과

의사표시에 관하여 의사주의에 따르면 착오는 내심적 효과의사가 없기 때문에 언제나 당연히 무효라고 하여야 할 것이다. 이에 반하여 표시주의에 따르면 의사표시는 유효하다고 하여야 할 것이다. 그러나 표시된대로 효과를 인정하면 표의자에게 가혹한 결과가 될 수 있다.

민법은 의사표시에 착오가 있는 경우에는 법률행위의 중요부분에 착오가 있는 경우에 한하여 취소할 수 있다고 하고 있다(제109조 제1항).

사자(使者)와 같은 표시기관(表示機關)에 의한 착오는 당사자의 착오와 동일시하여 취소할 수 있다. 그러나 우체부와 같은 전달기관(傳達機關)이 의사표시를 다른 곳으로 잘못 전달한 때에는 착오의 문제가 아니라 의사표시의 부도달(不到達)의 문제가 생길 뿐이다.

(가) 원　칙　법률행위의 내용의 중요부분에 착오가 있는 때에는 그 의사표시는 이를 취소할 수 있다(제109조 제1항 본문).

화해계약(和解契約)은 착오를 이유로 취소하지 못한다. 그러나 화해당사자의 자격 또는 화해의 목적인 분쟁 이외의 사항에 착오가 있는 때에는 취소할 수 있다(제733조).

'화해의 목적인 분쟁 이외의 사항'이라 함은 분쟁의 대상이 아니라 분쟁의 전제 또는 기초가 된 사항으로서 쌍방 당사자가 예정한 것이어서 상호양보의 내용으로 되지 않고 다툼이 없는 사실로 양해된 사항을 말한다(대판 2004.6.25. 2003다32797). 따라서 분쟁의 대상인 법률관계 자체에 관한 착오를 이유로 화해계약을 취소할 수 없다고 할 것이다(대판 2004.8.20. 2002다20353).

(나) 당사자 쌍방에게 동기의 착오가 있는 경우　민법 제109조는 법률행위의 당사자 일방만이 착오에 빠진 경우를 규율하는 것이고 당사자 쌍방이 모두 착오에 빠진 경우에는 그 적용이 없다고 주장하는 견해가 있다. 이 견해는 당사자 쌍방에게 동기의 착오가 있고 그 착오가 법률행위의 중요부분에 해당하는 경우일지라도 당사자는 착오를 이유로 법률행위를 취소할 수 없고, 이러한 경우에는 당사자에게 동기의 착오가 없었다면 의욕하였으리라고 인정되는 가상적 의사를 통한 법률행위의 보충적 해석에 의하여 법률행위의 내용을 수정하는 것이 타당하다고 설명한다. 이른바 독일에서 발전된 주관적 행위기초이론이다.

▌판 례▐

대판 90.11.9. 90다카22674

「환자가 의료과실로 사망한 것으로 잘못 알고 의사와 환자유족 사이에 의사가 일정의 손해배상금을 지급하고 유족은 민형사상의 책임을 묻지 않기로 화해가 이루어졌으나 그 후 부검결과 사인이 치료행위와는 무관한 것으로 판명된 경우 위의 사인에 관한 착오는 화해의 목적인 손해배상의 액수, 민형사사건의 처리문제 등에 관한 것이 아니고 다툼의 대상도 아니고, 상호 양보의 내용으로 된 바도 없는 그 전제 내지 기초에 관한 착오이므로 이를 이유로 위 화해계약을 취소할 수 있다.」고 하여 당사자 쌍방이 동기의 착오에 빠진 경우에도 민법 제109조를 적용하고 있다.

(다) 제3자에 대한 관계　착오에 의한 의사표시의 취소는 선의의 제3자에게는 대항하지 못한다(제109조 제2항). 선의의 의미, 제3자의 범위, 대항할 수 없다는 의미는 허위

표시에서 설명한 것과 같다.

(라) 취소와 상대방에 대한 신뢰이익의 배상 독일 민법(BGB)에서는 착오를 이유로 의사표시를 취소한 자는 상대방이 의사표시의 유효를 신뢰함으로써 발생한 손해를 배상하도록 규정하고 있다(독일 민법 제122조).

이와 같은 규정을 두고 있지 않은 우리 민법에서도 착오를 이유로 의사표시를 취소한 자는 상대방에 대하여 신뢰이익을 배상하여야 하는지 학설이 대립한다.

즉, 제535조를 유추적용하여 표의자가 착오에 빠진 것을 과실로 알지 못한 경우에 배상책임을 인정하여야 한다는 견해(다수설)와 독일 민법과 같은 손해배상책임에 대한 명문의 근거가 없는 우리 민법에서는 표의자에게 상대방의 신뢰이익을 배상하도록 하는 책임을 인정할 수 없다는 견해가 대립한다.

(4) 적용범위

(가) 표의자에게 유리한 행위 등 취소요건이 충족된 경우에도 표의자에게 유리한 경우, 상대방이 동의한 경우(내심적 효과의사가 표시상의 효과의사보다 표의자에게 유리한 경우에도 상대방이 표의자의 내심적 효과의사대로 법률행위의 성립에 동의한 경우) 또는 당사자 사이에 착오를 이유로 취소할 수 없도록 하는 특약이 있는 경우 등에는 취소할 수 없다고 할 것이다.

(나) 신분상 법률행위 신분법상의 법률행위에 있어서는 본인의 의사가 절대적으로 필요하기 때문에 적용이 없다고 할 것이다. 민법은 착오에 의한 혼인과 착오에 의한 입양을 무효로 하고 있다(제815조, 제883조).

(다) 정형적 행위나 단체적 행위 재산행위에 있어서도 행위의 외관을 신뢰하여 신속하게 행하여지는 정형적인 거래행위나 단체적 행위에 있어서는 거래의 안전이 특히 요구되기 때문에 민법 제109조의 적용이 제한되는 경우가 있다.

(라) 소송행위 민법의 착오에 의한 의사표시의 취소규정은 소송행위에는 그대로 적용되지는 않는다.

▌판 례▐

대판 97.10.24. 95다11740

「소의 취하는 원고가 제기한 소를 철회하여 소송계속을 소멸시키는 원고의 법원에 대한 소송행위이고 소송행위는 일반 사법상의 행위와는 달리 내심의 의사보다 그 표시를 기준으로 하여 효력 유무를 판정할 수밖에 없는 것인바, 원고 소송대리인으로부터 소송대리인 사임신고서 제출을 지시받은 사무원은 원고 소송대리인의 표시기관에 해당되어 그의 착오는 원고 소송대리인의 착오라고 보아야 하므로, 사무원의 착오로 원고 소송대리인의 의사에 반하여 소를 취하하였다고 하여도 이를 무효라고 볼 수는 없다.」

(마) 착오와 하자담보책임 매매목적물에 하자가 있는 것을 당사자가 모르고 매매계약을 체결한 경우에 착오에 의한 취소(제109조)와 하자담보책임(제570조 내지 제582조)의 경합이 생길 수 있다.

다수설은 매도인의 담보책임은 착오규정의 특칙으로서 담보책임이 성립하는 범위에서 착오에 의한 취소권은 배제되는 것으로 이해하는데, 소수설은 하자담보책임과 착오는 그 요건이나 효과가 다르기 때문에 두가지 요건을 모두 충족하고 있을 때에는 양자를 경합적으로 인정하여야 한다고 주장한다.

4. 표시의사 없는 표시행위와 착오에 의한 의사표시

예컨대 A가 택시 뒤쪽에서 오고 있는 친구에게 반가움의 표시로 손을 든 것이며 승차의 의사를 표시하기 위한 것이 아닌데 택시운전수는 A가 자기를 향하여 손을 들어 승차의 의사표시를 한 것으로 착오를 일으킨 경우, 또는 경매시장에서 A는 친구인 B에게 인사하기 위하여 손을 들었는데 그 경매시장에서는 손을 드는 것이 경매에 응하겠다는 의사표시를 한 것이라는 관습이 있는 경우에 A의 행위를 의사표시로 인정할 것인가는 문제이다.

이러한 A의 행위는 행위의사(行爲意思)는 있지만 표시의사(表示意思)가 없는 경우이다. 표시의사가 의사표시의 구성요소인지에 대하여는 긍정설과 부정설이 대립한다.

표시의사를 의사표시의 구성요소로 보는 견해에 따르면 이 경우 A의 행위는 행위의사는 존재하지만 표시의사가 없기 때문에 의사표시가 아니라고 한다. 이에 대하여 표시의사를 의사표시의 구성요소로 인정하지 않는 견해에 따르면 이 경우 A의 행위는 표시의사가 없지만 행위의사만으로 의사표시는 성립하고, 다만 착오에 의한 의사표시로서 취소할 수 있을 뿐이라고 한다. 통설은 표시의사는 의사표시의 구성요소가 아니라고 한다.

행위의사와 표시의사

행위의사(行爲意思)라 함은 어떤 행위를 한다는 인식을 말한다.

표시의사(表示意思)라 함은 행위자가 표시행위를 한다는 인식, 즉 표시의사는 자기의 동작이 일정한 법적 의미를 갖는 표시라고 하는 인식을 말한다.

Ⅲ. 하자 있는 의사표시

1. 서　　설

하자(瑕疵) 있는 의사표시(意思表示)라 함은 자유로워야 할 당사자의 의사형성이 타인의 위법한 간섭으로 인하여 방해를 받은 상태에서 행하여진 의사표시를 말한다. 즉, 표의자의 의사결정의 자유성이 침해를 받았다는 점에서 하자 있는 의사표시라 하며, 하자 있는 의사표시에는 사기에 의한 의사표시와 강박에 의한 의사표시가 있다.

'사기'(詐欺)라 함은 고의로 타인을 속여서 착오에 빠지게 하는 위법행위를 말하고, '강박'(强迫)이라 함은 고의로 타인에게 해악을 주겠다고 위협하여 공포심을 일으키게 하는 위법행위를 말한다.

사기 · 강박이라는 위법행위에 대한 민법상의 구제수단은 민법 제110조에 의한 취소와 불법행위(제750조)에 의한 손해배상청구가 있다.

법률행위가 사기에 의한 것으로서 취소되는 경우에 그 법률행위가 동시에 불법행위를 구성하는 때에는 취소의 효과로 생기는 부당이득반환청구권과 불법행위로 인한 손해배상청구권은 경합하여 병존하는 것이므로, 채권자는 어느 것이라도 선택하여 행사할 수 있지만 중첩적으로 행사할 수는 없다고 할 것이다(대판 93.4.27. 92다56087).

2. 사기 또는 강박에 의한 의사표시

(1) 사기에 의한 의사표시

(가) 의 의　표의자가 타인의 기망행위로 인하여 착오에 빠지고 착오에 빠진 상태에서 행한 의사표시가 사기에 의한 의사표시이다.

이러한 사기에 의한 의사표시에는 의사와 표시의 불일치가 있을 수 없고 단지 의사의 형성과정 즉, 의사표시의 동기에 착오가 있는 것에 불과하며, 이점에서 고유한 의미의 착오에 의한 의사표시와 구별된다.

사기에 의한 의사표시도 착오에 의한 의사표시라는 점에서 민법 제109조의 착오에 의한 의사표시와 같다. 다만, 사기에 의한 의사표시는 표의자가 타인의 기망행위에 의하여 착오에 빠지고 있기 때문에 착오에 의한 의사표시와 달리 법률행위의 중요부분에 착오가 없는 경우에도 표의자는 보호된다.

즉, 표의자가 상대방이나 제3자의 기망행위에 의하여 법률행위의 중요부분에 착오를 하였고, 그 착오에 의하여 의사표시를 한 경우 표의자는 착오에 의한 의사표시(제109조)와 사기에 의한 의사표시(제110조)에 의하여 선택적으로 보호된다.

(나) 요 건

(a) 객관적 요건: 기망행위(欺罔行爲)가 있어야 한다. 기망행위라 함은 표의자에게 잘못된 관념을 가지게 하거나 또는 잘못된 관념을 강화하거나 유지하려는 행위를 말한다. 기망행위는 적극적으로 허위의 사실을 날조하는 경우뿐만 아니라 소극적으로 진실을 감추는 것도 포함된다. 그러므로 단순한 침묵도 기망행위가 되는 경우가 있다.

(b) 주관적 요건: 사기자에게 고의(故意)가 있어야 한다. 사기자는 표의자의 상대방인 경우도 있고 제3자인 경우도 있다. 사기자의 고의는 2단의 고의를 필요로 한다. 즉, 표의자를 속여서 착오에 빠지게 하려는 고의와 그 착오로 인하여 표의자에게 의사표시를 하게 하려는 고의가 필요하다. 그러므로 제1단의 고의가 있어도 제2단의 고의가 없으면 사기에 의한 의사표시는 성립되지 않는다. 예컨대 모조품을 진품인 고려청자라고 자랑하는 것만으로는 여기에서 말하는 사기로 되지 않는다.

(c) 규범적 요건: 사기가 위법(違法)한 것이어야 한다. 즉, 기망행위가 거래관념상 요구되는 신의성실의 원칙에 위반되는 경우에 그 기망행위가 위법하게 된다.

(d) 인과관계: 상대방 또는 제3자의 기망행위에 의하여 표의자가 착오에 빠지고 그 결과 착오에 기한 의사표시를 하고 있어야 한다.

(2) 강박에 의한 의사표시

(가) 의 의 강박에 의한 의사표시라 함은 표의자가 타인의 강박행위로 인하여 공포심을 가지게 되고 그 해악을 피하기 위하여 마음에도 없이 행한 의사표시를 말한다. 강박에 의한 의사표시는 표의자의 착오가 존재하지 않는다는 점에서 착오에 의한 의사표시나 사기에 의한 의사표시와 다르다.

(나) 요 건

(a) 객관적 요건: 강박행위(强迫行爲)가 있어야 한다. 강박행위의 방법이나 해악의 종류는 재산적인 것이든 비재산적인 것이든 또는 현재의 것이든 장래의 것이든 제

한이 없다. 나아가 객관적으로 실현될 수 없는 것이라도 표의자에게 주관적으로 공포심을 일으킴으로써 의사표시를 하게 하는 것이면 강박행위에 해당한다.

(b) 주관적 요건: 강박자에게 고의(故意)가 있어야 한다. 강박자는 표의자의 상대방인 경우도 있고 제3자인 경우도 있다. 고의는 2단의 고의를 필요로 한다. 즉, 표의자에게 공포심을 일으키게 하려는 고의와 공포심으로 인하여 표의자에게 의사표시를 하게 하려는 고의가 필요하다.

(c) 규범적 요건: 강박행위가 위법(違法)한 것이어야 한다.

강박행위가 위법하다고 하기 위하여는 강박행위 당시의 거래관념과 제반 사정에 비추어 해악의 고지로써 추구하는 이익이 정당하지 아니하거나 강박의 수단으로 상대방에게 고지하는 해악의 내용이 법질서에 위배된 경우 또는 어떤 해악의 고지가 거래관념상 그 해악의 고지로써 추구하는 이익의 달성을 위한 수단으로 부적당한 경우 등에 해당하여야 한다(대판 2010.02.11. 2009다72643).

정당한 권리행사는 그로 인하여 표의자가 공포심을 일으키더라도 강박행위가 되지 않는다. 불법행위를 한 자를 고발하거나 고소함으로써 형사상 처벌을 받게 하겠다고 하는 것이 강박행위에 해당하는지는 문제이다. 그 행위가 부정한 이익을 목적으로 하지 않을 때에는 강박으로 되지 않지만, 그 행위가 부정한 이익을 얻을 목적으로 하는 때에는 위법한 강박이 된다.

(d) 인과관계: 표의자가 강박의 결과 공포심을 가지게 되고 그 공포심으로 인하여 일정한 의사표시를 하고 있어야 한다.

3. 효 과

(1) 상대방이 사기 또는 강박을 행한 경우

표의자가 사기나 강박으로 의사표시를 한 때에는 이를 취소할 수 있다(제110조 제1항). 다만, 강박의 정도가 심하여 표의자의 의사결정의 자유가 완전히 박탈된 상태에서 한 의사표시는 무효로 되는 이중효(二重效)가 발생한다.

판 례

대판 97.3.11. 96다49353

「강박에 의한 법률행위가 하자 있는 의사표시로서 취소(取消)되는 것에 그치지 않고, 나아가 무효(無效)로 되기 위하여는 강박의 정도가 단순한 불법적 해악의 고지로 상대방으로 하여금 공포를 느끼도록 하는 정도가 아니고, 의사표시자로 하여금 의사결정을 스스로 할 수 있는 여지를 완전히 박탈한 상태에서 의사표시가 이루어져 단지 법률행위의 외형만이 만들어진 것에 불과한 정도이어야 한다.」

대판 2002.12.10. 2002다56031

「국가기관이 헌법상 보장된 국민의 기본권을 침해하는 위헌적인 공권력을 행사한 결과 국민이 그 공권력의 행사에 외포되어 자유롭지 못한 의사표시를 하였다고 하더라도 그 의사표시의 효력은 의사표시의 하자에 관한 민법의 일반원리에 의하여 판단되어야 할 것이고, 그 강박행위의 주체가 국가 공권력이고 그 공권력 행사의 내용이 기본권을 침해하는것이라고 하여 그 강박에 의한 의사표시가 항상 반사회성을 띠게 되어 당연히 무효로 된다고는 볼 수 없다.」

(2) 제3자가 사기 또는 강박을 행한 경우

상대방 있는 의사표시에 관하여 제3자가 사기나 강박을 행한 경우에는 상대방이 그 사실을 알았거나 알 수 있었을 경우에 한하여 그 의사표시를 취소할 수 있다(제110조 제2항).

의사표시가 제3자의 사기나 강박에 의하여 행하여진 경우에는 표의자를 보호할 필요가 있으나, 다른 한편으로는 선의 · 무과실인 상대방을 보호할 필요가 있기 때문에 제3자의 사기나 강박에 의하여 의사표시를 한 경우에는 상대방이 이를 알았거나 알 수 있었을 경우에 한하여 취소할 수 있도록 취소권을 제한하고 있다.

사기나 강박행위를 하는 '제3자'의 범위에 당사자뿐만 아니라 상대방의 대리인 등과 같이 상대방과 동일시할 수 있는 자는 포함되지 않는다(대판 99.2.23. 98다60828, 60835). 따라서 상대방의 대리인 등으로부터 표의자가 사기나 강박을 당하여 의사표시를 한 경우에는 제110조 제2항은 적용되지 않으며, 이러한 경우에도 표의자가 제3자로부터 사기나 강박을 당하여 의사표시를 한 사실을 상대방이 알았거나 알 수 있었는지의 사정과 상관없이 상대방으로부터 사기나 강박을 당한 경우와 마찬가지로 의사표시를 취소할 수 있다고 할 것이다. 그렇지만 단순히 상대방의 피용자이거나 상대방이 사용자책임을 져야 할 관계에 있는 피용자에 지나지 않는 자는 상대방과 동일시할 수는 없어 제3자에 해당한다(대판 98.1.23. 96다41496).

상대방 없는 의사표시에 관하여 제3자가 사기나 강박을 행한 경우에 표의자는 언제든지 그 의사표시를 취소할 수 있다.

(3) 선의의 제3자

하자 있는 의사표시의 취소는 선의의 제3자에게 대항하지 못한다(제110조 제3항). 제3자라 함은 사기에 의한 의사표시를 기초로 한 새로운 이해관계인을 말한다.

▌판 례▌

대판 97.12.26. 96다44860

「사기를 이유로 한 법률행위의 취소로써 대항할 수 없는 민법 제110조 제3항 소정의 제3자라 함은 사기에 의한 의사표시의 당사자 및 포괄승계인 이외의 자로서 사기에 의한 의사표시를 기초로 하여 새로운 법률원인으로써 이해관계를 맺은 자를 의미한다.」

4. 하자 있는 의사표시의 적용범위

(1) 재산상의 법률행위

재산상의 법률행위에 있어서 사기나 강박에 의한 의사표시는 취소할 수 있다. 다만 재산행위에 있어서도 행위의 외관을 신뢰하여 신속하게 행하여지는 정형적인 거래행위나 단체적 행위에 있어서는 거래의 안전이 특히 요구되기 때문에 민법의 의사표시에 관한 규정의 적용이 제한되는 경우가 있다(상법 제320조).

(2) 신분상 법률행위

신분법상의 법률행위에 있어서는 본인의 의사가 절대적으로 필요하기 때문에 적용이 없다고 할 것이다.

Ⅳ. 의사표시의 효력발생

1. 입법주의

상대방 있는 의사표시에 있어서 그 의사표시는 표의자가 상대방에 대하여 그 의사를 전달함으로써 한다. 장소적으로 멀리 떨어져 있는 자들 사이의 의사표시를 전달하는 과정을 대체로 다음의 4단계로 나누어 볼 수 있다.

먼저 표의자의 의사의 표백(表白) → 표백한 의사의 발신(發信) → 상대방에게 도달(到達) → 상대방의 요지(了知)라고 하는 과정이 그것이다. 예컨대 자기의 의사표시를 편지로 상대방에게 발송하는 경우에 편지지에 일정한 의사를 표시하는 때를 표백(表白), 완성한 편지를 우체통에 투입하는 때를 발신(發信), 일정한 의사표시가 기재된 편지가 상대방의 지배영역 내에 도착한 때(예컨대 편지가 상대방의 편지함에 들어간 때)를 도달(到達), 상대방이 편지를 개봉하여 어떤 내용의 의사표시가 있었는지를 알게 된 때를 요지(了知)하였다고 할 수 있다.

직접 대화하는 자들 사이의 의사표시는 전달과정의 문제는 발생하지 않는다. 이들 사이에서는 표백과 동시에 발신되고 발신과 동시에 도달하며 요지가 동시에 일어난다. 여기서 의사표시를 하는 자들이 격지자인지 대화자인지는 거리적 또는 장소적 관념이 아니라 시간적인 관념이다. 예컨대 서울과 제주도에 사는 자들이 의사표시를 한다 할지라도 편지가 아닌 전화통화에 의하는 경우라면 이들은 격지자가 아닌 대화자관계에 있다고 할 것이다.

(1) 표백주의

표백주의(表白主義)라 함은 의사표시가 성립한 때에 의사표시의 효력이 생긴다는 입장이다. 표백주의는 상대방이 그 의사표시의 성립에 관하여 전혀 알지 못하고 있음에도 효력을 발생케 한다는 점에서 표의자의 입장에 지나치게 기울어져 있다.

(2) 발신주의

발신주의(發信主義)라 함은 의사표시가 외형적 존재를 가지고 표의자의 지배를 떠나 상대방을 향하여 발송된 때에 의사표시의 효력이 발생한다는 입장이다. 이 원칙은 신속을 필요로 하는 거래에 적합하며 또한 다수자에게 동일한 통지를 하여야 할 경우에 의사표시의 효력발생시기를 획일적으로 할 수 있는 장점이 있다.

민법에서는 의사표시의 효력발생에 관하여 도달주의가 원칙이지만 특별한 경우에 한하여 발신주의를 취하며, 상법(商法)에서도 발신주의를 취하는 경우가 많다.

다음은 민법에서 발신주의를 취하고 있는 경우이다.

(가) 제한능력자의 상대방이 제한능력자나 법정대리인에 대하여 추인여부를 최고한 것에 대한 제한능력자측의 확답(제15조).

(나) 사단법인에 있어서 사원총회의 소집은 1주간 전에 그 회의의 목적사항을 기재한 통지(제71조).

(다) 무권대리인의 상대방이 본인에 대한 추인 여부의 확답(제131조).

(라) 채무자의 채무인수 승낙 여부의 최고에 대한 채권자의 승낙의 의사표시(제455

조 제2항).

(마) 격지자 간의 계약의 성립에 있어서 승낙자의 승낙의 의사표시(제531조).

예컨대 서울에 사는 甲이 대전에 사는 乙에게 자기 소유의 부동산을 1억 원에 사겠느냐는 청약의 의사표시를 하였고 이에 대하여 乙이 승낙의 의사표시를 서신으로 보낸 경우에는 乙이 서신을 발송(發送)한 때에 매매계약은 성립한다.

(3) 도달주의

도달주의(到達主義)라 함은 의사표시가 상대방에게 도달한 때, 즉 상대방의 지배권 내에 들어간 때에 의사표시의 효력이 생긴다.

도달(到達)이라 함은 의사표시가 상대방의 지배권 내에 들어가 사회통념상 그 의사표시를 요지(了知)할 수 있는 상태에 이른 것을 말한다. 예컨대 표의자가 발송한 편지가 상대방의 우편함에 투입된 때 또는 동거하는 가족 등이 의사표시를 수령한 때를 말한다.

그러므로 채권양도의 통지서가 들어 있는 우편물을 채무자의 가정부가 수령한 직후 한 집에 거주하고 있는 통지인인 채권자가 그 우편물을 바로 회수해 버렸다면, 그 우편물의 내용이 무엇인지를 그 가정부가 알고 있었다는 등의 특별한 사정이 없었던 이상 그 채권양도의 통지는 사회관념상 채무자가 그 통지내용을 알 수 있는 객관적 상태에 놓여 있는 것이라고 볼 수 없으므로 그 통지는 피고에게 도달되었다고 볼 수 없을 것이다(대판 83.8.23. 82다카439).

또한, 판례(대판 2006.3.24. 2005다66411)는 우편물이 수취인 가구의 우편함에 투입되었다고 하더라도 분실 등을 이유로 그 우편물이 수취인의 수중에 들어가지 않을 가능성이 적지 않게 존재하는 현실에 비추어, 우편함의 구조를 비롯하여 수취인이 우편물을 수취하였음을 추인할 만한 특별한 사정에 대하여 심리를 다하지 아니한 채 아파트 경비원이 집배원으로부터 우편물을 수령한 후 이를 우편함에 넣어 둔 사실만으로 수취인이 그 우편물을 수취하였다고 할 수 없다고 하였다.

(4) 요지주의

요지주의(了知主義)라 함은 상대방이 의사표시의 내용을 요지한 때에 의사표시의 효력이 발생한다는 입장이다. 요지주의는 상대방의 보호에 치우친 입장이라고 할 것이다.

(5) 민법의 태도

민법은 상대방 있는 의사표시는 그 통지가 상대방에 도달한 때로부터 그 효력이 생긴다(제111조 제1항)고 함으로써 도달주의의 원칙을 따르고 있다.

2. 도달주의의 효과

(1) 의사표시의 철회

상대방 있는 의사표시는 그 통지가 상대방에게 도달한 때에 그 효력이 생긴다(제111조). 그러므로 표의자는 의사표시를 발신한 후에도 의사표시가 상대방에 도달하여 효력이 발생하기 전에는 그 의사표시를 마음대로 철회할 수 있다. 다만, 철회의 의사표시는 늦어도 먼저 발송한 의사표시와 동시에 도달하여야 한다.

또한, 전달기관의 잘못으로 의사표시를 엉뚱한 곳으로 잘못 전달한 경우에는 의사표시가 상대방에게 도달하지 않은 것이기 때문에 의사표시의 효력이 전혀 발생하지 않는다. 예컨대 편지가 다른 사람에게 배달된 경우에는 의사표시가 부도달(不到達)하였기 때문에 의사표시는 효력이 발생하지 않는다.

(2) 의사표시의 부도착 · 연착

민법에서는 도달주의를 취하는 결과 의사표시의 부도착(不到着) 또는 연착(延着)은 표의자의 불이익으로 돌아간다.

(3) 발신 후의 사정변경

의사표시는 상대방에 도달하면 그 효력이 발생한다. 따라서 상대방에 의사표시가 도달하고 있으면 표의자가 의사표시의 발신 후에 사망하거나 또는 행위능력을 상실하여도 그 의사표시의 효력에는 아무런 영향을 미치지 않는다(제111조 제2항).

그러나 예컨대 위임이나 조합 또는 고용과 같이 당사자의 인격 내지 개성이 중요시되는 법률행위에 있어서는 표의자가 의사표시를 발신한 후에 사망하여도 그의 상속인이 표의자의 지위를 승계하지 않기 때문에 의사표시는 그 효력을 잃는다.

3. 의사표시의 공시송달

(1) 의　　의

공시송달(公示送達)이라 함은 표의자가 상대방을 알 수 없거나 또는 상대방을 알지만 그 소재를 알 수 없어서 의사표시를 상대방에게 도달시킬 수 없는 경우에 민사소송법의 절차에 따라서 일정한 시기에 의사표시의 도달을 의제하는 제도이다.

의사표시의 효력발생에 관하여 도달주의를 취하는 민법하에서 의사표시대로 법률효과가 발생되기 위해서는 의사표시가 상대방에게 도달되어야 한다. 그런데 상대방을 알 수 없거나 상대방을 알지만 소재를 모르는 경우에는 의사표시를 도달시킬 수 없기 때문에 법률효과가 발생하지 않는다.

민법은 이러한 경우에 민사소송법상의 공시송달에 관한 규정(민사소송법 제194조 내지 제196조)을 준용하도록 함으로써 의사표시의 효력을 발생케 하고 있다.

(2) 요 건

(가) 상대방을 알지 못하거나 또는 상대방의 소재를 알지 못하는 경우이어야 한다. 예컨대 상대방이 사망하였는데 그 상속인을 알 수 없는 경우 또는 상대방이 누구인지는 알고 있지만 행방불명 등으로 현재 있는 곳을 알지 못하는 경우 등이 있다.

(나) 상대방을 알지 못하거나 또는 그 소재를 알지 못하는 데 대하여 표의자에게 과실이 없어야 한다.

과실에 대한 입증책임(立證責任)은 누가 부담하는지에 대하여 학설이 대립한다. 표의자에게 입증책임이 있다는 견해와 공시송달에 의하여 의사표시의 효력이 발생하였음을 부인하는 상대방이 입증하여야 한다는 견해가 있다. 후설이 다수설이다.

(다) 공시의 방법은 민사소송법에 의한다. 민사소송법상의 공시송달이라 함은 법원사무관 등이 당사자에게 송달할 소송서류를 보관하고 그 사유를 법원게시장에 게시하여 2주일이 경과하면 소송서류가 송달된 것으로 의제하는 송달방법을 말한다(민사소송법 제195조).

(3) 효 력

공시송달에 의한 의사표시는 법원의 게시장에 게시한 날로부터 2주일이 경과하면 그 효력이 생긴다(민사소송법 제196조). 즉, 게시한 날로부터 2주일이 경과한 때에 의사표시가 상대방에게 도달한 것으로 간주한다.

4. 의사표시의 수령능력

(1) 의 의

의사표시의 수령능력(受領能力)이라 함은 상대방 있는 의사표시에 있어서 그 상대방이 표의자가 한 의사표시의 내용을 이해할 수 있는 지능을 말한다.

의사표시가 도달하였다는 것은 상대방의 지배권 내에 들어갈 뿐만 아니라 사회통념상 상대방이 의사표시를 요지할 수 있는 상태가 성립하였다는 것을 의미한다. 즉, 의사표시의 효력이 발생하기 위하여는 상대방이 의사표시를 수령할 당시에 수령능력을 가지고 있어야 한다. 그러므로 의사표시를 수령할 당시에 그 의사표시를 수령한 자가 의사표시를 요지할 만한 지능이 없는 경우에는 도달을 인정할 수 없게 된다.

(2) 의사표시의 수령무능력자

민법은 모든 제한능력자를 의사표시의 수령무능력자로 하고 있다(제112조).

(3) 수령무능력자에 대한 의사표시의 효력

(**가**) 의사표시의 상대방이 이를 받은 때에 제한능력자인 경우에는 그 의사표시로써 대항하지 못한다(제112조 본문). 즉, 표의자는 의사표시의 효력발생을 주장할 수 없다. 그러나 상대방측에서 의사표시의 도달을 주장하는 것은 상관없다.

(**나**) 의사표시를 수령한 상대방이 제한능력자인 경우에도 그의 법정대리인이 의사표시의 도달을 안 후에는 표의자는 그 의사표시의 효력의 발생을 주장할 수 있다(제112조 단서).

(**다**) 상대방(相對方) 없는 의사표시(意思表示)나 발신주의(發信主義)에 의한 의사표시 또는 공시송달(公示送達)에 의한 의사표시와 같이 상대방의 수령을 요하지 않는 경우에는 의사표시의 수령무능력자제도는 적용이 없다. 왜냐 하면 수령무능력자제도는 의사표시가 특정의 상대방에 의하여 수령되거나 또는 도달의 성립에 관한 것이기 때문이다.

제3절 법률행위의 대리

Ⅰ. 서 설

1. 대리제도

대리제도(代理制度)라 함은 대리인이 본인의 이름으로 법률행위를 하거나 또는 본인에 대한 의사표시를 본인을 대신하여 수령함으로써 그 법률효과가 직접 본인에게 발생하는 제도를 말한다.

2. 대리제도의 작용

(1) 사적 자치의 보충

권리능력자는 법률행위를 통하여 권리를 취득하고 의무를 부담하게 된다. 그러나 권리능력자가 의사무능력자이거나 제한능력자인 경우에는 스스로의 법률행위를 통하여 권리를 취득하는 것이 제한되며, 이들이 권리를 취득하기 위해서는 법정대리인의 동의를 얻어서 제한능력자가 스스로 법률행위를 하거나 또는 법정대리인이 대리함으로써 가능하게 된다.

이와 같이 대리제도는 제한능력자에 대한 능력을 보충해 주는 역할을 하게 된다. 즉, 대리제도가 사적 자치를 보충해 주는 작용을 담당하고 있다.

(2) 사적 자치의 확장

현대에 있어서 거래관계가 전문화되고 또한 외국회사와의 합작과 같이 광범한 지역에 걸쳐서 행하여지는 경우가 많다. 이러한 경우에 타인을 자기의 대리인으로 선임하여 그 대리인으로 하여금 자기의 법률관계를 처리하도록 함으로써 개인의 활동범위를 확장할 수 있게 된다.

이와 같은 점에서 보면 대리제도는 사적 자치를 확장해 주는 작용을 한다.

II. 대리의 법률적 성질

1. 대리의 본질론

대리제도는 법률행위를 하는 자와 그 법률행위로 인하여 발생하는 법률효과의 귀속자가 분리되는 현상이 발생하게 되는데, 이와 같이 법률행위를 한 자와 법률효과의 귀속자가 분리되는 예외적인 법현상을 허용하는 근거가 무엇인가 하는 문제가 대리의 본질론이다.

즉, 법률행위에 있어서 행위자에게 그 효과가 귀속하는 것이 원칙인데, 법률행위를 하는 자와 법률효과의 귀속자가 분리되는 대리제도를 허용하는 경우에는 누구를 행위자라고 볼 것인지가 문제이다.

(1) 본인행위설

본인행위설은 본인과 상대방을 본래의 법률행위의 당사자로 보고 대리인은 본인의 기관에 불과한 것으로 이해하는 입장이다. 즉, 대리인의 행위는 본인의 행위에 의제된 것에 불과하며 이와같이 의제된 행위에 의하여 본인에게 일정한 법률효과가 발생하는 것이라고 설명한다.

이 견해는 법률행위에 있어서 행위능력, 의사의 흠결, 착오 또는 하자의 유무는 행위자인 본인을 표준으로 정할 것이며 대리인을 표준으로 해서는 안 된다는 입장이다.

(2) 대리인행위설

이 견해는 법률행위의 당사자는 현실의 행위자인 대리인이고, 다만 법률효과는 법률의 규정에 의하여 본인에게 귀속한다고 설명하는 입장이다. 또, 법률행위에 있어서 행위능력, 의사의 흠결, 착오 또는 하자의 유무는 행위자인 대리인을 표준으로 하여야 한다는 입장이다(통설). 대표설(代表說)이라고도 한다.

(3) 공동행위설

이 견해는 법률행위를 하는 데 있어서 본인과 대리인의 공동행위로부터 법률효과가 생긴다고 하거나 또는 본인의 대리인에 대한 의사와 대리인의 상대방에 대한 의사가 결합하여 효력이 발생한다는 입장이다.

법률행위의 요건은 본인과 대리인이 관련하는 정도에 따라서 일부는 본인을 표준으로 하고 나머지 일부는 대리인을 표준으로 하여 정한다는 입장이다.

(4) 검 토

본인행위설이나 공동행위설은 자기의 행위나 의사에 의하지 않고서는 자신에게 어떠한 법률효과도 발생하지 않는다는 사적 자치의 원칙을 이론적 전제로 한다.

이에 대하여 대리인행위설은 법률행위자와 법률효과의 귀속자가 분리되는 것을 인정하는 입장이다. 즉, 대리행위의 결과 법률효과가 본인에게 직접 발생하는 것은 본인을 위하여 법률행위를 한다는 대리인의 효과의사에 따른 것이라고 본다면 대리는 결국 의사표시의 내용이 되는 효과의사의 특수한 경우라고 할 것이다. 그리고 사적자치의 원칙에 따라서 그와 같은 효과의사도 유효한 것은 물론이다.

(5) 민법의 입장

민법은 「의사표시의 효력이 의사의 흠결, 사기, 강박 또는 어느 사정을 알았거나 과실로 알지 못한 것으로 인하여 영향을 받을 경우에 그 사실의 유무는 대리인을 표준하여 결정한다.」(제116조 제1항)고 규정하여 대리인행위설 내지는 대표설(代表說)을 따른다.

2. 대리가 인정되는 범위

대리제도는 대리인이 법률행위를 하고 그 법률효과를 본인에게 발생하도록 하려는 대리인의 효과의사에 대하여 법률이 이를 인정하여 그것에 법률효과를 발생하도록 한 것이기 때문에 대리가 인정되는 범위는 법률행위(法律行爲) 내지 의사표시(意思表示)를 하거나 또는 의사표시를 받는 것에 한한다.

그러므로 사실행위(事實行爲)(예컨대 동산의 현실인도)나 불법행위(不法行爲)에 대하여는 대리가 인정되지 않는다.

또한, 법률행위 가운데 일정한 경우에는 대리가 인정되지 않는 경우가 있다. 예컨대 혼인, 인지 또는 유언과 같이 본인의 의사결정을 절대적으로 필요로 하는 신분상의 법률행위나 의사표시에는 대리가 인정되지 않는다.

대리에 친하지 않은 법률행위를 대리한 경우에 그 대리행위는 무효로 되며 추인에 의하여 유효하게 되지 않는다.

준법률행위와 대리

준법률행위(準法律行爲)는 의사표시가 아니기 때문에 대리제도가 적용되지 않는 것이 원칙이다. 그러나 준법률행위 가운데 의사의 통지나 관념의 통지에 관하여는 대리가 유추적용된다고 할 것이다(통설).

판례(대판 94.12.27. 94다19242)도 채권양도의 통지와 같은 관념의 통지는 대리인에 의하여도 가능하다는 입장이다.

3. 대리의 기초적 법률관계

대리관계를 고용계약이나 위임계약과 같은 법률관계를 기초적 내부관계로 하는 것에 대한 외부관계라고 생각할 수도 있으나 대리에 있어서 기초적 법률관계와 대리관계는 이론상 전혀 별개의 것이다.

타인으로 하여금 부동산의 매매를 위임하면서 그 위임사무를 처리하도록 하기 위하여 대리권을 수여하는 경우가 일반적이지만 위임계약에 항상 대리가 수반되는 것은 아니다. 즉, 일정한 사무를 위임하면서 대리권이 수반되지 않는 경우도 있는데 중개업이나 위탁매매 등이 그러하다.

4. 대리와 구별하여야 할 개념

(1) 간접대리

간접대리라 함은 예컨대 위탁매매에 있어서와 같이 타인의 계산으로 법률행위를 하지만 자기의 이름으로 법률행위를 하며, 또한 그 법률행위의 효과는 타인이 아닌 행위자 자신에게 발생하고, 다만 나중에 자신이 취득한 권리를 타인에게 이전하여야 하는 관계를 말한다.

이에 대하여 민법상의 대리는 본인을 위하여 법률행위를 한다는 대리적 효과의사에 의하여 본인에게 직접 법률효과가 발생하는 점에서 간접대리와 다르며 직접대리라고도 한다.

(2) 사 자

사자(使者)라 함은 타인이 결정한 효과의사를 표시하거나 또는 전달함으로써 표시행위의 완성에 협력하는 자를 말한다. 즉, 대리는 자신이 효과의사를 결정하는 데 대하여 사자는 의사결정이 타인에 의하여 이루어지는 점이 다르다. 자신이 효과의사를 결정하는 대리인에게는 의사능력이 필요하지만, 타인이 결정한 의사를 상대방에게 전달하는 사자에게는 의사능력이 필요 없다.

(3) 대 표

법인은 대표기관의 행위에 의하여 권리를 취득하고 의무를 부담하는데, 법률행위의 효과가 행위자 자신이 아닌 타인에게 발생하는 점에서 대표는 대리와 유사하다. 이와 같은 점에서 민법 제59조 제2항에서는 "법인의 대표에 관하여는 대리에 관한 규정을 준용한다."는 규정을 두고 있다.

그러나 대표는 법인과 독립한 인격이 아니라 그 내부기관에 지나지 않은 데 대하여 대리인은 본인과 독립한 인격주체인 점에서 다르고, 대표기관의 행위는 법인의 행위로 간주되는 데 대하여 대리의 경우에는 대리인의 행위가 본인의 행위로 간주되지 않고 대리인의 법률행위에 의하여 효과가 본인에게 귀속될 뿐이다.

또한, 대표는 사실행위나 불법행위에 관하여도 성립하는 데 대하여 대리는 법률행위에 한하여 인정되며 사실행위나 불법행위에 대하여는 인정되지 않는 점에서 다르다.

Ⅲ. 대리의 종류

1. 임의대리와 법정대리

대리권의 발생근거를 기준으로 대리를 임의대리와 법정대리로 나눈다. 임의대리(任意代理)라 함은 대리권이 본인의 신뢰에 기초하여 본인의 의사에 의하여 수여되는 경우를 말하고, 법정대리(法定代理)라 함은 대리권이 본인의 의사와 관계없이 법률의 규정에 의하여 수여되는 경우를 말한다.

대리를 임의대리와 법정대리로 구별하는 실익은 대리인에게 복대리인을 선임할 수 있는 권한, 즉 복임권이 인정되는지의 차이에 있다. 임의대리인에게는 복임권이 원칙적으로 인정되지 않는 데 대하여 법정대리인에게는 복임권이 인정된다는 점이 다르다.

2. 능동대리와 수동대리

본인을 위하여 제3자에 대하여 의사표시를 하는 대리를 능동대리(能動代理)라 하고, 본인을 위하여 제3자의 의사표시를 수령하는 대리를 수동대리(受動代理)라 한다. 능동대리를 적극대리라고 하기도 하고, 수동대리를 소극대리라고도 한다.

3. 유권대리와 무권대리

대리인이 정당한 대리권을 가지느냐에 따른 구별이다. 대리권 없는 자가 한 대리행위를 무권대리(無權代理), 대리권 있는 자가 한 대리행위를 유권대리(有權代理)라 한다.

Ⅳ. 대리의 3면관계

대리관계는 본인과 대리인 사이에는 대리권의 관계, 대리인과 상대방 사이에는 대리행위의 관계 그리고 상대방과 본인 사이에는 대리행위의 효과관계가 발생한다. 이를 대리의 3면관계라고 한다.

여기서 대리에 있어서의 3면관계라 함은 현실적으로 3인의 인격자를 필요로 한다는 것을 의미하지 않고 법률상 3주체(法律上3主體)의 존재를 필요로 한다는 의미이다. 이런 점에서 계약당사자 일방이 상대방을 대리하는 자기계약(또는 자기대리 라고도 한다)도 이론상 성립할 수 있다.

1. 대리권(본인과 대리인의 관계)

(1) 의　　의

대리권(代理權)이라 함은 본인을 위하여 법률행위를 하거나 상대방으로부터 본인에게 행하여진 의사표시를 수령할 수 있는 법률상의 자격 또는 지위를 말한다.

(2) 대리권의 법적 성질

(가) 형성권설　대리권을 형성권의 일종으로 이해하는 견해이다. 이 견해에 대하여는 능동대리에 있어서는 대리권을 형성권의 일종으로 이해하는 것도 가능하겠지만 수동대리에 있어서는 대리인이 적극적으로 자기의 의사표시에 의하여 일정한 법률상

태를 형성하는 것이 아니기 때문에 대리권을 형성권의 일종이라고 볼 수 없다고 비판한다.

(나) **부정설**　대리권은 본인과 대리인 사이의 위임이나 고용 기타의 기초적 법률관계를 내부관계로 하는 외부관계에 지나지 않는다고 하여 독립한 대리권의 존재를 부정하는 입장이다. 이 견해에 대해서는 대리는 위임과 구별되며 위임은 반드시 대리를 수반하는 것도 아니기 때문에 위임과 대리의 필연적 관련을 인정하지 않는 입장에서 보면 인정할 수 없는 이론이다.

(다) **능력설**(能力說)　대리권은 권리가 아니라 타인에게 일정한 법률효과를 발생케 하는 법률상의 자격 내지 지위로 이해하는 입장이다(통설). 자격설(資格說)이라고도 한다.

(3) 대리권의 발생원인

(가) **법정대리권의 발생**　본인의 의사와 관계없이 법률의 규정 등에 의하여 대리권이 발생하는 경우이다.

(a) 법률의 규정:　본인에 대하여 일정한 지위에 있는 자가 당연히 대리인으로 되는 경우로서 미성년자의 법정대리인으로서의 친권자(제911조, 제920조)나 후견인(제932조) 또는 부부 간에 인정되는 일상가사대리권(제827조) 등이 여기에 속한다.

(b) 지정권자의 지정행위:　본인 이외의 일정한 자의 지정으로 대리인으로 되는 경우로서 지정후견인(제931조), 지정유언집행자(제1093조, 제1094조)가 여기에 속한다.

(c) 법원의 선임행위:　법원에 의하여 선임된 자가 대리인으로 되는 경우로서 부재자의 재산관리인(제23조, 제24조), 상속재산관리인(제1023조, 제1040조), 유언집행자(제1096조) 등이 여기에 속한다.

(나) **임의대리권의 발생**　임의대리권은 대리권을 취득하는 직접 당사자인 대리인에 대한 의사표시, 즉 대리권수여행위에 의하여 대리권이 발생하는 경우이다. 대리권수여행위를 수권행위(授權行爲)라 한다.

수권행위(授權行爲)의 법적 성질

1. 단독행위설

수권행위를 상대방의 수령을 요하는 단독행위로 이해하는 견해이다. 대리권의 수여는 대리인에게 일정한 대외적인 자격 내지는 지위를 줄 뿐이고 어떤 권리를 취득하게 하거나 의무를 부담하게 하는 것이 아니며 대리인은 행위능력자임을 요하지 않는 점 또는 수권행위는 철회할 수 있다는 점 등을 근거로 수권행위를 단독행위로 파악하는 견해이다(다수설).

2. 계약설

수권행위를 본인과 대리인 사이에 체결되는 일종의 계약으로 이해하는 견해이다.

3. 논의의 실익

대리권의 법적 성질에 관하여 논의하는 것은 대리권의 발생에 대리인이 될 자의 의사표시를 필요로 하는가 하는 점 그리고 수권행위에 있어서 대리인의 의사에 흠(예컨대 제한능력 · 사기 · 강박 등)이 있는 경우에 그 흠이 수권행위에 영향을 미친다고 할 것인지에 있다.

계약설에 따르면 대리권의 발생에 대리인이 될 자의 의사표시를 필요로 하며 그 의사에 흠이 있는 경우에는 수권행위는 그 효력을 잃게 되어 대리인의 대리행위는 무권대리가 된다. 단독행위설에 따르면 대리권의 발생에 대리인이 될 자의 의사표시는 필요 없고 따라서 대리인의 사정은 수권행위에 영향을 미치지 않는다는 입장이다.

대리권 수여행위는 원인된 법률관계와는 유인행위인가 무인행위인가?

1. 수권행위를 원인된 법률관계와 별개의 법률행위라고 하면 수권행위는 기초적 법률관계에 대하여 유인행위(有因行爲)인지 무인행위(無因行爲)인지가 문제이다. 대리권을 발생하게 한 기초적 법률관계로서의 위임, 고용계약 등이 무효로 되거나 취소가 된 경우에 수권행위도 이에 영향을 받아 소급적으로 그 효력을 잃는가 하는 문제가 발생한다.

무인설(無因說)은 수권행위가 그 원인이 되는 기초적 법률행위와는 관념상 별개의 행위이기 때문에 그 효력도 별개라는 입장이다. 또한 무인설을 취하는 것이 유인설을 취하는 경우보다 상대방을 두텁게 보호할 수 있을 뿐만 아니라 거래의 안전을 확보할 수 있게 된다.

유인설(有因說)은 기초적 법률관계에 취소나 무효원인이 있는 경우에는 수권행위도 그 영향을 받아 무효가 된다는 입장으로서 당사자의 의사를 존중하는 입장이다.

2. 기초적 법률관계가 무효나 취소 등의 사유로 실효되면 이미 대리인에 의하여 행하여진 대리행위의 효력은 어떻게 되는지가 문제이다.

무인설(無因設)에 따르면 이미 행하여진 대리행위는 기초적 법률관계에 영향을 받지 않기 때문에 유효하다. 유인설(有因說)에 따르면 이미 행하여진 대리행위도 소급하여 무권대리로 된다고 보는 것이 이론상 타당하지만 거래의 안전상 유효한 것으로 해석하므로 그 결과에 있어서는 무인설과 차이가 없다.

(4) 대리권의 범위와 제한

(가) 법정대리권의 범위 법정대리권의 범위는 법률에서 규정하고 있다(제25조, 제913조 등). 예컨대 법원이 선임한 부재자의 재산관리인이 민법 제118조에 규정한 권한을 넘는 행위를 함에는 법원의 허가를 얻어야 한다고 하고 있다(제25조).

(나) 임의대리권의 범위

(a) 임의대리권의 범위는 수권행위(授權行爲)에 의하여 정해진다. 따라서 수권행위의 해석을 할 필요가 있다.

(b) 수권행위의 해석에 의해서도 대리권의 범위를 정할 수 없는 경우에는 민법의 규정에 따른다. 민법 제118조는 「권한을 정하지 않은 대리인은 보존행위와 대리의 목적인 물건이나 권리의 성질을 변하게 하지 아니하는 범위에서 그 이용 또는 개량하는 행위만을 할 수 있다.」고 규정하고 있다. 이러한 행위를 처분행위(處分行爲)에 대한 개념으로 관리행위(管理行爲)라고 한다.

대리인은 대리의 목적인 물건이나 권리의 성질을 변하지 않게 하는 범위에서만 이용행위나 개량행위를 할 수 있으며 보존행위와 같이 무제한적으로 할 수 있는 것은 아니다. 그러므로 현금을 주식으로 바꾸는 행위나 은행의 예금을 개인에게 빌려 주는 행위는 그 성질을 변하게 하는 것으로 허용되지 않는다. 이와 같이 객체의 성질을 변하게 하는 이용행위나 개량행위는 대리권을 벗어나는 행위로서 무권대리행위가 된다.

① 보존행위: 보존행위(保存行爲)란 재산의 가치를 현상 그대로 유지하는 것을 목적으로 하는 행위를 말한다. 가옥의 수선, 권리의 소멸시효의 중단, 미등기 부동산의 등기, 기한이 도래한 채무의 변제 등이 그것이다.

대리인은 제한 없이 보존행위를 할 수 있다.

② 이용행위·개량행위: 이용행위(利用行爲)란 재산의 수익을 꾀하는 행위를 말한다. 물건을 임대하거나 금전을 이자부로 대여하는 행위 등이 그것이다.

개량행위(改良行爲)란 사용가치나 교환가치를 증가시키는 행위를 말한다. 무이자의 금전소비대차계약을 이자부로 하는 행위가 그것이다.

(다) 대리권의 제한

(a) 자기계약 · 쌍방대리의 금지(제124조): 자기계약(自己契約)이라 함은 계약 당사자의 일방이 상대방을 대리하는 경우를 말한다. 자기대리(自己代理)라고도 한다. 즉, 계약을 체결하면서 한편에서는 본인의 대리인으로서 다른 한편으로는 자기 자신이 법률행위의 상대방이 되는 경우를 말한다. 예컨대 甲과 乙이 매매계약을 체결하는데 당사자 일방인 甲이 상대방 乙의 대리인이 되는 경우로서 결국 甲이 혼자서 매매계약을 체결하게 된다.

쌍방대리(雙方代理)라 함은 이해관계가 서로 대립하는 당사자 쌍방을 1인이 대리하는 경우를 말한다.

자기계약 · 쌍방대리의 금지에 위반한 대리행위는 무효가 아닌 무권대리행위로 된다. 자기계약 · 쌍방대리의 금지에 관한 규정은 임의대리와 법정대리에 모두 적용된다.

자기계약과 쌍방대리가 원칙적으로 금지되는 이유는 본인의 이익을 보호하는 데 있다. 그러므로 본인의 이익을 해칠 염려가 없는 경우에는 자기계약이나 쌍방대리는 허용되며, 다음과 같은 경우가 그 예이다.

① 본인이 미리 자기계약 · 쌍방대리를 위임하거나 또는 허락한 경우에는 대리가 허용된다.

② 채무의 이행에 있어서도 자기계약 · 쌍방대리는 허용된다. 채무의 이행은 새로운 이해관계가 발생하지 않으며, 이미 성립한 이해관계를 결제하는 데 지나지 않기 때문이다. 예컨대 부동산매매계약이 성립한 경우에 그 이행행위로서의 등기신청은 매도인과 매수인 쌍방을 1인이 대리할 수 있다.

(b) 공동대리: 대리인이 수인(數人)인 때에는 각자가 본인을 대리하는 것이 원칙이다(개별대리 또는 각자대리 원칙). 다만, 법률 또는 수권행위에 다른 정한 바가 있는 때에는 그러하지 아니하다(제119조).

공동대리(共同代理)라 함은 수인의 대리인이 공동으로만 대리행위를 할 수 있는 경우를 말한다. 수인의 대리인이 대리권을 공동으로 행사하도록 제한하고 있음에도 불구하고 이를 위반하여 대리권을 단독으로 행사하면 권한을 넘은 무권대리행위가 된다.

수동대리에 있어서도 공동으로만 상대방의 의사표시를 수령할 수 있는지에 대하여 학설이 대립한다. 다수설은 수동대리에 있어서는 상대방의 보호와 거래상의 편리를 위하여 대리인 각자가 단독으로 의사표시를 수령할 권한이 있다고 한다. 이에 대하여 소수설은 민법에서 능동대리에 한하여 공동대리를 허용하고 있지 않으므로 다수설과 같이 수동대리에는 공동대리가 적용되지 않는다는 것은 근거 없는 해석이라고 한다.

(c) 친권의 행사: 법정대리인인 친권자는 친권을 공동(共同)으로 행사하여야 하는 것이 원칙이며, 다만 부모의 의견이 일치하지 아니하는 경우에는 당사자의 청구에 의하여 가정법원이 이를 정한다(제909조 제2항). 부모의 일방이 친권을 행사할 수 없을 때에는 다른 일방이 이를 행사한다(제909조 제3항).

부모가 공동으로 대리권을 행사하지 않고 일방이 대리권을 행사하면 무권대리가 된다. 다만 부모의 일방이 공동명의로 자녀를 대리하거나 자녀의 법률행위에 동의한 때에는 다른 일방의 의사에 반하는 때에도 상대방이 선의(善意)인 때에는 그 효력이 있는 것으로 정하고 있다(제920조의 2).

또한 친권자와 그 자녀 사이 또는 미성년인 수인의 자녀 사이의 이해상반행위(利害相反行爲)에 대하여 친권행사가 제한된다. 법정대리인인 친권자와 그 자녀 사이 또는 친권에 복종하는 수인의 자녀 사이에 이해상반되는 행위를 함에 있어서 친권자는 법원에 그 자(子)를 위하여 특별대리인(特別代理人)의 선임을 청구하여야 하며(제921조), 법원에 의하여 선임된 특별대리인은 이해상반행위에 한하여 대리권을 갖는다.

법정대리인인 친권자와 자녀 사이의 이해상반(利害相反)의 유무는 전적으로 그 행위 자체를 객관적으로 관찰하여 판단하여야 할 것이며, 그 행위의 동기나 연유 또는 그 행위의 결과 실제로 대립이 생겼는지의 여부는 불문한다(대판 96.11.22. 96다10270 ; 동 2002.1.11. 2001다65960).

법인(法人)과 법인의 대표기관인 이사의 이익이 상반되는 경우에도 법인의 이사는 대표권이 없고, 법원이 선임한 특별대리인이 법인을 대표하게 된다(제64조).

이에 반하여 소송대리인(訴訟代理人)이 여러 사람인 경우에는 개별적으로 본인을 대리하며 그와 다른 약정, 즉 소송대리권을 공동으로 행사하도록 할 수 없다(민사소송법 제83조 참조).

(d) 대리권의 남용: 대리인이 대리권을 남용하여 본인의 이익이 아닌 자신이나 제3자의 이익을 위하여 대리행위를 한 경우에 그 법률효과를 본인에게 귀속시킬 수 있겠는가 하는 문제가 대리권남용(代理權濫用)의 문제이다.

대리인이 대리권을 남용하여 본인의 이익이 아닌 자신이나 제3자의 이익을 위하여 배임적 대리행위를 한 경우에도 대리권의 범위 내에서 대리의사, 즉 본인에게 법률효과를 귀속시키겠다는 의사로 대리행위를 한 경우라면 대리행위는 유효하기 때문에 대리인의 대리행위에 의한 법률효과는 본인에게 발생한다.

문제는 대리행위의 상대방이 대리인의 배임적 대리행위를 알았거나 알 수 있었을 경우에도 대리행위는 유효한가 하는 것이다. 이에 대하여 대체적으로 비진의의사표시에 관한 민법 제107조 제1항 단서의 규정을 유추적용하여 무효라는 입장이다.

판 례

대판 2008.7.10. 2006다43767

「부분적 포괄대리권을 가진 상업사용인이 그 범위 내에서 한 행위는 설사 상업사용인이 영업주 본인의 이익이나 의사에 반하여 자기 또는 제3자의 이익을 도모할 목적으로 그 권한을 남용한 것이라 할지라도 일단 영업주 본인의 행위로서 유효하나, 그 행위의 상대방이 상업사용인의 진의를 알았거나 알 수 있었을 때에는 민법 제107조 제1항 단서의 유추해석상 그 행위에 대하여 영업주 본인에 대하여 무효가 되고, 그 상대방이 상업사용인의 표시된 의사가 진의 아님을 알았거나 알 수 있었는가의 여부는 표의자인 상업사용인과 상대방 사이에 있었던 의사표시 형성 과정과 그 내용 및 그로 인하여 나타나는 효과 등을 객관적인 사정에 따라 합리적으로 판단하여야 한다.」

(5) 대리권의 소멸

(가) 임의대리와 법정대리에 공통한 소멸원인(제127조) 임의대리권과 법정대리권의 공통된 소멸원인으로는 본인의 사망, 대리인의 사망, 성년후견의 개시 또는 파산이 있다.

(a) 본인의 사망: 법정대리에 있어서는 본인의 사망으로 이제는 더 이상 대리의 필요가 없게 된다.

임의대리에 있어서는 본인과 대리인의 특별한 신임관계가 대리관계의 기초를 이루고 있으므로 본인이 사망하면 대리인과의 신뢰관계도 소멸한다고 할 것이다.

본인이 신임한 대리인을 상속인의 대리인으로 하는 것은 적당하지 않기 때문이다. 다만 대리관계의 기초적 법률관계가 본인의 사망과 관계없이 존속하는 경우에는 그 범위에서 대리권이 존속한다고 할 것이다(제691조 참조).

또한, 상행위의 위임에 의한 대리권은 본인의 사망으로 소멸하지 않으며(상법 제50조 참조), 소송대리권도 당사자 본인의 사망으로 소멸하지 않는다(민사소송법 제87조 참조).

(b) 대리인의 사망: 법정대리이든 임의대리이든 대리인이 사망한 경우에 대리인의 상속인을 대리인으로 하는 것은 부적당하기 때문에 대리인이 사망하면 대리권은

소멸한다.

(c) 대리인의 성년후견의 개시 · 파산: 대리인이 성년후견의 개시선고를 받았다거나 또는 파산선고를 받은 경우에는 대리인의 경제적 신용이 없어지고, 또한 대리권발생의 기초인 본인과 대리인 간의 신임관계가 소멸한 것으로 보아 대리권의 공통 소멸원인으로 정하고 있다.

(나) 임의대리에만 특유한 소멸원인(제128조) 임의대리권에만 특유한 소멸원인으로서 대리권발생의 원인된 법률관계의 종료와 수권행위의 철회가 있다.

(a) 원인된 법률관계의 종료: 위임계약이나 고용계약과 같은 원인된 법률관계가 종료하면 임의대리권은 소멸한다. 수권행위는 그 원인된 법률관계의 수단으로 행하여지는 경우가 보통이기 때문에 내부관계가 소멸하면 대리권도 철회되는 것이 보통이라고 할 것이기 때문이다(제128조 전단).

그러므로 어떠한 계약의 체결에 관한 대리권을 수여받은 대리인이 수권된 법률행위를 하게 되면 그것으로 대리권의 원인된 법률관계는 원칙적으로 목적을 달성하여 종료하는 것이고, 법률행위에 의하여 수여된 대리권은 그 원인된 법률관계의 종료에 의하여 소멸하는 것이므로, 그 계약을 대리하여 체결하였던 대리인이 체결된 계약의 해제 등 일체의 처분권과 상대방의 의사를 수령할 권한까지 가지고 있다고 볼 수는 없다(대판 2008.6.12. 2008다11276).

(b) 수권행위의 철회: 임의대리권은 본인의 의사에 의하여 대리권이 수여된 경우이므로 수권행위의 원인된 법률관계가 아직 존속하고 있는 경우에도 본인은 수권행위를 철회함으로써 대리권을 소멸시킬 수 있는 것은 당연하다(제128조 후문).

(c) 본인의 파산: 본인이 파산한 경우에 이를 임의대리권의 소멸 원인으로 인정할 것인지는 민법의 규정은 없고 학설은 소멸설(다수설)과 불소멸설이 대립한다.

(다) 법정대리에만 특유한 소멸원인 법정대리인에만 특유한 대리권소멸원인은 법률에서 규정하고 있다.

법원이 부재자의 재산관리인을 선임한 후에 부재자 본인이 재산관리인을 선임한 경우(제22조 제2항), 부재자가 재산관리인을 정한 경우에 부재자의 생사가 분명하지 아니하여 이해관계인이나 검사의 청구에 의하여 법원이 재산관리인을 개임한 경우(제23조)에는 종래의 법원이 선임한 재산관리인의 권한은 소멸한다.

미성년자가 성년자로 된 경우와 같이 제한능력자가 능력자로 된 경우, 부 또는 모가 친권을 남용하거나 현저한 비행 기타 친권을 행사시킬 수 없는 중대한 사유가 있어서 법원에 의하여 친권상실의 선고를 받은 경우(제924조), 법정대리인인 친권자가 부적당한 관리로 인하여 자녀의 재산을 위태롭게 하여 법원에 의하여 법률행위의 대리권과 재산관리권의 상실을 선고받은 경우(제925조), 법정대리인인 친권자가 정당한 사유로 법원의 허가를 얻어 법률행위의 대리권과 재산관리권을 사퇴한 경우(제927조)에 법정대리권은 소멸한다.

후견인에게 일정한 결격사유가 생긴 경우(제937조), 후견인이 정당한 사유로 법원의 허가를 얻어 이를 사퇴한 경우(제939조), 후견인의 임무가 종결한 경우(제957조)에는 그 대리권이 소멸한다.

2. 대리행위(대리인과 상대방 사이의 관계)

(1) 대리의사의 표시

대리인의 행위가 대리행위로서 성립하기 위하여는 본인을 위한 것임을 표시하여야 한다(제114조). 이것을 현명주의(顯名主義)라고 한다.

대리인이 본인을 위한 것임을 표시하지 아니한 때에는 그 의사표시는 자기를 위한 것으로 본다(제115조 본문). 그러나 상대방이 대리인으로서 한 것임을 알았거나 알 수 있었을 때에는 본인에 대하여 효력이 생긴다(제115조 단서).

대리행위를 함에 있어서 '본인을 위한 것임을 표시하여야 한다'는 것은 그 행위의 법률효과를 본인에게 귀속시키려는 의사를 의미하며 본인의 이익을 위한다는 뜻이 아니다. 따라서 대리인이 본인을 위한 법률행위를 한 경우에는 그 결과가 본인에게 이익이 되는 경우뿐만 아니라 불이익이 되는 경우에도 법률효과는 본인에게 귀속된다.

즉, 대리인이 대리권의 범위 내에서 한 대리행위는 본인의 이익이 아닌 자신이나 제3자의 이익을 위하여 대리권을 남용하는 배임적 대리행위를 한 경우에도 그 법률효과는 본인에게 귀속된다. 다만, 대리인의 대리권남용을 대리행위의 상대방이 알았거나 알 수 있었을 때에는 민법 제107조 제1항 단서의 규정을 유추적용하여 무효가 된다고 해석하는 것이 판례(대판 97.8.29. 97다18059 등)의 주류적 태도이다.

대리의사의 표시는 보통 「김영희의 대리인 김철수」라고 하지만 반드시 그와 같은 방식으로 대리행위를 하여야 하는 것은 아니며 주위의 사정으로부터 본인이 누구인지를 알 수 있으면 된다. 나아가 대리인이 자기의 이름을 표시하지 않고 계약서에 본인의 이름만 적고 본인의 인장을 찍는 경우에도 대리인에게 대리의사가 있는 것으로 인정되는 한 유효한 대리행위가 있다고 할 것이다.

수동대리(受動代理)에 있어서는 상대방쪽에서 대리인에게 본인에 대한 의사표시라는 것을 표시하여야 한다.

예외로 상행위(商行爲)에 있어서 현명주의는 적용되지 않는다. 즉, 「상행위의 대리인이 본인을 위한 것임을 표시하지 아니하여도 그 행위는 본인에 대하여 효력이 있다.」고 규정하고 있다(상법 제48조).

(2) 대리행위의 하자

대리에 있어서 법률행위의 당사자는 본인이 아니라 대리인과 상대방이므로 의사표시에 관한 요건은 대리인에 관하여 정하여야 할 것이다. 민법도 「의사표시의 효력이 의사의 흠결, 사기, 강박 또는 어느 사정을 알았거나 과실로 알지 못한 것으로 인하여 영향을 받을 경우에 그 사실의 유무는 대리인을 표준하여 결정한다.」고 규정하고 있다(제116조 제1항).

대리행위나 대리행위의 하자로 인하여 발생한 법률효과는 취소권까지를 포함하여 모두 본인에게 귀속한다. 그러므로 임의대리인이 한 법률행위에 취소원인이 있는 경우에도 대리인은 본인으로부터 취소권을 위임받아서 행사하여야 한다.

대리인의 행위가 민법 제104조의 불공정한 법률행위에 해당하는지 여부를 판단할 때에 '궁박'은 본인을 기준으로 하고, '경솔'이나 '무경험'의 요건은 행위자인 대리인을 기준으로 한다(대판 72.4.25. 71다2255).

또한, 민법은 「특정한 법률행위를 위임한 경우에 대리인이 본인의 지시에 좇아 그 행위를 한 때에는 본인은 자기가 안 사정 또는 과실로 인하여 알지 못한 사정에 관하여 대리인의 부지(不知)를 주장하지 못한다.」고 규정하고 있다(제116조 제2항).

(3) 대리인의 능력

대리인이 대리행위를 함에는 행위능력자(行爲能力者)임을 요하지 않는다(제117조). 따라서 제한능력자도 타인의 대리인이 될 수 있고, 제한능력자가 타인의 대리인으로서 한 법률행위는 제한능력을 이유로 취소하지 못한다.

즉, 제한능력자제도는 제한능력자 자신을 보호하는 제도이기 때문에 제한능력자가 타인의 대리인으로서 법률행위를 한 경우까지 제한능력자라는 이유로 법률행위를 취소하는 것은 허용되지 않는다. 이와 같이 대리인이 제한능력자일지라도 상관없지만 자기의 의사에 의하여 법률행위를 하기 위하여서는 의사능력(意思能力)은 가지고 있어야 한다.

임의대리뿐만 아니라 법정대리에 있어서도 민법 제117조가 적용될 수 있는지에 대하여 법정대리인은 본인이 스스로 선임하는 것이 아니고, 또한 법정대리제도의 존재 이유에 비추어 법정대리인은 능력자라야 한다는 견해와 민법에서는 본인의 이익을 보호하기 위하여 제한능력자가 법정대리인이 되는 것을 금지하는 규정을 두고 있는 경우가 있는데(제937조 : 후견인의 결격사유), 이러한 제한이 없는 경우에는 제한능력자도 법정대리인이 될 수 있다는 견해가 있다. 후설이 통설이다.

3. 대리의 효과(본인과 상대방 사이의 효과)

(1) 법률효과는 본인에게 귀속

대리인이 그 권한 내에서 본인을 위한 것임을 표시한 의사표시는 직접 본인에게 대하여 효력이 생긴다(제114조 제1항). 예컨대 대리인이 착오, 사기 · 강박에 의한 의사표시를 한 경우에 취소권을 포함한 모든 법률효과가 본인에게 귀속된다.

이 점에서 법률효과가 행위자 자신에게 발생하고 나중에 자기가 취득한 권리를 타인에게 이전하는 간접대리와 다르다.

그러나 불법행위에는 대리가 성립하지 않기 때문에 대리인이 불법행위를 한 경우에도 그 효과는 본인에게 발생하지 않으며 불법행위자인 대리인이 그 책임을 부담한다. 다만, 본인과 대리인 간에 기초적 내부관계가 사용자와 피용자의 관계에 있는 때에는 본인이 사용자로서 불법행위책임을 부담하는 경우는 있다(제756조 참조).

(2) 본인의 능력

본인은 스스로 법률행위를 하는 것이 아니므로 의사능력이나 행위능력을 가질 필요는 없지만 대리행위의 효과가 직접 본인에게 발생하기 때문에 권리주체가 될 수 있는 자격, 즉 권리능력(權利能力)은 있어야 한다.

4. 복 대 리

(1) 복대리인의 의의

복대리인(複代理人)이라 함은 대리인이 자신의 이름으로 선임한 본인의 대리인을 말한다. 복대리인은 자기가 스스로 의사를 결정하고 표시하는 본인의 대리인이며 대리인의 사자(使者)나 보조자가 아니다.

복대리인은 임의대리인에 의하여 선임되었든 법정대리인에 의하여 선임되었든 임의대리인의 성질을 가진다.

복대리인은 대리인이 본인의 이름이 아닌 자기의 이름으로 선임한 자이다. 그러므로 대리인이 복대리인을 선임하는 행위는 대리행위(代理行爲)가 아니며, 또한 복대리인은 본인의 대리인이며 대리인의 대리인이 아니다.

이에 대하여 대리인이 대리권에 기하여 본인의 이름으로 선임한 자는 복대리인이 아니라 단순한 본인의 대리인이다.

(2) 복임행위(復任行爲)의 성질

복임행위(복대리인 선임행위)는 병존적 설정행위라고 이해하여 대리권의 양도행위성을 부정하는 견해와 대리권의 병존적 · 설정적 양도행위라는 견해가 대립한다.

(3) 대리인의 복임권

대리인이 복대리인을 선임할 수 있는 권한을 복임권(複任權)이라고 한다. 민법은 임의대리인은 원칙적으로 복임권을 가지지 못하는 것으로 하고, 법정대리인에게는 복임권을 인정한다.

(가) 임의대리인의 복임권과 책임

(a) 임의대리인의 복임권:　임의대리인에게는 원칙적으로 복임권이 인정되지 않고 예외적으로 본인의 승낙이 있거나 부득이한 사유가 있는 때에 한하여 복임권이 인정된다(제120조).

임의대리인에게 복임권을 인정하지 않는 이유는 본인의 신임에 기초하여 대리권을 수여받은 임의대리인은 자기가 원하지 않으면 언제든지 대리인의 자격을 사임하면 되는 것이며, 본인의 의사와 상관없이 대리인이 본인의 대리인을 선임하는 것은 임의대리제도의 취지에 맞지 않기 때문이다.

'부득이한 사유'라 함은 본인의 소재가 불분명하여 본인의 승낙을 얻을 수 없거나 사임할 수 없는 경우 등을 말한다.

(b) 복임행위에 대한 책임:　대리인이 복대리인을 선임한 때에는 본인에게 대하여 그 선임 및 감독에 관하여 과실이 있는 경우에 책임을 진다(제121조 제1항). 다만, 대리인이 본인의 지명에 의하여 복대리인을 선임한 경우에는 그 부적임(不適任) 또는 불성실함을 알고 본인에게 대한 통지나 그 해임을 해태한 때에 한하여 책임을 지도록 하여 그 책임을 경감한다(제121조 제2항).

(나) 법정대리인의 복임권과 책임

(a) 법정대리인의 복임권:　법정대리인은 자기의 책임으로 언제든지 복대리인을 선임할 수 있는 복임권을 가진다(제122조). 임의대리인과 달리 법정대리인의 권한은 포괄적이며, 또한 사임이 쉽지 않을 뿐 아니라 법정대리인은 본인의 신임을 기초하여 선임

된 대리인이 아니기 때문이다.

(b) 복임행위에 대한 책임: 법정대리인은 언제든지 복임권을 가지는 반면에 복대리인의 행위에 대하여 선임 · 감독에 있어서 과실유무를 불문하고 모든 책임을 진다(제122조 본문). 다만, 부득이한 사유로 복대리인을 선임한 때에는 선임 · 감독에 관하여 과실이 있는 경우에 한하여 책임을 지도록 하여 그 책임을 경감하고 있다(제122조 단서).

(4) **복대리인의 지위**(복대리의 3면관계)

(가) **대리인과 복대리인의 관계** 대리인이 복대리인을 선임하더라도 대리인의 대리권은 소멸하지 않으며, 복대리인은 대리인에 의하여 선임된 자이기 때문에 대리인의 감독을 받는다.

또한, 복대리인의 대리권은 대리인의 대리권에 기초한 것이므로 대리인의 대리권의 존재 및 범위에 의존한다. 그러므로 복대리인의 대리권은 대리인의 대리권보다 그 범위가 넓을 수 없고 대리인의 대리권이 소멸하면 복대리권도 소멸한다.

(나) **상대방과 복대리인의 관계** 복대리인은 본인의 대리인으로서 그 권한 내에서 본인을 대리하고 제3자에 대하여 대리인과 동일한 권리와 의무가 있다(제123조).

(다) **본인과 복대리인의 관계** 복대리인은 대리인에 의하여 선임된 자이기 때문에 본인과의 관계에서 대리인이라는 것 이외에는 아무런 내부관계도 없다. 그럼에도 불구하고 민법은 복대리제도의 운영상 본인과 복대리인 사이에도 본인과 대리인 사이에서와 마찬가지의 내부관계가 생기는 것으로 정하고 있다(제123조).

(라) **복대리인의 복임권** 복대리인의 복임권에 대하여 적극적으로 해석하는 것이 통설이다. 즉, 복대리인은 임의대리인과 동일한 조건하에서 복임권을 가진다.

(5) **복대리권의 소멸**

복대리권은 대리권 일반의 소멸원인(본인의 사망, 대리인의 사망 · 성년후견의 개시 · 파산) 에 의하여 소멸한다. 또한, 복대리인은 임의대리인에 의하여 선임되었든 법정대리인에 의하여 선임되었든 임의대리인의 성질을 가지기 때문에 대리인과 복대리인 사이의 수권관계의 소멸로 복대리권은 소멸한다. 이외에도 대리인의 대리권이 소멸하면 복대리권도 소멸하는데, 복대리권은 대리인의 대리권에 기초하고 있기 때문이다.

V. 무권대리

1. 서　　설

(1) 무권대리의 의의

무권대리(無權代理)라 함은 대리인에게 정당한 대리권이 없는 경우를 말한다. 무권대리행위는 대리인이 정당한 대리권 없이 한 행위이기 때문에 그 법률효과를 본인에게 귀속시킬 수 없을 뿐만 아니라 대리인이 대리의사를 가지고 행한 것이기 때문에 그 법률효과를 법률행위를 한 대리인 자신에게 발생하게 할 수도 없다고 하는 문제가 생긴다.

이와 같이 대리제도는 사적자치의 보충과 확장이라는 면에서는 본인에게 유용한 제도이면서, 다른 한편에서는 상대방이나 제3자에게는 위험한 제도이기도 하다.

이에 민법은 무권대리행위를 당연무효로 하지 않고 본인으로 하여금 추인할 수 있도록 하고, 본인이 추인하지 않는 경우에 한하여 대리인으로 하여금 무권대리행위에 대한 무거운 책임을 지도록 하고 있다.

다른 한편으로는 대리인이 무권대리행위를 한 때에 본인에게도 그 책임을 인정할 만한 특별한 사정이 있는 경우에는 본인에게 책임을 지도록 함으로써 본인의 이익을 희생시켜 상대방을 보호하고 거래의 안전을 꾀하고자 하는 규정을 두고 있다. 이를 표현대리(表見代理)라고 한다.

(2) 넓은 의미의 무권대리와 좁은 의미의 무권대리

다수설은 표현대리를 무권대리의 일종으로 보고 표현대리와 협의의 무권대리를 합하여 광의의 무권대리라고 한다. 이에 대하여 소수설은 다수설에서 말하는 협의의 무권대리가 무권대리일반, 즉 광의의 무권대리이며 그 특별한 경우가 표현대리라고 하는 입장이다.

이러한 학설의 대립은 민법 제135조가 표현대리에도 적용될 수 있는지에 대하여 차이를 나타낸다. 즉, 다수설에 따르면 표현대리는 무권대리로서의 성질을 잃지 않으므로 표현대리에는 민법 제130조 이하의 협의의 무권대리에 관한 규정도 적용된다. 다만, 민법 제135조의 적용에 관하여는 소극적으로 해석한다.

이에 대하여 소수설은 표현대리의 경우에는 표현대리의 규정과 협의의 무권대리의 규정이 경합적으로 적용되므로 상대방은 어느 쪽이든 이를 선택적으로 행사할 수 있다. 따라서 민법 제135조를 선택하여 행사하더라도 상관없다고 하여 민법 제135조를 표현대리에 적용하는 데 적극적이다.

2. 표현대리

(1) 표현대리제도의 의의

표현대리제도(表見代理制度)는 대리인에게 대리권이 없음에도 불구하고 마치 대리권이 있는 것과 같은 외관(外觀)을 가지고 있으며 또한 그러한 외관의 발생에 대하여 본인이 어느 정도의 원인을 제공하고 있는 경우, 대리인의 대리권 없는 행위에 대하여 원인을 제공하고 있는 본인에게 일정한 책임을 지도록 함으로써 외관을 신뢰한 상대방을 보호하고 거래의 안전을 보장하는 것이다.

민법은 이러한 특별한 사정이 인정되는 경우로서 대리권수여의 표시에 의한 표현대리(제125조), 권한을 넘은 표현대리(제126조) 그리고 대리권소멸 후의 표현대리(제129조)를 두고 있다.

(2) 대리권수여의 표시에 의한 표현대리

> 민법 제125조(대리권수여의 표시에 의한 표현대리)
> 제3자에 대하여 타인에게 대리권을 수여함을 표시한 자는 그 대리권의 범위 내에서 행한 그 타인과 그 제3자 간의 법률행위에 대하여 책임이 있다. 그러나 제3자가 대리권 없음을 알았거나 알 수 있었을 때에는 그러하지 아니하다.

이는 본인이 특정인(타인)에게 대리권을 수여하지 않았음에도 불구하고 대리권을 수여하였다고 제3자에게 표시한 결과, 그 제3자가 특정인(타인)을 본인의 대리인이라고 믿고 그와 법률행위를 한 경우에 선의·무과실인 제3자를 보호하기 위한 것이다. 대리권수여(代理權授與)의 표시에 의한 표현대리라고 한다.

(가) 성립요건

(a) 본인이 제3자에 대하여 특정인에게 대리권을 수여하였음을 표시하였을 것: '제3자'라 함은 대리행위의 상대방으로서 특정의 제3자이든 불특정의 제3자이든 상관없다. 대리권수여의 표시방법은 서면에 의하든 구술에 의하든 상관없다.

제3자에 대한 '대리권수여의 표시'의 성질은 수권행위(授權行爲)가 아니라 수권행위가 있었다는 관념의 통지이다.

(b) 무권대리인은 대리권의 범위 내에서 대리행위를 하였을 것: 본인이 제3자에 대하여 표시한 권한의 범위 내에서 대리행위를 하였어야 한다.

대리권수여의 표시를 받은 무권대리인이 대리권의 범위를 넘는 행위를 한 경우에는 대리권수여의 표시에 의한 표현대리와 권한을 넘은 표현대리(제126조)가 경합될 수 있다.

(c) 대리권수여의 통지를 받은 상대방과 대리행위를 하였을 것: 무권대리인은 무권대리인에게 대리권수여의 표시를 받은 제3자와 대리행위를 하였어야 한다. 그러므로 특정인에 대하여 대리권수여의 표시를 한 경우에는 그 특정인만이 제125조에 의하여 보호를 받는 제3자에 해당한다.

(d) 상대방은 선의 · 무과실일 것: 대리행위의 상대방은 선의이며 무과실이어야 한다. 선의라 함은 대리인에게 대리권이 없다는 것을 알지 못하는 것을 말한다. 또한, 선의인 데 대하여 과실이 없어야 한다.

(e) 입증책임: 본인이 상대방의 악의 · 과실에 대한 입증책임을 부담한다.

(나) 적용범위 통설은 본조가 적용되는 것은 수권행위를 통하여 대리권이 발생되는 임의대리에 한하고 법정대리에는 적용되지 않는다는 입장이다. 법정대리인은 본인이 선임하는 것이 아니기 때문에 어떤 자에 대하여 법정대리권을 수여하였다는 것을 통지하는 것은 무의미하기 때문이다.

이에 대하여 거래안전의 보호라는 입장에서 일반적으로 표현대리제도가 해석상 확대적용되어야 한다는 필요성과 무능력자제도에 있어서 본인보호의 지나친 편중이 지적되고 있는 점에서 법정대리인에 대하여도 본조를 적용해야 한다는 반대의 견해가 있다. 즉, 상대방의 선의 · 무과실이 요구되고 있는 이상 오히려 법정대리의 경우에 표현대리를 인정하더라도 본인에 대한 부당한 보호는 되지 않는다는 것이다. 이 견해에 따르면 공고가 있는 경우에는 그것으로 대리권수여의 통지에 준하는 것으로 볼 수 있다고 설명한다.

(다) 효　과

(a) 본인의 책임: 본인은 무권대리인의 행위에 대하여 책임이 있다. 즉, 본인은 무권대리행위라는 것을 이유로 그 효과가 자기에게 미치는 것을 거부할 수 없다. 따라서 무권대리인의 행위는 진정한 대리인의 행위와 마찬가지로 다루어지고 그 무권대리행위의 효과는 본인에게 귀속한다.

표현대리행위가 성립하는 경우에 그 본인은 표현대리행위에 의하여 전적인 책임을 져야 하고, 상대방에게 과실이 있다고 하더라도 과실상계(過失相計, 제396조 참조)의 법리를 유추적용하여 본인의 책임을 경감할 수 없다(대판 96.7.12. 95다49554).

(b) 상대방을 보호하기 위한 표현대리: 표현대리는 상대방이 이를 주장하는 때에 비로소 문제가 되는 것이며 상대방이 주장하지 않는 한 본인이 표현대리를 주장할 수는 없다.

본인이 표현대리인의 행위에 대하여 효력의 발생을 원하면 협의의 무권대리에 있어서와 마찬가지로 상대방이 의사표시를 철회하기 전에 무권대리행위를 추인할 수 있다. 반대로 본인이 무권대리행위의 추인을 거절하더라도 상대방에 의한 표현대리의 주장을 막지 못한다.

(c) 무권대리로서의 표현대리: 표현대리는 상대방의 보호와 거래의 안전을 위하여 본인을 구속하는 제도에 지나지 않으며 그 밖의 점에서는 무권대리(無權代理)로서의 성질을 갖는다.

그러므로 본조의 요건을 충족하는 표현대리가 곧 유권대리행위가 되는 것은 아니며 여전히 무권대리행위로서의 성질을 잃지 않는다. 따라서 상대방은 무권대리행위에 대하여 자기의 의사표시를 철회할 수 있고(제134조), 본인은 추인함으로써 상대방의 철회권을 소멸시킬 수도 있다(제130조). 또한 상대방은 본인에 대하여 추인 여부의 확답을 최고할 수도 있다(제131조).

(d) 좁은 의미의 무권대리인의 책임 여부: 상대방이 표현대리를 주장하지도 않고, 또한 무권대리행위로서 철회하지 않고서 민법 제135조의 규정에 의한 무권대리인의 책임을 물을 수 있는지에 대하여 학설은 대립한다.

다수설은 표현대리의 성립으로 상대방이 유권대리와 똑같이 보호를 받게 되면 상대방은 소기의 목적을 달성한 것이므로 민법 제135조를 적용할 필요가 없다. 또한, 민법 제135조의 규정을 적용하여야 한다는 소수설이 그 효용을 발휘하는 것은 대리인이 계약의 이행 또는 손해배상을 할 만한 자력을 가지는 경우일 것인데 일반적으로 볼 때 무권대리인보다는 본인이 변제자력을 갖고 있는 것으로 보아야 할 것이다.

따라서 본인에게 이행을 거절당한 상대방은 대리권의 존재를 증명하거나 또는 표현대리의 성립을 증명하여 본인에게 이행을 청구할 수 있고, 이것이 인정되지 않는 경우에 한하여 무권대리인의 책임을 추궁할 수 있는 것으로 이해하여야 한다는 입장이다.

그러므로 표현대리에 의하여 본인의 책임이 확정되면 민법 제135조의 규정은 적용되지 않는 것이 타당하고 상대방의 보호도 그것으로 충분하다. 즉, 민법 제135조는 표현대리에는 적용되지 않는다는 주장이다.

소수설은 다수설에서 말하는 협의의 무권대리가 무권대리로서 일반적 · 원칙적인 것이고 표현대리는 이러한 일반적 · 원칙적인 대리의 특수한 것이다. 따라서 원칙적인 무권대리에 관한 규정은 모두 표현대리에도 적용된다.

그러므로 상대방은 표현대리에 의한 구제를 주장할 수 있을 뿐만 아니라 무권대리의 규정에 의한 구제, 즉 민법 제135조의 구제도 주장할 수 있으며 표현대리의 규정과 무권대리의 규정은 경합적으로 적용되기 때문에 상대방은 어느 쪽이든 선택적으로 행사할 수 있다.

그 결과 상대방은 표현대리의 성립을 주장하여 본인의 책임을 묻거나 무권대리로서 무권대리인의 책임을 물을 수도 있고, 또는 무권대리행위를 철회하는 방법 중에서 어느 하나를 선택할 수 있다.

소수설은 근거로 상대방을 두텁게 보호할 수 있다는 것이다. 즉, 표현대리에 대한 입증이 곤란하고 또한 본인이 추인하면 무권대리인의 책임을 물을 수 없게 될 위험도 있기 때문에 비교적 입증이 쉬운 무권대리를 인정할 필요가 있다. 따라서 상대방은 표현대리와 민법 제135조에 의한 책임을 선택적으로 주장할 수 있다고 해석하는 것이 타당하다고 한다.

(3) 권한을 넘은 표현대리

> 민법 제126조(권한을 넘은 표현대리)
> 대리인이 그 권한 외의 법률행위를 한 경우에 제3자가 그 권한이 있다고 믿을 만한 정당한 이유가 있는 때에는 본인은 그 행위에 대하여 책임이 있다.

이는 기본대리권을 가지고 있는 자가 대리권의 범위를 넘어서 법률행위를 한 경우에 선의 · 무과실인 상대방을 보호하기 위한 것이다. 권한을 넘은 표현대리 또는 월권대리(越權代理)라고 한다.

(가) 성립요건

(a) 대리인이 기본권한(基本權限)을 가지고 있을 것: 대리인이 일정한 범위의 대리권을 가지고 있어야 한다.

대리권이 전혀 없는 자의 행위에 대하여는 상대방이 대리권이 존재하는 것으로 신뢰한 경우에도 제126조의 표현대리가 성립할 여지가 없다. 전혀 대리권이 없는 경우에 있어서까지 제3자의 신뢰를 보호하는 것은 심히 본인의 이익을 해치게 되기 때문이다. 예컨대 백지위임장이나 인감을 습득한 자가 이를 악용하여 대리행위를 한 경우에는 본조의 표현대리가 성립하지 않는다.

또한 본조의 권한을 넘은 표현대리는 현재(現在)에 대리권을 가진 자가 그 권한을 넘은 경우에 성립하는 것이지, 현재에 아무런 대리권도 가지지 아니한 자가 본인을 위하여 한 어떤 대리행위가 과거에 이미 가졌던 대리권을 넘은 경우에까지 성립하는 것은 아니라고 할 것이다(대판 2008.1.31. 2007다74713 ; 동 73.7.30. 72다1631).

기본대리권이 있으면 공법상의 대리권이라도 상관없으므로 등기신청에 관한 대리권(공법상의 대리권)을 갖고 있는 자가 대물변제(代物辨濟)라는 사법행위를 한 경우에도 본조의 표현대리가 성립한다(대판 78.3.28. 78다282, 283).

대리인이 사자(使者) 내지 임의로 선임한 복대리인을 통하여 권한 외의 법률행위를 한 경우, 복대리인 선임권이 없는 대리인에 의하여 선임된 복대리인의 권한도 기본대리권이 될 수 있을 뿐만 아니라 그 행위자가 사자라고 하더라도 대리행위의 주체가 되는 대리인이 별도로 있고 그들에게 본인으로부터 기본대리권이 수여된 이상, 민법 제126조를 적용함에 있어서 기본대리권의 흠결 문제는 생기지 않는다(대판 98.3.27. 97다48982).

▌판 례▐

교회의 대표자가 총회의 결의를 거치지 않고 교회 재산을 처분한 행위

[1] 기독교 단체인 교회에 있어서 교인들의 연보, 헌금 기타 교회의 수입으로 이루어진 재산은 특별한 사정이 없는 한 그 교회 소속 교인들의 총유(總有)에 속한다. 따라서 그 재산의 처분은 그 교회의 정관 기타 규약에 의하거나 그것이 없는 경우에는 그 교회 소속 교인들로 구성된 총회의 결의에 따라야 한다.

[2] 비법인사단인 교회의 대표자는 총유물인 교회 재산의 처분에 관하여 교인총회의 결의를 거치지 아니하고는 이를 대표하여 행할 권한이 없다. 그리고 교회의 대표자가 권한 없이 행한 교회 재산의 처분행위에 대하여는 민법 제126조의 표현대리에 관한 규정이 준용되지 아니한다(대판 2009.2.12. 2006다23312).

(b) 대리인이 기본권한을 넘은 사항에 관하여 대리행위를 하였을 것: 대리인이 반드시 어떤 대리권한을 가질 것이 필요하며 그 기본권한을 넘어서 대리행위를 하여야 한다.

실제로는 기본권한을 행사하도록 하기 위하여 본인이 맡긴 권리증 기타의 서류를 이용하여 권한을 넘는 대리행위를 하거나 또는 자기에게 맡긴 인감도장을 이용하여 문

서를 위조 또는 변조하는 등의 수단을 사용하여 무권대리를 하는 경우가 많을 것이다.

권한을 넘은 행위와 기본권한이 동종(同種)이거나 또는 유사(類似)할 필요는 없으며 권한을 넘은 행위가 기본권한과 전혀 별개인 경우에도 본조의 표현대리가 성립한다.

판 례

민법 제125조와 제129조의 표현대리가 대리권의 범위를 넘는 경우에 제126조의 표현대리가 성립하는가?

다수설 · 판례는 본조의 적용을 긍정한다. 민법 제125조와 제129조가 적용됨으로써 상대방에 대한 관계에 있어서는 법률상 대리권의 수여가 있었던 것으로 다루어지기 때문에 그러한 권한을 다시 넘는 경우에도 본조가 적용되는 것으로 해석하는 것이 표현대리제도의 취지에 비추어 타당하다.

(c) 상대방은 선의 · 무과실일 것:　대리행위의 상대방은 선의이며 무과실일 것을 요한다. 즉, 월권(越權)의 대리행위에 대하여 상대방은 대리권이 있는 것으로 믿었고(즉, 대리인에게 대리권 없음을 알지 못하였고), 그러한 믿음에 정당한 이유(무과실)가 있어야 한다.

권한을 넘은 표현대리에 있어서 '정당한 이유'의 유무는 대리행위 당시를 기준으로 하여, 그 때에 존재한 제반사정을 객관적으로 판단하여 결정하여야 하고 표현대리인의 주관적 사정을 고려하여서는 안 된다(대판 97.6.27. 97다3828 등).

(d) 입증책임:　선의 · 무과실에 대한 입증책임은 상대방에게 있다는 견해와 본인에게 있다는 견해가 대립한다. 다수설은 민법 제125조나 제129조와 달리 해석할 필요가 없기 때문에 본인에게 상대방의 악의 · 과실에 대한 입증책임이 있다고 한다.

이에 대하여 판례(대판 68.6.18. 68다694)는 민법 제126조에 의한 표현대리행위가 인정된다는 점의 주장 및 입증책임은 그것을 유효하다고 주장하는 상대방에게 있다는 입장이다.

(나) 적용범위　본조의 표현대리는 임의대리와 법정대리 모두에 적용된다.

판 례

일상가사대리권과 민법 제126조의 표현대리

부부의 일방이 정당한 대리권 없이 다른 일방의 대리인으로서 재산을 처분하거나 금전을 차용한 경우에 본조의 표현대리가 성립할 수 있는가?

민법 제827조에서 이른바 부부 간의 일상가사대리권(日常家事代理權)을 규정하고 있다. 가사대리권도 일종의 법정대리권이다. 따라서 법정대리에도 민법 제126조의 적용을 긍정하는 이상 부부 상호 간의 법정대리권인 가사대리권에 관하여서도 제126조의 적용이 있다고 할 것이다(다수설). 판례도 같은 입장이다. 다만, 제126조의 표현대리를 인정하기 위해서는 정당(正當)한 사유(事由)가 있어야 한다.

대판 2000.12.8. 99다37856 「부부의 경우에도 일상의 가사가 아닌 법률행위를 배우자를 대리하여 행함에 있어서는 별도로 대리권을 수여하는 수권행위가 필요한 것이지, 부부의 일방이 의식불명의 상태에 있어 사회통념상 대리관계를 인정할 필요가 있다는 사정만으로 그 배우자가 당연히 채무의 부담행위를 포함한 모든 법률행위에 관하여 대리권을 갖는다고 볼 것은 아니다.」

(다) 효 과 본인은 대리인의 대리권한을 넘은 행위에 대하여 책임이 있다(제126조).

(4) 대리권소멸 후의 표현대리

민법 제129조(대리권소멸 후의 표현대리)
대리권의 소멸은 선의의 제3자에게 대항하지 못한다. 그러나 제3자가 과실로 인하여 그 사실을 알지 못한 때에는 그러하지 아니하다.

이는 과거에는 대리권이 있었으나 현재는 대리권이 소멸되었는데도 제3자가 대리권소멸 사실을 알지 못하고 법률행위를 한 경우에 선의·무과실인 상대방을 보호하기 위한 것으로서 대리권소멸(代理權消滅) 후의 표현대리에 관한 문제이다.

(가) 성립요건

(a) 과거에는 대리권이 있었을 것: 과거에는 대리권이 있었으나 대리행위를 할 당시에는 그 대리권이 소멸하고 있어야 한다.

대리인이 대리권 소멸 후 직접 상대방과 사이에 대리행위를 하는 경우는 물론 대리인이 대리권 소멸 후 복대리인을 선임하여 복대리인으로 하여금 상대방과 사이에 대리행위를 하도록 한 경우에도 민법 제129조에 의한 표현대리가 성립할 수 있다(대판 98.5.29. 97다55317).

과거에 가졌던 대리권이 소멸되어 민법 제129조에 의하여 표현대리로 인정되는 경우에 그 표현대리의 권한을 넘는 대리행위가 있을 때에는 민법 제126조에 의한 표현대리가 성립할 수 있다(대판 2008.1.31. 200다74713 ; 동 70.2.10. 69다2149).

(b) 상대방은 선의 · 무과실일 것: 대리인과 법률행위를 한 제3자가 과실로 인하여 대리인의 대리권이 소멸되었다는 사실을 알지 못한 때에는 본인은 그 제3자에 대하여 대리인의 대리행위가 무권대리임을 주장할 수 있다(제129조 단서).

(c) 입증책임: 입증책임은 본인에게 있다. 즉, 본인이 상대방의 악의 또는 과실을 입증하여야 한다.

(나) 적용범위 임의대리와 법정대리에 모두 본조의 적용이 있다.

(다) 효　과 본인은 선의의 제3자에 대하여 대리인의 대리권이 소멸하였다는 주장을 하지 못한다(제129조). 즉, 본인은 대리인의 대리행위에 대하여 책임이 있다는 것이다.

여기서 '제3자'라 함은 대리행위의 상대방에 한하며 표현대리인의 상대방과 거래한 제3자는 포함되지 않는다. 이와 같이 제3자의 범위를 제한하는 이유는 표현대리제도가 본인의 이익을 희생시켜서 제3자를 보호하는 것이기 때문이다.

(5) 표현대리의 소송상 주장 여부

민사소송법에서는 심리방식으로서 변론주의를 취하고 있다. 변론주의(辯論主義)라 함은 재판의 기초가 되는 사실은 당사자가 주장하여야 하며 법원은 당사자가 주장한 사실만을 재판의 기초로 삼을 수 있다는 심리방식을 말한다.

그러므로 상대방이 표현대리의 성립을 법원에 대하여 주장하여야 하며, 상대방이 이를 주장하지 않은 경우, 법원은 표현대리의 성립을 인정하는 판결을 할 수 없다.

상대방이 유권대리를 주장한 경우에 그 주장 속에는 표현대리의 주장도 포함하고 있다고 볼 것인지에 대하여 학설이 대립한다. 판례(대판 83.12.13. 83다카1489)는 유권대리의 주장 속에는 무권대리의 일종인 표현대리의 주장은 포함되어 있지 않다고 해석한다.

판 례

대판 83.12.13. 83다카1489 전원합의체

「유권대리에 있어서는 본인이 대리인에게 수여한 대리권의 효력에 의하여 법률효과가 발생하는 반면 표현대리에 있어서는 대리권이 없음에도 불구하고 법률이 특히 거래의 상대방보호와 거래안전유지를 위하여 본래 무효인 무권대리행위의 효과를 본인에게 미치게 한 것으로서 표현대리가 성립된다고 하여 무권대리의 성질이 유권대리로 전환되는 것은 아니므로 양자의 구성요건 해당사실, 즉 주요사실은 다르다고 볼 수 밖에 없으니 유권대리에 관한 주장 속에 무권대리(無權代理)에 속하는 표현대리의 주장이 포함되어 있다고 볼 수 없다.」

3. 좁은 의미의 무권대리

(1) 의 의

대리인이 대리권 없이 대리행위를 하였고, 그 대리행위를 표현대리라고 인정할 만한 특별한 사정이 존재하지 않는 경우에 이를 좁은 의미의 무권대리(無權代理)라고 한다.

이러한 좁은 의미의 무권대리의 특징은 표현대리와 달리 상대방이 대리행위의 유효함을 주장하지 못하고 무권대리인은 상대방에게 무거운 책임을 부담한다.

(2) 계약에 있어서의 무권대리

(가) 본인에 대한 효과 민법은 무권대리행위는 본인에 대하여 당연히 효력이 발생하지 않는 것으로 규정하고 있다(제130조). 즉, 무권대리행위는 본인에 대하여 무효(無效)이다.

다만, 무권대리행위가 확정적으로 무효로 되는 것은 아니고 본인이 무권대리행위를 추인(追認)할 수 있고 추인하면 행위시로 소급(遡及)하여 유효한 것으로 인정한다.

(a) 추인권과 추인거절권: 무권대리행위에 대하여 본인은 추인권(追認權)과 추인거절권(追認拒絶權)을 가진다.

추인은 효력이 불확정한 법률행위의 효과를 자기에게 직접 발생하게 할 것을 목적으로 하는 의사표시로서 상대방의 승낙을 요하지 않는 단독행위이다.

본인에게 인정된 추인권은 형성권으로서 무권대리행위가 있은 후에 그 무권대리인에게 대리권을 수여하는 행위가 아니다.

무권대리행위에 대하여 본인이 추인할 것인지 추인을 거절할 것인지는 자유이며 무권대리행위를 본인이 추인하면 처음부터 유권대리행위가 행해진 것과 동일한 법률효과가 발생하지만, 추인을 거절하면 그 후에는 본인에 대하여 효력이 생길 수 없는 것으로 확정된다.

(b) 추인방법:　무권대리행위에 대한 추인은 의사표시의 전부에 대하여 행하여져야 하며, 그 일부에 대하여 추인을 하거나 또는 그 내용을 변경하여 추인을 하였을 경우에는 상대방의 동의를 얻지 못하는한 무효로 된다(대판 82.1.26. 81다카549).

추인의 의사표시는 특별한 방식을 요하지 않으며 명시적이든 묵시적이든 상관없으며, 추인의 의사는 무권대리인에게 하든 무권대리인과 법률행위를 한 상대방에게 하든 상관없다(대판 2001.11.9. 2001다44291). 다만, 상대방에게 추인의 의사표시를 한 경우에는 완전하게 효력이 발생하지만 무권대리인에게 추인의 의사표시를 한 때에는 상대방이 추인이 있었음을 알지 못하는 경우에는 그 상대방에 대하여 추인의 효과를 주장하지 못한다(제132조). 그러나 상대방은 추인이 있었음을 주장할 수 있다.

본인이 무권대리인에게 추인의 의사표시를 한 결과 상대방이 추인이 있었음을 알지 못하는 동안에는 상대방은 자기의 의사표시를 철회할 수 있다.

(c) 추인의 소급효와 제한:　본인의 추인이 있으면 무권대리행위는 계약시에 소급하여 그 효력이 있다(제133조). 다만, 추인의 소급효는 제3자의 권리를 해치지 못한다(제133조 단서).

이와 같이 소급효를 제한하는 이유는 추인의 소급효로 인하여 무권대리행위 후 추인이 있기 전에 행하여진 행위가 추인의 소급효로 인하여 무효로 됨으로써 제3자가 정당하게 취득한 권리를 잃게 되는 것을 막기 위한 것이다.

여기서 '제3자'라 함은 물권 등과 같은 배타적 권리를 갖는 자만을 의미한다. 부동산에 관한 등기, 동산에 대한 인도에 의하여 소유권을 취득한 자나 대항력을 갖춘 임차인 등이 여기에 해당한다. 예컨대 무권대리인이 본인 소유의 주택을 매각하는 계약을 체결하고 소유권이전등기를 마친 후에 본인이 그 주택을 타인에게 임대한 경우, 임차인이 임차권을 등기하였거나(제621조) 주택임대차보호법상의 대항요건(주택임대차 보호법 제3조)을 구비한 후에 무권대리인의 주택에 대한 매각행위를 추인하였다고 하더라도 제133조 단서에 의하여 소급효가 제한되기 때문에 주택임차인의 임차권에는 영향을 미치지 않는다.

또한, 제133조 단서의 규정이 적용되기 위해서는 제3자뿐만 아니라 무권대리행위를 통하여 상대방이 취득한 권리도 배타적 효력을 가지고 있어야 한다. 왜냐 하면 상대방이 취득한 권리와 제3자가 취득한 권리 가운데 어느 하나만이 배타적 효력을 가지고 있는 경우(앞의 예에서 무권대리인으로부터 주택을 매입한 상대방이 소유권이전등기를 하지 않고 있는 동안에 그 주택을 본인이 임대하여 임차권등기를 마친 경우, 본인이 무권대리행위를 추인하더라도 상대방은 소유권이전등기를 하기 전이므로 대항력 있는 임차인의 권리를 해치지는 않는다고 할 것이다) 또는 양쪽의 권리가 모두 배타적 효력을 가지고 있지 않은 경우에는 효력요건(앞의 예에서 상대방의 소유권 이전등기나 임차인의 임차권등기)을 먼저 구비한 권리가 우선한다고 할 것이기 때문이다.

또한, 당사자 간에 다른 의사표시를 한 때에도 추인의 소급효는 발생하지 않는다. '당사자 간에 다른 의사표시를 한 때'라 함은 본인과 상대방 사이에 계약의 효력발생시기에 대하여 무권대리행위를 추인한 때 또는 별도의 시점을 지정하는 것을 의미한다.

판 례

무권대리인이 본인의 지위를 취득한 경우의 추인거절권행사의 가부

1. 예컨대 아버지 명의의 부동산을 아들이 대리권 없이 타인에게 팔았고 아버지가 추인하기 전에 사망하여 본인인 아버지의 지위를 무권대리인인 아들이 단독으로 상속한 경우에 아들은 본인의 지위에서 자기가 한 무권대리행위에 대한 추인거절권을 행사할 수 있는가?

판례는 이 경우에 신의칙을 적용하여 무권대리인이 추인거절권을 행사할 수 없는 것으로 이해한다.

대판 94.9.27. 94다20617 「甲이 대리권 없이 乙 소유의 부동산을 丙에게 매도하여 부동산소유권이전등기 등에 관한 특별조치법에 의하여 소유권이전등기를 마쳐주었다면 그 매매계약은 무효이고 이에 터잡은 이전등기 역시 무효가 되나, 甲은 乙의 무권대리인으로서 민법 第135조 第1항의 규정에 의하여 매수인인 丙에게 부동산에 대한 소유권이전등기를 이행할 의무가 있으므로 그러한 지위에 있는 甲이 乙로부터 부동산을 상속받아 그 소유자가 되어 소유권이전등기 이행의무를 이행하는 것이 가능하게 된 시점에서 자신이 소유자라고 하여 자신으로부터 부동산을 전전매수한 丁에게 원래 자신의 매매행위가 무권대리행위여서 무효였다는 이유로 丁 앞으로 경료된 소유권이전등기가 무효의 등기라고 주장하여 그 등기의 말소를 청구하거나 부동산의 점유로 인한 부당이득금의 반환을 구하는 것은 금반언의 원칙이나 신의성실의 원칙에 반하여 허용될 수 없다.」

2. 반대로 본인이 무권대리인의 지위를 상속한 경우는 어떠한가?

이 경우에는 무권대리인의 상속인인 본인이 본인의 지위에서 추인을 거절하여도 신의칙에 반한다고는 할 수 없을 것이다. 그러나 추인을 거절한 경우에도 무권대리인으로서의 민법 제135조의 책임은 피할 수 없다고 할 것이다.

(나) 상대방에 대한 효과 민법은 무권대리인과 계약한 상대방을 보호하기 위하여 상대방에게 최고권과 철회권을 인정하고 있다.

(a) 최고권(催告權): 최고는 상대방이 본인에 대하여 무권대리행위의 추인에 대한 확답을 촉구하는 행위이다. 무권대리인의 대리행위에 대하여 상대방은 상당한 기간을 정하여 본인에게 그 추인여부의 확답을 최고할 수 있다. 본인이 그 기간 내에 확답을 발하지 아니한 경우에는 추인을 거절한 것으로 본다(제131조).

(b) 철회권(撤回權)과 그 제한: 철회는 무권대리인의 상대방이 무권대리인과의 사이에서 체결된 계약을 확정적으로 무효로 하는 행위로서 상대방이 철회권을 행사하여 계약이 무효로 된 후에는 본인이 추인할 수 없다.

철회는 본인의 추인이 있기 전에 하여야 하며, 철회의 의사표시는 본인 또는 무권대리인에 대하여 하여야 한다.

철회권은 선의(善意)의 상대방에 대하여서만 인정되며 악의(惡意)의 상대방에게는 인정되지 않는다. 즉, 계약 당시에 상대방이 대리권 없음을 안 때에는 자기의 의사표시를 철회하지 못한다(제134조 단서).

(다) 무권대리인의 상대방에 대한 책임 타인의 대리인으로 계약을 한 자가 그 대리권을 증명하지 못하고, 또 본인의 추인을 얻지 못한 때에는 상대방의 선택에 좇아 계약의 이행 또는 손해배상의 책임이 있다(제135조 제1항). 다만, 상대방이 대리권 없음을 알았거나 알 수 있었을 때 또는 대리인으로서 계약을 맺은 사람이 제한능력자일 때에는 책임을 물을 수 없다(제135조 제2항).

(a) 책임발생의 요건

① 대리인이 대리권의 존재를 증명하지 못하였을 것: 대리행위를 한 자에게 정당한 대리권이 존재한다는 입증책임은 대리인에게 있다.

② 본인의 추인이 있거나 또는 표현대리가 성립하는 것과 같은 본인에게 직접 책임을 물을 수 있는 사정이 없을 것

③ 상대방이 철회권을 행사하고 있지 않을 것: 상대방이 철회권을 행사한 후에

는 무권대리인에게 계약의 이행 또는 손해배상의 책임을 물을 수 없다(제135조 참조).

④ 상대방은 선의 · 무과실일 것: 상대방의 악의 또는 과실에 대한 입증책임은 무권대리행위를 한 자가 부담한다.

(b) 책임의 내용: 무권대리인은 상대방의 선택에 좇아 계약의 이행 또는 손해배상의 책임을 진다(제135조 제1항). 이러한 무권대리인의 책임은 대리제도의 신용을 유지하고 대리행위의 상대방과 거래안전을 보호하기 위하여 민법 제135조에 의하여 발생하는 법정책임(法定責任)이며, 무권대리인의 과실을 요건으로 하지 않는 무과실책임(無過失責任)으로 이해한다.

다만, 무권대리인으로 계약을 한 자가 제한능력자일 때에는 무권대리인에 대하여 그 책임을 물을 수 없다(제135조 제2항). 무권대리인이 제한능력자인 경우까지 그 무권대리인에게 무거운 책임을 묻는 것은 제한능력자를 보호하는 취지에 비추어 바람직하지 않기 때문이다.

무권대리인의 손해배상의 범위(損害賠償範圍)에 관하여 이행이익을 배상하여야 할 것인지 신뢰이익을 배상하여야 할 것인지 학설이 대립한다. 통설은 유효한 계약이 체결된 경우와 동일한 이익, 즉 이행이익(履行利益)을 배상하여야 하는 것으로 이해한다.

(라) 본인과 대리인의 관계 좁은 의미의 무권대리행위는 본인이 추인하지 않는 한 본인에 대하여 아무런 효력도 발생하지 않는다. 그러나 본인이 추인하면 본인과 무권대리인과의 사이에는 일종의 사무관리(제734조 이하 참조)가 성립하였다고 할 것이다.

(3) 단독행위와 무권대리

(가) 상대방 없는 단독행위 상대방 없는 단독행위가 무권대리행위인 때에는 절대무효로서 본인이 추인하여도 효력이 발생하지 않는다.

왜냐 하면 상대방 없는 단독행위는 특정의 상대방이 없기 때문에 무권대리인의 상대방에 대한 책임(제135조)이 문제가 되지 않기 때문이다.

(나) 상대방 있는 단독행위 무권대리인이 한 상대방 있는 단독행위는 무효임이 원칙이다. 예컨대 무권대리인이 본인을 위하여 계약을 해제한 경우, 후에 본인의 추인이 있으면 해제의 효과를 인정한다면 본인은 좋을지 모르겠지만 상대방의 법적 지위가 현저히 불안정하기 때문에 민법에서는 단독행위에 대하여 원칙적으로 무효로 하여 계약에 관한 규정을 적용하지 않는다.

다만, 법률행위 당시에 상대방이 대리인이라고 칭하는 자의 대리권 없는 행위에 동의하거나 그 대리권을 다투지 아니한 경우 또는 대리권 없는 자에 대하여 그 동의를 얻어서 한 상대방의 단독행위도 무효로 하지 않고 계약에 있어서의 무권대리와 같은 효과를 인정한다(제136조).

제4절　무효와 취소

Ⅰ. 서　　설

법률행위가 성립한 후 일정한 효력이 발생하기 위해서는 유효요건을 구비하여야 한다. 유효요건을 구비하지 않은 법률행위는 무효로 된다.

유효한 법률행위는 상대방이 그 내용에 좇은 이행을 하지 않는 경우에도 법률행위에 따른 내용을 강제할 수 있는 데 반하여, 무효인 법률행위는 상대방에 대하여 그 내용을 강제로 실현할 수 없다는 점에서 본질적인 차이가 있다.

Ⅱ. 법률행위의 무효

1. 의　　의

법률행위의 무효(無效)라 함은 법률행위가 성립한 당시부터 법률상 당연히 효력이 발생하지 않는 것으로 확정되어 있는 것을 말한다.

2. 법률행위의 성립요건과 유효요건

법률행위의 외형이 존재하는 경우를 법률행위의 성립이라고 하여 법률행위라고 인정할 만한 외형도 존재하지 않는 불성립(不成立) 또는 부존재(不存在)와 구별한다. 성립한 법률행위가 법률요건을 구비하고 있는지에 따라서 법률행위의 유효 또는 무효를 문제삼게 된다.

이와 같이 법률행위가 성립하기 위한 요건을 법률행위의 성립요건이라 하고, 일단 성립한 법률행위가 목적하는 효력을 발생하게 하기 위하여 필요한 요건을 법률행위의 효력요건 또는 법률행위의 유효요건이라고 한다.

법률행위의 일반적 성립요건(一般的成立要件)으로는 당사자가 존재할 것, 법률행위의 목적이 존재할 것 그리고 의사표시가 존재하여야 한다.

법률행위가 성립한 경우에 효력요건을 구비하여야 하는데 효력요건으로는 당사자는 권리능력 · 의사능력 등의 능력을 가지고 있을 것, 법률행위의 목적은 확정되어 있거나 확정할 수 있어야 하며, 실현가능한 것이라야 하고, 그 내용은 적법하고 또한 사회적 타당성을 가지고 있어야 한다. 그리고 의사표시에 있어서는 의사와 표시가 일치하여야 하며 의사표시에 하자가 존재하지 않아야 한다.

무효(無效)인 법률행위와 법률행위의 불성립(不成立)

무효인 법률행위나 불성립한 법률행위는 당사자가 의도한 대로 법률효과가 발생하지 않는 점에서 같다. 그러나 무효인 법률행위는 일정한 경우에 다른 법률행위로 전환되어 유효한 법률행위로 취급되는 경우가 있지만(이러한 경우를 무효인 법률행위의 전환이라고 한다) 법률행위가 불성립한 경우에는 어떠한 경우에도 효력이 발생하지 않는다는 점에서 양자는 구별된다.

3. 무효의 일반적 효력

법률행위가 무효인 경우에는 법률행위의 내용에 따른 효과가 발생하지 않는다. 따라서 무효인 법률행위가 물권행위인 때에는 물권변동이 발생하지 않고, 법률행위가 채권행위인 때에는 채권이 발생하지 않는다.

무효인 법률행위는 법률행위의 내용에 따른 효과가 발생하지 않으므로 당사자는 아직 이행하지 않은 부분에 대해서는 앞으로도 이행할 필요가 없고 이미 이행한 부분에 대하여는 부당이득으로서 반환을 청구할 수 있다.

법률행위가 무효인 경우에는 제3자에 대하여도 이를 주장할 수 있다. 그러므로 무효인 법률행위에 기하여 외형상 생긴 소유권 등의 권리를 양수한 자에 대하여도 법률행위의 무효를 주장할 수 있고 나아가서 사실상 물건을 취득한 제3자에 대하여도 권리 없음을 주장할 수 있다.

4. 무효의 종류

(1) 절대적 무효와 상대적 무효

(가) 절대적 무효 절대적 무효라 함은 누구에게든지 법률행위의 무효를 주장할 수 있고 또한 누구라도 법률행위의 무효를 주장할 수 있는 것을 말한다. 다만, 제3자

가 선의취득(제249조)과 같이 공신의 원칙에 의하여 보호되는 경우가 있다.

민법상의 무효는 원칙적으로 절대적 무효이다. 절대적 무효의 법률행위에는 예컨대 의사무능력자의 법률행위나 반사회질서의 법률행위(제103조) 등이 있다.

제한능력자가 한 법률행위는 유효하지만 취소할 수 있고 취소하면 소급적으로 무효가 되는데, 이 때의 무효는 절대적 무효로서 선의의 제3자에 대해서도 무효를 주장할 수 있다.

(나) 상대적 무효 상대적 무효라 함은 특정인에 대하여 법률행위의 무효를 주장할 수 없는 경우를 말한다. 예컨대 진의 아닌 의사표시가 무효로 되는 경우(제107조 제1항 단서)나 통정허위표시의 무효는 선의의 제3자에게 주장할 수 없다(제107조 제2항, 제108조 제2항). 또는 착오에 의한 의사표시나 사기 · 강박에 의한 의사표시가 취소된 경우에도 선의의 제3자에게는 그 무효를 주장할 수 없다(제109조 제2항, 제110조 제3항).

(2) 당연무효와 재판상 무효

(가) 당연무효 당연무효라 함은 법률행위를 무효로 하기 위하여 어떤 특별한 행위나 절차를 필요로 하지 않는 무효를 말한다. 무효는 원칙적으로 당연무효이다.

(나) 재판상 무효 재판상 무효라 함은 재판에 의한 무효선언을 통하여 비로소 법률행위가 무효로 되는 경우를 말한다. 특히, 무효의 결과가 제3자에게 중대한 영향을 미치는 경우에는 재판상의 무효로 정하고 있다. 예컨대 회사설립의 무효 또는 회사합병의 무효 등이 있다.

(3) 전부무효와 일부무효

법률행위의 내용의 전부에 대하여 무효원인이 있을 경우에는 법률행위의 전부가 무효로 되는데, 이를 전부무효라고 한다.

법률행위의 내용의 일부에 대하여 무효원인이 있는 경우에는 법률행위의 전부가 무효로 되는지 아니면 그 일부분에 한하여 무효로 되고 나머지는 유효한 것으로 되는지가 문제이다.

민법은 「법률행위의 일부분이 무효인 때에는 그 전부를 무효로 한다. 그러나 그 무효 부분이 없더라도 법률행위를 하였을 것이라고 인정될 때에는 나머지 부분은 무효가 되지 않는다.」고 규정하여(제137조) 법률행위의 일부분에 무효원인이 있는 경우에는 그 전부가 무효임을 원칙으로 하고 있다.

판례(대판 2010.7.22. 2010다23425)는 「일부무효에 관한 민법 제137조는 임의규정(任意規定)으로서 의사자치의 원칙이 지배하는 영역에서 적용된다고 할 것이므로, 법률행위의 일부가 강행법규인 효력규정에 위반되어 무효가 되는 경우, 그 부분의 무효가 나머지 부분의 유효·무효에 영향을 미치는가의 여부를 판단함에 있어서는 개별 법령이 일부무효의 효력에 관한 규정을 두고 있는 경우에는 그에 따라야 하고, 그러한 규정이 없다면 원칙적으로 민법 제137조가 적용될 것이나 당해 효력규정 및 그 효력규정을 둔 법의 입법취지를 고려하여 볼 때 나머지 부분을 무효로 한다면 당해 효력규정 및 그 법의 취지에 명백히 반하는 결과가 초래되는 경우에는 나머지 부분까지 무효가 된다고 할 수는 없다.」는 입장이다.

법률행위의 무효부분이 없더라도 법률행위를 하였으리라고 인정되는 사실에 관한 입증책임은 나머지 부분이 유효하다고 주장하는 자가 부담한다.

(4) 확정무효와 불확정무효

확정무효라 함은 법률행위가 성립한 때로부터 확정적으로 무효로 되는 경우를 말한다. 무효인 법률행위는 원칙적으로 확정적 무효이며, 무효인 법률행위는 추인하여도 그 효력이 생기지 않는다(제139조).

불확정무효라 함은 법률행위가 유효요건을 모두 구비하지 않아서 무효이지만 나중에 요건이 추가되면 행위시로 소급하여 유효하게 되는 경우를 말한다. 예컨대 무권대리인이 한 법률행위는 본인에 대하여는 효력이 발생하지 않는 무효이지만 본인이 이를 추인할 수 있고 추인하면 소급적으로 유효하게 되는 불확정적 무효인 법률행위이다.

불확정무효를 유동적 무효(流動的無效)라고 하기도 한다. 판례(대판 91.12.24. 90다8176)는 '국토의 계획 및 이용에 관한 법률'상의 허가구역 안에 있는 토지거래계약을 체결하고자 하는 당사자는 공동으로 시장·군수 또는 구청장의 허가를 받아야 하며(국토의 계획 및 이용에 관한 법률 제118조), 허가를 얻지 않은 토지거래계약은 유동적 무효라고 한다.

판 례

대판 91.12.24. 90다8176 전원합의체

「국토이용관리법(이 법은 2002.2.4. 법률 제6655호에 의하여 폐지되고 '국토의 계획 및 이용에 관한 법률'로 대체되었다.)상의 규제구역 내의 '토지 등의 거래계약' 허가에 관한 관계 규정의 내용과 그 입법취지에 비추어 볼 때 토지의 소유권 등 권리를 이전

> 또는 설정하는 내용의 거래계약은 관할 관청의 허가를 받아야만 그 효력이 발생하고 허가를 받기 전에는 물권적 효력은 물론 채권적 효력도 발생하지 아니하여 무효라고 보아야 할 것인바, 다만 허가를 받기 전의 거래계약이 처음부터 허가를 배제하거나 잠탈하는 내용의 계약일 경우에는 확정적으로 무효로서 유효화될 여지가 없으나 이와 달리 허가받을 것을 전제로 한 거래계약(허가를 배제하거나 잠탈하는 내용의 계약이 아닌 계약은 여기에 해당하는 것으로 본다)일 경우에는 허가를 받을 때까지는 법률상 미완성의 법률행위로서 소유권 등 권리의 이전 또는 설정에 관한 거래의 효력이 전혀 발생하지 않음은 위의 확정적 무효의 경우와 다를 바 없지만, 일단 허가를 받으면 그 계약은 소급하여 유효한 계약이 되고 이와 달리 불허가가 된 때에는 무효로 확정되므로 허가를 받기까지는 유동적 무효의 상태에 있다.」

5. 무효행위의 전환

(1) 의 의

무효행위의 전환(轉換)이라 함은 어떤 법률행위(예컨대 A라는 법률행위)가 요건을 구비하지 않아서 무효인 경우에 다른 법률행위(예컨대 B라는 법률행위)로서는 요건을 구비하고 있는 경우에는 다른 법률행위(B라는 법률행위)로서 그 효력을 인정하는 것을 말한다.

민법은 「무효인 법률행위가 다른 법률행위의 요건을 구비하고 당사자가 그 무효를 알았더라면 다른 법률행위를 하는 것을 의욕하였으리라고 인정될 때에는 다른 법률행위로서 효력을 가진다.」고 규정하고 있다(제138조).

이 때에 다른 법률행위에 대한 당사자의 의사는 현실의 의사가 아니라 법률행위의 보충적 해석에 의하여 인정되는 가정적 의사이다.

(2) 은닉행위와의 구별

은닉행위(隱匿行爲)라 함은 진실로 다른 행위를 할 의사가 감추어져 있는 경우를 말한다. 예컨대 증여의 의사를 감추고 매매를 가장하는 법률행위가 행하여진 경우에 증여는 은닉행위이다. 이러한 은닉행위는 당연히 무효가 되지 않으며 숨겨진 행위(설례에서 증여의 법률행위)의 효력요건을 구비하고 있으면 그에 따라서 효력을 인정할 것이다.

은닉행위에 의하여 등기원인이 실제와 다른 경우에 등기의 효력을 인정할 것인가는 문제이다. 예컨대 당사자 간에 부동산에 관한 증여계약을 체결하였으나 세금 등의 문제 때문에 등기원인을 매매로 기재한 경우에 그 등기는 유효한 것인가?

이에 대하여 학설은 대체로 허위의 등기원인에 의한 경우에도 물권행위와 등기는 부합하기 때문에 유효하다고 해석한다. 판례(대판 80.7.22. 80다791)도 부동산 등기는 현실의 권리 관계에 부합하는 한 증여에 의하여 부동산을 취득하였지만 등기원인을 매매로 기재하였다고 하더라도 그 등기의 효력에는 아무런 하자가 없다고 한다.

은닉행위는 허위표시의 일종이지만 진실로 허위표시와는 다른 행위를 할 의사(예컨대 설례에서 증여의사)가 있다는 점에서 통정허위표시(제109조)와 다르다.

무효행위의 전환이 은닉행위와 다른 점은 무효행위로부터 유효한 행위로 전환되는 법률행위는 가정적인 것이며 현실적으로 표시되어 존재하지 않는다는 것이다.

(3) 유효한 행위로 전환되는 경우

(가) 무효인 법률행위가 요식행위인 경우, 전환되는 행위가 불요식행위인 경우에는 법률행위의 전환이 허용된다.

(나) 무효인 법률행위가 불요식행위인 경우, 전환되는 행위가 요식행위인 경우에 법률행위의 전환은 허용되지 않는다.

(다) 무효인 법률행위가 요식행위인 경우, 전환되는 행위도 요식행위인 경우에 법률행위의 전환이 허용되는가는 문제이다.

일반적으로는 일정한 형식 그 자체를 필요로 하는 경우에는 전환하는 것은 허용되지 않지만, 확정적인 의사를 서면으로 나타내는 것이 요구되는 경우에는 전환이 허용된다고 할 것이다. 민법도 이와 같은 취지에서 「비밀증서에 의한 유언이 그 방식에 흠결이 있는 경우에 그 증서가 자필증서의 방식에 적합한 때에는 자필증서에 의한 유언으로 본다.」고 하고 있다(제1071조).

▌판 례▌

대판 71.11.15. 71다1983

「혼인신고가 위법하여 무효인 경우에도 무효인 혼인 중 출생한 자를 그 호적에 출생신고하여 등재한 이상 그 자에 대한 인지(認知)의 효력이 있다.」

대판 77.7.26. 77다492 전원합의체

「당사자 사이에 양친자 관계를 창설하려는 명백한 의사가 있고 기타 입양의 성립요건이 모두 구비된 경우에는 요식성을 갖춘 입양신고 대신 친생자 출생신고가 있다 하더라도 입양의 효력이 있다.」

6. 무효행위의 추인

추인(追認)이라 함은 무효인 법률행위를 유효하게 하려는 의사표시를 내용으로 하는 법률행위를 말한다.

(1) 소급적 추인

무효인 법률행위는 추인하여도 그 효력이 생기지 아니한다(제139조 본문). 즉 법률행위가 무효인 경우에는 그 효과가 발생하지 않는 것으로 확정되어 있는 것이기 때문에 나중에 무효인 법률행위를 추인하더라도 유효하게 되지 않는 것이 원칙이다.

민법 제139조(무효행위의 추인)는 법률행위의 효과가 확정적 무효인 경우를 전제로 한다. 그러므로 무권대리인이 한 법률행위와 같이 불확정 무효인 법률행위는 본인이 추인함으로써 소급하여 법률효과를 발생시킬 수 있다(제133조 참조).

이에 대하여 학설이나 판례(대판 81.1.13. 79다2151)는 당사자 사이에서는 소급적으로 추인할 수 있을 뿐만 아니라 제3자의 이익을 해치지 않는 범위 내에서는 제3자에 대한 관계에서도 소급적으로 추인할 수 있다고 한다.

또한, 입양 등의 신분행위(身分行爲)에 관하여 민법 제139조의 규정을 적용하지 아니한다. 신분행위에 관하여 추인에 의하여 소급적 효력을 인정하는 것은 무효인 신분행위 후 그 내용에 맞는 신분관계가 실질적으로 형성되어 쌍방 당사자가 이의 없이 그 신분관계를 계속하여 왔다면, 그 신고가 부적법하다는 이유로 이미 형성되어 있는 신분관계의 효력을 부인하는 것은 당사자의 의사에 반하고 그 이익을 해칠 뿐만 아니라, 그 실질적 신분관계의 외형과 호적의 기재를 믿은 제3자의 이익도 침해할 우려가 있기 때문에 추인에 의하여 소급적으로 신분행위의 효력을 인정함으로써 신분관계의 형성이라는 신분관계의 본질적 요소를 보호하는 것이 타당하다는 데에 그 근거가 있다고 할 것이다(대판 2000.6.9. 99므1633, 1640).

(2) 불소급적 추인

무효인 법률행위는 추인하여도 그 효력이 발생하지 않는 것이 원칙이지만, 당사자는 법률행위가 무효인 것을 알고 추인할 수 있는데, 이 때에는 새로운 법률행위를 한 것으로 간주된다(제139조 단서).

이 경우에 무효인 법률행위를 추인하기 위해서는 무효사유를 제거하고 유효요건을 구비하여 추인하여야 새로운 법률행위로서 효력이 발생한다. 이는 당사자로 하여금 똑같은 법률행위를 되풀이하게 하지 않고 편의상 새로운 법률행위를 한 것으로 간주하는 것이다.

즉 무효인 법률행위는 당사자가 무효임을 알고 추인할 경우에 새로운 법률행위를 한 것으로 간주할 뿐이고 소급효가 없는 것이므로 무효인 가등기를 유효한 등기로 전용키로 한 약정은 그때부터 유효하고 이로써 위 가등기가 소급하여 유효한 등기로 전환될 수 없는 것이다(대판 92.5.12. 91다26546).

타인의 권리를 자기의 이름으로 처분하거나 또는 자기의 권리로 처분한 경우에 본인이 후일 그 처분행위를 인정하면 특단의 사유가 없는 한 그 처분행위의 효력이 본인에게 미치며(대판 92.9.8. 92다15550) 또한, 무효인 결의를 사후에 적법하게 추인하는 경우에도 마찬가지라고 할 것이다. 즉, 무효인 종전의 결의를 적법하게 소집된 총회에서 추인하였다면 이는 종전의 결의와 같은 내용의 새로운 결의를 한 것이라고 볼 것이다(대판 95.4.11. 94다53419).

(3) 추인할 수 없는 법률행위

원시적 불능을 목적으로 한 법률행위, 강행법규에 위반한 법률행위나 반사회질서의 법률행위, 또는 불공정한 법률행위 등은 성질상 추인에 의하여 유효한 법률행위로 되지 않는다.

Ⅲ. 법률행위의 취소

1. 의　　의

취소(取消)라 함은 일단 유효한 법률행위의 효력을 행위시에 소급하여 소멸시키는 특정인의 일방적 의사표시를 말한다.

취소할 수 있는 법률행위는 취소권자의 취소권의 행사로 인하여 그 법률효과가 소급적으로 소멸하지만 취소의 의사표시가 있을 때까지는 유효한 법률행위로 취급된다. 이러한 취소할 수 있는 법률행위를 추인하거나 또는 취소권이 소멸한 때에는 유효한 법률행위로 확정된다.

취소와 무효, 철회, 해제

취소와 무효

① 무효(無效)는 특정인의 주장이 없어도 당연히 무효인데, 취소(取消)는 취소권자의 취소의 의사표시가 있어야 비로소 무효로 된다.

② 무효는 처음부터 효력이 발생하지 않는 데 대하여, 취소는 일단 효력이 발생한 것을 나중에 무효로 한다.

③ 무효인 법률행위는 그대로 방치해 두어도 유효하게 되지 않는 데 대하여, 취소할 수 있는 법률행위는 취소권자가 일정한 기간 내에 취소권을 행사하지 않으면 취소권이 소멸되는 결과 법률행위는 더 이상 취소할 수 없게 되어 완전히 유효한 것으로 취급된다.

취소와 철회

취소(取消)나 철회(撤回)는 당사자의 일방적 의사표시에 의하여 법률효과가 소멸되는 점에서 같다.

그러나 철회는 법률효과가 확정적으로 발생하기 전에 법률행위 내지 의사표시의 효과가 장래에 발생하거나 존속하는 것을 저지하는 일방적 행위이다. 그러므로 당사자 사이에 이미 법률효과가 발생한 후에는 철회가 허용되지 않는다(예컨대 제382조 제2항, 제527조 참조).

다만 미성년자에 대한 동의나 허락의 철회(제7조), 제한능력자의 상대방의 철회권(제16조), 무권대리행위에 대한 상대방의 철회권(제134조)과 유언의 철회(제1108조)에 대하여 취소는 일단 효력이 발생하고 있는 법률행위의 효력을 소급적으로 소멸하게 하는 점에서 다르다.

취소와 해제

취소(取消)나 해제(解除)는 유효한 법률행위를 당사자의 일방적 의사표시에의 하여 법률효과가 소급적으로 소멸되는 점에서 같다.

그러나 취소원인은 법률에 의하여 정해져 있는 데 대하여(법률에 의한 취소원인으로는 제한능력, 착오, 사기나 강박에 의한 의사표시를 한 경우이다, 해제원인은 법률로 정해진 경우도 있지만 당사자가 약정할 수 있다. 또한, 취소는 계약에 한하지 않고 모든 법률행위에 적용되지만 해제는 계약이라는 법률행위에 한하여 적용된다.

매도인이 매수인의 중도금 지급채무 불이행을 이유로 매매계약을 적법하게 해제한 후라도 매수인으로서는 상대방이 한 계약해제의 효과로서 발생하는 손해배상책임을 지거나 매매계약에 따른 계약금의 반환을 받을 수 없는 불이익을 면하기 위하여 착오(錯誤)를 이유로 한 취소권을 행사하여 매매계약 전체를 무효로 돌리게 할 수 있다(대판 96.12.6. 95다24982, 24999).

2. 적용범위

민법총칙편 제140조 이하에서 취소에 관한 일반적 규정을 두고 있는데 이 규정들은 원칙적 또는 일반적 취소, 즉 당사자의 제한능력, 착오, 사기 · 강박에 의한 의사표시를 이유로 법률행위를 취소하는 경우에 한하여 적용된다.

따라서 법인설립허가의 취소(제38조)와 같은 공법상의 취소에는 민법 제140조 이하의 규정은 적용되지 않는다.

또한 영업허가의 취소(제8조 제2항)나 사해행위의 취소(제406조), 또는 부부 간의 계약의 취소(제828조)의 경우에는 착오나 하자가 없는 완전히 유효한 법률행위를 취소하는 점에서 민법 제140조 이하의 규정은 적용되지 않는다.

그리고 혼인의 취소(제816조)나 이혼의 취소(제838조), 또는 입양의 취소(제884조) 등과 같은 신분법상의 행위에 대한 취소에도 민법 제140조 이하의 규정은 적용이 없다.

3. 취 소 권

(1) 의　　의

취소권(取消權)이라 함은 일단 유효한 법률행위를 취소할 수 있는 특정인에게 주어진 법률상의 지위를 말한다.

(2) 성　　질

취소권은 취소권자의 일방적 의사표시에 의하여 당사자 사이의 법률효과를 변동케 하는 형성권(形成權)의 일종이다.

(3) 취소권자

취소할 수 있는 법률행위는 제한능력자, 착오로 인하거나 사기 · 강박에 의하여 의사표시를 한 자, 그의 대리인 또는 승계인에 한하여 취소할 수 있다(제140조).

(가) 제한능력자　제한능력자는 자기가 행한 법률행위를 단독으로 취소할 수 있다. 제한능력자가 취소권를 행사한 경우에는 법률행위가 소급적으로 무효가 되기 때문에 다시는 제한능력을 이유로 취소의 의사표시를 취소하지 못한다.

(나) 착오로 인하거나 사기 · 강박에 의하여 의사표시를 한 자　착오로 인하여 의사표시를 한 자와 사기 또는 강박에 의한 의사표시를 한 자는 그 의사표시를 취소할 수 있다.

(다) 대리인　제한능력자나 착오로 인하거나 사기 · 강박에 의하여 의사표시를 한 자의 임의대리인과 법정대리인은 취소권을 갖는다. 주의할 점은 대리인의 대리행위에 대하여 취소원인의 유무는 행위자인 대리인을 표준으로 하지만 그 취소권을 포함한 모든 법률효과는 본인에게 귀속한다. 그러므로 본인만이 취소권자가 된다. 다만, 임의대리인도 본인으로부터 취소권에 대한 수권(授權)이 있으면 취소권을 행사할 수 있다.

(라) 승계인　제한능력자나 착오로 인하거나 사기 · 강박에 의하여 의사표시를 한 자로부터 취소권을 승계한 포괄승계인이나 특정승계인은 취소권를 갖는다. 포괄승계인은 예컨대 상속인 또는 회사의 합병에 있어서 합병된 회사가 있다. 그러나 취소권만 승계하는 인정되지 않는다고 할 것이다(통설).

(4) 취소의 상대방

취소권의 행사는 상대방이 확정되어 있는 경우에는 그 상대방에 대한 의사표시로 하여야 한다(제142조).

상대방이 확정되어 있지 않은 때에는 취소는 특정인에 대하여 할 필요가 없고 취소의 효과를 적당한 방법으로 외부에 객관화하면 된다.

취소권의 행사와 상대방

A는 B의 강박에 의하여 자기의 소유지상에 C와의 사이에 지상권설정계약을 체결하였다. 후에 A는 그 토지를 D에게 양도하고 C는 E에게 그 지상권을 양도하였다. 이러한 경우의 취소권자와 상대방은 누구인가?

취소권자는 계약당사자인 A와 승계인인 D이며 그 취소의 상대방은 C이다. 다만, 이 경우에는 제3자의 강박행위에 의하여 의사표시를 한 것이므로 A의 의사표시가 강박에 의한 것임을 상대방 C가 알았거나 알 수 있었을 경우에 한하여 취소할 수 있게 된다(제110조 제2항).

(5) 취소권의 행사방법

취소권의 행사는 상대방에 대한 의사표시로 하면 되고, 채권자취소권과 같이 특별히 재판상 행사하여야 하는 경우 이외에는 특정한 방식이 요구되는 것이 아니다.

취소권의 존속기간을 제척기간으로 이해하여, 취소권은 그 기간 내에 재판상 행사되어야 하는 출소기간(出訴期間) 또는 제소기간(提訴期間)으로 보는 견해가 있다.

이에 대하여 판례(대판 93.7.27. 92다52795)는 취소권의 행사는 제척기간 내에 소를 제기하는 방법으로 권리를 재판상 행사하여야만 되는 것은 아니고, 재판 외에서 의사표시를 하는 방법으로도 권리를 행사할 수 있다고 한다.

하나의 법률행위의 일부분에만 취소사유가 있는 경우, 취소권의 행사는 법률행위의 전부에 대하여 하는 것이 원칙이다. 그러나 그 법률행위가 가분적이거나 그 목적물의 일부가 특정될 수 있다면, 그 나머지 부분이라도 이를 유지하려는 당사자의 가정적 의사가 인정되는 경우 그 일부만의 취소도 가능하다고 할 것이고, 그 일부의 취소는 법률행위의 일부에 관하여 효력이 생긴다(대판 2002.9.10. 2002다21509).

(6) 취소의 효과

취소한 법률행위는 처음부터 무효인 것으로 본다(제141조). 즉, 일단 발생한 효과는 소급하여 처음부터 무효였던 것으로 취급된다. 이를 취소의 소급효(遡及效)라고 한다.

취소의 효과는 당사자의 제한능력을 이유로 하는 취소에 있어서는 절대적이다. 그러므로 선의의 제3자에 대하여도 취소의 효과로서 법률행위의 무효를 주장할 수 있다.

이에 대하여 그 이외의 이유로 인한 취소의 효과는 상대적이다. 즉, 착오에 의한 의사표시나 사기 · 강박에 의한 것임을 이유로 의사표시를 한 자를 취소한 때에도 이로써 선의의 제3자에게 대항하지 못한다(제107조 제2항, 제108조 제2항, 제109조 제2항, 제110조 제3항).

취소의 효과는 소급적 무효이므로 아직 이행하지 않은 부분에 대하여는 앞으로도 이행할 필요가 없지만, 이미 이행한 부분에 대하여는 부당이득으로 반환하여야 한다.

반환의 범위와 관련하여 제한능력자는 그 행위로 인하여 받은 이익이 현존하는 한도에서 상환할 책임이 있다(제141조 단서).

이익이 현존하는지에 대한 입증책임(立證責任)은 누구에게 있는가?

다수설과 판례(대판 2005.4.15. 2003다60297, 60303)는 제한능력자가 이익이 현존하지 않는 것을 입증하여야 한다. 즉, 제한능력자가 취득한 이득은 현존하는 것으로 추정되는 것으로 이해한다. 이에 대하여 민법 제141조 단서는 제한능력자의 보호를 목적으로 하는 것이라는 점을 강조하여 입증책임이 반환청구권자에게 있다고 주장하는 견해도 있다.

취소의 의사표시에 착오나 사기 · 강박의 취소사유가 있으면 다시 취소할 수 있다고 할 것이다. 다만 제140조에서 제한능력자와 별도로 대리인을 취소권자로 정하고 있는 점에 비추어 취소의 의사표시는 제한능력을 이유로 다시 취소할 수 없다고 할 것이다(통설).

4. 취소할 수 있는 법률행위의 추인

(1) 의 의

추인(追認)이라 함은 취소할 수 있는 법률행위에 대하여 취소하지 않겠다는 의사표시이다. 즉, 취소권의 포기이다.

'취소할 수 있는 행위의 추인'이란 미성년자가 단독으로 한 법률행위와 같이 유효하지만 취소할 수 있는 법률행위를 대상으로 하여 그 취소권을 포기하는 것인데, '무권대리행위의 추인'은 본인에게 효력이 없는 즉, 무효인 대리행위의 효력을 본인에게 소급적으로 귀속하게 하는 점에서 차이가 있다.

(2) 요 건

① 추인은 추인권자가 하여야 한다. 추인권자는 취소권자와 같다(제143조).

② 추인은 취소의 원인이 종료한 후에 하여야 한다(제144조 제1항). 그러므로 제한능력자가 자기 스스로 추인을 하고자 하는 경우에는 능력자가 된 후에 하여야 하며, 착오나 사기 또는 강박을 이유로 의사표시를 취소하는 경우에는 착오나 사기 또는 강박의 상태를 벗어난 후에 하여야만 추인의 효력이 생긴다. 그러나 법정대리인이 추인하는 경우에는 취소의 원인이 종료하기 전에 하여도 추인의 효력이 발생한다(제144조 제2항).

③ 행위가 취소할 수 있는 것임을 알고서 추인하여야 한다. 추인은 취소권의 포기이기 때문에 법률행위가 취소할 수 있는 것이라는 것을 알고 추인을 하여야 한다.

법률행위를 취소한 후에는 다시 추인할 수 없는 것이 원칙이다. 다만 무효인 법률행위에 대한 추인의 요건과 효력으로서 추인할 수 있는 경우가 있다. 즉, 취소할 수 있는 법률행위를 취소하면 법률행위는 처음부터 무효인 것으로 간주되므로, 일단 취소된 이상 그 후에는 취소할 수 있는 법률행위를 추인에 의하여 당초의 의사표시를 다시 확정적으로 유효하게 할 수는 없다.

다만, 무효인 법률행위에 대한 추인의 요건과 효력으로서 추인할 수는 있으나 무효행위의 추인은 그 무효원인이 소멸한 후에 하여야 그 효력이 있다. 따라서 강박에 의한 의사표시임을 이유로 일단 유효하게 취소되어 당초의 의사표시가 무효로 된 후에 추인한 경우 그 추인이 효력을 가지기 위해서는 그 무효원인이 소멸한 후일 것을 요한다(대판 97.12.12. 95다38240).

(3) 추인권자

추인권은 법률행위의 취소권을 포기하는 것이므로 취소할 수 있는 법률행위에 대한 추인권자는 취소권자와 같다(제143조).

그러나 취소할 수 있는 법률행위에 대한 추인은 취소원인이 종료한 후에 하여야 하므로 취소권자가 모두 추인권자는 아니다. 예컨대 제한능력자는 자기가 한 법률행위에 대하여 제한능력을 이유로 취소할 수 있지만 능력자가 되기 전에는 추인할 수 없다.

(4) 추인방법

추인의 방법은 취소의 방법과 같다. 그러므로 법률행위의 상대방이 확정된 경우에는 추인은 그 상대방에 대한 의사표시로 하여야 한다(제143조 제2항).

(5) 추인의 효과

취소할 수 있는 법률행위를 추인하면 확정적으로 유효하게 되어 다시는 취소할 수 없다(제143조 제1항).

5. 법정추인

(1) 의　　의

법정추인(法定追認)이라 함은 취소할 수 있는 법률행위에 관하여 법률에서 정한 일정한 사실이 있는 때에는 취소권자의 추인의 의사를 묻지 않고 법률상 당연히 추인이 있는 것으로 취급하는 것을 말한다.

(2) 법정추인사유

법정추인이 성립하기 위하여서는 취소할 수 있는 법률행위에 관하여 취소의 원인이 종료한 후에 법률에서 정하는 일정한 사실이 있어야 한다.

다만 취소권자가 이러한 행위를 함에 있어서 이의(異議)를 보류하지 않았어야 한다(제145조 단서).

법정추인사유는 다음과 같다.

(가) 전부나 일부의 이행　취소할 수 있는 행위에 의하여 발생한 채권에 관하여 취소권자가 상대방에게 전부나 일부를 이행한 경우뿐만 아니라 상대방으로부터의 이행을 수령한 경우를 포함한다.

(나) 이행의 청구 취소권자(取消權者)가 상대방에 대하여 이행을 청구하는 경우에 한하여 추인의 효과가 생기며, 상대방이 취소권자에 대하여 이행을 청구한 때에는 법정추인의 효력이 발생하지 않는다.

(다) 경 개 취소할 수 있는 법률행위에 의하여 발생한 채권 · 채무를 소멸시키고 이에 갈음하여 다른 채권 · 채무를 발생케 하는 계약을 경개(更改)라 한다. 취소권자가 채권자이든 채무자이든 상관없이 법정추인의 효력이 발생한다.

(라) 담보의 제공 취소권자가 채무자로서 담보를 제공하는 경우뿐만 아니라 채권자로서 담보의 제공을 받는 경우도 포함한다.

(마) 취소할 수 있는 행위로 취득한 권리의 전부나 일부의 양도 취소권자(取消權者)가 취소할 수 있는 행위로 취득한 권리의 전부나 일부를 양도하는 경우에 한하여 법정추인의 효력이 발생하며, 상대방이 취소할 수 있는 법률행위로 취득한 권리의 전부나 일부를 양도한 때에는 법정추인의 효과가 발생하지 않는다.

(바) 강제집행 취소권자가 채권자로서 강제집행을 한 경우뿐만 아니라 취소권자가 채무자로서 강제집행을 받은 경우에도 포함한다.

(3) 효　과

법정사유가 존재하면 취소권자의 추인의 의사표시 없이 또한 취소권의 존재를 알든 모르든 상관없이 추인의 효과가 발생한다. 즉, 취소할 수 있는 법률행위를 추인한 것으로 간주한다.

판례(대판 96.2.23. 94다58438)는 취소권자가 상대방에게 취소할 수 있는 법률행위로부터 생긴 채무의 전부 또는 일부를 이행한 것은 민법 제145조 제1호 소정의 법정추인 사유에 해당하여 추인의 효력이 발생하고 그 이후에는 취소할 수 없게 되는 것이나 여기서 말하는 '취소할 수 있는 법률행위로부터 생긴 채무'란 취소권자가 취소권을 행사한 채무 그 자체를 말하는 것이라고 보아야 하고, 또한 일시에 여러 장의 당좌수표를 발행하는 경우 매수표의 발행행위는 각각 독립된 별개의 법률행위이고 그 수표금 채무도 수표마다 별개의 채무가 되는 것이므로, 취소할 수 있는 법률행위로부터 생긴 채무의 이행을 위하여 발행 · 교부한 당좌수표 중 일부가 거래은행에서 지급되게 하였다고 하여 나머지 당좌수표의 수표금 채무의 일부를 이행한 것이라고 할 수 없다는 이유로, 나머지 당좌수표의 발행행위를 추인하였다거나 법정추인 사유에 해당한다 할 수 없다는 입장이다.

6. 취소권의 단기소멸

(1) 단기소멸제도의 취지

민법은 취소할 수 있는 법률행위에 관하여 가능하면 불확정한 법률관계를 신속하게 확정하고 또한 상대방으로 하여금 불안정한 지위에서 벗어날 수 있도록 하기 위하여 취소권의 단기소멸기간을 정하고 있다.

따라서 취소권은 일정한 기간 내에 행사하여야 하며, 그 기간 내에 취소권을 행사하지 않은 때에는 취소권은 소멸하고 취소할 수 있는 법률행위는 확정적으로 유효하게 되어 더 이상 취소할 수 없게 된다.

(2) 취소권의 소멸기간

취소권은「추인할 수 있는 날로부터 3년 내」또는「법률행위를 한 날로부터 10년 내」에 행사하여야 한다(제146조). 3년 또는 10년 가운데 어느 것이든 먼저 만료하면 취소권은 소멸한다.

'추인할 수 있는 날'이라 함은 취소의 원인이 종료되어 취소권행사에 관한 장애가 없어져서 취소권자가 취소의 대상인 법률행위를 추인할 수도 있고 취소할 수도 있는 상태가 된 때를 말한다. 예컨대 제한능력자가 능력자로 되거나 강박에 의하여 의사표시를 한 자가 강박상태를 벗어난 때를 말한다.

(3) 기간의 법적 성질

취소권의 단기소멸기간의 법적 성질은 제척기간(除斥期間)으로 이해한다(통설). 그러므로 제척기간의 만료로 취소권이 소멸되었는지에 대하여는 당사자의 주장 없이도 법원이 직권으로 조사하여야 한다.

판례(대판 96.9.20. 96다25371)도 민법 제146조에서 취소권은 추인할 수 있는 날로부터 3년 내에 행사하여야 한다고 규정하고 있는바, 이 때의 3년이라는 기간은 일반 소멸시효기간이 아니라 제척기간으로서 그 기간이 경과하였는지 여부는 당사자의 주장에 관계없이 법원이 당연히 조사하여 고려하여야 할 사항이라고 한다.

(4) 취소로 발생한 청구권의 존속기간

법률행위를 취소하면 법률행위가 소급적으로 소멸되는 결과 아직 이행하지 않은 부분은 앞으로도 이행할 필요가 없지만 이미 이행한 부분에 대하여는 부당이득반환청구권이 발생하는데, 이 부당이득반환청구권은 취소권의 존속기간 내에 행사하여야 하는지 아니면 취소권을 행사하여 부당이득반환청구권이라는 채권적 청구권이 발생한 때로부터 다시 10년의 소멸시효기간의 만료로 소멸하는지에 대하여 학설은 대립한다.

통설은 권리관계의 신속한 확정을 위하여 취소권의 단기소멸기간을 정한 취지에 따라 부당이득반환청구권도 취소권의 존속기간 내에 행사하여야 하는 것으로 이해한다.

이에 대하여 판례(대판 91.2.22. 90다13420)는 취소권의 행사로 인하여 부당이득반환청구권이 발생한 때로부터 다시 10년의 소멸시효기간이 진행하는 것으로 이해한다.

판 례

대판 91.2.22. 90다13420

「(형성권인) 환매권의 행사로 발생한 소유권이전등기청구권(채권적 청구권)은 위 기간 제한과는 별도로 환매권을 행사한 때로부터 일반채권과 같이 민법 제162조 소정의 10년의 소멸시효 기간이 진행되는 것이지, 위 제척기간 내에 이를 행사하여야 하는 것은 아니다.」

제5절 조건과 기한

I. 서　　설

법률행위의 효력의 발생이나 소멸에 관하여 이를 제한하기 위하여 법률행위의 당사자가 임의로 부가하는 약관을 법률행위의 부관(附款)이라고 한다.

법률행위의 부관에는 조건과 기한 그리고 부담이 있는데, 민법에서는 조건(條件)과 기한(期限)에 대하여서만 규정을 두고 있다.

II. 조　　건

1. 의　　의

조건(條件)이라 함은 법률행위의 효력의 발생이나 소멸을 실현여부가 불확실한 장래의 어떤 사실에 의존하게 하는 법률행위의 부관을 말한다.

즉, 조건은 ① 법률행위의 효력의 발생이나 소멸에 관한 것이라야 한다. 그러므로 법률행위의 성립을 일정한 사실에 의존하게 하더라도 이는 법률행위의 효력에 관한 것이 아니므로 조건이 아니다. ② 장래의 일정한 사실이어야 하므로 과거의 어떤 사실은 조건이 될 수 없다. ③ 그 사실의 성립여부가 불확실하여야 한다. 조건은 장래에 그 실현여부가 불확실한 사실인 점에서 장래에 실현될 것이 확실한 기한과 다르다. 또한, ④ 조건은 당사자가 임의로 부가한 것이어야 하며 법률에서 정하고 있는 것이 아니라야 한다.

2. 종 류

(1) 정지조건과 해제조건

(가) 정지조건 정지조건(停止條件)이라 함은 법률행위의 효력의 발생을 장래의 실현여부가 불확실한 어떤 사실에 의존하게 하는 것을 말한다. 예컨대 「시험에 합격하면(합격할지 불합격할지 불확실한 장래의 어떤 사실) 자동차를 사 주겠다(법률효과의 발생).」고 하는 경우이다.

어떤 법률행위가 정지조건부 법률행위에 해당한다는 사실은 그 법률행위로 인한 법률효과의 발생을 저지하는 사유로서 그 법률효과의 발생을 다투려는 자에게 주장·입증책임이 있다(대판 93.9.28. 93다20832).

(나) 해제조건 해제조건(解除條件)이라 함은 법률행위의 효력의 소멸을 장래의 실현여부가 불확실한 어떤 사실에 의존하게 하는 것을 말한다. 예컨대 지금 자동차를 사주면서(법률효과가 이미 발생하고 있지만) 「불합격(불합격할지 합격할지 불확실한 장래의 어떤 사실)하면 자동차를 돌려 달라(법률효과의 소멸).」고 하는 경우이다.

(2) 적극조건과 소극조건

적극조건(積極條件)이라 함은 조건인 사실이 현상의 변경을 내용으로 하는 경우이고, 소극조건(消極條件)이라 함은 조건인 사실이 현상의 불변경을 내용으로 하는 경우이다.

(3) 수의조건과 비수의조건

(가) 수의조건 수의조건(隨意條件)이라 함은 조건의 성립여부가 당사자 일방의 의사에 의존하는 경우를 말한다. 수의조건에는 순수수의조건과 단순수의조건이 있다.

순수수의조건(純粹隨意條件)은 조건의 성립여부가 당사자 일방의 의사에만 의존하는 경우로서, 예컨대 「내 마음이 내킨다면 자동차를 주겠다.」고 하는 경우이다. 이와 같은 순수수의조건부 법률행위는 항상 무효이다.

단순수의조건(單純隨意條件)은 조건의 성립여부가 당사자 일방의 의사에 의한 어떤 행위에 의존하게 하는 경우를 말한다. 예컨대 「내가 외국에 여행하게 되면 선물을 사 주겠다.」고 하는 경우이다.

단순수의조건이 당사자 일방의 의사에 의하여 조건이 성취된다는 점에서는 순수수의조건과 같지만 단순수의조건은 당사자 일방의 의사(외국여행을 할 것인지 말 것인지는 당사자 일방에 의하여 결정된다) 이외에도 그에 기한 외국여행이라는 사실이 추가되는 점에서 순수수의조건과 다르다.

(나) 비수의조건 비수의조건(非隨意條件)이라 함은 조건의 성립여부가 당사자 일방의 의사에만 의존하지 않는 경우를 말한다. 비수의조건에는 우성조건과 혼성조건이 있다.

우성조건(偶成條件)이라 함은 조건의 성립여부가 당사자의 의사와 관계없이 자연의 사실이나 제3자의 의사에 의하여 결정되는 경우를 말한다. 예컨대 「내일 비가 오면 우산을 주겠다.」고 하는 경우이다.

혼성조건(混成條件)은 조건의 성립여부가 당사자 일방의 의사 이외에도 제3자의 의사에 의하여 결정되는 경우를 말한다. 예컨대 「네가 A와 결혼한다면 아파트를 사 주겠다.」고 하는 경우이다.

(4) 가장조건

가장조건(假裝條件)이라 함은 형식적으로는 조건에 해당하지만 실질적으로는 조건으로 인정되지 않는 것을 말한다. 가장조건에는 법정조건, 불법조건, 기성조건 그리고 불능조건이 있다.

(가) 법정조건 조건은 당사자가 임의로 부가한 것이어야 하는데 법정조건(法定條件)은 조건을 당사자가 임의로 부가한 것이 아니라 법률의 규정에 의하여 부가된 경우로서 조건이 이미 법률규정의 내용을 구성하는 경우이다.

(나) 불법조건 불법조건(不法條件)은 선량한 풍속 기타 사회질서에 위반하는 경우이다. 민법 제151조 제1항은 「조건이 선량한 풍속 기타 사회질서에 위반한 것인 때에는 그 법률행위는 무효로 한다.」고 하였다.

조건부 법률행위에 있어 조건의 내용 자체가 불법적인 것이어서 무효일 경우 그 법률행위 전부가 무효로 된다(대결 2005.11.8. 2005마541).

(다) 기성조건 기성조건(既成條件)은 법률행위 당시에 이미 성취된 어떤 사실을 조건으로 하는 경우이다. 기성조건이 정지조건이면 조건 없는 법률행위가 되고 해제조건이면 그 법률행위는 무효가 된다(제151조 제2항).

(라) 불능조건 불능조건(不能條件)은 법률행위 당시에 이미 실현 불가능한 어떤 사실을 조건으로 하는 경우이다. 불능조건이 해제조건이면 조건 없는 법률행위로 되고, 정지조건이면 그 법률행위는 무효로 된다(제151조 제3항).

3. 조건에 친하지 않은 법률행위

다음의 법률행위에는 조건을 붙일 수 없다. 조건을 붙이는 것이 허용되지 않는 법률행위에 조건을 붙인 경우, 그 조건만을 분리하여 무효로 할 수 없고, 그 법률행위의 전부가 무효로 된다(대결 2005.11.8. 2005마541).

(1) 신분상 법률행위

혼인이나 이혼과 같은 신분행위에는 신분질서의 안정이라는 공익적 요청에 의하여 조건을 붙일 수 없다.

(2) 어음행위 · 수표행위

어음행위나 수표행위와 같이 효과가 확정적일 것을 필요로 하는 법률행위에는 조건을 붙일 수 없다. 다만, 기한(始期)을 붙일 수는 있다.

(3) 단독행위

일방적 의사표시에 의하여 법률효과가 발생하는 단독행위(예컨대 취소, 해제, 상계)에도 조건을 붙일 수 없다. 다만, 채무면제나 유언, 유증과 같이 상대방에게 유리하기만 한 단독행위에는 조건을 붙일 수 있다.

(4) 소송행위

소송행위도 조건에 친하지 않은 행위이다.

4. 신의칙에 반하는 조건의 성취 · 불성취

조건의 성취로 인하여 이익을 받을 당사자가 신의성실에 반하여 조건을 성취시킨 때에는 상대방은 그 조건이 성취하지 아니한 것으로 주장할 수 있다(제150조 제2항). 예컨대 甲이 A보험회사와 상해보험계약을 체결한 후 신체의 일부를 절단하는 자작극을 벌인 경우에는 A보험회사는 조건의 불성취를 주장하여 보험금의 지급을 거절할 수 있을 것이다.

또한, 조건의 성취로 인하여 불이익을 받을 당사자가 신의성실에 반하여 조건의 성취를 방해한 때에는 상대방은 그 조건이 성취된 것으로 주장할 수 있다(제150조 제1항).

조건의 성취로 인하여 불이익을 받을 당사자가 신의성실에 반하여 조건의 성취를 방해한 경우, 조건이 성취된 것으로 의제(擬制)되는 시점은 이러한 신의성실에 반하는 행위가 없었더라면 조건이 성취되었으리라고 추산되는 시점이다(대판 98.12.22. 98다42356).

5. 조건부 법률행위의 효력

(1) 조건성취의 효과

조건부 법률행위는 조건이 성취된 때로부터 효력이 발생하거나 소멸하며 소급하지 않는 것이 원칙이다(제147조 제1항, 제2항). 그러나 당사자가 조건성취의 효력을 그 성취 전에 소급하게 할 의사표시를 할 수 있고, 이 경우에는 소급효가 생긴다(제147조 제3항).

(2) 조건부 권리의 침해금지

조건부 법률행위의 당사자는 조건의 성부가 미정인 동안에 조건의 성취로 인하여 생길 상대방의 이익을 해치지 못한다(제148조).

조건부 권리가 침해된 경우에 권리자는 상대방에 대하여 손해배상을 청구할 수 있다. 손해배상청구권의 성질에 대하여는 불법행위로 인한 손해배상청구권이라는 견해, 채무불이행으로 인한 손해배상청구권이라는 견해, 경우를 나누어서 정지조건부 권리자의 상대방이 정지조건부 권리를 침해한 때에는 채무불이행으로 인한 손해배상청구권으로 이해하고 상대방이 아닌 제3자가 침해한 때에는 불법행위로 인한 손해배상청구권이라고 해석하는 견해가 대립한다.

정지조건부 권리의 의무자가 그 권리를 침해하는 처분행위를 한 경우에 그 처분행위는 유효한지에 대하여 민법규정은 없고 학설은 대립한다.

조건부 권리를 침해하는 처분행위를 무효라고 하면 처분행위로 권리를 취득한 제3자의 보호가 문제로 된다. 이에 대하여 다수설인 무효설은 의무자가 조건부 권리를 침해하는 처분행위를 무효로 하더라도 조건부 권리의 목적이 부동산에 대한 것이면 조건에 대하여 등기(부동산등기법 제88조)하여 공시하기 때문에 제3자 내지 거래안전이 확보되며, 조건부 권리의 목적이 동산인 경우에는 선의취득(제249조)이 인정되기 때문에 제3자가 보호될 수 있다고 설명한다.

독일 민법에서는 조건부 권리를 침해하는 처분행위는 조건이 성취되면 조건의 성취로 인하여 발생할 효과를 차단하거나 침해하는 한도 내에서 무효로 하고 있다(BGB §161 Ⅰ).

(3) 조건부 권리의 처분

조건의 성취가 미정한 권리의무는 일반규정에 의하여 처분, 상속, 보존 또는 담보로 할 수 있다(제149조).

Ⅲ. 기 한

1. 의 의

기한(期限)이라 함은 법률행위의 효력의 발생 또는 소멸을 장래에 발생할 것이 확실한 어떤 사실의 성립여부에 의존하게 하는 법률행위의 부관을 말한다.

기한은 장래의 실현여부가 불확실한 조건과는 달리 장래의 실현이 확실한 어떤 사실의 성립여부에 법률효과를 의존하게 한다.

2. 종 류

(1) 시기와 종기

(가) 시 기 시기(始期)라 함은 법률효과의 발생을 장래에 발생이 확실한 어떤 사실에 의존하게 하는 것을 말한다. 예컨대 「다음 달 1일부터 출근하기로 한다.」는 고용계약을 체결하는 경우로 민법 제152조 제1항은 「시기 있는 법률행위는 기한이 도래한 때로부터 그 효력이 생긴다.」고 규정한다.

(나) 종 기 종기(終期)라 함은 법률효과의 소멸을 장래의 발생이 확실한 어떤 사실에 의존하게 하는 것을 말한다. 예컨대 「이번 달 말일까지만 출근하기로 한다.」는 고용계약을 체결하는 경우이다. 민법 제152조 제2항은 「종기 있는 법률행위는 기한이 도래한 때로부터 그 효력을 잃는다.」고 규정한다.

(2) 확정기한과 불확정기한

(가) 확정기한 확정기한(確定期限)이라 함은 언제 도래할지가 확정되어 있는 어떤 사실에 법률효과를 의존하게 하는 것을 말한다. 예컨대 "내년 3월 5일에 차를 한 대 사주겠다."고 하는 경우이다.

(나) 불확정기한 불확정기한(不確定期限)이라 함은 도래하는 것은 확실하지만 언제 도래할지 불확정한 장래의 어떤 사실의 발생에 법률효과를 의존하게 하는 것을 말한다. 예컨대 「甲이 죽으면 그 차를 주겠다.」고 하는 경우이다.

3. 기한을 붙일 수 없는 법률행위

(1) 신분상 법률행위

효과가 즉시 발생할 것을 요하는 혼인이나 이혼과 같은 신분상의 법률행위에는 기한을 붙일 수 없다.

(2) 소급효가 인정되는 법률행위

취소나 상계(제493조 제2항: 「상계의 의사표시는 각 채무가 상계할 수 있는 때에 대등액에 관하여 소멸한 것으로 본다.」)와 같이 소급효가 인정되는 법률행위에는 기한(始期)을 붙일 수 없다.

(3) 어음행위 · 수표행위

어음행위나 수표행위에는 조건을 붙일 수 없지만 시기(始期)를 붙일 수 있다. 예컨대 시기부법률행위로는 선일자(先日字)수표가 있다.

4. 기한부 법률행위의 효력

(1) 기한도래 전의 효력

조건부 법률행위의 침해금지(제148조)와 조건부 권리의 처분 등(제149조)에 관한 규정은 기한 있는 법률행위에 준용된다(제154조). 따라서 기한부 법률행위도 일반의 권리와 마찬가지로 침해가 금지되며 처분, 상속 또는 담보로 할 수 있다.

(2) 기한도래 후의 효력

시기(始期) 있는 법률행위는 기한이 도래한 때로부터 그 효력이 생기며, 종기(終期) 있는 법률행위는 기한이 도래한 때로부터 그 효력을 잃는다(제152조).

기한의 효력에는 소급효(遡及效)가 없다. 기한부 법률행위에 소급효를 인정하면 기한을 정하는 의미가 없어지게 된다. 이 점에서 조건성취의 효력을 당사자 간의 특약에 의하여 소급하게 할 수 있는 경우와 다르다(제147조 제3항).

판례(대판 2002.3.29. 2001다41766)는 당사자가 불확정한 사실이 발생한 때를 이행기한으로 정한 경우에는 그 사실이 발생한 때는 물론 그 사실의 발생이 불가능하게 된 때에도 이행기한은 도래한 것으로 보아야 한다고 판시하였다.

(3) 채무자 회생 및 파산에 관한 법률

기한부 채권은 파산선고시에 변제기에 이른 것으로 본다(채무자 회생 및 파산에 관한 법률 제425조).

5. 기한의 이익

(1) 기한의 이익을 가지는 자

기한의 이익(利益)이라 함은 기한이 도래하지 않았기 때문에 당사자 일방이 받는 이익을 말한다.

당사자의 특약이나 법률행위의 성질에 반하지 않는 한 기한은 채무자의 이익을 위한 것으로 추정한다(제153조). 예컨대 자동차 한 대를 무이자 10개월 할부로 구입한 소비자는 기한의 이익을 갖는다. 이 경우에 자동차를 판매한 자동차회사는 기한의 이익을 갖지 않는다.

무상의 임치(任置)계약을 체결한 경우에는 임치인만이 기한의 이익을 가지며(제693조 참조), 무이자 금전소비대차계약의 경우에는 차주(借主, 돈 빌린 사람)만이 기한의 이익을 받는다.

이에 대하여 이자부 금전소비대차계약이나 임대차계약이 체결된 경우에는 채권자와 채무자 모두가 기한의 이익을 갖는다. 채권자는 기한이 도래할 때까지 이자를 받을 수 있는 이익을, 채무자는 기한이 도래할 때까지 원금을 갚지 않아도 되는 이익을 갖는다.

(2) 기한이익의 포기

기한의 이익은 포기할 수 있다. 그러나 상대방의 이익을 해쳐서는 안된다(제153조 제2항). 예컨대 기한이 도래하기 전에 주택임차인이 기한의 이익을 포기하여 계약을 해지하면 임대인은 다른 임차인이 올 때까지 주택을 비워 두어야 하는 불이익을 받을 수 있다. 이 경우에 주택임차인은 다른 임차인이 입주할 때까지의 차임 상당액을 임대인에게 배상하고 임대차계약을 해지할 수 있을 것이다.

(3) 기한이익의 상실

일정한 경우에는 기한의 이익을 가지는 자가 기한의 이익을 상실하는 경우가 있다(제388조 참조). 예컨대 채무자가 담보를 손상·감소·멸실하게 한 때, 채무자가 담보제공의 의무를 이행하지 아니한 때 또는 채무자가 파산한 때(채무자 회생 및 파산에 관한 법률 제425조) 등이 그러하다.

(4) 기한이익의 상실에 관한 특약

당사자 사이의 기한이익상실의 특약은 그 내용에 의하여 일정한 사유가 발생하면 채권자의 청구 등을 요함이 없이 당연히 기한의 이익이 상실되어 이행기가 도래하는 것으로 하는 정지조건부 기한이익상실(停止條件附期限利益喪失)의 특약과 일정한 사유가 발생한 후 채권자의 통지나 청구 등 채권자의 의사행위를 기다려 비로소 이행기가 도래하는 것으로 하는 형성권적 기한이익상실(形成權的期限利益喪失)의 특약의 두 가지로 대별할 수 있을 것이다.

기한이익상실의 특약이 위의 양자 중 어느 것에 해당하느냐는 당사자의 의사해석의 문제이지만 일반적으로 기한이익상실의 특약이 채권자를 위하여 둔 것인 점에 비추어 명백히 정지조건부 기한이익상실의 특약이라고 볼 만한 특별한 사정이 없는 이상 형성권적 기한이익상실의 특약으로 추정하는 것이 타당하다(대판 2002.9.4. 2002다28340).

제6장 기 간

제1절 서 설

기간(期間)이라 함은 어느 시점으로부터 어느 시점까지 사이의 시간을 말하는 것으로, 기간은 법률사실 중에서 사람의 정신작용과 관계 없는 사건(事件)에 속한다.

기간의 계산은 법령, 재판상의 처분 또는 법률행위에 다른 정한 바가 없으면 민법의 기간 규정에 따른다(제155조).

제2절 기간의 계산방법

Ⅰ. 자연적 계산방법

기간의 계산방법으로서 자연적 계산방법이라 함은 기간을 계산함에 있어서 시간의 흐름을 순간에서 순간까지 정밀하게 계산하는 것으로서, 즉시로부터 기산(起算)한다. 이러한 자연적 계산방법은 정확하지만 불편한 점이 있다.

민법 제156조는 「기간을 시 · 분 · 초로 정한 때에는 즉시로부터 기산한다.」고 규정하여 자연적 계산방법을 따른다.

II. 역법적 계산방법

1. 서　　설

역법적(曆法的) 계산방법이라 함은 기간을 계산함에 있어서 일(日)을 최소의 단위로 하여 역(曆)에 따라서 계산하며, 초일(初日)은 산입하지 않는 것이 원칙이다.

기간을 주(週), 월(月) 또는 년(年)으로 정한 때에는 달력에 의하여 계산한다(제160조 제1항). 예컨대 1월 1일부터 12개월이라고 하면 달력을 기준으로 계산하며 2월달이 28일밖에 안 되어도 문제가 되지 않는다.

기간을 월 또는 년으로 정한 경우에 최종의 월(月)에 해당일이 없는 때에는 그 달의 말일로 기간이 만료한다(제160조 제3항). 예컨대 12월 30일부터 두 달이라고 하면 2월 30일이 없기 때문에 2월의 말일인 28일로 기간이 만료한다.

2. 기산점(起算點)

민법 제157조는 「기간을 일 · 주 · 월 · 년으로 정한 때에는 기간의 초일(初日)은 산입하지 않는다.」고 규정하여 역법적 계산방법을 따른다. 다만, 일정한 경우에는 초일을 산입하여 계산한다.

초일을 산입하는 경우는 다음과 같다.

① 기간이 오전 0시부터 시작하는 때(제157조 단서)

② 나이를 계산하는 때(제158조)

③ 장래의 어느 날부터 시작하는 때:　예컨대 오는 15일부터 일주일 간이라고 하는 경우에는 15일을 포함하여 일주일을 계산한다.

④ 당사자 간에 초일을 산입하기로 합의한 경우(제155조 참조)나 법령 또는 재판상 처분이 있는 때(제155조)

3. 만료점(滿了點)

기간을 일, 주, 월 또는 년으로 정한 때에는 기간 말일의 종료로 만료한다(제159조). 다만, 기간의 말일이 토요일 또는 공휴일에 해당하는 때에는 기간은 그 익일로 만료한다(제161조). 공휴일에는 임시공휴일도 포함된다.

예컨대 공과금을 그 달의 말일까지 납부하는 경우, 해당월의 말일이 일요일이거나 공휴일이면 공과금은 그 다음 날(대체로 그 다음 달의 첫째 날에 해당할 것이다)까지 납부하면 된다.

4. 기간의 역산(逆算)

기간을 계산할 때 기산일로부터 소급하여 거꾸로 계산하는 경우에 관하여는 민법에서 정하고 있지 않지만 이러한 경우에도 앞에서 설명한 민법의 기간계산에 관한 규정이 유추적용된다고 할 것이다(통설).

판례(대판 78.10.10. 78도2208)도 '소집일 7일 전'이라 함은 소집일 전일(前日)을 기산일로 하여 거꾸로 계산하여 7일이 말일이 되고 그 날의 오전 0시에 7일의 기간이 만료하는 것으로 해석하여야 한다고 판시하고 있다.

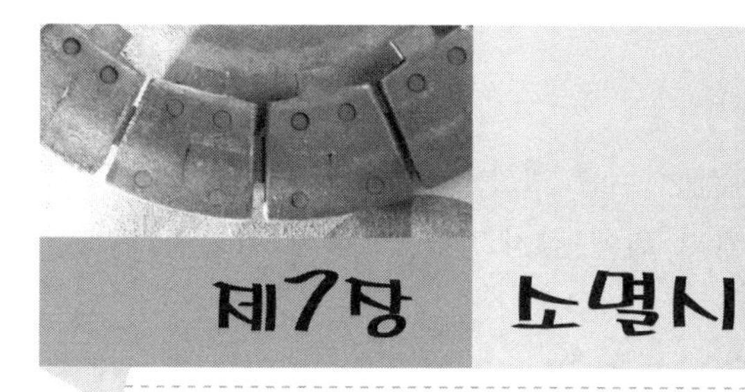

제7장 소멸시효

제1절 서 설

Ⅰ. 시효제도의 의의

시효제도(時效制度)라 함은 일정한 사실상태가 장기간 계속된 경우에 그 사실상태가 진실한 권리관계와 합치하는지를 묻지 않고 사실상태 그대로를 권리관계로 인정하는 것을 말한다. 즉, 시효(時效)라 함은 일정한 사실상태가 장기간 계속됨으로써 권리를 취득하거나 또는 권리를 소멸케 하는 법률요건을 말한다.

시효에는 소멸시효(제162조 내지 제184조)와 취득시효(제245조 내지 제247조)가 있다.

소멸시효(消滅時效)라 함은 권리자가 권리를 행사할 수 있음에도 불구하고 일정한 기간 동안 그 권리를 행사하지 않는 상태가 계속된 경우에 권리자의 권리를 소멸케 하는 제도를 말한다.

취득시효(取得時效)라 함은 정당한 권원 없이 타인의 물건을 일정한 기간동안 점유한 자에게 점유라는 사실상태를 그대로 법률상태로 인정하여 권리의 취득을 인정하는 제도를 말한다.

민법은 소멸시효에 대하여는 민법총칙에서, 취득시효에 대하여는 물권법의 소유권 취득원인으로서 규정하고 있다.

II. 시효제도의 존재의의

시효제도의 존재의의는 첫째로, 권리자가 권리를 행사할 수 있음에도 불구하고 장기간 권리를 행사하지 않고 있는 자, 즉 권리 위에 잠자고 있는 자는 법률의 보호를 받을 자격이 없다고 할 것이다.

둘째로, 일정한 사실상태가 장기간 계속되면 사회는 이 사실상태를 권리관계에 부합하는 것으로 신뢰하고 이에 기초하여 새로운 법률관계를 만들게 된다. 이러한 경우에 장기간 계속되어 온 사실상태가 법률관계와 일치하지 않는다고 하여 사실상태를 무시하고 법률관계로 환원하게 되면 그 사실상태를 기초로 한 법률관계가 소멸하게 되어 거래안전을 해치고, 사회질서를 혼란에 빠뜨릴 수 있게 된다. 이러한 사태를 막기 위하여 장기간 계속된 사실상태를 법률관계로 승화시킬 필요가 있다.

셋째로, 사실상태가 장기간 계속되면 그동안의 정당한 권리관계에 관한 증거가 소멸되기 쉽다. 이와 같은 정당한 권리관계에 대한 증명의 곤란을 구제하기 위하여 사실상태를 그대로 법률상태로 인정할 필요가 있다.

첫째 이유는 소멸시효의 존재의의로, 둘째와 셋째 이유는 취득시효의 존재의의로 설명된다.

III. 소멸시효와 제척기간의 비교

일정한 시간의 경과로 권리소멸의 효과가 발생하는 것에는 소멸시효와 제척기간이 있다. 예컨대 취소권(取消權)의 행사기간이 제척기간에 해당되는데, 민법 제146조에서는 「취소권은 추인할 수 있는 날로부터 3년 내에, 법률행위를 한 날로부터 10년 내에 행사하여야 한다.」고 규정하고 있다.

제척기간(除斥期間)이라 함은 권리의 존속기간으로서, 그 법적 성질은 출소기간(出訴期間) 또는 제소기간(提訴期間)이라는 것이 통설이다.

이에 대하여 취소권 등의 권리는 그 기간 내에 재판상으로 행사하여야만하는 것은 아니고 권리행사기간 내에 재판 이외의 방법으로도 권리를 행사할 수 있는 것으로 이해하는 견해가 있다.

판례(대판 93.7.27. 92다52795)도 민법 제146조에 규정된 취소권의 존속기간은 제척기간이라고 보아야 할 것이지만, 그 제척기간 내에 소를 제기하는 방법으로 권리를 재판상 행사하여야만 되는 것은 아니고 재판 외에서 의사표시를 하는 방법으로도 권리를 행사할 수 있는 것으로 이해한다.

한편, 점유자의 점유물반환청구권(제204조 제3항)과 점유방해제거청구권(제205조 제2항)은 그 점유를 침탈당한 날 또는 점유의 방해행위가 종료된 날로부터 1년의 제척기간 내에 행사하여야 하는 것으로 규정되어 있는데, 점유자는 재판 외에서 권리행사하는 것으로 족한 것이 아니라 반드시 그 기간 내에 소를 제기하여야 하는 출소기간(出訴期間)으로 해석하는 경우도 있다(대판 2002.4.26. 2001다8097, 8103).

왜냐 하면 점유보호청구권의 경우에 제척기간의 대상이 되는 권리가 형성권이 아니라 통상의 청구권인 점과 점유의 침탈 또는 방해의 상태가 일정한 기간을 지나게 되면 그대로 사회의 평온한 상태가 되고 이를 복구하는 것이 오히려 평화질서의 교란으로 볼 수 있게 되므로 일정한 기간이 지난 후에는 원상회복을 허용하지 않는 것이 점유제도의 이상에 맞고 여기에 점유의 회수 또는 방해제거 등 청구권에 단기의 제척기간을 두는 이유가 있기 때문이라고 한다.

소멸시효기간과 제척기간을 구체적인 경우에 어떻게 구별할 것인지에 대하여 대체로 「소멸시효로 인하여」라든지 「소멸시효가 완성한다.」는 식으로 표현된 경우에는 소멸시효로 본다(통설).

그러나 다툼이 있는 경우도 있다. 예컨대 불법행위에 기한 손해배상청구권의 소멸시효를 정한 민법 제766조 제2항 「불법행위로 인한 손해배상청구권은 불법행위를 한 날로부터 10년을 경과한 때에는 시효로 인하여 소멸한다.」는 규정을 학설은 제척기간으로 이해하는 데 대하여 판례는 소멸시효로 이해한다.

소멸시효와 제척기간의 차이점을 살펴보면 다음과 같다.

(가) 존재이유(存在理由) 소멸시효는 권리 위에 잠자는 자를 보호할 필요가 없다는 이유에서 인정되지만, 제척기간은 권리관계의 신속한 확정을 위하여 인정된 제도인 점에서 그 취지가 다르다.

(나) 중단(中斷)**에 관한 규정의 유무** 소멸시효에는 중단에 관한 규정이 있는데, 제척기간에는 중단제도가 없다. 판례(대판 2003.1.10. 2000다26425)도 제척기간에는 소멸시효와 같은 기간의 중단이 있을 수 없다는 입장이다.

(다) 정지(停止)**에 관한 규정의 적용유무** 소멸시효에는 정지에 관한 규정이 있는데, 제척기간도 소멸시효의 정지에 관한 규정이 유추 적용될 수 있는지에 대하여 학설의 대립이 있다.

다수설은 시효정지에 관한 규정 가운데 민법 제182조(천재 기타 사정과 시효정지) 「천재 기타 사정으로 인하여 소멸시효를 중단할 수 없는 때에는 그 사유가 종료한 때로부터 1월 내에는 시효가 완성하지 않는다.」는 규정과 관련하여 권리를 현실적으로 행사할 수 없었던 경우에도 유예기간을 인정하지 않는 것은 가혹할 뿐 아니라 이를 준용하더라도 제척기간의 취지에 반하지 않는다는 것이다.

소수설은 권리를 신속하게 확정하기 위하여 인정된 권리의 존속기간으로서의 제척기간에는 시효정지에 관한 규정을 준용할 필요가 없다는 입장이다.

(라) 포기제도(抛棄制度)**의 유무** 소멸시효에는 시효완성 후에도 시효이익을 포기할 수 있는 데 대하여, 제척기간에는 포기제도가 없다.

(마) 기간의 단축(短縮) · **경감**(輕減) 소멸시효는 법률행위로 이를 배제하거나 연장할 수는 없지만 단축하거나 경감하는 합의는 유효하다. 이에 대하여 제척기간은 경감하거나 단축할 수 없다.

(바) 적용대상(適用對象) 소멸시효는 청구권과 일정한 물권에 적용되는 데 대하여, 제척기간은 형성권에 적용된다.

(사) 당사자가 주장(主張) · **입증**(立證)**하여야 하는지, 법원이 직권**(職權)**으로 조사하여야 하는지** 소멸시효의 완성사실은 당사자가 재판상 주장하고 입증하여야 법원이 이를 재판의 기초로 하는 데 대하여, 제척기간은 당사자의 주장이 없어도 법원이 이를 직권으로 조사하여 재판의 기초로 하여야 한다(대판 96.9.20. 96다25371).

(아) 소급효(遡及效)**의 유무** 소멸시효가 완성되면 소급효가 인정되는 데 대하여, 제척기간에는 장래에 향하여 권리소멸의 효과가 인정될 뿐 소급효는 인정되지 않는다(대판 96.9.20.96다25371).

제2절 요 건

Ⅰ. 소멸시효와 권리

1. 소멸시효에 걸리는 권리

(1) 채권 및 채권적 청구권

채권은 10년간 행사하지 아니하면 소멸시효가 완성한다(제162조 제1항). 채권적 청구권(債權的請求權)도 10년간 행사하지 아니하면 소멸시효에 걸린다.

(2) 채권 및 소유권 이외의 재산권

채권 및 소유권 이외의 재산권은 20년간 행사하지 아니하면 소멸시효가 완성한다(제162조 제2항). 채권 및 소유권 이외의 재산권으로서는 용익물권과 담보물권이 있다.

담보물권(擔保物權) 가운데 질권이나 저당권은 종된 권리로서 주된 권리인 피담보채권이 소멸하지 않는 한 독립하여 시효로 소멸하지 않는다. 유치권(留置權)은 피담보채권이 소멸하거나 점유의 상실로 인하여 소멸한다(제328조).

결국 채권 및 소유권 이외의 재산권으로서 용익물권(用益物權)이 소멸시효의 대상이 된다. 용익물권 가운데 지역권은 20년간 행사하지 않으면 소멸시효에 걸린다(제296조).

지상권(地上權)에 대하여는 지상권의 존속기간이 약정되어 있지 않아도 제280조에 규정되어 있는 최단존속기간으로 정해져 있기 때문에 소멸시효에 걸리지 않는다는 견해와 존속기간이 소멸시효기간인 20년보다 긴 때에는 소멸시효에 걸린다는 견해가 대립한다.

전세권(傳貰權)도 소멸시효에 걸린다는 견해와 전세권의 존속기간은 최장 10년이기 때문에(제312조 제1항 참조) 제162조 제2항에 해당하지 않는다는 견해가 대립한다.

2. 소멸시효에 걸리지 않는 권리

비재산권, 점유권, 소유권, 상린권, 유치권, 담보물권, 공유물분할청구권 또는 존속기간의 정함이 없는 형성권 등이 있다.

점유권(占有權)과 유치권(留置權)은 물건의 사실상의 지배상태에 의하여 인정되는 권리이므로 별도로 소멸시효의 문제가 발생하지 않는다.

소유권(所有權)은 항구적인 권리로서 소멸시효에 걸리지 않는다. 상린권(相隣權)도 소유권의 내용으로서 상린관계가 계속되는 한 소멸시효에 걸리지 않으며, 공유물분할청구권(共有物分割請求權)도 공유관계가 계속되는 한 소멸시효에 걸리지 않는다(대판 81.3.24. 80다1888, 1889).

형성권(形成權)은 소멸시효가 아니라 제척기간의 대상이 된다.

물권적 청구권과 소멸시효

긍정설은 일정한 물권(용익물권)은 소멸시효에 걸리기 때문에 이러한 물권에 기한 물권적 청구권도 소멸시효에 걸린다는 입장이다.

부정설은 물권의 침해상태가 있으면 이로부터 끊임없이 물권적 청구권이 발생하는 것이기 때문에 물권적 청구권은 소멸시효에 걸리지 않는다는 입장이다.

등기청구권과 소멸시효

부동산 매수인의 등기청구권의 법적 성질에 대하여 채권적 청구권이라는 견해와 물권적 청구권이라는 견해가 대립한다. 판례(대판 76.11.6. 76다148 등)는 채권적 청구권으로 이해하여 10년간 행사하지 않음으로써 소멸시효에 걸린다는 입장이다.

대판 99.3.18. 98다32175 전원합의체 「[1] 시효제도는 일정 기간 계속된 사회질서를 유지하고 시간의 경과로 인하여 곤란해지는 증거보전으로부터의 구제를 꾀하며 자기 권리를 행사하지 않고 소위 권리 위에 잠자는 자는 법적 보호에서 이를 제외하기 위하여 규정된 제도라 할 것인바, 부동산에 관하여 인도, 등기 등의 어느 한쪽 만에 대하여서라도 권리를 행사하는 자는 전체적으로 보아 그 부동산에 관하여 권리 위에 잠자는 자라고 할 수 없다 할 것이므로, 매수인이 목적 부동산을 인도(引渡)받아 계속 점유(占有)하는 경우에는 그 소유권이전등기청구권의 소멸시효가 진행하지 않는다.

[2] [多數意見] 부동산의 매수인이 그 부동산을 인도받은 이상 이를 사용·수익하다가 그 부동산에 대한 보다 적극적인 권리 행사의 일환으로 다른 사람에게 그 부동산을 처분하고 그 점유(占有)를 승계(承繼)하여 준 경우에도 그 이전등기청구권의 행사 여부에 관하여 그가 그 부동산을 스스로 계속 사용·수익만 하고 있는 경우와 특별히 다를 바 없으므로 위 두 어느 경우에나 이전등기청구권의 소멸시효는 진행되지 않는다고 보아야 한다.」

II. 권리의 불행사

소멸시효가 완성하려면 권리자가 권리를 행사할 수 있는 때로부터 일정한 기간 동안 권리를 행사하지 않고 있어야 한다(제166조 제1항).

「권리를 행사할 수 있는 때」라 함은 권리를 행사하는 데 법률상의 장애(法律上障碍)가 없는 경우를 말하며, 사실상의 장애는 여기에 포함되지 않는다(통설. 대판 92.3.13. 91 다32053 전원합의체).

유치권(留置權)의 행사는 채권의 소멸시효의 진행에 영향을 미치지 않는다(제326조). 즉, 유치권자가 목적물을 유치하는 것 자체는 피담보채권의 행사가 아니므로 목적물의 점유(유치)와 관계없이 피담보채권의 소멸시효는 진행한다. 유치권에 관한 제326조는 질권에도 유추적용되는 것으로 해석된다.

1. 법률상의 장애가 있는 경우

권리자가 권리를 행사함에 있어서 법률상의 장애가 없는 때로부터 소멸시효가 진행된다.

법률상의 장애에는 이행기가 도래하지 않은 경우나 조건이 아직 성취되지 않은 경우 또는 무권대리행위에 대하여 본인이 추인함으로써 소급효가 발생하는 경우에도(제133조) 추인이 없는 동안에는 권리를 행사할 수 없으므로 대리행위가 행하여진 시점이 아니라 추인이 있었던 시점부터 소멸시효가 진행된다고 할 것이다.

또한 건물에 관한 소유권이전등기청구권에 있어서 그 목적물인 건물이 완공되지 아니하여 이를 행사할 수 없었다는 사유는 법률상의 장애사유에 해당한다(대판 2007.8.23. 2007다28024, 28031).

판 례

대판 96.7.12. 94다52195

[판시사항]

면직처분의 근거법률이 위헌 결정되고 그 처분이 불법행위에 해당되는 경우, 그 손해배상청구권의 소멸시효의 기산점

[판결요지]

헌법재판소에 의하여 면직처분의 근거가 된 법률 규정이 위헌으로 결정되어 위헌결정의 소급효로 인하여 면직처분이 당연무효가 되고 그 면직처분이 불법행위에 해당되는 경우라도, 그 손해배상청구권은 위헌결정이 있기 전까지는 법률 규정의 존재라는 법률상 장애로 인하여 행사할 수 없었다고 보아야 할 것이므로 소멸시효의 기산점은 위헌결정일로부터 진행되는 것이고, 이러한 법리는 그 법률이 위헌결정 당시에는 실효되었다 할지라도 그 법률 규정으로 인한 면직처분의 효력이 그대로 지속되는 경우에도 마찬가지이다.

2. 사실상의 장애가 있는 경우

권리행사에 있어서 사실상의 장애가 있는 경우에도 소멸시효의 진행에는 영향을 미치지 않는다.

권리자의 개인적인 사정이나 법률지식이 없는 경우 또는 권리의 존재를 알지 못한 경우나 채무자의 부재 등은 소멸시효의 진행에 영향이 없는 사실상의 장애(事實上障碍)에 해당한다.

판 례

대판 82.1.19. 80다2626

「소멸시효의 기산점인 '권리를 행사할 수 있는 때'라 함은 권리를 행사함에 있어서 법률상의 장애(예컨대 이행기 미도래, 정지조건 미성취)가 없는 경우를 말하며, 권리자의 개인적 사정이나 법률지식의 부족, 권리존재의 부지 또는 채무자의 부재 등 사실상 장애로 권리를 행사하지 못하였다 하여 시효가 진행하지 아니하는 것이 아니며, 이행기가 정해진 채권은 그 기한이 도래한 때부터 소멸시효가 진행한다.」

대판 92.3.31. 91다32053 전원합의체

「소멸시효는 객관적으로 권리가 발생하여 그 권리를 행사할 수 있는 때로부터 진행하고 그 권리를 행사할 수 없는 동안만은 진행하지 않는 바, '권리를 행사할 수 없는 경우'라 함은 그 권리행사에 법률상의 장애사유, 예컨대 기간의 미도래나 조건불성취 등이 있는 경우를 말하는 것이고, 사실상 권리의 존재나 권리행사 가능성을 알지 못하였고 알지 못함에 과실이 없다고 하여도 이러한 사유는 법률상 장애사유에 해당하지 않는다.」

대판 2003.4.8. 2002다64957, 64964

「소멸시효의 진행은 당해 청구권이 성립한 때로부터 발생하고 원칙적으로 권리의 존재나 발생을 알지 못하였다고 하더라도 소멸시효의 진행에 장애가 되지 않는다고 할 것이지만, 법인의 이사회결의가 부존재함에 따라 발생하는 제3자의 부당이득반환청구권처럼 법인이나 회사의 내부적인 법률관계가 개입되어 있어 청구권자가 권리의 발생 여부를 객관적으로 알기 어려운 상황에 있고 청구권자가 과실 없이 이를 알지 못한 경우에도 청구권이 성립한 때부터 바로 소멸시효가 진행한다고 보는 것은 정의와 형평에 맞지 않을 뿐만 아니라 소멸시효제도의 존재이유에도 부합한다고 볼 수 없으므로, 이러한 경우에는 이사회결의부존재확인판결의 확정과 같이 객관적으로 청구권의 발생을 알 수 있게 된 때로부터 소멸시효가 진행된다고 보는 것이 타당하다.」

대판 93.4.13. 93다3622

「대법원 전원합의체판결에서 무면허운전에 관한 종전의 견해를 변경한 바 있다 하여 이로써 피해자가 보험회사에 대하여 보험금액 직접청구권을 행사함에 있어 법률상 장애가 있었다 할 수 없으므로 그 소멸시효가 위 대법원판결이 있은 때로부터 기산된다 할 수 없다.」

Ⅲ. 소멸시효의 기산점

1. 확정기한부 채권

확정기한부 권리(確定期限附權利)는 기한이 도래한 때로부터 소멸시효가 진행한다.

채무의 이행에 동시이행의 항변권(제536조)이 붙어 있는 경우에, 그 채무의 이행기가 정하여져 있으면 채무자는 이행기가 도래하더라도 상대방의 채무가 이행될 때까지 자기의 채무이행을 거절할 수 있는데, 이와 별도로 채권의 소멸시효는 이행기가 도래한 때로부터 진행한다. 즉, 동시이행의 항변권이 붙어 있는 채권에 확정기한이 정해진 경우 그 채권은 변제기가 도래한 때부터 소멸시효가 진행한다(대판 91.3.22. 90다9797).

2. 불확정기한부 채권

불확정기한부 권리(不確定期限附權利)는 기한이 객관적으로 도래한 때로부터 소멸시효가 진행한다. 예컨대 "甲이 사망하면 100만 원을 주겠다"고 하는 경우에는 甲이 사망한 때로부터, 출세하면 빌린 돈을 갚는다고 한 경우에는 객관적으로 출세한 때로부터 기한이 진행한다.

3. 기한을 정하지 않은 채권

기한을 정하지 않은 채권은 채권이 성립한 때로부터 시효가 진행한다. 왜냐 하면 기한을 정하지 않은 채권에 대하여는 채권자가 언제든지 청구를 할 수 있기 때문이다. 예컨대 불법행위로 인한 손해배상청구권은 불법행위가 발생한 때로부터 시효가 진행한다. 이 경우에 손해배상액은 이론상 불법행위가 발생한 때에 확정된 것으로 보아야 하므로 불법행위가 발생한 때로부터 기산하여 3년 또는 10년으로 계산한다(제766조 참조).

또한, 보험금액청구권의 소멸시효의 기산점은 특별한 사정이 없는 한 보험사고가 발생한 때라고 할 것이지만 약관 등에 의하여 보험금액청구권의 행사에 특별한 절차를 요구하는 때에는 그 절차를 마친 때 또는 채권자가 그 책임있는 사유로 그 절차를 마치지 못한 경우에는 그러한 절차를 마치는 데 소요되는 상당한 기간이 경과한 때로부터 진행한다(대판 2006.1.26. 2004다19104).

4. 부작위를 목적으로 하는 채권

부작위(不作爲)를 목적으로 하는 채권의 소멸시효는 위반행위를 한 때로부터 진행한다(제166조 제2항). 예컨대 甲이 乙과 금연을 약속하면서 금연약속을 위반하면 100만 원을 지급하기로 한 경우에 甲이 금연이라는 부작위의무를 위반한 때에는 甲에 대하여 100만 원을 지급하라는 乙의 권리의 소멸시효는 甲이 금연이라는 부작위의무를 위반한 때로부터 진행한다.

5. 청구 또는 해지통고를 한 후 일정한 기간의 경과 후에 청구할 수 있는 채권

예컨대 소비대차에 관하여 민법 제603조 제2항 본문은 「반환시기의 약정이 없는 때에는 대주(빌려준 사람)는 상당한 기간을 정하여 반환을 최고하여야 한다.」고 정하고 있다.

이 경우 반환을 최고한 때로부터 상당한 기간이 경과하면 채권자가 반환청구권을 행사할 수 있으므로 그 때부터 소멸시효는 진행한다고 해석하는 견해(다수설)와 이에 대하여 대주가 차용물을 인도한 때(예컨대 돈을 빌려준 때)로부터 반환청구권의 소멸시효가 진행한다는 견해가 대립한다.

또한, 임대차에 관하여 민법 제635조 제1항은 「임대차기간의 약정이 없는 때에는 당사자는 언제든지 계약해지의 통고를 할 수 있다.」고 정하고, 상대방이 계약해지통고를 받은 때로부터 일정한 기간이 경과하면 해지의 효력이 생기는 것으로 정하고 있다.

이 경우 상대방에게 계약의 해지통고를 한 후 일정한 유예기간이 경과함으로써 임차인의 보증금반환채권과 임대인의 임차목적물반환청구권 등은 소멸시효가 진행한다고 해석한다. 고용계약의 해지에 관하여도 유사한 규정을 두고 있다(제659조, 제660조).

문제는 청구 또는 해지통고를 하지 않으면 소멸시효는 진행되지 않느냐는 것이다. 그러나 이를 인정하게 되면 청구나 해지통고를 하지 않고 방치한 권리자가 적극적으로 청구나 해지통고를 한 권리자보다 이득을 보는 부당한 결과가 된다. 따라서 채권이 성립한 후 상당한 기간 또는 일정한 기간이 경과한 때로부터 소멸시효는 진행한다고 해석하는 것이 보통이다.

판 례

채무불이행으로 인한 손해배상청구권의 소멸시효

부동산 소유권 이전채무와 같은 특정물채권이 이행불능으로 된 경우에 손해배상청구권으로 성질이 변한다. 이 경우에 손해배상청구권의 소멸시효는 언제부터 진행하는지에 대하여 학설은 대립한다.

손해배상청구권은 본래의 채권이 변형된 것에 지나지 않기 때문에 본래의 채권을 행사할 수 있는 때로부터 소멸시효가 진행한다는 견해와 손해배상청구권은 특정물채권이 이행불능된 때로부터 시효가 진행한다는 견해가 있다.

판례(대판 90.11.9. 90다카22513)는 후설을 따른다. 즉, '매매로 인한 부동산 소유권 이전채무가 이행불능됨으로써 매수인이 매도인에 대하여 갖게 되는 손해배상채권은 그 부동산 소유권의 이전채무가 이행불능된 때에 발생하는 것이고 그 계약체결일에 생기는 것은 아니므로 위 손해배상채권의 소멸시효는 계약체결일이 아닌 소유권이전채무가 이행불능된 때부터 진행한다'는 것이다.

의사의 치료비채권의 소멸시효의 기산점(개개의 진료행위의 종료시)

민법 제163조 제2호 소정의 '의사의 치료에 관한 채권'에 있어서는, 특약이 없는 한 그 개개의 진료가 종료될 때마다 각각의 당해 진료에 필요한 비용의 이행기가 도래하여 그에 대한 소멸시효가 진행된다고 해석함이 상당하고, 장기간 입원 치료를 받는 경우라 하더라도 다른 특약이 없는 한 입원 치료 중에 환자에 대하여 치료비를 청구함에 아무런 장애가 없으므로 퇴원시부터 소멸시효가 진행된다고 볼 수는 없다(대판 2001.11.9. 2001다52568).

기한이익상실의 특약과 소멸시효의 진행

기한이익상실의 특약은 그 내용에 의하여 일정한 사유가 발생하면 채권자의 청구 등을 요함이 없이 당연히 기한의 이익이 상실되어 이행기가 도래하는 것으로 하는 정지조건부 기한이익상실의 특약과 일정한 사유가 발생한 후 채권자의 통지나 청구 등 채권자의 의사행위를 기다려 비로소 이행기가 도래하는 것으로 하는 형성권적 기한이익상실의 특약의 두 가지로 대별할 수 있고, 기한이익상실의 특약이 위의 양자 중 어느 것에 해당하느냐는 당사자의 의사해석의 문제이지만 일반적으로 기한이익상실의 특약이 채권자를 위하여 둔 것인 점에 비추어 명백히 정지조건부 기한이익상실의 특약이라고 볼 만한 특별한 사정이 없는 이상 형성권적 기한이익상실의 특약으로 추정하는 것이 타당하다.

형성권적 기한이익상실의 특약이 있는 경우에는 그 특약은 채권자의 이익을 위한 것으로서 기한이익의 상실 사유가 발생하였다고 하더라도 채권자가 나머지 전액을 일시에 청구할 것인가 또는 종래대로 할부변제를 청구할 것인가를 자유로이 선택할 수 있으므로, 이와 같은 기한이익 상실의 특약이 있는 할부채무에 있어서는 1회의 불이행이 있더라도 각 할부금에 대해 그 각 변제기의 도래시마다 그 때부터 순차로 소멸시효가 진행하고 채권자가 특히 잔존 채무 전액의 변제를 구하는 취지의 의사를 표시한 경우에 한하여 전액에 대하여 그 때부터 소멸시효가 진행한다고 할 것이다(대판 2002.9.4. 2002다28340).

불법행위로 인한 손해배상청구권의 소멸시효

• 민법 제766조(손해배상청구권의 소멸시효)

① 불법행위로 인한 손해배상의 청구권은 피해자나 그 법정대리인이 그 손해 및 가해자를 안 날로부터 3년간 이를 행사하지 아니하면 시효로 인하여 소멸한다.

② 불법행위를 한 날로부터 10년을 경과한 때에도 제1항과 같다.

통설은 제766조 제1항의 기간은 시효기간으로 보고, 제2항의 기간은 제척기간으로 이해한다. 이에 대하여 판례(대판 96.12.19. 94다 22927 전원합의체)는 시효기간으로 이해한다. 즉, '민법 제766조 제2항이 규정하고 있는 '불법행위를 한 날로부터 10년'의 기간은 소멸시효기간에 해당한다'고 하였다.

제3절　소멸시효기간

1. 채권·채권적 청구권

보통의 채권이나 채권적 청구권의 소멸시효기간은 10년이다(제162조 제1항).

2. 채권 및 소유권 이외의 재산권

채권 및 소유권 이외의 재산권의 소멸시효기간은 20년이다(제162조 제2항). 예컨대 지역권을 20년간 행사하지 않은 때에는 지역권은 시효로 소멸한다(제296조 참조).

3. 상사채권 · 조세채권 · 근로자의 퇴직금채권

상행위로 인한 채권은 5년간 행사하지 않으면 소멸시효가 완성한다. 다만 다른 법령에서 이보다 단기의 시효의 규정이 있는 때에는 그 규정에 의한다(상법 제64조 어음법 제70조). 상행위로 인한 채권의 소멸시효기간이 5년으로 정하여진 것과 관련하여 판례(대판 2005.11.10. 2004다22742)는 '상법 제64조의 상사시효제도(商事時效制度)는 대량 · 정형 · 신속이라는 상거래 관계 특유의 성질에 기인한 제도임을 고려하면, 상인이 그의 영업을 위하여 근로자와 체결하는 근로계약은 보조적 상행위에 해당한다고 하더라도 근로자의 근로계약상의 주의의무 위반으로 인한 손해배상청구권은 상거래 관계에 있어서와 같이 정형적으로나 신속하게 해결할 필요가 있다고 볼 것은 아니므로 특별한 사정이 없는 한 5년의 상사 소멸시효기간이 아니라 10년의 민사 소멸시효기간이 적용된다'고 판시하고 있다.

또한 상행위인 매매계약으로 인하여 발생한 채권의 소멸시효기간이 5년이지만 그 계약이 무효로 되었음을 이유로 민법의 규정에 따라 매도인에게 이미 지급하였던 매매대금 상당액의 반환을 구하는 부당이득반환청구의 경우, 거기에 상거래 관계와 같은 정도로 신속하게 해결할 필요성이 있다고 볼 만한 합리적인 근거도 없으므로 위 부당이득반환청구권에는 상법 제64조가 적용되지 아니하고, 그 소멸시효기간은 민법 제162조 제1항에 따라 10년이다(대판 2003.4.8. 2002다64957, 64964).

국세의 징수를 목적으로 하는 국가의 권리는 이를 행사할 수 있는 때부터 5억원 이상의 국세는 10년, 그외의 국세는 5년 동안 행사하지 아니하면 소멸시효가 완성된다(국세기본법 제27조 제1항). 국세징수권의 소멸시효에 관하여는 국세기본법 또는 세법에 특별한 규정이 있는 것을 제외하고는 민법에 의한다(국세기본법 제27조 제2항).

근로자의 퇴직금을 받을 권리는 3년간 행사하지 않으면 시효로 인하여 소멸한다(근로자퇴직급여보장법 제10조).

4. 채권의 단기소멸기간

다음 각호의 채권은 3년간 행사하지 않으면 소멸시효가 완성한다(제163조).

(1) 3년의 소멸시효기간

① 이자, 부양료, 급료, 사용료 기타 1년 이내의 기간으로 정한 금전 또는 물건의 지급을 목적으로 하는 채권: '1년 이내의 기간으로 정한'다는 의미는 1년 이내의 정

기(定期)로 지급되는 채권을 의미한다. 예컨대 1개월 단위로 지급되는 집합건물의 관리비채권 등이 여기에 해당한다(대판 2007.2.22. 2005다65821).

1년 이내의 정기로 이자를 지급하기로 한 금전채무의 불이행으로 인하여 발생하는 지연손해금(遲延損害金)은 그 성질이 손해배상금에 해당하며, 이자가 아니기 때문에 3년의 단기소멸시효의 대상이 아니다.

② 의사, 조산원, 간호사 및 약사의 치료, 근로 및 조제에 관한 채권

③ 도급받은 자, 기사 기타 공사의 설계 또는 감독에 종사하는 자의 공사에 관한 채권

④ 변호사, 변리사, 공증인, 계리사 및 법무사에 대한 직무상 보관한 서류의 반환을 청구하는 채권

⑤ 변호사, 변리사, 공증인, 계리사 및 법무사의 직무에 관한 채권

⑥ 생산자 및 상인이 판매한 생산물 및 상품의 대가: 상법 제64조는 「상행위로 인한 채권은 본법에 다른 규정이 없는 때에는 5년간 행사하지 아니하면 소멸시효가 완성한다. 그러나 다른 법령에 이보다 단기의 시효의 규정이 있는 때에는 그 규정에 의한다.」고 정하고 있고, 상인이 판매한 생산물 등의 대가는 상사채권(商事債權)에 해당하지만 민법 제163조의 규정은 상법 제64조보다 단기의 시효를 정하고 있는 경우에 해당하므로 3년의 소멸시효기간이 적용된다고 할 것이다.

⑦ 수공업자 및 제조자의 업무에 관한 채권

(2) 1년의 소멸시효기간

다음 각호의 채권은 1년간 행사하지 않으면 소멸시효가 완성한다(제164조).

① 여관, 음식점, 대석(貸席), 오락장의 숙박료, 음식료, 대석료(貸席料), 입장료, 소비물의 대가 및 체당금(替當金)의 채권

② 의복, 침구, 장구(葬具) 기타 동산의 사용료의 채권

③ 노역인, 연예인의 임금 및 그에 공급한 물건의 대금채권

④ 학생 및 수업자의 교육, 의식(衣食) 및 유숙(留宿)에 관한 교주(校主), 숙주(塾主), 교사의 채권

(3) 판결 등에 의하여 확정(確定)된 채권

판결에 의하여 확정된 채권은 단기의 소멸시효에 해당한 것이라도 그 소멸시효는 재판이 확정된 때로부터 10년으로 한다(제165조 제1항).

이는 단기소멸시효가 적용되는 채권이라도 판결에 의하여 채권의 존재가 확정되

면 그 성립이나 소멸에 관한 증거자료의 일실 등으로 인한 다툼의 여지가 없어지고, 법률관계를 조속히 확정할 필요성도 소멸하며, 채권자로 하여금 단기소멸시효 중단을 위해 여러 차례 중단절차를 밟도록 하는 것은 바람직하지 않기 때문이다.

여기서 말하는 판결은 확정판결(確定判決)을 의미하므로 미확정의 종국판결(未確定終局判決)에 임시적 집행력을 인정한 판결, 즉 가집행선고부종국판결은 여기에 포함되지 않는다.

또한 채권자와 주채무자 사이의 확정판결에 의하여 주채무가 확정되어 그 소멸시효기간이 10년으로 연장되었다 할지라도 그 보증채무까지 당연히 단기소멸시효의 적용이 배제되어 10년의 소멸시효기간이 적용되는 것은 아니고, 채권자와 연대보증인 사이에 있어서 연대보증채무의 소멸시효기간은 여전히 종전의 소멸시효기간에 따른다(대판 2006.8.24. 2004다26287, 26294).

왜냐 하면 보증채무가 주채무에 부종한다 할지라도 원래 보증채무는 주채무와는 별개의 독립된 채무이어서 채권자와 주채무자 사이에서 주채무가 판결에 의하여 확정되었다고 하더라도 이로 인하여 보증채무 자체의 성립 및 소멸에 관한 분쟁까지 당연히 해결되어 보증채무의 존재가 명확하게 되는 것은 아니므로 채권자가 보증채무에 대하여 뒤늦게 권리행사에 나선 경우 보증채무 자체의 성립과 소멸에 관한 분쟁에 대하여 단기소멸시효를 적용하여야 할 필요성은 여전히 남기 때문이다.

민법 제165조의 규정은 단기의 소멸시효에 걸리는 것이라도 확정판결을 받은 권리의 소멸시효는 10년으로 한다는 뜻일 뿐 10년보다 장기의 소멸시효를 10년으로 단축한다는 의미도 아니고 본래 소멸시효의 대상이 아닌 권리가 확정판결을 받음으로써 10년의 소멸시효에 걸린다는 뜻도 아니다(대판 81.3.24. 80다1888, 1889).

또한 파산절차에 의하여 확정된 채권 및 재판상의 화해, 조정 기타 판결과 동일한 효력이 있는 것에 의하여 확정된 채권도 그 소멸시효는 10년으로 한다(제165조 제2항).

확정된 지급명령(支給命令)은 확정판결과 같은 효력이 있으므로(민사소송법 제474조), 지급명령에서 확정된 채권은 단기의 소멸시효에 해당하는 것이라도 그 소멸시효기간이 10년으로 연장된다(대판 2009.9.24. 2009다39530).

유치권의 피담보채권의 소멸시효기간이 확정판결 등에 의하여 10년으로 연장된 경우, 유치권이 성립된 부동산의 매수인도 그 채권의 소멸시효기간이 연장된 효과를 부정하고 종전의 단기소멸시효기간을 원용할 수 없다(대판 2009.9.24. 2009다39530).

제4절 소멸시효의 중단과 정지

Ⅰ. 소멸시효의 중단

1. 소멸시효의 중단사유

소멸시효가 진행하는 도중에 청구, 압류 · 가압류 · 가처분 및 승인이 있으면 소멸시효의 진행이 중단된다(제168조).

(1) 청 구

소멸시효를 중단하게 하는 청구에는 재판상 청구(裁判上請求)와 재판 외의 청구(裁判外請求)가 있다.

소멸시효의 진행을 중단케하기 위한 청구(請求)는 직접 소멸시효의 완성으로 이익을 받게 될 자에게 하여야 한다. 예컨대 물상보증인이 그 피담보채무의 부존재 또는 소멸을 이유로 제기한 저당권설정등기 말소등기절차이행청구소송에서 채권자 겸 저당권자가 청구기각의 판결을 구하고 피담보채권의 존재를 주장하였다고 하더라도 이로써 직접 채무자에 대하여 재판상 청구를 한 것으로 볼 수는 없는 것이므로 피담보채권의 소멸시효에 관하여 규정한 민법 제168조 제1호 소정의 '청구'에 해당하지 아니한다(대판 2004.1.16. 2003다30890).

(가) 재판 외의 청구(최고) 재판 외의 청구(裁判外請求), 즉 최고(催告)라 함은 채권자가 채무자에 대하여 채무의 이행을 구하는 의사의 통지(준법률행위)로서 상대방에게 도달함으로써 시효중단의 효과가 발생한다.

최고는 특별한 형식이 요구되지 아니할 뿐 아니라 행위 당시에 당사자가 시효중단의 효과를 발생시킨다는 점을 알거나 의욕하지 않았다고 하더라도 이로써 권리행사의 주장을 하는 취지임이 명백하다면 최고에 해당하는 것으로 보아야 할 것이다.

다만, 최고 그 자체로는 완전한 시효중단의 효과가 생기지 않고 최고한 때로부터 6개월 내에 재판상의 청구, 파산절차 참가, 화해를 위한 소환, 임의출석, 압류 · 가압류 · 가처분 또는 지급명령을 신청하여야 하며 이를 하지 않으면 최고로 인한 시효중단의 효력이 없다(제174조).

판례(대판 92.2.11. 91다41118)는 채권자가 재산관계명시신청(財産關係明示申請)(민사집행법 제61조 참조)을 하고 그 결정이 채무자에게 송달되었다면 소멸시효의 중단사유인

최고로서의 효력이 인정된다고 하였다.

소멸시효제도, 특히 시효중단제도는 그 제도의 취지에 비추어 볼 때 이에 관한 기산점이나 만료점은 원권리자를 위하여 너그럽게 해석하는 것이 상당하다 할 것이므로, 시효중단사유로서의 최고에 있어서 채무이행을 최고받은 채무자가 그 이행의무의 존부 등에 대하여 조사를 해 볼 필요가 있다는 이유로 채권자에 대하여 그 이행의 유예를 구한 경우에는 채권자가 그 회답을 받을 때까지는 최고의 효력이 계속된다고 보아야 하고, 따라서 제174조에 규정된 6월의 기간은 채권자가 채무자로부터 회답을 받은 때로부터 기산되는 것이라고 해석하여야 할 것이다(대판 2006.6.16. 2005다25632).

(나) 재판상 청구 재판상 청구라 함은 민사소송(民事訴訟)을 제기하는 것을 말한다. 그 외에도 파산절차의 참가, 지급명령의 신청, 화해를 위한 소환, 임의출석, 민사조정신청(민사조정법 제35조 제1항), 강제집행절차에서의 배당참가 등의 경우에는 소멸시효가 중단된다.

그러나 소를 제기한 경우에도 소각하판결(訴却下判決)을 받거나, 청구기각판결(請求棄却判決)을 받은 경우 또는 소취하(訴取下)의 경우에는 시효중단의 효력이 없다(제170조 제1항). 다만, 이 경우에도 6개월 내에 재판상의 청구, 파산절차참가, 압류 또는 가압류, 가처분을 한 때에는 시효는 최초의 재판상청구로 인하여 중단된 것으로 본다(제170조 제2항).

(a) 소(訴)의 제기: 통상적으로 소(訴)를 제기한다 함은 민사소송(民事訴訟)을 의미한다. 즉, 소멸시효의 진행을 중단케 하기 위하여 '소(訴)를 제기한다' 함은 민사소송을 제기하는 것을 말하며, 민사소송이면 본소(本訴)이든 반소(反訴)이든 상관없고, 이행(履行)의 소(訴), 확인의 소, 형성의 소를 포함한다. 형성의 소가 제기된 경우에도 시효중단의 효력이 있는지에 대하여는 반대설도 있으나 시효중단의 효력을 인정하는 것이 통설이다.

행정소송이나 형사소송은 소멸시효중단의 효력이 없다. 다만, 국세청의 과세처분에 대한 취소 또는 무효확인을 구하는 행정소송에 대하여는 시효중단의 효력이 인정된다(대판 92.3.31. 91다32053 전원합의체). 이 경우 과세처분의 취소 또는 무효확인청구의 소(訴)가 행정소송이라고 할지라도 조세환급을 구하는 부당이득반환청구권은 소멸시효 중단사유인 재판상의 청구에 해당한다고 보기 때문이다.

채권자가 동일한 목적을 달성하기 위하여 복수의 채권을 가지고 있는 경우에 그 중에서 어느 하나의 청구권을 행사하는 것은 다른 채권에 대한 소멸시효중단의 효력이 없다(대판 2001.3.23. 2001다6145).

|판 례|

행정소송·형사소송과 시효중단

대판 92.3.31. 91다32053 전원합의체 「일반적으로 위법한 행정처분의 취소·변경을 구하는 행정소송은 사권을 행사하는 것으로 볼 수 없으므로 사권에 대한 시효중단사유가 되지 못하는 것이나, 다만 오납(誤納)한 조세에 대한 부당이득반환청구권을 실현하기 위한 수단이 되는 과세처분의 취소 또는 무효확인을 구하는 소는 그 소송물이 객관적인 조세채무의 존부확인으로서 실질적으로 민사소송인 채무부존재확인의 소와 유사할 뿐 아니라, 과세처분의 유효여부는 그 과세처분으로 납부한 조세에 대한 환급청구권의 존부와 표리관계에 있어 실질적으로 동일 당사자인 조세부과권자와 납세의무자 사이의 양면적 법률관계라고 볼 수 있으므로, 위와 같은 경우에는 과세처분의 취소 또는 무효확인청구의 소가 비록 행정소송이라고 할지라도 조세환급을 구하는 부당이득반환청구권의 소멸시효 중단사유인 재판상 청구에 해당한다고 볼 수 있다.」

재심(再審)의 소(訴)와 시효중단

재심의 소에 대하여서도 시효중단의 효력을 인정할 수 있는지에 대하여 판례의 입장은 다음과 같다.

대판 98.6.12. 96다26961 「소유권이전등기를 명한 확정판결의 피고가 재심의 소를 제기하여 토지에 대한 소유권이 여전히 자신에게 있다고 주장한 것은 상대방의 시효취득과 양립할 수 없는 자신의 권리를 명확히 표명한 것이므로 이는 취득시효의 중단사유가 되는 재판상의 청구에 준하는 것이라고 볼 것이다.」

대판 92.4.24. 92다6983 「재판상 청구는 소송의 각하·기각·취하의 경우에는 시효중단의 효력이 없고, 다만 각하 또는 취하되었다가 6월 내에 다시 재판상 청구를 하면 시효는 중단되나 기각판결이 확정된 경우에는 청구권의 부존재가 확정됨으로써 중단의 효력이 생길 수 없으므로 청구기각판결의 확정 후 재심을 청구하였다 하더라도 시효의 진행이 중단된다고 할 수 없다.」

응소행위(應訴行爲)와 시효중단

권리자가 소(訴)를 제기하는 것이 아니라 피고(被告)로서의 단순한 응소행위(應訴行爲)에도 시효중단의 효력을 인정할 수 있는지에 대하여 학설은 대립한다. 통설은 긍정하는 입장이다.

종래의 판례는 응소행위에 대하여 시효중단의 효과를 인정하지 않는 입장이었으나 최근에 판례가 변경되었다.

대판 79.6.12. 79다573 「취득시효(取得時效)를 주장하여 소유권이전등기를 구하는 소에 있어서 그 답변으로 원고의 주장사실을 부인하고 목적 부동산이 피고의 소유라고 주장하는 것은 권리자 스스로 권리를 행사하는 행동이 아니어서 시효중단사유인 재판상의 청구에 해당한다고 볼 수 없다 할 것이며 그 소송이 원고의 패소로 확정되었다 하더라도 그 법리는 동일하다.」

대판 93.12.21. 92다47861 전원합의체 「민법 제168조 제1호, 제170조 제1항에서 시효중단사유의 하나로 규정하고 있는 재판상의 청구라 함은, 통상적으로는 권리자가 원고로서 시효를 주장하는 자를 피고로 하여 소송물인 권리를 소의 형식으로 주장하는 경우를 가리키지만, 이와 반대로 시효를 주장하는 자가 원고가 되어 소를 제기한 데 대하여 피고로서 응소하여 그 소송에서 적극적으로 권리를 주장하고 그것이 받아들여진 경우도 마찬가지로 이에 포함되는 것으로 해석함이 타당하다.」고 함으로써 이와 다른 종래의 판결들을 폐기하였다.

그러나 단순한 응소행위(應訴行爲)에 대해서는 여전히 시효중단의 효력을 인정하지 않고 있는 점에 주의를 요한다.

대판 97.2.28. 96다26190 「시효를 주장하는 자가 원고가 되어 소를 제기한 경우에 있어서, 피고가 응소행위를 하였다고 하여 바로 시효중단의 효과가 발생하는 것은 아니고, 변론주의 원칙상 시효중단의 효과를 원하는 피고로서는 당해 소송 또는 다른 소송에서의 응소행위로서 시효가 중단되었다고 주장하지 않으면 아니되고, 피고가 변론에서 시효중단의 주장 또는 이러한 취지가 포함되었다고 볼만한 주장을 하지 아니하는 한, 위와 같은 피고의 응소행위가 있었다는 사정만으로 당연히 시효중단의 효력이 발생한다고 할 수는 없다.」

기본적 법률관계에 대한 청구와 파생적 청구

권리에 대한 소의 제기는 그 기본적 법률관계의 확인청구도 포함하며, 반대로 기본적 권리관계의 확인청구의 소는 그 법률관계로부터 발생하는 개개의 권리관계에 대하여도 소멸시효를 중단시킨다.

대판 92.3.31. 91다32053 전원합의체 「시효중단사유로서의 재판상의 청구에는 그 권리 자체의 이행청구나 확인청구를 하는 경우만이 아니라, 그 권리가 발생한 기본적 법률관계에 관한 확인청구를 하는 경우에도 그 법률관계의 확인청구가 이로부터 발생한 권리의 실현수단이 될 수 있어 권리 위에 잠자는 것이 아님을 표명한 것으로 볼 수 있을 때에는 그 기본적 법률관계에 관한 확인청구도 이에 포함된다고 보는 것이 타당하다.」

대판 78.4.11. 77다2509 「파면처분무효확인의 소는 보수금채권을 실현하는 수단이라는 성질을 가지고 있으므로 보수금채권 자체에 관한 이행소송을 제기하지 않았다 하더라도 위 소의 제기에 의하여 보수금채권에 대한 시효는 중단된다.」

대판 94.5.10. 93다21606 「교직원의 학교법인을 상대로 한 의원면직처분무효확인청구의 소도 교직원의 학교법인에 대한 급여청구의 한 실현수단이 될 수 있어 소멸시효의 중단사유로서의 재판상 청구에 해당한다.」

대판 2004.2.13. 2002다7213 「원고의 근저당권설정등기청구권의 행사는 그 피담보채권이 될 금전채권의 실현을 목적으로 하는 것으로서, 근저당권설정등기청구의 소에는 그 피담보채권이 될 채권의 존재에 관한 주장이 당연히 포함되어 있는 것이고, 피고로서도 원고가 원심에 이르러 금전지급을 구하는 청구를 추가하기 전부터 피담보채권이 될 금전채권의 소멸을 항변으로 주장하여 그 채권의 존부에 관한 실질적 심리가 이루어져 그 존부가 확인된 이상, 그 피담보채권이 될 채권으로 주장되고 심리된 채권에 관하여는 근저당권설정등기청구의 소의 제기에 의하여 피담보채권이 될 채권에 관한 권리의 행사가 있은 것으로 볼 수 있으므로, 근저당권설정등기청구의 소의 제기는 그 피담보채권의 재판상의 청구에 준하는 것으로서 피담보채권에 대한 소멸시효 중단의 효력을 생기게 한다고 봄이 상당하다.」

원인청구와 어음채권의 시효중단

대판 99.6.11. 99다16378 「매매계약을 체결하고 매매대금의 지급을 위하여 어음을 발행하여 교부한 경우 채권자가 어음채권의 원인채권에 기한 소를 제기하는 것은 어음금(수표금도 마찬가지이다)채권 그 자체를 행사하는 것이라고 볼 수 없어 수표금채권이나 어음금채권의 소멸시효를 중단시키지 못하지만 이와 반대로 어음채권에 기한 소를 제기한 경우에는 원인채권의 소멸시효를 중단시키는 효력이 있다.」

일부청구와 시효중단의 범위

대판 92.4.10. 91다43695 「권리의 전부가 아닌 일부에 대하여서만 재판상의 청구를 한 경우에 시효중단의 범위는 법원에 청구한 일부에 한해서 그 효력이 있다. 즉, 하나의 채권 중에서 일부에 대해서만 판결을 구한다는 취지를 명백히 한 경우에는 그 일부에 대해서만 시효중단의 효력이 미친다. 다만, 일부만을 청구한 경우에도 그 취지로 보아 채권 전부에 관하여 판결을 구하는 것으로 해석된다면 그 청구액을 소송물인 채권의 전부로 보아야 하고 이러한 경우에는 그 채권의 동일성의 범위 내에서 그 전부에 관하여 시효중단의 효력이 발생한다고 해석함이 상당하다.」

담보가등기를 경료한 토지를 인도받아 점유하는 경우 피담보채권의 소멸시효의 중단 여부(소극)

대판 2007.3.15. 2006다12701 「담보가등기를 경료한 토지를 인도받아 점유할 경우 담보가등기의 피담보채권의 소멸시효가 중단되는 것은 아니고, 담보가등기에 기한 소유권이전등기청구권의 소멸시효가 완성되기 전에 그 대상 토지를 인도받아 점유함으로써 소유권이전등기청구권의 소멸시효가 중단된다 하더라도 위 담보가등기의 피담보채권이 시효로 소멸한 이상 위 담보가등기 및 그에 기한 소유권이전등기는 결국 말소되어야 할 운명의 것이다.」

(b) 파산절차참가: 채무가 채권을 초과하는 경우에 채무자 등의 신청에 의하여 법원이 채무자에 대하여 파산선고를 하게 되는데, 파산절차참가는 채권자가 파산재산의 배당에 참가하기 위하여 그의 채권을 신고하는 것이다(채무자 회생 및 파산에 관한 법률 제447조).

채무자가 파산선고를 받은 경우에 채권자는 파산절차에 따라서 권리를 행사할 수 있다. 이와 같은 파산절차에 권리자가 참가한 때에는 권리 위에 잠자지 않고 권리를 행사한 때에 해당하여 소멸시효중단의 효력이 생기지만, 채권자가 이를 취소하거나 그 청구가 각하된 때에는 시효중단의 효력이 없다(제171조).

채권자가 채무자에 대하여 파산선고를 내려 줄 것을 신청하는 경우에도 소멸시효의 중단효과가 발생하는지에 대하여 민법에는 규정을 두고 있지 않지만, 파산선고(破産宣告)의 신청은 파산절차에 참가하는 것보다 더 강력한 권리행사라고 할 수 있기 때문에 시효중단의 효과가 발생한다고 할 것이다(통설).

(c) 지급명령신청: 지급명령(支給命令)이라 함은 채권자와 채무자 간에 채권·채무관계가 명백하여 별로 다툼이 없는 경우에 채권자의 일방적 신청에 기초하여 법원이 채무자에게 채무내용에 좇은 이행을 명령하는 재판을 말한다(민사소송법 제462조 이하).

이와 같이 채권자의 신청에 의하여 법원이 채무자에 대하여 지급명령을 내리는 절차를 독촉절차(督促節次)라고 한다(민사소송법 제462조 내지 474조).

채권자가 법원에 지급명령을 신청하는 것은 권리자가 권리 위에 잠자지 않고 권리를 행사하는 때에 해당하므로 소멸시효중단의 효력이 발생한다. 다만, 민법 제172조(【지급명령과 시효중단】 지급명령은 채권 자가 법정기간 내에 가집행신청을 하지 아니함으로 인하여 그 효력을 잃은 때에는 시효중단의 효력이 없다)는 민사소송법상의 가집행선고부 지급명령

제도가 폐지됨에 따라서 사문화(死文化)되어 버렸다.

(d) 화해를 위한 소환 / 임의출석: 화해(和解)를 위한 소환은 상대방이 출석하지 아니하거나 화해가 성립되지 아니한 때에는 1월 내에 소를 제기하지 않으면 시효중단의 효력이 없다. 임의출석의 경우에 화해가 성립되지 아니한 때에도 시효중단의 효력이 없다(제173조).

(e) 민사조정신청: 민사조정(民事調停)을 신청한 때에도 시효중단의 효력이 있다(민사조정법 제35조 제1항). 다만, 조정신청을 취하한 때 또는 민사조정법 제31조 제2항의 규정에 의하여 조정신청이 취하된 것으로 보는 때에는 1월 이내에 소를 제기하지 아니하면 시효중단의 효력이 없다(민사조정법 제35조 제2항).

(f) 배당절차 참가: 배당절차(配當節次)에 참가한 때에도 소멸시효는 중단된다. 즉, 강제집행절차에서 배당참가를 하는 것도 적극적인 권리행사이므로 소멸시효중단의 효력이 인정된다.

(2) 압류 또는 가압류 · 가처분

강제집행절차로서의 압류 또는 집행보전절차로서의 가압류 · 가처분명령을 신청하는 행위는 권리를 행사하는 것이므로 시효중단의 효력이 있다.

그러나 압류, 가압류 및 가처분은 권리자의 청구에 의하여 또는 법률의 규정에 따르지 아니함으로 인하여 취소된 때에는 시효중단의 효력이 없다(제175조).

사망한 사람을 피신청인으로 한 가압류신청은 부적법하고 그 신청에 따른 가압류결정이 내려졌다고 하여도 그 결정은 당연 무효로서 그 효력이 상속인에게 미치지 않으며, 이러한 당연 무효의 가압류는 민법 제168조 제2호에 정한 소멸시효의 중단사유에 해당하지 않는다(대판 2006.8.24. 2004다26287, 26294).

또한, 압류, 가압류 및 가처분은 시효의 이익을 받을 자에 대하여 하지 아니한 때에는 시효중단의 효력이 없지만, 시효이익을 받을 자에게 이를 통지한 후에는 시효중단의 효력이 인정된다(제176조 참조). 예컨대 물상보증인의 재산에 대하여 압류를 한 경우에 이를 채무자에게 통지하면 채무자에 대하여도 소멸시효중단의 효력이 미친다.

판례(대판 97.8.29. 97다12990)도 '채권자가 물상보증인에 대하여 그 피담보채권의 실행으로서 임의경매를 신청하여 경매법원이 경매개시결정을 하고 경매절차의 이해관계인으로서의 채무자에게 그 결정이 송달되거나 또는 경매기일이 통지된 경우에는 시효의 이익을 받는 채무자는 민법 제176조에 의하여 당해 피담보채권의 소멸시효중단의 효과를 받는다'고 하였다.

채권자가 채무자의 제3채무자에 대한 채권을 압류 또는 가압류한 경우에 채무자에 대한 채권자의 채권에 관하여 시효중단의 효력이 생긴다고 할 것이나, 압류 또는 가압류된 채무자의 제3채무자에 대한 채권에 대하여는 민법 제168조 제2호 소정의 소멸시효 중단사유(압류 또는 가압류, 가처분)에 준하는 확정적인 시효중단의 효력이 생긴다고 할 수 없다. 다만 채권자가 확 정판결에 기한 채권의 실현을 위하여 채무자의 제3채무자에 대한 채권에 관하여 압류 및 추심명령을 받아 이 결정이 제3채무자에게 송달이 되었다면 거기에 소멸시효의 중단사유인 최고(催告)로서의 효력을 인정할 것이다(대판 2003.5.13. 2003다16238).

(3) 승　　인

승인(承認)이라 함은 시효이익을 받을 자가 시효로 인하여 권리를 잃게 될 자에 대하여 그 권리의 존재를 인정한다는 관념의 통지를 말한다.

승인은 시효의 완성으로 이익을 받게 될 채무자 또는 그 대리인이 시효의 완성으로 권리를 상실하게 될 자 또는 그 대리인에게 하여야 한다. 그러므로 보증인이 한 채무의 승인은 채무자에 대하여 효력이 없고, 경리과장이 한 승인은 회사에 대하여 승인으로서의 효력이 없다(대판 65.12.28. 65다2133). 또한, 피의자로서 신문을 받는 과정에서 검사에게 자신의 채무를 승인하는 진술을 하였더라도 이는 시효완성으로 권리를 잃게 될 자에 대하여 한 것이 아니므로 시효중단의 효력은 발생하지 않으며(대판 99.3.12. 98다18124), 선순위의 저당권이 설정된 부동산에 대하여 채무자가 채권자 아닌 제3자에게 동일한 부동산에 대하여 2번 저당권을 설정해 준 경우에도 선순위의 저당권자인 채권자에 대한 채무의 승인으로 되지 않는다.

승인의 방법은 아무런 형식을 요구하지 아니하고 또한 그 표시가 반드시 명시적일 것을 요하지 않고 묵시적인 방법으로도 가능한 것이기는 하지만, 그 묵시적인 승인의 표시는 적어도 채무자가 그 채무의 존재 및 액수에 대하여 인식하고 있음을 전제로 하여 그 표시를 대하는 상대방으로 하여금 채무자가 그 채무를 인식하고 있음을 그 표시를 통해 추단하게 할 수 있는 방법으로 행해져야 한다(대판 2007.11.29. 2005다64552).

즉 승인은 시효의 이익을 받는 이가 상대방의 권리 등의 존재를 인정하는 일방적 행위로서, 그 권리의 원인·내용이나 범위 등에 관한 구체적 사항을 확인하여야 하는 것은 아니고, 그에 있어서 채무자가 권리 등의 법적 성질까지 알고 있거나 권리 등의 발생원인을 특정하여야 할 필요는 없다고 할 것이다. 그리고 그와 같은 승인이 있는지 여부는 문제가 되는 표현행위의 내용·동기 및 경위, 당사자가 그 행위 등에 의하여 달성하려고 하는 목적과 진정한 의도 등을 종합적으로 고찰하여 사회정의와 형평의 이념에 맞도록 논리와 경험의 법칙, 그리고 사회일반의 상식에 따라 객관적이고 합리적으로 이루어져야 한다(대판 2012.10.25. 2012다45566). 예컨대 채무자가 채권자에게 지급유예를 부탁하였다거나 채무의 일부변제, 이자의 지급, 담보제공 또는 지불각서를 작성하는 경우 등은 묵시적 승인에 해당한다(대판 2006.1.26. 2002다74954 ; 동 96.1.23. 95다39854).

채무자와 제3자 사이에 면책적 채무인수(免責的債務引受)가 이루어진 경우, 소멸시효의 중단사유인 채무승인(債務承認)에 해당하며, 채무인수일로부터 새로이 소멸시효가 진행된다(대판 99.7.9. 99다12376). 면책적 채무인수란 채무의 동일성을 유지하면서 이를 종래의 채무자로부터 제3자인 인수인에게 이전하는 것을 목적으로 하는 계약으로서, 채무인수로 인하여 인수인은 종래의 채무자와 지위를 교체하여 새로이 당사자로서 채무관계에 들어서서 종래의 채무자와 동일한 채무를 부담하고 동시에 종래의 채무자는 채무관계에서 탈퇴하여 면책된다.

승인으로 인한 시효중단의 효력은 그 승인의 통지가 상대방에게 도달하는 때에 발생한다(대판 95.9.29. 95다30178).

승인은 그 권한(權限)을 가진 자가 하여야 하는데, 승인을 하기 위해서는 상대방의 권리에 관한 처분(處分)의 능력이나 권한 있음을 요하지 않지만(제177조), 그보다 정도가 낮은 관리(管理)할 능력이나 권한은 가지고 있어야 한다(통설).

왜냐 하면 승인은 권리의 존재를 인정하는 것에 불과하기 때문에 권리에 관하여 관리할 능력이나 권한만 가지고 있으면 되고, 굳이 권리에 관한 처분의 능력이나 권한 있음을 요구하지 않는 것이다. 여기에 해당하는 자로서는 예컨대 부재자를 위한 재산관리인(제25조)이나 권한의 범위를 정하지 않은 대리인(제118조) 등으로서 이들은 단독으로 승인할 수 있다.

'상대방의 권리에 관한 처분의 능력이나 권한'이라 함은 상대방의 중단되는 권리를 승인자 자신이 가지고 있다고 가정할 때, 이를 처분할 수 있는 권한이나 능력을 말하는 것으로 이해된다. 그러므로 피성년후견인이 한 승인 또는 미성년자나 피한정후견인이 법정대리인의 동의 없이 단독으로 한 승인은 소멸시효중단의 효력이 없다고 할 것이다.

승인의 법적 성질은 준법률행위인 관념의 통지에 해당하며, 법률행위에 관한 규정이 유추적용된다고 할 것이다. 따라서 승인을 하기 위해서는 승인자에게 행위능력이 필요하다.

판례(대판 90.6.8. 89다카17812)도 '손해배상채무자가 가입한 자동차보험회사에서 손해배상채권자들에게 자동차사고로 인한 손해배상금의 일부를 지급하고, 합의금액의 절충을 시도한 경우, 위 보험회사는 보험가입자를 위한 포괄적 대리권이 있다고 해석되고 채무자의 대리인인 보험회사가 채권자들에 대한 손해배상채무를 승인하였다고 할 것이니 그 승인의 효과는 채무자에게 미친다고 할 것이므로, 채권자들의 손해배상청구권에 대한 소멸시효의 진행은 위 승인시에 중단되었다'고 한다.

승인은 소멸시효의 진행이 개시된 이후로부터 시효완성 전에만 가능하다. 소멸시효가 진행하기 전에는 승인을 하더라도 시효가 중단되지 않으며, 소멸시효가 완성된 후에 승인을 하는 것은 시효이익을 포기한 것으로 이해하여야 할 것이다(대판 2009.7.9. 2009다14340). 또한 현존하지 않는 장래의 채권을 미리 승인하는 것은 채무자가 그 권리의 존재를 인식하고 한 것이라고 볼 수 없어 허용되지 않는다(대판 2001.11.9. 2001다52568).

2. 소멸시효중단의 효력

(1) 소멸시효중단의 시기

청구에 의한 소멸시효의 중단은 권리자가 권리를 행사한 때에 발생한다. 예컨대 소를 제기하는 경우에는 소장(訴狀)을 법원에 제출한 때 또는 지급명령을 신청한 때에 시효중단의 효력이 생긴다(민사소송법 제265조).

다만, 최고(催告)는 6월 내에 재판상의 청구, 파산절차참가, 화해를 위한 소환, 임의출석, 압류 또는 가압류, 가처분을 하지 아니하면 시효중단의 효력이 없다(제174조).

(2) 소멸시효중단의 인적 범위

소멸시효의 중단은 당사자 및 그 승계인 간에만 효력이 있다(제169조).

당사자(當事者)라 함은 소멸시효의 중단에 관여한 직접의 당사자만을 말하고, 시효의 대상인 권리의 당사자를 말하는 것이 아니다. 예컨대 공유자의 한 사람이 공유물의 보존행위로서 제소(提訴)한 경우, 그 제소로 인한 시효중단의 효력은 재판상의 청구를 한 그 공유자에 한하여 발생하고 다른 공유자에게는 미치지 아니한다(대판 79.6.26. 79다639). 즉 부동산 공유자 중의 한 사람은 당해 부동산에 관하여 제3자 명의로 원인무효의 소유권이전등기가 경료되어 있는 경우, 공유물에 관한 보존행위(保存行爲)로서 그 제3자에 대하여 그 등기 전부(全部)의 말소를 구할 수 있으나, 공유자의 한 사람이 공유물의 보존행위로서 그 공유물의 일부 지분(持分)에 관하여서만 재판상 청구를 하였으면 그로 인한 시효중단의 효력은 그 공유자와 그 청구한 소송물에 한하여 발생한다(대판 99.8.20. 99다15146).

승계인(承繼人)이라 함은 시효중단에 관여한 당사자로부터 중단의 효과를 받는 권리를 그 중단효과 발생 이후에 승계한 자를 가리킨다(대판 98.6.12. 96다26961).

승계인에는 포괄승계인과 특정승계인을 모두 포함한다(대판 97.4.25. 96다46484).

(가) 채권자대위권의 행사와 시효중단 채권자대위권을 재판상 행사한 경우에 채무자의 제3채무자에 대한 권리의 소멸시효는 중단된다. 그러나 채권자의 채무자에 대한 권리는 시효중단되지 않는다. 채권자가 행사한 권리는 채무자의 제3채무자에 대한 채권이기 때문이다.

채권자가 채권자대위권을 행사하여 제3자에 대하여 하는 청구에 있어서, 제3채무자는 채무자가 채권자에 대하여 가지는 항변으로 대항할 수 없으며, 채권의 소멸시효가 완성된 경우 이를 원용할 수 있는 자는 원칙적으로는 시효이익을 직접 받는 자뿐이고, 채권자대위소송의 제3채무자는 이를 행사할 수 없다(대판 2009.9.10. 2009다34160).

(나) 지역권과 소멸시효의 중단 요역지가 수인(數人)의 공유인 경우에 그 1인에 의한 지역권의 소멸시효의 중단은 다른 공유자를 위하여 효력이 있다(제296조).

(다) 연대채무자의 이행청구의 절대적 효력 채권자가 어느 연대채무자에 대하여 이행청구를 한 때에는 다른 연대채무자에게도 소멸시효중단의 효력이 있다(제416조). 따라서 이행청구에 의한 시효중단의 효력도 모든 연대채무자에게 미친다.

그러나 부진정연대채무자(不眞正連帶債務者) 간에는 그 효력이 미치지 않는다(대판 97.9.12. 95다42027).

▌판 례▐

대판 97.9.12. 95다42027

「부진정연대채무(不眞正連帶債務)에 있어 채무자 1인에 대한 이행의 청구는 타 채무자에 대하여 그 효력이 미치지 않으므로, 하천구역으로 편입된 토지의 소유자가 서울특별시장에게 보상금지급청구를 하였다 하더라도 부진정연대채무관계에 있는 국가에 대하여 시효중단의 효과가 발생한다고 할 수 없다.」

(라) 보증채무의 특칙 주채무자에 대한 시효중단은 보증인에 대하여 그 효력이 있다(제440조). 즉, 주채무자에 대한 시효중단의 사유가 발생하였을 때는 그 보증인에 대하여 통지를 하는 등의 별도의 조치가 이루어지지 않더라도 시효중단의 효력은 보증인에게 미친다(대판 2005.11.27. 2005다35554, 35561).

그러나 주채무자에게 시효중단의 사유가 없는 한 연대보증인에 대한 시효중단의 사유가 있다고 하여 주채무까지 시효로 중단되었다고 할 수 없다.

❚판 례❚

대판 94.1.11. 93다21477

[1] 채권자가 연대보증인 겸 물상보증인 소유의 담보부동산에 대하여 임의경매의 신청을 하여 경매개시결정에 따른 압류의 효력이 생겼다면 채권자는 그 압류의 사실을 통지하지 아니하더라도 연대보증인 겸 물상보증인에 대하여 시효의 중단을 주장할 수 있다.

[2] 시효의 중단은 시효중단행위에 관여한 당사자 및 그 승계인 사이에 효력이 있는 것이므로 위 [1]항과 같은 경우에도 연대보증인 겸 물상보증인은 보증채무의 부종성에 따라 주채무가 시효로 소멸되었음을 주장할 수는 있는 것으로서, 주채무자에 대한 시효중단의 사유가 없는 이상 연대보증인 겸 물상보증인에 대한 시효중단의 사유가 있다 하여 주채무까지 시효중단되었다고 할 수는 없다.

3. 중단 후의 시효진행

시효가 중단된 때에는 중단시까지 경과한 시효기간은 이를 산입하지 아니하고 중단사유가 종료한 때로부터 새로이 진행한다(제178조 제1항).

재판상의 청구로 인하여 중단한 시효는 재판이 확정된 때로부터 전기간(全期間)이 새로이 진행한다(제178조 제2항).

II. 소멸시효의 정지

1. 의 의

소멸시효의 정지(停止)라 함은 권리자가 소멸시효를 중단케 하는 것이 불가능하거나 또는 곤란한 사정이 있는 경우에 시효기간의 진행을 일시적으로 멈추게 하고 다시 진행하도록 하는 것을 말한다.

2. 소멸시효의 정지사유

(1) 제한능력자의 시효정지

소멸시효의 기간만료 전 6개월 내에 제한능력자에게 법정대리인이 없는 경우에는 그가 능력자가 되거나 법정대리인이 취임한 때부터 6개월 내에는 시효가 완성되지 아니한다(제179조).

(2) 재산관리자에 대한 제한능력자의 권리와 시효정지

재산을 관리하는 아버지, 어머니 또는 후견인에 대한 제한능력자의 권리는 그가 능력자가 되거나 후임 법정대리인이 취임한 때부터 6개월 내에는 소멸시효가 완성되지 아니한다(제180조 제1항).

(3) 부부 사이의 권리와 시효정지

부부 중 한쪽이 다른 쪽에 대하여 가지는 권리는 혼인관계가 종료된 때부터 6개월 내에는 소멸시효가 완성되지 아니한다(제180조 제2항).

(4) 상속재산에 관한 권리와 시효정지

상속재산에 속한 권리나 상속재산에 대한 권리는 상속인의 확정, 관리인의 선임 또는 파산선고가 있는 때로부터 6월 내에는 소멸시효가 완성하지 아니한다(제181조).

(5) 천재 기타 사변과 시효정지

천재 기타 사변으로 인하여 소멸시효를 중단할 수 없을 때에는 그 사유가 종료한 때로부터 1월 내에는 시효가 완성하지 않는다(제182조).

제5절 효 력

Ⅰ. 소멸시효의 완성과 권리소멸

권리자가 권리를 행사할 수 있는 때로부터 일정한 기간동안 권리를 행사하지 않으면 그 권리의 소멸시효가 완성한다. 이 경우에 소멸시효가 완성한다는 의미에 대하여 어떻게 이해하여야 할 것인지에 대하여 학설의 대립이 있다.

1. 상대적 소멸설

상대적 소멸설(相對的消滅說)은 소멸시효기간의 완성으로 권리가 당연히 소멸하지 않으며, 다만 채무자 등이 시효완성에 의한 권리의 소멸을 주장할 수 있다는 입장이다.

즉, 소멸시효완성의 사실에 대한 원용권(援用權)만을 취득하였을 뿐이라고 이해하여 채무자 등이 시효완성의 사실을 원용하면 권리소멸의 효과가 발생하지만 원용하지 않으면 권리소멸의 효과는 발생하지 않는다. 그러므로 채무자 등이 소멸시효완성의 사실을 원용하지 않고서 채무를 이행하면 그것은 적법한 채무의 이행이 된다고 이해한다.

2. 절대적 소멸설

절대적 소멸설(絶對的消滅說)은 소멸시효가 완성되면 채무자 등이 소멸시효의 완성사실을 주장하지 않아도 권리는 당연히 소멸하는 효과가 발생한다는 입장이다.

3. 판　　례

소멸시효완성의 효력에 대하여 판례(대판 66.1.31. 65다2445)는 절대적 소멸설을 따른다. 즉, 판례는 당사자의 원용이 없어도 시효완성의 사실로서 채무는 당연히 소멸한다는 입장이다.

다만 민사소송법상 변론주의(辯論主義 : 재판의 기초가 되는 사실 등을 당사자가 법원에 대하여 주장하여야 하며, 법원은 당사자가 주장한 사실에 의하여서만 재판 할 수 있다는 심리방식)가 채용되어 있기 때문에 채무자 등이 재판과정에서 시효완성의 사실을 주장하여야 한다.

▌판 례▐

대판 80.1.29. 79다1863

[판시사항]

[1] 소멸시효의 원용(변론주의)

[2] 민법 부칙 제10조에 의한 소유권이 소멸되었다는 항변을 소멸시효 완성의 항변으로 볼 수 있는지 여부(소극)

[판결요지]

[1] 소멸시효기간 만료로 인한 권리소멸에 관한 것은 그 시효의 이익을 받는 자가 시효완성의 항변을 하지 않으면, 그 의사에 반하여 재판할 수 없다.

[2] 민법 부칙 제10조 제1항에 의한 등기를 경료하지 아니함으로 인하여 그 부동산에 관한 소유권을 상실하였다는 항변만 있는 경우에 소유권이전등기청구권이 소멸시효기간 만료로 인하여 소멸되었다고 판단한 것은 변론주의의 원칙위배 내지 소멸시효에 관한 법리오해의 위법이다.

II. 소멸시효를 원용할 수 있는 사람

소멸시효를 원용할 수 있는 사람은 권리의 소멸에 의하여 직접 이익을 받는 사람에 한한다. 예컨대 채무자뿐만 아니라 타인의 채무를 담보하기 위하여 자기의 물건에 담보권을 설정한 물상보증인(대판 2004.1.16. 2003다30890), 사해행위 취소소송의 상대방이 된 수익자(대판 2007.11.29. 2007다54849), 유치권이 성립된 부동산의 매수인(대판 2009.9.24. 2009다39530) 또는 담보가등기가 경료된 부동산을 양수하여 소유권이전등기를 마친 제3자도 그 가등기담보권의 피담보채권의 소멸에 의하여 직접 이익을 받는 자이므로 그 가등기담보권에 의하여 담보된 채권의 채무자가 아니더라도 그 피담보채권에 관한 소멸시효를 원용할 수 있다. 이 경우에 직접 수익자의 소멸시효 원용권은 채무자의 소멸시효 원용권에 기초한 것이 아닌 독자적인 것으로서 채무자를 대위하여서만 시효이익을 원용할 수 있는 것은 아니다(대판 95.7.11. 95다12446).

이에 대하여 채무자에 대한 일반 채권자는 자기의 채권을 보전하기 위하여 필요한 한도 내에서 채무자를 대위하여 소멸시효의 완성을 주장할 수 있을 뿐 채권자의 지위에서 독자적으로 소멸시효의 완성을 주장할 수는 없다고 할 것이다(대판 2007.3.30. 2005다11312).

그러나 채무자에 대하여 아무런 채권도 갖고 있지 않은 자는 소멸시효의 주장을 대위하여 원용할 수도 없다고 할 것이다(대판 2007.3.30. 2005다11312).

또한 채권자가 채권자대위권을 행사하여 제3자에 대하여 하는 청구에 있어서, 제3채무자는 채무자가 채권자에 대하여 가지는 항변으로 대항할 수 없고, 채권의 소멸시효가 완성된 경우, 이를 원용할 수 있는 자는 원칙적으로는 시효이익을 직접 받는 자뿐이고, 채권자대위소송의 제3채무자는 이를 행사할 수 없다(대판 98.12.8. 97다31472).

Ⅲ. 소멸시효의 완성과 소급효

소멸시효는 그 기산일(起算日)에 소급하여 효력이 생긴다(제167조). 따라서 금전채권의 소멸시효가 완성되면 원본채권뿐만 아니라 기산일 이후의 이자도 지급할 필요가 없다.

Ⅳ. 소멸시효이익의 포기

소멸시효가 완성된 채권에 대하여 채무자는 명시적으로 또는 묵시적으로 시효이익을 포기할 수 있다. 그러나 소멸시효가 완성되기 전에 미리 포기하지는 못한다(제184조 제1항). 이는 채권자가 채무자의 궁박한 상태를 이용하여 채무자로 하여금 시효이익을 미리 포기하게 할 염려가 있기 때문이다.

마찬가지로 채무자에게 불리하도록 소멸시효의 완성을 어렵게 하는 특약도 무효라고 할 것이다. 그러나 이와 반대로 채무자에게 불리하지 않은 특약은 유효하다. 즉, 당사자는 법률행위에 의하여 소멸시효를 배제하거나 연장 또는 가중할 수는 없으나 이를 단축하거나 경감하는 합의는 할 수 있다(제184조 제2항 참조).

예컨대 특정한 채무의 이행을 청구할 수 있는 기간을 제한하고 그 기간을 도과할 경우 채무가 소멸하도록 하는 약정은 민법에 의한 소멸시효기간을 단축하는 약정으로서 특별한 사정이 없는 한 민법 제184조 제2항에 의하여 유효하다(대판 2006.04.14. 2004다70253).

소멸시효이익의 포기에 대하여 상대적 소멸설은 채무자가 가지는 원용권의 포기로 이해하는데, 절대적 소멸설은 채무자가 소멸시효의 이익을 받지 않겠다는 의사표시로 이해한다.

소멸시효 이익의 포기사유로서의 채무의 승인은 그 표시의 방법에는 아무런 제한이 없지만, 적어도 채무자가 채권자에 대하여 부담하는 채무의 존재에 대한 인식의 의사를 표시함으로써 성립하게 되고, 그러한 취지의 의사표시가 존재하는지 여부의 해석은 그 표시된 행위 내지 의사표시의 내용과 동기 및 경위, 당사자가 그 의사표시 등에 의하여 달성하려고 하는 목적과 진정한 의도 등을 종합적으로 고찰하여 사회정의와 형평의 이념에 맞도록 논리와 경험의 법칙, 그리고 사회일반의 상식에 따라 객관적이고 합리적으로 이루어져야 할 것이다(대판 2008.7.24. 2008다25299).

판례(대판 2001.6.12. 2001다3580)는 채무자가 소멸시효 완성 후 채무를 일부 변제한 때에는 그 액수에 관하여 다툼이 없는 한 그 채무 전체를 묵시적으로 승인한 것으로 보아야 하고, 이 경우 시효완성의 사실을 알고 그 이익을 포기한 것으로 추정되므로, 소멸시효가 완성된 채무를 피담보채무로 하는 근저당권이 실행되어 채무자 소유의 부동산이 경락되고 그 대금이 배당되어 채무의 일부 변제에 충당될 때까지 채무자가 아무런 이의를 제기하지 아니하였다면, 경매절차의 진행을 채무자가 알지 못하였다는 등 다른 특별한 사정이 없는 한, 채무자는 시효완성의 사실을 알고 그 채무를 묵시적으로 승인하여 시효의 이익을 포기한 것으로 이해한다.

그러나 채무자가 채권자로부터 소멸시효가 완성된 연대보증채무의 이행청구를 받고 그 채무액의 일부를 지급하고 사건을 종결하자는 내용의 합의안을 제의하였다가 거절당한 경우, 합의안 제의의 배경 등 제반 사정에 비추어 채무자가 위 합의안을 제의한 사실만으로 채권자에게 연대보증채무를 부담하고 있다는 채무승인의 뜻을 확정적으로 표시한 것이라고 해석하기 어렵다고 할 것이다(대판 2008.7.24. 2008다25299).

채무자가 소멸시효 완성 후에 채권자에 대하여 채무를 승인함으로써 그 시효의 이익을 포기(抛棄)한 경우에는 그 때부터 새로이 소멸시효가 진행한다(대판 2009.7.9. 2009다14340).

▌판 례▌

시효이익의 포기와 소멸시효 중단사유로서의 채무승인

[1] 시효이익을 받을 채무자는 소멸시효가 완성된 후 시효이익을 포기할 수 있고, 이것은 시효의 완성으로 인한 법적인 이익을 받지 않겠다고 하는 의사표시(意思表示)이다. 그리고 그러한 시효이익 포기의 의사표시가 존재하는지의 판단은 표시된 행위 내지 의사표시의 내용과 동기 및 경위, 당사자가 의사표시 등에 의하여 달성하려고 하는 목적과 진정한 의도 등을 종합적으로 고찰하여 사회정의와 형평의 이념에 맞도록 논리와 경험의 법칙, 그리고 사회일반의 상식에 따라 객관적이고 합리적으로 이루어져야 한다.

[2] 소멸시효 중단사유로서의 채무승인(債務承認)은 시효이익을 받는 당사자인 채무자가 소멸시효의 완성으로 채권을 상실하게 될 자에 대하여 상대방의 권리 또는 자신의 채무가 있음을 알고 있다는 뜻을 표시함으로써 성립하는 이른바 관념의 통지로 여기에 어떠한 효과의사가 필요하지 않다. 이에 반하여 시효완성 후 시효이익의

> 포기가 인정되려면 시효이익을 받는 채무자가 시효의 완성으로 인한 법적인 이익을 받지 않겠다는 효과의사가 필요하기 때문에 시효완성 후 소멸시효 중단사유에 해당하는 채무의 승인이 있었다 하더라도 그것만으로는 곧바로 소멸시효 이익의 포기라는 의사표시가 있었다고 단정할 수 없다(대판 2013.2.28. 2011다21556).

Ⅴ. 시효이익의 포기의 상대적 효력

소멸시효이익의 포기의 효과는 상대적이므로 다른 사람에게는 영향을 미치지 않는다. 즉, 시효이익을 포기할 수 있는 사람이 여럿인 경우에 한 사람의 시효이익의 포기는 다른 사람에게 영향을 주지 않는다.

주채무자가 소멸시효의 이익을 포기하더라도 그 포기는 보증인에게는 그 효력이 없고(대판 91.1.29. 89다카1114), 시효이익 포기의 효력이 저당부동산의 제3취득자에게는 효력이 없다(대판 2010.3.11. 2009다100098).

Ⅵ. 종속된 권리와 소멸시효의 완성

주된 권리의 소멸시효가 완성한 때에는 종속된 권리에 그 효력이 미친다(제183조). 예컨대 주된 권리인 원본채권의 소멸시효가 완성되면 종된 권리인 이자채권의 소멸시효기간이 완성되지 않은 경우에도 이자채권은 소멸된다.

또한 보증채무에 대한 소멸시효가 중단되는 등의 사유로 완성되지 아니하였다고 하더라도 주채무에 대한 소멸시효가 완성된 경우에는 시효완성 사실로써 주채무가 당연히 소멸되므로 보증채무의 부종성에 따라 보증채무 역시 당연히 소멸된다. 그리고 주채무에 대한 소멸시효가 완성되어 보증채무가 소멸된 상태에서 보증인이 보증채무를 이행하거나 승인하였다고 하더라도, 주채무자가 아닌 보증인의 행위에 의하여 주채무에 대한 소멸시효 이익의 포기 효과가 발생된다고 할 수 없으며, 주채무의 시효소멸에도 불구하고 보증채무를 이행하겠다는 의사를 표시한 경우 등과 같이 부종성을 부정하여야 할 다른 특별한 사정이 없는 한 보증인은 여전히 주채무의 시효소멸을 이유로 보증채무의 소멸을 주장할 수 있다고 보아야 한다(대판 2012.7.12. 2010다51192).

제2편

물 권

제1절 서 설

Ⅰ. 물권의 의의

물권(物權)이라 함은 특정한 물건(物件)을 타인의 행위를 개입시키지 않고 직접 지배하여 사용함으로써 이익을 얻을 수 있는 배타적인 권리를 말한다.

이와 같이 물권은 물건을 객체로 하는 권리이다. 다만, 일정한 경우에는 물건 이외의 것이 물권의 객체가 되는 경우가 있다. 예컨대 물건이 아닌 재산권을 사실상 행사하는 경우에 점유에 관한 규정이 준용되는데, 이를 준점유(準占有)라 한다(제210조). 또한 동산 이외에도 재산권을 질권의 목적으로 할 수 있으며(이를 권리질권이라고 한다. 제345조), 지상권이나 전세권을 저당권의 목적으로 할 수 있다(제37조 제1항). 이와 같이 물권은 물건을 객체로 하는 권리인 데 대하여, 채권(債權)은 채무자의 특정한 행위(行爲)를 객체로 하는 권리인 점에서 서로 다르다.

Ⅱ. 물권의 특질

물권은 물건을 직접 지배할 수 있는 권리이다. 이에 대하여 채권은 특정인에게 일정한 행위를 청구하는 권리이다. 또한 물권은 지배권이고, 채권은 청구권이다.

1. 지 배 권

소유자 기타의 물권자는 물건을 직접 지배할 수 있다. '지배(支配)'라 함은 점유라고 하는 물건에 대한 사실상의 지배에 국한하지 않고 나아가 물건에 대한 사용·수익·처분 등 물건이 가지는 모든 가치에 대한 경제적 이익의 귀속자가 되는 것을 의미한다.

물건을 '직접(直接)' 지배한다는 것은 타인의 행위를 개입시키지 않고 권리의 객체로부터 만족을 얻는다는 것이다. 이 점에서 채무자라는 타인의 행위를 개입시켜서 비로소 권리의 만족을 얻게 되는 채권과 다르다.

소유자에게는 원칙으로 물건이 가지는 모든 이익이 귀속하지만 소유자 이외의 물권자에게는 본래 소유자에게 귀속하여야 할 경제적 이익 가운데 그 일부가 분리되어 귀속하게 될 뿐이다. 즉, 제한된 범위에서 지배권을 인정받게 되는데, 이러한 권리를 제한물권(制限物權)이라고 한다.

2. 배 타 성

물건을 직접 지배하기 위해서는 타인의 경합하는 지배도 배제할 수 있어야 한다. 즉, 그 물건에 대한 독점적 지배를 가능하게 할 필요가 있다.

구체적으로는 타인의 경합하는 지배를 침해라고 하여, 그 배제를 법적으로 보장받게 된다. 이와 같은 성질이 배타성(排他性)이다. 이러한 배타성을 구체적으로 보장하는 권리를 '방해배제청구권'이라고 한다. 이러한 방해배제청구권에는 침해의 형태에 따라 반환청구, 방해제거청구, 예방청구의 세 종류가 있다.

3. 채권과 방해배제청구권

채권(債權)이라 함은 특정인에 대하여 일정한 행위를 청구하는 권리로서 채권에는 물권과 달리 배타성이 없다.

문제는 배타성이 없는 채권에 방해배제청구권이 인정될 수 있는가 하는 것이다. 학설은 대체로 방해배제청구권이 물권에 고유한 것은 아니며 '권리의 불가침성'으로부터 발생하는 것이기 때문에 배타성이 없는 채권에도 인정될 수 있다고 한다. 다만, 채권은 물권과 달리 공시되지 않기 때문에 사실상의 제약조건을 붙이는 것이 일반적이다. 예컨대 채권인 임차권(賃借權)에 기한 방해배제청구권을 인정할 것인가 하는 문제이다.

제3자가 임차권을 침해하고 있는 경우에 그 구제방법으로는 첫째로, 임차인이 임차물을 점유하고 있는 경우에는 점유권에 기하여 방해의 배제와 손해배상을 청구할 수 있다. 둘째로, 임차인은 임대인이 침해자에 대하여 가지는 방해배제청구권을 대위행사할 수 있다. 셋째로, 임차권의 침해가 제3자에 의한 채권침해로서 불법행위로 되는 경우에는 손해배상을 청구할 수 있다.

문제는 임차권이라는 본권에 기한 방해배제를 청구할 수 있느냐 하는 것이다. 이에 대하여 임차권은 상대권인 채권으로서 임차권에 기한 방해배제청구를 인정할 수 없다는 견해와 대항력 있는 임차권에 관하여 정책적·예외적으로 방해배제를 인정할 수 있다는 견해가 대립한다. 후설에 의하는 경우에도 방해제거 및 방해예방에 한하여 인정하여야 하며 목적물반환청구는 방해배제의 범위를 넘는 것이어서 인정할 수 없다고 한다. 왜냐 하면 채권에 있어서 방해제거는 논리적·필연적 귀결은 아니며 정책적인 이유에 의하여 인정할 뿐이기 때문이라고 한다.

판례(대판 2002.2.26. 99다67079)는 등기된 임차권에는 용익권적 권능 외에 임차보증금 반환 채권에 대한 담보권적 권능이 있고, 임대차기간이 종료되면 용익권적 권능은 임차권등기의 말소등기 없이도 곧바로 소멸하나 담보권적 권능은 곧바로 소멸하지 않는다고 할 것이어서 임차권자는 임대차기간이 종료한 후에도 임차보증금을 반환받기까지는 임대인이나 그 승계인에 대하여 임차권등기의 말소를 거부할 수 있다고 할 것이고, 따라서 임차권등기가 원인 없이 말소된 때에는 그 방해를 배제하기 위한 청구를 할 수 있다고 한다.

제2절　물권의 종류

Ⅰ. 물권법정주의

1. 의　　의

민법 제185조는 "물권은 법률 또는 관습법에 의하는 외에는 임의로 창설하지 못한다."고 규정하고 있다. 이를 물권법정주의(物權法定主義)라 한다.

즉, 물권법정주의를 정하고 있는 민법 제185조는 강행규정(强行規定)으로서 당사자는 법률이나 관습법에서 정하는 종류 이외의 물권을 임의로 창설할 수 없을 뿐만 아니라(종류강제) 민법이나 관습법에서 인정하는 것과 다른 내용을 인정할 수도 없다(내용강제)는 것이다.

판례(대판 2002.2.26. 2001다64165)는 성문법이나 관습법에 의하지 않은 관습상의 사도통행권(私道通行權)을 인정하는 것은 물권법정주의에 위배되는 것이라고 한다.

민법에서 물권법정주의를 취하는 이유는 대세권(對世權) 내지는 배타적 권리로서의 물권에 대한 공시방법을 기능적으로 확보하여 제3자에게 예측하지 못한 손해가 발생하지 않도록 하는 데 있다. 즉, 물권의 종류와 내용을 미리 법률로 정하여 그에 따른 공시방법을 명료하게 함으로써 거래안전과 원활을 도모하고자 하는 것이다.

2. 민법 제185조의 해석

민법 제185조의 '법률'이라 함은 법원(法源)에 관한 민법 제1조의 '법률'의 의미와는 다르다. 즉, 제185조에서의 법률이라 함은 입법기관에 의하여 만들어진 헌법상 의미의 법률(Gesetz)을 말하며, 명령이나 규칙과 같은 하위규범은 포함하지 않는다.

민법 제185조는 관습법에 의해서도 물권의 창설을 허용하고 있는데 관습법의 효력에 관하여 보충적 효력설, 대등적 효력설, 변경적 효력설이 대립한다.

보충적 효력설에 의하면 관습법은 성문법에 대한 보충적 효력을 가지는 데 지나지 않으므로 관습법에 의해서는 민법 등 법률에서 정하고 있는 물권과 다른 종류나 다른 내용의 물권이 성립될 수 없고, 법률에 아무런 규정이 없는 경우에 한하여 관습법에 의한 물권의 성립이 가능하다고 한다.

이에 대하여 대등적 효력설이나 변경적 효력설에 의하면 민법 제185조는 민법 제1조에 대한 예외로서 관습법은 성문법과 대등한 효력을 가지는 것이며, 법률에서 정하고 있지 않은 물권에 대해서도 관습법에 의하여 성립될 수 있을 뿐만 아니라 법률에서 정하고 있는 물권과 같은 종류의 것이더라도 그 내용을 달리하는 물권이 관습법에 의하여 성립될 수 있다고 한다.

II. 물권의 종류

1. 민법상의 물권

민법에서 인정하는 물권에는 점유권, 소유권, 지상권, 지역권, 전세권, 유치권, 질권, 저당권이 있다.

(1) 점유권과 본권

점유권(占有權)이라 함은 물건을 사실상 지배하고 있는 상태 그 자체를 보호하는 것을 목적으로 하는 권리이다. 물건을 사실상 지배하고 있기만 하면 그 물건에 대하여 지배할 수 있는 정당한 권원이 있는지 여부는 불문한다.

이에 대하여 본권(本權)이라 함은 물건에 대한 사실상의 지배를 정당하게 해 주는 권리를 말하는 것으로 물건에 대하여 사실상 지배하고 있는지 여부는 상관없다. 예컨대 도둑이 물건을 훔쳐서 그 훔친 물건을 가지고 있는 경우에 그 물건에 대하여 본권을 가지고 있지 않지만 점유권은 가진다.

점유권과 본권은 동일물 위에 중복하여 존재할 수 있다. 예컨대 물건의 소유자가 그 물건을 사실상 지배하고 있는 경우에 물건의 소유자는 점유권과 본권으로서의 소유권을 가진다.

본권은 물권뿐만 아니라 임차권 등의 채권에도 적용할 수 있는 개념이다. 예컨대 임차인은 임차물에 대하여 임차권이라는 본권과 함께 그 임차목적물을 사실상 지배하므로 점유권도 가진다.

이와 같이 점유권과 본권을 구별하는 실익은 보호목적과 그 수단이 다르기 때문이다.

(2) 소유권과 제한물권

소유권(所有權)이라 함은 물건을 전면적으로 지배할 수 있는 권리, 즉 물건이 가지는 사용가치뿐만 아니라 교환가치 전부를 지배할 수 있는 권리이다.

이에 반하여 제한물권(制限物權)이라 함은 소유권에 대한 제한으로 성립하며 그 내용도 제한적이다. 즉, 제한물권은 물건에 대한 사용가치나 교환가치만을 지배할 수 있는 권리이다. 이러한 제한물권에는 용익물권과 담보물권이 있다.

(3) 용익물권과 담보물권

용익물권(用益物權)이라 함은 타인 소유의 물건에 대한 사용가치의 지배를 내용으로 하는 권리이다. 용익물권에는 지상권, 지역권과 전세권이 있다.

담보물권(擔保物權)은 타인 소유의 물건에 대한 교환가치의 지배를 내용으로 하는 권리이다. 담보물권은 다시 일정한 요건이 구비되면 당사자의 합의와 관계없이 당연히 성립하는 법정담보물권과 당사자의 합의에 의하여 성립하는 약정담보물권으로 나뉜다. 법정담보물권으로는 유치권이 있고, 약정담보물권으로는 질권과 저당권이 있다.

(4) 동산물권과 부동산물권

물권은 그 객체가 동산인지 또는 부동산인지에 따라 동산물권과 부동산물권으로 나눌 수 있다. 부동산물권은 등기에 의하여 공시하며, 동산물권은 점유에 의하여 공시되는 점에 차이가 있다.

민법에서 인정하는 물권으로서 동산과 부동산 중에서 동산만을 객체로 하는 물권에는 질권이 있고, 부동산만을 객체로 하는 물권에는 지상권 · 지역권 · 전세권 그리고 저당권이 있다. 소유권 · 점유권 · 유치권은 동산과 부동산 모두를 그 객체로 한다.

2. 민법 이외의 법률이 인정하는 물권

민법 이외의 법률이 인정하는 물권으로는 상법상의 상사유치권(상법 제58조), 상사질권(상법 제59조) 등이 있다. 특별법이 인정하는 물권으로는 공장저당권(공장 및 광업재단 저당법 제3조, 제4조), 입목저당권(입목에 관한 법률 제3조), 가등기담보권(가등기담보 등에 관한 법률 제1조) 등이 있다.

3. 관습법에서 인정하는 물권

관습법에 의하여 인정되는 물권으로는 분묘기지권, 관습법상의 법정지상권 그리고 동산의 양도담보가 있다. 대물변제예약형태의 부동산양도담보는 '가등기담보 등에 관한 법률'의 제정으로 특별법에 의한 담보물권으로 되었다. 온천에 관한 권리는 관습법상의 물권이 될 수 없다(대판 70.5.26. 69다1239).

제3절 물권의 효력

Ⅰ. 서 설

모든 물권에 공통하는 효력으로서 우선적 효력(優先的效力)과 물권이 침해를 받고 있는 경우에 그 회복을 위하여 인정된 물권적 청구권(物權的請求權)이 있다.

II. 우선적 효력

1. 의　　의

일물일권주의(一物一權主義)에 의하여 하나의 독립한 물건에는 하나의 물권만 존재하는 것이 원칙이다. 그러므로 하나의 물건 위에 여러 개의 물권이 성립하고 있거나 물권과 채권이 함께 존재하는 경우에는 물권의 배타적 효력에 의하여 물권 상호 간에는 먼저 성립한 물권이 나중에 성립한 물권에 우선하도록 하거나 또는 물권은 그 성립시기에 상관없이 채권에 우선하는 효력을 인정하고 있는데, 이를 물권의 우선적 효력(優先的效力)이라고 한다.

2. 물권 상호 간의 우선적 효력

일물일권주의에 의하여 하나의 독립한 물건에 하나의 물권이 성립하는 것이 원칙이다. 동일물 위에 여러 개의 동일한 내용의 물권이 성립하고 있는 경우에는 먼저 성립한 물권이 나중에 성립한 물권에 우선한다. 즉, '시간에 있어서 빠르면 권리에 있어서 강하다(prior tempore, potier iure)'는 법원칙이 적용된다.

물권은 배타성을 갖기 때문에 동일물 위에 동일한 내용의 물권이 동시에 성립할 수 없는 것이 원칙이지만, 예외적으로 하나의 물권이 성립한 후에 동일한 내용의 물권이 또 인정되는 경우에도 나중에 성립한 물권은 먼저 성립한 물권의 내용을 해치지 않는 범위 내에서만 가능하다(예 : 저당권 상호 간 제297조 제2항 참조).

예컨대 하나의 물건 위에 두 개 이상의 소유권이 성립할 수 없으며 오직 하나의 소유권만이 성립할 수 있다. 물론 하나의 소유권을 여러 사람이 지분(持分)의 형태로 소유하는 것은 가능하다. 또한 하나의 부동산에 수 개의 저당권이 성립하고 있는 경우에는 먼저 성립한 저당권이 나중에 성립한 저당권에 우선한다.

하나의 물건 위에 소유권과 제한물권이 성립하고 있는 경우에는 성질상 제한물권이 언제나 소유권에 우선한다.

3. 물권과 채권 간의 우선적 효력

(1) 원　　칙

채권 상호 간에는 채권의 성립시기나 금액의 많고 적음에 상관없이 평등한 지위를 갖는 것이 원칙이지만(채권자 평등원칙), 동일물 위에 물권과 채권이 함께 존재하는 경우에는 물권은 그 성립시기에 불구하고 채권에 우선하는 것이 원칙이다. 예컨대 甲 소유의 점포에 A가 임차권을 취득하고 있는 동안에 그 점포의 소유권이 乙에게 이전되어 乙이 소유권을 취득한 경우에는 乙의 소유권(물권)이 A의 임차권(채권)에 우선한다. 따라서 乙이 A에게 점포를 비워달라고 하면 임차인 A는 점포를 비워주어야 하는 것이 원칙이다.

(2) 예 외

(가) 등기된 부동산 임차권 부동산임차권은 등기할 수 있고, 부동산임차권을 등기한 때에는 그 때부터 제3자에 대하여 효력이 생긴다(제621조).

그러므로 등기된 부동산임차권은 그 후에 성립한 물권에 대항할 수 있다. 또 건물의 소유를 목적으로 한 토지임대차는 이를 등기하지 아니한 경우에도 임차인이 그 지상건물을 등기한 때에는 제3자에 대항할 수 있으므로 그 범위에서 채권이 물권에 우선하는 효력을 갖는다(제622조 참조).

(나) 주택임대차보호법상의 대항력 있는 임차권 주택임대차보호법은 임차권을 등기하지 않은 때에도 주택의 인도와 전입신고를 마친 때에는 그 다음 날로부터 대항력이 발생한다(주택임대차보호법 제3조 제1항 참조).

주택임차인이 대항요건(임차권의 등기 또는 주택의 인도와 전입신고 등)과 임대차계약증서상의 확정일자를 갖춘 임차인은 민사집행법에 따른 경매 또는 국세징수법에 따른 공매(公賣)를 할 때에 임차주택(대지를 포함한다)의 환가대금에서 후순위권리자나 그 밖의 채권자보다 우선하여 보증금을 변제받을 권리가 있다(주택임대차보호법 제3조의 2 제2항).

또한 주택임차인은 보증금 중의 일정액을 주택의 가액의 2분의 1의 범위 안에서 다른 담보물권자(후순위권리자뿐만 아니라 선순위권리자를 포함한다)보다 우선하여 변제받을 권리가 있다(주택임대차보호법 제8조 제1항 참조). 이 경우에 주택임차인은 주택에 대한 경매신청의 등기 전에 대항요건(주택의 인도와 전입신고)을 구비하고 있어야 한다(주택임대차보호법 제8조).

담보물권자보다 보증금의 일정액을 우선변제받는 주택임차인은 서울특별시의 경우에는 9천500만원 이하의 임차인에 한하여 그 중 3천200만원, 수도권정비계획법에 따른 과밀억제권역(서울특별시는 제외한다)은 8천만원 중 2천700만원, 광역시(수도권정비계획법에 따른 과밀억제권역에 포함된 지역과 군지역은 제외한다) · 안산시 · 용인시 · 김포시 및 광주시의 경우는 6천만원 중 2천만원, 그 밖의 지역의 경우에는 4천500만원 중 1천500만원 이하로 한다(주택임대차보호법 시행령 제3조 제4조 참조).

(다) 상가건물임대차보호법상의 대항력 있는 임차권 상가건물임대차보호법은 사업자등록의 대상이 되는 상가건물의 임대차에 대하여 적용되지만, 대통령령으로 정하는 일정한 보증금액을 초과하는 임대차에 대하여는 적용되지 않는다(상가건물임대차보호법 제2조 제1항). 서울특별시의 경우는 4억원, 수도권정비계획법에 따른 과밀억제권역(서울특별시는 제외한다)은 3억원, 광역시(수도권정비계획법에 따른 과밀억제권역에 포함된 지역과 군지역은 제외한다)·안산시·용인시·김포시 및 광주시는 2억4천만원, 그 밖의 지역은 1억8천만원을 초과하지 않아야 한다(상가건물임대차보호법 제2조 제1항).

상가건물임대차보호법은 임차권을 등기하지 않은 경우에도 건물의 인도와 부가가치세법 제8조 등에 의한 사업자등록을 신청한 때에는 그 다음 날로부터 제3자에 대하여 효력이 발생한다(상가건물임대차보호법 제3조 제1항).

상가건물임차인이 대항요건을 갖추고 관할 세무서장으로부터 임대차계약서상의 확정일자를 받은 때에는 민사집행법에 따른 경매 또는 국세징수법에 따른 공매시 임차건물(임대인 소유의 대지를 포함한다)의 환가대금에서 후순위권리자나 그 밖의 채권자보다 우선하여 보증금을 변제받을 권리가 있다(상가건물임대차보호법 제5조 제2항).

또한, 상가건물임차인은 보증금 중의 일정액을 임대건물가액의 2분의 1의 범위 안에서 다른 담보물권자보다 우선하여 변제받을 권리(후순위권리자 뿐만 아니라 선순위권리자 보다도 우선한다)가 있다(상가건물임대차보호법 제14조). 이 경우 임차인은 건물에 대한 경매신청의 등기 전에 대항요건(건물의 인도와 사업자등록신청)을 구비하고 있어야 한다.

담보물권자보다 임차보증금 중의 일정액을 우선변제 받는 임차인은 서울특별시의 경우에는 임차보증금 6천500만원 이하의 임차인에 한하여 그 중 2천200만원, 수도권정비계획법에 따른 과밀억제권역(서울특별시는 제외한다)은 보증금액 5천500만원 중 1천900만원, 광역시(수도권정비계획법에 따른 과밀억제권역에 포함된 지역과 군지역은 제외한다)·안산시·용인시·김포시 및 광주시는 3천800만원 중 1천300만원, 그 밖의 지역은 3천만원 중 1천만원 이하로 한다(상가건물임대차보호법시행령 제6조, 제7조).

(라) 근로기준법상의 임금채권과 근로자퇴직급여보장법상의 퇴직금채권 임금, 재해보상금, 그 밖에 근로관계로 인한 채권은 사용자의 총재산에 대하여 질권 또는 저당권 또는 동산·채권 등의 담보에 관한 법률에 따른 담보권에 따라 담보된 채권 외에는 조세·공과금 및 다른 채권에 우선하여 변제되어야 하는 것이 원칙이다. 다만 근로자의 최종 3월분의 임금과 재해보상금채권은 사용자의 총재산에 대하여 질권 또는 저당

권 또는 동산 · 채권 등의 담보에 관한 법률에 따른 담보권에 따라 담보된 채권, 조세 · 공과금 및 다른 채권에 우선하여 변제되어야 한다(근로기준법 제38조 제1항, 제2항).

또한 퇴직금은 사용자의 총재산에 대하여 질권 또는 저당권에 의하여 담보된 채권을 제외하고는 조세 · 공과금 및 다른 채권에 우선하여 변제되어야 하는 것이 원칙이다. 다만, 최종 3년간의 퇴직급여 등은 사용자의 총재산에 대하여 질권 또는 저당권에 의하여 담보된 채권, 조세 · 공과금 및 다른 채권에 우선하여 변제되어야 한다(근로자퇴직급여보장법 제12조 제1항, 제2항).

(마) 국세기본법상의 조세채권 국세기본법상의 조세채권(국세 · 가산금 또는 체납처분비)은 일반의 채권에 대하여 우선권을 갖는다. 다만, 저당권 목적물의 소유자가 체납하고 있는 국세는 법정기일을 기준으로 하여 그 전(前)에 설정된 전세권, 질권 또는 저당권에 의하여 담보된 채권에 우선하지 못한다(국세기본법 제35조 제1항 제3호). 그러나 저당권목적물 자체에 대하여 부과된 국세와 가산금(이를 당해세(當該稅) 라고도 한다)은 법정기일 이전에 설정된 전세권 또는 저당권에 의하여 담보된 채권에 대하여 언제나 우선한다(국세기본법 제35조 참조).

Ⅲ. 물권적 청구권

1. 의 의

물권적 청구권(物權的請求權)이라 함은 물권의 원만한 지배상태가 침해되거나 침해될 염려가 있는 경우에 원상회복 또는 방해의 예방을 청구할 수 있는 권리이다. 물상청구권(物上請求權)이라고도 한다.

2. 물권적 청구권의 종류

물권적 청구권에는 방해의 형태 또는 청구의 내용에 따라서 물권적 반환청구권, 물권적 방해제거청구권, 그리고 물권적 방해예방청구권이 있다.

(1) 물권적 반환청구권

물권의 객체인 물건의 점유를 제3자가 침탈하거나 반환을 거절하는 경우에 물권자가 그 점유자에 대하여 목적물의 반환을 청구할 수 있는 권리이다.

(2) 물권적 방해제거청구권

물권의 객체인 물건에 대하여 점유침탈 및 반환거절 이외의 방법으로 물권의 행사가 방해를 받고 있는 경우에 물권자가 방해자에 대하여 그 방해행위의 제거를 청구하는 권리이다.

(3) 물권적 방해예방청구권

물권의 침해행위가 현실적으로 발생하고 있지는 않지만 장래에 발생할 염려가 있는 경우에 장래에 물권의 침해행위가 발생하지 않도록 예방조치를 취하여 줄 것을 청구하는 권리이다.

3. 물권적 청구권에 관한 민법규정

민법에서는 물권적 청구권에 관한 일반규정(一般規定)을 두고 있지 않고 개별적인 경우에 그 규정을 두고 있다.

즉, 민법에서는 점유권에 기한 물권적 청구권(제204조, 제205조)과 소유권에 기한 물권적 청구권(제213조, 제214조)을 두고 있으며, 지상권(제290조) · 지역권(제301조) · 전세권(제319조) · 저당권(제370조)에서는 소유권에 기한 물권적 청구권에 관한 규정을 준용하고 있다.

점유권과 소유권에 대하여는 세 가지 청구권이 모두 인정되지만, 지역권(地役權)과 저당권(抵當權)은 점유를 수반하지 않는 권리인 점에서 물권적 반환청구권은 인정되지 않는다. 즉, 민법 제301조와 제370조에서는 물권적 방해제거청구와 방해예방청구권에 관한 민법 제214조만을 준용하는 것으로 정하고 소유물 반환청구권에 관한 민법 제213조는 준용하지 않고 있다.

유치권(留置權)과 질권(質權)에 관하여 물권적 청구권을 인정하거나 준용규정을 두고 있지는 않지만, 유치권은 점유를 본체로 하는 물권인 점에서 점유권에 관한 규정에 의하여 해결하면 된다.

질권에 관하여는 입법상의 착오로 물권적 청구권에 관한 규정을 두지 않은 것으로 이해하여 질권이라는 본권에 기한 물권적 청구권을 인정하는 것이 통설이다.

4. 물권적 청구권의 성질

(1) 학　　설

물권적 청구권은 물권의 효력으로 생기는 것으로서 물권으로부터 독립한 권리가 아니라는 견해와 물권적 청구권도 채권적 청구권과 같이 타인의 행위에 대한 청구를 내용으로 하는 점에서 일종의 채권으로 이해하는 견해가 있다.

통설에 따르면 물권적 청구권은 물권의 효력에 기초하여 발생하는 특수한 독립된 청구권이라고 한다.

(2) 물권적 청구권의 특이성

(가) 물권적 청구권과 채권적 청구권 물권적 청구권은 특정인에 대한 청구라는 점에서 지배권인 물권과 다르며 채권과 유사하지만 물권적 청구권은 물권에 기초하는 권리이기 때문에 다른 채권적 청구권에 우선한다.

물권적 청구권은 물권에 의존하는 권리이므로 물권과 공통의 운명을 가진다. 즉, 물권이 소멸하면 물권적 청구권도 소멸하고 물권이 이전되면 물권적 청구권도 이전하며, 물권적 청구권만 독립하여 양도할 수 없다.

(나) 물권적 청구권과 불법행위에 기한 손해배상청구권 물권적 청구권과 불법행위로 인한 손해배상청구권은 다음과 같은 차이가 있다.

첫째로, 물권적 청구권은 현실적인 물권의 침해행위가 없고 장래에 침해가 발생할 가능성이 있는 경우에도 성립할 수 있는데(물권적 방해예방청구권), 불법행위를 이유로 손해배상을 청구하기 위해서는 현실적으로 손해가 발생하고 있어야 한다.

둘째로, 물권적 청구권은 물권을 본래의 원상으로 회복하는 것이 목적인 데 대하여 불법행위의 경우에는 금전으로 손해의 배상을 받는 점에서 다르다.

셋째로, 물권적 청구권이 발생하기 위하여는 행위자의 고의·과실을 요건으로 하지 않지만 불법행위로 인한 손해배상을 청구하기 위하여는 행위자의 고의·과실이라는 귀책사유를 필요로 한다.

제3자가 타인의 물권을 침해하는 행위를 한 경우에 물권적 청구권이 발생할 뿐만 아니라 제3자의 행위가 고의 또는 과실에 의한 경우에는 불법행위에 기한 손해배상청구권도 경합적으로 발생한다. 이 두 청구권은 독립한 것이므로 물권자는 양자를 함께 행사할 수도 있고 또는 선택적으로 행사할 수도 있다.

(3) 물권적 청구권과 소멸시효

(가) 적극설 물권적 청구권은 소멸시효에 걸린다는 입장이다. 이 설의 근거로는 소멸시효를 인정하는 제도적 취지에 비추어 물권적 청구권도 소멸시효에 걸린다거나, 독일 민법에서도 해석상 물권적 청구권은 소멸시효에 걸리는 것으로 이해하고 있다는 것이다.

(나) 소극설 물권적 청구권은 독립하여 소멸시효에 걸리지 않는다는 입장이다. 이 설의 근거로는 소유권이 소멸시효에 걸리지 않기 때문에(제162조 제2항) 소유권에 기

한 물권적 청구권도 소멸시효에 걸리지 않는다. 또한, 물권적 청구권은 물권의 침해가 있는 경우에 물권의 원만한 상태를 회복하기 위하여 인정된 권리이므로 물권에 대한 침해행위가 있으면 이로부터 끊임없이 물권적 청구권이 발생하며 소멸시효에 걸릴 여지가 없다는 것이다.

(다) 절충설　소유권에 기한 물권적 청구권은 소유권이 소멸시효에 걸리지 않기 때문에 소유권과 독립하여 소멸시효에 걸리지 않지만, 제한물권은 소멸시효에 걸리기 때문에(제162조 제2항) 제한물권에 기한 물권적 청구권은 소멸시효에 걸린다는 견해이다.

(라) 판　례　판례(대판 82.7.27. 80다2968)는 소유권에 기한 물권적 청구권은 소멸시효의 대상이 되지 않는다는 입장이다.

(마) 불법원인급여와 물권적 청구권　불법원인급여자는 상대방에 대하여 부당이득반환청구뿐만 아니라 소유권에 기한 반환청구도 할 수 없다(대판 79.11.13. 79다483). 예컨대 A가 B에게 범죄행위의 대가로 자동차를 급여한 경우에 A는 그 원인행위가 법률상 무효라 하여 B에게 급여한 자동차를 부당이득으로 반환하라고 청구할 수 없을 뿐만 아니라(제746조 단서) 급여한 물건의 소유권이 자기에게 있다고 하여 소유권에 기한 반환청구도 할 수 없다는 것이다.

(바) 물권적 청구권은 행위청구권인가?　물권적 청구권은 상대방의 적극적인 행위, 즉 작위(作爲) 또는 부작위(不作爲)를 청구할 수 있는 권리인지 아니면 물권자의 회복행위에 대하여 상대방이 이를 소극적으로 인용(忍容)할 것을 청구하는 것인지에 대하여 학설이 대립한다.

판례(대판 90.5.8. 90다 684, 90다카3307)는 「등기부상 진실한 소유자의 소유권에 방해가 되는 부실등기가 존재하는 경우에 그 등기명의인이 허무인인 때에는 소유자는 그와 같은 허무인 명의로 등기행위를 한 자에 대하여 소유권에 기한 방해배제로서 등기행위자를 표상하는 허무인 명의등기의 말소를 구할 수 있다.」고 함으로써 행위청구권으로 이해하는 듯하다.

5. 물권적 청구권과 비용부담

(1) 행위청구권설의 입장

(가) 적극적 행위청구권설　물권적 청구권은 상대방에 대하여 적극적인 행위를 청구할 수 있는 권리라고 이해하고, 물권적 청구권과 관련한 비용도 언제나 상대방, 즉 피고가 부담하여야 한다는 견해이다.

그러나 항상 상대방이 비용을 부담하여야 한다면, 예컨대 A와 B의 경계에 쌓은 A 소유의 돌담이 태풍으로 무너져 B의 정원에 떨어진 경우에 A는 소유권에 기한 반환청구권을 가지고 토지의 소유자 B는 방해제거청구권을 가지게 되어 두 물권적 청구권이 충돌하게 되거나 또는 목적물에 대한 방해가 제3자의 소유물로 인하여 발생한 경우에는 결국 먼저 청구한 자가 상대방에게 비용을 부담시킬 수 있어서 유리하게 되는 불공평한 문제가 생긴다.

물권적 청구권을 행위청구권으로 이해하면서 이러한 문제를 해결하기 위하여 소유자책임설, 책임설, 변제비용부담설이 주장되고 있다.

(나) 소유자책임설(행위청구권설의 수정설) 원칙적으로 상대방이 비용을 부담하지만, 예컨대 공놀이를 하다가 공이 이웃집에 들어간 경우와 같이 상대방이 자기의 의사에 의하여 점유를 취득한 것이 아닌 경우에는 상대방은 소유자가 자신의 비용으로 침해물을 가져가는 것을 인용하는 것으로 충분하다는 견해이다.

(다) 책임설 방해행위가 상대방의 귀책사유에 의하여 발생한 경우에는 상대방에게 적극적인 배제행위와 비용부담을 청구할 수 있지만, 상대방에게 귀책사유가 없는 경우에는 물권자가 자신의 비용으로 방해행위를 제거하고 상대방은 이를 인용하기만 하면 된다는 견해이다.

(라) 변제비용부담설 물권적 청구권을 행위청구권으로 이해하면서, 비용부담의 문제는 민법 제473조의 유추적용에 의하여 해결하여야 한다는 견해이다. 즉, 원칙적으로 비용은 민법 제473조의 본문에 따라 상대방의 부담으로 할 것이나 상대방의 행위와 전혀 관계없이 물권의 침해상태가 발생한 때에는 제473조 단서의 법정신에 따라 물권자의 부담으로 하여야 한다는 견해이다.

(2) 인용청구권설

물권적 청구권은 원칙적으로 물권의 침해상태를 물권자가 스스로 제거하고 상대방은 이를 인용(忍容)하는 권리라고 이해하고, 비용부담의 문제는 귀책사유가 있는 당사자가 부담하도록 하며 쌍방당사자 모두에게 귀책사유가 없는 경우에는 공평의 원리에 따라 공동부담으로 하여야 한다는 견해이다.

제4절 물권변동

Ⅰ. 서 설

1. 물권변동의 의의

물권변동(物權變動)이라 함은 권리변동 가운데 물권의 변동, 즉 물권의 발생, 물권의 변경 그리고 물권의 소멸을 총칭한다. 물권변동을 물권의 득실변경(得失變更)이라고도 한다(제186조 참조).

2. 물권변동의 태양

(1) 물권의 발생(취득)

물권의 발생은 물권을 취득하는 것을 말한다. 물권의 취득에는 절대적 발생과 상대적 발생이 있다. 절대적 발생은 원시취득이라고도 하며, 상대적 발생은 승계취득이라고도 한다. 승계취득에는 다시 이전적 승계(예컨대 매매, 상속 등)와 설정적 승계(예컨대 지상권이나 저당권의 설정 등)가 있다.

(2) 물권의 변경

물권의 변경은 권리의 동일성을 잃지 않고 주체 · 내용 · 작용이 변경되는 것을 말한다. 물권의 변경에는 내용의 변경과 작용의 변경이 있다.

(3) 물권의 소멸(상실)

물권의 소멸은 물권을 상실하는 것이다. 물권의 소멸에는 물권 자체가 소멸하는 절대적 소멸과 물권의 이전적 승계에 있어서 종전의 물권자의 입장에서 본 상대적 소멸이 있다.

3. 물권변동의 원인

물권변동은 그 원인을 기준으로 하여 법률행위에 의한 물권변동과 법률의 규정에 의한 물권변동으로 구별할 수 있다.

법률행위에 의한 물권변동은 물권변동을 목적으로 한 법률행위, 즉 물권행위에 의하여 물권이 변동되는 경우이다. 예컨대 소유자가 소유권을 포기하거나 또는 소유권 이전을 목적으로 한 매매계약에 의하여 소유권의 이전이라는 물권변동의 효과가 생기는 경우이다.

법률의 규정에 의한 물권변동으로서 민법의 규정에 의한 것으로는 취득시효(제245조, 제246조), 혼동(제191조), 무주물선점(제252조), 유실물습득(제253조), 매장물발견(제245조), 첨부(제256조) 등이 있다.

민법 이외의 법률의 규정에 의한 물권변동으로는 공용징수(공익사업을 위한 토지 등의 취득 및 보상에 관한 법률 제45조), 경매(민사집행법 제135조, 제268조) 등이 있다.

4. 물권과 공시제도

물권은 배타성을 가지는 권리이기 때문에 누가, 어떤 내용의 물권을 가지고 있는지를 외부에서 인식할 수 있도록 일정한 표상(表象)을 갖추는 것이 필요하다.

이러한 기능을 수행하는 표상을 공시방법(公示方法)이라고 하며, 이를 통하여 물권의 현상을 공시하는 제도가 공시제도(公示制度)이다.

부동산물권에 대한 공시방법으로는 등기(登記), 동산물권에 대한 공시방법으로는 점유(占有)가 있다.

이 외에도 일정한 수목이나 미분리과실에 대해서는 관습법상의 명인방법(慣習法上明認方法)이 공시방법으로 인정된다.

명인방법(明認方法)이란 제3자로 하여금 수목과 같은 지상물의 소유권이 누구에게 속하고 있다는 것을 명백히 인식하게 하는 방법을 말하는 것으로, 지상물이 독립된 물건이며 현재의 소유자가 누구라는 것이 명시되어야 하며(대판 90.2.13. 89다카23022), 또한 명인방법은 계속되어야 한다(대판 76.12.28. 76다2557).

수목이 이중으로 양도된 경우에 먼저 명인방법을 갖추어 입목 소유권을 취득한 자는 나중에 입목등기를 갖추어 양수받은 자에 우선하여 소유권을 취득하게 된다(대판 69.11.25. 69다1346 참조).

II. 공시의 원칙과 공신의 원칙

1. 입 법 례

물권변동과 관련하여 공시의 원칙을 채택할 것인지 나아가서 공신의 원칙을 채택할 것인지는 입법례에 따라 다르다.

민법은 동산물권에 대해서는 공시의 원칙(제188조 내지 제190조)과 공신의 원칙(제

249조)을 모두 채택하고 있지만, 부동산물권에 대해서는 공시의 원칙(제186조)은 채택하고 있으나 공신의 원칙은 채택하고 있지 않다.

이에 대하여 독일 민법에서는 동산물권과 부동산물권 모두에 대하여 공시의 원칙과 공신의 원칙을 인정한다.

2. 공시의 원칙

(1) 의 의

공시의 원칙(公示原則)이라 함은 물권의 변동에는 항상 외부에서 인식할 수 있는 표상, 즉 공시방법을 갖추어야 한다는 것을 말한다. 그러므로 물권변동에 있어서 부동산의 경우에는 등기를, 동산의 경우에는 점유의 이전(이를 '인도(引渡)'라 한다)이라는 공시방법을 구비하여야 물권변동의 효력이 발생하게 된다.

(2) 성립요건주의와 대항요건주의

공시의 원칙을 실현하기 위하여 물권변동에 있어서 공시를 강제하고 있는데, 강제하는 방법에는 두 가지가 있다. 즉, 성립요건주의(또는 형식주의라고 한다)와 대항요건주의(또는 의사주의라고 한다)가 그것이다.

성립요건주의는 공시방법을 구비하지 않으면 제3자와의 관계에서 뿐만 아니라 당사자 사이에서도 물권변동의 효력이 인정되지 않는 입법태도로서 우리 민법이 취하고 있다. 예컨대 A가 자기 소유의 부동산을 B에게 팔았을 경우에 아직 공시방법으로서 등기를 갖추고 있지 않으면 제3자와의 관계에서는 물론 매매계약 당사자인 A와 B 사이에서도 소유권 이전의 효과가 생기지 않게 된다.

대항요건주의는 공시방법을 구비하지 않은 경우에도 당사자 사이에서는 물권변동의 효과가 생기며, 다만 제3자에 대하여 물권변동으로 대항할 수 없는 입법태도로서 구민법(舊民法)에서 취하였었다.

설례에서 공시방법으로서 등기를 하지 않은 경우에도 A에 대하여 B의 소유권취득이 인정되지만 제3자에 대한 관계에서는 등기가 되어 있지 않는 한 B는 소유권취득을 주장할 수 없고 B가 제3자에 대하여 소유권취득을 주장하려면 등기를 하여야 한다.

(3) 민법의 태도

구민법에서는 대항요건주의를 취하였으나 현행 민법은 성립요건주의를 취하고 있다.

민법 부칙 제10조에서는 「① 본법(현행 민법) 시행일 전의 법률행위로 인한 부동산에 관한 물권의 득실변경은 이 법 시행일로부터 6년 내에 등기하지 아니하면 그 효력을 잃는다. ② 본법 시행일 전의 동산에 관한 물권의 양도는 본법 시행일로부터 1년 내에 인도를 받지 못하면 그 효력을 잃는다.」고 하고 있다.

판례(대판 91.8.27. 91다17825)는 구 민법 당시 토지 매수인이 인도를 받지 아니한 관계로 민법 부칙 제10조 또는 소멸시효에 의하여 등기청구권이 소멸되었다 하더라도 그 후, 그 앞으로 소유권보존등기가 마쳐졌다면 특별한 사정이 없는 한 위 등기는 실체관계에 부합하는 유효한 등기라고 한다.

3. 공신의 원칙

(1) 의 의

공신의 원칙(公信原則)이라 함은 물권의 존재를 추측하게 하는 표상으로서의 공시방법이 진실한 권리관계와 일치하지 않는 경우에도 그 표상을 믿고서 거래한 자의 신뢰를 보호한다는 것을 말한다.

이와 같은 공신의 원칙은 진정한 권리자의 이익을 희생시켜 거래안전을 도모하는, 즉 정적 안정(靜的安定)을 희생하여 동적 안전(動的安全)을 보호하는 데 그 제도적 취지가 있다.

(2) 민법의 태도

민법에서는 동산물권변동에는 공신의 원칙이 인정되지만(제249조), 부동산물권변동에는 공신의 원칙이 인정되지 않는다. 즉, 부동산물권의 공시방법인 등기에 공신력(公信力)이 없다.

예컨대 A소유의 부동산에 대하여 B가 서류 등을 위조하여 마치 A로부터 B가 부동산을 매수한 것처럼 가장하여 소유권이전등기를 한 후에 이를 C에게 팔고 등기를 이전해 준 경우에, C가 B명의의 소유권등기를 실체관계에 부합하는 진정한 것으로 신뢰하였다 할지라도 부동산물권의 공시방법인 등기에는 공신력이 없기 때문에 C는 A에 대하여 소유권의 취득을 주장할 수 없다.

민법이 부동산물권의 공시방법인 등기에 공신의 원칙을 인정하지 않는 이유는 등기공무원에게 실질적 심사권이 주어져 있지 않고 형식적 심사권만 부여되어 있는 등 등기제도가 불완전하여 실체관계와 부합하지 않는 부실등기가 행하여질 가능성이 많으며, 그럼에도 불구하고 등기부에 공신력을 인정하게 되면 진정한 권리자가 권리를 잃게 되기 때문이다.

(3) 물권법 이외의 영역에서의 공신의 원칙

공신의 원칙은 실체관계와 부합하지 않는 권리외관을 신뢰한 자를 보호하는 제도로서 이러한 원칙은 물권에 한하지 않는다.

물권법에서는 선의취득(제249조)이 있고, 물권법 이외의 영역에서 권리외관을 신뢰한 자를 보호하는 제도로는 예컨대 표현대리(제125조, 제126조, 제129조), 채권의 준점유자에 대한 변제(제470조), 지시채권의 소지인에 대한 변제(제518조), 영수증소지자에 대한 변제(제471조) 등이 있다.

Ⅲ. 물권행위

1. 물권행위의 의의

(1) 개 념

물권행위(物權行爲)라 함은 직접 물권의 변동을 목적으로 하는 의사표시를 요소로 하는 법률행위를 말한다.

(2) 채권행위와의 구별

채권행위는 채권 · 채무를 발생시키는 법률행위로서 이행의 문제를 남기는 의무부담행위인 데 대하여, 물권행위는 직접 물권의 변동을 목적으로 하는 법률행위로서 이행의 문제를 남기지 않는 처분행위인 점에서 구별된다.

이와 같이 물권행위는 채권행위와 구별되는 개념이지만 실제로는 채권행위가 행하여지고 그 이행으로서 물권행위가 행하여지는 경우가 많다. 이 때에 채권행위를 물권행위에 대한 관계에서 원인행위(原因行爲)라 하고, 채권행위의 이행으로서 행하여진 물권행위를 채권행위에 대한 관계에서 이행행위(履行行爲)라 한다.

예컨대 A가 자기 소유의 부동산을 B에게 팔기로 하는 매매계약을 체결한 경우에 매매계약이라는 채권행위로부터 매도인 A는 매수인 B에 대하여 부동산의 소유권을 이전해 주어야 할 의무를 부담하고 B는 A에게 대금지급의무를 부담하게 된다. 이처럼 채권행위는 매매당사자 사이에 채권 · 채무를 발생케 하여 이행의 문제를 남긴다.

채권행위에 대한 이행으로서 A와 B는 부동산소유권의 이전에 관한 합의, 즉 물권행위를 하게 되고 나아가 등기까지 구비하면 소유권이전이라는 물권변동이 발생한다. 이처럼 부동산소유권의 이전에 관한 합의, 즉 물권행위는 물권변동의 효과를 발생케 하고 이행이라는 문제를 남기지 않는다.

(3) 물권행위의 종류

물권행위는 의사표시의 태양에 따라 물권적 합의, 단독행위, 합동행위로 나뉘며, 물권행위의 방식에 관하여는 민법상 아무런 제한이 없다.

(가) 물권적 합의 물권변동을 직접 목적으로 하는 물권적 의사표시의 합치에 의하여 성립하며, 물권계약이라고도 한다.

(나) 물권적 단독행위 물권자 단독의 물권적 의사표시를 요소로 하는 물권행위로서, 여기에는 상대방 없는 단독행위와 상대방 있는 단독행위가 있다. 전자의 예로는 소유권의 포기가 있다. 제한물권의 포기에 대하여는 상대방 있는 단독행위라는 견해와 상대방 없는 단독행위라는 견해가 대립한다.

(다) 합동행위 수인(數人)의 물권자가 동일한 방향으로 물권적 의사표시를 함으로써 성립하는 물권행위이다. 예컨대 공유물을 공유자 전원이 포기하는 경우가 여기에 해당한다.

그러나 이에 대하여 합동행위를 계약의 일종으로 이해하는 소수설에 따르면 수인의 공유자의 소유권의 포기는 다수의 주체에 의한 단독물권행위가 우연한 사정에 의하여 합체되어 이루어지는 것에 불과하다고 한다.

2. 물권행위와 공시방법의 관계

민법은 성립요건주의를 취하기 때문에 법률행위에 의한 물권변동은 공시방법을 구비한 때에 그 효력이 발생한다. 문제는 물권적 의사표시와 공시방법은 서로 어떤 관계에 있는가 하는 것이다.

이에 대한 학설은 대립한다. 첫째로, 물권적 의사표시와 공시방법이 결합된 것이 물권행위라는 견해, 둘째로, 물권적 의사표시만이 물권행위이며 공시방법은 물권행위의 효력발생요건으로 이해하는 견해, 셋째로 물권적 의사표시만이 물권행위이고 공시방법은 물권행위 이외에 법률이 요구하는 물권변동을 위한 또 하나의 요건이라는 견해가 그것이다.

이러한 학설의 대립은 물권행위의 독자성을 인정할 것인지의 여부, 원인행위가 무효 또는 취소된 경우에 물권행위가 그에 영향을 받는지의 여부(무인성), 물권적 의사표시가 있었으나 공시방법을 구비하지 않은 법적 상태에 대한 평가 등과 관련하여 논의의 실익이 있다.

3. 물권행위의 독자성과 무인성 · 유인성

물권행위의 독자성(獨自性)은 물권행위가 원인행위인 채권행위와는 독립한 것인지 하는 문제이고, 물권행위의 무인성(無因性)은 물권행위가 원인행위인 채권행위의 무효나 취소 등에 의하여 영향을 받는지에 관한 문제이다.

(1) 물권행위의 독자성의 인정 여부

물권행위의 독자성은 물권행위가 원칙적으로 원인행위인 채권행위와는 현실적으로 별개의 행위로 행하여지는 것으로 볼 것인가, 아니면 물권행위는 원인행위인 채권행위 속에 합체되어 행하여지는 것이며 별개의 행위가 아닌 것으로 이해할 것인가에 관한 문제로서 학설이 대립하고 있다.

이것을 인정하는 입장이 독자성을 긍정하는 견해이고, 이것을 부정하는 입장이 독자성을 부정하는 견해이다.

주의하여야 할 점은 물권행위의 독자성을 부정한다고 해서 물권행위의 개념 자체를 부정하지는 않으며, 채권행위를 전제로 하지 않고 물권변동만을 일으키는 법률행위의 존재를 부정하는 것도 아니다. 예컨대 물권의 포기행위가 여기에 해당한다.

또한 독자성을 인정한다고 해서 원인행위와 물권행위가 하나의 행위로 행하여지는 것을 금지하는 것은 아니다.

물권행위의 독자성을 인정할 것인지의 여부는 물권변동에 관하여 성립요건주의를 취하는지 아니면 대항요건주의를 취하는지에 따라 결정되는 문제는 아니다. 예컨대 물권변동에 관하여 성립요건주의를 취하는 국가 중에서 독일이나 스위스처럼 독자성을 긍정하는 나라와 오스트리아처럼 독자성을 부정하는 나라가 있으며, 대항요건주의를 취하는 국가 중에서도 프랑스처럼 독자성을 부정하는 국가도 있고 일본처럼 긍정하는 국가도 있다.

(가) 독자성 긍정설　물권행위의 독자성을 긍정하는 근거로는 첫째로, 우리 민법은 물권변동에 관하여 성립요건주의를 취하고 있기 때문에 물권행위의 독자성을 인정하여야 한다. 둘째로, 민법 제186조에서 '부동산에 관한 법률행위'와 제188조에서 '동산에 관한 물권의 양도'라는 표현은 물권행위를 의미한다. 셋째로, 물권행위의 독자성을 인정하지 않으면 채권이 발생함과 동시에 이행되는 것이 원칙이라는 결과가 되기 때문에 채권의 성질에 반한다. 그러므로 채권행위에 대한 이행행위인 물권행위는 채권행위와 별개의 행위로 행하여지는 것을 인정하여야 한다. 넷째로, 물권행위의 무인성

을 인정하기 위한 전제로서 물권행위의 독자성을 인정하여야 한다는 것 등이다. 즉, 우리 민법에서는 등기에 공신력이 인정되지 않기 때문에 물권행위의 무인성을 인정함으로써 제3자 보호와 부동산거래의 안전을 확보할 필요가 있고, 물권행위의 무인성을 인정하기 위하여 물권행위의 독자성을 인정할 필요가 있다는 것이다.

물권행위의 독자성을 긍정하는 경우에 그 자체만으로는 큰 의미가 없고 물권행위의 무인성을 인정하기 위한 전제로서의 역할을 갖는다. 대체로 물권행위의 독자성을 인정하는 견해는 물권행위의 무인성도 인정한다.

(나) 독자성 부정설 물권행위의 독자성을 부정하는 견해의 근거는 첫째로, 우리 민법이 물권변동에 관하여 성립요건주의를 취하고 있지만 이것이 물권행위의 독자성을 인정할 근거는 되지 못한다. 둘째로, 민법 제186조에서 '부동산에 관한 법률행위'와 제188조에서 '동산에 관한 물권의 양도'라는 표현은 채권행위와 물권행위가 결합되어 있는 법률행위로 이해하는 견해도 있다. 셋째로, 독자성을 부정하여 채권행위 속에 물권행위도 포함되어 있는 것으로 해석하더라도 성립요건주의하에서는 물권행위를 하였다고 하여 채권의 이행이 완전히 끝난 것은 아니며 공시방법까지 갖추어야만 채권의 이행행위가 완전히 이행된 것이 된다. 즉, 물권행위를 한 것만으로는 채권의 일부의 이행이 있을 뿐이므로 물권행위의 독자성을 인정하지 않는다면 채권의 성질에 크게 반한다는 주장은 충분한 이유가 되지 못한다고 한다. 넷째로, 물권행위의 무인성을 인정함으로써 거래안전을 도모할 수 있다는 견해에 따르면 무인성을 인정하게 되면 선의의 제3자가 보호될 뿐만 아니라 악의의 제3자도 보호하게 되는데, 악의의 제3자까지 보호할 필요는 없는 것이다. 그러므로 물권행위의 무인성을 인정할 필요가 없고 무인성을 인정하기 위한 전제로서 물권행위의 독자성을 인정할 필요도 없다.

또한, 물권행위만 하고 등기를 하지 않은 자를 보호할 필요가 없고, 특히 이를 물권적 기대권으로 파악할 필요도 없기 때문에 물권행위의 독자성을 부정하기도 한다.

(2) 물권행위의 무인성

물권행위의 무인성에 관한 문제는 원인행위인 채권행위가 부존재, 무효, 취소 또는 해제된 경우에 채권행위의 이행행위로 행하여진 물권행위가 이에 영향을 받아 무효가 되는가 하는 것이다.

이러한 물권행위의 무인성에 관한 문제는 물권행위의 독자성을 인정하였을 경우에 비로소 발생한다. 즉, 물권행위의 독자성을 부인하면 물권행위는 채권행위와 합체되어 하나의 행위로 행하여지기 때문에 물권행위는 언제나 당연히 채권행위에 대하여 유인성(有因性)을 갖게 된다.

다른 한편으로 물권행위의 독자성을 인정한다고 하여 항상 물권행위의 무인성을 인정하는 것은 아니며 유인성을 인정할 수도 있다.

(가) 무인설　무인설(無因說)은 원인행위인 채권행위에 무효나 취소원인이 있어서 채권행위가 무효가 된 경우에도 그 이행행위로서의 물권행위에 무효나 취소원인이 없는 한 채권행위의 무효는 물권행위에는 영향을 미치지 않는다는 입장이다.

무인설을 취하는 주된 근거는 첫째로, 물권행위와 채권행위가 별개의 행위로 각각 다른 시기에 행하여지기 때문에 그 유효성도 따로 결정하여야 한다. 둘째로, 물권적 법률관계는 모든 사람에 대하여 명료함을 그 이상으로 하므로 물권행위의 효력이 당사자 사이에서만 효력을 가지는 원인행위에 의하여 영향을 받는 것은 부당하다. 셋째로, 등기에 공신력이 인정되지 않기 때문에 발생하는 제3자의 보호나 거래안전의 문제를 무인성을 인정함으로써 보완할 수 있다는 것 등이다.

(나) 상대적 무인설　물권행위는 원칙적으로 무인성을 갖지만 당사자가 유인(有因)으로 하려는 의사표시를 한 때에는 물권행위는 원인행위인 채권행위에 대하여 유인성을 갖는다는 입장이다. 우리 나라에서 무인설을 주장하는 학자는 모두 상대적 무인설을 따른다.

(다) 무인설을 따르더라도 물권행위가 유인성을 가지는 경우　다음과 같은 경우에는 무인설을 따르는 경우라도 물권행위는 유인성을 띠게 된다. 첫째로, 무효 또는 취소원인이 원인행위인 채권행위와 이행행위인 물권행위에 공통하는 경우이다. 둘째로, 채권행위와 물권행위가 외형상 하나의 행위로 합체되어 행하여진 경우이다.

(라) 유인설　유인설(有因說)은 원인행위인 채권행위에 무효나 취소원인이 있어서 채권행위가 무효가 된 경우에는 그 이행행위로서의 물권행위에 무효나 취소원인이 없는 경우에도 채권행위의 무효는 물권행위에 영향을 미쳐서 무효가 된다는 입장이다.

유인설을 취하는 근거로는 첫째로, 모든 출연행위는 반드시 일정한 법률원인에 의거하여 행하여지는 것이기 때문에 원인 또는 출연의 목적이 법률상 존재하지 않는 경우에는 출연행위도 효력을 발생하지 않는다고 하는 것이 당사자의 의사에 합치하는 것이다. 둘째로, 상대적 무인설을 취하는 경우에는 물권적 법률관계가 불확정한 상태에 있게 되는 경우가 적지 않다. 셋째로, 채권행위와 물권행위 사이에 시간적 간격이 없거나 또는 그다지 멀지 않은 경우에는 무인설은 무의미하다. 채권행위와 물권행위가 상당한 시간적 간격을 두고 행하여지는 것은 예외적이라고 할 것인데, 무인설은 이와 같이 예외적인 경우에 한하여 제3자를 보호하는 것이 된다.

그리고 유인설을 취하는 경우에도 민법은 거래안전을 위한 별도의 장치(제107조 제2항, 제108조 제2항, 제109조 제2항, 제110조 제2항 등)를 마련해 두고 있기 때문에 무인설을 취하는 경우와 차이가 별로 없다. 또한, 무인설을 따르면 악의의 제3자까지도 보호하는 결과가 되어 부당하다고 한다.

(3) 판례의 태도

판례(대판 77.5.24. 75다1394)는 물권행위의 독자성을 부인하고, 나아가 물권행위의 채권행위에 대한 유인성을 인정하고 있다.

Ⅳ. 부동산물권변동

1. 부동산물권변동의 원인

부동산물권변동을 일으키는 원인으로는 법률행위에 의한 경우와 법률의 규정에 의한 경우가 있다. 법률행위에 의한 부동산물권변동은 물권행위와 공시방법으로서 유효한 등기를 구비하여야 한다. 이에 대하여 법률의 규정에 의한 부동산물권변동에는 등기를 요하지 않는 것이 특징이다.

2. 법률행위에 의한 부동산물권변동

(1) 의 의

민법 제186조는 「부동산에 관한 법률행위로 인한 물권의 득실변경은 등기하여야 그 효력이 생긴다.」고 규정하고 있다. 즉 법률행위로 인하여 부동산물권이 변동되기 위해서는 유효한 물권행위와 함께 유효한 등기가 있어야 한다.

부동산등기부를 편성하는 방법으로 소유자별로 편성하는 방법(이를 인적 편성주의(人的編成主義)라 한다)과 부동산별로 편성하는 방법(이를 물적 편성주의(物的編成主義)라 한다)으로 나누어지는데, 우리 나라는 물적 편성주의를 따른다(부동산등기법 제15조). 그러므로 부동산에 관한 등기부를 열람하기 위해서는 부동산이 위치하는 번지에 따라 찾으면 된다.

(2) 등기의 유효요건

부동산물권변동을 위한 등기가 유효하기 위해서는 형식적 요건과 실질적 요건을 구비하여야 한다.

(가) 등기의 형식적 요건 부동산 물권이 변동되기 위해서는 부동산등기법이 정하는 절차상의 요건을 갖춘 등기가 있어야 한다.

등기관이 등기를 마친 경우 그 등기는 접수(接受)한 때부터 효력이 발생하는 것으로 하고(부동산등기법 제6조 제2항), 등기신청은 대법원규칙으로 정하는 등기신청정보가 전산정보처리조직에 저장된 때 접수된 것으로 본다(부동산등기법 제6조 제1항).

등기는 물권의 효력발생요건이며 효력존속요건은 아니다(다수설, 판례). 따라서 일단 유효하게 존재하였던 등기가 멸실되었거나 불법으로 말소된 경우에도 물권의 효력에는 영향이 없다(대판 97.9.30. 95다39526). 이에 대하여 등기가 물권변동의 효력발생요건이자 동시에 그 효력존속요건이라고 이해하는 견해도 있다. 이 견해에 따르면 등기가 불법으로 말소된 경우에 물권은 소멸한다고 설명한다.

이중으로 경료된 소유권 보존등기의 효력

1. 1부동산 1등기기록(종전의 1부동산 1용지주의에 해당함)

등기부를 편성할 때에는 1필의 토지 또는 1개의 건물에 대하여 1개의 등기기록을 둔다. 다만, 1동의 건물을 구분한 건물에 있어서는 1동의 건물에 속하는 전부에 대하여 1개의 등기기록을 사용한다(부동산등기법 제15조). 그러므로 일정한 부동산에 대하여 이미 보존등기가 행하여진 경우에 그와 다른 보존등기는 행하여질 수 없는 것이 원칙이다.

2. 동일인 명의의 이중보존등기

하나의 부동산에 대하여 동일인의 명의로 중복하여 보존등기가 이루어진 경우에는 실체관계를 묻지 않고 나중에 이루어진 보존등기는 무효로 된다(대판 83.12.13. 83다카743).

3. 서로 다른 사람 명의의 이중보존등기

등기명의인을 달리하여 이중의 보존등기가 이루어진 경우에는 실체관계에 따라서 어느 것이 진실한 소유권인지를 정하여야 한다는 입장(실체법설)이 있다. 이러한 입장을 따랐던 판례(대판 83.12.13. 83다카743)도 있었으나, 현재의 판례(대판 2008.2.14. 2007다63690)는 절차법설을 따른다.

동일 부동산에 관하여 등기명의인을 달리하여 중복된 소유권보존등기가 경료된 경우에는 먼저 이루어진 소유권보존등기가 원인무효가 아닌 한 뒤에 된 소유권보존 등기는 실체관계에 부합한다고 하더라도 1부동산 1등기용지주의의 법리에 비추어 무효이다(대판 2008.2.14. 2007다63690).

(나) 등기의 실질적 요건 등기는 내용적으로 물권행위와 합치하여야 하며 그 변동과정을 정확하게 반영하고 있어야 한다.

(a) 내용적 불합치: 등기가 물권적 합의의 내용과 일치되지 않는 경우에 공시방법으로서의 등기는 무효이다. 이와 같이 등기가 물권적 합의의 내용과 일치하지 않아 등기가 무효인 경우에 당사자가 원하는 바에 따라 물권변동이 발생하도록 하려면 경정등기를 하거나 또는 그 등기를 말소한 후에 물권적 합의에 맞는 등기를 다시 하여야 할 것이다.

① 객체의 불일치: 등기된 부동산과 물권적 합의의 객체가 다르면 그 등기는 무효이다. 예컨대 A토지에 대하여 소유권이전의 합의가 있었는데 B토지에 대한 소유권이전등기가 이루어진 경우에 B토지에 대한 등기는 무효이다.

② 질적 불일치: 등기된 내용과 물권행위의 내용이 불일치한 경우에 그 등기에 상응하는 물권변동은 생기지 않는다. 예컨대 당사자가 지상권설정의 합의를 하였는데 전세권설정등기를 하였다면 전세권은 발생하지 않는다.

③ 양적 불일치: 등기된 양이 물적권 합의의 내용보다 양적으로 큰 경우에는 등기는 물권적 합의의 한도 내에서 효력이 있다.

반대로 등기된 양이 물권적 합의의 내용보다 적은 경우에 대하여는 학설이 대립한다. 법률행위의 일부무효에 관한 민법 제137조의 규정에 따라 해결하여야 할 것이라는 견해(다수설)에 대하여 등기의 범위 내에서만 물권변동의 효력이 생긴다는 견해가 대립한다.

④ 등기원인의 불일치: 등기부에는 등기원인을 기록하도록 하고 있다(부동산등기법 제48조 등). 다만, 등기관이 소유권보존등기를 할 때에는 등기원인을 기록하지 아니한다(부동산등기법 제64조).

문제는 등기원인이 실제와 다른 경우에 등기의 효력을 인정할 것인가 하는 것이다. 예컨대 당사자 간에 부동산에 관한 증여계약을 체결하였으나 세금문제 때문에 매매를 등기원인으로 기재한 경우에 그 등기는 유효한 것인가가 문제이다. 학설은 대체로 허위의 등기원인에 의한 경우에도 물권행위와 등기는 부합하기 때문에 유효하다고 해석한다.

판례(대판 80.7.22. 80다791)도 부동산 등기는 현실의 권리관계에 부합하는 한 증여에 의하여 부동산을 취득하였지만 등기원인을 매매로 기재하였다고 하더라도 그 등기의 효력에는 아무런 하자가 없다고 한다.

⑤ 중간생략등기:　등기부는 현재의 권리상태뿐만 아니라 물권변동의 과정도 그대로 공시하여야 하는 것이 원칙이다. 그러나 현실적으로는 세금문제 등과 관련하여 중간과정을 생략한 등기가 이루어지는 경우가 있다.

㉠ 의　의:　중간생략등기(中間省略登記)는 예컨대 A 소유 부동산을 B에게 팔고 B는 다시 C에게 전매한 경우 중간자인 B의 등기를 생략하고 A로부터 C에게로 소유권이전등기를 하는 경우이다.

당사자 간에 중간생략등기의 합의를 한 경우에 이러한 합의(合意)는 중간등기를 생략하여도 당사자 사이에 이의가 없겠고, 또 그 등기의 효력에 영향을 미치지 않겠다는 의미가 있을 뿐이지 그러한 합의가 있었다 하여 중간매수인의 소유권이전등기 청구권이 소멸된다거나 첫 매도인의 그 매수인에 대한 소유권이전등기의무가 소멸되는 것은 아니라 할 것이다(대판 91.12.13. 91다18316).

중간생략등기의 합의가 있다고 하여 최초의 매도인이 자신이 당사자가 된 매매계약상의 매수인인 중간자에 대하여 갖고 있는 매매대금청구권의 행사가 제한되는 것은 아니며, 중간생략등기의 합의가 있은 후에 최초 매도인과 중간 매수인 간에 매매대금을 인상하는 약정이 체결된 경우, 최초 매도인은 인상된 매매대금이 지급되지 않았음을 이유로 최종 매수인 명의로의 소유권이전등기의무의 이행을 거절할 수 있다고 할 것이다(대판 2005.4.29. 2003다66431).

㉡ 중간생략등기의 효력:　중간생략등기의 효력에 대하여 학설은 유효설과 무효설로 대립하고 있으며, 판례(대판 80.2.12. 79다2104)는 3자의 합의가 있으면 중간생략등기는 유효하며, 나아가 관계된 당사자 사이에 적법한 원인행위가 성립되어 이행된 이상 중간생략등기에 관한 합의가 없었다는 사유만으로 그 등기를 무효라고 할 수 없다고 한다. 3자 간의 합의는 순차적으로 이루어져도 상관없으며 또한 묵시적으로도 가능하다고 할 것이다(대판 82.7.13. 81다254).

㉢ 등기청구절차:　중간생략등기에 있어서 최종매수인은 최초의 매도인에 대하여 직접 자기에게 이전등기를 청구할 수 있는지에 대하여 학설은 긍정설과 부정설이

대립한다.

판례는 부동산이 전전 양도된 경우에 중간생략등기의 합의가 없는 한 그 최종 양수인은 최초 양도인에 대하여 직접 자기 명의로의 소유권이전등기를 청구할 수 없고, 최종 양수인이 중간생략등기의 합의를 이유로 최초 양도인에게 직접 그 소유권이전등기청구권을 행사하기 위하여는 관계 당사자 전원의 의사 합치가 있었음을 필요로 하고(대판 97.5.16. 97다485), 중간생략등기의 합의가 없다면 부동산의 최종매수인은 중간자를 대위(代位)하여 최초의 매도인인 등기명의자에게 중간자 앞으로의 소유권이전등기를 구할 수는 있을지언정 직접(直接) 자기 앞으로의 소유권이전등기를 구할 수는 없다고 판시한다(대판 69.10.28. 69다1351).

또한 점유취득시효에 있어서 전 점유자의 점유를 승계한 자는 그 점유 자체와 하자만을 승계하는 것이지 그 점유로 인한 법률효과까지 승계하는 것은 아니므로 부동산을 취득시효기간 만료 당시의 점유자로부터 양수하여 점유를 승계한 현 점유자는 자신의 전 점유자에 대한 소유권이전등기청구권을 보전하기 위하여 전 점유자의 소유자에 대한 소유권이전등기청구권을 대위행사할 수 있을 뿐, 전 점유자의 취득시효 완성의 효과를 주장하여 직접(直接) 자기에게 소유권이전등기를 청구할 권원은 없다고 판시한다(대판 95.3.28. 93다 47745 전원합의체).

㉣ 중간생략등기가 무효인 경우: 일정한 경우에 중간생략등기가 무효로 되는 경우가 있다. 예컨대 판례(대판 97.11.11. 97다33218)는 토지거래허가구역 내의 토지를 토지거래허가 없이 순차로 매매한 후, 최종 매수인이 중간생략등기의 합의하에 자신과 최초 매도인을 매매 당사자로 하는 토지거래허가를 받아 자신 앞으로 소유권이전등기를 경료하였다고 하더라도 이는 적법한 토지거래허가 없이 경료된 등기로서 무효라고 하였다.

또한, 사기죄의 피고소인인 甲이 丙으로부터 매수한 토지의 소유권을 고소인인 乙에게 이전하여 주는 조건으로 형사합의를 시도하였으나 합의가 성립되지 않고 있던 중, 乙이 甲과의 합의를 전제로 매도인인 丙으로부터 그 토지에 관한 소유권이전등기를 경료받은 경우, 乙과 丙 사이에 성립한 등기이전의 합의는 원래 丙이 甲과 체결한 매매계약에 따라 甲에게 소유권이전등기를 경료하여 주어야 할 것을 甲과 乙 사이에 위 토지의 소유권을 乙에게 넘겨 주기로 합의하였음을 전제로 바로 乙에게 소유권이전등기를 하여 주기로 합의한 것이어서, 그 자체가 乙과 丙 사이에 권리변동의 원인이 되는 행위가 되는 것이 아니라 단지 甲에 대한 소유권이전등기를 생략하고 乙명의로 바로 소유권이전등기를 경료하여 주기로 하는 중간생략등기의 합의에 지나지 아니하고, 그것은 위 토지에 대한 乙명의의 소유권이전등기에 대한 등기원인이라고 할 수 없으므로, 乙 명의의 소유권이전등기는 등기원인을 결여한 원인무효의 등기에 해당한다고 하였다(대판 99.2.26. 98다50999).

⑥ 무효등기의 유용(流用): 무효등기의 유용의 문제는 등기가 실체적 권리관계에 부합하지 않아서 무효이지만, 아직 등기가 말소되지 않고 있는 동안에 그 등기에 부합하는 실체적 권리관계가 발생한 경우에 당사자 간에 무효인 등기의 유용에 관한 합의가 있으면 종래의 등기가 유효하게 되는가 하는 문제이다.

판례(대판 89.10.27. 87다카425 등)는 대체로 무효인 등기를 유용하기 전에 이해관계인이 존재하지 않는 한 무효등기에 관한 유용의 합의를 허용한다.

무효등기의 유용에 관한 합의 내지 추인은 묵시적으로도 이루어질 수 있으나, 위와 같은 묵시적 합의 내지 추인을 인정하려면 무효등기 사실을 알면서 장기간 이의를 제기하지 아니하고 방치한 것만으로는 부족하고, 그 등기가 무효임을 알면서도 유효함을 전제로 기대되는 행위를 하거나 용태를 보이는 등 무효등기를 유용할 의사에서 비롯되어 장기간 방치된 것이라고 볼 수 있는 특별한 사정이 있어야 한다(대판 2007.1.11. 2006다50055).

㉠ 소유권이전등기의 유용: 예컨대 당사자 간에 가장매매를 원인으로 하여 소유권이전등기를 한 경우에는 등기도 무효이지만, 나중에 적법한 매매가 행하여지면 무효인 등기는 유효하게 된다(대판 77.4.12. 76다2516).

㉡ 저당권설정등기의 유용: 예컨대 피담보채권이 변제로 인하여 소멸되었지만 저당권의 등기를 말소하지 않고 남겨 둔 상태에서 다시 같은 내용의 법률관계가 발생한 경우에 종래의 저당권설정등기를 유용하는 합의가 있으면 그 무효인 등기는 유효하게 된다(대판 86.12.9. 86다카716 ; 동 63.10.10. 63다583).

㉢ 표제부등기의 유용: 멸실된 건물의 보존등기를 그 후에 신축한 건물의 보존등기로 유용할 수 있는지는 문제이다.

소유권이전등기의 유용이나 저당권설정등기의 유용이 등기부의 사항란에 관한 유용인 데 대하여 멸실된 건물의 보존등기를 유용하는 것은 등기부의 표제부에 관한 유용이기 때문이다. 학설이나 판례(대판 76.10.26. 75다2211)는 표제부에 대한 등기의 유용을 허용하지 않는다.

(b) 시간적 불합치: 물권행위와 동시에 등기가 행하여지기보다는 물권행위를 한

후에 시간적 간격을 두고 등기를 하는 경우가 일반적이다. 문제는 물권행위를 한 후 등기를 하기 전에 당사자가 행위능력을 상실하거나 또는 사망한 경우에 물권행위에 따른 등기신청을 할 수 있는지이다.

① 물권행위를 한 후 등기 전에 당사자가 제한능력자가 된 경우: 이 경우에는 그 의사표시의 효력에는 영향이 없고(제111조 제2항), 또한 물권행위의 효력에도 영향이 없다. 물권행위의 내용에 따른 등기신청은 등기신청행위가 공법상의 행위이지만 사법상의 물권변동의 효과를 생기게 하므로 사법상의 행위에 준하여 제한능력자의 법정대리인이 등기신청을 할 수 있는 것으로 해석한다.

② 물권행위를 한 후 등기 전에 당사자가 사망한 경우: 물권행위를한 후 등기 전에 당사자가 사망한 경우에도 물권행위의 효력에는 영향이 없다. 등기신청에 관하여는 등기원인이 발생한 후에 등기권리자 또는 등기의무자에 대하여 상속이나 그 밖의 포괄승계가 있는 경우에는 상속인이나 그 밖의 포괄승계인이 그 등기를 신청할 수 있도록 하고 있다(부동산등기법 제27조).

예컨대 A의 부동산에 관하여 B와 매매계약을 체결한 후 등기를 하기 전에 A가 사망한 경우에도 A와 B 간의 물권행위에는 영향을 미치지 않으므로 유효하다. 이 경우에 등기신청은 A의 상속인이 등기의무자로서 할 수 있다. 상속인에 의한 등기를 신청하는 경우에는 신청서에 그 신분을 증명하는 서면을 첨부하여야 한다.

판례(대판 2004.9.3. 2003다3157)는 전 소유자가 사망한 이후에 그 명의로 신청되어 경료된 소유권이전등기는, 그 등기원인이 이미 존재하고 있으나 아직 등기신청을 하지 않고 있는 동안에 등기의무자에 대하여 상속이 개시된 경우에 피상속인이 살아 있다면 그가 신청하였을 등기를 상속인이 신청한 경우 또는 등기신청을 등기공무원이 접수한 후 등기를 완료하기 전에 본인이나 그 대리인이 사망한 경우와 같은 특별한 사정이 인정되는 경우를 제외하고는, 원인무효의 등기라고 볼 것이어서 그 등기의 추정력을 인정할 여지가 없다고 한다고 하였다.

③ 물권행위를 한 후 등기 전에 당사자가 교체된 경우: 이 경우에는 교체된 당사자 간에 물권행위를 새로 하고 등기신청을 하여야 한다.

④ 물권행위를 한 후 등기를 신청할 때까지 부동산에 관한 처분권이 존재할 것: 물권행위를 할 당시에는 부동산에 관한 처분권이 있었으나 그 후에 권리자가 파산하거나 압류·가압류·가처분 등에 의하여 처분권이 제한되면 등기를 신청할 수 없다.

⑤ 실체관계에 부합하지 않아서 무효인 경우: 채권자 아닌 제3자 명의의 근저

당권설정등기가 경료된 부동산에 소유권이전청구권 가등기가 경료되고 그 후 다시 채권자 명의의 위 근저당권이전의 부기등기가 경료된 경우, 채권자는 위 부기등기가 경료된 시점에 비로소 근저당권을 취득하는데, 부기등기의 순위가 주등기의 순위에 의하도록 되어 있는 부동산등기법 제5조 제1항에 따라 등기부상으로는 채권자가 위 제3자 명의의 근저당권설정등기가 경료된 시점에 근저당권을 취득한 것이 되어 위 가등기보다 그 순위가 앞서게 되므로, 결국 위 근저당권설정등기는 실체관계에 부합하는 유효한 등기라고 볼 수 없다고 할 것이다(대판 2007.1.11. 2006다50055).

⑥ 등기를 갖추지 않은 부동산매수인의 지위:　부동산을 매수하고도 아직 등기를 갖추지 않은 자에게 어떤 법적 지위를 부여하여 보호할 것인가?

첫째, 매수인이 부동산을 인도받아 점유하고 있으면 등기하지 않고 있는 경우에도 점유자로서 보호를 받는다.

둘째, 부동산물권변동에 관한 성립요건주의하에서는 매수인이 목적부동산에 대하여 이전등기를 받을 때까지는 매도인이 소유권을 갖는다. 문제는 부동산의 매수인이 목적부동산을 인도받았지만 아직 등기를 갖추지 못하고 있는 동안에 매도인이 등기부상의 소유자임을 내세워 소유권에 기한 목적물반환청구권을 행사한 경우에 어떻게 매수인을 보호할 것인가에 대하여 학설이 대립한다.

로마법상의 '매각되어 인도된 물건의 항변(exceptio rei venditae et traditae)'을 매수인에게 인정하자는 견해와 매수인은 민법 제213조 단서의 규정에 기하여 그 부동산에 대한 점유할 권리를 이유로 반환을 거부할 수 있다는 견해, 그리고 물권적 기대권으로 보호할 수 있다는 견해가 있다.

3. 법률의 규정에 의한 부동산물권변동

(1) 의　　의

민법 제187조는 「상속, 공용징수, 판결, 경매 기타 법률의 규정에 의한 부동산에 관한 물권의 취득은 등기를 요하지 아니한다. 그러나 등기를 하지 아니하면 이를 처분하지 못한다.」고 규정하고 있다.

즉, 법률행위에 의한 부동산물권변동은 등기를 하여야 그 효력이 생기는 데(제186조) 대하여, 법률의 규정에 의한 부동산물권변동은 등기를 요하지 않는 것이다.

제187조에서 '물권의 취득'이라 함은 취득에만 한하지 않고 물권의 취득, 상실, 변경, 즉 물권변동의 의미로 이해된다.

(2) 상 속

피상속인의 사망으로 상속이 개시되며, 상속에 의하여 피상속인의 부동산에 관한 권리는 등기 없이 상속인에게 이전된다. 포괄적 유증이나 회사의 합병도 마찬가지이다.

(3) 공용징수

공용징수라 함은 공익사업을 위하여 개인의 소유권 기타의 재산권을 법률의 힘에 의하여 강제적으로 취득하는 것을 말한다. 공용징수에는 사업시행자와 토지소유자의 협의에 의한 협의수용(協議收用)과 협의가 성립하지 못한 경우에 토지수용위원회의 재결로 성립하는 재결수용(裁決收用)이 있다.

협의수용의 경우에는 협의에 의하여 정하여진 시기에, 재결수용의 경우에는 재결에서 정한 수용시기이지만(공익사업을 위한 토지 등의 취득 및 보상에 관한 법률 제45조) 기업자가 수용시기까지 보상금을 지급 또는 공탁하지 않으면 수용재결은 실효되기 때문에(공익사업을 위한 토지 등의 취득 및 보상에 관한 법률 제42조) 보상금의 지급을 정지조건으로 하여 수용기일에 물권의 변동이 있게 된다.

(4) 판 결

판결에는 그 내용에 따라서 이행판결, 확인판결 그리고 형성판결이 있다. 등기 없이 물권변동의 효과를 일으키는 판결이란 판결 자체에 의하여 부동산 물권취득의 형성적 효력이 발생하는 형성판결(形成判決)만을 의미한다(대판 70.6.30. 70다568).

이러한 형성판결에는 공유물분할판결, 경계확정판결, 사해행위취소판결, 상속재산분할판결 등이 있다.

확정판결과 동일한 효력을 가지는 화해조서나 인락조서 등에도 제187조에 포함되는지와 관련하여 화해조서나 인락조서의 내용이 당사자 사이의 법률관계의 형성에 관한 것에 한하여 제187조에 포함되는 것으로 해석한다.

형성판결과는 달리 이행판결(履行判決)이나 확인판결(確認判決)은 그 판결에 기한 등기가 행하여진 때에 부동산물권변동의 효력이 생긴다.

(5) 경 매

경매에는 개인들 간에 이루어지는 사경매(私競賣)와 국가기관이 행하는 공경매(公競賣)가 있다. 공경매에는 다시 국세징수법에 따라서 행하여지는 공매(公賣)와 민사집행법의 강제집행절차에 따라서 행하여지는 경매(競賣)가 있다. 경매에는 다시 강제경매와 담보권실행을 위한 경매가 있다. 제187조의 경매는 공경매만을 의미한다.

공매의 경우에는 매수인이 매수대금을 납부한 때에 소유권이 취득되고(국세징수법

제77조), 부동산에 대하여 경매가 이루어진 경우에는 경락인은 경락대금을 완납한 때에 등기 없이도 경매목적인 권리를 취득한다(민사집행법 제135조, 제268조).

후순위 보존등기에 의거하여 강제경매가 진행되어 경락허가결정이 확정되고 그 대금을 완납하였다면 그로 인한 위 소유권이전등기가 이중등기로서 무효인 여부와 관계없이 확정적으로 소유권을 취득하게 된다(대판 74.7.26. 73다1128).

경매로 인하여 부동산의 소유권을 취득함에 있어서는 등기를 요하지 않는 것이므로 경락허가결정을 원인으로 한 소유권이전등기가 중복등기의 이론으로 무효인 여부에 관계없이 경락인은 확정적으로 경락부동산에 대한 소유권을 취득한다(대판 92.4.28. 91다46700).

(6) 기타의 법률규정

상속, 공용징수, 판결, 경매 이외에도 건물의 신축, 법정지상권(제305조, 제366조), 법정담보물권인 부동산 유치권, 수반성에 기한 지역권의 이전(제292조 제1항) 또는 관습법상의 법정지상권, 혼동에 의한 물권의 소멸(제191조), 부종성에 의한 저당권의 소멸(제369조) 등은 등기 없이도 물권변동이 발생한다.

(7) 예　　외

부동산의 소유권을 시효취득하는 경우는 법률의 규정에 의한 물권의 취득이며 법률행위에 의한 것이 아님에도 불구하고 등기를 하여야 하는 것으로 하였다(제245조 제1항).

4. 등기의 종류와 절차

(1) 등기의 종류

(가) 사실의 등기와 권리의 등기

(a) 사실의 등기:　등기용지의 표제부에 하는 등기로서 부동산의 위치, 면적, 구조와 같은 부동산의 상황을 명시하는 등기이다. 집합건물의 경우에는 1동의 건물의 표시에 관한 표제부와 전유부분의 건물의 표시에 관한 표제부로 구성되어 있다.

(b) 권리의 등기:　부동산의 권리관계에 관한 등기이다. 권리의 등기는 갑구(甲區)와 乙구로 구성되며, 갑구에는 소유권에 관한 사항을 기재하고, 을구(乙區)에는 소유권 이외의 권리에 관한 사항을 기재한다.

(나) 보존등기와 권리변동의 등기　(a) 보존등기(保存登記)는 미등기의 부동산에 대하여 처음으로 행하여지는 소유권의 등기를 말한다. 등기관이 소유권보존등기를 할 때에는 등기원인과 그 연월일을 기록하지 아니한다(부동산등기법 제64조).

소유권보존등기는 토지대장등본 또는 임야대장등본에 의하여 자기 또는 피상속인이 토지대장 또는 임야대장에 소유자로서 등록되어 있는 것을 증명하는 자, 판결에 의하여 자기의 소유권을 증명하는 자, 수용으로 소유권을 취득한 자가 신청할 수 있는데(부동산등기법 제65조), 대장(토지대장, 임야대장)등본에 의하여 자기 또는 피상속인이 대장에 소유자로서 등록되어 있는 것을 증명하는 자는 대장에 최초의 소유자로 등록되어 있는 자 및 그 자를 포괄승계한 자이며, 대장상 소유권이전등록을 받았다 하더라도 물권변동에 관한 형식주의를 취하고 있는 현행 민법상 소유권을 취득했다고 할 수 없고, 따라서 대장상 소유권이전등록을 받은 자는 자기 앞으로 바로 보존등기를 신청할 수는 없으며, 대장상 최초의 소유명의인 앞으로 보존등기를 한 다음 이전등기를 하여야 한다(대판 2009.10.15. 2009다48633).

(b) 권리변동의 등기(權利變動登記)는 소유권보존등기를 기초로 그 후에 이루어지는 권리변동에 관한 등기이다.

(다) 등기의 내용에 따른 분류

(a) 기입등기: 기입등기(記入登記)라 함은 새로운 등기원인에 의하여 행하여지는 등기로서 소유권보존등기, 소유권이전등기, 저당권설정등기 등이 있다.

(b) 경정등기: 경정등기(更正登記)라 함은 등기가 행하여졌으나 등기절차에 착오 또는 탈루가 있어서 등기와 실체관계의 원시적 불일치가 발생한 경우에 이를 시정하기 위하여 하는 등기이다.

일반적으로 부동산에 관한 등기의 지번표시에 다소의 착오 또는 오류가 있다 할지라도 적어도 그것이 실질상의 권리관계를 표시함에 족한 정도로 동일 혹은 유사성이 있다고 인정되는 경우에 한하여 그 등기를 유효시하고 그 경정등기도 허용된다고 할 것이고 만일 이 표시상의 착오 또는 오류가 중대하여 그 실질관계와 동일성 혹은 유사성조차 인정할 수 없는 경우에는 그 등기는 마치 없는 것과 같은 외관을 가지므로 그 등기의 공시의 기능도 발휘할 수 없으니 이런 등기의 경정을 무제한으로 인정한다면 제3자에게 뜻밖의 손해를 가져 올 경우도 있을 것이므로 이와 같은 경우에는 경정등기는 허용되지 않는 것이 원칙이다. 다만, 동일성 또는 유사성을 인정할 수 없는 착오 또는 오류가 있는 경우라 할지라도 같은 부동산에 대하여 따로 보존등기가 존재하지 아니하거나 등기의 형식상으로 보아 예측할 수 없는 손해를 미칠 우려가 있는 이해관계인이 없는 경우에는 당해 오류 있는 등기의 경정도 허용된다고 할 것이다. 왜냐하면 그 경정된 등기를 유효하다고 보는 것이 경정등기 전후에 각 등기가 유효하다고 믿고 등기한 권리를 보호할 수 있는 실효가 있을 뿐 아니라 일단 경정된 등기는 그 때부터는 공시의 기능도 일반등기와 같이 발휘할 수 있기 때문이다(대판 75.4.22. 74다2188 전원합의체).

기존 등기에 관하여 등기명의인의 성명이나 주소 등 표시에 착오 또는 유류가 있는 경우에는 원칙적으로 등기명의인 표시의 경정등기를 하여 등기부의 표시를 경정한 다음 새로운 등기를 하여야 하는 것이므로, 기존 등기명의인의 표시에 착오가 있음에도 불구하고 등기명의인표시의 경정등기를 하지 아니하고 곧바로 상속을 원인으로 한 이전등기를 신청하는 것은 허용되지 않는다(대결 2008.8.28. 2008마943).

(c) 변경등기:　변경등기(變更登記)라 함은 등기가 행하여진 후에 등기와 실체관계의 후발적 불일치를 시정하기 위한 등기이다. 예컨대 소유자의 주소나 성명이 변경된 경우, 지상권의 존속기간의 변경이 생긴 경우 또는 부동산의 일부가 멸실된 경우 등에는 변경등기를 하여야 한다.

(d) 말소등기:　말소등기(抹消登記)라 함은 등기에 대응하는 실체관계가 없는 경우에 그 등기의 전부를 말소하는 등기이다.

소유권보존등기의 말소를 구하고자 하는 경우에 먼저 그 말소를 구하는 사람이 말소를 청구할 수 있는 권원(權原)이 있음을 적극적으로 주장·입증하여야 하며, 만일 이러한 권원이 있음이 인정되지 않는다면 설사 소유권보존등기가 말소되어야 할 무효의 등기라고 하더라도 그 말소 청구를 인용할 수 없다고 할 것이다(대판 2008.10.9. 2008다35128).

(e) 회복등기:　회복등기(回復登記)라 함은 기존의 등기가 부당하게 소멸된 경우에 이를 회복시키는 등기이다. 회복등기에는 등기의 전부나 일부가 부적법하게 말소된 경우에 하는 말소회복등기와 등기부의 전부나 일부가 멸실한 경우에 하는 멸실회복등기가 있다.

(f) 멸실등기:　멸실등기(滅失登記)라 함은 부동산의 전부가 멸실된 경우에 하는 등기이다. 부동산의 일부가 멸실된 경우에는 변경등기를 하여야 한다.

(라) 등기의 방식 또는 형식에 따른 분류　(a) 주등기(主登記)라 함은 표제부의 표시란에 등기할 때에는 표시번호란에 번호를 기재하고, 甲구나 乙구의 사항란에 등기를 할 때에는 순위번호란에 각각 독립한 번호를 붙여서 하는 등기를 말한다(부동산등기법 제48조).

(b) 부기등기(附記登記)라 함은 주등기와 같이 독립한 번호를 붙여서 하는 등기가

아니라 주등기의 번호에 따라서 행하여지는 등기를 말한다. 부기등기의 순위는 주등기의 순위에 따른다. 다만, 같은 주등기에 관한 부기등기 상호 간의 순위는 그 등기순서에 따른다(부동산등기법 제5조).

(마) 등기의 효력에 따른 분류

(a) 종국등기: 종국등기(終局登記)라 함은 물권변동의 효력을 발생시키는 등기를 말한다. 보통의 등기는 여기에 속한다.

(b) 예비등기: 예비등기(豫備登記)라 함은 물권변동과는 직접적인 관계가 없고 간접적으로 종국등기에 대비하여 행하여지는 등기를 말한다. 예비등기에는 가등기가 있다(예비등기에는 가등기 이외에도 등기의 공신력이 인정되지 아니하는 법제에서 거래의 안전을 보호하기 위하여 예고등기(豫告登記)제도를 두었으나, 개정 부동산등기법[법률 제10580호, 2011.4.12. 시행 2011.10. 13.]에서는 예고등기로 인하여 등기명의인이 거래상 받는 불이익이 크고 집행방해의 목적으로 소를 제기하여 예고등기가 행하여지는 사례가 있는 등 그 폐해가 크다는 이유로 이를 폐지하였다).

① 가등기

㉠ 의의: 가등기(假登記)라 함은 본등기를 할 수 있는 실체법적 요건이 구비되지 아니한 경우에 장래에 할 본등기의 준비로서 하는 예비등기를 말한다.

㉡ 가등기를 할 수 있는 경우: 가등기는 부동산등기법상 등기할 수 있는 각종의 권리에 대한 청구권을 보전하고자 하는 경우에 본등기의 순위를 확보하기 위하여 미리 해 두는 것이다. 보전할 청구권이 있는 경우에도 본등기를 할 수 없는 경우이면 가등기도 할 수 없고 또한 가등기의 내용은 장차 행하여질 본등기의 내용과 일치하는 것이어야 한다.

가등기를 할 수 있는 경우는 다음과 같다(부동산등기법 제88조).

1) 부동산물권 및 그에 준하는 권리의 설정 · 이전 · 변경 · 소멸의 청구권을 보전하려 할 때.

2) 보전할 청구권이 시기부(始期附) 또는 정지조건부인 때.

3) 청구권이 장래에 확정될 것인 때.

㉢ 가등기절차: 가등기는 가등기권리자와 가등기의무자의 공동신청으로 하는 것이 원칙이다(부동산등기법 제23조).

그러나 가등기권리자가 가등기의무자를 상대로 의사의 진술을 명하는 판결을 받은 경우나 신청서에 가등기의무자의 승낙서 또는 가처분명령의 정본을 첨부하여 가등기권리자가 단독으로 신청할 수 있다(부동산등기법 제89조).

㉣ 가등기의 효력: 가등기에 기하여 본등기를 한 때에는 본등기의 순위는 가등기한 때로 소급된다. 다만 물권변동의 효력까지 소급되는 것은 아니므로 소유권 이전등의 부동산물권변동의 효력은 등기가 된 때로부터 발생한다(대판 92.9.25. 92다21258).

㉤ 가등기의 가등기: 가등기의 가등기를 허용할 것인지에 대하여 종래의 판례는 이를 부정하였으나 현재의 판례는 가등기에 의하여 순위가 보전되는 등기청구권을 양도하면서 가등기의 부기등기의 형식으로 이전할 수 있다는 입장이다.

즉, 판례(대판 98.11.19. 98다 24105 전원합의체)는 '가등기에 의하여 순위보전의 대상이 되어 있는 물권변동 청구권이 양도된 경우에 그 가등기상의 권리의 이전등기를 가등기에 대한 부기등기의 형식으로 경료할 수 있다'고 하였다.

(2) 등기절차

(가) 등기신청

(a) 공동신청주의: 등기는 등기권리자와 등기의무자가 공동으로 신청하여야 하는 것이 원칙이다(부동산등기법 제23조).

종중, 문중 기타 대표자나 관리인이 있는 법인 아닌 사단이나 재단도 부동산등기에 있어서는 등기권리자나 등기의무자가 된다(부동산등기법 제26조 제1항). 이 경우에는 그 사단 또는 재단의 명의로 그 대표자 또는 관리인이 등기를 신청한다(부동산등기법 제26조 제2항).

(b) 단독신청할 수 있는 경우: 등기를 공동으로 신청하지 않아도 판결에 의한 등기와 같이 그 진정성을 보장할 수 있는 경우 또는 상속에 의한 등기와 같이 성질상 등기의무자가 없는 경우 등에는 등기권리자가 단독으로 등기신청을 할 수 있다(부동산등기법 제23조).

이 외에도 단독신청할 수 있는 등기에는 소유권 보존등기, 부동산의 분합(分合)이나 면적의 증감 등의 변경등기, 멸실등기, 멸실회복등기, 말소등기, 가등기, 경매로 인한 등기 등이 있다.

(c) 대위신청: 채권자가 민법 제404조의 규정에 의하여 채무자에 대위하여 등기를 신청할 수 있다(부동산등기법 제28조).

(d) 대리인에 의한 신청: 등기는 대리인이 신청할 수도 있다(부동산등기법 제24조). 이 경우에는 자기계약이나 쌍방대리금지에 관한 규정은 적용이 없다.

(나) 등기신청에 대한 심사 등기관이 신청서를 받은 때에는 지체 없이 신청에 관한

모든 사항을 조사한 후 신청에 따른 등기를 할 것인지의 여부를 정한다.

등기관의 등기신청서류심사에 관하여 실질적 심사주의(實質的審査主義)와 형식적 심사주의(形式的審査主義)가 있는데, 부동산등기법에서는 등기관에게 형식적 심사권만을 부여하여 등기관이 등기신청을 부적법한 것으로 각하하여야 할 경우를 한정적으로 정하고 있을 뿐이다(부동산등기법 제29조).

즉, 등기관은 등기신청에 대하여 부동산등기법상 그 등기신청에 필요한 서면이 제출되었는지 여부 및 제출된 서면이 형식적으로 진정한 것인지 여부를 심사할 권한을 갖고 있으나 그 등기신청이 실체법상의 권리관계와 일치하는지 여부를 심사할 실질적인 심사권한은 없다.

(다) 등기의 실행 등기신청을 심사한 결과 그 신청이 적법하다고 인정되는 때에는 등기를 실행한다. 등기관이 등기를 마쳤을 때에는 대법원규칙이 정하는 바에 따라 신청인 등에 알려야 하며(부동산등기법 제30조), 등기관이 새로운 권리에 관한 등기를 마쳤을 때에는 등기필정보를 작성하여 등기권리자에게 통지하여야 한다(부동산등기법 제50조).

(라) 등기관의 처분에 대한 이의 등기관의 결정 또는 처분을 부당하다고 하는 자는 관할지방법원에 이의신청을 할 수 있는데(부동산등기법 제100조), 이의신청은 등기소에 이의신청서를 제출하는 방법으로 한다(부동산등기법 제101조).

등기관은 이의가 이유 있다고 인정하면 그에 해당하는 처분을 하여야 하며, 이의가 이유 없다고 인정하면 이의신청일부터 3일 이내에 의견을 붙여 이의신청서를 관할 지방법원에 보내야 한다. 등기를 마친 후에 이의신청이 있는 경우에는 3일 이내에 의견을 붙여 이의신청서를 관할 지방법원에 보내고 등기상 이해관계 있는 자에게 이의신청 사실을 알려야 한다(부동산등기법 제103조).

등기관의 처분에 대한 이의에는 집행정지(執行停止)의 효력이 없다(부동산등기법 제104조).

5. 등기청구권

(1) 서 설

(가) 의 의 등기청구권(登記請求權)이라 함은 등기권리자가 등기의무자에 대하여 등기신청에 협력하여 줄 것을 청구할 수 있는 사법상(私法上)의 권리를 말한다.

(나) 등기신청권과 구별 등기는 등기권리자와 등기의무자 또는 대리인이 공동으로 등기소에 출석하여 이를 신청하여야 한다(부동산등기법 제28조). 이와 같이 등기권리자나

등기의무자 등이 국가기관인 등기공무원에 대하여 가지는 권리를 등기신청권(登記申請權)이라고 하는데, 등기신청권은 공법상의 권리로서 사법상의 권리인 등기청구권과 구별된다.

(다) 등기의무자의 등기청구권(등기수취청구권)　등기청구권은 등기권리자가 등기의무자에 대하여 가지는 권리인데, 등기의무자가 등기권리자에 대하여 등기를 이전하여 갈 것을 청구할 수 있는 권리를 인정할 것인가?

예컨대 부동산을 매매한 경우에 매수인이 이전등기를 하지 않는 경우에는 등기명의인인 매도인에게 재산세가 부과되는 등의 문제가 있다. 이러한 경우에 등기의무자인 매도인이 등기권리자인 매수인에 대하여 소유권이전등기를 할 것을 요구할 수 있겠는지에 관한 문제이다.

학설은 대체로 등기의무자도 등기권리자에 대하여 등기청구권을 행사할 수 있다고 한다. 등기권리자에 대한 등기의무자의 이러한 권리를 등기인수(수취)청구권(登記引受(受取)請求權)이라고 부른다.

판례(대판 2001.2.9. 2000다60708)도 등기의무자가 등기권리자를 상대로 등기를 인수받아 갈 것을 구할 수 있다는 입장이다.

(2) 등기청구권의 법적 성질

(가) 법률행위로 인한 물권변동의 경우　법률행위, 즉 물권행위에 의한 등기청구권의 법적 성질에 대하여 학설이 대립한다.

▌학설 및 판례▐

학　설

- 1說: 물권행위의 독자성을 부인하면서 등기청구권은 원인행위인 채권행위로부터 발생하고, 따라서 그 성질은 채권적 청구권이라는 입장이다.
- 2說: 물권행위의 독자성을 인정하면서 등기청구권은 원인행위인 채권행위로부터 발생하고, 그 성질은 채권적 청구권이라는 입장이다.
- 3說: 물권행위의 독자성을 인정하고 등기청구권은 원인행위로부터 발생하는 것이 아니고 물권적 합의를 하면 물권적 기대권이 생기는데 이 물권적 기대권의 효력으로서 등기청구권이 발생하고, 그 성질은 물권적 청구권이라는 입장이다.

판 례

판례(대판 76.11.6. 76다148 전원합의체; 동 99.3.18. 98다32175 전원합의체)는 법률행위로 인한 등기청구권의 법적 성질을 채권적 청구권(債權的請求權)으로 이해한다. 따라서 채권적 청구권으로서의 등기청구권은 10년의 소멸시효에 걸린다. 다만, 매수인이 매매목적 부동산을 인도받아 사용·수익하거나 또는 매수인이 그 부동산을 인도받아 이를 사용·수익하다가 그 부동산에 대한 보다 적극적인 권리 행사의 일환으로 다른 사람에게 그 부동산을 처분하고 그 점유를 승계하여 준 경우에도 그 이전등기청구권의 소멸시효는 진행되지 않는다는 입장이다.

(나) 실체관계와 등기의 불일치를 시정하기 위한 등기청구권 저당권설정등기가 피담보채권의 변제로 인하여 효력을 상실한 경우(제369조)와 같이 실체적 권리관계와 공시방법으로서의 등기가 상호 일치하지 않는 경우에 이를 일치시키기 위하여 등기청구권이 발생하게 된다. 이 경우의 등기청구권은 물권적 청구권으로서의 성질을 갖는다.

예컨대 근저당권이 설정된 후에 그 부동산의 소유권이 제3자에게 이전된 경우에 현재의 소유자가 자신의 소유권에 기하여 피담보채무의 소멸을 원인으로 그 근저당권설정등기의 말소를 청구할 수 있으며, 이 경우에 현재의 소유자가 근저당권자에 대하여 가지는 말소등기청구권은 소유권에 기한 물권적 방해제거청구권으로서 물권적 성질을 갖는다고 것이다.

또한, 근저당권설정자인 종전의 소유자도 근저당권설정계약의 당사자로서 근저당권소멸에 따른 원상회복으로 근저당권자에게 근저당권설정등기의 말소를 구할 수 있는 계약상 권리가 있으므로 이러한 계약상 권리에 터잡아 근저당권자에게 피담보채무의 소멸을 이유로 하여 그 근저당권설정등기의 말소를 청구할 수 있다고 할 것이고 목적물의 소유권을 상실하였다는 이유만으로 그러한 권리를 행사할 수 없다고 볼 것은 아니다. 이 경우에 종전의 소유자인 근저당권설정자가 근저당권자에 대하여 가지는 등기청구권의 성질은 계약상의 지위에 기한 것으로 채권적인 것이라고 할 것이다(대판 94.1.25. 93다16338).

(다) 점유취득시효와 등기청구권 20년간 소유의 의사로 평온·공연하게 타인 소유의 부동산을 점유한 자는 등기함으로써 그 소유권을 취득한다(제245조 제1항). 이 경우 등기청구권의 법적 성질에 대하여 취득시효가 완성함으로써 부동산의 점유자는 마치 물권적 합의가 있는 취득자와 마찬가지로 물권적 기대권을 취득하고 그 효력으로서

등기청구권이 발생한다고 하는 견해와 채권적 청구권의 성질을 가진다는 견해가 대립한다.

다수설과 판례는 채권적 청구권의 성질을 갖는다는 입장이다. 즉, 판례(대판 91.1.15. 90다8411, 8428)는 토지의 점유자가 소유자에 대하여 취득시효기간의 완성으로 인한 소유권이전등기청구권을 취득하였다고 하더라도 그 후에 토지를 전전 매수하여 그 소유권이전등기까지 마친 현재의 소유자에게는 이를 대항할 수 없다고 하였다.

(라) 진정한 등기명의(登記名義)를 회복하기 위한 방법 예컨대 甲 소유의 부동산이 원인 없이 A, B, C에게 순차 소유권이전등기가 경료된 경우, 소유자가 진정한 등기명의를 회복하기 위한 방법으로 소유권에 기하여 현재의 등기명의인을 상대로 그 등기의 말소를 구하는 이외에 소유권이전등기절차의 이행을 직접 구하는 것이 가능한지 문제이다.

판례(대판 2002.9.24. 2001다20103)는 진정한 소유자가 그 등기명의를 회복하기 위한 방법으로 그 소유권에 기하여 현재의 등기명의인을 상대로 등기의 말소를 구하는 외에 진정한 등기명의의 회복을 원인으로 한 소유권이전등기절차의 이행을 직접 구하는 것도 허용된다는 입장이다.

그러나 소유자가 말소등기를 청구하는 것과 이전등기를 청구하는 것은 동일한 소송물이므로 어느 하나의 판결의 기판력은 나머지의 청구에 대하여도 미친다는 것이 판례(대판 2001.9.20. 99다 37894전원합의체)의 태도이다. 그러므로 권리자가 말소등기청구의 소를 제기하여 패소판결을 받아 확정된 경우에는 패소판결의 기판력의 작용에 의하여 권리자는 진정한 등기명의의 회복을 위한 이전등기청구의 소도 제기할 수 없게 된다.

대법원은 "진정한 등기명의의 회복을 위한 소유권이전등기청구는 이미 자기 앞으로 소유권을 표상하는 등기가 되어 있었거나 법률에 의하여 소유권을 취득한 자가 진정한 등기명의를 회복하기 위한 방법으로 현재의 등기명의인을 상대로 그 등기의 말소를 구하는 것에 갈음하여 허용되는 것인데, 말소등기에 갈음하여 허용되는 진정명의 회복을 원인으로 한 소유권이전등기청구권과 무효등기의 말소청구권은 어느 것이나 진정한 소유자의 등기명의를 회복하기 위한 것으로서 실질적으로 그 목적이 동일하고, 두 청구권 모두 소유권에 기한 방해배제청구권으로서 그 법적 근거와 성질이 동일하므로, 비록 전자는 이전등기, 후자는 말소등기의 형식을 취하고 있다고 하더라도 그 소송물은 실질상 동일한 것으로 보아야 하고, 따라서 소유권이전등기 말소청구소송에서 패소확정판결을 받았다면 그 기판력(既判力)은 그 후 제기된 진정명의회복을 원인으로 한 소유권이전등기청구소송에도 미친다."고 판시하였다(대판 2001.9.20. 99다 37894 전원합의체).

종전의 판례(대판 90.11.27. 89다카 12398 전원합의체 등)는 진정한 등기명의의 회복을 위하여 권리자는 말소등기를 청구하는 방법과 함께 현재의 등기명의인을 상대로 이전등기를 청구하는 것도 가능하며 이들은 소송물이 별개이기 때문에 기판력도 서로 미치지 않는다고 판단하였었으나 대법원 전원합의체판결(대판 2001.9.20. 99다 37894 전원합의체)로 이를 변경한 것이다.

진정한 등기명의의 회복을 위한 소유권이전등기청구는 이미 자기 앞으로 소유권을 표상하는 등기가 되어 있었거나 법률에 의하여 소유권을 취득한 자가 진정한 등기명의를 회복하기 위한 방법으로 현재의 등기명의인을 상대로 그 등기의 말소를 구하는 것에 갈음하여 허용되는 것으로서 그 법적 성질은 소유권에 기한 방해배제청구권(제214조 참조)이므로, 진정한 등기명의의 회복을 위한 소유권이전등기청구권을 행사하기 위하여는 그 상대방인 현재의 등기명의자에 대하여 진정한 소유자로서 그 소유권을 주장할 수 있어야 할 것이다(대판 2009.4.9. 2006다30921).

(3) 등기청구의 상대방

등기청구는 등기권리자가 등기의무자를 상대로 한다. 예컨대 부동산 매수인은 매도인을 상대로 매매를 원인으로 하는 소유권이전등기의 청구를, 근저당권등기가 불법으로 말소된 경우에는 근저당권자는 말소 당시의 소유명의인을 상대로 회복등기절차의 이행을 청구하여야 하며(대판 69.3.18. 68다1617), 가등기가 이루어진 부동산에 관하여 제3취득자 앞으로 소유권이전등기가 마쳐진 후 그 가등기가 말소된 경우에 그와 같이 말소된 가등기의 회복등기절차에서 회복등기의무자는 가등기가 말소될 당시의 소유자인 제3취득자이므로, 그 가등기의 회복등기청구는 회복등기의무자인 제3취득자를 상대로 하여야 한다(대판 2009.10.15. 2006다43903).

등기부상 진실한 소유자의 소유권에 방해가 되는 부실등기가 존재하는 경우에 그 등기명의인이 허무인 또는 실체가 없는 단체인 때에는 소유자는 그와 같은 허무인 또는 실체가 없는 단체 명의로 실제 등기행위를 한 사람에 대하여 소유권에 기한 방해배제로서 등기행위자를 표상하는 허무인 또는 실체가 없는 단체 명의 등기의 말소를 구할 수 있다. 또한, 소유자는 이와 같은 말소청구권을 보전하기 위하여 실제 등기행위를 한 사람을 상대로 처분금지가처분을 할 수도 있다(대결 2008.7.11. 2008마615).

또한 근저당권이 양도된 경우, 근저당권 이전의 부기등기를 하게 되는데 이 부기등기는 기존의 주등기인 근저당권설정등기에 종속되어 주등기와 일체를 이루는 것으로 기존의 근저당권설정등기에 의한 권리의 승계를 등기부상 명시하는 것뿐이지, 그 등기에 의하여 새로운 권리가 생기는 것이 아니기 때문에 피담보채무가 소멸되거나 또는 근저당권설정등기가 당초 원인무효인 경우에 주등기인 근저당권설정등기의 말소만 구하면 되고 그 부기등기는 별도로 말소를 구하지 않더라도 주등기의 말소에 따라 직권으로 말소되며, 따라서 근저당권설정등기의 말소등기청구는 양수인만을 상대로 하면 족하고 양도인은 그 말소등기청구에 있어서 상대방이 될 자격이 없다고 할 것이다(대판 2000.4.11. 2000다5640).

6. 등기의 효력

(1) 등기의 효력 일반

(가) 물권변동적 효력(권리변동적 효력)　물권적 합의에 부합하는 공시방법으로서의 등기가 있으면 부동산에 관한 물권변동, 즉 권리변동적 효력이 생긴다.

(나) 대항적 효력　일정한 사항을 등기한 때에는 제3자에게 대항할 수 있는 효력이 생기는 경우가 있다. 예컨대 지상권이나 전세권의 존속기간, 지료, 전세금, 피담보채권 등이 여기에 해당한다.

민법 제54조 제1항도 「설립등기 이외의 법인설립과 관련한 등기사항은 그 등기 후가 아니면 제3자에게 대항하지 못한다.」고 규정하고 있다.

(다) 순위확정적 효력　동일한 부동산에 관하여 등기한 권리의 순위는 법률에 다른 규정이 없는 한 등기의 전후에 의한다(부동산등기법 제5조 제1항). 이와 같은 등기의 효력을 순위확정적 효력이라고 한다.

등기의 전후는 등기용지 중 동구(同區)에서 한 등기에 대하여는 순위번호에 의하고, 별구(別區)에서 한 등기에 대하여는 접수번호에 의한다(부동산등기법 제5조 제2항).

부기등기의 순위는 주등기의 순위에 의하며, 가등기를 한 경우에는 본등기의 순위는 가등기의 순위에 의한다(부동산등기법 제6조).

(라) 추정적 효력　등기가 되어 있으면 등기내용에 상응하는 실체적 권리관계가 존재하는 것으로 추정되는데, 이것을 등기의 추정적 효력 또는 등기의 추정력(推定力)이라고 한다.

등기의 추정력은 등기명의인에게 유리한 경우뿐만 아니라 불이익한 경우에도 미친다. 예컨대 甲 명의로 소유권이전등기가 되어 있는 경우에 甲에게 소유권의 존재가 추정될 뿐만 아니라 그 부동산에 대한 재산세 등도 등기명의인인 甲에게 부과되는 불이익을 입게 되기도 한다.

(a) 등기의 추정력이 미치는 범위

① 등기의 추정력과 인적 범위: 등기된 권리는 등기부에 기재된 등기명의인에게 속하는 것으로 추정된다. 또한, 등기된 부동산물권에 대하여도 물권변동이 유효하게 성립한 것으로 추정된다. 판례(대판 69.2.18. 68다2329)는 저당권설정등기가 있는 경우에는 그에 상응하는 피담보채권의 존재도 추정된다고 하였다.

등기의 추정력이 제3자에 대해서 뿐만 아니라 전소유자(前所有者)에 대하여도 인정되는지에 대하여 학설은 긍정설과 부정설이 대립한다. 이에 대하여 판례(대판 2004.9.24. 2004다27273)는 전 소유자에 대한 추정력을 인정한다.

② 절차의 적법추정: 등기가 있으면 일단은 적법한 절차에 의하여 이루어진 등기로 추정된다. 예컨대 전 등기명의인이 미성년자이고 당해 부동산을 친권자에게 증여하는 행위가 이해상반행위라 하더라도 일단 친권자에게 이전등기가 경료된 이상은 특별한 사정이 없는 한 그 이전등기에 관하여 필요한 절차를 적법하게 거친 것으로 추정(대판 2002.2.5. 2001다72029)되고 또한 사망자 명의의 등기신청에 의하여 경료된 등기는 원인무효의 등기로서 등기의 추정력을 인정할 여지가 없다고 하겠으나, 등기원인이 이미 존재하고 있으나 아직 등기신청을 하지 않고 있는 동안에 등기권리자 또는 등기의무자에 관하여 상속이 개시된 경우 피상속인이 살아 있다면 그가 신청하였을 등기를 상속인이 부동산등기법 제47조의 규정에 따라 신청하는 때에는 그 등기를 무효라고 할 수 없으므로, 사망한 등기의무자로부터 경료된 등기라고 하더라도 등기의무자의 사망 전에 그 등기원인이 이미 존재하는 등의 사정이 있는 경우에는, 그 등기는 위와 같은 절차에 따라 적법하게 경료된 것으로 추정되어 그 등기의 추정력을 부정할 수 없다(대판 97.11.28. 95다519910).

③ 등기원인의 적법추정: 등기원인이라 함은 등기를 하는 것 자체에 관한 합의가 아니라 등기하는 것을 정당하게 하는 실체법상의 원인을 뜻하는 것으로서, 등기를 함으로써 일어나게 될 권리변동의 원인행위나 그의 무효, 취소, 해제 등을 가리킨다.

이러한 등기원인에도 등기의 추정력이 미치는지에 대하여는 학설이 대립한다. 부정설은 등기부상의 등기원인이 실제와 다르게 등기되는 경우가 적지 않기 때문에 등기의 추정력이 등기원인에는 미치지 않는다는 입장이다. 이에 대하여 등기의 추정력은 등기원인도 적법한 것으로 추정되므로 등기는 무효원인에 의한 것이라고 주장하는 자가 그 무효의 원인사실을 증명할 책임이 있다고 한다.

판례(대판 77.6.7. 76다3010)는 매매를 원인으로 소유권이전등기가 마쳐진 경우 전 소유명의인이 이를 부인하고 그 등기원인의 무효를 주장하여 소유권이전등기의 말소등기절차의 이행을 구하려면 그 무효사실을 주장하고 이를 입증하여야 할 책임이 있다고 하여 등기원인의 적법성을 추정한다.

④ 적법한 대리권존재의 추정:　소유권이전등기가 전 등기명의인의 직접적인 처분행위에 의한 것이 아니라 제3자가 그 처분행위에 개입된 경우, 그 제3자에게는 적법한 대리권이 있는 것으로 추정된다.

현재의 등기명의인이 그 제3자가 전 등기명의인의 대리인이라고 주장하더라도 현 소유명의인의 등기가 적법히 이루어진 것으로 추정되므로, 그 등기가 원인무효임을 이유로 그 말소를 청구하는 전 소유명의인으로서는 반대사실, 즉 그 제3자에게 전 소유명의인을 대리할 권한이 없었다든가 또는 제3자가 전 소유명의인의 등기서류를 위조하는 등 등기절차가 적법하게 진행되지 아니한 것으로 의심할 만한 사정이 있다는 등의 무효사실에 대한 증명책임을 진다고 할 것이다(대판 2009.9.24. 2009다37831).

⑤ 등기의 추정력의 부수적 효력

㉠ 제3자의 선의 · 무과실:　등기에 추정력이 인정되기 때문에 등기부에 기재된 내용을 신뢰하여 거래하는 제3자에게는 선의 · 무과실이 추정된다(대판 82.5.11. 80다2881). 예컨대 등기부상의 명의인과 매도인이 동일한 경우에 매도인을 소유자로 믿고 매매계약을 체결한 자는 매도인이 진정한 소유자가 아니더라도 이를 몰랐던 것으로 추정되고 등기부상 매도인명의를 의심할만한 특별한 사정이 없는 한 과실도 없었던 것으로 추정된다(대판 98.2.24. 96다8888).

㉡ 등기내용에 관한 악의 추정:　부동산매수인은 등기부에 기재된 내용을 알고 있었던 것으로 추정되며, 등기부에 기재된 사실을 알지 못한 경우에는 등기부를 조사하지 않은 데서 기인한 것인 때에는 선의이더라도 과실이 있는 것으로 추정된다.

㉢ 점유의 추정력과 등기의 추정력의 차이:　민법 제200조의 '점유자가 점유물에 대하여 행사하는 권리는 적법하게 보유한 것으로 추정한다'는 규정이 부동산에도 적용되는가?

통설 · 판례(대판 66.5.31. 66다677)는 등기된 부동산에 관하여는 민법 제200조가 적용되지 않는 것으로 이해한다. 따라서 부동산의 점유자와 등기명의인이 다른 때에는 점유자가 아니라 등기명의인이 진정한 권리자로 추정된다.

(b) 등기의 추정력이 깨지는 경우와 깨지지 않는 경우

① 등기의 추정력이 깨지는 경우: 토지를 사정받은 사람이 따로 있음이 밝혀진 경우에 토지에 관한 소유권보존등기의 추정력은 깨지며(대판 2005.5.26. 2002다43417), 신축된 건물의 소유권은 이를 건축한 사람이 원시취득하는 것이므로 건물 소유권보존등기의 명의자가 이를 신축한 것이 아닌 경우(대판 96.7.30. 95다30734), 전 소유자가 사망한 후에 그의 신청에 의하여 소유권이전등기가 이루어진 경우(대판 83.8.23. 83다카597) 또는 전 소유자가 허무인인 경우(대판 85.11.12. 84다카2494), 등기부상의 공유지분의 합계결과가 그 분모를 초과하는 경우(대판 82.9.14. 82다카134), 소유권이전등기의 원인으로 주장된 계약서가 진정하지 않은 것으로 증명된 경우(대판 98.9.22. 98다29568), 소유권 보존등기의 명의인이 부동산을 양수받은 것이라고 주장하는데 전 소유자가 양도사실을 부인한 경우에 보존등기의 추정력(대판 82.9.14. 82다카707)은 깨진다.

② 등기의 추정력이 깨지지 않는 경우: 부동산 등기는 현재의 진실한 권리상태를 공시하면 그에 이른 과정이나 태양을 그대로 반영하지 아니하였어도 유효한 것으로서, 등기명의자가 전 소유자로부터 부동산을 취득함에 있어 등기부상 기재된 등기원인에 의하지 아니하고 다른 원인으로 적법하게 취득하였다고 하면서 등기원인 행위의 태양이나 과정을 다소 다르게 주장한 경우에도 등기의 추정력은 깨지지 않는다(대판 2000.3.10. 99다65462).

소유권보존등기의 추정력은 그 보존등기 명의인 이외의 자가 당해 토지를 사정받은 것으로 밝혀지면 깨지는 것이어서 등기명의인이 그 구체적인 승계취득사실을 주장·입증하지 못하는 한 그 등기는 원인무효로 되는 것이지만 소유권이전등기의 경우에는 그와 같은 사실만으로 등기의 추정력이 깨진다고 볼 수 없다(대판 91.10.11. 91다20159)고 하고, 또한 부동산소유권이전등기 등에 관한 특별조치법의 규정에 의하여 소유권보존등기가 된 경우에는 그 등기의 소요서류인 보증서나 확인서가 허위 또는 위조된 것이라든지 그 밖에 위 특별조치법에 따라 적법하게 경료된 것이 아니었음이 밝혀지지 않는 이상 그 등기명의자가 아닌 제3자가 그 부동산을 사정받았음이 드러났더라도 이것만으로 위 소유권보존등기의 추정력이 깨어지는 것은 아니(대판 89.11.28. 88다카29115)라고 하여 특별법상의 등기에는 강한 추정력을 인정하고 있다.

또한, 등기원인이 이미 존재하고 있으나 아직 등기신청을 하지 않고 있는 동안 등기권리자 또는 등기의무자에 관하여 상속이 개시되어 피상속인이 살아 있다면 그가

신청하였을 등기를 상속인이 신청하는 경우(부동산등기법 제27조), 또는 등기신청을 등기공무원이 접수한 후 등기를 완료하기 전에 본인이나 그 대리인이 사망한 경우 등과 같이 그 등기의 신청이 적법한 이상 등기가 경료될 당시 등기명의인이 사망하였다는 이유만으로는 그 등기를 무효라고 할 수 없다(대판 89.10.27. 88다카29986).

등기에 관한 각종의 특별조치법상의 소유권보존등기의 권리추정력은 부동산등기법에 의한 소유권보존등기의 권리추정력에 비하여 강한 효력을 인정한다(대판 2000.10.27. 2000다33775).

(마) 공신력　등기의 공신력(公信力)이라 함은 실체적 권리관계와 부합하지 않는 등기가 행하여진 경우에 그 부실한 등기를 신뢰하여 법률행위를 한 선의의 제3자를 보호하기 위하여 등기의 기재에 대하여 인정되는 효력을 말한다.

학설이나 판례는 등기의 공신력을 인정하지 않는다. 다만 민법에서는 일정한 경우에 선의의 제3자 보호규정을 두고 있는 경우가 있는데, 이는 등기의 공신력과는 별개의 것이다.

(2) 가등기의 효력

(가) 가등기의 종류　가등기에는 청구권보전(請求權保全)을 위한 가등기와 채권을 담보하기 위한 목적으로 하는 담보가등기(擔保假登記)가 있다. 전자는 '부동산등기법'에 의하여 규율되고, 후자는 '가등기담보 등에 관한 법률'에 의하여 규율된다.

이하에서는 청구권보전을 위한 가등기에 대하여서만 검토하고, 가등기담보에 관하여는 후술한다.

(나) 본등기 후의 가등기의 효력

(a) 순위보전의 효력:　가등기에 기하여 본등기를 한 때에는 본등기의 순위는 가등기의 순위에 따른다(부동산등기법 제91조). 이와 같이 가등기는 본등기의 순위를 보전하는 효력이 있는데, 이를 가등기의 순위보전의 효력(順位保全效力)이라고 한다.

판례(대판 94.4.26. 92다34100, 34117)는 가등기에 기하여 본등기가 된 때에는 본등기의 순위가 가등기한 때로 소급함으로써 가등기 후 본등기 전에 이루어진 중간처분이 본등기보다 후순위로 되어 실효되는 것이므로 가등기에 기한 본등기청구와 단순한 소유권이전등기청구는 비록 그 등기원인이 동일하다고 하더라도 이는 서로 다른 청구로 보아야 한다고 판시한다.

(b) 물권변동의 효력발생시기:　가등기에 기하여 본등기를 한 경우에도 물권변동의 효력이 가등기한 때로 소급하여 발생하지 않고 물권변동은 본등기를 한 때로부터 발

생한다(대판 92.9.25. 92다21258).

(c) 가등기에 기한 본등기절차: 가등기 이후에 다른 본등기가 없는 경우에는 가등기권리자와 가등기의무자의 공동신청으로 가등기에 기한 본등기를 신청한다.

가등기 이후에 제3자를 위한 등기가 행하여진 경우에는 누구를 상대로 본등기를 청구하여야 하며 본등기가 행하여지면 가등기 이후의 제3자의 등기는 어떻게 처리할 것인가는 문제이다.

판례(대판 62.12.24. 4294 민재항675 전원합의체)는 가등기에 기한 본등기 청구의 상대방은 가등기의무자인 전 소유자를 상대로 본등기청구권을 행사할 것이고, 현재의 등기명의인인 제3자를 상대로 할 것이 아니며, 가등기에 기하여 본등기가 행하여지면 가등기 이후에 이루어진 등기는 '사건이 등기할 것이 아닌 경우(부동산등기법 제29조 제2호)'에 해당하므로 등기관이 직권으로 말소(부동산등기법 제92조 제1항)하여야 한다고 판시하였다.

(다) 본등기 전의 가등기의 효력(가등기 자체의 효력)

(a) 학설과 판례: 가등기에 기하여 본등기를 하기 전에 가등기 그 자체에 대하여 어떤 실체법상의 효력을 인정할 수 있는지에 대하여 학설은 대립한다.

소극설은 가등기는 본등기의 순위를 보전하는 효력을 가질 뿐이며 본등기를 하기 전에 가등기만으로는 실체법상 아무런 효력도 없다는 입장이다.

적극설은 가등기는 가등기인 채로 어떤 실체법상의 효력이 있다고 하는 입장이다. 즉, 소극설의 주장은 가등기는 가등기인 그 자체로는 어떤 효력도 없다고 하면서도, 다른 한편으로는 가등기권리자는 제3자가 본등기를 한 후에도 가등기에 기한 본등기를 할 수 있다고 주장하는데 이것은 모순이라는 것이다. 그러므로 가등기에 기한 본등기를 청구할 수 있다고 하려면 가등기 그 자체로 실체법상의 일정한 효력이 있다고 하여야 한다는 설명이다.

다수설과 판례는 소극설을 따른다. 판례(대결 72.6.2. 72마399)는 '가등기는 후일 본등기를 한 경우에 그 본등기의 효력을 소급시켜 가등기를 한 때에 본등기를 한 것과 같은 순위를 확보하게 하는 데 그 목적이 있을 따름이고 가등기에 의하여 어떤 특별한 권리를 취득하게 하는 것이라고는 볼 수 없으므로, 가등기를 한 자가 아직 본등기를 하기 전에 그 가등기 명의자를 등기의무자로 하여 다시 그 부동산에 관한 권리이전의 등기를 할 수는 없다고 해석한다.

(b) 가등기의 등기원인의 적법추정: 등기의 효력으로 인정되는 추정력은 가등기에는 인정되지 않는다. 즉, 가등기에는 가등기원인에 대한 적법추정력이 없으므로 소유

권이전등기를 청구할 어떤 법률관계가 있다고 추정되지 않는다(대판 79.5.22. 79다239).

Ⅴ. 동산물권의 변동

1. 동산물권변동의 원인

동산물권의 변동원인으로는 '법률행위에 의한 경우'와 '법률의 규정에 의한 경우'로 나눌 수 있다. 민법은 후자에 대하여 부동산물권의 경우와 같이 총칙규정(제187조)을 두지 않고 대체로 '소유권의 취득의 절(물권편 제3장 제2절 (제245조 내지 제261조))'에서 별도로 정하고 있다. 동산의 취득시효(제246조), 무주물선점(제252조), 유실물습득(제253조), 매장물발견(제254조), 동산의 부합(제257조), 혼화(제258조), 가공(제259조) 등이 그것이다.

이들에 관하여는 소유권의 부분에서 설명하기로 하고, 이하에서는 법률행위에 의한 동산물권의 변동에 관하여서만 설명하기로 한다.

법률행위에 의한 동산물권변동에는 권리자로부터의 취득과 무권리자로부터의 취득이 있다. 특히 후자를 선의취득(善意取得)이라고 한다.

2. 권리자로부터의 취득

(1) 성립요건주의의 원칙

법률행위에 의한 동산물권이 변동되기 위해서는 물권행위와 공시방법으로서 인도를 구비하여야 한다.

민법 제188조 제1항은 '동산에 관한 물권의 양도는 그 동산을 인도하여야 효력이 생긴다'고 규정하여 동산물권변동에 관하여 성립요건주의를 취하고 있다.

동산물권에는 소유권, 점유권, 유치권과 질권이 있다. 그런데 점유권, 유치권, 질권은 동산의 점유가 권리의 발생 또는 존속요건으로서 각각 특별규정(제192조, 제320조, 제328조, 제330조, 제332조)의 적용을 받기 때문에, 제188조 제1항의 적용을 받는 것은 소유권에 한한다.

(2) 물권행위(물권적 합의)

부동산물권변동에 있어서와 마찬가지로 동산물권변동의 효력이 발생하기 위하여서는 물권행위가 있어야 한다. 또한, 물권행위의 독자성을 인정할 것인지의 여부나 무인성, 유인성에 관하여 학설이 대립한다. 다만, 부동산물권변동에 있어서와는 달리 동산물권변동에 있어서는 물권행위의 독자성과 무인성을 논의할 실익은 많지 않다고 할 것이다.

즉, 물권행위의 독자성을 인정하는 견해에 의하면 물권행위의 독자성을 인정하는 주된 이유는 거래안전을 위한 것인데, 동산물권변동에 있어서는 선의취득(善意取得)이 인정되기 때문에 거래안전을 위한 물권행위의 무인성을 인정할 필요성이 없으므로 물권행위의 독자성도 인정할 실익이 거의 없다고 할 것이다.

또한, 물권행위의 독자성을 인정하는 학설은 물권행위의 무인성도 인정하는 것이 일반적인데, 동산의 점유에는 공신력이 인정되어 거래안전이 보호될 수 있으므로 물권행위의 무인성을 인정할 필요가 없다. 점유의 공신력에 의한 선의취득제도가 바로 거래안전을 위한 것이기 때문이다.

(3) 동산의 인도

(가) 의 의 동산소유권의 이전을 위하여서는 동산에 대한 점유의 이전, 즉 인도(引渡)를 하여야 한다(제188조 제1항). 인도는 현실의 인도가 원칙이지만 그 이외에도 당사자의 의사표시만으로 점유를 이전하는 관념적 인도를 허용한다. 민법에서는 현실인도 이외에도 간이인도(제188조 제2항), 점유개정(제189조)과 목적물반환청구권의 양도(제190조)에 의한 인도를 규정하고 있다.

(나) 종 류

(a) 현실인도: 현실인도(現實引渡)라 함은 실제로 동산에 관한 사실상의 지배를 양도인으로부터 양수인에게 이전하는 것을 말한다. 동산소유권이전의 요건으로서의 인도는 현실의 인도를 원칙으로 한다.

'현실의 인도가 있었다'고 하려면 양도인의 물건에 대한 사실상의 지배가 동일성을 유지한 채 양수인에게 완전히 이전되어 양수인은 목적물에 대한 지배를 계속적으로 확고하게 취득하여야 하고 양도인은 물건에 대한 점유를 완전히 종결하여야 한다(대판 2003.2.11. 2000다66454).

(b) 간이인도: 간이인도(簡易引渡)라 함은 양수인이 이미 그 물건을 점유하고 있는 경우에 당사자의 의사표시만으로 동산에 대한 점유이전의 효과가 인정되는 것을 말한다.

예컨대 A가 B에게 빌려 준 노트북을 B에게 팔고자 하는 경우에 A가 B에게 점유를 이전한다는 의사표시만으로 B는 그 물건을 인도받은 것으로 된다. 간이인도는 A가 자기 소유의 물건을 돌려 받았다가 다시 그 물건을 B에게 이전하는 번거로움을 피하기 위하여 인정된 관념적 인도의 하나이다.

(c) 점유개정

① 의　의: 점유개정(占有改定)이라 함은 동산에 관한 물권을 양도하는 경우에 당사자의 계약으로 양도인이 그 동산의 점유를 계속하는 때에는 양수인이 점유를 이전받은 것으로 인정하는 것을 말한다.

예컨대 A가 자기 소유의 노트북을 B에게 팔면서 B로부터 그 노트북을 빌려 쓰고자 하는 경우에는 A의 노트북을 B에게 이전하였다가 다시 B로부터 A에게 이전하는 번거로움을 피할 수 있는 관념적 인도의 한가지이다. 이 경우에 A는 동산에 대한 직접점유를 B는 간접점유를 취득하게 된다.

② 점유매개관계: 점유개정의 경우에 당사자 간에는 계약이나 법률의 규정에 의한 점유매개관계가 성립하고 있어야 한다.

계약에 의하여 점유매개관계가 성립하는 예로는 당사자 간에 임대차계약이나 사용대차계약 등을 체결하는 경우이고, 법률의 규정에 의하여 점유매개관계가 성립하는 예로는 친권자가 자녀에게 장난감을 증여하면서 그 자녀를 위하여 친권자가 증여한 장난감을 계속 보관하여 관리하는 경우가 있다(제916조).

③ 이중의 점유개정: 점유개정에 의하여 양도인이 점유하고 있는 동산을 다시 제3자에게 점유개정의 방법으로 이중양도한 경우에 그 동산에 관한 소유권을 취득하는 자는 누구인가?

판례(대판 89.10.24. 88다카26802)는 양수인들 간에 먼저 현실의 인도를 받아 점유를 한 자가 소유권을 취득한다는 입장이다.

④ 점유개정이 허용되지 않는 동산물권변동: 점유개정에 의한 인도방식은 종전의 점유에 아무런 변화가 없기 때문에 공시방법으로서 불완전한 면이 있다. 그래서 통설과 판례는 점유개정에 의한 선의취득을 인정하지 않으며, 동산질권에 있어서도 점유개정을 금지하고 있다(제332조).

(d) 목적물반환청구권의 양도

① 의　의: 목적물반환청구권의 양도(目的物返還請求權讓渡)에 의한 인도라 함은 제3자가 점유하고 있는 동산에 관한 물권을 양도하는 경우에 양도인이 그 제3자에 대하여 가지는 반환청구권을 양수인에게 양도함으로써 동산에 대한 점유가 이전된 것으로 취급하는 경우이다.

예컨대 A가 B에게 빌려 준 노트북을 C에게 팔면서 A가 B에 대하여 가지는 목적물반환청구권을 C에게 양도하면 C는 인도를 받은 것으로 된다.

② 목적물반환청구권의 성질: 민법 제190조에서 말하는 목적물반환청구권의 법적 성질은 물권적 청구권이 아니라 채권적 청구권(債權的請求權)이다(통설, 대판 99.1.26. 97다48906).

물권적 청구권은 물권의 효력으로서 물권에 기하여 발생하는 것이므로 물권이 이전되기 전에 물권과 분리하여 양도할 수 없기 때문으로 설명된다. 즉, 목적물반환청구권의 양도는 동산인도의 한 모습일 뿐 물권적 청구권으로서의 반환청구권은 아니다.

③ 채권양도에 관한 규정의 적용: 반환청구권의 성질을 채권적 청구권으로 이해하면 목적물반환청구권의 양도에는 채권양도에 관한 규정이 적용된다. 그러므로 목적물을 점유하고 있는 제3자에게 통지하거나 또는 그의 승낙이 있어야 대항할 수 있다(제450조 참조). 설례에서 C가 B에게 대항하기 위해서는 A가 B에게 양도사실을 통지하거나 B가 승낙하고 있어야 한다.

3. 선의취득(무권리자로부터의 권리취득)

(1) 의 의

선의취득(善意取得)이라 함은 동산의 점유자가 정당한 권리자가 아닌데도 그 점유자를 정당한 권리자라고 믿고 평온 · 공연 · 선의 · 무과실로 유효한 거래행위를 한 경우에는 양수인으로 하여금 그 동산에 대한 소유권의 취득을 인정하는 제도를 말한다.

민법에서 동산소유권의 선의취득을 인정하는 것은 동산의 점유에 공신력을 인정한 결과라고 할 것이다.

(2) 취 지

동산의 선의취득제도는 '진정한 권리자 보호'와 '거래의 안전'이 충돌하는 경우에 어느 쪽을 보호할 것인지에 대한 선택의 문제이다.

민법 제249조의 선의취득제도는 동산을 점유하는 자의 권리외관을 중시하여 이를 신뢰한 자의 소유권 취득을 인정하고 진정한 소유자의 추급을 방지함으로써 거래의 안전을 확보하기 위한 취지로 인정된 제도이다.

예컨대 A가 자기 소유의 동산을 B에게 임대한 경우와 같이 임대인의 의사에 의하여 임차인에게 임차목적물이 맡겨진 경우에 임차인은 그 목적물을 사용 · 수익할 수 있을 뿐이고 임차목적물에 대한 처분권은 없다. 그럼에도 임차인이 임차한 동산을 제3자에게 양도하였다면 그 임차목적물을 양수한 제3자로 하여금 일일이 양도인이 그 목적물의 소유자인지 여부를 확인하도록 하여 거래의 신속 · 원활을 해치기 보다는 자기에게 동산의 점유가 이전된 것을 기회로 배신행위를 한 양도인에게 동산의 점유를 맡김으로써 권리외관을 제공한 권리자의 잘못을 묻는 것이 비례의 원칙에 맞다고 할 것이다.

그러나 도품이나 유실물과 같이 동산의 점유이탈에 대하여 권리자에게 잘못을 물을 수 없는 경우까지 권리자를 희생시켜 양수인을 보호하는 것은 지나치다. 따라서 이 경우에는 권리자로 하여금 일정한 기간 내에 양수인에 대하여 동산의 반환을 청구할 수 있도록 하였다(제250조, 제251조).

(3) 요 건

(가) 객체에 대한 요건

(a) 객체는 동산일 것: 선의취득의 객체는 동산에 한한다.

부동산소유권이나 저당권과 같은 부동산에 관한 권리는 선의취득의 대상이 되지 않는다(대판 85.12.24. 84다카2428). 또한, 자동차나 선박과 같이 등기나 등록에 의하여 공시되는 동산도 선의취득의 대상이 되지 않는다.

'입목에 관한 법률'에 의하여 등기된 입목에 대하여 저당권이 설정된 경우에 저당권의 효력은 입목이 벌채된 경우에 토지로부터 분리된 수목에도 미치지만(입목에 관한 법률 제4조 제1항), 그 분리된 수목은 선의취득의 대상이 된다.

(b) 동산은 양도가 금지되지 않은 경우일 것: 동산이라도 문화재나 마약과 같이 양도가 금지되는 것은 선의취득의 대상으로 되지 않는다.

(c) 금 전: 금전이 선의취득의 대상이 되는지에 대하여는 학설이 대립한다. 통설은 금전이 동산이지만 물건으로서의 개성보다는 가치의 표상으로 유통되는 경우가 대부분이므로 선의취득의 대상이 아니라고 한다.

가치의 표상으로서의 금전에 대하여는 점유가 있는 곳에 소유도 있다고 하여야 할 것이므로 금전을 소비한 경우에는 원칙적으로 부당이득반환청구권의 문제로 처리할 것이며 선의취득에 관한 규정을 적용할 것은 아니라고 한다. 다만, 금전이 가치의 표상이 아닌 물건으로서 거래되는 경우에는 금전도 선의취득의 대상으로 된다. 예컨대 '2002년 월드컵기념주화'와 같이 물건으로서의 개성을 가지고 거래되는 경우에는 선의취득의 규정이 적용될 수 있을 것이다.

(d) 지시채권이나 무기명채권의 경우는 적용되지 않는다: 지시채권이나 무기명채권과 같은 유가증권은 채권으로서 동산이 아니기 때문에 선의취득에 관한 규정이 적용

되지 않는다. 이들에 대하여는 특별규정이 있다(제514조, 제524조).

(나) 양도인에 대한 요건

(a) 양도인이 동산을 점유하고 있었을 것: 선의취득제도는 무권리자의 점유를 신뢰한 상대방보호에 목적이 있기 때문에 양도인은 동산을 점유하고 있어야 한다. 양도인이 동산을 점유하고 있으면 직접점유이든 간접점유이든 또는 자주점유이든 타주점유이든 상관없다.

(b) 양도인은 무권리자일 것: 양도인은 동산에 관하여 소유권 또는 처분권한이 없는 자인 경우이다. 예컨대 임차인이나 수치인(受置人) 등이 여기에 해당한다.

(c) 대리인에게 정당한 대리권이 있을 것: 대리인에 의한 경우는 대리권이 있는 경우와 대리권이 없는 경우를 나누어 검토한다. 대리권 있는 자가 본인의 소유에 속하지 않는 타인의 동산을 처분한 경우에는 선의취득이 적용되지만, 대리권 없는 자가 타인의 동산을 처분한 경우에는 선의취득의 규정은 적용되지 않는다(통설). 전자의 경우에 있어서 예컨대 부재자의 재산관리인과 같이 타인의 재산을 관리·처분할 권한이 있는 자가 관리재산에 섞여 있는 제3자 소유의 동산을 처분한 경우 등이 여기에 해당할 수 있다. 그러나 후자의 경우에 있어서 무권대리인의 처분행위는 처분권한이 없는 자가 한 처분행위에 해당하기는 하지만 그렇다고 하여 선의취득을 인정하게 되면 무권대리제도가 무의미하게 될 것이기 때문이다.

선의취득제도는 양도인이 무권리자라는 점을 제외하고는 완전히 유효한 양도에 해당하는 거래가 있는 경우에 한하여 적용되는 것이기 때문에 대리권의 흠결이 있는 경우에는 선의취득의 적용을 부정하는 것이 타당하다고 한다(김형배, 민법학강의, 2001, 371면; 이영준, 223면).

대리권의 흠결이 있는 경우에 표현대리의 규정(제125조, 제126조, 제130조)에 의하여 거래의 상대방이 보호되는 결과 본인이 권리를 상실하는 경우가 있으나 이는 무권대리의 문제라고 할 것이다.

(다) 양수인에 대한 요건

(a) 양수인은 평온·공연·선의·무과실의 점유자일 것: 양수인은 유효한 거래행위에 의하여 동산을 평온·공연·선의·무과실에 의한 점유를 취득하여야 한다. 양수인의 점유는 선의·평온·공연한 점유로 추정된다(제197조 제1항).

(b) 선의·무과실의 기준시점: 양수인의 선의·무과실의 기준시점은 물권행위가 완성되는 때를 기준으로 한다(대판 91.3.22. 90다70). 그러므로 물권적 합의가 동산의 인

도보다 먼저 행하여진 경우에는 인도된 때를 기준으로 하고, 인도가 물권적 합의보다 먼저 행하여진 경우에는 물권적 합의가 이루어진 때를 기준으로 하여야 한다.

(c) 무과실의 추정여부:　양수인의 점유가 무과실의 점유로 추정받는지에 대하여 학설은 대립한다.

다수설은 양수인은 무과실의 점유자로 추정받는다고 한다. 즉, 민법 제200조에 의하여 점유자는 적법한 권리자로 추정을 받기 때문에 상대방이 점유자에게 동산에 대하여 처분권이 있는 것으로 믿은 경우에도 과실이 없는 것으로 추정하여야 한다는 것이다.

판례(대판 81.12.22. 80다2910 등)는 이에 대하여 무과실에 관한 추정규정이 없기 때문에 선의취득자가 무과실에 대하여 입증책임을 부담하는 것으로 본다.

(d) 점유개정에 의한 선의취득:　양수인이 점유개정에 의한 점유취득의 경우에도 선의취득을 인정할 것인가에 대하여 학설이 대립한다.

통설과 판례(대판 78.1.17. 77다1872)는 양수인이 점유개정에 의하여 점유를 취득한 경우에는 선의취득을 인정하지 않는다.

이유는 점유개정은 관념적인 점유이전방법 중에서 가장 불명확하다는 점, 점유개정의 경우에 외부에서 거래행위의 존재를 인식할 수 없다는 점 그리고 진정한 권리자와 제3자가 동일인에게 신뢰를 기초로 동산을 맡겨 놓은 경우에는 진정한 권리자가 보호되어야 한다는 것을 들고 있다.

(라) 유효한 거래행위　선의취득제도는 거래안전을 보호하기 위한 것이므로 당사자 간에 거래행위가 존재하여야 하며 거래행위는 유효하여야 한다(대판 95.6.29. 94다22071). 따라서 거래행위가 제한능력, 사기, 강박 또는 대리권의 흠결과 같은 사유로 취소되거나 무효로 되는 경우에는 제249조의 선의취득에 관한 규정은 적용되지 않는다.

선의취득에 의하여 보호의 대상이 되는 것은 개별적 거래이므로 특정승계에 한하여 적용되고, 상속이나 회사의 합병과 같은 포괄승계의 경우에는 적용되지 않는다. 예컨대 임차인의 상속인은 선의 · 무과실인 경우에도 선의취득규정에 의하여 임차물에 대한 소유권을 취득하지 못한다.

그러나 선의취득의 보호를 받지 못하는 이러한 양수인으로부터 다시 전득한 자는 무권리자로부터 양수한 자에 해당하므로 선의취득에 의하여 보호된다고 할 것이다(김상용, 224면 ; 이영준, 224면).

판례(대판 98.3.27. 97다32680)는 채무자 이외의 자의 소유에 속하는 동산을 경매한 경우에도 경매절차에서 그 동산을 경락받아 경락대금을 납부하고 이를 인도받은 경락인에 대하여 특별한 사정이 없는 한 소유권의 선의취득을 인정한다.

또한, 타인 소유의 산림을 자기의 것으로 오신하여 벌채로 목재를 취득하는 경우와 같이 거래행위에 의하지 않고 사실행위에 의한 경우에도 선의취득은 적용되지 않는다.

진정한 권리자인 임대인이나 임치인 등이 선의취득규정에 의하여 권리를 상실하게 된 경우에는 양도인(임차인 또는 수치인)에 대하여 불법행위에 따른 손해배상 또는 부당이득의 반환을 청구할 수 있게 된다.

(4) **효 과**

(가) **취득되는 권리** 양수인은 양도인이 정당한 권리자가 아닌 때에도 즉시 그 동산의 소유권을 취득한다(제249조).

선의취득에 관한 민법 제249조는 질권(質權)에 준용된다(제343조, 제249조). 즉, 선의취득에 의하여 취득할 수 있는 권리는 소유권과 질권이 있다.

(나) **선의취득의 성질** 선의취득에 의한 소유권 또는 질권의 취득은 승계취득인지 원시취득인지 그 성질에 대하여 학설이 대립한다.

통설은 양도인이 무권리자임에도 불구하고 양수인의 권리취득이 인정되며 또한 법률의 규정에 의한 권리취득이라는 점을 근거로 원시취득(原始取得)으로 이해한다. 그러므로 종전의 소유자의 권리 위에 존재하였던 부담이나 제한은 원칙적으로 소멸한다.

(다) **부당이득과의 관계** 선의취득자는 진정한 권리자에 대하여 부당이득의 반환의무를 부담하는지가 문제이다.

선의취득제도는 거래안전을 보호하기 위하여 선의취득자로 하여금 이익을 보유하도록 하는 것을 목적으로 하기 때문에 부당이득의 반환의무를 부담하지 않는다. 다만, 선의취득이 무상행위로 인한 경우에는 선의취득자의 반환의무를 인정하는 견해와 이를 부정하는 견해가 대립한다.

긍정설(다수설)은 첫째로, 무상행위로 인한 선의취득의 경우에 거래안전의 보호를 위하여 선의취득자에게 형식적으로 권리의 귀속을 인정하는 것만으로도 충분하고 실질적으로 이득을 보유하게 할 필요가 없다. 둘째로, 무상행위로 인한 선의취득자의 반환의무를 인정하는 것은 당사자 사이의 이해를 공평하게 해결할 수 있다. 셋째로, 독일민법 제816조에서도 무상행위로 인한 취득의 경우에 그 이득을 반환하도록 규정하고 있다는 것을 근거로 든다.

부정설은 무상행위로 인한 취득의 경우에도 이득반환에 관한 특별규정을 두고 있지 않는 한 우리 민법에서는 무상행위로 인한 선의취득이라고 하여 특별취급할 필요가 없다고 하여 반환의무를 부정한다.

(5) 도품 · 유실물에 관한 특례

(가) 의　의　민법 제250조는 '선의취득의 경우에 그 동산이 도품이나 유실물인 때에는 피해자 또는 유실자는 도난 또는 유실한 날로부터 2년 내에 그 물건의 반환을 청구할 수 있다. 그러나 도품이나 유실물이 금전인 때에는 그러하지 아니하다'고 규정하고 있다.

이와 같은 특별규정은 도품이나 유실물과 같이 동산의 점유이탈이 소유자의 의사에 반하여 이루어진 경우까지 권리자에게 책임을 물어 그 이익을 희생시키도록 하는 것은 지나치다는 것이다.

이에 대하여 이러한 도품이나 유실물에 관한 특칙은 거래의 안전을 해치는 것으로 합리적 근거가 없는 것이라는 비판이 있다. 나아가 제250조는 도품이나 유실물 이외의 물건에 대하여는 유추적용이 허용되어서는 안 될 것이라고 주장하기도 한다.

(나) 적용범위

(a) 도품이나 유실물:　도품이나 유실물에 한하여 그 물건의 반환을 청구할 수 있다. 도품(盜品)이란 절도나 강도에 의하여 점유자의 의사에 반하여 그의 점유를 박탈한 물건을 말한다. 유실물(遺失物)이란 점유자의 의사에 의하지 않고 점유자의 점유를 이탈한 물건으로서 도품이 아닌 것을 말한다.

(b) 사기 · 공갈 · 횡령 등의 목적물:　도품이나 유실물이 아닌 사기, 공갈 또는 횡령 등의 목적물에 대하여는 제250조에 의한 반환청구권이 인정되지 않는다(대판 91.3.22. 90다70).

점유보조자의 횡령에 대하여는 학설이 대립한다. 독자적인 점유를 가지지 않는 점유보조자가 본인의 점유를 침해한 때에는 형법상 절도죄가 성립하기 때문에 제250조가 적용된다고 주장하는 견해가 있다.

이에 대하여 다수설과 판례(대판 91.3.22. 90다70)는 점유보조자의 횡령처럼 형사법상 절도죄가 되는 경우도 형사법과 민사법의 경우를 동일시해야 하는 것은 아닐 뿐만 아니라 진정한 권리자와 선의의 거래 상대방 간의 이익형량의 필요성에 있어서 위탁물 횡령의 경우와 다를 바 없으므로 이 역시 민법 제250조의 도품 · 유실물에 해당되지 않는다고 한다.

(c) 금 전: 도품이나 유실물이 금전인 경우에는 제250조가 적용되지 않는다(제250조 단서).

(다) 특칙의 내용

(a) 반환청구의 당사자: 반환청구권자는 피해자 또는 유실자이다. 직접점유자(예컨대 임차인이나 수치인 등)가 반환청구권을 가지는 경우에 간접점유자(예컨대 임대인이나 임치인 등)도 반환청구권을 가진다(통설).

반환청구의 상대방은 도품 또는 유실물을 현재 점유하고 있는 자이다. 그러므로 도품 또는 유실물에 대하여 직접 선의취득한 자뿐만 아니라 그 자의 특정승계인도 포함된다(통설). 민법은 도품 · 유실물의 경우에는 전 소유자의 추급권(追及權)을 인정하기 때문에 도품 · 유실물의 습득자로부터 그 물건을 양도받아 선의취득한 자도 반환청구의 상대방이 된다.

(b) 반환청구기간: 도난 또는 유실한 날로부터 2년이다. 이 기간의 성질에 대하여 제척기간이라는 견해와 반환청구권의 성질이 형성권이 아니라 청구권이므로 시효기간으로 이해하여야 한다는 견해가 대립한다.

(c) 소유권의 귀속: 피해자나 유실자가 반환청구 할 때까지 동산의 소유권은 누구에게 속하는지는 문제이다.

학설은 원소유자귀속설과 선의취득자귀속설이 대립한다. 통설은 도품이나 유실물의 경우에도 일단은 소유권은 선의취득자에게 귀속하고, 원소유자가 2년 동안에 반환을 청구할 수 있을 뿐이라고 한다.

(d) 대가의 변상: 선의취득의 대상이 도품이나 유실물인 때에 피해자나 유실자는 2년 동안은 무상으로 물건의 반환을 청구할 수 있다. 다만 민법 제251조는 '양수인이 도품 또는 유실물을 경매나 공개시장에서 또는 동종류(同種類)의 물건을 판매하는 상인에게서 선의로 매수한 때에는 피해자 또는 유실자는 양수인이 지급한 대가를 변상하고 그 물건의 반환을 청구할 수 있다'고 규정하고 있다.

상대방이 가지는 대가변상청구권의 성질에 대하여 선의취득자에게 대가변상청구권을 준 것이라는 청구권설과 피해자나 유실자가 대가를 변상하지 않으면 선의취득자가 반환청구를 거부할 수 있는 항변권을 가질 뿐이라는 항변권설로 나누어진다.

통설과 판례(대판 72.5.23. 72다115)는 선의취득자에게 적극적으로 대가변상청구권을 인정한 것으로 이해한다. 그러므로 피해자나 유실자가 그 물건의 반환을 청구하는 경우에 선의취득자는 물건의 대가변상을 청구할 수 있으며 또한 이미 그 물건을 피해자나 유실자에게 반환한 후에도 선의취득자는 대가변상을 청구할 수 있다고 할 것이다.

선의취득자가 대가변상청구권을 인정받으려면 선의 · 무과실에 의하여 점유를 취득하여야 한다. 제251조는 제249조의 특칙으로서 제249를 전제로 하기 때문에 선의 · 무과실 · 평온 · 공연한 점유를 필요로 한다(대판 91.3.22. 90다70).

VI. 물권의 소멸

1. 서　　설

물권의 소멸(物權消滅)은 절대적 소멸과 상대적 소멸로 나눌 수 있다. 절대적 소멸원인에는 모든 물권에 공통된 원인과 각종의 물권에 특유한 것으로 나눌 수 있다.

모든 물권에 공통하는 소멸원인에는 목적물의 멸실, 소멸시효, 공용징수, 포기, 혼동, 몰수 등이 있다. 각종의 물권에 특유한 소멸원인에 대하여는 각종의 물권을 설명하면서 검토하기로 한다.

민법의 물권편에서는 물권에 공통하는 소멸원인으로서 혼동에 관하여서만 규정하고 있고, 소멸시효에 대하여는 민법총칙편에서 규정하고 있다.

2. 목적물의 멸실

물건이 멸실되면 물건을 대상으로 한 물권도 소멸한다. 목적물의 멸실로 물권이 소멸하면 그 후에 동일한 물건이 재생되었다 하더라도 소멸한 물권은 부활하지 않는다. 예컨대 포락지(浦落地)에 대하여는 포락 당시를 기준으로 소유권이 소멸하며, 다시 성토화(成土化)되었다 할지라도 종전의 소유권은 부활되지 않는다(대판 83.12.27. 83다카1561).

또한 건물이 붕괴된 경우, 그 건물을 대상으로 하는 소유권 등은 원칙적으로 소멸된다고 할 것이고, 그 이후에 동일한 장소에 동일한 구조의 건물이 신축된 경우에도 종전의 건물에 대한 소유권이 부활되지 않고, 신축건물에 대하여 새로운 소유권이 취득된다.

3. 소멸시효

(1) 민법 제162조 제2항의 소멸시효

민법 제162조는 '채권 및 소유권 이외의 재산권은 20년간 행사하지 아니하면 소멸시효가 완성한다.'고 규정하고 있다.

(2) **소멸시효에 걸리지 않는 물권**

소유권은 항구적인 권리로서의 성질을 가지기 때문에 소멸시효에 걸리지 않는다.

점유권은 점유라는 사실상태가 계속되는 한 점유권은 존속하며, 점유를 상실한 때에 점유권도 소멸하므로 소멸시효가 적용될 여지가 없다(제192조).

담보물권 가운데 질권과 저당권은 종된 권리로서 주된 권리인 피담보채권이 소멸하지 않는 한 이들이 독립하여 소멸시효에 걸리지 않는다.

유치권은 유치물에 대한 점유의 계속이 유치권의 존속을 위하여 필요하며, 피담보채권이 소멸하거나 또는 유치물에 대한 점유를 상실하는 때에 유치권도 소멸하므로 소멸시효가 적용되지 않는다.

(3) **소멸시효에 걸리는 물권**

결국 소유권 이외의 재산권으로서 소멸시효에 걸리는 것은 용익물권으로서 지상권, 지역권, 전세권에 한한다고 할 것이며 이들의 소멸시효기간은 20년이다(제162조 제2항).

이에 대하여 지역권은 일정한 기간 행사하지 않으면 소멸시효에 걸리지만(제296조), 지상권은 그 존속기간이 약정되어 있지 않아도 제280조에 규정되어 있는 최단존속기간으로 정해져 있기 때문에, 그리고 전세권에 대하여는 존속기간이 10년을 넘지 못한다고 규정되어 있기 때문에 제162조 제2항에 의한 20년의 소멸시효에 걸리지 않는다는 주장이 있다(고상용, 민법총칙, 법문사, 1999, 678면).

(4) **소멸시효의 완성과 등기**

소멸시효가 완성되면 등기 없이도 물권이 소멸하는지는 문제이다. 소멸시효의 완성의 효력에 대하여 상대적 소멸설과 절대적 소멸설이 대립하는데, 상대적 소멸설에 따르면 소멸시효가 완성되어도 권리는 당연히 소멸하지 않고, 소멸시효완성의 이익을 받는 자가 그 물권의 소멸을 주장하고 말소등기를 함으로써 비로소 물권이 소멸한다고 주장한다.

절대적 소멸설에 따르면 소멸시효의 완성으로 말소등기 없이도 물권소멸효과가 생긴다고 한다. 판례(대판 80.1.29. 79다1863)는 절대적 소멸설을 따른다.

4. 물권의 포기

(1) **의 의**

물권의 포기는 물권자가 자기의 물권을 포기한다는 의사표시로서 단독행위이다.

(2) 포기의 성질

소유권이나 점유권의 포기는 상대방 없는 단독행위인데, 제한물권의 포기는 상대방 있는 단독행위라고 한다(다수설).

이에 대하여 소유권, 점유권, 제한물권의 구별없이 포기는 모두 상대방 없는 단독행위라고 하는 견해가 있다(이영준, 물권법, 247면).

(3) 등기의 필요성 여부와 등기절차

부동산물권을 포기하는 경우에 등기를 하여야 그 효력이 발생하는지에 대하여 학설이 대립한다.

물권에 관한 포기의 의사표시는 일종의 형성권의 행사로서 말소등기를 하여야 물권 소멸의 효력이 발생한다(통설).

부동산물권을 포기하는 경우의 등기절차에 관하여는 부동산등기법에 특별한 규정을 두고 있지 않고 학설은 대립한다.

소유권 포기 및 제한물권의 포기는 모두 단독행위의 성질을 가지며 포기로 인하여 상대방에게 불이익을 주는 것이 아니기 때문에 등기신청은 포기자가 단독으로 할 수 있다는 단독신청설과 소유권의 포기와 같이 상대방 없는 단독행위는 단독신청으로, 제한물권의 포기와 같이 상대방 있는 단독행위의 경우는 상대방과 공동으로 말소등기를 신청하여야 한다는 공동신청설이 대립하고 있다.

5. 혼 동

(1) 의 의

혼동(混同)이라 함은 서로 대립하는 두 개의 법률상의 지위 또는 자격이 동일인에게 귀속하는 것을 말한다. 이러한 경우에는 두 개의 지위를 존속시키는 것이 무의미하기 때문에 한 쪽이 다른 한 쪽에 흡수되어 소멸하는 것이 원칙이다.

(2) 소유권과 제한물권의 혼동

(가) 원 칙 동일한 물건에 대한 소유권과 다른 물권이 동일한 사람에게 귀속한 때에는 다른 물권은 소멸한다(제191조 제1항 본문).

예컨대 저당권자나 지상권자가 토지소유자의 지위를 상속하는 경우에는 저당권이나 지상권은 혼동으로 소멸하고 또는 저당권자가 저당목적물의 소유권을 취득하는 경우에도 저당권은 혼동으로 소멸한다.

(나) 예 외 소유권과 제한물권의 혼동이 있는 경우에 그 제한물권은 소멸하는

것이 원칙이지만 그 제한물권이 제3자의 권리의 목적인 때에는 소멸하지 아니한다(제191조 제1항 단서). 또한, 본인의 이익을 위하여 제한물권이 존속하여야 할 필요가 있는 경우에도 그 제한물권은 혼동으로 소멸하지 않는다(통설).

(a) 본인의 이익을 위하여 소멸하지 않는 경우: 예컨대 甲 소유의 부동산에 A가 1번 저당권을 가지고 있고, B가 2번 저당권을 가지고 있는 경우에 B가 저당부동산에 대한 소유권을 취득하면 B의 저당권은 혼동으로 소멸한다. 그러나 A가 저당부동산의 소유권을 취득한 경우에는 A의 1번 저당권은 혼동으로 소멸하지 않는다.

이 경우에 A의 1번 저당권이 혼동으로 소멸한다면 A의 소유권은 B의 저당권에 의하여 제한받게 되는 결과 1번 저당권자인 A보다 후순위 저당권자인 B가 우선하게 되어 부당한 결과가 되기 때문이다.

(b) 혼동한 제한물권이 제3자의 권리의 목적인 경우: 예컨대 甲 소유의 부동산에 A가 지상권을 가지고 있고 그 지상권 위에 저당권을 설정한 경우에는 지상권자가 甲을 상속하여 소유권을 취득한 경우에도 저당권의 목적인 지상권은 혼동으로 소멸하지 않는다.

(3) 제한물권과 다른 권리의 혼동

(가) 원 칙 제한물권과 그 제한물권을 목적으로 하는 다른 제한물권이 동일인에게 귀속하는 경우에는 그 다른 권리는 원칙적으로 소멸한다(제191조 제2항).

예컨대 지상권 위에 저당권을 가지는 자가 그 지상권을 취득하면 저당권은 혼동으로 소멸한다.

(나) 예 외 제한물권과 그 제한물권을 목적으로 하는 다른 제한물권이 동일인에게 귀속하는 경우에 그 다른 권리는 원칙적으로 소멸하지만, 혼동한 권리가 소멸하지 않고 존속하는 것이 본인에게 이익이 되는 경우 또는 제한물권이 제3자의 권리의 목적인 경우에는 다른 권리는 소멸하지 않는다(제191조 제2항).

(a) 본인의 이익을 위하여 소멸하지 않는 경우: 예컨대 甲 소유의 토지 위에 乙이 지상권을 가지고 있고 A는 지상권 위에 1번 저당권을, B는 2번 저당권을 가지고 있는 경우에 A가 지상권을 취득하는 경우에도 지상권 위에 설정된 A의 1번 저당권은 소멸하지 않는다.

(b) 혼동한 권리가 제3자의 권리의 목적인 경우: 예컨대 甲의 토지에 乙이 지상권을 가지고, A는 지상권 위에 저당권을, B는 저당권 위에 질권(구체적으로는 저당권부채권 위에 질권을 가지고 있음)을 가지고 있는 경우에 저당권자 A가 지상권을 취득하여도 질

권의 목적인 저당권은 혼동으로 소멸하지 않는다.

(4) 혼동으로 소멸하지 않는 권리

광업권이나 점유권은 성질상 혼동에 의하여 소멸하지 않는 권리이다(제191조 제3항).

(5) 예외의 예외

예컨대 甲 소유의 토지 위에 A가 1번 저당권을 가지고 있고, B가 2번 저당권을 가지고 있는 경우에 A가 甲을 상속하게 되면 A의 1번 저당권은 소멸한다.

이 경우에 A가 甲의 지위를 상속받게 되면 채권과 채무가 동일인에게 귀속하게 되어 채권은 혼동에 의하여 소멸한다. 주된 권리인 피담보채권이 소멸하면 종된 권리인 저당권도 소멸하게 되는데, 이 때 저당권이 소멸하는 것은 물권의 혼동에 의한 것이 아니라 피담보채권의 소멸에 따른 저당권의 부종성(附從性)에 의한 것이다(곽윤직, 물권법, 박영사, 1995, 235면 ; 김용한, 물권법, 박영사, 1996, 103 ; 김증한/김학동, 물권법, 박영사, 1997, 178면 ;이상태, 물권법, 법원사, 2002, 63 ; 이영준, 물권법, 박영사, 1994, 253 ; 이은영, 물권법, 박영사, 2000, 173면 참조).

(6) 혼동의 효과

혼동으로 인한 물권변동의 효과는 절대적이다. 따라서 혼동 이전의 상태로 복귀하는 경우에도 이미 소멸한 물권은 부활하지 않는 것이 원칙이다. 다만, 혼동의 발생원인이 부존재하거나 원인행위가 무효, 취소 또는 해제 등으로 효력을 가지지 않는 경우에는 혼동으로 소멸한 물권이 부활한다(대판 71.8.31. 71다1386).

혼동에 의한 물권변동은 법률의 규정(제191조)에 의한 물권변동에 해당하여 등기를 요하지 않는다(제187조).

6. 공용징수

공용징수(公用徵收)라 함은 특정한 공익사업을 위하여 소유권 기타 재산권을 강제로 취득하는 것을 말한다. 공용징수에 의하여 공익사업의 주체는 원시적으로 권리를 취득하고 피징수자의 권리와 그 목적물 위에 존재하였던 제3자의 권리는 전부 소멸된다.

제2장 점 유 권

제1절 점유제도 일반

Ⅰ. 점유의 의의

점유(占有)라 함은 물건(物件)이 사회통념상 그 사람의 사실적 지배(事實的支配)에 속한다고 보여지는 객관적 관계에 있는 것을 말한다.

Ⅱ. possessio와 gewere

로마법에서는 물건에 대한 지배가 법률적 지배인 소유권(dominium)과 사실적 지배인 점유(possessio)로 완전히 분리되어 있었다.

이에 대하여 게르만법은 본권(本權)과 점유의 분화(分化)를 알지 못하였으며 점유라는 외형을 통하여 본권을 파악하는 관념이 지배하고 있었다. gewere는 「권리의 옷」, 즉 권리를 그 속에 둘러싸고 있는 외장이라는 관념이 지배하고 있었다.

민법도 로마법의 possessio의 영향을 받아서 점유보호청구권, 점유소권(占有訴權), 과실수취권, 비용상환청구권 등을 인정하고 있으며, 게르만법상의 gewere의 영향을 받은 것으로서 권리의 적법추정, 선의취득, 자력구제, 동산물권변동의 공시 등을 인정하고 있다.

Ⅲ. 점유제도의 사회적 작용

1. 점유제도의 목적

본권(本權)과 분리하여 물건에 대한 사실상의 지배, 즉 점유 그 자체를 보호하는 근거 내지는 점유제도의 사회적 작용이 무엇인가에 대하여 학설을 검토해 본다.

(1) 평 화 설

점유를 보호하여 사력(私力)에 의한 점유방해를 금지함으로써 사회의 평화와 질서를 유지할 수 있으며, 이를 위하여 점유 그 자체를 보호할 필요가 있다는 설명이다. 이 견해는 평화와 사회질서라는 공공의 이익을 강조하고 있다.

평화설에 대해서는 사회평화와 질서유지라는 공공의 이익은 공법의 영역에서 실현할 목표이지 사법을 통하여 실현할 가치는 아니라는 비판이 가해진다.

(2) 연 속 설

점유자는 자기의 생활관계의 연속을 유지하려고 하며, 타인이 점유자의 이러한 생활관계의 연속을 침해하는 것은 점유자에 대한 이익의 침해가 된다.

이와 같이 연속설은 점유를 보호하는 것은 점유의 연속이라는 점유자의 개인적 이익의 보호를 위한 것이라는 견해이다. 이익설이라고도 한다.

이외에도 사회적 평화유지와 동산물권의 공시를 점유제도의 사회적 작용으로 설명하고자 하는 견해(이원설)와 점유권의 구체적인 효과에 따라서 근거를 찾고자 하는 다원설이 있다.

2. 점유의 권리성

(1) 점유권과 다른 물권

소유권 등과 같은 물권은 「지배할 수 있는」 관념적(觀念的)인 권리인데 비하여, 점유권은 「사실상의 지배」 그 자체를 권리의 내용으로 하는 점에서 법률적 성질이 다르다.

(2) 점유권과 본권

본권이라 함은 점유할 권리 또는 점유할 수 있는 권리, 즉 어떤 물건의 사실상 지배를 정당하게 하는 권리(이를 권원(權原)이라고 한다)를 말한다. 이러한 본권에는 소유권, 지상권, 전세권, 유치권, 질권과 같은 물권뿐만 아니라 임차권과 같은 채권도 있다.

이에 대하여 점유권은 어떤 물건의 사실상의 지배상태 그 자체를 보호하는 권리인 점에서 다르다. 예컨대 도둑이 훔친 물건을 사실상 지배하고 있는 한 점유권을 갖는다. 다만, 도둑이 훔친 물건에 대하여 점유하는 것은 정당한 권원, 즉 본권에 의하지 않은 점유이다.

점유와 소지

물건이 사실적 지배상태에 있다고 하는 객관적 관계를 소지(所持)라고 한다. 입법례에 따라서는 소지만으로 점유권이 성립하는 경우와 소지 이외에 어떤 의사가 있어야 점유권이 성립하는 것으로 하는 경우가 있다.

민법은 전자에 해당하여 소지라는 객관적 사실만 있으면 점유를 인정하며 그 이외에 주관적 요건을 필요로 하지 않는다. 다만, 간접점유자의 경우, 물건을 직접 지배하고 있지 않아도 점유가 인정되지만 소지하고 있지는 않다.

제2절 점유의 취득

Ⅰ. 점유취득의 요건

물건을 사실상 지배하는 자는 점유권이 있다(제192조 제1항). 반면에 점유자가 물건에 대한 사실상의 지배를 상실한 때에는 점유권이 상실된다. 그러나 점유자가 점유보호청구권에 기하여 점유를 회수한 때에는 점유권은 소멸하지 않는다(제192조 제2항).

1. 사실상 지배

물건에 대한 사실상의 지배(事實上支配)가 있다고 하기 위해서는 반드시 물건을 물리적, 현실적으로 지배하는 것만을 의미하는 것이 아니고 물건과 사람과의 시간적 · 공간적 관계와 본권관계, 타인 지배의 배제가능성 등을 고려하여 사회관념에 따라 합목적적으로 판단하여야 할 것이다(대판 2009.9.24. 2009다39530).

그러므로 농부는 밭에 놓고 온 농기구에 대하여도 점유하고 있으며, 여행 중인 사람은 집에 있는 물건에 대하여도 점유하고 있는 것이다. 또한, 사회통념상 건물은 그 부지를 떠나서는 존재할 수 없는 것이므로 건물의 부지가 된 토지는 그 건물의 소유자가 점유하는 것으로 볼 것이고, 이 경우 건물의 소유자가 현실적으로 건물이나 그 부지를 점거하고 있지 아니하고 있더라도 그 건물의 소유를 위하여 그 부지를 점유한다고 보아야 할 것이다(대판 2003.11.13. 2002다57935).

사실적 지배는 어느 정도 계속성(繼續性)을 가지고 있어야 하며, 타인의 간섭을 배제할 가능성이 있어야 한다. 그러므로 옆의 친구에게 잠시 필기구를 빌려주더라도 점유자는 점유를 상실하지 않는다.

2. 점유설정의사

점유를 취득하기 위하여 사실상의 지배 이외에 점유설정의사를 필요로 한다(통설). 점유설정의사는 법률행위에서의 의사와 달리 물건을 사실상 지배하려는 자연적 의사(自然的意思)이다. 그러므로 의사무능력자나 제한능력자도 점유를 취득하는 데 지장이 없다.

이러한 점유설정의사는 개별적·명시적으로 표시되어야만 하는 것은 아니고, 일반적·잠재적인 의사라도 상관없다. 예컨대 우편함을 설치한다든가, 저수지에 그물을 쳐 놓은 경우에 우편함에 투입된 우편물이나 그물에 들어오는 고기에 대하여 점유설정의사가 존재하는 것으로 해석된다.

II. 점유취득의 효과

점유를 취득하면 점유자는 본권의 유무에 상관없이 점유자로서 보호를 받게 된다. 예컨대 甲이 훔친 물건을 乙이 다시 훔친 경우에 甲은 소유권 등과 같은 본권을 가지고 있지 않더라도 점유자로서 乙에 대하여 훔친 물건의 반환을 청구할 수 있다.

III. 예 외

일정한 경우에는 물건에 대하여 사실상의 지배를 하고 있음에도 불구하고 점유가 성립하지 않거나, 사실상의 지배가 없음에도 점유가 성립하는 경우가 있다. 전자에 해당하는 자로서 점유보조자가 있고, 후자에 해당하는 자로서 간접점유자와 상속인이 있다.

1. 점유보조자

(1) 의 의

가사상, 영업상 기타 유사한 관계에 의하여 타인의 지시를 받아 물건에 대한 사실상의 지배를 하는 자를 점유보조자라고 하는데, 점유보조자는 점유자가 될 수 없고, 그 타인만을 점유자로 한다(제195조). 점유보조자를 점유자로 인정하지 않는 것은 점유보조자에게 점유권을 인정하여 보호할 가치가 없기 때문이다.

(2) 요 건

① 가사상이나 영업상 기타 유사한 관계에 의하여 물건에 대한 사실상의 지배를 하고 있어야 한다. 예컨대 파출부나 점원과 같이 집주인 또는 점포의 주인을 위하여 물건을 사실상 지배하고 있는 자라야 한다.

② 점유보조자는 타인의 지시에 따라야 할 명령·복종관계를 가지고 있어야 한다. 그러므로 부부사이와 같은 명령·복종관계가 아닌 평등한 주체 간에는 점유보조관계가 성립하지 않는다.

(3) 효 과

점유보조자에게 지시하는 지위에 있는 자만이 점유자이고 점유보조자는 점유자가 아니다. 따라서 점유보조자에게는 점유보호청구권이 인정되지 않는다. 다만, 점유보조자에게도 제3자가 점유자의 점유를 침해한 경우에 자력구제권은 인정된다(통설).

2. 상속인의 점유

피상속인이 사망하면 피상속인의 점유권은 상속인이 상속개시의 사실을 알았든 몰랐든 또는 물건에 대한 사실상의 지배를 하고 있지 않은 경우에도 피상속인의 점유는 동일성을 유지하면서 상속인에게 이전한다(제193조).

상속으로 인한 점유권의 이전에 관한 민법 규정은 포괄유증이나 회사의 합병에도 준용된다.

3. 간접점유자

(1) 의 의

지상권, 전세권, 질권, 사용대차, 임대차, 임치 기타의 관계로 타인으로 하여금 물건을 점유하게 한 자는 간접으로 점유권을 갖게 되는데, 이러한 자를 간접점유자(間接

占有者)라 한다.

(2) 요 건

점유매개관계를 가지고 있어야 한다. 점유매개관계는 지상권이나 전세권 또는 질권과 같은 물권관계인 경우도 있고, 임대차나 사용대차와 같은 채권관계인 경우도 있다.

이러한 점유매개관계는 중첩적으로 성립하는 경우도 있다. 예컨대 전세권자가 전세물을 전전세(轉傳貰)하거나 임대한 경우에 전세권설정자와 전세권자는 간접점유를 취득한다.

또한 점유매개관계는 반드시 유효해야만 하는 것은 아니다. 예컨대 A는 B와의 사이에 임대차계약을 체결하고 그 목적물을 인도하였는데, 그 계약이 무효인 경우에 A는 B에게 그 목적물에 대하여 부당이득으로 반환하여 줄 것을 청구할 수 있다. 이와 같이 A와 B 사이에 점유매개관계인 임대차계약이 유효하지 않은 경우에도 A는 B를 통하여 목적물에 대한 간접점유를 가지고 있다고 할 것이다.

간접점유를 대리점유라고 부르는 경우도 있는데, 이 경우에도 점유는 의사표시가 아니므로 대리에 관한 규정은 적용되지 않는다(대판 73.2.13. 72다2450, 2451).

(3) 효 과

간접점유자에게도 점유권이 인정되며 점유보호청구권도 인정된다(제207조).

나아가 간접점유자에게 자력구제권도 인정할 것인지에 대하여 학설은 대립한다.

제3절 점유의 종류

Ⅰ. 자주점유와 타주점유

점유자의 점유를 소유의 의사의 여부에 따라서 자주점유와 타주점유로 구분된다. 점유자가 소유의 의사로 하는 점유를 자주점유(自主占有)라 하고, 자주점유 이외의 점유를 타주점유(他主占有)라고 한다.

'소유의 의사'라 함은 물건에 대하여 소유자와 동일한 지배를 하려는 의사를 가지고 하는 점유를 의미하는 것이며 법률상 그러한 지배를 할 수 있는 권원(權原), 즉 소유권을 가지고 있거나 또는 소유권이 있다고 믿고서 하는 점유를 의미하는 것은 아니다.

예컨대 매수인, 수증자(受贈者), 도둑은 물건을 소유의 의사로 점유하는 자주점유자이고, 지상권자, 전세권자, 유치권자, 질권자, 임차인 등은 목적물에 대한 소유의 의사 없이 점유하는 타주점유자이다.

점유자의 점유가 자주점유인지 타주점유인지의 여부는 점유자의 내심의 의사에 의하여 결정되는 것이 아니라 점유취득의 원인이 된 권원의 성질(權原性質)이나 점유와 관계가 있는 모든 사정에 의하여 외형적(外形的) · 객관적(客觀的)으로 결정되어야 한다는 것이 판례(대판 97.8.21. 95다 28625 전원합의체)이다.

예컨대 통상적으로 부동산을 매수하려는 사람은 매매계약을 체결하기 전에 그 등기부등본이나 지적공부 등에 의하여 소유관계 및 면적 등을 확인한 다음 매매계약을 체결하므로, 매매 대상 대지의 면적이 등기부상의 면적을 상당히 초과하는 경우에는 특별한 사정이 없는 한 계약 당사자들이 이러한 사실을 알고 있었으며 그 초과 부분은 단순한 점용권(占用權)의 매매라고 보는 것이 상당하고, 따라서 그 점유는 권원의 성질상 타주점유에 해당한다고 할 것이다(대판 2009.10.15. 2007다83632).

점유자의 점유는 점유의 계속 중에 타주점유가 자주점유로 전환될 수 있다. 타주점유가 자주점유로 전환되기 위해서는 타주점유자가 새로운 권원에 기하여 소유의 의사를 가지고 점유를 시작하거나, 소유의 의사가 있음을 표시함으로써 일단 시작된 타주점유가 중도에 자주점유로 전환되어야 한다.

상속에 의하여 점유권을 취득한 경우에는 상속인의 점유는 피상속인의 점유가 동일성을 유지하면서 승계되며 상속인이 새로운 권원에 의하여 자기 고유의 점유를 시작하지 않는 한 피상속인의 점유를 떠나 자기만의 점유를 주장할 수 없다고 할 것이다(대판 97.12.12. 97다40100). 따라서 피상속인이 타주점유자라면 상속인도 새로운 권원에 의하여 점유를 시작하지 않는 한 타주점유자로 된다.

부동산을 타인에게 매도하여 그 인도의무를 지고 있는 매도인의 점유는 특별한 사정이 없는 한 타주점유로 변경된다. 따라서 매도인이 토지의 매매대금 전액을 지급받지 못하였을 뿐 아니라 매매계약 당시 잔대금의 지급과 상환으로 토지를 인도하여 주기로 약정하였다 하더라도 매도인이 잔대금을 지급받기 전에 매수인 앞으로 소유권 이전등기를 마쳐주었고, 그 후 매수인이 나머지 대금을 지급하지 않자 그 대금지급을 구하는 소를 제기한 경우, 매도인이 매수인과 매매계약을 체결하고 그에 따른 소유권 이전등기를 마쳐준 이후에도 토지를 소유자와 동일한 의사를 가지고 계속 점유하여 오고 있다고 볼 수 없다고 할 것이다(대판 97.4.11. 97다5824).

II. 선의점유와 악의점유

선의점유(善意占有)라 함은 물건에 대한 점유할 수 있는 권리, 즉 본권이 없음에도 불구하고 본권이 있는 것으로 오신하여 하는 점유를 말한다. 악의점유(惡意占有)라 함은 본권이 없다는 것을 알거나 또는 그 유무에 대하여 의심을 가지면서 하는 점유를 말한다.

점유자의 점유는 선의의 점유로 추정한다(제197조 제1항). 다만, 선의점유자라도 본권에 관한 소(訴)에 패소한 때에는 그 소가 제기된 때로 소급하여 악의의 점유자로 본다(제197조 제2항).

III. 과실점유와 무과실점유

선의점유를 다시 과실점유(過失占有)와 무과실점유로 나눈다. 과실점유는 본권이 없는데도 불구하고 본권이 있는 것으로 오신(誤信)한 경우에 그 오신에 과실이 있는 경우를 말하고, 오신에 과실이 없는 경우가 무과실점유이다.

점유자의 무과실(無過失)은 추정되지 않는다(제197조 참조). 따라서 무과실을 주장하는 자가 이를 증명하여야 한다.

IV. 하자 있는 점유와 하자 없는 점유

하자 있는 점유라고 하면 악의, 과실, 강포, 은비, 불계속 등과 같은 완전한 점유로서의 효력발생을 저지하는 사정을 가지는 있는 점유를 말한다.

점유자의 점유는 평온, 공연, 계속한 것으로 추정한다(제197조 제1항, 제198조). '평온한 점유'라 함은 점유자가 점유를 취득 또는 보유하는 데 있어 법률상 용인될 수 없는 강포행위를 쓰지 아니하는 점유를 말하고, '공연한 점유'라 함은 은비(숨기거나 비밀스러운)의 점유가 아닌 점유를 말한다.

점유가 불법이라고 주장하는 자로부터 이의를 받은 사실이 있거나 점유물의 소유권을 둘러싸고 당사자 사이에 법률상의 분쟁이 있었다고 하더라도 그러한 사실만으로 곧 그 점유의 평온·공연성이 상실된다고 할 수 없다(대판 82.9.28. 81사9 전원합의체; 동 94.12.9. 94다25025).

V. 직접점유와 간접점유

직접점유(直接占有)라 함은 물건을 직접적으로 지배하거나 또는 점유보조자를 통하여 지배하는 경우에 인정되는 점유를 말한다. 이에 대하여 간접점유는 점유매개관계를 통하여 이루어지는 점유를 말한다.

VI. 단독점유와 공동점유

단독점유는 한 사람에 의하여 이루어지는 것을 말하고, 공동점유는 수인에 의하여 공동으로 이루어지는 점유를 말한다. 공동점유에 관하여는 공유에 관한 규정이 준용된다.

제4절 점유의 효력

I. 점유의 추정력

1. 점유의 태양의 추정

점유자는 소유의 의사로 선의, 평온 및 공연하게 점유한 것으로 추정한다(제197조 제1항). 그러므로 점유자는 자기의 점유가 자주점유, 선의점유, 평온 · 공연한 점유라는 것을 입증할 책임이 없고, 그와 다른 사실(예컨대 타주점유, 악의점유, 강포 · 은비의 점유라는 사실)을 주장하는 자가 다른 사실에 대한 입증책임을 부담한다.

그러므로 타인의 부동산을 점유하는 사람은 일응 소유의 의사로 점유하는 것으로 추정되고 그 추정을 번복할 만한 특별한 사정이 있는 경우에 한하여 타주점유로 인정할 수 있는바, 토지의 점유자가 이전에 토지 소유자를 상대로 그 토지에 관하여 매매를 원인으로 한 소유권이전등기청구소송을 제기하였다가 패소하고 그 판결이 확정되었다 하더라도 그 사정만을 들어서는 토지점유자의 자주점유(自主占有)의 추정이 번복되어 타주점유로 전환된다고 할 수 없다(대판 2009.12.10. 2006다19177).

또한 점유자는 선의(善意)로 점유한 것으로 추정되므로, 권원(權原) 없는 점유였음이 밝혀졌다고 하여 곧 그동안의 점유에 대한 선의의 추정이 깨어졌다고 볼 것은 아니

다(대판 2000.3.10. 99다63350).

그러나 무과실(無過失)은 추정되지 않으므로 무과실의 점유임을 주장하는 자가 무과실에 대한 입증책임을 부담한다.

선의의 점유자라 할지라도 본권에 관한 소(訴)에 패소한 때에는 그 소가 제기된 때로부터 악의의 점유자로 본다(제197조 제2항). 예컨대 진정한 소유자가 자신의 소유권을 주장하면서 점유자 명의의 소유권이전등기는 원인무효의 등기라 하여 점유자를 상대로 토지에 관한 점유자명의의 소유권이전등기의 말소등기청구소송을 제기하여 그 소송사건이 점유자의 패소로 확정되었다면 그 점유자는 그 소가 제기된 때로 소급하여 토지에 대한 악의의 점유자가 된다(대판 2000.12.8. 2000다14934, 14941).

점유자의 점유는 평온·공연한 것으로 추정된다. 따라서 점유가 불법이라고 주장하는 자에 대하여 수차에 걸쳐 임료를 지급하거나 점유부동산을 매수할 것을 요구받는 등의 분쟁이 있었다 하더라도 그러한 사실만으로는 점유의 평온·공연성이 상실된다고 할 수 없다(대판 93.5.25. 92다52764, 52771).

2. 점유의 계속추정

전후 양시(前後兩時)에 점유한 사실이 있는 때에는 그 점유는 계속한 것으로 추정한다(제198조). 그러므로 점유취득시효(제245조 제1항 참조)를 주장하는 자가 현재의 점유자인 경우에 과거 20년 전에도 해당 부동산을 점유하였던 사실을 증명하면 점유계속의 추정규정(제198조)에 의하여 20년 전부터 지금까지 점유가 중단 없이 계속된 것으로 추정받게 된다.

점유계속의 추정은 동일인이 전후 양시점에 점유한 것이 증명된 때에만 적용되는 것이 아니고, 전후 양시점의 점유자가 다른 경우에도 점유의 승계가 입증된다면 점유계속은 추정된다(대판 2002.11.22. 2001다40381).

3. 권리의 적법추정

점유자가 점유물에 대하여 행사하는 권리는 적법하게 보유한 것으로 추정한다(제200조). 이 권리의 적법의 추정규정은 동산에 한하여 적용되며, 등기된 부동산에는 적용되지 않는다. 왜냐 하면 부동산물권은 점유가 아닌 등기에 의하여 권리가 추정되기 때문이다. 따라서 등기된 부동산에 대하여 등기명의인과 점유자가 일치하지 않는 경우에는 점유자가 아닌 등기명의인이 적법한 권리자로 추정된다. 판례(대판 70.7.24. 70다

729 등)도 같은 입장이다.

권리의 적법추정은 소유자와 그로부터 점유를 취득한 자 사이에서도 적용되는지에 대하여 통설과 판례는 부정적이다. 이 점에서 등기의 적법성이 전소유자에 대하여도 추정되는 것과 다르다.

즉, 판례(대판 64.12.8. 64다714)는 다른 사람의 물건을 점유하는 자는 그 점유가 불법이 아니라는 것을 주장하려면 그 점유가 정당한 권원에 의한 것임을 주장 · 입증하여야 한다는 입장이다.

4. 점유의 승계

점유자의 승계인은 자기의 점유만을 주장하거나 자기의 점유와 전 점유자의 점유를 아울러 주장할 수 있다(제199조 제1항). 전 점유자의 점유를 아울러 주장하는 경우에는 그 하자도 승계한다(제199조 제2항).

II. 점유자와 회복자의 관계

타인의 물건을 점유하고 있는 자가 그 물건에 대하여 점유할 권리있는 자, 즉 회복자(回復者)에게 반환하는 과정에서 점유자에게 점유물로부터 발생한 과실에 대한 취득권을 인정할 것인지의 문제, 점유물이 점유자의 책임 있는 사유로 멸실 · 훼손된 경우의 손해배상문제 그리고 점유자가 점유물에 대하여 비용을 지출한 경우에 비용상환청구권의 문제가 발생한다.

1. 선의점유자의 과실취득권

(1) 의　　의

선의의 점유자는 점유물의 과실(果實)을 취득한다(제201조 제1항). 선의의 점유자에게 과실취득권을 인정하는 이유는 과실취득권이 없음에도 과실을 수취할 권리를 가지고 있는 것으로 오신(誤信)하는 자는 과실을 취득하여 소비하는 것이 보통이므로 나중에 회복자로부터 원물의 반환을 청구받은 경우에 원물뿐만 아니라 이미 소비한 과실까지도 반환하여야 한다는 것은 점유자가 과실을 취득하기 위하여 들인 비용이나 노력에 비추어 가혹하기 때문이다.

(2) 요 건

(가) '선의'의 점유자일 것 '선의의 점유자'라 함은 본권을 가지고 있지 않음에도 불구하고 과실취득권을 포함하는 본권을 가지고 있다고 오신(誤信)하는 자를 말한다. 이러한 본권으로는 소유권, 지상권, 전세권, 임차권 등이 있다.

점유자는 선의일 뿐만 아니라 과실(過失)도 없어야 하는지에 대하여 학설은 대립한다. 다수설은 점유자는 선의이면 족하고 과실유무는 묻지 않는다는 입장인데 대하여, 선의일 뿐만 아니라 무과실일 것을 필요로 한다는 주장도 있다.

판례(대판 2000.3.10. 99다63350)는 선의의 점유자라 함은 과실수취권을 포함하는 권원이 있다고 오신하는 점유자를 말하고, 다만 그와 같은 오신을 함에는 오신할만한 정당한 근거가 있어야 한다고 함으로써 과실(過失)이 없을 것을 요한다.

(나) '선의'를 결정하는 시기 선의여부를 결정하는 시기는 과실에 관하여 독립한 소유권이 성립하는 때이다. 즉, 천연과실은 원물로부터 분리하는 때, 법정과실은 선의가 존속한 일수(日數)의 비율에 따른다(제102조).

(3) 효 과

선의의 점유자는 점유물로부터 발생한 과실에 대한 취득권, 즉 소유권을 취득한다. 과실이면 천연과실과 법정과실뿐만 아니라 물건의 이용으로부터 얻어지는 이득도 포함하는 것으로 이해하는 것이 통설이다. 판례(대판 87.9.22. 86다카1996)도 토지를 사용함으로써 얻는 이득은 그 토지로 인한 과실과 동일시할 것이므로 선의의 점유자는 비록 법률상 원인 없이 타인의 토지를 점유·사용하고 이로 말미암아 그에게 손해를 입혔다 하더라도 그 점유·사용으로 인한 이득을 그 타인에게 반환할 의무는 없다고 한다.

선의의 점유자의 과실취득권의 법적 성질을 적극적으로 이해하는 견해와 소극적으로 이해하는 견해가 대립한다. 선의의 점유자에게 적극적인 과실취득권을 인정하는 입장에서는 점유자가 이미 소비한 과실에 대하여 반환의무가 없을 뿐만 아니라 아직 소비하지 않은 과실에 대하여도 반환의무가 없다고 이해한다. 이에 대하여 과실취득권의 성질을 소극적으로 이해하는 입장에서는 점유자가 이미 소비한 과실에 대하여서만 반환의무를 면하는 것으로 이해한다.

판례(대판 81.9.22. 81다233 등)에 따르면 선의점유자가 취득할 수 있는 과실은 수취한 과실의 전부를 말하며 소비한 것에 한하지 않는다는 입장이다. 즉, 비록 법률상 원인 없이 타인의 토지를 점유·경작함으로써 타인에게 손해를 입혔다고 할지라도 선의의 점유자는 그 점유·경작으로 인한 이득을 그 타인에게 반환할 의무는 없다고 할 것이다. 또한 쌍무계약이 취소된 경우, 선의의 매수인에게 민법 제201조가 적용되어 과실취득권이 인정되는 이상 선의의 매도인에게도 민법 제587조의 유추적용에 의하여 대금의 운용이익(運用利益) 내지 법정이자(法定利子)의 반환을 부정하는 것이 형평에 맞다고 할 것이다(대판 93.5.14. 92다45025).

농작물에 관하여는 토지사용에 대한 정당한 권원의 유무를 묻지 않고 경작자를 소유자로 보는 판례에 따르면 경작자가 악의의 점유자인 경우에도 그 농작물을 소유하게 된다.

과실취득권이 없는 자

악의의 점유자

악의의 점유자에게는 과실취득권이 인정되지 않는다. 그러므로 악의의 점유자는 수취한 과실(果實)을 반환하여야 하며, 소비하였거나 과실(過失)로 인하여 훼손 또는 수취하지 못한 경우에는 그 과실(果實)의 대가를 보상하여야 한다(제201조 제2항).

즉, 악의의 점유자가 수취한 과실을 소비한 경우에는 점유자가 결과적으로 이익을 얻었다면 과실유무에 상관없이 대가변상의무가 있다. 이에 대하여 훼손하거나 수취하지 못하여 이익을 얻지 못한 경우에는 귀책사유가 있는 경우에 한하여 대가보상의 의무가 있다(제201조 제2항).

폭력 또는 은비에 의한 점유자

폭력 또는 은비에 의한 점유자는 악의의 점유자와 마찬가지로 과실수취권이 인정되지 않는다.

선의의 점유자가 본권에 관한 소(訴)에 패소(敗訴)한 경우

점유자가 본권에 관하여 소를 제기받아서 패소한 때에는 본권에 관한 소가 제기된 때에 소급하여 악의의 점유자로 본다(제201조 제2항).

2. 점유물의 멸실·훼손에 대한 책임

점유물이 점유자의 책임 있는 사유로 인하여 멸실 또는 훼손된 때에는 점유자는 회복자에 대하여 배상하여야 한다. 그 배상범위에 대하여 선의의 점유자와 악의의 점유자에 따른 차이가 있다(제202조).

① 선의의 점유자는 이익이 현존하는 한도에서 배상책임을 부담한다.

② 악의의 점유자는 손해의 전부를 배상하여야 한다. 소유의 의사가 없는 점유자, 즉 타주점유자(他主占有者)는 선의인 경우에도 손해의 전부를 배상하여야 한다.

3. 점유자의 비용상환청구권

점유자가 점유물에 대하여 비용을 지출한 결과 점유물이 보존되거나 그 가치가 증가한 경우에는 점유자로 하여금 회복자에게 지출한 비용을 상환 받을 수 있도록 하는 것이 공평할 것이다.

이에 민법에서도 점유자가 점유물에 대하여 비용을 지출한 때에는 그 상환을 청구할 수 있도록 하고 있다(제203조).

점유자와 회복자 사이에 일정한 법률관계가 존재하는 때에는 점유물에 대하여 지출한 비용의 상환여부와 그 범위는 각각의 법률관계에 의하여 구체적으로 정하여진다. 예컨대 전세권자는 목적물의 현상을 유지하고 그 통상의 관리에 속한 수선을 하여야 하므로(제309조 참조), 전세권설정자에 대하여 필요비의 상환을 청구할 수 없다.

이하의 내용은 점유자와 회복자 사이에 일정한 법률관계가 존재하지 않는 경우에 한하여 적용된다고 할 것이다.

(1) 필 요 비

필요비(必要費)라 함은 수선비나 공과금과 같이 점유물을 보존하기 위하여 지출한 금전 등을 말한다.

점유자가 점유물을 반환할 때에는 회복자에 대하여 점유물을 보존하기 위하여 지출한 금액 기타 필요비의 상환을 청구할 수 있다(제203조 제1항).

다만, 일정한 경우에는 필요비의 상환을 청구할 수 없는 경우가 있다.

필요비의 상환을 청구할 수 없는 경우

1) 점유자가 과실을 취득한 경우에는 통상의 필요비는 청구하지 못한다(제201조 제2항). 예컨대 법정대리인이 미성년인 자녀의 재산으로부터 과실을 수취한 경우에는 자녀의 양육, 재산관리의 비용과 상계한 것으로 보기 때문에 그 비용의 상환을 청구할 수 없다(제923조 제2항).

2) 전세권자는 전세목적물을 유지하고 수선할 의무를 가지므로 필요비를 지출한

경우에도 그 상환을 청구할 수 없다(제309조)

※ 주의 : 임대차계약에 있어서는 임대인에게 임차목적물을 사용 · 수익에 필요한 상태를 유지하게 할 적극적인 의무가 있기 때문에 임차인이 필요비를 지출한 때에는 임대인에게 그 반환을 청구할 수 있다(제623조).

3) 지상권자가 지상물에 대하여 필요비를 지출한 경우에도 지상권설정자에게 그 상환을 청구할 수 없다(통설).

4) 사용대차계약에 있어서 借主는 차용물의 통상의 필요비를 부담하므로 차용물에 필요비를 지출한 경우에도 그 상환을 청구할 수 없다(통설).

(2) 유 익 비

유익비(有益費)라 함은 물건의 가치를 증가시키기 위하여 지출하는 비용을 말한다. 점유자가 점유물을 개량하기 위하여 지출한 금액 기타 유익비를 지출한 경우에는 그 가액의 증가가 현존하는 경우에 한하여 회복자의 선택에 좇아 그 지출금액이나 증가액의 상환을 청구할 수 있다(제203조 제2항).

유익비상환청구가 있는 경우 점유자는 유익비상환의무자인 회복자의 선택권을 위하여 그 유익비는 실제로 지출한 비용과 현존하는 증가액을 모두 산정하여야 할 것이다(대판 2002.11.22. 2001다40381).

이 경우에 법원은 회복자의 청구에 의하여 상당한 상환기간을 허여(許與, 허가해 준다는 뜻) 할 수 있다(제203조 제3항). 법원이 상환기간을 허가해 준 경우에는 점유자는 점유물에 관하여 비용상환청구권을 이유로 유치권을 행사할 수 없다.

민법 제203조 제2항에 의한 점유자의 회복자에 대한 유익비상환청구권은 점유자가 계약관계 등 적법하게 점유할 권리를 가지지 않아 소유자의 소유물반환청구에 응하여야 할 의무가 있는 경우에 성립되는 것으로서, 이 경우 점유자는 그 비용을 지출할 당시의 소유자가 누구이었는지 관계 없이 점유회복 당시의 소유자, 즉 회복자에 대하여 비용상환청구권을 행사할 수 있는 것이나 점유자가 유익비를 지출할 당시 계약관계 등 적법한 점유의 권원을 가진 경우에 그 지출비용의 상환에 관하여는 그 계약관계를 규율하는 법조항이나 법리 등이 적용되는 것이어서, 점유자는 그 계약관계 등의 상대방에 대하여 해당 법조항이나 법리에 따른 비용상환청구권을 행사할 수 있을 뿐 계약관계 등의 상대방이 아닌 점유회복 당시의 소유자에 대하여 민법 제203조 제2항에 따른 지출비용의 상환을 구할 수는 없다고 할 것이다(대판 2003.7.25. 2001다64752).

점유자의 유익비상환청구권은 점유자가 회복자로부터 점유물의 반환을 청구받거나 회복자에게 점유물을 반환한 때에 비로소 회복자에 대하여 행사할 수 있다(대판 94.9.9. 94다4592).

(3) 사 치 비

점유자가 점유물에 대하여 사치비를 지출한 경우에도 그 상환청구권은 인정되지 않는다.

Ⅲ. 점유보호청구권

1. 점유물반환청구권

(1) 의 의

점유자가 점유의 침탈(侵奪)을 당한 때에는 그 물건의 반환 및 손해의 배상을 청구할 수 있다(제204조).

(2) 요 건

(가) 점유자의 점유를 침탈하였을 것 '점유의 침탈(占有侵奪)'이라 함은 점유자의 의사에 기하지 않고 점유물의 점유가 이전된 것을 말한다. 그러므로 사기(詐欺)를 당한 자가 물건을 임의로 인도한 경우나 공놀이를 하던 중에 공이 옆집에 들어간 경우 또는 빨래가 바람에 날려 옆집으로 들어간 경우 등은 점유의 침탈이 아니다.

판례(대판 93.3.9. 92다5300)도 직접점유자가 임의로 점유를 타인에게 이전한 경우에는 점유이전이 간접점유자의 의사에 반한다 하더라도 간접점유자의 점유가 침탈된 경우에 해당하지 않는다는 입장이다.

(나) 당사자 점유물반환청구권자는 점유를 침탈당한 자이다. 점유를 침탈당한 자이면 본권이 있든 없든, 간접점유자이든 직접점유자이든 반환을 청구할 수 있다(제207조 제1항). 그러나 점유보조자는 점유권이 없기 때문에 점유보호청구권을 행사할 수 없다.

점유물반환청구권의 상대방은 점유를 침탈한 자 및 그의 포괄승계인이다. 침탈자의 특별승계인(特別承繼人)에 대하여는 점유물반환청구권을 행사할 수 없다(제204조 제2항). 다만, 그 특별승계인이 악의(惡意)인 때에는 점유물의 반환을 청구할 수 있다. 침탈자의 특별승계인에 대하여 점유물반환청구권을 인정하지 않는 이유는 점유물반환청구권이 점유침탈이라는 반사회적인 행위에 대한 것이므로 반사회성이 없는 선의의 특별승계인에게까지 그 효력이 미치게 하는 것은 부당하기 때문이다.

점유의 상호침탈

점유를 침탈당한 자(甲)가 침탈자(乙)로부터 다시 점유물을 탈환한 경우에 상대방(乙)에게 점유물반환청구권을 인정할 것인가, 즉 상호침탈(相互侵奪)의 경우에 관한 문제이다.

이에 대하여 통설은 상대방, 즉 침탈자 乙의 점유물반환청구권을 인정하지 않는다. 왜냐 하면 乙의 청구권을 인정한다 할지라도 甲은 다시 본권에 기하여 반환을 청구할 수 있기 때문에 점유물회수청구를 되풀이하는 것은 소송경제면에서 바람직하지 않다는 것이다.

(3) 효　력

점유자는 물건의 반환 및 손해배상을 청구할 수 있다. 간접점유자가 점유물반환청구권을 행사하는 경우에는 그 물건을 직접점유자에게 반환할 것을 청구할 수 있을 뿐 간접점유자인 자기에게 반환하여 줄 것을 청구할 수 없다. 다만, 직접점유자가 그 물건의 반환을 받을 수 없거나 이를 원하지 아니하는 때에는 자기에게 반환할 것을 청구할 수 있다(제207조 제2항).

점유자가 침탈자에 대하여 손해배상청구를 하는 것은 물권적 청구권 본래의 내용이 아니고, 불법행위에 기한 손해배상청구권의 성질을 가진다. 따라서 침탈자의 고의·과실의 귀책사유가 있는 경우에 한하여 손해배상청구권을 행사할 수 있다.

(4) 제척기간

점유물반환청구권은 점유의 침탈을 당한 날로부터 1년의 제척기간 내에 행사하여야 한다(제204조 제3항).

판례(대판 2002.4.26. 2001다8097, 8103)는 점유자가 점유물을 침탈당한 날로부터 1년이라는 제척기간의 성질을 출소기간(出訴期間)으로 이해하면서, 그 이유로 제척기간의 대상이 되는 권리는 형성권이 아니라 통상의 청구권인 점과 점유의 침탈 또는 방해의 상태가 일정한 기간을 지나게 되면 그대로 사회의 평온한 상태가 되고 이를 복구하는 것이 오히려 평화질서의 교란으로 볼 수 있게 되므로 일정한 기간이 지난 후에는 원상회복을 허용하지 않는 것이 점유제도의 이상에 맞고 여기에 점유의 회수 또는 방해제거 등 청구권에 단기의 제척기간을 두는 이유가 있는 점 등에 비추어 볼 때, 위의 제척기간은 재판 외에서 권리행사하는 것으로 족한 기간이 아니라 반드시 그 기간 내에 소를 제기하여야 하는 이른바 출소기간으로 해석하는 것이 상당하다고 판시하고 있다.

2. 점유물방해제거청구권

(1) 의 의

점유자가 점유의 방해를 받은 때에는 그 방해의 제거 및 손해의 배상을 청구할 수 있다(제205조 제1항).

(2) 요 건

점유자의 점유가 방해를 받고 있어야 한다. 점유를 방해받는다는 것은 침탈 이외의 방법으로 점유를 방해한 경우를 말한다.

또한, 점유방해행위를 정당하게 하는 사유가 존재하지 않아야 한다.

점유물방해제거청구권을 행사하기 위하여 점유방해행위에 대하여 방해자의 고의 또는 과실 등의 귀책사유를 필요로 하지 않는다.

그러나 점유방해를 이유로 손해배상을 청구하기 위해서는 방해자의 고의 또는 과실을 필요로 한다. 이 경우에 손해배상청구권은 물권적 청구권의 내용이 아니며 불법행위에 기한 손해배상청구권이기 때문에 불법행위의 성립요건으로서의 귀책사유를 필요로 하는 것이다.

(3) 효 력

점유자는 방해행위의 제거 및 방해자의 방해행위가 불법행위에 해당하는 때에는 손해배상도 함께 청구할 수 있다.

(4) 제척기간

점유권에 기한 점유물방해제거청구권은 방해의 종료가 있은 날로부터 1년 내에 행사하여야 한다(제205조 제2항). 판례(대판 2002.4.26. 2001다8097, 8103)는 1년의 제척기간의 성질을 출소기간(出訴期間)으로 이해한다.

이 경우에 1년이라는 제척기간은 손해배상을 청구하는 경우에 한하여 적용된다. 왜냐 하면 점유물에 대한 방해행위가 계속되는 한 방해제거청구권은 부단히 발생하기 때문에 행사기간에 제한을 받지 않고, 방해행위가 그친 후에는 방해행위의 제거를 청구할 수 없기 때문이다.

다만, 공사(工事)로 인하여 점유의 방해를 받은 경우에는 공사착수 후 1년을 경과하거나 그 공사가 완성된 때에는 점유권에 기한 방해의 제거를 청구하지 못한다(제205

조 제3항).

3. 점유물방해예방청구권

(1) 의 의

점유자가 점유의 방해를 받을 염려가 있는 때에는 그 방해의 예방 또는 손해배상의 담보를 청구할 수 있다(제206조).

(2) 요 건

점유자가 점유의 방해를 받을 염려가 있어야 한다. 예컨대 자신이 소유하는 토지에 인접하는 이웃 토지에서 터파기 공사를 하여 토사가 붕괴될 염려가 있을 경우에는 이에 대한 예방조치를 청구할 수 있을 것이다.

(3) 효 과

점유자가 점유의 방해를 받을 염려가 있는 때에는 점유자는 방해의 예방 또는 손해배상의 담보를 선택적으로 청구할 수 있다.

(4) 제척기간

점유자는 방해의 염려가 있는 동안에는 언제든지 청구할 수 있다. 다만, 공사로 인하여 점유의 방해를 받을 염려가 있는 경우에는 공사착수 후 1년을 경과하거나 그 공사가 완성한 때에는 청구하지 못한다(제206조 제2항).

Ⅳ. 점유의 소와 본권의 소

1. 점유의 소와 본권의 소의 관계

민법 제208조는 「① 점유권에 기인한 소(訴)와 본권에 기인한 소(訴)는 서로 영향을 미치지 아니한다. ② 점유권에 기인한 소는 본권에 관한 이유로 재판하지 못한다.」고 규정하고 있다.

즉, 사실상의 지배인 점유에 기초하는 점유소권에 대하여, 소유권 · 지상권 · 임차권 등과 같은 본권에 기초하는 소, 즉 본권의 소를 구별하여 별개로 취급하여 이들 상호 간에는 어떠한 영향도 미치지 않는다.

예컨대 A 소유의 자동차를 B가 훔쳐간 경우에 A는 점유권에 기한 점유물반환청구의 소(제204조)와 소유권에 기한 소유물반환청구의 소(제213조)를 제기할 수 있는데 양자는 상호 별개의 것이기 때문에 양쪽의 소 가운데 어느 것을 제기하여도 좋고, 양쪽을 동시에 제기하여도 좋다.

또한, 어느 한 쪽의 소를 제기하였다가 패소한 후에 다른 쪽의 소를 제기하여도 상관없다. 한 쪽의 패소판결의 기판력(既判力)은 다른 쪽의 소에는 미치지 않기 때문이다.

2. 본권에 기초한 항변과 반소(反訴)

예컨대 A 소유의 자동차를 B가 훔쳐서 사용하고 있는데 A가 실력으로 자동차를 탈환하였다. 이러한 경우에 B가 A에 대하여 점유권에 기초하여 자동차의 반환을 청구하는 소송을 제기한 데 대하여 A는 어떠한 대응책을 취할 수 있는가?

(1) 본권에 기초한 항변

B가 A를 상대로 점유물반환청구소송을 제기한 경우에 A는 자신이 자동차의 진정한 권리자이고 B에게는 점유할 권원이 없다는 뜻의 항변을 하는 경우에도 법원은 이러한 A의 주장을 점유소송의 재판의 기초로 삼을 수 없다. 왜냐 하면 점유권에 기인한 소는 본권에 관한 이유에 재판하지 못하기 때문이다.

판례(대판 67.6.20. 67다479)도 점유회수의 청구에 대하여 점유침탈자가 점유물에 대한 본권이 있다는 주장으로 점유회수를 배척할 수 없다고 한다.

이러한 본권에 기한 항변의 금지는 점유보호청구에 한하여 적용되고, 손해배상청구나 부당이득반환청구에 관하여는 그 적용이 없다고 할 것이다. 예컨대 점유자가 방해자를 상대로 하여 방해의 배제 및 손해배상(또는 부당이득의 반환)을 청구한 데 대하여 방해자가 목적물에 대하여 소유권을 가지고 있다고 주장하였고 방해자에게 소유권이 인정되는 경우에는 방해자에게 소유권이 있음을 이유로 점유자의 방해제거청구를 배척할 수는 없지만 점유자의 손해배상청구는 배척할 수 있다고 할 것이다.

(2) 본권에 기초한 반소의 제기

점유소송에서 본권관계를 항변으로 주장할 수 없다고 할지라도 본권에 기초하는 별소를 제기하는 것은 가능하다. 그렇다면 동일한 소송절차 내에서 본권에 기한 반소(反訴)를 제기하는 것이 가능할 수 있겠는가에 대하여 학설은 대립한다.

(가) 긍정설 점유의 소에 있어서도 특별한 소송절차가 있는 것은 아니고 통상의 소송절차에서 처리된다. 따라서 점유소권에 대하여 특별하게 고려할 필요가 없다. 점유의 소와 본권의 소의 병합이 인정되는 점, 방어방법과 독립의 소로서의 반소가 다른 것이라면 제208조 2항은 본권에 기한 반소의 제기를 금지하는 것은 아니라고 하는 입장이다.

(나) 절충설(한정적 긍정설) 점유소권은 자력구제금지의 원칙을 구체화하는 제도이다. 그런데 본권에 기초한 반소를 허용하면 본권자의 자력구제를 허용하는 범위를 확대하게 된다. 따라서 점유보전의 소(방해예방청구의 소)와 같이 본권자의 점유침탈이 발생하지 않는 때에는 본권에 기한 반소를 긍정하여도 지장이 없지만, 본권이 점유회수(반환청구의 소) 또는 점유보지(방해제거청구의 소)의 소인 때에는 허용되지 않는다고 하여 본소에 기한 반소를 한정적으로 긍정하는 입장이다.

(다) 부정설 본권자가 사력(私力)에 의하여 점유자로부터 점유를 침탈한 후 점유자가 점유물반환청구의 소를 제기한 데 대하여 침탈자, 즉 본권을 가지고 있는 자가 본권에 기초하는 반소를 제기하면 점유침탈상태가 그대로 유지되는 결과가 된다. 그렇게 되면 본권자의 자력구제를 방임하는 것으로 되어 부당하다.

또는 제208조 제2항은 점유청구권과 본권청구권을 절단하여 그 견련성을 잃게 하는 규정이기 때문에 본권에 기초하는 반소는 모두 견련성을 잃어 부적법하다고 한다 (민사소송법 제242조 제1항 단서 참조).

(라) 판 례 판례(대판 57.11.14. 4290민상454, 455)는 본권에 기한 반소의 제기를 허용한다.

Ⅴ. 자력구제

1. 의 의

자력구제(自力救濟)라 함은 권리를 침해당한 자가 침해된 권리를 국가권력에 의하지 않고 사력(私力)에 의하여 구제 내지는 실현하는 것을 말한다.

국가권력이 확립된 오늘날의 문명국가에 있어서는 침해된 권리를 국가의 사법작용을 통하여 구제받는 것이 원칙이지만 민법은 점유가 침해된 일정한 경우에 한하여 사력에 의한 권리구제를 인정하고 있다(제209조).

점유제도라 함은 물건에 대한 사실상의 지배 그 자체를 보호하는 것이다. 그러므로 물건에 대한 점유가 침해를 받아 침해자의 사실상의 지배가 확립된 후에는 침해자의 점유는 보호되어야 한다. 예컨대 도둑놈에게 훔친 물건에 대한 점유권을 인정하는 것과 같은 맥락에서 이해될 수 있을 것이다.

그러나 침해가 완전히 끝나기 전이라면 기존의 점유상태를 보호하는 것은 당연하다고 할 것이며 또한 국가권력을 통하여 침해된 권리를 구제받을 시간적 여유가 없을 때에는 본래의 점유상태를 유지하기 위하여 점유자로 하여금 사력에 의하여 침해된 권리의 구제를 인정할 필요가 있을 것이며, 이러한 이유로 민법 제209조에서 점유자의 자력구제를 인정한다.

2. 자력구제권을 가지는 자

직접점유자는 자력구제권을 갖는다. 점유보조자에게도 자력구제권을 인정할 것인가의 문제에 대하여는 점유보조자에게는 점유권이 없지만 점유자를 위하여 자력구제권은 행사할 수 있는 것으로 해석한다(통설).

간접점유자(間接占有者)에게도 자력구제권을 인정할 것인가에 대하여는 명문의 규정이 없고 학설은 대립한다.

부정설은 근거로서 민법에서 간접점유자에게 점유보호청구권만 인정하고(제207조) 자력구제권에 대하여는 명문의 규정을 두고 있지 않은 점, 직접적으로 물건을 지배하고 있지 않는 간접점유자에게는 자력구제권을 인정할 필요가 없다는 점 또는 자력구제권은 예외적 · 제한적 권리구제수단이므로 이를 좁게 해석할 필요가 있다는 점 등을 들고 있다.

이에 대하여 긍정설은 간접점유자에게 자력구제권을 인정한다고 할지라도 직접점유자에게 아무런 손해도 발생하지 않으며, 간접점유자의 자력구제에 대하여 방해자를 보호할 필요가 없고 또한 간접점유자가 물건을 직접 지배하지 않지만 긴급한 사태가 발생한 경우에 방해자의 방해행위를 보고도 자력구제를 할 수 없다는 것은 부당하다는 것을 근거로 든다.

3. 자력구제권의 종류

자력구제권에는 자력방위권(自力防衛權)과 자력탈환권(自力奪還權)이 있다.

(1) 자력방위권

점유자는 그 점유를 부정히 침탈 또는 방해하는 행위에 대하여 자력으로 이를 방위할 수 있도록 하고 있다(제209조 제1항). 즉, 점유를 침탈 또는 방해 등의 침해행위가 진행 중이면 점유자는 사력에 의하여 불법한 침해행위를 방위할 수 있다.

방해행위는 종료되었으나 방해상태가 계속되는 경우에도 자력방위권을 행사할 수 있는지에 대하여 학설이 대립한다.

(2) 자력탈환권

점유물이 침탈되었을 경우에 부동산일 때에는 점유자는 침탈 후 직시(直時) 가해자를 배제하여 이를 탈환할 수 있고, 동산일 때에는 점유자는 현장에서 또는 추적하여 가해자로부터 이를 탈환할 수 있도록 하고 있다(제209조 제2항).

'침탈 후 직시(直時)'라 함은 '객관적으로 가능한 한 신속히' 또는 '사회관념상 가해자를 배제하여 점유를 회복하는 데 필요하다고 인정되는 범위 안에서 되도록 속히'라는 뜻으로 해석할 것이며 점유자가 침탈사실을 알았는지 여부는 상관없다고 할 것이다(대판 93.3.26. 91다14116).

그러므로 점유물을 침탈당한 후 상당한 시간이 흘러 이미 새로운 점유가 확립된 후에는 점유제도의 취지에 비추어 자력탈환권을 행사할 수 없고 점유보호청구권(제204조)을 행사하여야 할 것이다.

제5절 준 점 유

I. 의 의

물건의 점유를 수반하지 않는 재산권에 대하여도 사실적 지배관계가 있을 수 있고, 이 경우에 물건에 대한 점유와 마찬가지로 그 지배관계를 본권관계(本權關係)와 단절하여 보호할 필요가 있다. 이러한 재산권에 대한 사실상의 지배를 준점유(準占有)라고 한다.

II. 준점유의 객체

준점유의 객체가 되는 것은 재산권이다. 구체적으로는 저당권, 채권 그리고 저작권, 특허권, 상표권 등의 무체재산권 및 광업권, 어업권 등이 있다. 지역권에 관하여 준점유를 인정할 것인지에 대하여는 학설이 대립한다.

신분권이나 권리의 행사에 반드시 점유를 수반하는 권리, 즉 소유권, 지상권, 전세권, 유치권, 질권, 임차권 등에 대하여는 준점유를 인정할 필요가 없다. 왜냐 하면 이러한 재산권은 점유에 의하여 보호되기 때문이다.

Ⅲ. 효 력

준점유에 관하여는 점유에 관한 규정을 준용한다(제210조). 그러므로 권리의 추정, 과실취득, 비용상환, 점유보호청구권, 자력구제권 등의 효력은 준점유자에게도 인정된다. 다만, 선의취득은 동산에 관하여 인정되는 것이기 때문에 제249조의 규정은 준용되지 않는다고 할 것이다.

민법 제470조에서는 채권의 준점유자에 대한 선의의 변제자를 보호하기 위한 규정을 두어 실제에 있어서 중요한 기능을 하고 있다.

제3장 소 유 권

제1절 서 설

Ⅰ. 소유권의 의의

민법 제211조는 「소유자는 법률의 범위 내에서 그 소유물을 사용, 수익, 처분할 권리가 있다.」고 규정하고 있다.

Ⅱ. 소유권의 특성

1. 관 념 성

점유권은 물건에 대한 사실상의 지배를 내용으로 하는 데 대하여, 소유권은 현실적 지배와 관계없이 물건을 지배할 수 있는 권리인 점에서 관념성(觀念性)을 갖는다.

2. 전 면 성

소유권은 물건이 가지는 사용가치뿐만 아니라 교환가치 모두를 전면적으로 지배할 수 있는 권리인 점에서, 물건이 가지는 사용가치만을 지배할 수 있는 용익물권이나 물건의 교환가치만을 지배할 수 있는 담보물권과 구별된다.

3. 혼 일 성

소유권은 물건의 사용 · 수익 · 처분 등의 여러 가지 권능이 융화되어 이루어진 혼일(渾一)한 권리이다.

물건에 대하여 소유권과 제한물권이 동일인에게 귀속된 경우에 제한물권이 혼동으로 소멸하는 것은 이러한 혼일성 때문이다.

4. 탄 력 성

소유권 위에 제한물권이 설정되면 소유권은 그 범위에서 제한을 받게 되지만 나중에 제한물권이 소멸하면 다시 소유권은 제한을 받지 않는 완전한 상태로 회복되는 탄력성을 가진다.

5. 항 구 성

소유권은 존속기간의 제한이 없다. 이러한 성질을 항구성이라고 한다. 소유권은 항구성을 가지는 권리이므로 소멸시효에 걸리지 않는다.

Ⅲ. 소유권의 제한

소유자는 물건을 사용 · 수익할 수 있지만 법률에 의하여 제한을 받는 경우가 있다(제211조). 법률에 의하여 소유권이 제한되는 경우로는 예컨대 민법상 상린관계에 의하여 소유권이 제한을 받는 경우가 있고(제216조 내지 제244조), 농지법에서는 '자기의 농업경영에 이용하거나 이용할 자'에 한하여 농지를 소유할 수 있도록 하며(농지법 제6조), 특정지역에서의 토지거래는 주무관청의 허가를 얻어야 하는 경우(국토의 계획 및 이용에 관한 법률 제21조) 등을 들 수 있다.

Ⅳ. 부동산소유권의 범위

1. 토지소유권의 범위

민법 제212조는 「토지의 소유권은 정당한 이익 있는 범위 내에서 토지의 상하에 미친다.」고 규정하고 있다.

(1) 정당한 이익의 범위 내

토지소유권은 정당한 이익의 범위 내에서 지표뿐만 아니라 지상의 공간과 지하에까지 미친다. 정당한 이익의 범위는 거래관념에 따라서 정하여야 할 것이다. 예컨대 항공기가 지상을 통과하더라도 토지소유자의 정당한 이익을 해친다고 할 수는 없지만, 고압전류가 흐르는 전선을 통과하게 하는 것이나 지하에 터널을 뚫는 등의 행위는 토지소유권을 침해할 수 있다고 할 것이다.

(2) 미채굴의 광물

미채굴의 광물에 대하여서는 국가에게 채굴취득권이 유보되어 있기 때문에 토지소유권의 내용이 되지 않는다(광업법 제2조). 광업법 제5조 제1항에서 「광구(鑛區)에서 광업권이나 조광권에 의하지 아니하고 토지로부터 분리된 광물은 그 광업권자 또는 조광권자의 소유로 한다.」고 하고, 제2항에서 「광구 밖에서 토지로부터 분리된 광물은 그 취득자의 소유로 한다.」고 규정하고 있다.

미채굴의 광물에 대한 법적 성질에 대하여 국유(國有)에 속하는 부동산으로 보는 견해와 국가의 배타적인 채굴취득허가권의 객체라고 보는 견해가 대립한다. 광물에 속하지 않는 암석이나 토사 등은 토지의 구성부분으로서 토지소유권에 속한다.

(3) 지 하 수

지하수는 토지의 구성부분으로서 토지소유자가 자유롭게 사용할 수 있다. 다만 일정한 경우에는 상린관계에 의한 제한을 받는다(제235조, 제236조 참조).

(4) 온 천 수

온천수에 관한 권리는 온천권이라는 독립된 물권이 아니라 지하수의 일종으로서 토지의 구성부분이다(대판 70.5.26. 69다1239). 그러므로 토지소유자는 그 소유지 안에서 솟아오르는 온천수를 자유롭게 사용·수익·처분할 수 있다.

다만 일반의 지하수와는 달리 온천수는 공용수 또는 생활용수가 아니기 때문에 민법 제235조와 제236조는 적용되지 않는다.

2. 건물의 구분소유

민법 제215조는 「수인이 한 채의 건물을 구분하여 각각 그 부분을 소유한 때에는 건물과 그 부속물 중 공용하는 부분은 그의 공유로 추정한다.」고 규정하고 있다.

여러 사람이 한 채의 건물을 구분하여 각각 그 부분을 소유하는 경우에 이를 구분소유권이라고 하여 독립한 소유권의 객체로 하고 있다.

즉, 구분소유권(區分所有權)이라 함은 1동의 건물 중 구조상 및 이용상의 독립성을 가진 전유부분을 목적으로 하는 소유권을 말한다(집합건물의 소유 및 관리에 관한 법률 제2조).

예컨대 아파트나 연립주택 또는 상가건물은 한 채의 건물 중 구조상과 이용상의 독립성을 가진 부분을 하나의 독립한 소유권의 객체로 하고 있다.

1동(棟)의 건물에 대하여 구분소유가 성립하기 위해서는 객관적 · 물리적인 측면에서 1동의 건물이 존재하고, 구분된 건물부분이 구조상 · 이용상 독립성을 갖추어야 할 뿐 아니라, 1동의 건물 중 물리적으로 구획된 건물부분을 각각 구분소유권의 객체로 하려는 구분행위(區分行爲)가 있어야 한다.

구분행위는 건물의 물리적 형질에 변경을 가함이 없이 법률관념상 건물의 특정 부분을 구분하여 별개의 소유권의 객체로 하려는 일종의 법률행위로서, 그 시기나 방식에 특별한 제한이 있는 것은 아니고 처분권자의 구분의사가 객관적으로 외부에 표시되면 인정된다. 따라서 구분건물이 물리적으로 완성되기 전에도 건축허가신청이나 분양계약 등을 통하여 장래 신축되는 건물을 구분건물로 하겠다는 구분의사가 객관적으로 표시되면 구분행위의 존재를 인정할 수 있고, 이후 1동의 건물 및 그 구분행위에 상응하는 구분건물이 객관적 · 물리적으로 완성되면 아직 그 건물이 집합건축물대장에 등록(登錄)되거나 구분건물로서 등기부에 등기(登記)되지 않았더라도 그 시점에서 구분소유가 성립한다(대판 2013.01.17. 2010다71578 전원합의체).

복도나 계단과 같은 건물의 공용부분과 건물의 부속물 중 공용하는 부분(예컨대 기계실 등)은 구분소유자들 간에 공유하는 것으로 추정하고, 공용부분의 보존에 관한 비용 기타의 부담은 각자의 소유부분의 가액에 비례하여 분담하도록 하고 있다(제215조 제2항).

3. 상린관계

(1) 의 의

인접하는 부동산의 소유자들이 각자의 소유권을 무제한적으로 주장하게 되면 상호 간의 소유권이 충돌하게 되는 경우가 있다. 이에 민법에서는 인접하는 부동산의 소유자 상호 간에 부동산의 이용관계를 조절할 목적으로 권리관계를 규율하는 규정을 두고 있다. 이러한 민법규정의 규율의 대상이 되는 관계를 상린관계(相隣關係)라 한다.

이와 같이 인접한 부동산 상호 간의 이용조절을 목적으로 인정된 상린관계는 한편으로는 자기의 소유권이 상대방의 소유권에 의하여 제한을 받는 측면과 다른 한편으로는 자기의 소유권을 위하여 상대방의 소유권의 제한을 요구할 수 있기 때문에 소유권을 확장하는 측면을 가지고 있다.

이러한 상린관계로부터 발생하는 권리를 상린권(相隣權)이라고 하며, 상린권은 소유권의 내용에 포함된 것으로서 독립한 물권이 아니다.

(2) 상린관계에 관한 민법규정의 성격

상린관계에 관한 민법규정의 성격에 대하여 학설은 임의규정으로 보는 견해와 강행규정으로 보는 견해가 대립한다.

판례(대판 82.10.26. 80다1634)는 지하시설을 하는 경우에 있어서 경계로부터 두어야 할 거리에 관한 사항 등을 규정한 민법 제244조는 강행규정이 아니기 때문에 이와 다른 합의는 유효하다고 한다.

(3) 상린관계의 적용범위

상린관계에 관한 민법 규정은 인접하는 부동산의 소유자 상호 간에 그 이용조절을 목적으로 하는 것이지만 지상권자나 전세권자와 같이 부동산을 이용하는 물권자 상호 간에도 준용된다(제290조, 제319조).

나아가 부동산임대차의 경우에도 명문의 규정은 없지만 상린관계에 관한 규정을 유추적용할 수 있다고 할 것이다(통설).

(4) 상린권과 지역권

상린권과 지역권(地役權)은 기능적인 면에서 유사한 점이 많지만, 다음과 같은 점에서 다르다.

첫째로, 지역권은 당사자의 계약에 의하여 성립하는 독립한 권리인데, 상린권은 소유권의 내용으로서 법률의 규정에 의하여 당연히 인정된다.

둘째로, 지역권은 등기를 하여야 성립하는데, 상린권은 등기를 요하지 않는다.

셋째로, 지역권은 서로 인접하는 토지소유자 사이에서 뿐만 아니라 격지자 사이에서도 인정될 수 있는 권리인데, 상린권은 인접지 상호 간에 인정되는 권리인 점에서 다르다.

넷째로, 지역권은 20년간 행사하지 않으면 소멸시효에 걸리지만, 상린권은 항구성을 갖는 소유권의 내용으로서 소멸시효에 걸리지 않는다.

다섯째로, 지역권은 토지만을 객체로 하는 데 대하여, 상린권은 토지뿐만 아니라 건물에 대하여도 적용된다.

(5) 상린관계에 관한 민법규정

(가) 인지(隣地) 사용청구권 토지소유자는 경계나 그 근방에서 담 또는 건물을 축조하거나 수선하기 위하여 필요한 범위 내에서 인접한 이웃 토지의 사용을 청구할 수 있다. 그러나 이웃사람의 승낙이 없으면 그 주거에 들어가지 못한다(제216조 제1항).

토지소유자의 이웃 토지의 사용으로 인하여 이웃사람이 손해를 받은 때에는 보상을 청구할 수 있다(제216조 제2항).

(나) 생활방해의 금지 토지소유자는 매연, 열기체, 액체, 음향, 진동 기타 이와 유사한 것으로 이웃 토지의 사용을 방해하거나 이웃 거주자의 생활에 고통을 주지 아니하도록 적당한 조처를 할 의무가 있다(제217조 제1항).

이웃 거주자는 토지소유자의 매연 등으로 토지의 사용을 방해받거나 생활에 고통을 받은 경우에도 그 토지의 통상의 용도에 적당한 것인 때에는 이를 인용할 의무가 있다(제217조 제2항).

'생활방해'라 함은 매연, 음향 기타 이와 유사한 것으로 이웃 거주자의 생활에 고통을 주거나 이웃 토지의 사용을 방해하는 것, 또는 그 유해한 간섭 자체를 말한다. 생활방해를 독일에서는 Immission, 영미에서는 nuisance라고 한다.

생활방해의 특징은 이웃 거주자나 이웃 토지는 반드시 인접하고 있어야 하는 것은 아니라는 점이다.

(다) 수도 등 시설권 토지소유자는 타인의 토지를 통과하지 아니하면 필요한 수도, 소수관(疏水管), 가스관, 전선 등을 시설할 수 없거나 과다한 비용을 요하는 경우에는 타인의 토지를 통과하여 이를 시설할 수 있다. 그러나 이로 인한 손해가 가장 적은 장소와 방법을 선택하여 이를 시설할 것이며, 타토지의 소유자의 청구에 의하여 손해를 보상하여야 한다(제218조 제1항). 토지소유자가 타인의 토지를 통과하여 수도 등의 시설을 한 후 사정의 변경이 있는 때에는 타토지의 소유자는 그 시설의 변경을 청구할 수 있다. 시설변경의 비용은 토지소유자가 부담한다(제218조 제2항).

(라) 주위토지통행권 어느 토지와 공로(公路) 사이에 그 토지의 용도에 필요한 통로가 없는 경우에 그 토지소유자는 주위의 토지를 통행 또는 통로로 하지 아니하면 공로에 출입할 수 없거나 과다한 비용을 요하는 때에는 그 주위의 토지를 통행할 수 있고, 필요한 경우에는 통로를 개설할 수 있다(제219조 제1항). 이 경우에 통행권자는 통행지소유자의 손해를 보상하여야 한다(제219조 제2항).

이러한 주위토지통행권은 토지소유자가 주위토지를 현실적으로 이용하고 있는지의 여부에 관계없이 주위토지에 대하여 상당한 범위내에서 장래의 이용에 필요한 범위 내에서 통행권이 인정된다(대판 88.2.9. 87다카1156). 이 때 보행에 필요한 통로뿐만 아니라 필요한 경우에는 우마차 또는 자동차 등이 통과할 수 있는 통로를 개설할 수도 있다고 할 것이며, 나아가 주위토지통행권의 본래적 기능발휘를 위해서는 그 통행에 방해가 되는 담장과 같은 축조물도 위 통행권의 행사에 의하여 철거되어야 할 것이다(대판 2006.6.2. 2005다70144).

주위토지통행권은 공로와의 사이에 그 용도에 필요한 통로가 없는 토지의 이용이라는 공익목적을 위하여 피통행지 소유자의 손해를 무릅쓰고 특별히 인정되는 것이므로, 그 통행로의 폭이나 위치 등을 정함에 있어서는 피통행지의 소유자에게 가장 손해가 적게 되는 방법이 고려되어야 할 것이고, 어느 정도를 필요한 범위로 볼 것인가는 구체적인 사안에서 사회통념에 따라 쌍방 토지의 지형적 · 위치적 형상 및 이용관계, 부근의 지리상황, 상린지 이용자의 이해득실 기타 제반 사정을 기초로 판단하여야 한다(대판 2005.7.14. 2003다18661). 이 경우 통행권의 범위는 현재의 토지의 용법에 따른 이용의 범위에서 인정할 수 있을 뿐, 장래의 이용상황까지 미리 대비하여 정할 것은 아니다(대판 2006.10.26. 2005다30993).

주위토지통행권이 성립한 후에 포위되었던 토지에 접하는 공로가 생기는 등의 사유가 발생하면 종전의 주위토지통행권은 소멸하게 된다고 할 것이다(대판 98.3.10. 97다47118).

주위토지통행권은 인접한 토지의 상호이용의 조절에 기한 권리로서 토지의 소유자 또는 지상권자, 전세권자 등 토지사용권을 가진 자에게 인정되는 권리로서 명의신탁자에게는 주위토지통행권이 인정되지 아니한다(대판 2008.5.8. 2007다22767).

분할, 일부양도와 무상의 주위통행권

분할로 인하여 공로에 통하지 못하는 토지가 있는 때에는 그 토지소유자는 공로에 출입하기 위하여 다른 분할자의 토지를 통행할 수 있다. 이 경우에는 보상의 의무가 없다(제220조 제1항). 토지소유자가 그 토지의 일부를 양도한 경우에도 마찬가지이다(제220조 제1항).

'토지의 일부 양도'라 함은 1필의 토지의 일부가 양도된 경우뿐만 아니라 일단(一團)으로 되어 있던 동일인 소유의 수필의 토지 중 일부가 양도된 경우도 포함된다.

동일인 소유의 토지의 일부가 양도되거나 분할로 인하여 공로에 통하지 못하는 토지가 생긴 경우에 포위된 토지를 위한 무상의 주위토지통행권은 일부 양도 전의 양도인 소유의 종전 토지에 대하여만 생기고 다른 사람 소유의 토지에 대하여는 인정되지 않는다(대판 2005.3.10. 2004다65589, 65596). 이 무상의 주위토지통행권은 직접 분할자 또는 일부 양도의 당사자 사이에만 적용되므로, 포위된 토지 또는 피통행지의 특정승계인의 경우에는 주위토지통행권에 관한 일반원칙으로 돌아가 그 통행권의 범위를 따로 정하여야 한다(대판 96.11.29. 96다33433, 33440).

(마) 물에 관한 상린관계

(a) 자연유수(自然流水)의 승수(承水)의무와 권리: 토지소유자는 이웃 토지로부터 자연히 흘러 오는 물을 막지 못한다(제221조 제1항).

고지(高地) 소유자는 이웃 저지(低地)에 자연히 흘러 내리는 이웃 저지에서 필요한 물을 자기의 정당한 사용범위를 넘어서 이를 막지 못한다(제221조 제2항).

(b) 소통공사권: 흐르는 물이 저지에서 막힌 때에는 자비로 소통에 필요한 공사를 할 수 있다(제222조).

(c) 인공적 배수(排水): 인공적 배수를 위하여 타인의 토지를 사용하는 것은 원칙적으로 금지된다. 그러므로 토지소유자는 처마물이 이웃에 직접 낙하하지 않도록 적당한 시설을 하여야 한다(제225조 : 처마물에 대한 시설의무).

또한, 토지소유자가 저수(貯水), 배수(排水) 또는 인수(引水)하기 위하여 공작물을 설치한 경우에 공작물의 파손 또는 막힘(閉塞)으로 타인의 토지에 손해를 가하거나 가할 염려가 있는 때에는 타인은 그 공작물의 보수, 막힘(閉塞)의 소통 또는 예방에 필요한 청구를 할 수 있다(제223조 : 貯水, 排水, 引水를 위한 공작물에 대한 공사청구권).

일정한 경우에는 인공적 배수가 허용된다.

① 여수(餘水) 소통권: 고지(高地) 소유자는 침수지를 건조하기 위하여 또는 가용(家用)이나 농, 공업용의 여수(餘水)를 소통하기 위하여 공로(公路), 공류(公流) 또는 하수도에 달하기까지 저지(低地)에 물을 통과하게 할 수 있다(제226조 제1항). 이 경우에 저지의 손해가 가장 적은 장소와 방법을 선택하여야 하며 손해를 보상하여야 한다(제226조 제2항).

② 유수용(流水用) 공작물의 사용권: 토지소유자는 그 소유지의 물을 소통하기 위하여 이웃 토지소유자가 시설한 공작물을 사용할 수 있다(제227조 제1항). 이 경우에

공작물을 사용하는 자는 그 이익을 받는 비율로 공작물의 설치와 보존의 비용을 분담하여야 한다(제227조 제2항).

공작물의 시설자는 이웃 토지소유자로 한정되지는 않으나 단순히 공작물을 시설한 것만으로는 부족하고 이에 대한 정당한 권리를 갖는 자를 의미한다(대판 2003.4.11. 2000다11645).

(d) 여수(餘水) 급여청구권: 토지소유자는 과다한 비용이나 노력을 요하지 아니하고는 가용(家用)이나 토지이용에 필요한 물을 얻기 곤란한 때에는 이웃 토지소유자에게 보상하고 여수(餘水)의 급여를 청구할 수 있다(제228조).

(e) 수류(水流)의 변경: 구거(溝渠, 도랑) 기타 수류지(水流地)의 소유자는 대안(對岸)의 토지가 타인의 소유인 때에는 그 수로나 수류의 폭을 변경하지 못한다(제229조 제1항). 양안(兩岸)의 토지가 수류지소유자의 소유인 때에는 소유자는 수로와 수류의 폭을 변경할 수 있다. 그러나 하류는 자연의 수로와 일치하도록 하여야 한다(제229조 제2항).

(f) 언(堰, 둑)의 설치, 이용권: 수류지(水流地)의 소유자가 언을 설치할 필요가 있는 때에는 그 언을 대안(對岸)에 접촉하게 할 수 있다. 그러나 이로 인한 손해를 보상하여야 한다(제230조 제1항). 대안의 소유자는 수류지의 일부가 자기 소유인 때에는 그 언을 사용할수 있다. 그러나 그 이익을 받는 비율로 언의 설치, 보존의 비용을 분담하여야 한다(제230조 제2항).

(g) 공유(公有)하천 용수권(用水權): 공유하천의 연안에서 농·공업을 경영하는 자는 이에 이용하기 위하여 타인의 용수(用水)를 방해하지 아니하는 범위 내에서 필요한 인수(引水)를 할 수 있다(제231조 제1항). 이 경우에 인수를 하기 위하여 필요한 공작물을 설치할 수 있다(제231조 제2항).

① 하류연안의 용수권보호: 공유하천 용수권을 위한 인수(引水)나 공작물로 인하여 하류연안의 용수권(用水權)을 방해하는 때에는 그 용수권자는 방해의 제거 및 손해의 배상을 청구할 수 있다(제232조).

② 용수권의 승계: 농·공업의 경영에 이용하는 수로 기타 공작물의 소유자나 몽리자(蒙利者 : 이익을 입는 자라는 의미)의 특별승계인은 그 용수에 관한 전 소유자나 몽리자의 권리의무를 승계한다(제233조).

(h) 공용수(共用水)의 용수권: 상린자는 그 용수에 속하는 원천(源泉)이나 수도를 각 수요의 정도에 응하여 타인의 용수를 방해하지 아니하는 범위 내에서 각각 용수(用

水)할 권리가 있다(제235조).

필요한 용도나 수익이 있는 원천(源泉)이나 수도가 타인의 건축 기타 공사로 인하여 단수(斷水), 감수(減水) 기타 용도에 장해가 생긴 때에는 용수권자는 손해배상을 청구할 수 있다(제236조 제1항).

이 경우에 공사로 인하여 음료수 기타 생활상 필요한 용수에 장해가 있을 때에는 원상회복을 청구할 수 있다(제236조 제2항).

(바) 경계(境界)에 관한 상린관계

(a) 경계표, 담의 설치권: 인접하여 토지를 소유한 자는 공동비용으로 통상의 경계표나 담을 설치할 수 있다(제237조 제1항). 이 경우에 비용은 쌍방이 절반하여 부담한다. 그러나 측량비용은 토지의 면적에 비례하여 부담한다(제237조 제2항).

토지의 경계에 경계표나 담이 설치되어 있지 아니하다면 특별한 사정이 없는 한 어느 한쪽 토지의 소유자는 인접한 토지의 소유자에 대하여 공동비용으로 통상의 경계표나 담을 설치하는 데에 협력할 것을 요구할 수 있고, 인접 토지 소유자는 그에 협력할 의무가 있다고 보아야 하므로, 한쪽 토지 소유자의 요구에 대하여 인접 토지 소유자가 응하지 아니하는 경우에는 한쪽 토지 소유자는 민사소송으로 인접 토지 소유자에 대하여 그 협력 의무의 이행을 구할 수 있으며, 법원은 당해 토지들의 이용 상황, 그 소재 지역의 일반적인 관행, 설치 비용 등을 고려하여 새로 설치할 경계표나 담장의 위치, 재질, 모양, 크기 등 필요한 사항을 심리하여 인접 토지 소유자에 대하여 협력 의무의 이행을 명할 수 있다(대판 97.8.26. 97다6063).

(b) 담의 특수시설권: 인접지 소유자는 자기의 비용으로 담의 재료를 통상보다 양호한 것으로 할 수 있으며, 그 높이를 통상보다 높게 할 수 있고 또는 방화벽 기타 특수시설을 할 수 있다(제238조).

(c) 경계표 등의 공유추정: 경계에 설치된 경계표, 담, 구거(溝渠, 도랑)등은 상린자의 공유로 추정한다. 그러나 경계표, 담, 구거 등이 상린자 일방의 단독비용으로 설치되었거나 담이 건물의 일부인 경우에는 그러하지 아니하다(제239조).

(사) 수지(樹枝), 목근(木根)의 제거권 인접지의 수목가지가 경계를 넘은 때에는 그 소유자에 대하여 가지의 제거를 청구할 수 있다(제240조 제1항). 이에 대하여 소유자가 청구에 응하지 아니한 때에는 청구자가 그 가지를 제거할 수 있다(제240조 제2항). 인접지의 수목뿌리가 경계를 넘은 때에는 임의로 제거할 수 있다(제240조 제3항).

(아) 토지의 심굴(深掘) 금지 토지소유자는 인접지의 지반이 붕괴할 정도로 자기

의 토지를 심굴하지 못한다. 그러나 충분한 방어공사를 한 때에는 그러하지 아니하다(제241조).

(자) 경계선 부근의 공작물설치에 관한 상린관계

(a) 경계선부근의 건축: 건물을 축조함에는 특별한 관습이 없으면 경계로부터 반 미터 이상의 거리를 두어야 한다(제242조 제1항).

인접지 소유자는 건물을 축조하면서 반 미터 이상의 거리를 두지 아니한 토지소유자에 대하여 건물의 변경이나 철거를 청구할 수 있다. 그러나 건축에 착수한 후 1년을 경과하거나 건물이 완성된 후에는 손해배상만을 청구할 수 있다(제242조 제2항).

(b) 차면시설(遮面施設) 의무: 경계로부터 2미터 이내의 거리에서 이웃 주택의 내부를 관망할 수 있는 창이나 마루를 설치하는 경우에는 적당한 차면시설을 하여야 한다(제243조).

(c) 지하시설 등에 대한 제한: 우물을 파거나 용수(用水), 하수(下水) 또는 오물 등을 저치(貯置, 저장)할 지하시설을 하는 때에는 경계로부터 2미터 이상의 거리를 두어야 하며, 저수지, 구거 또는 지하실공사에는 경계로부터 그 깊이의 반 이상의 거리를 두어야 한다(제244조 제1항).

이러한 공사를 함에는 토사가 붕괴하거나 하수 또는 오액(汚液)이 이웃에 흐르지 아니하도록 적당한 조치를 하여야 한다(제244조 제2항).

판례(대판 82.10.26. 80다1634)는 지하시설을 하는 경우에 있어서 경계로부터 두어야 할 거리에 관한 사항 등을 규정한 민법 제244조는 강행규정이라고는 볼 수 없으므로 이와 다른 내용의 당사자 간의 특약을 무효라고 할 수 없다고 한다.

제2절 소유권의 취득

Ⅰ. 서 설

소유권의 취득원인에는 법률행위에 의한 취득과 법률의 규정에 의한 취득이 있다. 법률의 규정에 의한 소유권의 취득에 관하여 민법에서는 부동산의 취득시효(제245조), 동산의 취득시효(제246조), 선의취득(제249조), 무주물선점(제252조), 유실물습득(제253조), 매장물발견(제254조), 부합(제256조, 제257조), 혼화(제258조), 가공(제259조)의 규정을 두고 있다.

이하에서는 법률의 규정에 의한 소유권취득에 관하여 검토한다.

II. 취득시효

1. 서 설

(1) 의 의

취득시효(取得時效)라 함은 소유의 의사로 물건을 일정한 기간 계속 점유하고 있는 자에 대하여 점유라는 사실상태가 진실한 권리관계와 부합하는지 여부를 묻지 않고 그 물건에 대한 소유권취득의 효과를 인정하는 제도를 말한다.

(2) 존재의의

점유라고 하는 사실상태가 장기간 계속되면 사회는 이 사실상태를 권리관계에 부합하는 것으로 신뢰하고 이에 기초하여 새로운 법률관계를 만들게 된다. 이러한 경우에 장기간 계속되어 온 사실상태가 법률상태와 일치하지 않는다고 하여 사실상태를 무시하고 법률상태로 환원하게 되면 그 사실상태를 기초로 한 법률관계가 소멸하게 되어 거래안전을 해치고, 사회질서를 혼란에 빠뜨릴 수 있게 된다.

또한, 사실상태가 장기간 계속되면 그동안의 정당한 권리관계에 관한 증거가 소멸되기 쉽다. 이와 같은 정당한 권리관계에 대한 증명의 곤란을 구제하기 위하여 사실상태를 그대로 법률상태로 인정할 필요가 있다.

(3) 취득시효의 종류

민법상의 취득시효에는 부동산 소유권의 취득시효(제245조), 동산 소유권의 취득시효(제246조) 그리고 소유권 이외의 재산권의 취득시효(제248조)가 있다.

2. 부동산소유권의 취득시효

(1) 종 류

부동산소유권의 취득시효에는 점유취득시효(제245조 제1항. 점유취득시효를 '일반취득시효' 라고도 한다)와 등기부취득시효(제245조 제2항)가 있다.

(2) 점유취득시효

민법 제245조 제1항은 「20년간 소유의 의사로 평온, 공연하게 부동산을 점유하는 자는 등기함으로써 소유권을 취득한다.」고 규정하고 있다. 이를 점유취득시효(占有取得時效)라고 한다.

(가) 주 체 자연인, 법인뿐만 아니라 법인 아닌 사단 또는 재단도 취득시효완성으로 인한 소유권을 취득할 수 있다(대판 70.2.10. 69다2013).

(나) 대 상 취득시효의 대상이 되는 것은 타인 소유의 부동산이 대부분이지만 자기 소유의 부동산에 대한 시효취득도 가능하다(통설). 판례(대판 2001.7.13. 2001다17572)도 부동산을 오랫동안 계속하여 점유한다는 사실상태를 일정한 경우에 권리관계로 높이려고 하는 데에 취득시효의 존재이유가 있는 점에 비추어 자기 소유의 부동산에 대한 취득시효를 인정한다.

한 필지의 토지의 일부에 대하여서도 취득시효에 의하여 소유권을 취득할 수 있다. 토지의 일부에 대하여 시효취득을 인정하기 위하여서는 그 부분이 다른 부분과 구분되어 시효취득자의 점유에 속한다는 것을 인식하기에 족한 객관적 징표가 계속하여 존재할 것을 요한다(대판 89.4.25. 88다카9494).

토지의 일부를 시효취득한 경우에 이를 등기하기 위해서는 취득시효가 완성된 부분의 분필절차를 밟은 후에 시효취득을 원인으로 한 등기를 하여야 한다.

국유재산은 그 용도에 따라 행정재산(행정재산에는 공용재산, 공공용 재산, 기업용 재산과 보존용 재산이 있다)과 일반재산(행정재산 외의 모든 국유재산을 말하는 것으로서 종전에는 잡종재산이라고 부르기도 하였으나 쓸모없는 재산이라는 부정적인 의미가 있어서 일반재산으로 명칭을 변경함[법률 제9401호, 2009.1.30.])으로 구분하며(국유재산법 제6조 제1항), 행정재산은 민법 제245조에도 불구하고 시효취득(時效取得)의 대상이 되지 아니한다(국유재산법 제7조 제2항). 그러나 일반재산은 시효취득의 대상이 될 수 있다고 할 것이다(89헌가97 1991.5.13. 참조). 원래 일반재산이었던 것이 행정재산으로 된 경우, 일반재산일 당시에 취득시효가 완성되었다고 하더라도 행정재산으로 된 이상 이를 원인으로 하는 소유권이전등기를 청구할 수 없다(대판 97.11.14. 96다10782).

토지의 공유지분 일부에 대하여서도 시효취득이 가능하다(대판 79.6.26. 79다639).

(다) 소유의 의사로 평온 · 공연하게 점유 점유자는 부동산을 소유의 의사로 평온 · 공연하게 점유하여야 한다. 점유자의 점유는 자주점유, 평온 · 공연한 점유이면 충분하고 선의 · 무과실은 요건이 아니다. 또한, 점유자의 점유는 직접점유에 한하지 않고 간접점유라도 상관없다.

점유자의 점유가 자주점유인지는 객관적으로 점유권원의 성질에 의하여 결정하게 되지만 그 점유권원의 성질이 분명하지 않을 때에는 민법 제197조 제1항에 의하여 자주점유로 추정되므로 점유자가 스스로 그 점유권원의 성질에 대하여 자주점유임을 입증할 책임이 없고 점유자의 점유가 타주점유임을 주장하는 상대방에게 타주점유에 대한 입증책임이 있다(대판 95.11.24. 94다53341).

그러므로 부동산 취득시효에 있어서 점유자가 그 성질상 소유의 의사가 없는 것으로 보이는 권원에 바탕을 두고 점유를 취득한 사실이 증명되었거나, 점유자가 진정한 소유자라면 통상 취하지 아니할 태도를 나타내거나 소유자라면 당연히 취했을 것으로 보이는 행동을 취하지 아니한 경우 등 외형적 · 객관적으로 보아 점유자가 타인의 소유권을 배척하고 점유할 의사를 갖고 있지 아니하였던 것이라고 볼 만한 사정이 증명된 경우에 소유의 의사로 점유한 것이라는 추정은 깨어진다고 할 것이다(대판 2005.12.9. 2005다33541).

또한, 판례(대판 97.8.21. 95다28625 전원합의체)는 자주점유의 추정과 관련하여 점유자가 점유개시 당시 소유권 취득의 원인이 될 수 있는 법률행위 기타 법률요건 없이 그와 같은 법률요건이 없다는 사실을 알면서 타인 소유의 부동산을 무단점유(無斷占有)한 경우에는 자주점유의 추정은 깨어진다고 한다.

'평온한 점유'라 함은 점유자가 점유를 취득 또는 보유하는 데 있어 법률상 용인될 수 없는 강포행위(强暴行爲)를 쓰지 아니하는 점유를 말한다.

'공연한 점유'라 함은 은비(隱秘)의 점유가 아닌 것을 말한다.

점유자의 점유는 평온 · 공연한 점유로 추정된다(제197조 제1항).

(라) 20년간 점유 점유자는 20년간 점유하고 있어야 한다. 20년간의 점유는 취득시효를 주장하는 자가 입증하여야 하는데, 전후양시(前後兩時)에 점유한 사실이 있는 때에는 그 점유는 계속한 것으로 추정된다(제198조).

취득시효의 완성을 전후하여 소유자의 변동이 없는 부동산에 관하여 취득시효의 기산점을 점유자가 임의로 선택할 수 있는지에 대하여 판례(대판 92.11.10. 92다20774 등)는 긍정한다.

소유자의 변동이 있는 경우에도 시효이익을 주장하는 자가 임의로 기산점을 선택하도록 한다면 시효기간이 만료된 후 이해관계 있는 제3자가 있는 경우에 그 제3자의 법적 지위가 시효취득자에 의하여 영향을 받을 수 있기 때문에 허용되지 않는다.

그러므로 소유명의자의 변동이 있는 경우에는 점유자는 시효취득의 기초가 되는 점유가 개시된 시점을 기산점으로 하여야 하며 기산점을 점유자가 임의로 선택할 수 없다는 것이 판례(대판 99.2.12. 98다40688 등)의 태도이다.

점유가 순차 승계된 경우에 있어서는 취득시효의 완성을 주장하는 자는 자기의 점유만을 주장하거나 또는 자기의 점유와 전 점유자의 점유를 아울러 주장할 수 있는 선택권이 있다(제199조 제1항).

점유자가 전 점유자의 점유를 아울러 주장하는 경우에도 어느 단계의 점유자의 점유까지를 아울러 주장할 것인가도 이를 주장하는 사람에게 선택권이 있으나, 다만 그러한 경우에도 점유의 개시시기를 전 점유자의 점유가 개시된 때를 기준으로 하여야 하며 전 점유자의 점유기간 중의 임의시점을 택하여 주장할 수 없다(대판 98.4.10. 97다56822).

취득시효의 기산점은 법률효과의 판단에 관하여 직접 필요한 주요사실이 아니고 간접사실에 불과하여 법원으로서는 이에 관한 당사자의 주장에 구속되지 아니하며, 소송자료에 의하여 진정한 점유의 시기를 인정하여야 하는 것이다. 즉, 취득시효에 있어서 점유의 기산점에 관하여는 변론주의(辯論主義)가 적용되지 않는다(대판 94.4.15. 93다60120).

(마) 등 기 20년간 소유의 의사로 평온·공연하게 부동산을 점유하는 자는 등기함으로써 그 소유권을 취득한다(제245조 제1항).

민법 제187조에서 법률의 규정에 의한 부동산물권변동은 등기를 요하지 않는다고 하고 있다. 그러나 시효취득은 법률의 규정에 의한 부동산물권변동임에도 불구하고 등기를 하여야 한다.

그러므로 점유자가 원소유자에 대하여 점유로 인한 취득시효기간이 만료되었음을 원인으로 소유권이전등기청구를 하는 등 그 권리행사를 하거나 원소유자가 취득시효 완성 사실을 알고 점유자의 권리취득을 방해하려고 하는 등의 특별한 사정이 없는 한 원소유자는 점유자 명의로 소유권이전등기가 마쳐지기까지는 소유자로서 그 토지에 관한 적법한 권리를 행사할 수 있을 것이다(대판 2006.5.12. 2005다75910). 다만, 등기 전이라도 취득시효가 완성된 점유자는 점유권에 기하여 등기부상의 명의인을 상대로 점유방해의 배제를 청구할 수 있다 할 것이다(대판 2005.3.25. 2004다23899, 23905).

또한 부동산에 대한 취득시효가 완성되면 점유자는 소유명의자에 대하여 취득시효완성을 원인으로 한 소유권이전등기절차의 이행을 청구할 수 있고 소유명의자는 이에 응할 의무가 있으므로 점유자가 그 명의로 소유권이전등기를 경료하지 아니하여 아직 소유권을 취득하지 못하였다고 하더라도 소유명의자는 점유자에 대하여 점유로 인한 부당이득반환청구를 할 수 없다(대판 93.5.25. 92다51280).

(a) 등기의 방식: 등기의 방식과 관련하여 시효취득은 원시취득이므로 보존등기

를 하여야 한다는 견해가 있으나, 다수설과 판례(대판 93.9.14. 93다10989)는 취득시효완성을 원인으로 한 이전등기(移轉登記)를 하여야 한다는 입장이다.

점유취득시효완성을 원인으로 한 소유권이전등기청구는 시효완성 당시의 소유자를 상대로 하여야 한다. 그러므로 시효완성 당시의 소유권보존등기 또는 이전등기가 무효라면 원칙적으로 그 등기명의인은 시효취득을 원인으로 한 소유권이전등기청구의 상대방이 될 수 없고, 이 경우 시효취득자는 소유자를 대위하여 위 무효등기의 말소를 구하고 다시 위 소유자를 상대로 취득시효완성을 이유로 한 소유권이전등기를 구하여야 한다.

다만, 구 토지조사령(1912.8.13. 제령 제2호)에 따라 토지조사부가 작성되었으나 그 토지조사부의 소유자란 부분이 훼손되어 사정명의인이 누구인지 확인할 수 없게 되었지만 누구에겐가 사정된 것은 분명하고 시효취득자가 사정명의인 또는 그 상속인을 찾을 수 없어 취득시효완성을 원인으로 하는 소유권이전등기에 의하여 소유권을 취득하는 것이 사실상 불가능하게 된 경우, 시효취득자는 취득시효완성 당시 진정한 소유자는 아니지만 소유권보존등기명의를 가지고 있는 자에 대하여 직접 취득시효완성을 원인으로 하는 소유권이전등기를 청구할 수 있다고 할 것이다(대판 2005.5.26. 2002다43417).

점유로 인한 소유권취득시효 완성 당시 미등기로 남아 있던 토지에 관하여 소유권을 가지고 있던 자가 취득시효 완성 후에 그 명의로 소유권보존등기를 마쳤다 하더라도 이는 소유권의 변경에 관한 등기가 아니므로 그러한 자를 그 취득시효 완성 후의 새로운 이해관계인으로 볼 수 없고, 또 그 미등기 토지에 대하여 소유자의 상속인 명의로 소유권보존등기를 마친 것도 시효취득에 영향을 미치는 소유자의 변경에 해당하지 않으므로, 이러한 경우에는 그 등기명의인에게 취득시효 완성을 주장할 수 있다고 할 것이다(대판 2007.6.14. 2006다84423).

(b) 등기청구권의 성질: 점유자의 취득시효에 의한 등기청구권의 성질에 대하여 물권적 기대권의 효력으로 이해하여 물권적 청구권의 성질로 이해하는 견해와 채권적 청구권의 성질로 이해하는 견해가 대립한다.

판례(대판 95.12.5. 95다24241)는 점유취득시효로 인한 등기청구권의 법적 성질을 채권적 청구권(債權的請求權)으로 이해하여 점유자가 그 부동산에 대한 점유를 상실한 때로부터 10년간 등기청구권을 행사하지 않으면 소멸시효가 완성한다고 한다. 다만, 점유자가 취득시효기간의 만료로 소유권이전등기청구권을 취득한 후 점유를 상실한 경우에도 이를 시효이익의 포기로 볼 수 있는 경우가 아니면 이미 취득한 소유권이전등기청구권은 소멸되지 않는다(대판 95.3.28. 93다47745 전원합의체).

부동산에 대한 점유취득시효가 완성된 후 이를 등기하지 않고 있는 사이에 그 부동산에 관하여 제3자 명의의 소유권이전등기가 경료되면 점유자는 소유자에 대한 시효취득으로 인한 등기청구권을 상실하게 되는 것이 아니라 단지 그 소유자의 점유자에 대한 소유권이전등기의무가 이행불능(履行不能)으로 된 것에 불과하므로, 그 후 어떠한 사유로 취득시효 완성 당시의 소유자에게로 소유권이 회복되면 그 소유자에게 시효취득의 효과를 주장할 수 있다.

다만, 취득시효 완성 후에 원 소유자가 일시적으로 상실하였던 소유권을 회복한 것이 아니라 그 상속인이 소유권이전등기를 마쳤을 뿐인 경우에는 그 상속인의 등기가 실질적으로 상속재산의 협의분할과 동일시할 수 있는 등의 특별한 사정이 없는 한 그 상속인은 점유자에 대한 관계에서 종전 소유자와 같은 지위에 있는 자로 볼 수 없고, 취득시효 완성 후의 새로운 이해관계인으로 보아야 하므로 그에 대하여는 취득시효 완성으로 대항할 수 없다(대판 99.2.12. 98다40688).

(c) 등기청구권의 대위행사: 취득시효기간 만료 당시의 점유자로부터 점유를 승계한 현 점유자는 자신의 전 점유자에 대한 소유권이전등기청구권을 보전하기 위하여 전 점유자의 소유자에 대한 소유권이전등기청구권을 대위행사할 수 있지만, 전 점유자의 취득시효완성의 효과를 주장하여 직접 자기에게 소유권이전등기를 청구할 수는 없다고 할 것이다(대판 95.3.28. 93다47745 전원합의체). 점유취득시효에 있어서 전 점유자의 점유를 승계한 자는 그 점유 자체와 하자만을 승계한 것이지 그 점유로 인한 법률효과까지 승계하는 것은 아니기 때문이다.

(d) 등기 전의 점유자와 부동산을 양수한 제3자의 법률관계: 취득시효기간이 완성된 경우에 점유자는 점유완성 당시의 등기명의인을 상대로 등기를 청구함으로써 소유권을 취득하게 된다. 그러나 점유자가 등기를 하기 전에 부동산의 소유권이 제3자에게 이전되면 점유자는 그 제3자에게 대항할 수 있는지가 문제이다.

이에 대하여 판례(대판 89.4.11. 88다카5843, 5850)는 취득시효기간 완성 후 아직 등기를 경료하지 아니한 점유자는 종전 소유자로부터 그 부동산에 대한 등기부상 소유명의를 넘겨받은 제3자에 대하여 시효취득을 주장할 수 없으나, 취득시효기간 만료 전에 등기명의를 넘겨받은 시효완성 당시의 등기명의자에 대하여는 그 소유권취득을 주장할 수 있다고 한다.

예컨대 甲 소유의 부동산에 대하여 A가 소유의 의사로 평온 · 공연하게 점유하던 중에 부동산의 소유권이 乙 명의로 이전되었고 乙 명의 하에서 A의 20년의 점유기간이 만료한 경우와 같이 취득시효기간이 경과하기 전에 등기부상의 소유명의자가 변경된다고 하더라도 그 사유만으로는 점유자의 종래의 사실상태의 계속을 파괴한 것이라고 볼 수 없어 취득시효를 중단할 사유가 되지 못하므로, 새로운 소유명의자는 취득시효 완성 당시 권리의무 변동의 당사자로서 취득시효 완성으로 인한 불이익을 받게 된다 할 것이어서 시효완성자는 그 소유명의자에게 시효취득을 주장할 수 있는 것이다.

또한 부동산에 대한 점유취득시효가 완성된 후 취득시효 완성을 원인으로 한 소유권이전등기를 하지 않고 있는 사이에 그 부동산에 관하여 제3자 명의의 소유권이전등기가 경료된 경우라 하더라도 당초의 점유자가 계속 점유하고 있고, 소유자가 변동된 시점을 기산점으로 삼아도 다시 취득시효의 점유기간이 경과한 경우에는 점유자로서는 제3자 앞으로의 소유권 변동시를 새로운 점유취득시효의 기산점으로 삼아 2차의 취득시효의 완성을 주장할 수 있다고 할 것이며, 새로이 2차의 취득시효가 개시되어 그 취득시효기간이 경과하기 전에 등기부상의 소유명의자가 다시 변경된 경우에도 점유자는 2차의 취득시효기간이 만료될 당시의 등기부상의 소유명의자에 대하여도 시효로 인한 소유권 취득의 효과를 주장할 수 있다고 할 것이다(대판 2009.7.16. 2007다 15172, 15189 전원합의체).

그러나 취득시효기간 완성 후 제3자 앞으로 경료된 소유권이전등기가 원인무효이거나 또는 제3자가 취득시효완성 당시의 소유자의 상속인(相續人)인 경우는 그 상속분에 한하여 취득시효기간 완성으로 인한 소유권 취득을 주장할 수 있다(대판 2002.3.15. 2001다77352, 77369).

또, 판례(대판 2001.10.26. 2000다8861 ; 동 2000.8.26. 2000다21987)는 유효하게 명의신탁(名義信託)된 부동산에 대한 점유취득시효완성 후 점유자명의로 소유권이전등기가 경료되기 전에 명의신탁이 해지되어 명의신탁자에게 이전되거나 새로운 명의신탁에 의하여 그 소유명의가 새로운 명의수탁자에게 이전된 경우, 명의신탁자나 새로운 명의수탁자는 위 점유취득시효완성 후에 소유권을 취득한 자에 해당하므로 위 점유자는 그들에 대하여 시효취득을 주장할 수 없다고 한다.

이와 같이 취득시효기간이 완성되었지만 점유자가 등기를 하기 전에 소유자가 부동산을 제3자에게 처분하여 등기까지 이전해 주면 점유자는 부동산에 대하여 소유권을 취득한 제3자에 대하여 시효취득을 주장할 수 없기 때문에 소유자로 하여금 목적부동산을 처분하지 못하도록 처분금지가처분명령을 받은 후 그 부동산에 대하여 등기절차를 이행하라는 소를 제기하는 것이 효과적일 것이다.

(e) 취득시효가 완성된 부동산의 처분과 불법행위의 성립여부: 부동산에 관한 취득시효기간이 완성된 후 점유자가 취득시효를 주장하거나 이로 인한 소유권이전등기청구를 하기 전에는 등기명의인인 부동산 소유자로서는 특별한 사정이 없는 한 시효취득사실을 알 수 없는 것이므로 이를 제3자에게 처분하였다 하더라도 불법행위가 성립할 수 없다 할 것이다.

그러나 시효취득을 주장하는 권리자가 취득시효를 주장하면서 소유권이전등기청구소송을 제기하여 그에 관한 입증까지 마쳤다면 부동산 소유자로서는 점유자가 시효취득한 사실을 알 수 있다 할 것이고 이러한 경우에 부동산 소유자가 부동산을 제3자에게 처분하여 소유권이전등기를 넘겨줌으로써 취득시효완성을 원인으로 한 소유권이전등기의무가 이행불능에 빠짐으로써 시효취득을 주장하는 자가 손해를 입었다면 불법행위를 구성한다고 할 것이며, 부동산을 취득한 제3자가 부동산 소유자의 이와 같은 불법행위에 적극 가담하였다면 이는 사회질서에 반하는 행위로서 무효라 할 것이다(대판 93.2.9. 92다47892).

또한 등기명의인인 부동산 소유자가 그 부동산의 인근에 거주하는 등으로 그 부동산의 점유 · 사용관계를 잘 알고 있고, 시효취득을 주장하는 권리자가 등기명의인을 상대로 취득시효완성을 원인으로 한 소유권이전등기 청구소송을 제기하여 등기명의인이 그 소장 부본을 송달받은 경우에는 등기명의인이 그 부동산의 취득시효완성 사실을 알았거나 알 수 있었다고 봄이 상당하므로, 그 이후 등기명의인이 그 부동산을 제3자에게 매도하거나 근저당권을 설정하는 등 처분하여 취득시효완성을 원인으로 한 소유권이전등기의무가 이행불능에 빠졌다면 그러한 등기명의인의 처분행위는 시효취득자에 대한 소유권이전등기의무를 면탈하기 위하여 한 것으로서 위법하고, 부동산을 처분한 등기명의인은 이로 인하여 시효취득자가 입은 손해를 배상할 책임이 있다고 할 것이다(대판 99.9.3. 99다20926).

(f) 취득시효가 완성된 부동산의 처분과 채무불이행의 성립여부: 취득시효기간이 완성된 경우, 부동산 점유자에게 취득시효로 인한 소유권이전등기청구권이 있다고 하더라도 이로 인하여 부동산 소유자와 시효취득자 사이에 계약상의 채권 · 채무관계가 성립하는 것은 아니므로 소유자가 그 부동산을 처분하였다 하더라도 점유자는 소유자에게 채권 · 채무관계의 성립을 전제로 한 채무불이행책임(제390조)을 물을 수 없다는 것이

판례(대판 95.7.11. 94다4509)이다.

(g) 점유자의 대상청구권: 취득시효가 완성된 토지가 수용 등에 의하여 취득시효 완성을 원인으로 하는 소유권이전등기의무가 이행불능이 된 경우, 민법의 규정은 없지만 소유권이전등기청구권자는 소위 대상청구권(代償請求權)을 행사할 수 있고, 점유자가 대상청구권을 행사하기 위하여는 그 이행불능 전에 등기명의자에 대하여 점유로 인한 부동산 소유권 취득기간이 만료되었음을 이유로 그 권리를 주장하였거나 그 취득기간 만료를 원인으로 한 등기청구권을 행사하였어야 하고 그 이행불능 전에 그와 같은 권리의 주장이나 행사에 이르지 않았다면 대상청구권을 행사할 수 없다(대판 96.12.10. 94다43825). 이 경우에 등기청구권자는 등기의무자에게 대상청구권의 행사로써 등기의무자가 지급받은 수용보상금의 반환을 구하거나 또는 등기의무자가 취득한 수용보상금 청구권의 양도를 구할 수 있을 뿐 그 수용보상금청구권 자체가 등기청구권자에게 귀속되는 것은 아니라고 할 것이다(대판 96.10.29. 95다56910).

(3) 등기부취득시효

민법 제245조 제2항은 「부동산의 소유자로 등기한 자가 10년간 소유의 의사로 평온, 공연하게 선의이며 과실 없이 그 부동산을 점유한 때에는 소유권을 취득한다.」고 규정하고 있다. 이를 등기부취득시효(登記簿取得時效)라고 한다.

(가) 자주점유, 평온 · 공연한 점유 소유권을 시효취득하고자 하는 자는 부동산을 자주점유, 평온 · 공연하게 점유하여야 한다. 그 구체적 내용은 점유취득시효에서 설명한 것과 같다.

(나) 선의 · 무과실의 점유 등기부취득시효의 경우에 부동산의 점유자는 선의이며 과실 없는 점유를 하여야 한다. 이 때 점유자의 선의 · 무과실은 등기에 관한 것이 아니고 점유의 취득에 관한 것이다(대판 92.4.28. 91다46779).

점유자의 점유는 선의의 점유로 추정되므로 이를 다투는 자가 악의를 입증하여야 한다. 그러나 무과실은 추정되지 않으므로 점유자가 과실 없음을 입증하여야 한다(대판 87.8.18. 87다카191).

점유자의 점유가 선의 및 무과실의 점유인지는 제246조 제2항의 규정을 유추적용하여 점유개시의 당시를 기준으로 판단하여야 할 것이다(대판 93.11.23. 93다21132). 그러므로 상속에 의하여 점유권을 취득한 경우에는 상속인은 새로운 권원에 의하여 자기의 고유의 점유를 개시하지 않는 한 피상속인의 점유를 떠나 자신만의 점유를 주장할 수 없고(대판 95.2.10. 94다22651), 피상속인의 점유가 개시된 때를 기준으로 선의 · 무과실의 점유를 판단하여야 한다.

부동산에 등기부상 소유자가 존재하는 등 그 부동산의 소유자가 따로 있음을 알 수 있는 경우에는 비록 그 소유자가 행방불명되어 생사 여부를 알 수 없다 하더라도 그 부동산이 바로 무주(無主)의 부동산에 해당하는 것은 아니므로, 이와 같이 소유자가 따로 있음을 알 수 있는 부동산에 대하여 국가가 국유재산법 제8조에 의한 무주부동산 공고절차를 거쳐 국유재산으로 등기를 마치고 점유를 개시하였다면, 그 점유의 개시에 있어 자기의 소유라고 믿은 데 과실이 있다고 할 것이다(대판 2008.10.23. 2008다45057).

(다) 10년의 등기와 점유 등기부취득시효의 경우에 점유자는 부동산을 10년간 점유하여야 한다. 문제는 소유자로 등기된 기간도 10년이 필요한가 하는 것이다.

학설은 점유자 명의로 10년의 등기기간이 필요하다는 견해와 등기의 승계를 인정하여 시효취득자의 명의로 등기된 기간과 앞 사람의 등기기간을 합하여 10년간 소유자로 등기되어 있으면 된다는 견해로 대립한다.

판례(대판 89.12.26. 87다카2176 전원합의체)는 등기부취득시효에 관한 민법 제245조 제2항에 의하여 소유권을 취득하는 자는 10년간 반드시 자기의 명의로 등기되어 있어야 하는 것은 아니고 앞 사람의 등기까지 아울러 그 기간 동안 부동산의 소유자로 등기되어 있으면 된다고 하여 등기의 승계(登記承繼)를 인정한다.

등기부취득시효에 있어서 '소유자로 등기한 자'의 의미에 대하여 굳이 적법 · 유효한 등기를 마친 자일 필요는 없고 무효의 등기를 마친자라도 상관없다(대판 98.1.20. 96다48527). 예컨대 소유권이전등기가 잘못 복구등록된 지적공부에 기하여 이루어진 소유권보존등기에 터잡은 것이라고 하더라도 10년간 그 부동산에 관하여 소유자로 등기를 하고 소유의 의사로 평온 · 공연하게 선의이며 과실 없이 그 부동산을 점유하여 왔다면 그 부동산을 시효취득하였다고 볼 것이다(대판 94.2.8. 93다23367). 다만 민법 제245조 제2항의 '등기'는 부동산등기법 제15조가 규정한 1부동산 1용지주의(현행법의 등기기록에 해당)에 위배되지 아니한 등기를 말하므로, 어느 부동산에 관하여 등기명의인을 달리하여 소유권보존등기가 2중으로 경료된 경우 먼저 이루어진 소유권보존등기가 원인무효가 아니어서 뒤에 된 소유권보존등기가 무효로 되는 때(대판 90.11.27. 87다카2961, 87다453 전원합의체 참조)에는 뒤에 된 소유권보존등기나 이에 터잡은 소유권이전등기를 근거로 하여서는 등기부취득시효의 완성을 주장할 수 없다는 입장이다(대판 96.10.17. 96다12511 전원합의체).

판례(대판 2001.1.16. 98다20110)에 따르면 등기는 물권의 효력발생요건이고 효력존속요건이 아니므로 물권에 관한 등기가 원인 없이 말소된 경우에 그 물권의 효력에는 아무런 영향을 미치지 않는 것이므로, 등기부취득시효가 완성된 후에 그 부동산에 관한 점유자 명의의 등기가 말소되거나 적법한 원인 없이 다른 사람 앞으로 소유권이전등기가 경료되었다 하더라도, 그 점유자는 등기부취득시효의 완성에 의하여 취득한 소유권을 상실하는 것은 아니라고 한다.

또한, 소유권이전등기에 있어 부동산등기법 제57조(현행법 제48조)에서 정한 등기의 기재사항 중 등기원인이 누락되었더라도 그것은 실제의 권리관계를 표시함에 족할 정도로 동일 또는 유사성이 있는 것이므로 민법 제245조 제2항의 '소유자로 등기한 자'에 있어서의 등기에 해당한다고 한다(대판 98.2.24. 96다8888).

(라) 등기 이미 소유자로 등기가 되어 있기 때문에 새로 취득시효를 원인으로 하는 등기는 필요 없다. 이 점에서 민법 제245조 제1항의 점유취득시효와 다르다.

3. 동산소유권의 취득시효

민법 제246조 제1항은 「10년간 소유의 의사로 평온, 공연하게 동산을 점유한 자는 그 소유권을 취득한다.」고 하고, 제2항은 「제1항의 점유가 선의이며 과실 없이 개시된 경우에는 5년을 경과함으로써 그 소유권을 취득한다.」고 규정하고 있다.

그런데 동산의 경우에는 선의취득(제249조)이 인정되기 때문에 동산소유권의 취득시효에 관한 민법 제246조의 규정은 선의취득이 인정되지 않는 경우에 한하여 적용된다.

4. 소유권 이외의 재산권의 취득시효

시효로 취득할 수 있는 권리는 소유권 이외에도 재산권이 있다(제248조). 시효취득될 수 있는 소유권 이외의 재산권으로는 지상권, 계속되고 표현된 지역권, 질권 그리고 이와 유사한 성질을 가지는 광업권, 어업권, 지적 재산권 등이 있다. 관습법상의 분묘기지권도 시효취득될 수 있다(대판 95.2.28. 94다37912).

그러나 재산권 가운데 성질상 또는 법률상 취득시효가 인정되지 않는 경우가 있다. 예컨대 점유를 수반하지 않는 저당권은 취득시효의 대상이 될 수 없다. 지역권은 점유를 수반하지 않는 권리이지만 계속되고 표현된 것에 한하여 취득시효의 대상으로 된다(제294조). 점유권과 유치권은 법률의 규정에 의하여 성립하는 권리로서 취득시효의 대상이 되지 않는다. 또한, 한 번 행사하면 소멸하는 취소권 · 해제권 · 환매권이나 신분관계를 전제로 하는 부양청구권 등도 취득시효의 대상이 되지 않는다.

질권에 대하여는 시효취득을 인정하는 견해(다수설)와 부정하는 견해가 대립한다. 시효취득을 부정하는 견해는 담보물권의 설정에는 피담보채권의 존재가 필수적인데 채권까지 시효취득하는 것은 인정되지 않고, 따라서 용익물권만이 시효취득될 수 있다고 한다(이은영, 399면).

전세권이 취득시효의 목적이 될 수 있는지에 대하여 종래에는 긍정설과 부정설이 대립되었으나 현재에는 거의 논의를 하지 않고 있는 실정이다. 전세권의 경우에 전세금의 지급이 전세권의 성립요소일 뿐만 아니라 무효인 전세권설정계약에 기한 전세금반환청구권은 10년의 소멸시효에 걸리기 때문에 이론상 전세권에 관한 점유취득시효의 성립이 불가능하기 때문이다.

5. 취득시효의 효과

(1) 원시취득

취득시효에 의한 소유권 취득은 원시취득(原始取得)이라는 것이 통설 · 판례(대판 73.8.31. 73다387, 388)이다. 그러므로 원소유자의 부동산 위에 존재하였던 제한은 원칙적으로 소멸한다. 다만, 점유자의 점유가 지역권과 같은 타인의 권리를 용인하면서 이루어진 경우에는 지역권 등의 제한을 받는 소유권을 취득하게 된다(통설).

(2) 소유권 취득의 소급효

취득시효에 의한 소유권 취득의 효력은 점유를 개시한 때에 소급한다(제247조 제2항). 따라서 취득시효의 기간 중에 점유자가 수취한 과실 기타의 이익은 정당한 권원에 의한 것으로 반환할 의무가 없다.

그러나 소급효가 모든 관계에서 인정되는 것은 아니다. 즉, 원소유자가 시효기간 중에 부동산을 임대하는 등의 처분행위나 기타 법률행위를 한 경우에 그 처분행위나 법률행위가 무효로 되는 것은 아니다. 또한 원소유자가 제3자로부터 손해배상을 받은 경우에도 이를 시효취득자에게 반환할 의무가 없다. 원소유자에 의하여 이루어진 법률관계를 그대로 유효한 것으로 인정하는 것이 취득시효제도의 존재의의에 오히려 부합하기 때문이다.

취득시효로 인한 권리취득의 효력이 점유를 개시한 때에 소급한다고 하더라도 제3자와의 관계에서까지 그 소급효가 인정되는 것은 아니므로 시효취득기간이 완성된 후 등기 전에 압류채권자가 그 부동산을 압류한 경우에 시효취득자는 압류채권자에게 대항할 수 없다고 한다(대판 91.2.26. 90누5375).

(3) 소멸시효의 중단·정지에 관한 규정의 준용 여부

소멸시효의 중단에 관한 민법규정은 취득시효에도 준용된다(제247조 제1항). 예컨대 甲 소유의 부동산을 乙이 소유의 의사로 점유하고 있는 동안에 소유자 甲이 점유자 乙을 상대로 소유권에 기하여 부동산에 관한 반환청구소송을 제기하면, 즉 권리자가 권리 위에 잠자지 않고 재판상 청구를 한때에 점유자 乙의 취득시효의 진행이 중단된다(제178조 참조).

소멸시효의 정지에 관한 규정도 취득시효에 적용될 수 있는지에 관하여는 명문의 규정이 없다. 학설은 시효정지제도의 취지에 비추어 소멸시효의 정지에 관한 규정은 취득시효에도 유추적용될 수 있다고 할 것이다(통설).

(4) 취득시효이익의 포기

민법은 취득시효의 이익을 포기할 수 있는지에 관하여 규정을 두고 있지 않다. 이에 대하여 소멸시효이익의 포기에 관한 민법규정(제184조)을 취득시효에 유추적용하여 시효이익을 미리 포기할 수는 없지만 시효가 완성된 후에는 포기할 수 있다고 해석하는 견해가 있다.

판례(대판 98.3.10. 97다53304)도 취득시효기간이 만료된 후 시효이익을 포기할 수 있는 것으로 해석한다. 또한, 취득시효완성 후에 그 사실을 모르고 당해 토지에 관하여 어떠한 권리도 주장하지 않기로 하는 각서를 작성하였다가 이에 반하여 시효주장을 하는 것은 특별한 사정이 없는 한 신의칙상 허용되지 않는다고 한다(대판 98.5.22. 96다24101).

그러나 점유자가 취득시효기간 경과 후에 매수제의한 것을 시효이익을 포기한 것으로 볼 수 없다. 왜냐 하면 점유자가 취득시효기간이 경과한 후에 상대방에게 토지의 매수제의를 한 경우, 일반적으로 점유자는 취득시효가 완성한 후에도 소유권자와의 분쟁을 간편히 해결하기 위하여 매수를 시도하는 사례가 허다함에 비추어 이와 같은 매수제의를 하였다는 사실을 가지고 점유자가 시효이익을 포기한다는 의사표시로 볼 수 없기 때문이다(대판 86.2.25. 85다카771).

취득시효 완성으로 인한 권리변동의 당사자는 시효취득자와 취득시효 완성 당시의 진정한 소유자이므로, 시효이익의 포기는 특별한 사정이 없는 한 시효취득자가 취득시효 완성 당시의 진정한 소유자에 대하여 하여야 그 효력이 발생한다(대판 2009.12.10. 2006다19177). 그러므로 원인무효인 등기의 등기부상 소유명의자에게 그와 같은 의사를 표시하였다고 하여 포기의 효력이 발생하는 것은 아니라고 할 것이다(대판 94.12.

23. 94다40734).

Ⅲ. 무주물선점 · 유실물습득 · 매장물발견

1. 무주물선점

(1) 의 의

민법 제252조 제1항은 「무주(無主)의 동산을 소유의 의사로 점유한 자는 그 소유권을 취득한다.」고 규정하고 있다.

(2) 요 건

(가) 무주물일 것 '무주물(無主物)'이라 함은 야생의 동물이나 바다 또는 강에 있는 물고기와 같이 현재 소유자가 없는 물건을 말한다. 사양(飼養)하는 야생동물도 다시 야생상태로 돌아가면 무주물로 된다(제252조 제3항).

(나) 동산을 점유할 것 선점(先占)함으로써 소유권을 취득할 수 있는 무주물은 동산에 한한다. 무주의 부동산은 국가의 소유로 한다(제252조 제2항).

(다) 소유의 의사로 점유할 것 무주의 동산을 선점함으로써 소유권을 취득하기 위해서는 그 동산을 소유의 의사(所有意思)로 점유하여야 한다. 이러한 점유의 취득은 점유보조자나 직접점유자를 통해서도 할 수 있다. 예컨대 어부를 고용하여 고기를 잡게 함으로써 소유권을 취득하는 것도 가능하다.

무주물선점에 의한 소유권 취득은 물건에 대한 점유라고 하는 외부적 결과의 발생 이외에 소유의 의사라고 하는 의식과정이 필요한 점에서 혼합사실행위에 해당한다.

(3) 효 과

선점자는 그 동산에 대한 소유권을 취득한다. 선점자의 소유권취득은 원시취득(原始取得)이다. 다만, 학술, 기예(技藝) 또는 고고학적으로 중요한 재료가 되는 물건에 대하여는 언제나 국유가 되고 선점자에게 소유권의 취득이 인정되지 않는다(제255조 제1항). 이 경우에 선점자에게는 민법 제255조 제2항을 유추적용하여 국가에 대한 보상청구권을 인정하여야 할 것이다(통설).

2. 유실물습득

(1) 의 의

민법 제253조는 「유실물은 법률에 정한 바에 의하여 공고한 후 6개월 내에 그 소유자가 권리를 주장하지 아니하면 습득자가 그 소유권을 취득한다.」고 규정하고 있다.

(2) **요 건**

(가) 유실물일 것 ‘유실물(遺失物)’이라 함은 점유자의 의사에 의하지 않고 점유자의 점유를 떠난 물건으로서 도품(盜品)이 아닌 것을 말한다.

착오로 인하여 점유한 물건, 타인이 놓고 간 물건이나 일실한 가축에 대하여 유실물법 및 민법 제253조의 규정이 준용된다. 이를 준유실물(準遺失物)이라 한다(유실물법 제12조).

(나) 습득하였을 것 습득(拾得)이라 함은 유실물에 대한 점유를 취득하는 것을 말한다. 유실물의 습득에 있어서는 무주물의 선점(先占)과 달리 소유의 의사를 필요로 하지 않는 순수사실행위이다.

객관적으로 유실물이기만 하면 습득자가 유실물이라는 인식을 가지고 있지 않아도 된다. 따라서 제한능력자나 의사무능력자도 유실물을 습득할 수 있다.

(다) 유실물법의 규정에 따라 공고할 것 유실물에 대하여 유실물법의 규정에 따라 공고한 후 6개월 내에 권리를 주장하는 자가 없어야 한다.

(3) **효 과**

(가) 소유권의 취득 유실물의 습득자는 유실물에 대한 소유권을 취득한다.

습득자가 습득일로부터 7일 이내에 습득물을 경찰서에 제출하지 않으면 보상금을 받을 권리 및 습득물의 소유권을 취득할 권리를 상실한다(유실물법 제9조).

관리자가 있는 선박, 차량이나 건축물 기타 공중의 통행을 금지한 구내에서 타인의 물건을 습득한 경우에 선박, 차량이나 건축물 등의 점유자를 습득자로 하며, 민법 제253조의 규정에 의하여 소유권을 취득하는 경우에 건축물 등의 점유자인 습득자와 유실물을 사실상 습득한 자는 절반하여 그 소유권을 취득한다. 이 경우 습득물은 건축물 등의 점유자인 습득자에게 인도한다(유실물법 제10조 제4항).

습득물이 학술, 기예(技藝) 또는 고고학적으로 중요한 재료가 되는 물건인 경우에는 언제나 국유가 되고 습득자에게 소유권의 취득이 정되지 않는다(제255조 제1항). 이 경우 습득자는 국가에 대하여 적당한 보상을 청구할 수 있다(제255조 제2항).

(나) 유치권의 성립 습득물의 보관비, 공고비 기타 필요한 비용은 물건의 반환을 받는 자나 물건의 소유권을 취득하여 이를 인도받는 자가 부담하여야 하며, 경찰서장 등은 이를 위하여 유치권의 성립을 주장할 수 있다(유실물법 제3조).

(다) 습득자의 보상청구권 유실물의 반환을 받는 자는 물건가액의 5% 내지 20%의

범위 내에서 보상금을 습득자에게 지급하여야 한다. 다만, 국가·지방자치단체 기타 대통령령이 정하는 공공기관은 보상금을 청구할 수 없다(유실물법 제4조).

물건가액을 결정하는 표준은 그 물건의 유실자가 그 유실물의 반환을 받음으로써 면할 수 있었던 객관적인 위험성의 정도를 표준으로 하여 결정하여야 한다(대판 67.5.23. 67다389). 그러므로 어음이나 수표 등을 습득한 경우에는 그 액면가액을 기준으로 할 것이 아니라 어음이나 수표 등이 선의의 제3자의 수중에 들어갔을 경우에 유실자가 받게 될 불이익을 기준으로 가액과 보상금을 결정하여야 할 것이다.

3. 매장물발견

(1) 의 의

민법 제254조는 「매장물은 법률이 정한 바에 의하여 공고한 후 1년 내에 그 소유자가 권리를 주장하지 아니하면 발견자가 그 소유권을 취득한다. 그러나 타인의 토지 기타 물건으로부터 발견한 매장물은 그 토지 기타 물건의 소유자와 발견자가 절반하여 취득한다.」고 규정하고 있다.

(2) 요 건

(가) 매장물일 것 '매장물(埋藏物)'이라 함은 토지 기타 그 밖의 물건 속에 들어있는 것으로서, 과거에 어느 누구의 소유에 속하고 있었고 또 현재에도 상속인 등을 통하여 그 소유가 계속되는 것으로 사회관념상 인정되는 물건을 말한다.

이와 같이 매장물은 소유자나 그 상속인이 존재하지만 이를 확정할 수 없다는 점에서, 과거에 어느 누구의 소유에 속하고 있었으나 현재까지 그 소유가 계속되고 있다고 인정할 수 없는 무주물과 구별된다.

매장물은 동산에 한하지 않고 부동산도 포함한다. 예컨대 땅 속에 묻혀 있는 건물도 매장물이다.

(나) 발견하였을 것 '발견한다'는 것은 매장물의 존재를 구체적·객관적으로 인식하는 것으로서 점유의 취득까지는 필요 없다.

매장물을 발견하기 위하여 인부를 고용한 경우에는 사용자가 발견자가 된다. 그러나 다른 일을 위하여 고용된 인부가 작업 도중에 우연히 매장물을 발견한 때에는 그 인부가 발견자가 된다.

(다) 유실물법의 규정에 따라 공고할 것 유실물에 대하여 유실물법의 규정에 따라 공고한 후 1년 내에 권리를 주장하는 자가 없어야 한다.

(3) 효　과

발견자는 매장물에 대한 소유권을 취득한다. 그러나 타인의 토지 기타 물건으로부터 매장물을 발견한 때에는 토지 기타 물건의 소유자와 발견자가 절반하여 소유권을 취득한다(제254조).

매장물이 학술, 기예 또는 고고학적으로 중요한 재료가 되는 물건인 경우에는 언제나 국유가 되고 발견자에게 소유권의 취득이 인정되지 않는다(제255조 제1항). 이 경우에 발견자 및 매장물이 발견된 토지 기타 물건의 소유자는 국가에 대하여 적당한 보상을 청구할 수 있다(제255조 제2항).

Ⅳ. 첨부－부합・혼화・가공

1. 서　설

(1) 의　의

첨부(添附)라 함은 어떤 물건에 타인의 물건이 결합하거나 타인의 노력이 결합되는 것을 말한다. 첨부에는 부합, 혼화, 가공의 세 가지가 있다.

(2) 인정이유

첨부를 인정하는 이유는 어떤 물건에 다른 물건이 결합되거나 타인의 노력이 결합됨으로써 사회관념상 이를 분리하는 것이 불가능하거나 또는 분리가 가능하더라도 사회경제상 바람직하지 않은 경우에 그 복구를 허용하지 않고 이를 하나의 물건으로 취급하여 어느 한 사람의 소유에 귀속하도록 하고자 하는 데 있다(통설).

(3) 첨부의 효력

(가) 복구청구의 불허(不許)　첨부에 의하여 생긴 물건은 1개의 물건으로 존속하며 그 복구는 허용되지 않는다. 이렇게 첨부에 의하여 생긴 물건에 대하여는 새로 소유자가 결정된다(제256조 내지 제259조).

첨부에 의하여 생긴 물건에 대한 소유권의 귀속에 관한 민법규정은 임의규정으로 이해된다(통설).

(나) 구물건(舊物件)에 대한 권리의 소멸과 보상청구권　첨부가 성립하면 구물건에 대한 종래의 소유자의 권리는 소멸한다.

첨부의 결과 소멸하게 된 구물건의 소유자는 새로운 소유자에 대하여 부당이득에 관한 규정에 의하여 보상을 청구할 수 있다(제261조).

(다) 구물건 위에 존재하였던 제3자의 권리 첨부에 의하여 구물건에 대한 종래의 소유권이 소멸한 때에는 그 물건을 목적으로 한 다른 권리도 소멸한다(제260조 제1항).

이 경우에 구물건에 대한 소유자가 첨부물의 단독소유자가 된 때에는 구물건에 대한 제3자의 권리는 첨부물 위에 존속하고, 그 공유자가 된 때에는 그 지분에 존속한다(제260조 제2항). 첨부로 인한 제3자 보호에 관한 민법 제260조는 강행규정으로 이해된다(통설).

구물건의 소유자가 첨부에 의하여 생긴 물건에 대한 소유권을 취득하지 못한 때에는 구물건 위의 제3자의 권리가 질권 또는 저당권인 경우에는 물상대위에 의하여 구물건의 소유자가 받는 보상금에 대하여 이를 행사할 수 있다고 할 것이다(제342조 참조).

2. 부 합

(1) 의 의

부합(附合)이라 함은 소유자가 다른 여러 개의 물건이 결합하여 하나의 물건이 되는 것을 말한다.

부합의 원인은 자연적이든 인공적이든 불문한다.

(2) 요 건

(가) 부동산에의 부합 부동산의 소유자는 그 부동산에 부합한 물건의 소유권을 취득한다. 그러나 타인의 권원(權原)에 의하여 부속된 것은 그러하지 아니하다(제256조).

(a) 요 건

① 부합물(附合物)일 것: 부합되는 물건, 즉 부합의 주된 물건은 부동산이어야 한다. 문제는 부동산에 부합하는 물건은 동산에 한하는지 아니면 부동산도 부합할 수 있는지 하는 것이다.

부합물은 동산에 한한다는 다수설과 부합물은 동산에 한하지 않고 부동산도 포함한다는 견해가 대립한다.

판례(대판 62.1.3. 4294민상445)는 건물과 같은 부동산도 토지의 부합물이 될 수 있다고 본 경우도 있으나, 「저당권은 법률에 특별한 규정이 있거나 설정행위에 다른 약정이 있는 경우를 제외하고 그 저당 부동산에 부합된 물건과 종물 이외에까지 그 효력이 미치는 것이 아니므로, 토지에 대한 경매절차에서 그 지상 건물을 토지의 부합물 내지 종물로 보아 경매법원에서 저당 토지와 함께 경매를 진행하고 경락허가를 하였다고 하여 그 건물의 소유권에 변동이 초래될 수 없다.」고 하여 건물은 토지에 부합될 수 없는 것으로 보는 듯한 판례(대판 97.9.26. 97다10314)도 보인다.

② 부합의 정도: 부합을 인정하기 위하여는 훼손하지 않으면 분리할 수 없거나, 분리에 과다한 비용을 요하는 경우 또는 분리하면 경제적 가치를 현저히 감소시키는 경우를 포함한다(통설).

판례(대판 94.6.10. 94다11606)는 건물이 증축된 경우에 증축부분의 기존건물에 대한 부합 여부는 증축부분이 기존건물에 부착된 물리적 구조뿐만 아니라, 그 용도와 기능의 면에서 기존건물과 독립한 경제적 효용을 가지고 거래상 별개의 소유권의 객체가 될 수 있는지의 여부 및 증축하여 이를 소유하는 자의 의사 등을 종합하여 판단하여야 한다고 한다.

(b) 효 과: 부동산의 소유자는 그 부동산에 부합한 물건의 소유권을 취득한다. 그러나 타인의 권원(權原)에 의하여 부속된 것은 그러하지 아니하다(제256조).

타인이 그 권원에 의하여 부속시킨 물건이라 할지라도 그 부속된 물건이 분리하여 경제적 가치가 있는 경우에 한하여 부속시킨 타인의 권리에 영향이 없다는 취지이지 분리하여도 경제적 가치가 없는 경우에는 원래의 부동산소유자의 소유에 귀속되는 것이고 경제적 가치의 판단은 부속시킨 물건에 대한 일반 사회통념상의 경제적 효용의 독립성 유무를 그 기준으로 하여야 한다(대판 75.4.8. 74다1743).

예컨대 임차인이 임차한 건물에 그 권원에 의하여 증축을 한 경우에 증축된 부분이 부합으로 인하여 기존 건물의 구성부분이 된 때에는 증축된 부분에 별개의 소유권이 성립할 수 없다고 할 것이다(대판 99.7.27. 99다14518).

즉 부동산에 부합된 물건이 사실상 분리복구가 불가능하여 거래상 독립한 권리의 객체성을 상실하고 그 부동산과 일체를 이루는 부동산의 구성부분이 된 경우에는 타인이 권원에 의하여 이를 부합시켰더라도 그 물건의 소유권은 부동산의 소유자에게 귀속된다(대판 2008.5.8. 2007다36933, 36940).

(c) 관련문제

① 건물의 부합: 민법상 건물은 토지와는 별개의 부동산이므로 토지에 부합하지 않는다. 그러나 건물을 증축하거나 또는 개축한 경우에는 부합의 법리에 따른다.

② 농작물의 부합: 농작물이 토지에 부합되는지에 관하여 학설은 부합을 인정하는 견해와 부정하는 견해가 대립한다. 판례(대판 79.8.28. 79다784 등)는 적법한 경작권

없이 타인의 토지를 경작하였더라도 그 경작한 입도(立稻)가 성숙하여 독립한 물건으로서의 존재를 갖추었으면 그 입도의 소유권은 경작자에게 귀속한다고 하여 농작물은 경작권의 유무에 관계없이 토지에 부합하지 않는다는 입장이다.

(나) 동산 간의 부합 동산과 동산이 부합하여 훼손하지 아니하면 분리할 수 없거나 그 분리에 과다한 비용을 요할 경우에는 그 합성물의 소유권은 주된 동산의 소유자에게 속한다. 부합한 동산의 주종을 구별할 수 없는 때에는 동산의 소유자는 부합 당시의 가액의 비율로 합성물을 공유한다(제257조).

3. 혼 화

혼화(混和)에는 곡물이나 금전과 같은 고체형(固體形) 종류물의 혼합과 술이나 기름과 같은 유동(流動) 종류물의 융합의 두 종류가 있다. 혼합이나 융합은 모두 물건이 같은 종류의 물건과 섞여서 원물을 쉽게 구별할 수 없다는 점에 특징이 있으며, 그 성질은 동산 간의 부합이라고 할 것이다.

민법 제258조는 「동산 간의 부합에 관한 규정은 동산과 동산이 혼화하여 식별할 수 없는 경우에 준용한다.」고 규정하고 있다.

4. 가 공

(1) 의 의

가공(加工)이라 함은 타인의 동산에 사람의 노력을 결합시켜 새로운 물건을 만들어 내는 것을 말한다.

(2) 요 건

(가) 타인의 동산일 것 가공의 재료는 타인의 동산에 한한다. 가공의 재료가 부동산인 경우에는 민법 제259조의 가공에 관한 규정은 유추적용되지 않는다.

(나) 가공행위가 있을 것 가공은 사실행위(事實行爲)이므로 가공자의 행위능력여부는 불문한다. 가공자는 선의(善意)이어야 하는지에 대하여는 학설이 대립한다.

(다) 가공으로 새로운 물건이 생겼을 것 가공의 결과 새로운 물건이 성립하여야 한다. 새로운 물건인지의 여부는 사회·경제상의 관념에 의하여 결정하여야 할 것이다.

(3) 효 과

타인의 동산에 가공한 때에는 그 물건의 소유권은 원재료의 소유자에게 속한다. 그러나 가공으로 인한 가액의 증가가 원재료의 가액보다 현저히 다액(多額)인 때에는 가공자의 소유로 한다. 가공자가 재료의 일부를 제공하였을 때에는 그 가액은 위 증가액에 가산한다(제259조).

가공물의 소유권에 관한 규정은 임의규정(任意規定)이므로 당사자 간의 특약이 있으면 그 특약에 따라 소유권이 귀속된다.

제3절 소유권에 기한 물권적 청구권

민법에서는 소유권에 기한 물권적 청구권으로서 소유물반환청구권(제213조), 소유물방해제거청구권(제214조), 소유물방해예방청구권(제214조)을 인정하고 있다.

Ⅰ. 소유물반환청구권

1. 의 의

소유물반환청구권이라 함은 소유자가 법률상 정당한 이유 없이 자기의 소유물을 점유한 자에 대하여 그 반환을 청구할 수 있는 권리를 말한다.

2. 요 건

(1) 청구권자는 물건의 소유자일 것

소유물반환청구권을 행사하는 자는 점유를 잃은 소유자이다. 소유자인지의 여부는 사실심변론종결시(事實審辯論終結時)를 기준으로 정한다.

예컨대 사실심변론 종결시 현재 미등기 매수인은 소유물반환청구권자가 될 수 없지만 소유물반환청구의 소를 제기한 후 사실심변론종결 전에 소유자로 등기된 자는 반환청구권을 행사할 수 있다(대판 91.7.12. 90다13161).

또한, 소유물반환청구권자의 자격은 소유자이면 되고 소유자가 점유를 잃기 전에 일단 점유를 취득하였을 필요는 없다.

(2) 점유자에 대하여 청구할 것

소유물반환청구권의 상대방은 점유자, 즉 사실심변론 종결시 현재의 점유자이다. 현재 그 물건에 대한 점유를 상실한 자는 반환청구권의 상대방이 되지 않는다. 그러므로 불법점유를 이유로 하여 그 명도 또는 인도를 청구하려면 현실적으로 그 목적물을 점유하고 있는 자를 상대로 하여야 하고, 불법점유자라 하여도 그 물건을 다른 사람에게 인도하여 현실적으로 점유를 하고 있지 않은 이상 그 자를 상대로 한 인도 또는 명도청구는 부당하다고 할 것이다(대판 70.9.29. 70다1508).

이와 같은 경우를 방지하기 위해서는 소송 도중에 점유자가 변경되지 못하도록 법원으로부터 점유이전금지가처분(占有移轉禁止假處分)의 재판(민사집행법 제300조 참조)을 받은 후에 점유자를 상대로 소유물반환청구의 소를 제기하는 것이 바람직할 것이다.

점유자이기만 하면 자주점유이든 타주점유이든 상관없다. 점유보조자는 점유자가 아니므로 상대방이 될 수 없다.

점유매개관계가 성립되어 있는 경우에 소유자가 직접점유자에 대하여 소유물반환청구권을 행사할 수 있는지에 대하여는 학설이 대립한다. 즉, 소유자는 간접점유자가 직접점유자에 대하여 가지는 목적물반환청구권의 양도를 청구할 수 있을 뿐이라는 견해(다수설)와 소유자는 간접점유자가 가지는 목적물반환청구권의 양도를 청구할 수도 있고 또한 직접점유자에게 점유의 반환을 청구하거나 양자를 선택적으로 행사할 수도 있다고 보는 견해도 있다.

(3) 점유자가 물건을 점유할 권리를 가지고 있지 않을 것

점유자가 그 물건을 점유할 권리가 있는 때에는 점유자는 그 반환을 거부할 수 있다(제213조 단서). 예컨대 점유자가 지상권, 전세권, 유치권, 질권, 임차권 등을 가지고 있지 않아야 한다.

(4) 점유자의 귀책사유

점유자가 소유자의 물건을 점유하게 된 데 대하여 고의·과실 등의 귀책사유는 필요없다. 그러므로 점유자의 점유취득이 제3자의 행위에 의한 것이든 자연력에 의한 것이든 상관없다(통설). 예컨대 도둑이 훔친 물건을 점유자의 마당에 두고 도망간 경우나 또는 빨래가 바람에 날려 옆집의 마당에 떨어진 경우 등에도 소유물반환청구권은 발생한다.

이에 대하여 뒷산의 바위가 폭우로 점유자의 마당에 떨어진 경우와 같이 오직 자연현상에 의한 경우에는 뒷산 소유자의 반환청구권은 인정되지 않는다는 견해가 있다(이영준, 486면).

3. 효 과

소유자는 점유자에 대하여 소유물의 반환을 청구할 수 있다. 소유물반환청구권의 행사기간에는 제한이 없다. 이에 대하여 점유권에 기한 점유물반환청구권은 점유를 침탈당한 날로부터 1년 내에 행사하여야 하는 제한을 받는다(제204조 제3항).

반환청구권의 성질이 행위청구권인지의 여부, 비용부담에 관한 문제에 대하여는 물권적 청구권에서 설명한 바와 같다(제2편 제1장 제3절 3. 참조).

II. 소유물방해제거청구권

1. 의 의

소유물방해제거청구권은 소유자가 소유권을 방해하는 자에 대하여 방해상태를 제거하여 줄 것을 청구할 수 있는 권리이다.

'방해(妨害)'라 함은 현재에도 지속되고 있는 침해를 의미하고 법익 침해가 과거에 일어나서 이미 종결된 경우에 해당하는 '손해(損害)'의 개념과는 다르다고 할 것이어서, 소유권에 기한 방해배제청구권은 방해결과의 제거를 내용으로 하는 것이 되어서는 아니되며(이는 손해배상의 영역에 해당한다) 현재 계속되고 있는 방해의 원인을 제거하는 것을 내용으로 한다(대판 2003.3.28. 2003다5917).

2. 요 건

(1) 청구권자는 물건의 소유자일 것

청구권자는 소유권의 내용이 점유의 상실 이외의 방법으로 방해를 받고 있는 소유자이다.

(2) 청구권의 상대방

청구권의 상대방은 사실심변론종결시 현재 방해상태를 지배하고 있는 지위를 가지는 자이다. 그러므로 과거에 방해를 발생케 한 자가 현재 방해상태를 지배하고 있지 않은 경우에는 그 자를 상대방으로 하여서는 안 된다.

(3) 소유자에게 방해행위를 인용할 의무가 없을 것

소유자에게 상린관계나 기타 특별법에 의하여 타인의 방해행위를 인용하여야 할 의무가 있는 경우에는 방해제거청구권은 인정되지 않는다.

(4) 상대방의 귀책사유

객관적으로 소유권을 방해하는 상태가 발생하고 있기만 하면 상대방의 고의·과실 등의 귀책사유는 필요 없다(통설).

3. 효　과

소유자는 변론종결시 현재 소유권을 방해하는 자에 대하여 방해를 제거하여 줄 것을 청구할 수 있다.

변론종결시 현재 이미 방해상태가 존재하지 않는다면 소유물방해제거청구권은 인정될 여지가 없다. 다만, 방해행위가 불법행위를 구성한다면 손해배상을 청구하는 것은 가능할 것이다.

Ⅲ. 소유물방해예방청구권

1. 의　의

소유물방해예방청구권은 소유자가 소유권을 방해할 염려 있는 자에 대하여 그 예방이나 손해배상의 담보를 청구할 수 있는 권리이다.

2. 요　건

(1) 청구권자

청구권자는 소유권을 방해받을 염려 있는 소유자이다.

(2) 상대방

상대방은 장래에 소유권을 방해하는 행위를 할 염려가 있는 자 또는 방해할 염려가 있는 사정을 그의 지배 내에 가지고 있는 자이다.

(3) 상대방의 귀책사유

소유권을 방해할 염려가 있기만 하면 상대방의 귀책사유는 필요 없다.

3. 효　과

소유자는 상대방에 대하여 방해의 예방 또는 손해배상의 담보를 선택적으로 행사할 수 있을 뿐이고, 방해의 예방과 함께 손해배상의 담보를 청구하는 것은 허용되지 않는다.

제4절 공동소유

공동소유라 함은 하나의 물건을 2인 이상의 다수인이 공동으로 소유하는 것을 말한다. 민법에서는 공동소유의 형태로 공유, 합유, 총유의 세 가지를 인정한다.

Ⅰ. 공 유

1. 의 의

공유(共有)라 함은 공동의 목적에 의하여 결합되지 않은 2인 이상의 다수인이 하나의 권리를 지분(持分)의 형태로 소유하는 것을 말한다.

2. 공유와 공유지분의 성질

공유는 1개의 소유권이 분량적으로 분할되어 수인에게 귀속하는 것이다(통설). 이것은 하나의 물건에는 하나의 권리가 성립한다는 일물일권주의에 맞다.

지분(持分)이라 함은 각 공유자가 목적물에 대하여 가지는 소유의 비율을 말한다. 지분은 공유를 주체별로 파악한 것으로서 공유와 지분은 하나의 법률관계의 표리관계이다.

3. 공유의 성립

공유관계는 법률의 규정에 의하여 성립하는 경우도 있고, 당사자의 법률행위에 의하여 성립하는 경우도 있다.

(1) 법률의 규정에 의한 성립

법률의 규정에 의하여 공유관계가 성립하는 경우로서는 수인이 건물을 구분소유하는 경우에 공용부분(제215조), 경계에 설치된 경계표 · 담 · 구거 등(제239조), 타인의 토지 기타 물건으로부터 발견한 매장물(제254조 단서), 주종을 구별할 수 없는 동산 간의 부합(제257조 후문), 혼화(제258조), 부부의 누구에게 속한 것인지 불분명한 재산(제830조 제2항), 상속인이 수인인 경우의 상속재산(제1006조) 등이 있다.

(2) 법률행위에 의한 성립

법률행위에 의하여 공유가 성립하기 위하여서는 공유의 합의와 공시방법으로서 동산에 있어서는 공동점유, 부동산에 있어서는 등기를 하여야 한다. 즉, 부동산을 공유하는 경우에는 공유등기와 함께 지분의 등기를 하여야 한다.

4. 공유지분

(1) 지분의 비율

공유지분의 비율은 당사자의 의사표시나 법률의 규정에 의하여 정해질 수 있지만, 공유지분의 비율이 불분명한 때에는 균등한 것으로 추정된다(제262조 제2항). 그러므로 부동산 공유자들 사이에 공유지분의 비율이 다른 경우에는 이를 등기하여야 제3자에게 대항할 수 있다.

법률의 규정에 의하여 지분의 비율이 정해진 경우로는, 예컨대「동산과 동산이 부합한 경우에 부합한 동산의 주종을 구별할 수 없는 때에는 동산의 소유자는 부합 당시의 가액의 비율로 합성물을 공유한다(제257조 후문).」고 하거나 또는 '집합건물의 소유 및 관리에 관한 법률' 제12조 [공유자의 지분권]는「각 공유자의 지분은 그가 가지는 전유부분의 면적의 비율에 의한다.」고 규정하고 있다.

(2) 지분의 처분의 자유

공유자는 공동의 목적에 의한 다수자의 결합이 아니므로 공유지분을 다른 공유자의 동의 없이 자유롭게 처분할 수 있다(제263조). 공유자들 사이에 지분의 처분금지에 대한 특약이 있는 경우에도 그 특약은 채권적 효력을 가질 뿐이라고 이해한다(통설).

다만 '집합건물의 소유 및 관리에 관한 법률' 제13조 [전유부분과 공용부분에 대한 지분의 일체성]는「공유자는 그가 가지는 전유부분과 분리하여 공용부분에 대한 지분을 처분할 수 없다.」고 하여 공유지분의 처분에 대한 제한을 하는 경우가 있다.

(3) 공유지분의 양도와 양수인의 지위

공유지분이 양도된 경우에 종래의 다른 공유자와의 관계는 그대로 양수인에게 승계된다. 그러나 이미 발생한 채권 · 채무는 양수인에게 승계되지 않고 양도인의 부담으로 된다.

'집합건물의 소유 및 관리에 관한 법률' 제18조 [공용부분에 관하여 발생한 채권의 효력]는「공유자가 공용부분에 관하여 다른 공유자에 대하여 가지는 채권은 그 특별승계인에 대하여도 행사할 수 있다.」고 규정한다.

판례(대판 2001.9.20. 2001다 8677 전원합의체)는 아파트의 전 입주자가 체납한 관리비가 아파트 관리규약의 정함에 따라 그 특별승계인에게 승계되는지에 대하여, 아파트의 특별승계인은 전 입주자의 체납관리비 중 공용부분에 한하여 승계한다고 하고 있다.

(4) 지분의 탄력성

공유는 지분이 서로 제한을 받으면서 존재하기 때문에 어느 지분이 소멸하면 다른 지분은 그 범위에서 종래의 제한으로부터 벗어나서 본래의 단독소유권으로 접근하게 된다. 이와 같은 성질을 지분의 탄력성이라고 한다.

공유자가 사망한 경우, 그 공유지분은 상속인에게 상속되는 것이 원칙이지만, 공유자가 그 지분을 포기하거나 또는 상속인 없이 사망한 때에는 그 지분은 다른 공유자에게 각 지분의 비율로 귀속한다(제267조).

5. 공유자 사이의 관계

(1) 공유물의 관리 · 보존

공유물의 관리에 관한 사항은 공유자의 과반수가 아니라 공유자의 지분의 과반수로 결정한다. 그러나 보존행위는 각자가 단독으로 할 수 있다(제265조).

판례(대판 2001.11.27. 2000다33638, 33645)는 공유자 사이에 공유물을 사용 · 수익할 구체적인 방법을 정하는 것은 공유물의 관리에 관한 사항으로서 공유자의 지분의 과반수로써 결정하여야 할 것이고, 과반수의 지분을 가진 공유자는 다른 공유자와 사이에 미리 공유물의 관리방법에 관한 협의가 없었다 하더라도 공유물의 관리에 관한 사항을 단독으로 결정할 수 있으므로, 과반수의 지분을 가진 공유자가 그 공유물의 특정부분을 배타적으로 사용 · 수익하기로 정하는 것은 공유물의 관리방법으로서 적법하다고 한다. 다만, 이 경우에 과반수 지분권자가 그 공유토지의 특정부분을 배타적으로 사용 · 수익함으로써 지분은 있지만 그 특정 부분의 사용 · 수익을 전혀 하지 못하여 손해를 입고 있는 소수지분권자에 대하여 그 지분에 상응하는 임료 상당의 부당이득을 하고 있다 할 것이므로 이를 반환할 의무가 있다 할 것이다(대판 2002.5.14. 2002다9738).

공유자 간의 공유물에 대한 사용 · 수익 · 관리에 관한 특약은 공유자의 특정승계인에 대하여도 당연히 승계된다고 할 것이나, 민법 제265조는 '공유물의 관리에 관한 사항은 공유자의 지분의 과반수로써 결정한다'라고 규정하고 있으므로, 위와 같은 특약 후에 공유자에 변경이 있고 특약을 변경할 만한 사정이 있는 경우에는 공유자의 지분의 과반수의 결정으로 기존 특약을 변경할 수 있다(대판 2005.5.12. 2005다1827).

⑵ 공유물의 사용 · 수익

공유자는 공유물 전부를 지분의 비율로 사용 · 수익할 수 있다(제263조). 따라서 공유자 사이에 특별한 합의가 없는 한 일부의 공유자가 공유물 전부를 배타적 · 독점적으로 사용 · 수익할 수는 없다(대판 94.3.22. 93다 9392, 9408 전원합의체).

공유물의 소수지분권자가 다른 공유자와의 협의 없이 자신의 지분 범위를 초과하여 공유물의 전부 또는 일부를 배타적으로 점유하고 있는 경우 다른 소수지분권자가 공유물의 보존행위로서 공유물의 인도나 명도를 청구할 수 있는지에 대하여 학설이 대립한다.

소수지분권자가 다른 공유자와의 협의 없이 공유물의 전부 또는 일부를 배타적으로 점유하여 사용 · 수익하고 있더라도, 아무런 권한도 없이 불법으로 점유하는 경우와는 달리 적어도 그 자신이 소유하고 있는 지분의 범위 내에서는 공유물 전부를 사용 · 수익할 권한이 있어서 그 권한에 기하여 공유물을 점유하고 있는 것으로 인정되기 때문에 적법한 것이고, 다만 그 지분의 비율을 초과하는 한도 내에서만 위법하게 점유(사용 · 수익)하고 있는 것으로 보아야 할 것이므로 일부 소수지분권자가 공유물을 독점적 배타적으로 점유하고 있는 위법한 상태를 시정한다는 명목으로 다른 소수지분권자로 하여금 공유물을 점유하고 있는 소수지분권자에 대하여 공유물 전부를 자기에게 명도할 것을 청구할 수 있도록 허용하는 것은, 결국 그 소수지분권자가 가지고 있는 '지분의 비율에 따른 사용 · 수익권'까지 근거 없이 박탈하고 역시 자신이 소유하고 있는 지분의 범위 내에서만 공유물을 점유할 권한밖에 없는 다른 소수지분권자로 하여금 공유물을 전부 점유하게 하는 부당한 결과를 가져오게 되는 것이므로, 공유물인 건물 등을 점유하고 있는 소수지분권자에 대하여 다른 소수지분권자가 그 건물 등의 명도를 청구하는 것이 공유물의 보존행위에 속한다고 볼 수 없다고 주장하는 견해도 있다.

이에 대하여 대법원 전원합의체 판결(대판 94.3.22. 93다9392, 9408)은 지분을 소유하고 있는 공유자나 그 지분에 관한 소유권이전등기청구권을 가지고 있는 자라고 할지라도 다른 공유자와의 협의 없이는 공유물을 배타적으로 점유하여 사용 · 수익할 수 없는 것이므로, 다른 공유권자는 자신이 소유하고 있는 지분이 과반수에 미달되더라도 공유물을 점유하고 있는 자에 대하여 공유물의 보존행위로서 공유물의 인도나 명도를 청구할 수 있다고 한다.

'집합건물의 소유 및 관리에 관한 법률' 제11조 [공유자의 사용권]는 「각 공유자는 공용부분을 그 용도에 따라 사용할 수 있다.」고 규정하고 있다. 예컨대 아파트단지 내에 있는 어린이 놀이시설은 큰 평수의 아파트에 사는 어린이나 작은 평수의 아파트에 사는 어린이나 모두 놀이시설이라는 용도에 따라 사용할 수 있다.

(3) 공유물의 처분 · 변경

공유자는 다른 공유자의 동의 없이 공유물을 처분하거나 변경하지 못한다(제264조). 즉, 공유자 전원의 동의를 얻어야 공유물을 처분 또는 변경할 수 있다.

예컨대 토지공유자의 한 사람이 다른 공유자의 지분 과반수의 동의를 얻어 건물을 건축한 후 토지와 건물의 소유자가 달라진 경우에도 토지에 관하여 관습법상의 법정지상권은 성립되지 않는다(대판 93.4.13. 92다55756). 이 경우에 관습법상의 법정지상권을 인정하게 되면 토지공유자의 1인으로 하여금 자신의 지분을 제외한 다른 공유자의 지분에 대하여서까지 지상권설정의 처분행위를 허용하는 셈이 되어 부당하기 때문이다.

일부의 공유자가 다른 공유자의 동의 없이 공유물을 제3자에게 처분한 경우, 이를 어떻게 해석할 것인지에 대하여 학설이 대립한다.

공유자가 다른 공유자의 동의 없이 공유물을 제3자에게 처분한 것은 자기 지분의 범위 내에서 그 처분행위는 유효하지만 다른 공유자의 지분의 처분행위는 무효라는 견해와 다른 공유자의 지분의 처분행위가 무효가 아니며 타인의 물건을 매매한 경우(제569조 참조)에 해당한다고 하는 견해가 그것이다.

판례는 공유자 중 1인이 다른 공유자의 동의 없이 그 공유토지의 특정부분을 매도하여 타인 명의로 소유권이전등기가 마쳐졌다면 그 매도 부분에 관한 소유권 이전등기는 처분공유자의 공유지분 범위 내에서는 유효한 등기라고 보아야 할 것이므로(대판 94.12.2. 93다1596), 다른 공유자는 자기의 지분의 범위 내에서만 그 등기에 대한 말소를 청구할 수 있다는 입장이다(대판 65.4.22. 64다268 참조).

(4) 공유물의 관리비용 등

공유자는 그 지분의 비율로 공유물의 관리비용 기타 의무를 부담한다(제266조 제1항). 공유자가 1년 이상 공유물의 관리비용 기타 의무이행을 지체한 때에는 다른 공유자는 상당한 가액으로 지분을 매수할 수 있다(제266조 제2항).

'집합건물의 소유 및 관리에 관한 법률' 제17조 [공용부분의 부담 · 수익]도 「각 공유자는 규약에 달리 정함이 없는 한 그 지분의 비율에 따라 공용부분의 관리비용 기타 의무를 부담하며, 공용부분에서 생기는 이익을 취득한다.」고 하였다.

(5) 공유관계의 대외적 주장

공유자 전원이 공유관계를 주장하거나 또는 각 공유자가 자기의 지분권을 주장하여 제3자에 의한 지분의 취득시효를 중단시키거나 지분등기를 청구하는 것은 문제가 없다.

문제가 되는 것은 공유자의 일부가 전원을 위하여 시효를 중단시키거나 또는 전원을 위하여 공유관계의 등기청구를 할 수 있는가 하는 것이다. 통설은 공유자 전원이 공동으로 하여야 한다고 한다.

이에 대하여 판례는 각 공유자가 보존행위로서의 성질을 가지는 공유관계를 대외적으로 주장함에는 각 공유자가 독립하여 행사할 수 있다는 입장이다.

예컨대 지분을 소유하고 있는 공유자나 그 지분에 관한 소유권이전등기청구권을 가지고 있는 자라고 할지라도 다른 공유자와의 협의 없이는 공유물을 배타적으로 점유하여 사용 · 수익할 수 없는 것이므로, 다른 공유권자는 자신이 소유하고 있는 지분이 과반수에 미달되더라도 공유물을 점유하고 있는 자에 대하여 공유물의 보존행위로서 공유물의 인도나 명도를 청구할 수 있다고 하거나(대판 94.3.22. 93다 9392, 9408 전원합의체), 또는 부동산의 공유자의 1인은 당해 부동산에 관하여 제3자 명의로 원인무효의 소유권이전등기가 경료되어 있는 경우에 공유물에 관한 보존행위로서 제3자에 대하여 그 등기 전부의 말소를 구할 수 있으나(대판 93.5.11. 92다52870), 공유자가 다른 공유자의 지분권을 대외적으로 주장하는 것은 공유물의 멸실 · 훼손을 방지하고 공유물의 현상을 유지하는 사실적 · 법률적 행위인 공유물의 보존행위(保存行爲)에 속한다고 할 수 없으므로(대판 94.11.11. 94다35008), 부동산 공유자 중 1인이 제3자와 무효로 된 가등기를 유용하기로 하는 합의를 하고 그 가등기에 터잡아 순차로 소유권이전등기가 이루어진 경우, 다른 공유자가 자신의 소유지분을 침해하는 지분을 초과하는 부분에 대하여는 그 말소를 구할 수 없다고 할 것이다(대판 2009.2.26. 2006다72802).

또, 판례(대판 72.6.27. 72다555)는 제3자가 부동산의 공유자인 공동상속인들을 상대로 한 소유권보존등기말소 및 소유권확정청구소송은 권리관계가 공유자 전원을 피고로 하여야 하는 필수적 공동소송(必須的共同訴訟)이 아니라고 한다.

6. 공유물의 분할

(1) 공유물분할의 자유와 제한

(가) 공유물분할의 자유 공유자는 언제든지 공유물의 분할을 청구할 수 있다(제268

조 제1항 본문). 이 점에서 분할을 청구할 수 없는 합유나 총유와 다르다(제273조 제2항).

(나) 공유물의 분할금지 당사자 사이에 공유물에 대한 분할금지의 특약이 있거나 또는 법률의 규정에 의하여 분할이 금지되는 경우가 있다.

공유자는 5년 내의 기간으로 공유물을 분할하지 않을 것을 약정할 수 있다(제268조 제1항 단서). 또한, 공유물분할금지의 계약은 5년을 넘지 않는 범위에서 갱신할 수도 있다(제268조 제2항). 이러한 특약이 등기되어 있는 경우에는 분할금지의 제한은 공유지분의 양수인에게도 효력이 있다.

또한, 건물의 구분소유자들은 공용부분의 분할을 청구할 수 없고(제215조), 경계에 설치된 경계표나 담과 같은 공유물(제239조)도 분할을 청구할 수 없다(제268조 제3항).

'집합건물의 소유 및 관리에 관한 법률' 제8조 [대지공유자의 분할청구의 금지]도 「대지 위에 구분소유권의 목적인 건물이 속하는 1동의 건물이 있을 때에는 그 대지의 공유자는 그 건물의 사용에 필요한 범위 내의 대지에 대하여는 분할을 청구하지 못한다.」고 규정하고 있다.

(2) 공유물의 분할방법

공유자 사이에 분할의 방법에 관하여 협의(協議)가 성립되지 아니한 때에는 법원(法院)에 그 분할을 청구할 수 있다(제269조 제1항).

공유자의 공유물분할청구권은 공유관계에서 수반되는 형성권(形成權)에 해당한다(대판 81.3.24. 80다1888, 1889).

공유물분할청구는 공유자의 일방이 그 공유지분권에 터잡아서 하여야 하는 것이므로, 공유지분권을 주장하지 아니하고 목적물의 특정부분을 소유한다고 주장하는 자는 그 부분에 대하여 신탁적으로 지분등기를 가지고 있는 자들을 상대로 하여 그 특정부분에 대한 명의신탁 해지를 원인으로 한 지분이전등기절차의 이행만을 구하면 될 것이고 공유물분할 청구를 할 수 없다 할 것이다(대판 89.9.12. 88다카10517).

공유자 사이에 이미 공유물의 분할에 관한 협의가 이루어진 후에 일부의 공유자가 분할에 따른 이전등기에 협력하지 않거나 분할에 관하여 다툼이 있는 경우에는 소유권이전등기를 청구하거나 소유권확인을 구하는 소(訴)를 청구하여야 하며, 또 다시 소로써 공유물의 분할을 구하는 것은 허용되지 않는다(대판 95.1.12. 94다30348, 30355).

재판에 의하여 공유물을 분할하는 경우에는 법원은 현물로 분할하는 것이 원칙이고, 현물로 분할할 수 없거나 현물로 분할을 하게 되면 현저히 그 가액이 감손될 염려가 있는 때에 비로소 물건의 경매를 명하여 대금분할을 할 수 있는 것이므로, 위와 같은 사정이 없는 한 법원은 각 공유자의 지분 비율에 따라 공유물을 현물 그대로 수개의 물건으로 분할하고 분할된 물건에 대하여 각 공유자의 단독소유권을 인정하는 판결을 하여야 하는 것이며, 그 분할의 방법은 당사자가 구하는 방법에 구애받지 아니하고 법원의 재량에 따라 공유관계나 그 객체인 물건의 제반 상황에 따라 공유자의 지분 비율에 따른 합리적인 분할을 하면 된다(대판 2004.7.22. 2004다10183).

재판에 의하여 공유물의 분할을 청구하는 경우에는 분할을 구하는 공유자가 나머지 공유자 전원을 피고로 하여야 하는 필수적 공동소송이다.

공유물분할의 소(訴)는 형성의 소이며 공유물분할판결은 형성판결로서 등기 없이도 부동산물권변동의 효력이 생긴다(제187조).

(3) 공유물분할의 효과

(가) 공유자 간의 담보책임 공유물의 분할로 공유관계는 종료한다. 공유물의 분할은 공유자 상호 간에 공유지분을 교환하거나 또는 매매의 실질을 가진다. 따라서 공유자는 다른 공유자가 분할로 인하여 취득한 물건에 대하여 그 지분의 비율로 매도인과 동일한 담보책임이 있다(제270조).

(나) 분할효과의 불소급 공유물의 분할의 효과는 소급하지 않는 것이 원칙이다. 다만, 상속재산의 분할은 상속개시된 때에 소급하여 그 효과가 있다(제1015조).

(다) 지분상의 담보책임 공유지분에 대하여 담보물권이 설정된 경우에 담보권설정자가 공유물의 전부를 취득하는 때에는 담보권설정자의 지분권은 소멸하지 않고 담보물권은 그 지분 위에 존속한다.

공유지분 위에 담보물권이 설정된 후 그 공유물이 분할된 경우에 지분 위에 설정된 담보물권은 특단의 합의가 없는 한 공유물이 분할된 뒤에도 종전의 지분비율대로 공유물 전부 위에 그대로 존속한다(대판 89.8.8. 88다카24868).

공유물의 경매로 인하여 제3자가 공유물에 대한 소유권을 취득하고 공유지분을 가지는 자는 대금 또는 가액을 취득한 경우에, 공유지분 위에 담보물권을 가지는 자는 담보물권의 물상대위의 규정(제342조, 제370조)에 따라서 공유지분자가 받은 대금 또는 가액에 대하여 권리를 행사할 수 있다.

(4) 토지의 분할과 주위토지통행권

분할로 인하여 공로(公路)에 통하지 못하는 토지가 있는 때에는 그 토지소유자는 공로에 출입하기 위하여 다른 분할자의 토지를 통행할 수 있으며, 이 경우에는 보상의 의무도 없다(제220조).

II. 합 유

1. 의 의

합유(合有)라 함은 수인(數人)이 조합체(組合体)로서 물건을 공동으로 소유하는 것을 말한다.

2. 합유의 성질

합유는 소유권이 지분의 형태로 다수인에게 나뉘어 귀속된다는 점에서는 공유와 같지만, 합유의 경우에는 합유자들 간에 공동목적에 의하여 결합되어 있기 때문에 합유지분의 처분도 자유롭지 못하다는 점에서 공유와 다르다.

3. 합유의 성립

합유는 계약 또는 법률의 규정에 의하여 성립한다(제271조 제1항). 부동산의 합유는 등기하여야 한다.

법률의 규정에 의한 합유는 민법상의 조합재산(제704조)과 수탁자가 여럿인 경우의 신탁재산(신탁법 제45조)이 있다.

매수인들이 상호 출자하여 공동사업을 경영할 것을 목적으로 하는 조합(組合)이 조합재산으로서 부동산의 소유권을 취득하였다면 민법 제271조 제1항의 규정에 의하여 당연히 그 조합체의 합유물(合有物)이 되고, 다만 그 조합체가 합유등기를 하지 아니하고 그 대신 조합원 1인의 명의로 소유권이전등기를 하였다면 이는 조합체가 그 조합원에게 명의신탁(名義信託)한 것으로 보아야 할 것이다(대판 2006.4.13. 2003다25256).

4. 합유관계

(1) 합유물의 처분 · 변경 · 보존

합유물을 처분 또는 변경함에는 합유자 전원의 동의가 있어야 한다. 그러나 보존행위는 각자가 할 수 있다(제272조).

민법 제272조는 합유물의 처분 · 변경에 합유자 전원의 동의를 필요로 하는 것으로 정하고 있는데, 민법 제706조 제2항은 조합의 업무집행은 조합원의 과반수로써 정한다고 규정하여 모순관계가 발생한다.

합유자 1인이 다른 합유자의 동의 없이 합유물을 양도한 경우에는 그 양도는 무효이다.

(2) 합유지분의 처분

합유지분의 비율은 합유자들 간의 약정에 의하여 정하여지나 약정이 없는 경우에는 각자의 출자가액에 비례한다고 해석된다(제711조 참조).

합유자는 전원의 동의 없이 합유물에 대한 지분을 처분하지 못한다(제273조 제1항). 합유지분의 처분에 합유자 전원의 동의를 얻도록 한 민법 제273조의 규정에도 불구하고 합유지분의 처분이 가능한지에 대하여 학설이 대립한다.

다수설과 판례(대판 70.12.29. 69다22)는 합유자 전원의 동의를 얻어서 한 합유지분의 처분은 유효하지만, 전원의 동의가 없으면 무효라고 한다.

또, 판례(대판 94.2.25. 93다39225)는 합유자가 사망한 경우에 합유자 사이에 특별한 약정이 없는 한 사망한 합유자의 상속인은 합유자로서의 지위를 상속하는 것이 아니므로, 해당 부동산은 나머지 합유자가 수인(數人)인 경우에는 그 수인에게 합유적으로 귀속하고, 나머지 합유자가 한 사람이면 그 자의 단독소유로 된다고 한다.

합유지분을 포기(拋棄)한 경우, 그 포기된 합유지분은 나머지 잔존 합유지분권자들에게 균분으로 귀속하게 되지만, 그와 같은 물권변동은 합유지분권의 포기라고 하는 법률행위에 의한 것이므로 등기(登記)하여야 효력이 있고, 지분을 포기한 합유지분권자로부터 잔존 합유지분권자들에게 합유지분권 이전등기가 이루어지지 아니하는 한 지분을 포기한 지분권자는 제3자에 대하여 여전히 합유지분권자로서의 지위를 가지고 있다고 보아야 할 것이다(대판 97.9.9. 96다16896).

(3) 합유물의 분할금지

합유자는 합유물의 분할을 청구하지 못하도록 규정하고 있는데(제273조 제2항), 합유물에 대한 분할금지에 대한 민법 제273조는 임의규정으로 해석된다.

5. 합유의 종료

합유관계는 조합체의 해산 또는 합유물의 양도로 인하여 종료한다(제274조 제1항).

Ⅲ. 총　유

1. 의　의

총유(總有)라 함은 법인 아닌 사단(社團)의 사원(社員)이 집합체로서 물건을 공동으로 소유하는 것을 말한다.

2. 총유물의 관리 · 처분과 사용

총유에 있어서는 공유나 합유와 달리 법인 아닌 사단의 구성원에게 별도의 지분이 인정되지 않고, 각 사원은 정관 기타의 규약에 좇아 총유물을 사용 · 수익할 수 있으며(제276조 제2항), 사원총회의 결의에 의하여 총유물의 관리 및 처분 할 수 있다(제276조 제1항).

'총유물의 관리 및 처분'이라 함은 총유물 그 자체에 관한 이용 · 개량행위나 법률적 · 사실적 처분행위를 의미하는 것이므로, 비법인사단이 타인 간의 금전채무를 보증하는 행위는 총유물 그 자체의 관리 · 처분이 따르지 아니하는 단순한 채무부담행위에 불과하여 이를 총유물의 관리 · 처분행위라고 볼 수는 없다. 따라서 비법인사단인 재건축조합의 조합장이 채무보증계약을 체결하면서 조합규약에서 정한 조합 임원회의 결의를 거치지 아니하였다거나 조합원총회 결의를 거치지 않았다고 하더라도 그것만으로 바로 그 보증계약이 무효라고 할 수는 없다(대판 2007.04.19. 2004다60072 전원합의체).

법인 아닌 사단의 소유형태인 총유가 공유나 합유에 비하여 단체성이 강하고 구성원 개인들의 총유재산에 대한 지분권이 인정되지 않기 때문에 공유나 합유의 경우처럼 보존행위(保存行爲)는 그 구성원 각자가 할 수 있다는 민법 제265조 단서 또는 제272조 단서와 같은 규정을 두고 있지 않다. 따라서 총유재산의 보존을 위하여 소(訴)를 제기하는 경우에도 법인 아닌 사단이 그 명의로 사원총회의 결의를 거쳐서 하거나 또는 그 구성원 전원이 당사자가 되어 필수적 공동소송의 형태로 할 수 있을 뿐 그 사단의 구성원은 설령 그가 사단의 대표자라거나 사원총회의 결의를 거쳤다 하더라도 그 소송의 당사자가 될 수 없다고 할 것이다(대판 2005.9.15. 2004다 44971 전원합의체).

또 종전의 판례(대판 93.1.19. 91다 1226 전원합의체 등)는 교회의 분열이 가능하며, 교회가 분열된 경우에 그 재산은 분열 당시의 교인들의 총유관계로 된다고 하였으나 현재는 태도를 변경하였다.

즉, 판례(대판 2006.4.20. 2004다 37775 전원합의체)는 민법에서 사단법인에 있어서 구성원의 탈퇴나 해산은 인정하지만 사단법인의 구성원들이 2개의 법인으로 나뉘어 각각 독립한 법인으로 존속하면서 종전 사단법인에 귀속되었던 재산을 소유하는 방식의 사단법인의 분열은 인정하지 않는데, 이러한 법리는 법인 아닌 사단에 대하여도 동일하게 적용된다.

그러므로 법인 아닌 사단의 구성원들의 집단적 탈퇴로써 사단이 2개로 분열되기 전 사단의 재산이 분열된 각 사단들의 구성원들에게 각각 총유적으로 귀속되는 결과를 초래하는 형태의 법인 아닌 사단의 분열은 허용되지 않는다고 할 것이다.

교회가 법인 아닌 사단으로서 존재하는 이상, 그 법률관계를 둘러싼 분쟁을 소송적인 방법으로 해결함에 있어서는 법인 아닌 사단에 관한 민법의 일반 이론에 따라 교회의 실체를 파악하고 교회의 재산 귀속에 대하여 판단하여야 하고, 이에 따라 법인 아닌 사단의 재산관계와 그 재산에 대한 구성원의 권리 및 구성원 탈퇴, 특히 집단적인 탈퇴 등에 관한 법리는 교회에 대하여도 동일하게 적용되어야 한다.

따라서 교인들은 교회 재산을 총유의 형태로 소유하면서 사용·수익할 것인데, 일부 교인들이 교회를 탈퇴하여 그 교회 교인으로서의 지위를 상실하게 되면 탈퇴가 개별적인 것이든 집단적인 것이든 이와 더불어 종전 교회의 총유 재산의 관리처분에 관한 의결에 참가할 수 있는 지위나 그 재산에 대한 사용·수익권을 상실하고, 종전 교회는 잔존 교인들을 구성원으로 하여 실체의 동일성을 유지하면서 존속하며 종전 교회의 재산은 그 교회에 소속된 잔존 교인들의 총유로 귀속됨이 원칙이라고 할 것이다.

그리고 교단에 소속되어 있던 지교회의 교인들의 일부가 소속 교단을 탈퇴하기로 결의한 다음 종전 교회를 나가 별도의 교회를 설립하여 별도의 대표자를 선정하고 나아가 다른 교단에 가입한 경우, 그 교회는 종전 교회에서 집단적으로 이탈한 교인들에 의하여 새로이 법인 아닌 사단의 요건을 갖추어 설립된 신설 교회라 할 것이어서, 그 교회 소속 교인들은 더 이상 종전 교회의 재산에 대한 권리를 보유할 수 없게 된다고 하였다.

3. 총유물에 관한 권리·의무의 취득과 상실

총유물에 관한 사원의 권리의무는 사원의 지위를 취득·상실함으로써 취득·상실된다(제277조).

Ⅳ. 준공동소유

공유, 합유, 총유에 관한 규정은 다른 특별한 규정이 없으면 소유권 이외의 재산권에 준용한다(제278조). 이를 준공동소유(準共同所有)라 한다.

제5절 명의신탁과 '부동산실권리자명의등기에 관한 법률'

Ⅰ. 서 설

1. 명의신탁의 의의

명의신탁(名義信託)이라 함은 신탁자와 수탁자 사이에 실체적인 거래관계 없이 부동산의 명의만을 수탁자 앞으로 이전해 두고, 실질적인 사용 · 수익 · 처분권은 신탁자에게 유보되어 있는 것을 말한다.

일반적으로 부동산의 소유자 명의만을 다른 사람에게 신탁한 경우에 등기권리증과 같은 권리관계를 증명하는 서류는 실질적 소유자인 명의신탁자가 소지하는 것이 보통이라고 할 것이다(대판 85.1.29. 84다카1750, 1751).

민법에서는 명의신탁에 관한 규정을 두고 있지 않고, 신탁관계는 주로 판례이론에 의하여 형성되어 왔다.

2. 신탁행위와 명의신탁의 구별

민법상의 신탁행위는 신탁자가 일정한 경제적 목적을 달성하기 위하여 수탁자에게 그 목적달성에 필요한 범위를 넘어서 일정한 권리를 부여하는 것을 말하고, 신탁법상의 신탁행위는 위탁자가 수탁자에게 재산권을 이전하고 수탁자는 일정한 목적에 따라 자기가 제3자를 위하여 관리 · 처분하는 법률관계이다. 이와 같이 신탁행위는 수탁자와 위탁자 사이의 신탁관계에 구속을 받는다는 것이 특징이다.

이에 대하여 명의신탁에 있어서는 등기부상의 소유명의만이 신탁자로부터 수탁자에게 이전되어 있을 뿐이고 실질적인 사용권, 수익권, 처분권은 신탁자에게 유보되어 있어서 신탁자와 수탁자 사이에 신탁관계는 존재하지 않는 점에서 민법상의 신탁행위나 신탁법상의 신탁행위와 다르다.

II. 명의신탁에 관한 판례이론

명의신탁에 있어서 신탁자와 수탁자 사이에 실체적인 법률관계 없이 단순히 부동산의 소유명의만 수탁자에게 이전하게 되는데, 이러한 명의신탁의 약정이 유효한 것인지 문제이다.

판례는 명의신탁을 유효한 것으로 보고, 대내관계와 대외관계로 나누어 고찰하는 것이 보통이다.

1. 명의신탁의 성립

부동산에 관한 명의신탁 관계가 성립하려면 신탁자와 수탁자 사이에 명의신탁 관계의 설정에 관한 합의와 등기의 이전이 있어야 한다(대판 81.12.8. 81다카367). 그러므로 동산(動産)에 관하여는 공부상(公簿上) 그 소유관계가 공시될 수 없는 것이기 때문에 명의신탁이 성립할 여지가 없다(대판 94.10.11. 94다16175).

판례(대판 2008.2.14. 2007다63690)는 1필지의 토지 중 일부를 매도하면서 토지가 등기부상 분할되어 있지 아니하였던 관계로 전부에 관하여 매도인으로부터 매수인에게 소유권이전등기를 경료한 경우, 매도인이 매수인에게 매도하지 아니하였던 토지 부분에 관하여는 특별한 사정이 없는 한 두 사람 사이에 명의신탁관계가 성립되었다고 판시하였다.

그러나 명의신탁의 경우 수탁자는 명의신탁계약에 의하여 신탁자로부터 당해 권리를 대외적으로 이전받음에 있어 그 대가를 지급할 성질의 것이 아니라고 할 것이기 때문에 만일 매수명의인이 당해 권리를 취득함에 있어 그 대가를 지급하였다면 특별한 사정이 없는 한 당해 권리는 그 매수인의 소유로 귀속되는 것이지 명의신탁을 받은 것은 아니라고 한다(대판 89.10.24. 88다카15505).

2. 대내관계

명의신탁이 성립한 경우에 신탁자와 수탁자 사이에서 목적물에 대한 소유권은 신탁자에게 있다(대판 96.5.31. 94다35985 등). 그러므로 부동산 소유자로 등기된 수탁자는 점유권원의 성질상 자주점유를 할 수 없어 신탁부동산에 대한 소유권을 시효취득할 수 없다(대판 87.11.10. 85다카1644).

3. 대외관계

신탁자와 수탁자 이외의 제3자와의 관계에서는 수탁자가 소유자의 지위를 갖는다. 그러므로 수탁자로부터 명의신탁된 부동산을 양수한 제3자는 선의·악의 불문하고 그 소유권을 취득한다(대판 63.9.19. 63다388).

제3자가 부동산의 소유권을 침해하는 행위를 하는 경우에 수탁자만이 물권적 청구권을 행사할 수 있고, 신탁자는 수탁자를 대위하여 물권적 청구권을 행사할 수 있다(대판 79.9.25. 77다 1079 전원합의체).

4. 명의신탁의 해지

신탁자는 수탁자에 대하여 명의신탁의 해지의 의사표시를 할 수 있다. 그러나 명의신탁의 해지로 인하여 등기명의가 수탁자로부터 신탁자에게 이전되기 전까지는 제3자에 대한 관계에서 소유권은 아직 수탁자에게 있다.

판례(대판 94.12.27. 92다49362, 49379)도 명의신탁계약에 의한 신탁자의 지위에서 명의신탁을 해지한 경우에 수탁자에 대하여 그 소유권이전등기를 청구할 수 있을 뿐이며, 명의신탁계약을 해지하였더라도 그 명의로 소유권이전등기를 경료하지 않은 이상 그 소유권을 취득할 수는 없다고 한다.

따라서 명의신탁의 해지가 있은 후 아직 등기가 신탁자에게 이전되기 전에 제3자가 수탁자로부터 부동산을 매수하여 등기를 마친 때에는 제3자는 그 부동산에 대한 적법한 소유권을 취득한다(대판 91.8.29. 90다19848). 즉, 명의신탁의 해지는 채권적 효력(債權的效力)을 가질 뿐이다(대판 96.5.31. 94다35985).

III. 명의신탁에 관한 학설

1. 무 효 설

신탁행위와는 달리 명의신탁의 경우에는 당사자 사이에 소유명의만을 이전하기로 하는 합의가 있을 뿐이며, 소유권을 상대방이 취득하도록 하는 것은 아니라는 데 서로 합의하고 있는 것이다. 그러므로 명의신탁행위는 허위표시로서 무효라는 것이다.

그러나 명의신탁을 허위표시로서 무효라고 하여도 거래안전에는 문제가 없다고 한다. 즉, 명의신탁은 무효이지만 수탁자로부터 부동산을 양수한 자가 선의인 경우에는 제3자 보호규정(제108조 제2항)에 의하여 보호된다는 것이다.

2. 유 효 설

양도담보나 추심을 위한 채권양도와 같은 신탁행위를 유효한 것으로 인정하는 이상 명의신탁행위도 유효하다고 한다. 즉, 민법학에 있어서 신탁행위나 명의신탁은 정도의 차이가 있을 뿐이라고 한다.

명의신탁에 있어서 당사자 사이에 내부적(신탁자와 수탁자 사이)으로는 신탁자가 소유자가 되고 외부적(제3자와의 관계)으로는 수탁자가 소유자로 표시되도록 하는 합의가 있는 것이며, 다만 수탁자는 등기부상 소유자이지만 수탁계약에 반하여 소유권을 행사하지 않을 채권적 의무를 부담할 뿐이라고 한다.

명의신탁을 유효한 것으로 이해하면 민법 제108조는 적용될 수 없으며, 수탁자로부터 부동산을 양수한 자는 선의·악의를 불문하고 그 권리를 취득하게 된다.

Ⅳ. '부동산실권리자명의등기에 관한 법률' 검토

1. 목 적

이 법은 부동산등기제도를 악용한 투기·탈세·탈법행위 등 반사회적 행위를 방지하고 부동산거래의 정상화와 부동산가격의 안정을 도모하여 국민경제의 건전한 발전을 위하여 부동산에 관한 소유권과 그 밖의 물권을 실체적 권리관계에 부합하도록 실권리자 명의(實權利者名義)로 등기하도록 하고자 하는 것이다(부동산실권리자명의등기에 관한 법률(이하 '법'이라 한다) 제1조).

2. 본 법의 적용범위

이 법은 부동산의 소유권과 그 밖의 부동산물권에도 적용된다(법 제1조). 부동산물권이 아닌 부동산 임차권과 같은 채권에는 본 법이 적용되지 않고, 또한 등기나 등록에 의하여 공시되는 선박이나 자동차 등도 부동산이 아니므로 본 법이 적용되지 않는다.

따라서 이들에 대하여는 법 제4조가 적용되지 않기 때문에 원칙적으로 명의신탁이 금지되지 않는다고 할 것이다.

3. 명의신탁약정의 효력

(1) 명의신탁약정의 의의

명의신탁약정이라 함은 부동산에 관한 소유권이나 그 밖의 물권을 보유한 자 또는 사실상 취득하거나 취득하려고 하는 자가 타인과의 사이에서 대내적으로는 실권리자가 부동산에 관한 물권을 보유하거나 보유하기로 하고 그에 관한 등기(가등기를 포함한다)는 그 타인의 명의로 하기로 하는 약정(위임 · 위탁매매의 형식에 의하거나 추인에 의한 경우를 포함한다)을 말한다(법 제2조 제1호).

다만 다음의 경우는 '부동산실권리자명의등기에 관한 법률'에서 말하는 명의신탁약정에 해당하지 않는다(법 제2조 제1호).

① 채무의 변제를 담보하기 위하여 채권자가 부동산에 관한 물권을 이전받거나 가등기하는 경우(법 제2조 제1호 가).

즉, 부동산의 양도담보와 가등기담보는 이 법에서 말하는 명의신탁약정에 해당하지 않는다. 이 경우에는 채무자, 채권금액 및 채무변제를 위한 담보라는 뜻이 적힌 서면을 등기신청서와 함께 등기관에게 제출하여야 한다(법 제3조 제2항).

② 부동산의 위치와 면적을 특정하여 2인 이상이 구분소유하기로 하는 약정을 하고 그 구분소유자의 공유로 등기하는 경우(법 제2조 제1호 나).

이러한 경우를 구분소유적 공동소유(區分所有的共同所有) 또는 상호명의신탁(相互名義信託)이라고도 한다.

③ 신탁법 또는 자본시장과 금융투자업에 관한 법률에 따른 신탁재산인 사실을 등기한 경우(법 제2조 제1호 다).

(2) 명의신탁약정의 효력

이 법에 의한 명의신탁약정은 무효로 한다(법 제4조 제1항).

(3) 명의신탁약정에 기한 부동산물권변동의 효력

(가) 무효인 명의신탁약정에 기한 부동산물권변동의 효력 명의신탁약정에 따라 행하여진 등기에 의한 부동산에 관한 물권변동은 무효로 한다(법 제4조 제2항 본문).

다만, 부동산에 관한 물권을 취득하기 위한 계약에서 명의수탁자가 어느 한 쪽 당사자가 되고 그 상대방 당사자는 명의신탁약정이 있다는 사실을 알지 못한 경우에는 그러하지 아니하다(법 제4조 제2항 단서).

(나) 명의신탁의 유형과 그 효력

(a) 이전형 명의신탁: 이전형 명의신탁이라 함은 부동산물권자가 자기의 등기명의를 타인에게 이전하기로 약정을 하고, 그 등기를 그 타인(수탁자)에게 이전하는 형태를 말한다. 예컨대 부동산소유자 A가 실체적 거래관계 없이 자기의 소유권을 B에게 이전하는 형태의 명의신탁으로서, 이 경우에는 A와 B 사이의 명의신탁약정과 이러한 약정에 따른 부동산소유권의 이전도 무효로 된다(법 제4조 제1항, 제2항).

(b) 중간생략형 명의신탁: 중간생략형 명의신탁은 중간생략등기와 명의신탁이 결합한 형태이다. 이를 3자 간 등기명의신탁(登記名義信託)이라고도 한다. 예컨대 A가 B의 부동산소유권을 취득하기로 계약을 체결한 후에 A가 자기의 명의로 등기하지 않고 C와의 사이에서 명의신탁약정을 하고 B로부터 직접 명의수탁자 C에게 소유권이전등기를 하는 경우이다. 이 경우에 A와 C 사이에 체결된 명의신탁약정은 무효이며(법 제4조 제1항), 이러한 무효인 약정에 기초하여 이루어진 B로부터 C로의 물권변동도 무효로 된다(법 제4조 제2항 본문).

다만, 이 경우에도 계약당사자인 A와 B 사이의 매매계약은 무효가 아니며, 따라서 A는 B와의 유효한 계약에 따른 이전등기청구권을 보전하기 위하여 B가 C에 대하여 가지는 등기청구권(이 경우에는 원인무효에 의한 말소등기청구권)을 대위하여 행사함으로써 A 앞으로 등기를 마칠 수 있을 것이다.

이른바 3자 간 등기명의신탁의 경우 부동산 실권리자명의등기에 관한 법률에서 정한 유예기간 경과에 의하여 그 명의신탁 약정과 그에 의한 등기가 무효로 되더라도 명의신탁자는 매도인에 대하여 매매계약에 기한 소유권이전등기청구권을 보유하고 있어 그 유예기간의 경과로 그 등기명의를 보유하지 못하는 손해를 입었다고 볼 수 없고, 또한 명의신탁 부동산의 소유권이 매도인에게 복귀한 마당에 명의신탁자가 무효인 등기의 명의인인 명의수탁자를 상대로 그 이전등기를 구할 수도 없다. 결국 3자 간 등기명의신탁에 있어서 명의신탁자는 명의수탁자를 상대로 부당이득반환을 원인으로 한 소유권이전등기를 구할 수 없다고 할 것이다(대판 2008.11.27. 2008다55290, 55306).

(c) 계약명의신탁: 계약명의신탁이라 함은 명의신탁자가 명의수탁자와의 사이에서 당사자지위에 관한 명의신탁약정을 맺고, 이에 따라 명의수탁자가 계약의 일방당사자가 되어 명의신탁약정이 있다는 사실을 알지 못하는(즉, 선의) 소유자를 상대방 당사자로 하여 부동산에 관한 매매계약을 체결한 후 그 매매계약에 기하여 당해 부동산의 소유권이전등기를 수탁자명의로 마치는 형태를 말한다. 위임형 명의신탁이라고도 한다.

이 경우에는 명의신탁자와 명의수탁자 사이의 명의신탁약정이 무효임에도 불구하고(법 제4조 제1항), 그 소유권이전등기에 의한 당해 부동산에 관한 물권변동 자체는 유효한 것으로 취급되어 명의수탁자는 당해 부동산의 완전한 소유권을 취득하게 된다(법 제4조 제2항 단서). 즉, '부동산실권리자명의등기에 관한 법률' 제4조 제1항, 제2항에 의하면 명의신탁자와 명의수탁자가 이른바 계약명의신탁약정을 맺고 명의수탁자가 당사자가 되어 명의신탁약정이 있다는 사실을 알지 못하는 소유자와의 사이에 부동산에 관한 매매계약을 체결한 후 그 매매계약에 따라 당해 부동산의 소유권이전등기를 수탁자 명의로 마친 경우에는 명의신탁자와 명의수탁자 사이의 명의신탁약정의 무효에도 불구하고 그 명의수탁자는 당해 부동산의 완전한 소유권을 취득하게 되고, 다만 명의수탁자는 명의신탁자에 대하여 부당이득반환의무를 부담하게 될 뿐이라고 할 것이다.

예컨대 A와 B 사이에 당사자지위에 관한 명의신탁약정을 하고 명의의 수탁자인 B가 일방당사자가 되어 이러한 약정 사실을 알지 못하는 C의 부동산소유권을 취득하기로 하는 계약을 체결한 경우, A와 B 사이의 명의신탁약정이 무효임에도 불구하고, 계약당사자인 B와 C 사이의 매매계약은 유효하므로 B는 당해 부동산에 대한 소유권을 취득한다. 그러므로 A도 B 명의의 소유권이전등기의 말소를 청구할 수 없게 된다.

(다) 명의신탁의 제3자에 대한 효력 '부동산실권리자명의등기에 관한 법률'에 의하여 명의신탁약정(법 제4조 제1항)과 이에 따라 행하여진 부동산에 관한 물권변동의 무효(법 제4조 제2항)는 제3자에게 대항하지 못한다(법 제4조 제3항). 제3자의 선의·악의는 불문한다.

여기서 '제3자'라 함은 명의신탁약정의 당사자 및 포괄승계인 이외의 자로서 명의수탁자가 물권자임을 기초로 그와의 사이에 직접 새로운 이해관계를 맺은 사람을 말한다(대판 2005.11.10. 2005다34667, 34674). 그러므로 명의신탁자와 부동산에 관한 계약을 체결하고 단지 등기명의만을 명의수탁자로부터 경료받은 것과 같은 외관을 갖춘 자는 여기의 제3자에 해당하지 않는다고 할 것이다(대판 2004.8.30. 2002다48771).

명의수탁자가 '부동산실권리자명의등기에 관한 법률'에서 정한 유예기간 경과 후에 자의로 명의신탁자에게 바로 소유권이전등기를 경료해 준 경우, 같은 법에서 정한 유예기간의 경과로 기존 명의신탁약정과 그에 의한 명의수탁자 명의의 등기가 모두 무효로 되고, 명의신탁자는 명의신탁약정의 당사자로서 같은 법 제4조 제3항의 제3자에 해당하지 아니하므로 명의신탁자 명의의 소유권이전등기도 무효가 된다 할 것이지만, 한편 이 법은 매도인과 명의신탁자 사이의 매매계약의 효력을 부정하는 규정을 두고 있지 아니하여 유예기간 경과 후로도 매도인과 명의신탁자 사이의 매매계약은 여전히 유효하므로, 명의신탁자는 매도인에 대하여 매매계약에 기한 소유권이전등기를 청구할 수 있고, 그 소유권이전등기청구권을 보전하기 위하여 매도인을 대위하여 명의수탁자에게 무효인 그 명의 등기의 말소를 구할 수도 있으므로, 명의수탁자가 명의신탁자 앞으로 바로 경료해 준 소유권이전등기는 결국 실체관계에 부합하는 등기로서 유효하다(대판 2004.6.25. 2004다6764).

(4) 명의신탁약정이 허용되는 경우(종중 및 배우자에 대한 특례)

다음의 명의신탁약정은 조세포탈, 강제집행의 면탈 또는 법령상 제한의 회피를 목적으로 하지 아니하는 경우에는 무효로 되지 않는다.

(가) 종중이 보유한 부동산에 관한 물권을 종중(종중과 그 대표자를 같이 표시하여 등기한 경우를 포함한다)**외의 자의 명의로 등기한 경우**(법 제8조 제1호) 여기서 종중(宗中)이라 함은 부동산실권리자명의등기에 관한 법률의 제정목적, 법 제8조 제1항에 의한 특례의 인정취지, 다른 비법인사단과의 형평성 등을 고려할 때 고유의 의미의 종중만을 가리키고, 공동선조의 후손 중 특정 지역 거주자나 지파 소속 종중원만으로 조직체를 구성하여 활동하는 종중 유사의 비법인사단은 포함하지 않는 것으로 봄이 상당하다(대판 2007.10.25. 2006다14165).

(나) 배우자 명의로 부동산에 관한 물권을 등기한 경우(법 제8조 제2호) 명의신탁등기가 부동산실권리자명의등기에 관한 법률의 규정에 따라 무효가 된 경우에도 그 후 명의신탁자가 명의수탁자와 혼인을 함으로써 법률상의 배우자가 되고 위 특례의 예외사유에 해당되지 않으면 그 때부터는 위 특례가 적용되어 그 명의신탁등기가 유효로 된다(대결 2002.10.28. 2001마1235).

(5) 기존 명의신탁약정에 의한 등기의 실명등기

이 법 시행 전에 명의신탁약정에 의하여 부동산에 관한 물권을 명의수탁자의 명의로 등기하거나 하도록 한 명의신탁자는 이 법 시행일로부터 1년의 기간 이내에 실명등기를 하여야 한다(법 제11조).

이를 위반하여 실명등기를 하지 않은 경우에는 그 기간이 경과한 날 이후의 명의신탁약정 등의 효력에 관하여는 제4조의 규정을 적용하며, 부동산실명법을 위반한 경우 부동산 가액의 100분의 30에 해당하는 과징금을 부과한다. 또한 과징금을 부과받은 자는 지체 없이 해당 부동산에 관한 물권을 자신의 명의로 등기하여야 하며, 이를 위반한 자에 대하여는 과징금 부과일부터 1년이 지난 때에 부동산평가액의 100분의

10에 해당하는 금액을, 다시 1년이 지난 때에 부동산평가액의 100분의 20에 해당하는 금액을 각각 이행강제금으로 부과한다(법 제6조, 제12조).

또한 부동산실명법을 위반하여 명의신탁등기를 한 명의신탁자 및 그를 교사하여 규정을 위반한 자는 5년 이하의 징역 또는 2억원 이하의 벌금에 처하도록 하고 있다(법 제7조, 제12조).

1년의 유예기간 내에 실명등기 또는 매각처분 등을 하지 아니하면 그 이후에는 명의신탁약정과 이에 따라 행하여진 등기에 의한 부동산의 물권변동도 무효가 되므로 원칙적으로 일반 명의신탁의 명의신탁자는 명의수탁자를 상대로 원인무효를 이유로 그 등기의 말소를 구하여야 하는 것이기는 하나, 명의신탁대상 부동산에 관하여 자기 명의로 소유권이전등기를 경료한 적이 있었던 명의신탁자로서는 명의수탁자를 상대로 진정명의회복을 원인으로 한 이전등기를 구할 수도 있다(대판 2002.9.6. 2002다35157).

'부동산실권리자명의등기에 관한 법률' 시행 전(前)에 명의신탁약정에 의하여 부동산에 관한 물권을 명의수탁자 명의로 등기한 명의신탁자는 유예기간 이내에 실명등기 등을 하여야 하고, 유예기간 이내에 실명등기 등을 하지 아니한 경우에는 유예기간이 경과한 날 이후부터 명의신탁약정은 무효가 되고, 명의신탁약정에 따라 행하여진 등기에 의한 부동산에 관한 물권변동도 무효가 되므로, 유예기간이 경과한 후 명의신탁약정의 해지를 원인으로 한 명의신탁자의 소유권이전등기 신청은 허용될 수 없다(대결 97.5.1. 97마384).

그런데 '부동산실권리자명의등기에 관한 법률' 시행 전(前)에 위와 같은 명의신탁약정과 그에 기한 물권변동이 이루어진 다음 유예기간 내에 실명등기 등을 하지 않고 그 기간을 경과한 경우, 명의수탁자는 명의신탁약정에 따라 명의신탁자가 제공한 비용을 매매대금으로 지급하고 당해 부동산에 관한 소유명의를 취득한 것이고, 위 유예기간이 경과하기 전까지는 명의신탁자는 언제라도 명의신탁약정을 해지하고 당해 부동산에 관한 소유권을 취득할 수 있었던 것이므로, 명의수탁자는 '부동산실권리자명의등기에 관한 법률'의 시행에 따라 당해 부동산에 관한 완전한 소유권을 취득함으로써 당해 부동산 자체를 부당이득하였다고 보아야 할 것이고, 같은 법 제3조 및 제4조가 명의신탁자에게 소유권이 귀속되는 것을 막는 취지의 규정은 아니므로 명의신탁자는 명의수탁자에게 명의수탁자가 취득한 당해 부동산을 부당이득으로 반환하여 줄 것을 청구할 수 있다는 것이다(대판 2002.12.26. 2000다21123).

이와 같은 경위로 명의신탁자가 당해 부동산의 회복을 위해 명의수탁자에 대해가지는 소유권이전등기청구권은 그 성질상 법률의 규정에 의한 부당이득반환청구권으로서 민법 제162조 제1항에 따라 10년의 기간이 경과함으로써 시효(時效)로 소멸하며, 명의신탁자가 명의신탁 부동산을 계속 점유·사용하여 온 경우에도 명의수탁자에 대한 부당이득반환청구권에 기한 등기청구권의 소멸시효의 진행에는 영향이 없다고 할 것이다. 왜냐 하면 무효로 된 명의신탁 약정에 기하여 처음부터 명의신탁자가 그 부동산의 점유 및 사용 등 권리를 행사하고 있다 하여 위 부당이득반환청구권 자체의 실질적 행사가 있다고 볼 수 없을 뿐만 아니라, 명의신탁자가 그 부동산을 점유·사용하여 온 경우에는 명의신탁자의 명의수탁자에 대한 부당이득반환청구권에 기한 등기청구권의 소멸시효가 진행되지 않는다고 보아야 한다면, 이는 명의신탁자가 부동산실권리자명의등기에 관한 법률의 유예기간 및 시효기간 경과 후 여전히 실명전환을 하지 않아 위 법률을 위반한 경우임에도 그 권리를 보호하여 주는 결과로 되어 부동산 거래의 실정 및 부동산실권리자명의등기에 관한 법률 등 관련 법률의 취지에도 맞지 않기 때문이다(대판 2009.7.9. 2009다23313).

그러나 그 계약 명의신탁약정이 '부동산실권리자명의등기에 관한 법률' 시행 후(後)에 있었던 경우에는 명의신탁자는 애초부터 당해 부동산의 소유권을 취득할 수 없었으므로 위 명의신탁약정의 무효로 인하여 명의신탁자가 입은 손해는 당해 부동산 자체가 아니라 명의수탁자에게 제공한 매수자금이라 할 것이고, 따라서 명의신탁자는 명의수탁자에게 당해 부동산 자체가 아니라 그 부동산의 매수자금(買受資金)을 부당이득으로 반환하여 줄 것을 청구할 수 있다고 판시하고 있다(대판 2005.1.28. 2002다66922).

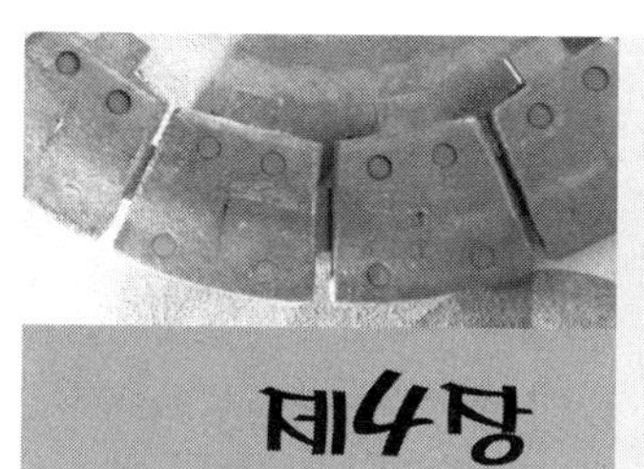

제4장 지 상 권

제1절 서 설

Ⅰ. 의 의

지상권(地上權)이라 함은 타인의 토지에 건물 기타 공작물이나 수목을 소유하기 위하여 그 토지를 이용하는 용익물권(用益物權)을 말한다.

지상권의 객체인 토지는 1필의 토지 전부에 대하여 설정되어도 좋고, 그 일부라도 상관없다. 나아가 토지의 지하 또는 지상의 공간만을 대상으로 지상권을 설정할 수도 있는데, 이를 구분지상권(區分地上權)이라 한다.

지상권은 건물 기타 공작물이나 수목의 소유를 위하여 타인의 토지를 사용하는 권리인데, 과수나무 등과 같이 경작의 대상이 되는 수목의 소유를 위하여도 지상권을 설정할 수 있는지에 대하여는 학설이 대립한다.

지상권과 토지임차권의 비교

일정한 목적을 위하여 타인의 토지를 이용하는 방법으로서 현행법상 지상권뿐만 아니라 임대차(賃貸借)에 의한 방법을 생각할 수 있는데, 지상권에 의하는 예는 드물고 주로 임대차에 의하여 목적을 달성하고 있는 실정이다.

지상권과 임차권의 특징을 비교해 보면 다음과 같다.

첫째, 권리의 법적 성질이 다르다.

지상권은 물권(物權)으로서 대세적 효력을 가지는 데 비하여, 임차권은 채권으로서 임차인은 오직 임대인에 대하여서만 일정한 권리를 행사한다.

둘째, 제3자에 대한 대항력을 가지는지에 차이가 있다.

지상권은 물권으로서 제3자에게 대항할 수 있는 데 비하여, 임차권은 제3자에 대한 대항력이 없다. 다만, 부동산임차권은 등기할 수 있고 등기하면 제3자에 대하여 효력을 가지며(제621조), 또한 건물의 소유를 목적으로 한 토지임대차는 이를 등기하지 아니한 경우에도 임차인이 그 지상건물을 등기한 때에는 제3자에 대하여 임대차의 효력이 생긴다(제201조 제2항).

셋째, 권리의 양도성에 차이가 있다.

지상권자는 지상권설정자의 동의 없이도 그 권리를 양도하거나 임대할 수 있는데(제282조), 임차인은 임대인의 동의 없이 그 권리를 양도하거나 임차물을 전대(轉貸)하지 못한다(제629조).

넷째, 존속기간에 차이가 있다.

지상권에는 최장존속기간의 제한이 없고 최단존속기간에 대하여서만 제한한다(제280조). 이에 대하여 임차권은 일정한 경우를 제외하고는 그 존속기간은 20년을 넘지 못하도록 하여 최장존속기간의 제한이 있다(제651조).

또한, 당사자 간에 존속기간을 약정하지 않은 경우에도 지상권에 있어서는 토지의 사용목적에 따라서 최단존속기간을 정한 것으로 하는데(제281조), 임대차에 있어서는 임대차기간의 약정이 없는 때에는 당사자는 언제든지 계약해지를 통고할 수 있도록 한다(제635조).

다섯째, 대가관계(對價關係)에 차이가 있다.

지상권에 있어서는 지료의 지급은 지상권의 요소가 아닌 데 비하여, 임대차계약은 유상계약으로서 차임의 지급은 임대차의 요소이다.

또한, 지상권자가 지료를 지급할 의무가 있는 경우에 2년 이상의 지료지급을 연체한 때에는 지상권설정자는 지상권의 소멸을 청구할 수 있는데(제287조), 임대차에 있어서는 임차인의 차임연체액이 2期에 달하면 임대인은 계약을 해지할 수 있다.

여섯째, 지상권설정자는 지상권자의 토지사용을 방해하지 않을 소극적인 의무를 부담할 뿐인데, 임대인은 토지사용에 적합한 상태를 유지하여야 할 적극적인 의무를 가진다.

일곱째, 갱신청구권, 매수청구권에는 차이가 없다.

지상권이 소멸한 경우에 건물 등의 지상물이 현존한 때에는 지상권자는 계약의 갱신을 청구할 수 있고 지상권설정자가 이를 거절한 때에는 지상물의 매수를 청구할 수 있는데(제283조), 건물 등의 소유를 목적으로 한 토지임대차나 식목 등을 목적으로 한 토지임대차의 기간이 만료한 경우에 지상물이 현존하는 때에는 지상권에 관한 제283조의 규정을 준용하도록 하고 있다(제643조).

II. 법적 성질

지상권은 타인의 토지를 사용하는 권리로서 타물권(他物權)이다. 따라서 지상권과 토지소유권이 동일인에게 귀속되면 지상권은 혼동으로 소멸한다.

지상권은 타인의 토지를 사용하는 것을 본질적인 내용으로 하는 권리이다. 그러므로 지상권설정계약 당시에는 건물 등이 없더라도 지상권은 유효하게 성립할 수 있고, 또한 기존의 건물 등이 멸실되더라도 존속기간이 만료되지 않는 한 지상권은 소멸하지 않는다.

제2절 지상권의 취득

I. 법률행위에 의한 지상권 취득

법률행위로 지상권을 취득할 수 있다. 계약으로 지상권을 취득하기 위해서는 토지소유자, 즉 지상권설정자와 지상권자 사이에 지상권설정의 합의와 등기를 하여야 한다(제186조 참조). 그 외에도 지상권의 양도나 유언에 의하여 지상권을 취득할 수 있다. 지상권의 취득에 있어서 지료의 지급(地料支給)은 그 요소가 아니다.

II. 법률의 규정에 의한 지상권 취득

1. 경매 · 취득시효 등에 의한 지상권 취득

지상권은 상속, 공용징수, 판결, 경매 등과 같은 법률행위 이외의 사유로도 취득할 수 있으며, 이 경우에는 등기를 요하지 아니한다(제187조).

판례(대판 76.5.11. 75다2338)도 건물이 경매에 의하여 소유권이 이전되었다면 경락인이 건물을 경락한 후 철거하기로 하는 등의 매각조건하에서 경매가 되는 등 특별한 사정이 있지 않은 경우에는 지상권도 건물의 이전과 불가분리관계에서 그에 따라서 이전되었다고 할 것이고 이렇듯 경매에 의해서 이전된 지상권은 그에 대한 등기가 없어도 그 후의 그 토지전득자에 대하여도 당연히 유효하다고 한다. 다만, 점유취득시효로 지상권을 취득하는 경우 법률의 규정에 의한 부동산물권변동(제187조)임에도 등기를 하여야 한다(제248조, 제245조 제1항).

2. 법정지상권

당사자 간에 지상권 설정에 관한 합의가 없는 경우에도 일정한 요건이 구비되면 법률의 규정에 의하여 당연히 지상권의 성립이 인정되는 경우가 있는데, 이를 법정지상권(法定地上權)이라고 한다.

(1) 건물의 전세권과 법정지상권

대지와 건물이 동일한 소유자에 속한 경우에 건물에 전세권을 설정한 때에는 그 대지소유자의 특별승계인은 전세권설정자에 대하여 지상권을 설정한 것으로 본다(제305조). 이 경우에 대지소유자는 타인에게 그 대지를 임대하거나 이를 목적으로 한 지상권 또는 전세권을 설정하지 못하도록 하고 있다(제305조 제2항).

(2) 저당권과 법정지상권

토지와 건물이 동일인의 소유인 경우, 어느 한쪽 또는 양쪽에 저당권이 설정된 후 저당물의 경매로 인하여 토지와 그 지상건물이 다른 소유자에 속한 경우에는 토지소유자는 건물소유자에 대하여 지상권을 설정한 것으로 본다(제366조).

(3) 「가등기담보 등에 관한 법률」 규정에 의한 법정지상권

토지 및 그 지상의 건물이 동일한 소유자에게 속하는 경우에 그 토지 또는 건물에 대하여 가등기담보 등에 관한 법률 제4조 제2항의 규정에 의하여 소유권을 취득하거나 담보가등기에 기한 본등기가 행하여진 경우에는 그 건물의 소유를 목적으로 그 토지 위에 지상권이 설정된 것으로 본다(가등기담보 등에 관한 법률 제10조).

(4) '입목에 관한 법률' 규정에 의한 법정지상권

입목의 경매 기타 사유로 인하여 토지와 그 입목이 각각 다른 소유자에게 속하게 되는 경우에는 토지소유자는 입목소유자에 대하여 지상권을 설정한 것으로 본다(입목에 관한 법률 제6조).

제3절 지상권의 존속

Ⅰ. 존속기간을 약정하는 경우

당사자는 계약으로 지상권의 존속기간을 정할 수 있다. 다만, 최단존속기간(最短存續期間)의 제한이 있다. 즉, 석조건물이나 철근콘크리트 건물과 같이 견고한 건물 또는 수목의 소유를 목적으로 하는 때에는 최단 30년, 그 밖의 건물의 소유를 목적으로 하는 때에는 최단 15년, 그리고 건물 이외의 공작물의 소유를 목적으로 하는 때에는 최단 5년의 기간보다 단축할 수는 없으며(제280조 제1항), 이 기간보다 단축한 기간을 정한 때에는 최단존속기간까지로 연장된다(제280조 제2항).

지상권의 존속기간에 관한 민법 제280조 제1항의 제한은 '건물이나 수목 등의 소유를 목적으로 지상권'을 설정하는 때에 적용되며, '기존 건물의 사용을 위한 목적으로 지상권'을 설정하는 경우에는 그 적용이 없다고 할 것이다(대판 96.3.22. 95다49318).

최장존속기간에 관하여는 명문의 규정을 두고 있지 않다. 당사자 사이에 지상권의 존속기간을 영구무한으로 약정하는 것이 유효한지에 대하여 학설은 긍정설과 부정설이 대립하고 있다.

긍정설은 근거로서 최근에는 소유권이 영구적인 지료징수권으로 변하고 있으며, 민법에서 최장존속기간에 관한 규정을 두고 있지 않으므로 영구무한의 지상권도 허용하는 것으로 해석할 수 있고 또한 지하철과 같이 공작물이 존재하는 한 지상권을 존치시킬 필요가 있다는 점 등을 들고 있다.

이에 대하여 부정설은 지상권의 존속기간을 영구무한으로 하는 것은 제한물권의 성질에 반하며 또한 영구무한의 지상권을 부정하더라도 지상권자는 계약갱신청구권 등을 행사할 수 있기 때문에 지상권자에게 불리하지 않다는 점 등을 근거로 든다.

판례(대판 2001.5.29. 99다66410)는 존속기간을 영구무한으로 정하는 것도 허용된다는 입장이다.

Ⅱ. 존속기간을 약정하지 않은 경우

당사자 사이에 계약으로 지상권의 존속기간을 정하지 아니한 때에는 지상권의 존속기간은 목적물의 종류에 따라 민법 제280조의 최단존속기간으로 한다(제281조 제1항).

지상권설정 당시에 공작물의 종류와 구조를 정하지 아니한 때에는 지상권은 견고하지 않은 건물의 소유를 목적으로 한 것으로 보아 지상권의 존속기간은 15년으로 한다(제281조 제2항).

Ⅲ. 계약이 갱신되는 경우

1. 성립요건

지상권이 소멸한 경우에 건물 기타 공작물이나 수목이 현존한 경우에는 지상권자는 계약의 갱신을 청구할 수 있다(제283조 제1항).

지상권이 소멸한 경우라 함은 지상권이 존속기간의 만료로 소멸한 경우만을 말하며, 지상권자가 2년 이상의 지료를 지급하지 않아서 지상권이 소멸되는 경우(제287조) 등에는 갱신청구권이 인정되지 않는다(통설, 대판 93.6.29. 93다10781).

또한, 계약의 갱신을 청구하기 위해서는 지상권이 소멸한 때에 건물 기타 공작물이나 수목 등의 지상물이 현존하고 있어야 한다.

2. 갱신청구권의 행사기간

지상권자의 계약갱신청구권은 지상권의 존속기간이 만료된 후 지체 없이 행사하여야 하며, 지체 없이 행사하지 않은 때에는 갱신청구권은 소멸한다(통설).

3. 효　과

(1) 계약갱신청구권과 지상물매수청구권

지상권자의 계약갱신청구권은 형성권이 아니므로 지상권자가 갱신청구권을 행사하였다고 하여 바로 계약갱신효과가 생기지는 않는다. 지상권자의 갱신청구에 대하여 계약을 체결할지 여부는 지상권설정자의 자유이다.

다만, 지상권설정자가 지상권자의 계약갱신청구를 거절한 때에는 지상권자는 지상권설정자에게 상당한 가격으로 지상물의 매수를 청구할 수 있도록 함으로써(제283조 제2항) 계약의 갱신을 간접적으로 강제하고 있다. 지상권자의 지상물매수청구권(地上物買受請求權)은 갱신청구권과는 달리 형성권(形成權)으로 해석한다.

'상당한 가격'이라 함은 지상권자가 매수청구권을 행사할 당시의 시가 상당액을 말한다(대판 2002.11.13. 2002다46003, 46027).

(2) **계약의 갱신과 지상권의 존속기간**

당사자가 계약을 갱신하는 경우에도 지상권의 존속기간은 갱신한 날로부터 제280조의 최단존속기간보다 단축하지 못하며, 단축한 때에는 최단존속기간까지 연장된다(제284조, 제280조 제2항). 당사자가 최단존속기간보다 장기의 기간을 정하는 것은 상관없다(제284조 단서).

제4절 지상권의 효력

Ⅰ. 토지사용권

지상권자는 지상권설정계약에서 정해진 목적 범위 내에서 토지사용권을 가지며, 이에 대하여 토지소유자는 지상권자의 토지사용을 방해하지 말아야 할 소극적인 의무를 부담한다. 지상권설정자는 계약기간 동안에 토지를 지상권자가 사용할 수 있도록 인도하면 되고, 임대인과 같이 목적물의 사용・수익에 필요한 상태를 유지할 적극적인 의무는 없다.

지상권은 타인의 토지에서 건물 기타의 공작물이나 수목을 소유하는 것을 본질적 내용으로 하는 것이 아니라, 타인의 토지를 사용하는 것을 본질적 내용으로 하고 있으므로 지상권 설정계약 당시 건물 기타의 공작물이나 수목이 없더라도 지상권은 유효하게 성립할 수 있다.

Ⅱ. 상린관계규정의 준용

상린관계에 관한 규정은 토지에 대한 사용권을 가지는 지상권자에게도 준용된다(제290조).

Ⅲ. 지상권과 물권적 청구권

지상권자는 토지를 점유하여 사용・수익할 권리를 가지며, 지상권이 침해되면 지상권에 기한 물권적 반환청구권, 방해제거청구권, 방해예방청구권을 행사할 수 있다

(제290조 제1항).

Ⅳ. 지상권의 처분

지상권자는 지상권설정자의 동의 없이도 타인에게 그 권리를 양도하거나 그 권리의 존속기간 내에서 그 토지를 임대할 수 있다(제282조). 이에 위반하는 특약으로서 지상권자에게 불리하면 그 특약은 무효이다(제289조).

이와 같이 지상권자로 하여금 지상권을 처분할 수 있도록 한 것은 지상권자로 하여금 지상권의 취득을 위하여 투하한 자본을 회수할 수 있도록 한 것이다.

지상권자가 지상권을 처분함에 있어서 지상권을 유보한 채 지상물의 소유권만을 양도할 수도 있고 지상물의 소유권을 유보한 채 지상권만을 양도할 수도 있는 것이어서 지상권자와 그 지상물의 소유권자가 반드시 일치하여야 하는 것은 아니며, 또한 지상권설정시에 그 지상권이 미치는 토지의 범위와 그 설정 당시 매매되는 지상물의 범위를 다르게 하는 것도 가능하다(대판 2006.6.15. 2006다6126, 6133).

또한, 지상권에 저당권을 설정할 수 있도록 하고 있는데(제371조), 지상권에 저당권의 설정을 금지하는 특약은 유효한가에 대하여 학설은 대립한다. 이에 대하여 다수설은 지상권의 양도나 임대를 금지하는 특약을 무효라고 해석하는 것과 같은 이유로 지상권에 저당권의 설정을 금지하는 특약은 무효라고 할 것이다.

지상물이 양도되면 이에 수반하여 지상권도 등기 없이 양수인에게 이전되는가?

긍정설은 지상권과 지상물이 결합하여 경제적 효용을 발휘할 뿐만 아니라 지상권과 지상물은 법률적 운명을 같이 한다고 할 수 있으며, 지상권의 수반을 긍정함으로써 지상권자가 투하한 자본을 확실하게 회수할 수 있다는 이유로 지상물이 양도되면 지상권은 등기 없이도 당연히 양수인에게 이전된다고 한다.

이에 반하여 부정설은 물권변동에 관하여 형식주의를 취하는 현행 민법하에서는 지상권 이전의 등기 없이 지상권양도의 효력이 생기는 것은 있을 수 없다고 한다(다수설, 대판 95.4.11. 94다39925).

V. 지료의 지급과 체납의 효과

1. 지료지급의무

지료의 지급은 지상권의 요소는 아니다. 그러나 당사자가 지료를 지급하기로 약정한 경우에는 지상권자는 지상권설정자에게 지료를 지급할 의무를 부담한다.

지료에 관한 약정을 등기한 때에는 제3자에게 대항할 수 있고, 지료의 등기를 하지 않은 이상 토지소유자는 구 지상권자의 지료연체 사실을 들어 지상권을 이전받은 자에게 대항하지 못한다(대판 96.4.26. 95다52864).

지료는 일시금으로 하든 정기금으로 하든 상관없을 뿐만 아니라 지료는 금전에 한하지 않는다.

2. 지료연체의 효과

지료지급의 의무 있는 지상권자가 2년 이상의 지료를 지급하지 아니한 때에는 지상권설정자는 지상권의 소멸을 청구할 수 있다(제287조).

지상권자의 지료의 지급연체가 토지소유권의 양도 전후에 걸쳐 이루어진 경우 토지양수인에 대한 연체기간이 2년이 되지 않는다면 양수인은 지상권 소멸청구를 할 수 없다(대판 2001.3.13. 99다17142).

법정지상권이 성립되고 지료액수가 판결에 의하여 정해진 경우, 지상권자가 판결확정 후 지료의 청구를 받고도 책임 있는 사유로 상당한 기간 동안 지료의 지급을 지체한 때에는 지체된 지료가 판결확정의 전후에 걸쳐 2년분 이상일 경우에도 토지소유자는 민법 제287조에 의하여 지상권의 소멸을 청구할 수 있고, 판결확정일로부터 2년 이상 지료의 지급을 지체하여야만 지상권의 소멸을 청구할 수 있는 것은 아니라고 할 것이다(대판 2005.10.13. 2005다37208).

지료연체를 이유로 지상권의 소멸을 청구하는 경우에 지상권이 저당권의 목적인 때 또는 그 토지에 있는 건물, 수목이 저당권의 목적이 된 때에는 저당권자에게 통지한 후 상당한 기간이 경과함으로써 그 효력이 생긴다(제288조).

3. 지료증감청구권

지료가 토지에 관한 조세 기타 부담의 증감이나 지가의 변동으로 인하여 상당하지 아니하게 된 때에는 당사자는 그 증감을 청구할 수 있다(제286조).

지료증감청구권은 지상권설정계약 당사자 쌍방에게 인정되며, 일종의 형성권(形成權)이다(통설). 당사자 일방의 지료증감청구에 대하여 상대방이 다투는 경우에는 법원의 판단에 따라야 할 것이며, 증감이 인정되는 경우에는 그 증감청구를 한 때로 소급하여 효력이 생긴다.

특정 기간에 대한 지료가 법원에 의하여 결정되었다면 당해 당사자 사이에서는 그 후 제286조의 규정에 의한 지료증감의 효과가 새로 발생하는 등의 특별한 사정이 없는 한 그 후의 기간에 대한 지료 역시 종전의 기간에 대한 지료와 같은 액수로 결정된 것이라고 보아야 한다(대판 2003.12.26. 2002다61934).

제5절　지상권의 소멸

Ⅰ. 지상권 소멸사유

1. 물권 일반에 공통하는 소멸사유

토지의 멸실, 존속기간의 만료, 소멸시효의 완성, 혼동 등 물권에 공통하는 소멸사유에 의하여 지상권은 소멸한다. 기존의 건물 기타의 공작물이나 수목이 멸실되더라도 존속기간이 만료되지 않는 한 지상권은 소멸되지 않는다.

2. 지상권에 특유한 소멸사유

지상권에만 특유한 소멸사유로서 지상권설정자의 지상권소멸청구, 지상권의 포기, 당사자 간에 약정한 소멸사유의 발생 등이 있다.

(1) 지상권의 소멸청구

지상권자가 지료지급의무를 가지고 있는 경우에 지상권자의 책임 있는 사유에 의하여 2년 이상의 지료를 지급하지 아니한 때에는 지상권설정자는 지상권의 소멸을 청구할 수 있다(제287조).

'2년 이상의 지체'라 함은 연속적으로 2년분의 지료를 체납한 경우뿐만 아니라 몇 년 전에 지료를 체납하고 또 올해도 체납하여 통산 2년분에 달하는 지료지급의무를 위반한 때에도 적용됨은 물론이다.

지상권 소멸청구권의 법적 성질

학설은 채권적 청구권으로 이해하는 견해와 형성권으로 이해하는 견해가 대립한다. 채권적 청구권으로 이해하는 견해에 의하면 소멸청구권을 행사한 것만으로는 지상권이 소멸하지 않고 말소등기까지 하여야 지상권소멸의 효과가 생긴다고 한다.

형성권으로 이해하는 견해는 다시 소멸청구권은 형성권이므로 등기 없이도 지상권소멸의 효과가 발생한다고 하는 입장과 지상권설정자의 소멸청구권은 물권적 단독행위, 즉 법률행위에 의한 부동산물권변동이므로 민법 제186조의 원칙에 따라 말소등기를 하여야 지상권소멸의 효과가 발생한다는 입장으로 나누어진다.

(2) 지상권의 포기

지상권자는 지상권을 포기할 수 있다. 지상권의 포기는 상대방 있는 단독행위이므로 등기를 하여야 지상권소멸의 효과가 발생한다(제186조 참조).

지상권이 저당권의 목적인 때에는 저당권자의 동의가 있어야 지상권을 포기할 수 있다(제371조 제2항).

(3) 약정소멸사유의 발생

당사자 간에 지상권의 소멸사유를 약정할 수 있고, 약정소멸사유가 발생하면 지상권은 소멸한다. 다만, 존속기간, 지료체납 등에 관하여 지상권자에게 불리한 약정은 지상권자에 대하여 효력이 없다(제289조).

II. 소멸의 효과

1. 지상물수거의무

지상권이 소멸한 때에는 지상권자는 건물 기타 공작물이나 수목을 수거하여 토지를 원상에 회복하여야 한다(제285조). 지상권자의 지상물에 대한 수거와 원상회복은 권리이자 동시에 의무로서의 성질을 가진다.

2. 지상물매수청구권

(1) 지상권설정자의 지상물매수청구권

지상권이 소멸한 때에 지상권설정자가 상당한 가격을 제공하여 그 공작물이나 수목의 매수를 청구한 때에는 지상권자는 정당한 이유 없이 이를 거절하지 못한다(제285

조 제2항). 지상권설정자의 지상물매수청구권의 성질은 형성권(形成權)이다(통설). 그러므로 지상권설정자로부터 상당한 가액이 제공되어 매수청구의 의사표시가 이루어지면 청구권이 유효하게 행사된 것으로 볼 것이다. 다만, 지상권자는 지상물을 제3자에게 양도하기로 하는 등의 계약을 체결한 경우와 같이 정당한 이유가 있는 경우에는 지상권설정자의 지상물매수청구권을 거절할 수 있다.

여기서 '상당한 가격'이라 함은 여러 사정 등을 객관적 · 종합적으로 고려하여 매매청구권의 행사 당시에 지상물이 현재하는 대로의 상태에서 평가된 시가(時價)를 말한다고 할 것이다(대판 87.6.23. 87다카390 참조).

(2) 지상권자의 지상물매수청구권

지상권자는 일정한 경우에 한하여 지상물매수청구권을 갖는다. 즉, 지상권자가 계약갱신청구권(제283조 제1항)을 행사하였음에도 지상권설정자가 이를 거절한 경우에 한하여 지상물매수청구권을 행사할 수 있다(제283조 제2항). 지상권자의 지상물매수청구권은 지상권자가 지료지급의무를 가지는지 여부와는 상관없이 발생한다(대판 68.8.30. 68다1209).

또한, 지상물의 가격은 지상권이 소멸된 시기가 아니라 매매계약관계가 성립한 때, 즉 형성권인 지상물매수청구권을 행사한 때를 기준으로 하여야 할 것이다(대판 67.12.18. 67다2355). 당사자 사이에 구체적인 가격에 대하여 합의가 되지 못하면 결국 당사자의 청구에 의하여 법원이 가격을 결정하게 될 것이다.

3. 지상권자의 비용상환청구권

지상권자가 지상물에 관하여 비용을 지출한 경우에 토지소유자로부터 그 상환을 청구할 수 있는지에 대하여는 명문의 규정이 없고 토지임대차의 경우를 참고로 해석하고 있다.

(1) 필요비상환청구권

임차인은 필요비와 유익비 모두에 대하여 상환을 청구할 수 있도록 규정을 두고 있다(제626조). 임차인이 임대인에 대하여 가지는 필요비의 상환청구권은 임대인이 부담하는 '목적물의 사용 · 수익에 필요한 상태를 유지하게 할 적극적인 의무(제623조)'에 상응하는 것이므로 소극적인 의무를 부담하는 지상권설정자에게는 유추적용할 수 없다고 할 것이다.

그러므로 지상권자가 지상물에 대하여 필요비를 지출한 경우에도 그 상환을 청구할 수 없다고 할 것이다(통설).

(2) **유익비상환청구권**

임차인이 임차목적물에 대하여 유익비를 지출한 결과 그 가액이 증가한 경우에는 그 가액의 증가가 현존한 때에 한하여 임차인이 지출한 금액이나 그 증가액을 상환하도록 한 규정(제626조 제2항)을 지상권에 유추적용할 수 있을 것이다. 따라서 지상권자가 지상물에 대하여 유익비를 지출한 경우 지상권이 소멸한 때에 그 가액의 증가가 현존하고 있으면 토지소유자의 선택에 좇아 지상권자가 지출한 금액 또는 증가액의 상환을 청구할 수 있을 것이다(제203조 제2항, 제626조 제2항 참조).

Ⅲ. 편면적 강행규정

지상권의 존속기간, 지상권의 처분, 지상권자의 갱신청구권, 지상물매수청구권, 지료증감청구권 등의 규정은 강행규정으로서 이에 위반되는 계약으로 지상권자에게 불리한 것은 그 효력이 없다(제289조).

제6절 특수한 지상권

Ⅰ. 구분지상권

1. 의 의

구분지상권(區分地上權)이라 함은 건물 기타 공작물을 소유하기 위하여 타인의 토지의 지하 또는 지상의 공간에 상하의 범위를 정하여 사용하는 물권을 말한다.

지하 또는 지상의 일정한 공간에 대하여 지상권의 성립을 인정하는 이유는 토지의 입체적 이용을 위한 것이다.

예컨대 타인의 토지에 지하철을 통과시켜야 하는 경우에 일정한 지하의 공간만을 구분하여 지상권을 설정할 수 있도록 하고 나머지 지상공간이나 지표에 대하여는 토지소유자로 하여금 사용·수익하도록 함으로써 토지를 입체적으로 이용하는 것이 바람직하다는 점에서 구분지상권을 인정하는 이유를 찾을 수 있다.

2. 성립요건

(1) 설정계약과 등기

구분지상권을 취득하기 위하여는 당사자가 계약으로 토지의 상하의 범위를 정하는 합의와 등기를 하여야 한다(부동산등기법 제69조). 예컨대 '지하 5m에서 지하 25m의 공간'이라는 식으로 표시할 수 있을 것이며, 도면 등에 의하여 정확하게 등기할 수 있으면 구분지상권의 범위를 곡면(曲面)으로의 구획도 가능할 것이다.

(2) 건물 기타 공작물을 소유하기 위한 것일 것

구분지상권은 건물 기타 공작물의 소유를 위한 것이어야 한다. 그러므로 수목(樹木)의 소유를 위해서는 구분지상권을 설정할 수 없다.

(3) 기존의 토지이용권을 가지는 제3자의 승낙

구분지상권의 목적인 토지에 대하여 제3자가 그 토지를 사용·수익할 권리를 가지는 때에는 그 권리자 및 그 권리를 목적으로 하는 권리를 가진 자 전원의 승낙을 얻어야 한다(제289조의 2 제2항).

3. 효 력

구분지상권이 설정된 범위에서 토지소유권은 제한을 받는다. 그러나 그 이외의 부분에 대하여는 토지소유권이 제한을 받지 않기 때문에 토지소유자가 사용·수익할 수 있다.

다만, 당사자가 설정행위로써 지상권의 행사를 위하여 토지의 사용을 제한한 때에는 그러하지 아니하다(제289조의 2 제1항 단서). 예컨대 지하의 구조물에 영향을 미치지 않도록 하기 위하여 '토지소유자는 지상에 일정한 무게의 구조물을 설치하지 않기로 한다'는 등의 합의를 할 수 있을 것이다.

II. 관습법상의 법정지상권

1. 의 의

관습법상의 법정지상권이라 함은 토지와 건물이 동일인의 소유에 속하였다가 어느 한 쪽이 매매, 교환 등의 원인에 의하여 소유자가 각각 다르게 된 경우에, 당사자간의 합의 없이 건물 소유자에게 인정되는 지상권을 말한다.

이와 같이 관습법상의 법정지상권을 인정하는 이유는 건물을 토지와 독립한 부동산으로 취급하는 우리 법제하에서 동일인의 소유에 속하는 토지와 건물이 일정한 사유로 토지소유자와 건물소유자가 다르게 된 경우에 당사자 간에 건물의 존립을 위한 토지이용관계가 설정되어 있지 않다는 이유로 토지소유자로 하여금 건물소유자에 대하여 건물의 철거를 청구할 수 있도록 허용하는 것은 사회 · 경제적으로 손실이 크기 때문이다.

2. 요　　건

(1) 토지와 건물이 동일인의 소유일 것

관습상 법정지상권이 성립하려면 토지와 그 지상 건물이 애초부터 원시적으로 동일인의 소유에 속하였을 필요는 없고, 그 소유권이 유효하게 변동될 당시에 동일인이 토지와 그 지상 건물을 소유하였던 것으로 족하다(대판 2012.10.18. 2010다52140 전원합의체). 소유권이 유효하게 변동될 당시에 토지와 건물이 동일인의 소유이면 무허가 건물이나 미등기 건물인 경우에도 관습법상의 법정지상권은 성립한다(대판 91.8.13. 91다16631).

명의신탁된 토지상에 수탁자(受託者)가 건물을 신축한 후 명의신탁이 해지되어 토지소유권이 신탁자에게 환원된 경우, 명의수탁자와 신탁자 사이에서는 토지소유권은 신탁자에게 있는 것이고 수탁자는 결국 타인 소유의 토지에 건물을 신축한 것에 불과하기 때문에 신탁자에 대하여 지상건물의 소유를 위한 관습상의 지상권을 취득하였다고 주장할 수 없다고 할 것이다(대판 86.5.27. 86다카62).

또한 토지를 매수하여 사실상 처분권한을 가지는 자가 그 지상에 건물을 신축하여 건물의 소유권을 취득하였다고 하더라도 토지에 관한 소유권을 취득하지 아니한 이상 토지와 건물이 동일한 소유자에게 속하였다고 할 수는 없는 것이므로 이러한 상태의 건물에 관하여 강제경매절차에 의하여 그 소유권자가 다르게 되었다고 하여 건물을 위한 관습상의 법정지상권이 성립하는 것은 아니다(대판 94.4.12. 93다56053).

강제경매의 목적이 된 토지 또는 그 지상 건물의 소유권이 강제경매로 인하여 그 절차상의 매수인에게 이전된 경우에 건물의 소유를 위한 관습상 법정지상권이 성립하는가 하는 문제에 있어서는 그 매수인이 소유권을 취득하는 매각대금의 완납시가 아니라 그 압류의 효력이 발생하는 때를 기준으로 하여 토지와 그 지상 건물이 동일인에 속하였는지가 판단되어야 한다. 강제경매개시결정의 기입등기가 이루어져 압류의 효력이 발생한 후에 경매목적물의 소유권을 취득한 이른바 제3취득자는 그의 권리를 경매절차상 매수인에게 대항하지 못하고, 나아가 그 명의로 경료된 소유권이전등기는 매수인이 인수하지 아니하는 부동산의 부담에 관한 기입에 해당하므로(민사집행법 제144조 제1항 제2호 참조) 매각대금이 완납되면 직권으로 그 말소가 촉탁되어야 하는 것이어서, 결국 매각대금 완납 당시 소유자가 누구인지는 이 문제 맥락에서 별다른 의미를 가질 수 없다는 점 등을 고려하여 보면 더욱 그러하다.

한편 강제경매개시결정 이전에 가압류가 있는 경우에는, 그 가압류가 강제경매개시결정으로 인하여 본압류로 이행되어 가압류집행이 본집행에 포섭됨으로써 당초부터 본집행이 있었던 것과 같은 효력이 있다. 따라서 경매의 목적이 된 부동산에 대하여 가압류가 있고 그것이 본압류로 이행되어 경매절차가 진행된 경우에는, 애초 가압류가 효력을 발생하는 때를 기준으로 토지와 그 지상 건물이 동일인에 속하였는지를 판단하여야 한다(대판 2012.10.18. 2010다52140 전원합의체).

(2) 어느 한 쪽이 매매 등에 의하여 소유자가 다르게 되었을 것

동일인의 소유에 속하는 토지와 건물 중 어느 한 쪽이 매매 등에 의하여 소유자가 분리된 경우이어야 한다. 그러므로 소유자로부터 대지와 지상건물을 모두 매수하고 대지에 관하여만 소유권이전등기를 경료함으로써 건물의 소유명의가 매도인에게 남아 있게 된 경우라면 형식적으로는 대지와 건물의 소유명의자를 달리하게 된 것이라 하더라도 이는 대지와 건물 중 어느 하나만이 매도된 것이 아니어서 관습에 의한 법정지상권은 인정될 수 없다(대판 83.7.26. 83다카419, 420).

(3) 매매, 교환, 강제경매 등의 사유로 소유자가 달라졌을 것

동일인 소유의 토지와 건물이 매매, 증여, 귀속재산의 귀속, 강제경매, 공유물의 분할, 국세징수법에 의한 공매 등의 적법한 원인에 의하여 토지와 건물의 소유자가 다르게 된 경우에 건물소유자는 토지소유자에 대하여 관습법상의 법정지상권을 취득한다.

그러므로 '저당권의 실행을 위하여 경매(민사집행법 제264조 이하)'를 실시한 결과 토지와 건물의 소유자가 달라진 경우에 건물의 소유자가 민법 제366조에 의한 법정지상권을 취득하는 것과 구별된다.

환지로 인하여 토지와 그 지상건물의 소유자가 달라진 경우에도 환지의 성질상 건물의 부지에 관하여 소유권을 상실한 건물 소유자가 환지된 토지에 대하여 건물을 위한 관습법상 법정지상권을 주장할 수는 없다고 할 것이다(대판 2001.5.8. 2001다4101).

관습상의 법정지상권의 성립요건인 해당 토지와 건물의 소유권이 동일인에의 귀속과 그 후의 각기 다른 사람에의 귀속은 법의 보호를 받을 수 있는 권리변동으로 인한 것이어야 하므로, 원래 동일인에게의 소유권 귀속이 원인무효로 이루어졌다가 그 뒤 원인무효임이 밝혀져 그 등기가 말소됨으로써 그 건물과 토지의 소유자가 달라지게 된 경우에는 관습상의 법정지상권을 허용할 수 없다고 할 것이다(대판 99.3.26. 98다64189).

(4) **당사자 간에 건물철거에 관한 합의가 없을 것**

토지와 건물이 동일한 소유자에게 속하였다가 건물 또는 토지가 매매 기타의 원인으로 양자의 소유자가 다르게 되었더라도 당사자 사이에 건물을 철거하기로 하는 합의가 있었던 경우에는 건물소유자는 토지소유자에 대하여 그 건물을 위한 관습상의 법정지상권을 취득할 수 없다. 판례(대판 99.12.10. 98다58467)는 건물을 철거하기는 하되 그 지상에 자신의 이름으로 건물을 다시 신축하기로 합의한 경우는 건물의 소유자가 토지의 계속 사용을 그만두고자 하는 내용의 합의로는 볼 수 없으므로 관습상의 법정지상권의 발생을 배제하는 효력을 인정할 수 없다고 한다.

또한, 대지에 관한 관습상의 법정지상권을 취득한 자가 대지소유자와 그 대지에 관하여 임대차계약을 체결하였다면 특별한 사정이 없는 한 관습상의 법정지상권을 포기하였다고 볼 것이다(대판 81.7.7. 80다2243).

(5) **등기의 필요성 여부**

관습법상 법정지상권의 성립요건을 구비하면 등기 없이도 지상권취득의 효력이 발생한다. 다만, 이를 처분하기 위하여는 등기를 하여야 한다(제187조).

관습상 법정지상권이 붙은 건물의 소유자가 건물을 제3자에게 처분한 경우, 법정지상권에 관한 등기를 경료하지 아니한 양수인으로서는 건물의 소유권을 취득한 사실만 가지고는 법정지상권을 취득하였다고 할 수 없어 대지소유자에게 지상권을 주장할 수 없고 그 법정지상권은 여전히 당초의 법정지상권자에게 유보되어 있다고 보아야 한다.

이와 같이 법정지상권자가 건물을 제3자에게 양도하는 경우에는 특별한 사정이 없는 한 건물과 함께 법정지상권도 양도하기로 하는 채권적 계약이 있었다고 할 것이며, 양수인은 양도인을 순차 대위하여 토지소유자 및 건물의 전소유자에 대하여 법정지상권의 설정등기 및 이전등기절차이행을 구할 수 있다.

또한, 토지소유자는 건물소유자에 대하여 법정지상권의 부담을 용인하고 그 설정등기절차를 이행할 의무가 있다 할 것이므로, 법정지상권이 붙은 건물의 양수인은 법정지상권에 대한 등기를 하지 않았다 하더라도 토지소유자에 대한 관계에서 적법하게 토지를 점유·사용하고 있는 자라 할 것이고 따라서 건물을 양도한 자라고 하더라도 지상권갱신청구권이 있고 건물의 양수인은 법정지상권자인 양도인의 갱신청구권을 대위행사할 수 있다고 보아야 할 것이다(대판 95.4.11. 94다39925).

3. 효 력

(1) 관습법상의 법정지상권의 범위

관습법상의 법정지상권이 성립된 토지에 대하여는 법정지상권자가 건물의 유지 및 사용에 필요한 범위 내에서 토지사용권을 가지며, 법정지상권이 성립한 이후에 지상건물이 증축되거나 개축된 경우에도 건물의 동일성이 인정되는 범위 내에서 지상권의 효력이 미친다(대판 95.7.28. 95다9075, 9082).

(2) 존속기간

특별한 사정이 없는 한 민법의 지상권에 관한 규정이 준용된다. 따라서 관습법상의 법정지상권은 존속기간을 약정하지 않은 지상권으로 보아 민법 제281조의 규정에 의하여 정하여진다.

(3) 지료지급의무

관습상의 법정지상권에 대하여는 다른 특별한 사정이 없는 한 민법의 지상권에 관한 규정을 준용하여야 할 것이므로, 지상권자는 토지소유자에게 지료를 지급할 의무를 가진다(대판 93.6.29. 93다10781).

Ⅲ. 분묘기지권

1. 의 의

분묘기지권(墳墓基地權)이라 함은 타인의 토지에 분묘를 설치한 자가 그 분묘를 소유하기 위하여 그 분묘기지에 대하여 가지는 지상권에 유사한 일종의 물권을 말한다.

2. 성립요건

(1) 분묘가 존재할 것

분묘기지권이 성립하기 위해서는 봉분 등 외부에서 분묘의 존재를 인식할 수 있는 형태를 갖추어야 한다. 그러므로 평장(平葬)되었거나 암매장되어 있어서 객관적으로 인식할 수 있는 외형을 갖추고 있지 않은 경우에는 분묘기지권이 인정되지 않는다

(대판 91.10.25. 91다18040).

또한, 분묘에는 시신이 안장되어 있어야 하며 시신이 안장되어 있지 않은 예장(또는 허묘(墟墓)라고도 한다)의 경우에는 분묘기지권이 인정되지 않는다(대판 76.10.26. 76다1359, 1360).

판례에 의하면 다음과 같은 경우에는 분묘기지권의 성립이 인정된다.

① 토지소유자의 승낙을 얻어 그의 토지에 분묘를 설치한 경우(대판 62.4.26. 4294민상1451)

② 타인의 토지에 그의 승낙 없이 분묘를 설치한 경우에는 20년간 평온 · 공연하게 그 분묘기지부분을 점유함으로써 분묘기지권을 시효취득하는 경우(대판 69.1.28. 68다1927, 1928)

③ 자기 소유의 토지에 분묘를 설치한 자가 분묘에 관하여 별도의 특약없이 토지만을 타인에게 처분한 경우(대판 67.10.12. 67다1920).

(2) 등기의 필요성 여부

관습법상의 물권으로서 분묘기지권의 성립에 등기는 필요 없다. 봉분 그 자체가 공시기능을 하기 때문이다.

3. 효　　력

(1) 분묘기지권의 귀속자

분묘의 수호 관리나 봉제사에 대하여 현실적으로 또는 관습상 호주상속인인 종손이 그 권리를 가지고 있다면 그 권리는 종손에게 전속하는 것이고 종손이 아닌 다른 후손이나 종중에서 관여할 수는 없다고 할 것이나, 공동선조의 후손들로 구성된 종중이 선조 분묘를 수호 관리하여 왔다면 분묘의 수호 관리권 내지 분묘기지권은 종중에 귀속한다고 할 것이다(대판 2007.6.28. 2005다44114).

(2) 분묘기지권의 범위

분묘기지권이 성립한 경우에 분묘기지권의 범위는 분묘의 기지(基地) 자체(봉분의 기저부분)뿐만 아니라 그 분묘의 수호 및 제사에 필요한 범위 내에서 분묘의 기지 주위의 공지(空地)를 포함한 지역에까지 미친다고 할 것이다. 그러나 분묘기지권의 효력이 미치는 범위 내라고 할지라도 기존의 분묘 외에 새로운 분묘를 신설할 권능은 포함되지 않으므로 부부 중 일방이 먼저 사망하여 이미 그 분묘가 설치되고 그 분묘기지권이 미치는 범위 내에서 그 후에 사망한 다른 일방의 합장을 위하여 쌍분(雙墳) 형태의 분묘를 설치하는 것도 허용되지 않는다고 할 것이다(대판 97.5.23. 95다29086, 29093).

(3) 분묘기지권의 존속기간

분묘기지권의 존속기간에 관하여는 민법의 지상권에 관한 규정에 따를 것이 아니라, 당사자 사이에 약정이 있으면 약정에 의할 것이지만 약정이 없는 경우에는 권리자가 분묘의 수호와 봉사를 계속하는 한 그 분묘가 존속하고 있는 동안은 분묘기지권은 존속한다고 해석함이 상당하다(대판 82.1.26. 81다1220).

(4) 지료지급의무

지료의 지급에 대하여는 학설이 대립한다. 즉, 지료에 관하여 당사자 간에 약정이 없는 한 제366조의 단서를 적용하여 당사자의 청구에 의하여 법원이 이를 정하도록 하는 방법으로 지료의 지급을 인정하는 것이 타당하다는 견해가 있다. 이 견해는 분묘기지권을 인정하면 소유권이 제한을 받게 되고 그 제한에 대하여 보상을 하는 것이 법의식에도 맞다는 것이다.

이에 대하여 지료의 지급은 지상권의 요소가 아니므로 자기 토지 내에 분묘를 가지고 있던 자가 그 토지를 처분하여 분묘기지권을 취득하게 되는 때에는 지료를 지급하여야 하지만 토지소유자의 승낙을 얻어서 분묘를 설치한 경우에는 당사자 간에 약정이 있으면 약정에 따르지만 약정이 없는 때에는 무상이며 또한 분묘지기권을 시효취득한 경우에도 무상이며 지료를 지급할 필요가 없다고 주장하는 견해가 대립한다.

판례(대판 95.2.28. 94다37912)는 분묘기지권을 시효취득한 경우에는 지료를 지급할 필요가 없다고 한다.

(5) 분묘기지권의 포기

분묘기지권자가 분묘기지권을 포기하는 경우에 포기의 의사표시만으로 권리의 소멸효과가 발생하며, 의사표시 외에 분묘에 대한 점유까지도 포기 하여야만 권리가 소멸하는 것은 아니라고 할 것이다(대판 92.6.23. 92다14762).

(6) 분묘기지권의 소멸

분묘기지권은 존속기간에 대한 약정 있는 경우에는 그 존속기간이 만료된 때에 소멸한다.

분묘가 멸실된 때에도 분묘기지권은 소멸한다. 다만 분묘가 멸실된 경우라고 하더라도 유골이 존재하여 분묘의 원상회복이 가능하여 일시적인 멸실에 불과하다면 분묘기지권은 소멸하지 않고 존속하고 있다고 해석함이 상당하다고 할 것이다(대판 2007.6.28. 2005다44114).

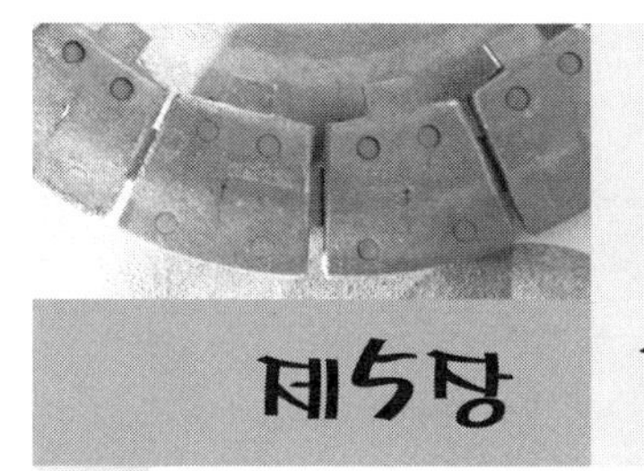

제5장 지 역 권

제1절 서 설

Ⅰ. 의 의

지역권(地役權)이라 함은 자기 토지의 편익(便益)을 위하여 타인의 토지를 이용하는 부동산 용익물권이다.

예컨대 A토지의 소유자가 B토지를 통행하거나 또는 A토지의 소유자가 B토지를 통과하여 하천으로부터 물을 끌어들일 필요가 있는 경우에 A토지의 편익을 위하여 B토지를 이용할 수 있는 용익물권이 지역권이다.

이 경우에 편익을 제공하는 토지를 승역지(承役地)라 하고, 편익을 제공받는 토지를 요역지(要役地)라 한다.

Ⅱ. 연 혁

이러한 지역권은 연혁적으로 로마법상의 역권(役權, servitus)에서 유래하고 있다. 로마법에서는 역권으로서 인역권과 지역권이 모두 인정되었다. 인역권은 토지로부터 편익을 제공받는 것이 특정인(特定人)인 데 반하여, 지역권은 편익을 제공받는 것이 특정의 토지인 점에 차이가 있다.

민법에서는 인역권을 인정하지 않고 지역권만 인정하고 있다.

지역권과 상린권 · 지상권 · 전세권의 차이점

지역권과 상린권의 차이점

첫째, 지역권은 토지소유권과는 독립한 물권인 데 대하여, 상린권은 소유권의 내용으로 구성되어 있어서 독립성이 없다.

둘째, 지역권은 당사자 사이에 설정계약을 통하여 성립하는 데 대하여, 상린권은 법률의 규정에 의하여 성립한다.

셋째, 지역권은 서로 이웃하는 토지소유자뿐만 아니라 격지자 사이에서도 성립할 수 있는 데 대하여, 상린권은 서로 이웃하는 부동산 소유권의 조절을 위하여 인정된 점이 다르다.

넷째, 지역권은 토지에 대하여서만 성립하는 데 대하여, 상린권은 부동산이면 토지뿐만 아니라 건물에 대하여도 성립한다.

다섯째, 지역권은 일정한 기간 동안 행사하지 않으면 소멸시효에 걸리지만, 상린권은 소멸시효에 걸리지 않는다.

지역권과 지상권 · 전세권의 차이점

첫째, 지역권은 편익을 제공받는 것은 토지(요역지)이며 요역지에 거주하는 사람의 개인적 이익을 위해서는 지역권을 설정할 수 없는 데 비하여, 지상권이나 전세권은 편익을 받는 것이 사람(지상권자, 전세권자)이다.

둘째, 지역권에 있어서 토지(요역지)의 이용목적에는 상린관계에 관한 강행규정에 반하지 않는 한 아무런 제한이 없는 데 비하여, 지상권이나 전세권은 토지의 이용목적이 법률에 의하여 한정되어 있다.

III. 법적 성질

1. 배 타 성

지역권에는 다른 물권과 달리 배타성이 없다. 그러므로 지역권자의 권리행사를 방해하지 않는 범위 내에서 승역지 위에 다시 지역권을 설정 할 수 있다(제297조 제2항 참조).

2. 수반성과 부종성

지역권은 수반성(隨伴性)을 갖는다. 즉, 요역지의 소유권이 이전하면 지역권은 요역지 소유권과 함께 이전하며 또는 요역지의 소유권이 다른 권리의 목적이 되는 때에도 마찬가지이다(제292조 제1항). 그러나 지역권의 수반성은 당사자의 특약(特約)에 의하여 배제될 수 있다(제292조 제1항 단서).

요역지에 대하여 소유권이전등기가 있으면 지역권의 수반성에 의하여 지역권에 대하여는 이전등기 없이도 이전하게 되는데, 이는 법률의 규정(제292조 제1항)에 의한 부동산물권변동에 해당하기 때문이다(제187조 참조).

또한 지역권에는 부종성(附從性)이 있다. 즉, 지역권은 독립한 물권이지만 요역지의 소유권과 분리하여 존재할 수 없는 요역지(要役地)에 종(從)된 권리이므로, 지역권을 요역지와 분리하여 양도하거나 다른 권리의 목적으로 할수 없다(제292조 제2항).

3. 불가분성

지역권에는 불가분성(不可分性)이 인정된다. 그러므로 토지의 분할이나 일부양도의 경우에는 지역권은 요역지의 각 부분을 위하여 존재하며 또는 그 승역지의 각 부분에 존속한다(제293조 제2항 본문).

그러나 지역권이 토지의 일부분에만 관한 것인 때에는 토지의 분할이나 일부양도의 경우에 지역권은 그 일부분에 대하여서만 존속하며 다른 부분에 대하여는 소멸한다(제293조 제2항 단서).

토지공유자 1인은 지분에 관하여 그 토지를 위한 지역권 또는 그 토지가 부담한 지역권을 소멸하게 하지 못한다(제293조 제1항). 또한, 토지공유자의 1인이 지역권을 취득한 때에는 다른 공유자도 이를 취득하며(제295조 제1항), 점유로 인한 지역권의 취득시효의 중단은 모든 공유자에 대한 사유가 있어야 시효중단의 효력이 있으며(제295조 제2항) 또한 요역지가 수인(數人)의 공유인 경우에 그 1인에 의한 지역권 소멸시효의 중단 또는 정지는 다른 공유자를 위하여 효력이 있다(제296조).

제2절 지역권의 종류

Ⅰ. 작위지역권과 부작위지역권

승역지 소유자의 의무가 인용의무(忍容義務)인가 부작위의무인가 따른 분류이다. 작위지역권(作爲地役權)은 통행지역권과 같이 지역권자가 일정한 행위를 할 수 있고 승역지 소유자가 이를 인용할 의무를 부담하는 지역권이고, 부작위지역권(不作爲地役權)은 승역지상에 요역지의 전망을 방해하는 시설을 하지 않는 것과 같이 승역지 소유자가 일정한 행위를 하지 않을 부작위의무를 부담하는 지역권이다.

Ⅱ. 계속지역권과 불계속지역권

지역권의 행사가 시간적으로 계속되는지에 따른 분류이다. 계속지역권(繼續地役權)은 예컨대 통로나 도랑을 개설하여 중단 없이 지역권의 내용이 실현되는 경우이다. 불계속지역권(不繼續地役權)은 통로를 개설하지 않은 통행지역권과 같이 지역권의 내용을 실현함에 있어서 그때그때마다 권리자의 행위를 필요로 하는 지역권을 말한다. 이러한 분류는 지역권의 시효취득에 실익이 있다. 즉, 지역권은 계속되고 표현된 것에 한하여 시효취득할 수 있다(제294조).

Ⅲ. 표현지역권과 불표현지역권

지역권의 행사를 제3자가 인식할 수 있는지에 따른 분류이다. 표현지역권(表現地役權)에는 예컨대 통행지역권, 외부에 노출된 인수(引水)지역권 등이 있고, 불표현지역권(不表現地役權)에는 지하에 매설한 시설에 의한 인수지역권, 부작위지역권 등이 있다. 이러한 분류는 지역권의 시효취득에 실익이 있다. 지역권의 시효취득은 계속되고 표현된 것에 한한다(제294조).

제3절 지역권의 취득

Ⅰ. 지역권설정계약과 등기

지역권은 승역지 소유자와 요역지 소유자 간에 지역권설정계약과 등기에 의하여 취득되는 경우가 대부분이지만 그 이외에 유언, 상속, 취득시효에 의하여 취득되는 경우도 있다.

지상권자, 전세권자는 그들이 이용하는 토지를 위하여 또는 그 토지 위에 지역권을 설정할 수 있는지는 문제이다. 지역권은 토지 사이의 이용조절을 목적으로 하는 권리이므로 이를 긍정한다(통설).

임대차에 있어서는 대항력을 갖춘 경우에 한하여 지역권을 설정할 수 있다고 하는 견해와 부동산임차권의 물권화 경향에 대응하여 임차인도 임대차기간 중에는 대항력을 갖추었는지의 여부에 상관없이 임차물의 이용범위 내에서 지역권을 설정할 수 있다고 해석하는 견해로 나뉜다.

Ⅱ. 요역지는 1필지의 토지일 것

요역지는 1필지의 토지이어야 하며 1필지의 토지의 일부를 위하여 지역권을 설정할 수 없다. 그러나 승역지는 1필지의 토지의 일부라도 상관없다(제293조 제2항 단서). 예컨대 요역지의 편익을 위하여 승역지의 일부에 통로를 개설하는 통행지역권을 설정할 수 있다.

Ⅲ. 지역권의 대가

민법은 지역권의 대가(代價)에 관하여 규정을 두고 있지 않다. 통설은 지역권은 유상이든 무상이든 상관없다는 입장이다.

Ⅳ. 시효취득

지역권은 계속(繼續)되고 표현(表現)된 것에 한하여 시효취득할 수 있다(제294조).

이러한 지역권에 해당하는 것으로 통행지역권(通行地役權)과 용수지역권(用水地役權)이 있다.

판례(대판 2010.1.28. 2009다74939, 74946)는 통행지역권을 시효취득하기 위해서는 요역지의 소유자가 승역지에 통로를 개설하였어야 하며, 그 통로를 사용하는 상태가 민법 제245조에 규정된 기간 동안 계속되어야 한다는 입장이다.

이에 반하여 일시적 사용을 목적으로 한 지역권이나 관망지역권과 같이 표현되어 있지 않은 지역권은 시효취득할 수 없다.

지역권을 시효취득하는 방법으로는 지역권 자체를 시효취득하는 경우와 이미 지역권이 성립하고 있는 요역지에 대한 소유권을 시효취득하는 방법이 있다. 요역지가 여러 사람의 공유에 속하는 경우에 그 중의 1인이 지역권을 시효취득하면 나머지 공유자 전원에게 불가분성에 의하여 지역권 취득의 효과가 미친다(제295조).

제4절 지역권의 존속기간

민법은 지역권의 존속기간에 관한 규정을 두고 있지 않다. 따라서 당사자가 설정행위로 지역권의 존속기간을 정할 수 있다.

문제는 지역권의 존속기간을 영구무한으로 약정할 수 있는가 하는 것이다. 연혁적으로 볼 때 지역권은 로마법 이래로 영구적인 것으로 설정되었으며 또한 지역권은 소유권을 제한하는 정도가 미미하다는 점 등을 이유로 영구적인 지역권의 설정을 긍정한다(통설 · 대판 80.1.29. 79다1704).

지역권의 존속기간을 정한 경우에 이를 등기할 수 있는지에 대하여 학설은 대체로 긍정하는 입장이다. 그리고 이를 등기한 때에는 제3자에게 대항할 수 있다.

제5절 지역권의 효력

Ⅰ. 승역지 사용권

지역권이 설정행위에 의하여 취득된 경우에는 지역권의 내용은 그 설정행위에 따라

정하여지고, 시효취득되는 경우에는 시효취득의 원인이 된 점유에 의하여 정하여진다.

지역권은 두 토지 사이에 이용·조절을 목적으로 하기 때문에 지역권의 내용도 이러한 지역권의 목적을 달성하기 위하여 필요하고 또한 승역지 소유자에게 손해가 가장 적은 범위에 국한되어야 할 것이다.

민법은 용수지역권에 대하여 당사자 간에 설정행위에 의하여 다른 약정을 하지 아니한 때에는 용수승역지의 수량이 요역지 및 승역지의 수요에 부족한 때에는 그 수요정도에 의하여 먼저 가용(家用)에 공급하고 다른 용도에 공급하도록 하고(제297조 제1항), 승역지에 수개의 용수지역권이 설정된 때에는 후순위의 지역권자는 선순위의 지역권자의 용수를 방해하지 못하는 것으로 정하고 있다(제297조 제2항).

또한 승역지 소유자에게 공작물의 공동사용권을 인정한다. 즉, 승역지의 소유자는 지역권의 행사를 방해하지 아니하는 범위 내에서 지역권자가 지역권의 행사를 위하여 승역지에 설치한 공작물을 사용할 수 있으며(제300조 제1항), 이 경우에 승역지의 소유자는 그 수익 정도의 비율로 공작물의 설치·보존의 비용을 분담하도록 하였다(제300조 제2항).

II. 승역지소유자의 의무

승역지의 소유자는 지역권의 내용에 따른 지역권자의 행위를 인용하거나 또는 승역지를 일정한 범위에서 이용하지 않을 의무를 부담한다.

또한, 계약에 의하여 승역지의 소유자가 자기의 비용으로 지역권의 행사를 위하여 공작물의 설치 또는 수선의 의무를 부담한 때에는 승역지 소유자의 특별승계인도 그 의무를 부담한다(제298조). 그러나 이로써 특별승계인에게 대항하기 위해서는 등기를 하여야 한다(부동산등기법 제70조).

이 경우에 승역지의 소유자는 지역권에 필요한 부분의 토지소유권을 지역권자에게 위기(委棄: 위임하여 포기함)함으로써 부담을 면할 수 있도록 하였다(제299조).

III. 지역권에 기한 물권적 청구권

지역권의 행사에 방해를 받은 경우에는 지역권자는 지역권에 기한 물권적 청구권을 행사할 수 있다. 다만, 지역권은 승역지를 점유할 권능은 없으므로 물권적 반환청구권은 인정되지 않는다. 지역권자에게는 방해제거청구권과 방해예방청구권이 인정될 뿐이다(제301조).

제6절 지역권의 소멸

Ⅰ. 일반적 소멸사유

지역권은 목적물(요역지나 승역지)의 멸실, 지역권의 포기, 혼동, 존속기간의 만료, 승역지의 시효취득, 지역권의 소멸시효 등에 의하여 소멸한다.

Ⅱ. 승역지의 시효취득으로 인한 지역권의 소멸

승역지가 제3자에 의하여 시효취득되는 경우에 시효취득은 원시취득이므로 승역지상의 지역권 등은 소멸하는 것이 원칙이다.

다만, 승역지의 점유자가 지역권의 존재를 인용하면서 점유를 한 때에는 지역권의 제한을 받는 소유권을 시효취득하므로 지역권은 소멸하지 않는다. 또, 승역지에 대하여 취득시효가 진행하고 있는 동안에 지역권자가 그 권리를 행사한 때에는 지역권의 제한을 받는 소유권을 시효취득한 것이므로 지역권은 소멸하지 않는다고 할 것이다.

Ⅲ. 지역권의 소멸시효

지역권은 20년간 행사하지 않음으로써 소멸시효가 완성된다(제162조 제2항). 요역지가 수인의 공유인 경우에는 불가분성에 따라 공유자 전원에게 소멸시효가 완성하여야 그 효력이 발생한다(제296조).

제7절 특수지역권

특수지역권(特殊地役權)이라 함은 어느 지역의 주민이 집합체의 관계로 각자가 타인의 토지에서 초목, 야생물 및 토사의 채취, 방목 기타의 수익을 하는 권리가 있는 경우에 주민들이 가지는 토지수익권을 말한다(제302조).

특수지역권의 성질은 인역권(人役權)의 일종으로서 양도하거나 상속을 할 수 없는 것이 원칙이다.

특수지역권의 성립은 관습에 의하는 경우가 대체적이지만 법률행위로 성립할 수도 있고, 법률행위로 성립하는 경우에는 등기를 요한다(제186조). 특수지역권은 관습에 의하는 외에 지역권에 관한 규정을 준용한다(제302조).

특수지역권은 지역주민의 집합체가 '법인 아닌 사단'으로서 토지수익권을 총유적으로 공동소유하는, 즉 준총유로서의 성질을 가진다. 이러한 특수지역권은 주민의 지위를 취득함으로써 취득하고 주민의 지위를 상실함으로써 상실한다(제278조, 제277조).

제6장 전 세 권

제1절 서 설

Ⅰ. 의 의

전세권(傳貰權)이라 함은 전세권자가 전세금(傳貰金)을 지급하고 타인의 부동산을 점유하여 그 부동산의 용도에 좇아 사용・수익하며, 그 부동산 전부에 대하여 후순위권리자 기타 채권자보다 전세금의 우선변제를 받을 권리가 인정되는 용익물권을 말한다.

전세권과 부동산임차권의 비교

임대차는 당사자의 일방이 상대방에게 목적물을 사용・수익하게 할 것을 약정하고 상대방이 이에 대하여 차임(借賃)을 지급할 것을 약정함으로써 성립하는 계약으로서, 임차인의 임대인에 대한 권리를 임차권(賃借權)이라고 한다(제618조).

임차인은 임차목적물을 사용・수익하는 대가로 임대인에게 차임을 지급하게 되는데, 그 차임의 지급방식에 따라서 매달 지급하는 경우를 월세(月貰)라 하고, 임차목적물을 인도받을 때 임차인이 임대인에게 거액의 금전을 지급하고(이를 흔히 전세금이라고 부른다) 그 금액으로부터 발생하는 이자 상당액을 차임에 해당하는 것으로 인정하는 경우를 전세라 부른다.

우리 사회에서 사용되는 '전세'라는 표현은 주로 임대차로서의 전세를 의미하는데, 이를 용익물권으로서의 전세권과 구별하기 위하여 '채권적 전세(債權的傳貰)'라는 표현을 사용하기도 한다.

이른바 채권적 전세와 용익물권인 전세권의 차이는 전자는 채권인데 반하여 후자는 물권으로서의 성질을 갖는다. 다만, 부동산을 목적으로 하는 임대차는 등기를 할 수 있고 등기를 한 때에는 제3자에 대하여 효력(대항력)을 인정함으로써 부동산임차권이 강화되어 있다(제621조).

II. 법적 성질

1. 전세권의 목적물

타인의 부동산이면 토지에 한하지 않고 건물에 대하여도 전세권을 설정할 수 있다. 그러나 농경지는 전세권의 목적으로 하지 못한다(제303조 제2항).

2. 전세금의 지급

전세금의 지급은 전세권의 성립요소인 점에서 지료의 지급이 지상권의 성립요소가 아닌 것과 다르다. 전세금의 금액은 등기하여야 한다(부동산등기법 제72조 제1항).

3. 용익물권으로서의 성질

전세권은 타인의 부동산을 점유하여 그 부동산의 용도에 좇아 사용·수익하는 용익물권이다.

건물 기타 공작물이나 수목을 소유하기 위하여 타인의 토지에 대하여 전세권을 설정할 수 있는지에 대하여 학설이 대립한다.

통설은 당사자가 지상권이나 전세권을 자유롭게 설정할 수 있다는 입장이다. 이에 대하여 반대설은 이를 인정하면 민법에서 지상권을 인정한 취지를 말살하게 되기 때문에 허용할 수 없다는 입장이다.

4. 담보물권으로서의 성질

전세권은 용익물권이면서 담보물권적인 성질을 함께 가진다. 즉, 전세권자는 전세부동산의 전부에 대하여 후순위권리자 기타 채권자보다 전세금을 우선변제받을 권리가 있다. 그러므로 전세권에는 담보물권의 공통된 성질로서 부종성, 수반성, 불가분성과 물상대위성이 인정된다.

제2절 전세권의 취득

전세권을 취득하기 위해서는 당사자 간에 설정계약과 등기를 하여야 하고, 전세금을 지급하여야 한다. 전세금의 지급은 전세권의 성립요건이다.

전세금의 지급은 반드시 현실적으로 수수되어야 하는 것은 아니고 기존의 채권으로 전세금의 지급에 갈음할 수 있다(대판 94.2.10. 94다18508).

제3절 전세권의 존속기간

Ⅰ. 설정행위로 존속기간을 정하는 경우

당사자가 설정행위로 전세권의 존속기간을 정하는 경우에 최장존속기간의 제한이 있다. 즉, 전세권의 존속기간은 최장 10년을 넘지 못하며, 전세권의 존속기간이 10년을 넘는 때에는 이를 10년으로 한다(제312조).

또한, 전세권의 설정계약은 갱신할 수 있지만 그 기간은 갱신한 날로부터 10년을 넘지 못한다. 전세권의 존속기간은 등기하여야 제3자에게 대항할 수 있다(부동산등기법 제72조).

전세권 · 지상권 · 임차권의 존속기간

전세권의 존속기간은 최장기간에 대한 제한이 있다는 점에서 임차권과 같고(임대차의 존속기간은 20년을 넘지 못하는 것이 원칙이다. 제651조 참조), 최단존속기간에 관한 규정을 두고 있는 지상권과 다르다(제280조 참조).

반면에 전세권은 존속기간의 최단기간에 관한 제한은 두고 있지 않다. 다만, 건물 전세권에 대하여는 최단존속기간의 제한이 있다. 즉, 건물에 대한 전세권의 존속기간을 1년 미만으로 정한 때에는 이를 1년으로 한다(제312조 제2항).

주택임대차의 존속기간을 정하지 않았거나 2년 미만으로 정한 경우에 2년으로 보며(주택임대차보호법 제4조), 또한 상가건물의 임대차 기간을 정하지 않았거나 1년 미만으로 정한 경우에 그 존속기간을 1년으로 본다(상가건물임대차보호법 제9조).

II. 존속기간을 정하지 않은 경우

당사자가 전세권의 존속기간을 약정하지 아니한 때에는 각 당사자는 언제든지 상대방에 대하여 전세권의 소멸을 통고할 수 있다. 이 경우에 상대방이 통고를 받은 날로부터 6월이 경과하면 전세권은 소멸한다(제313조).

전세권의 소멸통고의 법적 성질

전세권의 소멸통고의 법적 성질에 대하여 학설이 대립한다. 통설은 물권적 단독행위로 이해하는 데 대하여 형성권으로 이해하는 견해도 있다.

통설인 물권적 단독행위설에 따르면 소멸통고 후 6개월이 경과하면 전세권이 당연히 소멸하는 것이 아니고 말소등기를 하여야 한다(제186조 참조). 이에 대하여 형성권설에 따르면 전세권 소멸통고 후 6개월이 경과하면 말소등기 없이도 당연히 전세권은 소멸하는 것으로 이해한다.

III. 전세권의 갱신

전세권이 소멸한 경우에 당사자는 합의로 계약을 갱신할 수 있다. 전세권설정계약을 갱신하는 경우에도 그 기간은 갱신한 날로부터 10년을 넘지 못한다(제312조 제3항). 그러나 전세권자에게는 지상권자에게 인정된 갱신청구권은 인정되지 않는다(제283조 참조).

IV. 건물전세권의 법정갱신

건물의 전세권설정자가 전세권의 존속기간만료전 6월부터 1월까지 사이에 전세권자에 대하여 갱신거절의 통지 또는 조건을 변경하지 아니하면 갱신하지 아니한다는 뜻의 통지를 하지 아니한 경우에는 그 기간이 만료된 때에 전(前) 전세권과 동일한 조건으로 다시 전세권을 설정한 것으로 본다(제312조 제4항). 이를 법정갱신(法定更新) 또는 묵시의 갱신(默示的更新)이라고 한다.

이 경우에 전세권의 존속기간은 그 정함이 없는 것으로 본다(제312조 제4항). 그러므로 당사자 쌍방은 언제든지 전세권의 소멸을 통고할 수 있고, 통고 후 6개월이 경과하면 전세권 소멸의 효과가 생긴다.

이와 같은 건물전세권의 법정갱신은 법률의 규정에 의한 부동산물권변동이므로 등기(登記)없이도 전세권자는 전세권설정자나 그 목적물을 취득한 제3자에 대하여 그 권리를 주장할 수 있다(대판 2010.3.25. 2009다35743).

제4절 전세권의 효력

Ⅰ. 부동산의 사용·수익권

전세권자는 전세권의 목적인 부동산을 점유하여 그 부동산의 용도에 좇아 사용·수익할 수 있는 권리와 의무가 있다.

타인의 토지에 있는 건물에 전세권을 설정한 때에는 전세권의 효력은 그 건물의 소유를 목적으로 한 지상권 또는 임차권에 미치며, 이 경우에 전세권설정자는 전세권자의 동의 없이 지상권 또는 임차권을 소멸하게 하는 행위 를 하지 못한다(제304조).

또한, 건물이 전세권의 목적인 경우에 설정자가 토지소유자인 때에는 대지사용권도 전세권에 포함되는 것으로 해석된다.

Ⅱ. 법정지상권

대지와 건물이 동일한 소유자에 속한 경우에 건물에 전세권을 설정한 때에는 그 대지소유자의 특별승계인은 전세권설정자(傳貰權設定者)에 대하여 지상권을 설정한 것으로 본다(제305조).

Ⅲ. 목적물에 대한 유지·수선의무

전세권자는 목적물의 현상을 유지하고 그 통상의 관리에 속한 수선을 하여야 한다(제309조). 따라서 전세권자가 전세목적물에 필요비를 지출한 경우에도 전세설정자에게 그 상환을 청구할 수 없다.

Ⅳ. 물권적 청구권과 상린관계

전세권자는 전세권이 침해를 받은 경우에 전세권에 기하여 물권적 청구권을 행사할 수 있을 뿐만 아니라 전세권은 타인의 부동산을 이용하는 권리이므로 상린관계에 관한 규정이 전세권자에게도 준용된다(제319조).

Ⅴ. 전세금증감청구권

전세금이 목적 부동산에 관한 조세, 공과금 기타 부담의 증감이나 경제사정의 변동으로 인하여 상당하지 아니하게 된 때에는 당사자는 장래에 대하여 그 증감을 청구할 수 있다(제312조의 2). 다만 전세금의 증액의 경우에는 당사자가 약정한 전세금의 20분의 1(5%)을 초과할 수 없으며, 전세권설정계약이 있은 날 또는 약정한 전세금의 증액이 있은 날로부터 1년 이내에는 이를 할 수 없다(민법 제312조의 2 단서의 시행에 관한 규정 제2조, 제3조).

Ⅵ. 전세권의 처분

전세권자는 전세권설정자의 동의 없이 전세권을 타인에게 양도 또는 담보로 제공할 수 있고, 그 존속기간 내에서 목적물을 타인에게 전전세(轉傳貰) 또는 임대할 수 있다(제306조).

그러나 당사자가 설정행위로 전세권의 양도나 임대 등을 금지한 때에는 처분행위를 할 수 없다(제306조 단서). 전세권에 관한 처분금지의 특약을 등기한 때에는 제3자에게 대항할 수 있다(부동산등기법 제72조 제1항).

전세권자로 하여금 전세권설정자의 동의 없이 전세권을 처분할 수 있도록 한 것은 전세권은 물권으로서 중요한 재산권일 뿐만 아니라 전세권자가 전세권을 취득하기 위하여 투하한 자본을 회수할 있도록 할 필요가 있기 때문이다.

전세권자가 전세부동산에 대하여 전전세권(轉傳貰權)을 설정한 경우에도 원전세권(原傳貰權)은 소멸하지 않으며, 전세권자가 전세권의 목적물을 전전세 또는 임대한 경우에 전세권자는 전전세 또는 임대하지 아니하였으면 면할 수 있는 불가항력으로 인한 손해에 대하여 그 책임을 부담한다(제308조).

전세금반환청구권을 전세권과 분리하여 양도할 수 있는가?

전세권은 용익물권이면서 담보물권적 성질도 함께 가지고 있기 때문에 부종성과 수반성에 의하여 전세권을 전세금반환청구권과 분리하여 양도할 수 없는 것이 원칙이며 또한 전세금반환채권의 양도는 담보물권의 수반성의 성질에 의하여 전세권의 양도를 수반하는 것이 원칙이다.

다만 전세권이 존속기간의 만료로 소멸한 경우이거나 전세계약의 합의해지 또는 당사자 간의 특약에 의하여 전세금반환채권의 처분에도 불구하고 전세권의 처분이 따르지 않는 경우 등의 특별한 사정이 있는 때에는 전세권과 분리하여 전세금반환청구권만을 양도할 수 있다고 하는 것이 판례(대판 97.11.25. 97다29790)이다.

대판 2002.8.23. 2001다69122 「전세권이 존속하는 동안에 전세권을 존속시키기로 하면서 전세금반환채권만을 전세권과 분리하여 확정적으로 양도하는 것은 허용되지 않는 것이며, 다만 전세권 존속 중에는 장래에 그 전세권이 소멸하는 경우에 전세금반환채권이 발생하는 것을 조건으로 그 장래의 조건부 채권을 양도할 수 있을 뿐이라고 할 것이다.」

Ⅶ. 채무자 회생 및 파산에 관한 법률에 의한 별제권

전세권설정자가 파산(破産)한 경우에 전세권자는 채무자 회생 및 파산에 관한 법률에 의한 별제권(別除權)을 갖는다(채무자 회생 및 파산에 관한 법률 제411조).

그러므로 전세권자는 파산재단에 속하는 특정의 재산(전세권이 설정된 부동산)으로부터 일반채권자에 우선할 뿐만 아니라 또한 파산절차에 의하지 않고 전세금을 변제받을 수 있다(채무자 회생 및 파산에 관한 법률 제412조).

제5절 전세권의 소멸

Ⅰ. 소멸사유

1. 물권의 일반적 소멸사유

물권의 일반적 소멸사유로서 목적물의 멸실, 존속기간의 만료, 소멸시효의 완성 그리고 혼동이 있다.

전세권설정등기를 마친 민법상의 전세권은 그 성질상 용익물권적 성격과 담보물권적 성격을 겸비한 것으로서, 전세권의 존속기간이 만료되면 전세권의 용익물권적 권능은 전세권설정등기의 말소 없이도 당연히 소멸하고, 단지 전세금반환채권을 담보하는 담보물권적 권능의 범위 내에서 전세금의 반환시까지 그 전세권설정등기의 효력이 존속하고 있다 할 것이다(대판 2005.3.25. 2003다35659).

2. 전세권에 특유한 소멸사유

(1) 전세권의 소멸청구

전세권자가 전세권설정계약 또는 그 목적물의 성질에 의하여 정하여진 용법으로 이를 사용·수익하지 아니한 경우는 전세권설정자는 전세권의 소멸을 청구할 수 있다(제311조). 이 경우에 전세권설정자는 전세권자에 대하여 원상회복 또는 손해배상을 청구할 수 있다(제311조 제2항).

전세권설정자의 전세권 소멸청구권의 법적 성질에 대하여 학설이 대립한다. 형성권설, 물권적 단독행위설과 채권적 청구권설이 그것이다. 형성권설에 따르면 말소등기가 없어도 소멸청구에 의하여 전세권소멸의 효과가 생긴다고 한다. 물권적 단독행위설이나 채권적 청구권설에 따르면 말소등기를 하여야 비로소 전세권소멸의 효과가 생긴다. 다수설은 형성권설에 따른다.

(2) 전세권의 소멸통고

전세권의 존속기간을 약정하지 아니한 때에는 당사자 쌍방은 언제든지 상대방에 대하여 전세권의 소멸을 통고할 수 있고 상대방이 이 통고를 받은 날로부터 6개월이 경과하면 전세권은 소멸한다(제313조). 그 법적 성질에 대하여 물권적 단독행위로 이해한다(통설).

(3) 목적물의 멸실

(가) 목적물의 전부가 멸실한 경우 전세권의 목적물의 전부가 멸실된 때에는 그 멸실된 부분의 전세권은 소멸한다. 다만, 불가항력으로 멸실한 경우와 전세권자의 책임있는 사유에 의하여 멸실한 경우에 손해배상책임이 있는지에 차이가 있다.

전세권의 목적물이 불가항력에 의하여 멸실된 경우에 전세권은 소멸되며 전세권자는 어떠한 손해배상책임도 지지 않는다.

이에 대하여 전세권자의 책임 있는 사유로 전세권의 목적물이 전부 멸실한 경우에도 전세권은 소멸하지만 전세권자는 전세권설정자에 대하여 손해배상책임을 진다(제315조 제1항). 이 경우에 전세권설정자는 전세권이 소멸된 후 전세금으로써 손해의 배상에 충당하고 잉여가 있으면 반환하여야 하며 부족하면 다시 청구할 수 있다(제315조 제2항).

(나) 목적물의 일부가 멸실된 경우 전세권의 목적물의 일부가 멸실된 때에도 멸실의 원인이 불가항력에 의한 것이든 전세권자의 책임 있는 사유에 의한 것이든 그 멸실된 부분의 전세권은 소멸한다(제314조 제1항). 그러나 멸실되지 않은 나머지 부분에 대하여 전세권이 존속하는지, 전세금의 감액을 청구할 수 있는지는 문제이다.

잔존부분만으로 전세권의 목적을 달성할 수 없는 경우

전세목적물의 일부가 불가항력에 의하여 소멸한 경우에 전세권자가 그 잔존부분으로 전세권의 목적을 달성할 수 없는 때에는 전세권설정자에 대하여 전세권 전부의 소멸을 통고하고 전세금의 반환을 청구할 수 있다(제314조 제2항).

목적물의 일부가 전세권자의 책임 있는 사유로 멸실하였고, 잔존부분만으로 전세권의 목적을 달성할 수 없는 경우에는 민법의 규정이 없지만 이 경우에도 전세권을 존속시킨다는 것이 무의미하므로 전세권자는 전세권의 소멸을 청구할 수 있는 것으로 해석한다. 다만, 전세권자가 전세권의 소멸을 청구하는 경우에 전세권설정자는 전세권자에게 손해배상을 청구할 수 있다(제315조). 이 경우에 전세권설정자는 전세권이 소멸된 후 전세금으로써 손해의 배상에 충당하고 잉여가 있으면 반환하여야 하며 부족이 있으면 다시 청구할 수 있다(제315조 제2항).

잔존부분만으로 전세권의 목적을 달성할 수 있는 경우

전세권의 목적물의 일부가 멸실되었지만 잔존부분만으로도 전세권의 목적을 달성할 수 있는 경우에 전세금의 감액을 청구할 수 있는지에 대하여 민법에 아무런 규정도 두고 있지 않다.

일부멸실이 불가항력에 의한 때에는 멸실부분에 해당하는 만큼 전세금이 감액된다고 해석한다. 그러나 일부멸실이 전세권자의 책임 있는 사유로 인한 경우에는 전세금의 감액은 인정되지 않는 것으로 해석된다.

또한, 전세권자의 책임 있는 사유로 전세목적물의 일부가 멸실된 경우에 잔존부분만으로 전세권의 목적을 달성할 수 있는 경우에도 전세권설정자는 전세권자의 용도위반을 이유로 전세권의 소멸을 청구할 수 있을 뿐만 아니라 손해배상도 함께 청구할 수 있을 것이다. 그러나 전세권자가 스스로 전세권의 소멸을 청구할 수는 없다고 할 것이다.

(4) 전세권과 저당권의 관계

저당권이 설정된 후에 동일물 위에 전세권이 설정된 경우에 저당권의 실행에 의하여 후순위권리인 전세권은 소멸한다(민사집행법 제91조 제2항).

그러나 전세권이 설정된 후 동일물 위에 저당권이 설정된 경우에 후순위인 저당권자가 경매를 청구하더라도 선순위인 용익물권으로서의 전세권은 소멸하지 않고 매수인이 인수(引受)한다. 다만, 전세권자가 배당요구를 하면 전세권은 매각으로 소멸한다(민사집행법 제91조 제3항, 제4항).

II. 소멸의 효과

1. 동시이행

전세권이 소멸한 때에는 전세권설정자는 전세권자로부터 그 목적물의 인도 및 전세권설정등기의 말소등기에 필요한 서류의 교부를 받는 동시에 전세금을 반환하여야 한다(제317조).

그러므로 전세권자가 그 목적물을 인도하였다고 하더라도 전세권설정등기의 말소등기에 필요한 서류를 교부하거나 그 이행의 제공을 하지 아니하는 이상 전세권설정자는 전세금의 반환을 거부할 수 있고, 이 경우에 전세권설정자에게 전세금에 대한 이자 상당액의 부당이득 반환의무도 없다고 할 것이다(대판 2002.2.5. 2001다62091).

2. 전세금의 우선변제

(1) 전세권자의 경매청구권/전전세권자의 경매청구권

전세권설정자가 전세금의 반환을 지체한 때에는 전세권자는 민사집행법에서 정한 바에 의하여 전세권의 목적물의 경매를 청구할 수 있다(제318조, 민사집행법 제264조 이하 참조).

전세권자인 채권자가 전세목적물에 대한 경매를 청구하려면 우선 전세권설정자에 대하여 전세목적물의 인도의무 및 전세권설정등기말소의무의 이행제공을 완료하여 전세권설정자를 이행지체(履行遲滯)에 빠뜨려야 한다(대결 77.4.13. 77마90).

원전세권자가 전전세권자에게 전전세금의 반환을 지체한 때에는 전전세권자는 전세권의 목적부동산에 대하여 경매를 청구할 수 있다. 다만, 전전세권자가 목적부동산에 대하여 경매를 청구하기 위해서는 전전세권뿐만 아니라 원전세권도 소멸하고 있어야 한다.

즉, 전전세권이 소멸되었음에도 전전세금의 반환이 지체되고 있을 뿐만 아니라 원전세권이 소멸하고 있음에도 원전세권설정자가 원전세권자에게 전세금의 반환을 지체하고 있는 경우에 한하여 목적부동산에 대한 경매를 청구할 수 있다.

왜냐 하면 전전세권은 원전세권을 기초로 성립하고 있는 것이기 때문이다.

부동산의 일부에만 전세권이 설정된 경우의 경매청구권과 우선변제권

부동산의 일부에만 전세권이 설정된 경우에 전세권자는 전세목적물의 전부에 대하여 경매청구권과 우선변제권을 가지는지에 대하여 학설이 대립한다.

경매청구권에 관하여 다수설은 전세권이 설정된 부동산에 대하여 분할을 한 후에 경매를 청구할 수 있고 분할이 불가능한 경우에 한하여 담보물권의 불가분성의 원칙에 따라서 목적물의 전부에 대하여 경매를 청구할 수 있는 것으로 해석한다. 이에 대하여 부동산의 일부를 전세목적물로 한 경우라도 우선변제권은 그 부동산의 전부에 미치며 따라서 그 전부에 대하여 경매를 청구할 수 있다는 견해가 있다.

판례(대결 2001.7.2. 2001마212)는 「건물의 일부에 대하여 전세권이 설정되어 있는 경우 전세권자는 그 건물 전부에 대하여 전세금의 우선변제를 받을 권리가 있고, 전세권설정자가 전세금의 반환을 지체한 때에는 전세권의 목적물의 경매를 청구할 수 있으나, 전세권의 목적물이 아닌 나머지 건물부분에 대하여는 우선변제권은 별론으로 하고 경매신청권은 없다.」는 입장이다.

(2) 전세금의 우선변제청구권

전세권자는 전세목적부동산 전부의 교환가치로부터 후순위권리자나 기타 채권자보다 전세금의 우선변제를 받을 권리가 있다(제303조).

전세권자가 목적부동산의 경락대금으로부터 우선변제받지 못한 부분에 대하여는 담보 없는 일반채권으로 존속한다.

3. 원상회복의무와 전세권설정자의 부속물매수청구권

전세권이 그 존속기간의 만료로 인하여 소멸한 때에는 전세권자는 그 목적물을 원상에 회복하여야 하며 그 목적물에 부속시킨 물건을 수거할 수 있다.

그러나 전세권설정자가 그 부속물건의 매수를 청구한 때에는 전세권자는 정당한 이유 없이 거절하지 못한다(제316조 제1항).

4. 전세권자의 부속물매수청구권

전세권이 그 존속기간의 만료로 인하여 소멸한 때에 그 부속물건이 전세권설정자의 동의를 얻어 부속시킨 것이거나 또는 전세권설정자로부터 매수한 것인 때에 전세권자는 그 부속물건의 매수를 청구할 수 있다(제316조 제2항).

5. 비용상환청구권

전세권자에게는 전세권목적물의 현상을 유지하고 수선할 의무가 있기 때문에(제309조) 필요비(必要費)를 지출한 경우에도 그 상환을 청구할 수는 없다. 그러나 전세권자가 목적물을 개량하기 위하여 지출한 금액 기타 유익비에 관하여는 그 가액의 증가가 현존하는 경우에 한하여 소유자의 선택에 좇아 그 지출액이나 증가액의 상환을 청구할 수 있다(제310조 제1항).

6. 전세목적물의 소유권이 이전된 경우의 법률관계

전세권이 성립한 후 전세목적물의 소유권이 이전되는 경우에 전세권자와 구소유자간의 전세권관계가 신소유자에게 이전되는지에 관하여 민법에는 규정을 두고 있지 않다.

판례(대판 2000.6.9. 99다15122)는 전세권은 전세권자와 목적물의 소유권을 취득한 신소유자 사이에서 계속 동일한 내용으로 존속하게 된다고 보아 전세권이 소멸하면 신소유자는 전세권자에 대하여 전세금반환의무를 부담한다고 한다.

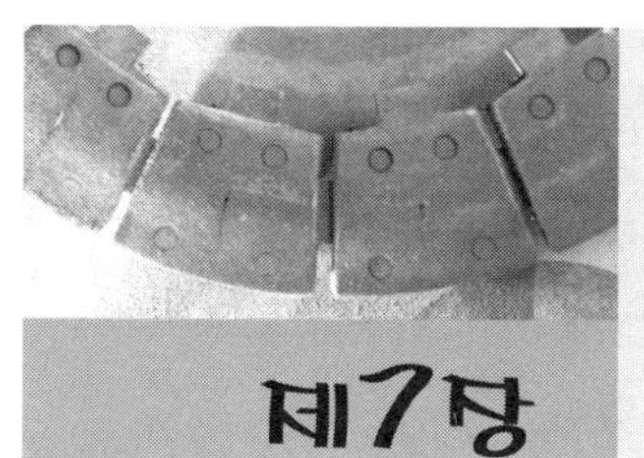

제7장 담보물권 일반

제1절 채권과 담보제도

채무자가 채무의 내용에 좇은 이행을 하면 채권자는 만족을 얻게 되고 채권은 소멸한다. 그러나 채무자가 채무내용에 좇은 이행을 하지 않는 경우에는 채권자는 채무자의 재산으로부터 강제집행을 통하여 채권의 만족을 얻을 수밖에 없다.

따라서 채권의 만족 여부는 최종적으로 채무자의 일반재산에 달려있다고 할 것이고, 채무자의 일반재산이 부족한 경우에는 채권의 만족을 얻을 수 없거나 채권의 일부분에 대해서만 만족을 얻게 될 수 있다.

또한, 채무자의 일반재산이 충분한 경우에도 채권이 성립한 후에 다른 채권이 발생할 수 있고, 이 경우에 채권자평등원칙 때문에 항상 자기의 채권이 채무자의 일반재산으로부터 만족을 얻는다는 보장이 없다.

예컨대 甲이 乙에 대하여 1,000만원의 채권을 가지고 있고, 乙은 5,000만원 상당의 재산을 가지고 있는 경우에 乙이 채무를 이행하지 않는 경우에는 甲은 乙의 재산에 대하여 강제집행을 함으로써 자기의 채권의 만족을 얻을 수 있겠지만, 甲의 채권이 성립한 후에 A와 B가 乙에 대하여 각각 4,000만원의 채권을 가지게 된 경우에는 甲의 채권은 A나 B의 채권보다 먼저 발생한 것이므로 그들보다 우선변제를 받을 권리가 있다고 할 수 없다. 채권은 성립시기에 상관없이 평등하게 취급되기 때문이다. 이를 채권자평등의 원칙(債權者平等原則)이라고 한다. 이 경우에 乙의 재산은 甲, A, B가 평등하게 배당받게 되므로 甲은 대략 550만원을 받게 되어 손해를 볼 수밖에 없다.

이러한 이유로 채권의 확보방안으로서 채무자의 일반재산에 의한 담보 이상의 것을 통하여 채권의 만족을 얻을 수 있는 장치가 필요하며, 채권의 담보제도로서 인적 담보제도(人的擔保制度)와 물적 담보제도(物的擔保制度)가 있다.

민법에서는 인적 담보제도는 채권법 분야에서 다루고 있고, 물적 담보제도만 물권법 분야에서 다루고 있다. 이하에서는 물적 담보제도에 관하여서만 검토하기로 한다.

제2절 물적 담보

Ⅰ. 의 의

물적 담보(物的擔保)라 함은 채무자 또는 제3자 소유의 재산 중에서 일정한 물건이 가지는 교환가치를 파악하여 그로부터 다른 채권자보다 우선적으로 자기 채권을 변제받을 수 있는 담보제도를 말한다.

민법상 이러한 물적 담보제도에는 유치권, 질권 그리고 저당권이 있다.

Ⅱ. 물적 담보와 인적 담보

물적 담보제도는 담보권자가 담보물의 교환가치로부터 다른 채권자보다 자기 채권을 우선변제 받을 수 있기 때문에 채권자평등의 원칙이 적용되는 인적 담보제도에 비하여 채권자의 지위가 안전하고 확실하다.

또한, 물적 담보제도는 잘 알지 못하는 자들 사이에서도 이용될 수 있기 때문에 인적 담보제도보다 널리 이용될 수 있다. 다만, 물적 담보제도는 인적 담보제도에 비하여 절차가 복잡하다는 단점이 있다.

Ⅲ. 물적 담보의 유형

1. 제한물권의 법리에 의하는 경우

민법에서 인정하는 제한물권의 법리에 의한 담보물권에는 법률의 규정에 의하여 성립하는 법정담보물권과 당사자의 약정에 의하여 성립하는 약정담보물권이 있다.

(1) 법정담보물권

법정담보물권(法定擔保物權)이라 함은 일정한 요건이 구비된 경우에 법률의 규정에 의하여 당연히 성립하는 담보물권이다. 여기에는 유치권(제320조 이하), 법정질권(제648조, 제650조), 법정저당권(제649조, 제666조)과 우선특권이 있다.

우선특권에는 주택임대차나 상가건물임대차에 있어서 임대차보증금에 대한 우선변제권(주택임대차보호법 제3조의 2, 상거건물임대차보호법 제5조 제2항), 임대차보증금중의 일정액에 대한 최우선특권(주택임대차 보호법 제8조, 상가건물임대차보호법 제14조), 임금우선특권(근로기준법 제37조)과 조세 등의 우선특권(국세기본법 제35조) 등이 있다.

(2) 약정담보물권

약정담보물권(約定擔保物權)이라 함은 당사자 사이의 약정에 의하여 성립하는 담보물권으로서 질권과 '저당권이 있다.

전세권은 용익물권이지만 전세금반환채권에 대한 우선변제권을 인정하는 점에서 담보물권으로서의 성질도 함께 가진다.

2. 소유권 이전의 방법에 의하는 경우

채권담보를 위하여 채무자나 제3자 소유의 목적물의 소유권을 채권자에게 이전하지만 그 소유권에 기한 권리행사는 채권의 담보목적에 의하여 제한되는 물적 담보제도이다. 예컨대 환매(제590조 이하), 재매매의 예약(제564조) 대물변제의 예약(제607조), 양도담보, 소유권유보부매매 등이 있다.

3. 비전형담보제도

물적 담보제도에는 민법에서 인정하는 전형담보제도로서 유치권, 질권, 저당권이 있고, 비전형담보제도로서 양도담보나 '가등기담보 등에 관한 법률'에 의한 가등기담보 등이 있다.

제3절 담보물권의 성질

Ⅰ. 부 종 성

담보물권은 피담보채권을 주된 권리로 하는 종(從)된 권리(權利)이다. 즉, 피담보채권이 성립한 경우에 그 피담보채권의 이행을 담보하여 주는 제도가 담보물권이다.

그러므로 주된 권리인 피담보채권이 성립하지 않으면 종된 권리인 담보물권은 성립하지 않고 또한 주된 권리로서의 피담보채권이 변제나 소멸시효의 완성 등으로 소멸하면 종된 권리인 담보물권도 당연히 소멸한다(제369조). 담보물권의 이와 같은 성질을 부종성(附從性)이라고 한다.

담보물권의 부종성은 질권이나 저당권과 같은 약정담보물권에 있어서는 장래에 발생하는 채권의 담보를 위하여서도 인정되기 때문에 부종성이 다소 완화되어 있다.

법정담보물권인 유치권은 특정의 채권의 담보를 위하여 인정되는 것이기 때문에 부종성이 엄격하게 요구된다. 예컨대 A 소유의 자동차가 고장나서 B의 카센터에 수리를 맡긴 경우에도 자동차를 아직 수리하지 않아서 피담보채권(수리비)이 발생하지 않았다면, A가 자동차의 반환을 청구한 데 대하여 B는 장래에 발생할 채권을 담보하기 위하여 유치권을 행사할 수 없다.

Ⅱ. 수 반 성

주된 권리로서의 피담보채권이 동일성을 유지하면서 타인에게 이전되면 종된 권리로서의 담보물권도 함께 이전된다. 담보물권의 이와 같은 성질을 수반성(隨伴性)이라고 한다.

담보권의 수반성이란 피담보채권의 처분이 있으면 언제나 담보권도 함께 처분된다는 것이 아니라, 채권담보라고 하는 담보권 제도의 존재 목적에 비추어 볼 때 특별한 사정이 없는 한 피담보채권의 처분에는 담보권의 처분도 당연히 포함된다고 보는 것이 합리적이라는 것일 뿐이다. 그러므로 피담보채권의 처분이 있음에도 불구하고 담보권의 처분이 따르지 않는 특별한 사정이 있는 경우에는 채권양수인은 담보권이 없는 무담보의 채권을 양수한 것이 되고 채권의 처분에 따르지 않은 담보권은 소멸한

다(대판 2004.4.28. 2003다61542).

Ⅲ. 물상대위성

담보물권의 목적물이 멸실, 훼손, 공용징수됨으로써 그 목적물에 갈음하는 금전 기타의 물건으로 변한 경우에 담보물권은 소멸하지 않고 그 대표물 위에 존속하게 되는데, 담보물권의 이와 같은 성질을 물상대위성(物上代位性)이라고 한다(제342조, 제370조).

물상대위성은 담보물권이 목적물 그 자체에 중점을 두지 않고 목적물이 가지는 교환가치를 파악하는 데 중점을 두고 있기 때문이다.

담보물권의 물상대위성은 우선변제적 효력이 있는 질권(제342조)이나 저당권(제370조)에는 인정되지만, 우선변제권이 부여되어 있지 않은 유치권에는 물상대위성이 인정되지 않는다. 유치권은 피담보채권이 변제될 때까지 목적물을 유치할 뿐이며 그 목적물의 교환가치로부터 피담보채권의 우선변제를 받을 수 있는 효력을 본체로 하지 않는 권리이다.

다만 질권이나 저당권에 인정되는 물상대위성은 담보물에 갈음하는 금전 또는 물건이 채무자에게 지급되거나 인도되기 전에 압류함으로써 채무자의 다른 재산과 특정성(特定性)을 유지하고 있는 경우에 한하여 인정된다(제342조 후문).

왜냐 하면 질권자나 저당권자는 담보물의 교환가치로부터만 후순위권리자 기타 채권자에 대하여 우선변제권을 가지며, 채무자의 일반 재산에 대하여는 우선변제권을 갖지 못하기 때문이다.

Ⅳ. 불가분성

담보물권자는 피담보채권의 전부를 변제받을 때까지 목적물의 전부에 대하여 권리를 행사할 수 있는데, 담보물권의 이와 같은 성질을 불가분성(不可分性)이라고 한다. 이러한 불가분성은 유치권(제321조), 질권(제343조), 저당권(제370조) 모두에 인정된다.

제4절 담보물권의 효력

Ⅰ. 유치적 효력

담보물권자는 채권의 담보를 위하여 목적물을 채무자에게 반환하지 않고 유치함으로써 채무변제를 간접적으로 강제할 수 있는데, 이를 유치적 효력(留置的效力)이라고 한다.

유치적 효력은 유치권자와 질권자에게만 인정되고 저당권자에게는 인정되지 않는다. 저당권은 목적물의 점유를 수반하지 않는 권리이기 때문에 채무자로부터 목적물을 점유를 빼앗아 채무자로 하여금 채무변제를 간접적으로 강제할 수 없다.

Ⅱ. 우선변제적 효력

채권자인 담보물권자는 목적물의 교환가치로부터 후순위권리자나 다른 채권자보다 피담보채권을 우선변제받을 수 있는데, 이를 우선변제적 효력(優先辨濟的效力)이라고 한다.

우선변제적 효력은 질권과 저당권에 인정되며, 전세권자도 전세금에 대하여 우선변제권을 갖는다(제303조 제1항).

유치권자에게는 우선변제적 효력이 인정되지 않는다. 유치권은 목적물을 유치함으로써 채무자로 하여금 채무의 변제를 간접적으로 강제하는 것을 본체(本體)로 하는 권리이기 때문이다.

제8장 유 치 권

제1절 서 설

Ⅰ. 의 의

유치권(留置權)이라 함은 타인의 물건 또는 유가증권을 점유하는 자가 그 물건이나 유가증권에 관하여 생긴 채권의 변제를 받을 때까지 그 물건 또는 유가증권을 반환하지 않고 유치할 수 있는 권리이다.

예컨대 자동차가 고장나서 카센터에 수리를 맡겼는데 수리비가 50만원 발생한 경우에 카센터 사장은 수리비 50만원을 받을 때까지 수리한 자동차를 돌려주지 않고 유치할 수 있는 권리를 갖는다.

Ⅱ. 제도적 취지

유치권은 타인의 물건을 점유한 자가 그 물건에 관하여 발생한 채권을 가지고 있는 경우에 그 채권의 전부를 변제받을 때까지 물건의 반환을 거절할 수 있도록 함으로써 당사자 간에 공평의 원칙(公平原則)을 실현하기 위하여 인정된 제도로서, 로마법상 '악의의 항변'(exceptio doli)에서 유래되었다.

유치권과 동시이행의 항변권

유치권과 같이 공평의 원칙을 실현하기 위하여 인정된 유사한 제도로서 동시이행의 항변권(제536조)이 있다. 동시이행의 항변권(同時履行抗辯權)이란 쌍무계약에 있어서 당사자 일방은 상대방이 그 채무이행을 제공할 때까지 자기의 채무이행을 거절할 수 있는 권리이다.

이들 두 제도는 공평의 원칙을 실현하기 위하여 인정된 점 이외에도 피고가 소송상 유치권의 항변을 한 경우나 동시이행의 항변을 한 경우에 원고패소판결을 할 것이 아니라 상환급부판결(원고일부 승소판결)을 하여야 한다는 점에서 유사하다.

그러나 다음과 같은 점에서 차이가 있다.

첫째, 권리의 독립성(獨立性)에 차이가 있다. 즉, 유치권은 독립한 물권으로서 누구에 대해서나 권리를 주장할 수 있는 데 대하여, 동시이행항변권은 쌍무계약의 당사자 사이에서만 주장할 수 있는 권능으로서 독립성이 없다.

둘째, 거절할 수 있는 급부내용(給付內容)에 차이가 있다. 유치권은 목적물의 인도를 거절할 수 있을 뿐인 데 대하여, 동시이행항변권은 쌍무계약상의 일체의 채무에 대하여 이행을 거절할 수 있다.

셋째, 채권의 발생원인(發生原因)에 차이가 있다. 즉, 유치권은 목적물에 관하여 발생한 채권이면 그 발생원인을 묻지 않는 데 대하여, 동시이행항변권은 쌍무계약에 의하여 발생한 채권에 한한다.

넷째, 불가분성(不可分性)에 차이가 있다. 유치권은 불가분성이 인정되어 채권의 전부의 변제를 받을 때까지 유치물 전부에 대하여 반환을 거절할 수 있는데, 동시이행항변권은 상대방의 미이행부분에 대하여서만 행사할 수 있다.

다섯째, 유치권의 경우에 채무자는 상당한 담보(擔保)를 제공하여 유치권의 소멸을 청구할 수 있는 데 대하여, 동시이행항변권의 경우에는 인정되지 않는다.

III. 법적 성질

1. 법정담보물권

질권이나 저당권이 당사자의 약정에 의하여 성립하는 약정담보물인 데 대하여, 유치권은 일정한 요건이 존재하면 법률상 당연히 발생하는 법정담보물권이다.

당사자가 유치권의 성립을 배제하는 특약을 한 경우에 그 특약은 유효하며 유치권은 성립하지 않는다.

2. 담보물권에 공통하는 성질

유치권은 담보물권의 일종으로서 담보물권에 공통하는 성질로서의 부종성(附從性), 수반성(隨伴性), 불가분성(不可分性)을 가진다. 그러나 유치권에는 질권이나 저당권과 달리 물상대위성(物上代位性)은 인정되지 않는다.

즉, 유치권자는 피담보채권의 변제가 있을 때까지 목적물 그 자체를 유치하여 반환을 거절할 수 있을 뿐이며 목적물의 교환가치로부터 우선변제를 받을 권리는 인정되지 않고 또한 이를 보장하기 위한 물상대위성도 인정되지 않는다.

제2절 성립요건

Ⅰ. 목 적 물

유치권의 목적물이 될 수 있는 것은 타인의 물건이나 유가증권이다. 타인이라 함은 채무자에 한하지 않고 제3자도 포함한다(통설 판례). 타인의 물건이면 동산이든 부동산이든 유치권의 대상이 된다. 또한, 목적물은 채무자의 소유가 아니라도 상관없다.

부동산유치권이 성립하는 경우에도 법정담보물권으로서 등기는 필요 없고(제187조 참조), 유가증권이 유치권의 목적인 때에도 배서(背書)는 필요 없다.

Ⅱ. 채권과 목적물의 견련관계

유치권이 성립하기 위해서는 채권이 유치권의 목적물에 관하여 생긴 것이어야 한다(제320조 제1항). 즉, 피담보채권과 목적물 사이에 견련관계가 있어야 한다.

그런데 '목적물에 관하여 생긴 것'의 의미에 대하여 명문의 규정이 없고 학설은 대립한다. 통설과 판례(대판 2007.9.7. 2005다16942)는 채권이 목적물 그 자체로부터 발생하였거나 또는 채권이 목적물의 반환청구권과 동일한 법률관계나 동일한 사실관계로부터 발생한 경우를 의미하는 것으로 해석한다.

1. 채권이 목적물 자체로부터 발생하였을 것

채권이 목적물 자체로부터 발생한 경우에 유치권이 성립한다. 채권이 목적물 자체로부터 발생한 경우라고 하는 것은 채권의 성립과 목적물과의 사이에 견련관계가 존재하여야 한다는 것이다.

예컨대 어떤 물건을 점유하는 자가 그 물건에 대하여 비용을 지출한 경우에 비용상환청구권이라는 채권은 점유 중의 목적물로부터 발생한 것으로서 상호 견련관계가 인정된다.

임대차관계에 있어서 임차인이 임대인에 대하여 가지는 임차보증금반환청구권이나 권리금은 임차목적물 자체로부터 발생한 것이라고 할 수 없기 때문에 그와 같은 채권을 가지고 임차목적물에 대하여 유치권을 행사할 수 없다(대판 94.10.14. 93다62119 ; 동 76.5.11. 75다1305).

또한, 채권이 목적물 자체를 목적으로 하는 경우에도 유치권은 성립하지 않는다. 예컨대 임차인의 권리는 임차목적물을 사용·수익하는 것을 내용으로 하기 때문에 이러한 임차인의 권리(채권)는 목적물과의 견련관계가 인정되지 않는다. 그러므로 임차인이 임대인에 대하여 가지는 임차목적물에 대한 사용·수익의 권리를 가지고 유치권을 주장할 수 없다.

甲이 자기 소유의 부동산을 A에게 매도하여 점유를 이전해 준 후에 다시 B에게 이중으로 매도하여 등기를 이전해 준 경우에 제2매수인 B가 제1매수인 A에 대하여 목적물의 인도를 청구한 경우에, A는 甲에 대한 채무불이행에 기한 손해배상청구권을 가지고 그 건물에 대한 유치권을 행사할 수 없다고 해석한다.

2. 목적물의 반환청구권과 동일한 법률관계 또는 사실관계로부터 발생하였을 것

채권이 목적물 자체로부터 발생한 경우에 한하지 않고, 채권이 목적물의 반환청구권과 동일한 법률관계 또는 동일한 사실관계로부터 발생한 경우에도 유치권이 성립한다.

예컨대 매매계약이 취소된 경우에 매매대금반환청구권과 목적물의 반환은 매매계약의 취소라고 하는 동일한 법률관계에서 발생한 것이기 때문에 상호간에 견련관계가 인정된다.

또한, 예컨대 A가 B의 우산을 가져가고, B는 A의 우산을 서로 바꾸어서 가져간 경우와 같이 동일한 사실관계에서 발생한 상호 간의 반환청구권 사이에도 견련관계가 있는 것으로 이해한다(통설).

3. 채권의 발생원인은 불문

채권과 목적물 사이에 견련관계가 인정되면 채권의 발생원인은 계약이든 부당이득이든 상관없다. 채권이 불법행위에 의하여 발생한 경우에도 유치권의 성립에는 영향이 없다.

피담보채권이 불법행위에 의하여 발생하는 경우로는 예컨대 어디서 날아온 공에 맞아 다친 피해자는 가해자에게 불법행위를 이유로 손해배상을 청구할 수 있게 되는데(제750조 참조), 이 경우 공 주인이 그 반환을 청구한 데 대하여 피해자는 유치권의 성립을 주장하여 손해배상을 받을 때까지, 즉 피담보채권의 전부가 변제될 때까지 공의 반환을 거절할 수 있을 것이다.

Ⅲ. 채권과 목적물의 점유와의 견련관계

유치권의 성립을 위하여 채권과 목적물의 점유 사이에 견련관계(牽聯關係)가 있어야 하는지에 대하여는 학설이 대립한다. 즉, 채권이 목적물의 점유 중 또는 점유와 동시에 발생한 것이어야 하는지에 관한 문제이다.

통설이나 판례(대판 65.3.30. 64다1977)는 유치권의 성립을 위하여 채권과 목적물과의 사이에 견련관계가 있으면 충분하고 채권과 목적물의 점유와의 견련관계는 필요없는 것으로 이해한다. 이러한 통설 · 판례의 입장에 따르면 채권이 목적물을 점유하는 동안에 발생한 경우뿐만 아니라 채권이 발생한 후에 목적물의 점유를 취득한 경우에도 유치권은 성립한다.

예컨대 A의 자동차에 대하여 수리비채권을 취득한 B가 돈을 받지 않고 자동차를 돌려 주었으나 A가 수리비를 갚지 않은 상태에서 다시 자동차의 수리를 맡긴 경우에 B는 이전에 발생한 수리비채권의 담보를 위하여 자동차에 대하여 유치권을 행사할 수 있다.

Ⅳ. 채권의 변제기

채권은 변제기에 도래하고 있어야 하며, 채권이 변제기에 도래하고 있지 않은 동안에는 유치권은 성립하지 않는다. 채권의 변제기가 도래하지 않았음에도 유치권의 성립을 인정하게 되면 채무자로 하여금 변제기가 도래하지 않은 채무의 이행을 간접적으로 강제하게 되어 부당하기 때문이다.

점유자의 유익비상환청구권에 대하여 법원이 회복자에게 상환기간을 허가해 준 경우(제203조 제3항)에도 유치권은 성립하지 않는다.

V. 불법행위에 의한 점유가 아닐 것

유치권이 성립하기 위해서는 점유가 불법행위로 인하여 이루어지지 않아야 한다. 예컨대 타인의 물건을 훔친 자가 훔친 물건을 수리하였다 하더라도 수리비채권에 대하여 유치권을 행사할 수 없다.

점유자가 점유물에 대하여 행사하는 권리는 적법하게 보유한 것으로 추정받기 때문에(제200조 참조) 점유자의 점유가 불법행위에 의하여 시작되었다는 것은 목적물의 반환을 청구하는 원고가 주장 · 입증하여야 할 것이다(통설).

처음에는 정당한 권원에 기하여 점유를 개시하였다 할지라도 나중에 권원이 소멸한 경우에도 유치권의 성립을 인정할 것인가는 문제이다. 예컨대 임대차계약이 해지된 후에도 임차인이 임차건물을 점유하면서 그 기간 동안에 비용을 지출한 경우에 임차인은 지출한 비용의 상환을 받기 위하여 유치권을 주장할 수 있는가 하는 것이다. 이와 같은 경우에 학설은 대체로 유치권의 성립을 부정한다.

VI. 유치권배제의 특약이 없을 것

당사자 간에 유치권의 발생을 배제하는 특약이 있는 경우에는 유치권은 성립하지 않는다.

제3절 효 력

I. 목적물의 유치

유치권자는 채권 전부의 변제를 받을 때까지 유치물 전부에 대하여 채무자나 목적물의 양수인 또는 경락인에 대하여 목적물의 인도를 거절할 수 있다. 즉 유치물은 그 각 부분으로써 피담보채권의 전부를 담보하며, 이와 같은 유치권의 불가분성은 그 목적물이 분할 가능하거나 수개의 물건인 경우에도 적용된다.

예컨대 다세대주택의 창호 등의 공사를 완성한 하수급인이 공사대금채권 잔액을 변제받기 위하여 위 다세대주택 중 한 세대를 점유하여 유치권을 행사하는 경우, 그 유치권은 위 한 세대에 대하여 시행한 공사대금만이 아니라 다세대주택 전체에 대하여 시행한 공사대금채권의 잔액 전부를 피담보채권으로 하여 성립한다고 할 것이다(대판 2007.9.7. 2005다16942).

민사집행법 제91조 제5항에서는 「경락인은 유치권자에게 그 유치권으로 담보하는 채권을 변제할 책임이 있다.」고 규정하고 있는바, 여기에서 '변제할 책임이 있다'는 의미는 담보물 위에 존재하는 부담을 승계한다는 취지로서 인적 채무까지 인수한다는 취지는 아니므로, 유치권자는 경락인에 대하여 그 피담보채권의 변제가 있을 때까지 유치목적물의 인도를 거절할 수 있을 뿐이고 그 피담보채권의 변제를 청구할 수는 없다고 한다(대판 96.8.23. 95다8713).

유치권자는 유치물을 점유함에 있어서 선량한 관리자의 주의로 하여야 한다(제324조 제1항). 부동산임대차에 있어서 유치권자는 어떤 방법으로 목적물을 유치하여야 하는지가 문제이다. 유치권자는 채무자의 승낙 없이는 유치물을 사용할 수 없고 다만 유치물의 보존에 필요한 사용만 할 수 있을 뿐인데(제324조 제2항), 부동산임차인에게 목적물을 사용하도록 하는 것은 보존행위라기보다는 유치권자의 이익을 위한 것으로 되기 때문이다.

통설은 목적물에 대한 종전의 점유상태를 변경하여 목적물의 보관을 위한 특별한 조치를 취하는 것은 현실적으로 문제가 있기 때문에 유치권자로 하여금 종전의 점유상태를 계속할 수 있도록 하고, 다만 유치권자가 유치물을 계속 사용함으로써 얻은 이익은 부당이득으로 반환하도록 하여야 한다는 입장이다.

유치물의 소유자 등이 목적물 반환청구의 소를 제기한 데 대하여 유치권자인 피고가 목적물에 대한 유치권을 주장하는 경우에는 법원이 어떤 판결을 하여야 하는가?

학설은 원고패소판결을 하여야 한다는 입장과 원고의 채무의 변제와 상환으로 피고는 목적물을 반환하라는 상환급부판결(원고일부 승소판결)을 내려야 한다는 입장으로 대립한다. 다수설이나 판례(대판 69.11.25. 69다1592)는 상환급부판결(相換給付判決)을 하여야 한다는 입장이다.

II. 경매청구권

유치권자는 채권의 변제를 받기 위하여 유치물을 경매할 수 있다(제321조). 유치권자에게는 우선변제권이 인정되지 않으며, 따라서 유치권자에게 인정된 경매청구권은 경락대금으로부터 피담보채권의 우선변제를 받기 위하여 질권자나 저당권자에게 인정된 경매청구권과는 달리 유치물의 환가(換價)를 위하여 인정된 권리로서 이해된다(민사집행법 제274조 제1항).

유치권자가 채권의 변제를 받기 위하여 유치물을 경매하고자 하는 경우에 채무자에게 미리 그 사실을 통지하여야 하는지에 대하여 민법에서는 규정을 두고 있지 않지만 채무자로 하여금 채무를 변제하거나 또는 다른 담보를 제공함으로써 유치권의 소멸을 청구(제327조)할 수 있는 기회를 제공하기 위하여 경매청구를 하기 전에 미리 채무자에게 통지하여야 하는 것으로 해석한다(제322조 제2항 참조).

III. 간이변제충당권

정당한 이유가 있는 때에는 유치권자는 감정인의 평가에 의하여 유치물로 직접 변제에 충당할 것을 법원에 청구할 수 있다. 이 경우에는 유치권자는 미리 채무자에게 통지하여야 한다(제322조 제2항).

IV. 과실수취권

유치권자는 유치물의 과실을 수취하여 다른 채권보다 먼저 그 채권의 변제에 충당할 수 있다(제323조). 유치권자가 유치물로부터 과실을 수취한 경우에 이로써 채권의 변제에 충당하는 것이므로 유치권자가 유치물의 보존 등을 위하여 통상의 필요비를 지출한 때에는 과실을 수취하였더라도 소유자로부터 그 비용의 상환을 청구할 수 있다고 할 것이다(제201조 제2항 참조).

과실에는 천연과실뿐만 아니라 법정과실도 포함하며, 유치권자가 목적물을 직접 사용하고 있는 경우에 부당이득으로 반환하여야 할 사용이익도 과실에 포함되는 것으로 해석한다.

이와 같이 유치권자에게 과실수취권이 인정되는데 유치권자가 가지는 과실수취권의 법적 성질에 대하여는 논란이 있다. 소유권취득설과 유치권취득설(留置權取得說)이 그것이다. 다수설은 유치권자의 과실수취권의 법적 성질을 유치권취득설로 이해한다. 따라서 유치권자가 수취한 과실이 금전이 아닌 때에는 경매하여야 한다(제323조 제1항).

V. 비용상환청구권

유치권자가 유치물에 관하여 필요비를 지출한 때에는 소유자에게 그 상환을 청구할 수 있다(제325조 제1항). 또한, 유치물에 관하여 유익비를 지출한 때에는 그 가액의 증가가 현존한 경우에 한하여 소유자의 선택에 좇아 그 지출한 금액이나 증가액의 상환을 청구할 수 있다(제325조 제2항).

유치권자가 유익비의 상환을 청구한 경우에 법원은 소유자의 청구에 의하여 상당한 상환기간을 허가해 줄 수 있고, 상환기간을 허가해 준 때에는 유익비의 상환을 위하여 유치권을 행사할 수 없다(제325조 제2항 단서).

VI. 목적물사용권

유치권자는 채무자의 승낙 없이는 유치물을 사용하거나 임대 또는 담보제공을 하지 못한다. 다만, 유치물의 보존(保存)에 필요한 사용은 채무자의 승낙 없이 할 수 있다(제324조 제2항).

유치권자가 선량한 관리자로서의 주의의무나 사용 · 대여 · 담보제공금지의무를 위반한 경우에 채무자는 유치권의 소멸을 청구할 수 있다(제324조 제3항). 채무자의 유치권소멸청구권은 일종의 형성권(形成權)이다. 따라서 유치권자의 승낙 없이도 채무자의 일방적 의사표시에 의하여 유치권소멸의 효과가 발생한다(통설).

소유자의 동의 없이 유치권자로부터 유치권의 목적물을 임차한 자의 점유는 민사집행법 제136조 제1항 단서에서 규정하는 '매수인(경락인)에게 대항할 수 있는 권원'에 기한 것이라고 볼 수 없다(대결 2002.11.27. 2002마3516).

VII. 별 제 권

유치권자는 채무자가 파산선고를 받은 경우에 그 목적인 재산에 관하여 별제권(別

除權)을 가진다(채무자 회생 및 파산에 관한 법률 제411조). 따라서 유치권자는 파산절차에 의하지 아니하고 피담보채권을 행사할 수 있다(채무자 회생 및 파산에 관한 법률 제412조).

Ⅷ. 제3자 이의의 소

유치권자가 목적물의 반환을 거절하던 중에 제3자가 목적물에 대하여 강제집행을 하고자 하는 경우에 유치권자는 제3자 이의(異議)의 소(訴)를 제기할 수 있다.

민사집행법 제48조 제1항은 「제3자가 강제집행의 목적물에 대하여 소유권을 주장하거나 목적물의 양도나 인도를 저지하는 권리를 주장하는 때에는 채권자를 상대로 그 강제집행에 대한 이의의 소를 제기할 수 있다.」고 규정한다. 이 경우에 제3자(예컨대 유치권자와 같이 목적물의 인도를 저지하는 권리를 주장하는 자)가 채권자를 상대로 제기하는 소를 제3자 이의의 소라 한다.

제4절 소 멸

Ⅰ. 물권에 공통된 소멸사유

물권에 공통하는 소멸사유가 발생하면 유치권은 소멸한다. 이러한 사유로서는 목적물의 멸실, 공용징수, 혼동, 포기 등이 있다.

유치권은 시효(時效)로 인하여 소멸하지 않는다. 유치권자가 목적물을 점유하고 있는 동안은 유치권을 행사하는 것이기 때문이다.

Ⅱ. 담보물권에 공통하는 소멸사유

유치권은 담보물권으로서 담보물권에 공통한 소멸사유가 발생하면 유치권도 소멸한다. 이러한 사유로는 피담보채권의 소멸이 있다. 주된 권리로서 피담보채권이 소멸되면 종된 권리로서의 유치권도 소멸한다.

다만, 유치권자가 목적물을 점유하는 동안에는 유치권은 시효에 걸리지 않지만, 목적물을 점유하는 것 자체가 피담보채권을 행사하는 것은 아니므로 유치권자가 피담보채권을 일정한 기간동안 불행사함으로써 피담보채권이 소멸시효의 완성으로 소멸되면 종된 권리로서의 유치권도 소멸한다.

민법 제326조도 「유치권의 행사는 채권의 소멸시효의 진행에 영향을 미치지 아니한다.」고 규정하고 있다.

Ⅲ. 유치권에 특유한 소멸사유

1. 채무자의 유치권소멸의 청구

유치권자는 선량한 관리자의 주의로 유치물을 점유하여야 하며(제324조 제1항), 채무자의 승낙 없이 유치물의 사용, 대여 및 담보제공을 하지 못하도록 하고 있다(제324조 제2항). 유치권자가 이러한 의무를 위반한 때에는 채무자는 일방적 의사표시로 유치권의 소멸을 청구할 수 있도록 하고 있다(제324조 제3항).

2. 다른 담보제공과 유치권소멸청구

채무자는 상당한 담보를 제공하여 유치권자에게 유치권의 소멸을 청구할 수 있다(제327조). 유치물의 소유자도 타담보제공에 의하여 유치권의 소멸을 청구할 수 있다고 할 것이다(대판 2001.12.11. 2001다59866).

채무자가 다른 담보를 제공하여 유치권의 소멸을 청구하는 경우에 유치권자가 승낙을 하여야 비로소 유치권소멸효과가 발생한다. 유치권자가 승낙을 하지 않는 경우에는 이에 갈음하는 판결이 있어야 유치권이 소멸되는 것으로 해석하는 것이 일반적이다.

채무자가 제공하는 담보가 상당한가의 여부는 그 담보의 가치가 채권의 담보로서 상당한가, 태양에 있어 유치물에 의하였던 담보력을 저하시키지는 아니하는가 하는 점을 종합하여 판단하여야 할 것이며, 유치물의 가격이 채권액에 비하여 과다한 경우에는 채권액 상당의 가치가 있는 담보를 제공하면 충분하다고 할 것이다(대판 2001.12.11. 2001다59866).

유치물에 갈음하여 제공하는 담보는 물적 담보에 한하지 않고 인적 담보를 포함한다(통설).

3. 점유의 상실로 인한 유치권소멸

유치권은 목적물의 점유를 본체로 하는 권리이므로 유치권자가 유치물에 대한 점유를 상실하면 유치권도 소멸한다(제328조).

예컨대 유치권자가 유치물을 제3자에게 침탈당하여 점유를 상실하면 유치권은 소멸된다. 그러므로 유치권자는 유치권에 기한 목적물반환청구권을 행사할 수 없다. 그러나 유치권자는 점유권에 기한 점유물반환청구권(제204조)을 행사할 수 있고 이 권리의 행사로 점유를 회복한 때에는 유치권은 소멸하지 않았던 것으로 된다(제192조 제2항 단서 참조).

유치권자의 점유는 간접점유라도 상관없다. 예컨대 유치권자가 채무자의 승낙을 얻어 목적물을 제3자에게 임대한 경우에도 유치권은 소멸되지 않고 존속한다. 다만 유치권은 목적물을 유치함으로써 채무자의 변제를 간접적으로 강제하는 것을 본체적 효력으로 하는 권리인 점 등에 비추어, 간접점유자가 채권자이고 직접점유자가 채무자인 경우에는 유치권의 요건으로서의 점유(占有)에 해당하지 않는다고 할 것이다(대판 2008.4.11. 2007다27236).

제1절 서 설

I. 의 의

질권(質權)이라 함은 채무의 이행을 담보하기 위하여 채무자나 제3자가 제공한 동산 또는 재산권을 채권자가 점유하고 그 동산 또는 재산권으로부터 다른 채권자보다 자기 채권의 우선변제를 받을 권리가 있는 담보물권(擔保物權)을 말한다.

II. 다른 담보물권과의 비교

유치권은 유치물에 대한 유치적 효력만 인정되며 우선변제적 효력은 인정되지 않고, 저당권은 저당물에 대한 유치적 효력은 인정되지 않고 우선변제적 효력만 인정된다.

이에 대하여 질권에는 질물에 대한 '유치적 효력'과 질물의 교환가치로부터의 '우선변제적 효력'이 인정된다.

Ⅲ. 질권의 종류

1. 동산질권과 권리질권

현행 민법에서는 목적물에 따라 동산질권(動産質權)과 권리질권(權利質權)이 인정되며, 부동산질권은 인정되지 않는다.

2. 민법상의 질권과 상사질권

질권에는 적용법규에 따라 민법의 적용을 받는 민사질(民事質)과 상행위에 의하여 발생한 채권을 담보하기 위하여 설정되는 상사질권(商事質權)이 있다. 민사질에 있어서는 유질계약이 금지되는데, 상사질권에 있어서는 유질계약이 허용되는 점에 특징이 있다(상법 제59조).

3. 약정질권과 법정질권

질권에는 성립원인에 따라서 당사자의 설정계약에 의하여 성립하는 약정질권과 법률의 규정에 의하여 성립하는 법정질권(제648조, 제650조)이 있다.

Ⅳ. 질권의 법적 성질

질권은 약정담보물권(約定擔保物權)으로서 담보물권의 공통된 성질인 부종성, 수반성, 불가분성, 물상대위성을 갖는다.

제2절 동산질권

Ⅰ. 동산질권의 성립

1. 질권설정계약

(1) 계약당사자

질권을 취득하기 위하여는 질권자와 질권설정자 사이에 설정계약이 성립하여야 한다. 질권자는 피담보채권의 채권자에 한한다. 이에 대하여 질권설정자는 채무자인 경우가 보통이지만 제3자가 질권설정자로 되는 경우도 있다.

제3자로서 채무 없이 자신의 물건에 질권 등의 담보권을 설정하는 자를 물상보증인(物上保證人)이라고 한다. 이러한 물상보증인의 채무자에 대한 지위는 마치 보증인과 비슷하다. 그래서 물상보증인이 채무를 변제하거나 질권의 실행으로 인하여 질물의 소유권을 잃은 때에는 보증채무에 관한 규정에 의하여 채무자에 대하여 구상권(求償權)을 갖는다(제341조).

(2) 질권의 선의취득

동산소유권의 선의취득(善意取得)에 관한 규정은 동산질권에 준용된다(제343조). 그러므로 질권설정자가 처분권한이 없는 경우에도 채권자가 설정자에게 처분권한이 있다고 믿었고, 또 믿는 데 과실이 없이(즉, 선의, 무과실) 질권을 설정받은 때에는 유효하게 질권을 취득한다.

예컨대 다른 사람에게 돈을 빌리면서 친구에게 빌린 사진기에 질권을 설정한 경우에도 상대방이 선의 · 무과실인 때에는 채무자가 목적물에 대한 처분권이 없는 경우에도 채권자는 유효하게 질권을 취득한다.

2. 동산의 인도

(1) 양도가능한 동산일 것

민법 제330조는 질권의 설정은 질권자에게 목적물을 인도함으로써 그 효력이 생긴다고 규정하고 있다. 그러므로 양도할 수 없는 물건(예컨대 아편 마약과 같은 이나 금제물)은 질권의 목적물로 할 수 없다. 양도할 수 없는 물건은 교환가치를 통한 우선변제를 받을 수 없기 때문이다.

또한, 민사집행법상의 압류금지물(민사집행법 제195조) 가운데 훈장과 같은 명예의 증표(민사집행법 제195조 7호)는 양도가 허용되지 않기 때문에 질권의 목적으로 할 수 없지만, 채무자의 의복(민사집행법 제195조 1호) 등과 같이 압류금지사유가 단순히 채무자를 보호하는 데 목적이 있는 경우에는 이를 질권의 목적으로 할 수 있을 것이다.

동산이라도 선박(상법 제873조), 자동차 · 항공기나 건설기계(자동차 등 특정동산저당법 제3조) 등은 특별법에 의하여 저당권의 목적이 될 수는 있으나 질권의 목적이 될 수는 없다.

(2) 점유개정의 금지

민법 제332조에서는 “질권자는 설정자로 하여금 질물의 점유를 하게 하지 못한다."고 규정함으로써 점유개정(占有改定)의 방법에 의한 질권설정을 금지하고 있다(요물성(要物性)). 이와 같이 질물의 점유를 설정자로부터 질권자에게 이전하는 이유는 질권의 특질인 유치적 효력을 확보하려는 데 있다(통설).

(3) 점유의 계속은 질권의 존속요건인지

질권이 성립한 후에 질권자가 질물을 설정자에게 반환하면 질권은 소멸하는지, 즉 제332조가 질권성립요건인지 아니면 성립요건임과 동시에 질권존속요건인지가 문제이다.

소수설은 질권자가 질물에 대한 점유를 상실한 경우에도 질권은 소멸하지 않고 다만 제3자에게 질권으로 대항할 수 없을 뿐이라고 한다.

다수설은 제332조의 취지가 유치적 효력을 확보하고자 하는 데 있으므로 질권자가 질물에 대한 점유를 상실하거나 질물을 설정자에게 반환하면 질권도 소멸하는 것으로 해석한다.

다수설과 같이 질물에 대한 점유를 질권설정자에게 이전함으로써 질권이 소멸되는 것으로 이해하더라도 질권자의 채권까지 소멸되는 것은 아니다. 이 경우에 질권자는 담보(질권) 없는 채권자로서의 지위를 갖는다.

3. 피담보채권의 성립

피담보채권이 성립하고 있어야 질권도 성립할 수 있다. 피담보채권의 종류에는 제한이 없다. 금전채권이 일반적이지만 금전으로 평가할 수 없는 채권이라도 상관없다. 즉, 현재는 피담보채권을 금전으로 평가할 수 없을지라도 나중에 채무불이행으로 인한 손해배상청구권으로 성질이 바뀔 수 있고, 민법상 손해배상은 금전배상을 원칙적으로 하기 때문이다(제394조 참조).

또한, 조건부채권이나 기한부채권을 피담보채권으로 할 수 있고, 장래에 발생할 다수의 불특정채권을 담보하기 위한 질권(이러한 경우를 根質이라고 한다)을 설정할 수도 있다.

이와 같이 질권이나 저당권과 같은 약정담보물권에 있어서는 부종성이 완화(附從性緩和)되어 있다는 점에서 부종성을 엄격하게 요구하는 법정담보물권인 유치권과 다르다.

4. 법정질권

질권은 당사자 간의 약정에 의하여 성립하는 것이 원칙이지만 법률의 규정에 의하여 성립하는 경우도 있다.

예컨대 토지임대인이 임대차에 관한 채권에 의하여 임차지에 부속 또는 그 사용의 편익에 제공된 임차인의 소유 동산 및 그 토지의 과실을 압류한 때에는 질권과 동일한 효력이 있다(제648조).

건물 기타 공작물의 임대인이 임대차에 관한 채권에 의하여 그 건물 기타 공작물에 부속한 임차인 소유의 동산을 압류한 때에도 질권과 동일한 효력이 있다(제650조).

II. 동산질권의 효력

1. 질권의 효력이 미치는 목적물의 범위

(1) 질물, 종물, 과실

질권의 효력은 설정계약에 의하여 질권의 목적으로 된 물건의 전부에 미친다. 즉, 질물뿐만 아니라 종물과 과실에도 질권의 효력이 미친다. 다만, 종물(從物)은 질권자에게 점유가 이전된, 즉 인도된 것에 한하여 그 효력이 미친다고 할 것이다.

(2) 물상대위

(가) 의 의 　질권의 목적물이 멸실, 훼손 또는 공용징수로 인하여 소멸되더라도 그 교환가치를 대신하는 변형물이 생긴 때에는 질권은 소멸하지 않고 그 변형물 위에 존재하게 되는데, 이와 같은 성질을 물상대위성(物上代位性)이라고 한다(제342조).

목적물의 멸실이나 훼손의 원인은 물리적인 경우뿐만 아니라 부합 등의 법률상 원인에 의하여 소유자가 보상금청구권을 취득하게 되는 경우를 포함한다.

(나) 물상대위의 객체 　물상대위의 객체는 질물의 멸실, 훼손 또는 공용징수로 인하여 질권설정자가 받을 금전 기타의 물건이다. 예컨대 보험금청구권, 손해배상청구권, 보상금청구권 등이 그것이다.

목적물의 멸실, 훼손 또는 공용징수가 아닌 목적물이 매각되거나 또는 임대된 경우의 매각대금이나 차임 등에는 물상대위가 인정되지 않는다. 이 경우에 질권자는 질물을 추급(追及)할 수 있기 때문이다.

또한 질권자의 과실(過失)로 질물이 멸실되거나 훼손된 때에도 물상대위는 인정되지 않는다.

(다) 물상대위의 행사요건 질권자가 물상대위를 행사하기 위해서는 질권설정자가 받을 금전 기타 물건에 대하여 '그 지급(支給) 또는 인도(引渡)전(前)'에 이를 압류하여야 한다(제342조).

이유는 질물에 대신하는 금전 또는 기타 물건이 이미 지급되어 질권설정자의 다른 재산과 섞여버려 특정성을 잃어버린 후에도 질권자의 추급을 허용한다면 다른 채권자의 이익을 해칠 수 있기 때문이다.

그러므로 담보목적물의 변형물인 금전 기타 물건에 대하여 이미 제3자가 압류하여 그 금전 또는 물건이 특정된 이상 질권자는 스스로 이를 압류하지 않고서도 물상대위권을 행사할 수 있으며(통설, 대판 96.7.12. 96다21058 참조), 압류가 아니더라도 공탁을 통하여 질권설정자의 다른 재산에 대한 특정성을 유지할 수 있으면 물상대위를 할 수 있다고 할 것이다(대판 87.5.26. 86다카1058).

2. 피담보채권의 범위

피담보채권의 범위에 대하여 당사자 간에 약정이 있으면 그 약정에 의한다(제334조 단서). 약정이 없으면 원본, 이자, 위약금, 질권실행의 비용, 질물보존의 비용, 채무불이행으로 인한 손해배상, 질물의 하자로 인한 손해배상의 채권을 담보한다(제334조).

이에 비하여 저당권의 피담보채권에 있어서는 저당물을 저당권자가 점유하지 않기 때문에 담보물의 보존비용, 담보물의 하자로 인한 손해배상은 포함하지 않고 또한 질권과 달리 채무불이행으로 인한 손해배상, 즉 지연배상의 범위도 이행기일을 경과한 후의 1년분에 한하는 점에서 차이가 있다(제360조 참조).

3. 유치적 효력

질권자는 채권의 변제를 받을 때까지 질물을 유치할 수 있는데 이 점은 유치권자와 같다. 그러나 질권자는 유치권과는 달리 우선변제적 효력도 아울러 가지고 있다. 질권자가 질물에 대하여 가지는 유치적 효력은 선순위질권(예컨대 원질권자에 대한 전질권자)과 같이 자기보다 우선권 있는 채권자에게는 대항할 수 없다(제335조 단서). 따라서 우선권 있는 질권자가 질물에 대하여 경매를 청구한 경우에는 질권자는 배당절차에 참가하여 순위에 따른 금액을 변제받을 수 있을 뿐이며 유치권과 같이 집행관에 대하여 물건의 인도를 거절할 수는 없다(민사집행법 제191조, 제271조).

질권자에게는 유치권에 관한 일정한 규정이 준용된다(제343조). 그러므로 질권자는 과실수취권(제323조), 목적물보관에 있어서의 선관주의의무(제324조), 비용상환청구권(제325조)을 가진다.

4. 질물의 점유와 피담보채권의 소멸시효

질권에서는 유치권에 있어서의 피담보채권의 소멸시효에 관한 제326조의 규정을 준용하고 있지 않지만(제342조 참조) 질권에도 준용된다고 해석하는 것이 타당할 것이다. 그러므로 질권자가 질물을 점유함으로써 질권을 행사하더라도 피담보채권의 소멸시효의 진행에 영향을 미치지 않는다고 할 것이다.

5. 우선변제적 효력

(1) 질권자의 우선변제권

동산질권자는 질물로부터 후순위권리자나 다른 채권자보다 먼저 자기채권의 우선변제를 받을 수 있다. 다만, 질권보다 우선권을 가지는 선순위질권이 설정되어 있거나(예컨대 전질권이 설정되어 있는 경우) 또는 질권에 우선하는 조세채권을 가지는 국가(국세기본법 제35조 제1항 참조) 등이 있는 경우에는 우선권이 없다.

(2) 우선변제권의 행사

질권자가 우선변제권을 행사하는 방법으로서 경매청구권과 간이변제충당권이 있다.

(가) 경매청구권 질권자는 채권의 변제를 받기 위하여 질물을 경매할 수 있다(제338조 제1항). 질권자는 질물의 경락대금으로부터 후순위권리자나 다른 채권자보다 우선 변제받을 권리가 있다.

(나) 간이변제충당 정당한 이유 있는 때에는 질권자는 감정인의 평가에 의하여 질물로 직접 변제에 충당할 것을 법원에 청구할 수 있다.

이 경우에 질권자는 미리 채무자 및 질권설정자에게 통지하여야 한다(제338조 제2항).

간이변제충당의 방법에 의한 평가액이 채권액을 초과하는 때에는 그 초과액은 질권설정자에게 반환하여야 하며, 반대로 채권액에 미달하는 경우에는 채무자에게 그 부족액을 청구할 수 있다.

(다) 질물 이외의 재산으로부터의 변제 질권자는 질물에 의하여 변제를 받지 못한 부분의 채권에 한하여 채무자의 다른 재산으로부터 변제를 받을 수 있다(제340조 제1항). 즉, 질물로부터 변제받지 못한 부분은 소멸하지 않고 담보(질권) 없는 채권으로

존속한다.

(a) 채무자의 일반재산으로부터의 변제: 문제는 질권자가 질권을 실행하기 전에 채무자의 일반재산에 대하여 집행할 수 있겠는가 하는 것이다. 즉, 질권자가 채무자의 일반재산에 대하여 강제집행을 실시하는 경우에 채무자가 이의를 신청할 수 있겠는가 하는 문제가 있다. 긍정설과 부정설이 대립한다.

긍정설은 제340조 제1항은 일반채권자를 보호하기 위한 규정이므로 질권자가 채무자의 일반재산에 대하여 먼저 집행을 하는 경우에도 채무자는 이의할 수 없고 채무자의 일반채권자만이 이의를 신청할 수 있다는 입장이다.

부정설은 제340조는 일반채권자의 보호만을 목적으로 하는 것이 아니라 채무자의 보호도 그 목적이라고 보아야 하므로 질권자가 질권을 실행하기에 앞서 채무자의 일반재산에 대한 집행을 하고자 하는 경우에 채무자도 이의를 신청할 수 있다고 하여야 한다고 주장한다.

(b) 일반재산에 관한 배당절차에 참가: 채무자의 일반채권자에 의하여 질물보다 먼저 다른 재산에 관한 배당을 실시하는 경우에는 제340조 제1항은 적용되지 않는다(제340조 제2항). 그러므로 질권자는 일반채권자의 자격으로 그 채권 전액(全額)으로 배당절차에 참가할 수 있다.

이 경우에 다른 채권자는 질권자에게 그 배당금액의 공탁(供託)을 청구할 수 있다(제340조 제2항 단서).

6. 유질계약의 금지

(1) 의 의

유질계약(流質契約)이라 함은 질권설정자가 채무변제기 전(前)의 계약으로 질권자에게 변제에 갈음하여 질물의 소유권을 취득하게 하거나 법률에 정한 방법에 의하지 아니하고 질물을 처분할 수 있도록 하는 당사자간의 약정을 말한다.

민법에서는 유질계약이 금지된다(제339조).

(2) 유질계약을 금지하는 이유

경제적으로 궁박한 상태에 있는 채무자가 소액의 금전을 빌리기 위하여 그 금액을 훨씬 초과하는 고가의 질물을 채권자에게 담보로 제공하도록 한 후, 채무불이행이 있는 경우에 질권자로 하여금 질물의 소유권을 취득하도록 하면 궁박한 상태에 있는 채무자가 폭리행위로 인하여 희생될 수 있기 때문이다.

(3) 요　　건

(가) 변제기 전(前)에 유질계약이 체결되었을 것　유질계약이 금지되는 것은 채무의 변제기가 도래하기 전에 체결되는 경우이다. 그러므로 변제기가 도래한 후에는 유질계약이 금지되지 않는다.

변제기가 도래한 후에는 채무자가 궁박한 상태를 벗어난 이후일 것이므로 채무자가 일방적으로 희생당할 염려가 없어졌기 때문이다.

(나) 변제에 갈음하여 질물의 소유권을 취득하게 하거나 임의처분을 약정할 것　질권자가 채무의 변제에 갈음하여 질물의 소유권을 취득하는 경우뿐만 아니라 법률에 정한 방법이 아닌 임의처분 등의 방법으로 질물을 처분하는 것도 허용되지 않는다.

(4) 효　　과

유질계약은 무효이다. 그러므로 질권설정자는 유질계약을 체결한 경우에도 채무를 변제하고 질물의 반환을 청구할 수 있다.

유질계약이 무효라고 하여 질권계약 자체도 무효가 되는 것은 아니다. 그러므로 질권자는 법에서 정한 질권실행방법에 의하여 질물을 처분할 수 있다.

(5) 예　　외

상행위(商行爲)로 인하여 생긴 채권을 담보하기 위한 상사질에는 유질계약이 금지되지 않는다(상법 제59조).

7. 채무자 회생 및 파산에 관한 법률에 의한 별제권

질권자는 채무자 회생 및 파산에 관한 법률에 의한 별제권자로서 파산절차에 의하지 않고서 권리를 행사할 수 있다(채무자 회생 및 파산에 관한 법률 제411조, 제412조).

Ⅲ. 동산질권자의 전질권

1. 의　　의

민법 제336조는 「질권자는 그 권리의 범위 내에서 자기의 책임으로 질물을 전질(轉質)할 수 있다.」고 하여 질권자의 전질권(轉質權)을 인정하고 있다.

질권자에게 전질권을 인정하고 있는 것은 질물에 묶여 있는 자금을 피담보채권이 변제되기 전에 질권자로 하여금 유통하게 하려는 것이다.

민법 제336조와 제324조의 충돌문제

민법 제343조는 유치권에 관한 민법 제324조를 질권에도 준용하도록 하였다. 그러므로 질권자는 채무자의 승낙 없이 질물을 담보로 제공하지 못한다(제324조 제2항). 즉, 전질은 항상 질권설정자의 승낙이 있는 경우에 한하여 가능하다는 것이다.

이에 대하여 전질로서 승낙전질(제343조, 제324조 제2항)과 책임전질(제336조)은 별개 독립한 것으로 이해하는 것이 일반적인 태도이다.

통설은 질권자에게 전질권을 인정하는 제도적 취지에 비추어 전질의 종류에는 제336조에 의한 책임전질과 제343조의 준용규정에 의하여 인정되는 승낙전질의 두 종류가 있는 것으로 이해한다.

책임전질은 질권설정자의 승낙 없이 질권자가 자기책임으로 질물을 입질하는 것이 허용되는 것이므로, 민법 제324조 제2항의 '유치권자는 채무자의 승낙 없이 유치물의 담보제공을 하지 못한다'는 규정과 제3항의 '유치권자가 제2항의 규정에 위반하는 때에는 유치권의 소멸을 청구할 수 있다'는 규정은 책임전질에는 준용되지 않는 것으로 해석된다(제343조 참조).

2. 책임전질

(1) 의 의

책임전질(責任轉質)이라 함은 질권자가 질권의 범위 내에서 질권설정자의 승낙 없이 자기의 책임으로 하는 전질을 말한다.

(2) 법적 성질

(가) 질물재입질설(質物再入質說) 이 견해는 질권을 피담보채권과 단절된 순수한 가치권으로 파악하여, 전질은 질권자가 자기의 채무의 담보를 위하여 질물 위에 다시 질권을 설정하는 것이라고 이해한다.

(나) 채권 · 질권 공동입질설(債權 · 質權 共同入質說) 질권의 부종성을 고려하여 전질은 채권과 질권을 함께 입질하는 것이라고 주장하는 견해이다(다수설).

이 견해는 전질의 법적 성질을 채권과 함께 질권을 공동입질하는 것으로 이해하여야 '저당권은 그 담보한 채권과 함께 양도하거나 다른 채권의 담보로 하여야 한다'는 제361조의 규정과 조화를 이룰 수 있고 또한 전질에 있어서 질권자가 채무자에게 전질의 사실을 통지하도록 한 규정(제337조)은 전질에는 채권이 함께 입질된다는 것을 전제로 하는 것이라고 한다.

(3) **성립요건**

(가) 질권자와 전질권자 사이에 물권적 합의를 하고, 질물의 인도가 있어야한다.

(나) 질권자는 원질권의 범위 내에서 전질권을 설정할 수 있다(제336조). 따라서 전질의 피담보채권액이나 존속기간이 원질권의 범위를 넘는 경우에는 원질권의 범위 내에서만 유효하다.

(다) 책임전질의 성립으로 채무자, 보증인, 질권설정자 및 그 승계인에게 대항하기 위하여는 일정한 요건을 구비하여야 한다.

즉, 질권자가 채무자에게 전질의 사실을 통지하거나 채무자가 이를 승낙하여야 전질로써 채무자 등에게 대항할 수 있다(제337조 제1항).

(4) **효 과**

(가) 전질권설정자(원질권자)에 대한 효과

(a) 전질권설정자의 책임가중: 질권자는 전질을 하지 아니하였으면 면할 수 있는 불가항력으로 인한 손해에 대하여도 책임을 부담한다(제336조 단서).

예컨대 전질권자의 주택이 이웃집에서 발생한 화재의 연소로 인하여 질물과 함께 타버린 경우와 같이 질권자가 전질을 하지 않았더라면 면할 수 있는 질권자의 책임없는 사유로 인하여 발생한 손해에 대하여도 책임을 부담한다.

(b) 권리처분의 제한: 전질권은 원질권을 기초로 성립하고 있기 때문에 원질권이 소멸하면 전질권도 소멸한다. 그러므로 질권자는 전질권이 성립한 후에 질권을 포기하거나 채무자의 채무를 면제함으로써 원질권을 소멸하게 할 수 없다(제352조 참조).

(나) 전질권자에 대한 효과

(a) 유치적 효력: 전질권자는 피담보채권의 전부의 변제를 받을 때까지 질물의 반환을 거절할 수 있다. 또한, 질권자가 채무자에게 전질의 사실을 통지하거나 채무자가 이를 승낙하여 대항요건을 구비한 때에는 채무자가 전질권자의 동의없이 질권자에게 채무를 변제하여도 이로써 전질권자에게 변제로 인한 질권의 소멸로 대항하지 못한다.

(b) 우선변제권: 전질권자는 질물의 교환가치로부터 원질권자에 우선하여 피담보채권의 변제를 받을 권리가 있다.

전질권자는 피담보채권의 우선변제를 받기 위하여 질물에 대한 경매청구권 및 간이변제충당권을 갖는다(제343조, 제322조). 다만, 전질권을 실행하기 위하여는 전질권의 피담보채권뿐만 아니라 원질권의 피담보채권이 변제기에 도래하고 있어야 한다.

3. 승낙전질

(1) 의 의

승낙전질(承諾轉質)이라 함은 질권자가 질권설정자의 승낙을 얻어서 질물 위에 다시 질권을 성립시키는 것을 말한다.

(2) 법적 성질

승낙전질은 원질권과는 전혀 별개로 설정되는 것이므로 그 성질을 질물에 대한 재입질(再入質)을 하는 것으로 파악한다(질물재입질설, 통설). 그러므로 전질권은 책임전질과는 달리 원질권의 범위에 제한을 받지 않는다.

(3) 성립요건

승낙전질이 성립하기 위하여는 채무자의 승낙이 있어야 한다. 또한, 질권자와 전질권자 사이에 질권설정합의와 질물의 인도가 있어야 한다.

승낙전질은 원질권과는 독립적으로 성립하는 것이므로 전질권의 범위도 책임전질과는 달리 피담보채권액이나 존속기간에 있어서 원질권의 범위에 제한을 받지 않는다.

(4) 효 과

(가) 승낙전질이 성립한 후에 전질권설정자의 책임은 책임전질과는 달리 가중되지 않는다. 즉, 질권자가 전질을 하지 아니하였으면 면할 수 있는 불가항력으로 인한 손해가 발생한 경우에도 질권자는 채무자에 대하여 책임을 지지 않는다.

(나) 전질권은 원질권과 독립한 것이므로 채무자가 채무를 변제하여 원질권을 소멸시키더라도 전질권자의 질권에는 영향을 미치지 않는다. 그러므로 전질권자는 피담보채권의 전부의 변제가 있을 때까지 질물을 반환하지 않아도 된다.

(다) 채무자인 원질권설정자가 원질권자에 대한 채무를 변제하는 데 대하여 전질권자가 동의하였다면 그 변제로써 전질권자에 대항할 수 있는가?

다수설은 제337조 2항을 유추적용하여 전질권자에게 대항할 수 있다는 입장이다.

이에 대하여 제337조는 책임전질에 대하여서만 적용되고 승낙전질에는 적용이 없다고 할 것이며 다수설과 같은 유추적용은 허용되지 않는다고 하면서 채무변제에 관하여 전질권자가 동의한 경우에는 이에 의하여 전질권도 소멸하는 것으로 하는 전질권자의 의사표시가 있다고 할 것이므로 이에 따라 전질권은 소멸하는 것이라고 설명하는 견해도 있다(이영준, 한국민법론[물권편](2004), 769면).

Ⅳ. 동산질권의 침해와 구제

1. 점유보호청구권 및 물권적 청구권

(1) 점유보호청구권

질권은 질물의 점유할 권리를 포함하므로 질권자의 점유가 침해된 경우에는 점유보호청구권이 발생한다.

(2) 질권에 기한 물권적 청구권

질권이 침해된 경우에 질권자는 질권 자체에 기한 물권적 청구권을 행사할 수 있는지가 문제이다.

민법은 소유권에 기한 물권적 청구권의 규정(제213조, 제214조)을 다른 물권에도 준용하고 있는데(제290조, 제301조, 제319조, 제370조), 질권에 대하여는 이러한 준용규정을 두고 있지 않기 때문에 질권자에게 점유보호청구권 이외에도 질권 자체에 기한 물권적 청구권을 인정할 수 있는지에 대하여 학설은 이를 긍정하는 견해와 부정하는 견해가 대립한다.

부정설은 질권에 있어서 질권자가 질물에 대한 점유를 상실하면 질권은 소멸하는데 동산질권이 소멸한 후 질권에 기한 반환청구권을 인정하게 되면 다른 채권자를 해칠 염려가 있고, 질권의 목적물이 동산이기 때문에 방해제거나 방해예방을 인정하더라도 별로 실익이 없으며, 점유보호청구권만으로도 질권자를 보호하는 데 충분하므로 질권 자체에 기한 물권적 청구권은 이를 인정할 필요가 없다는 견해이다.

이에 대하여 다수설인 긍정설은 다음과 같은 이유로 질권자에게 질권 자체에 기한 물권적 청구권을 인정한다.

첫째로, 질권도 물권이므로 질권의 내용의 실현이 침해당하고 있는 경우에는 당연히 물권적 청구권을 인정하여야 한다.

둘째로, 구민법에서는 동산질권자가 질물의 점유를 침탈당한 때에는 점유회수의 소에 의하여서만 질물을 회수할 수 있도록 하고 있었는데 이 규정이 삭제된 현행법하에서는 질권에 기한 물권적 청구권은 인정되어야 한다.

셋째로, 질권자가 질물을 유실하거나 제3자의 사기에 의하여 질물을 인도한 경우와 같이 점유물반환청구권을 행사할 수 없는 경우를 위하여 질권자에게 점유보호청구권 이외에 질권에 기한 물권적 청구권을 인정할 필요가 있다.

넷째로, 연혁적인 이유로 이를 긍정한다. 즉, 로마법 이래로 근대 민법전은 질권에 기한 물권적 청구권을 인정하고 있었다는 것이다.

2. 질물이 훼손된 경우

(1) 질권설정자가 질물을 훼손한 경우

질권설정자가 질물을 훼손한 경우에는 기한의 이익을 상실하게 되므로(제388조 제1호) 질권자는 즉시 이행을 청구할 수 있고, 잔존물이 있으면 질권을 실행할 수도 있다.

또한, 손해배상을 청구할 수도 있다. 이 때에 손해배상액은 피담보채권액을 한도로 제한되며, 손해배상을 청구할 수 있는 시기는 피담보채권의 변제기의 도래여부와 상관없이 침해행위가 발생한 때에 청구할 수 있다고 해석한다.

(2) 제3자가 질물을 훼손한 경우

제3자가 질물을 침해한 경우에도 손해배상청구권이 발생한다. 손해배상액은 피담보채권의 한도 내로 제한되며, 청구시기는 피담보채권의 변제기가 도래하는 것과 상관없이 침해행위가 발생한 때이다.

V. 동산질권자의 의무

1. 선관의무/사용금지의무 등

질권자는 선량한 관리자의 주의로 질물을 점유하여야 하며, 질물의 보존에 필요한 사용 이외에는 설정자의 승낙 없이 질물의 사용 또는 대여를 하지 못한다(제343조, 제324조 제1항, 제2항).

이를 위반한 때에는 채무자는 질권의 소멸을 청구할 수 있다(제343조, 제324조 제3항). 다만 질권자에게 책임질권이 인정되는 범위 내에서는 질권자는 설정자의 승낙 없이도 질물의 담보제공이 가능하다고 할 것이다.

2. 질물반환의무

질권이 소멸한 때에는 질권자는 질권설정자에게 질물을 반환하여야 한다. 반대로 피담보채권의 전부에 대한 변제가 있기 전에는 질권자는 질물에 대한 반환의무가 없다.

피담보채권이 소멸하지 않고 있는 동안에 질권설정자가 질물의 반환을 청구한 때에는 원고패소판결(原告敗訴判決)을 하여야 한다(통설). 원고패소판결을 내리는 것이 우선변제권을 가지고 있는 질권의 성질에 부합할 뿐만 아니라 당사자의 의사에도 맞기 때문이라고 한다. 이러한 점에서 상환급부판결(相換給付判決)을 하는 유치권과 다르다.

VI. 동산질권의 소멸

1. 소멸원인

(1) 물권에 공통하는 소멸원인

목적물의 멸실, 몰수, 첨부, 취득시효, 포기, 혼동 등과 같은 물권에 공통하는 사유가 발생하면 질권은 소멸한다.

(2) 담보물권에 공통한 소멸원인

피담보채권의 소멸, 질권에 우선하는 다른 채권자의 경매 등과 같은 담보물권에 공통하는 소멸사유에 의하여 질권은 소멸한다.

질권자가 질물을 점유함으로써 질권을 행사하는 것은 피담보채권의 소멸시효의 진행에 영향을 미치지 않는다(제326조 참조). 질권자가 질물을 점유하고 있다고 하여 그 것이 피담보채권을 행사하는 것은 아니므로 질권자가 일정한 기간 동안 채권의 불행사로 소멸시효가 완성되면 질권도 소멸한다(제326조 참조).

(3) 질권에 특유한 소멸원인

질권에 특유한 소멸사유로서 질권자가 목적물을 질권설정자에게 반환한 때(제330조, 제332조), 질권자가 질물에 대한 선관주의의무 · 사용금지의무를 위반하여 질권설정자가 질권의 소멸을 청구한 때(제343조, 제324조 제3항)에는 질권은 소멸한다.

2. 효 과

질권이 소멸한 경우에는 질물을 질권설정자에게 반환하여야 한다. 채무의 이행과 질물의 반환은 동시이행의 관계에 있지 않고, 채무의 완제(完濟)가 있은 후에 비로소 질물반환청구권이 생긴다.

피담보채권이 소멸하지 않고 있는 동안에 질권설정자가 질물의 반환을 청구한 경우에 법원은 유치권의 경우와 같이 상환급부판결을 할 것이 아니라 원고패소판결(原告敗訴判決)을 하여야 한다(통설).

제3절 권리질권

Ⅰ. 의 의

권리질권(權利質權)이라 함은 재산권을 목적으로 하는 질권을 말한다. 질권은 본래 동산질권을 중심으로 발달하여 왔으나 오늘날에는 권리질권이 중요한 기능을 갖는다.

예컨대 돈을 빌리면서 그 담보로 예금통장과 함께 도장을 맡기는 경우 또는 甲이 B은행에 1,000만원짜리 적금을 들고 있는 경우에 甲은 B은행에서 금전을 대출받으면서(우리 나라 금융기관은 대체로 예금자가 납입한 금액의 90% 범위로 대출하여 준다) B은행에 대하여 가지는 예금채권을 담보로 제공하는 경우를 흔히 볼 수 있는데, 이 경우가 권리질권의 한 예이다.

Ⅱ. 권리질권

1. 권리질권의 목적

권리질권의 목적으로 될 수 있는 가장 전형적인 것에는 채권, 주식 또는 무체재산권이 있다. 권리질권의 목적이 되기 위한 요건은 다음과 같다.

(1) 재산권일 것

권리질권의 목적은 재산권이다. 그러므로 재산권이 아닌 인격권, 친족권 또는 상속권 등은 권리질권의 목적이 될 수 없다.

(2) 양도성이 있을 것

권리질권의 목적으로 되기 위하여는 양도성을 가지고 있어야 한다. 재산권이라도 양도성이 없으면 이를 금전으로 교환할 수 없기 때문에 권리질권의 목적이 될 수 없다. 양도성 없는 채권으로는 예컨대 부양청구권, 위자료청구권 등이 있다.

(3) 법률에 의한 제한이 없을 것

지상권, 전세권 또는 부동산임차권과 같이 부동산의 사용, 수익을 목적으로 하는 권리는 질권의 목적으로 할 수 없다(제345조 단서). 공무원 등의 연금청구권은 권리질권의 대상이 될 수 없고(공무원연금법 제32조 참조), 광업권(광업법 제11조) 또는 재해보상청구권(근로기준법 제86조) 등도 권리질권의 목적이 될 수 없다.

(4) 성질상 질권의 목적으로 허용될 수 있을 것

소유권, 지역권 또는 점유권 등은 성질상 권리질권의 목적이 될 수 없다.

2. 권리질권의 성질

본래 질권은 동산을 목적으로 성립하는 것인데 재산권을 목적으로 하는 권리질권을 순수한 질권이라고 할 수 있겠는지에 대하여 권리양도설과 권리목적설이 대립한다.

권리양도설에 따르면 질권은 유체물만을 목적으로 하며, 권리를 채권의 담보로 하는 것은 권리를 양도하는 것에 지나지 않기 때문에 권리질권이라는 것은 없다고 한다.

권리목적설에 따르면 권리질권은 권리의 양도가 아니라 권리 그 자체를 목적으로 하는 질권이라는 주장이다(통설).

3. 권리질권의 설정방법

권리질권의 설정은 법률에 다른 규정이 없으면 그 권리의 양도에 관한 방법에 의한다(제346조).

Ⅲ. 채권질권

1. 채권질권의 목적

채권은 양도성을 가지는 것이 원칙이므로 권리질권에 관한 규정은 모두 채권질권(債權質權)에 적용될 수 있다. 양도성 있는 채권이면 질권자 자신에 대한 채권이라도 상관 없다(앞의 설례 참조). 또한, 장래의 채권, 조건부채권 또는 선택채권에 관하여도 질권을 설정할 수 있다.

그러나 공무원 등의 연금청구권(공무원연금법 제32조) 등과 같이 법률의 규정에 의하여 담보제공이 금지되는 채권은 권리질권의 목적이 될 수 없다.

당사자 간에 양도금지의 특약이 있는 채권도 질권의 목적으로 될 수 없다. 그러나 양도금지의 특약은 선의의 제3자에게 대항할 수 없기 때문에(제449조 제2항 단서) 질권자가 양도금지의 특약을 모르고 질권을 설정받은 경우에는 질권의 취득은 유효하다. 이 경우에 양도금지특약의 존재 및 질권자의 악의는 입질채권의 채무자가 주장 · 입증하여야 한다(김형배, 민법학강의, 신조사, 2001, 567면 ; 이영준, 물권법, 749면).

2. 채권질권의 설정방법

권리질권의 설정은 법률에 다른 규정이 없으면 그 권리의 양도에 관한 방법에 의하여야 한다(제346조).

그러므로 채권질권은 채권질권의 설정을 목적으로 하는 합의와 채권증서의 교부에 의하여 성립한다.

(1) 질권설정의 합의

채권질권이 성립하기 위하여는 당사자 사이에 질권설정의 합의를 하여야 한다. 물상보증인도 질권설정자가 될 수 있다.

(2) 채권증서의 교부

채권을 질권의 목적으로 하는 경우에 채권증서가 있는 때에는 질권의 설정은 그 증서를 질권자에게 교부함으로써 그 효력이 생긴다고 규정하고 있다(제347조).

이 규정은 동산질권에 관한 설정계약에 있어서 요물성(要物性, 제330조)을 요구하고 있는 것과의 균형을 유지하고 또한 제3자에 대한 공시의 목적을 달성하고자 하는 데 그 취지가 있다.

이 규정은 지명채권에 대하여서만 적용이 되며, 지시채권이나 무기명채권에 대하여는 제350조와 제351조에 특칙이 있다.

채권증서(債權證書)라 함은 채권의 존재를 증명하는 문서를 말하며, 여기에는 예금통장, 차용증서, 보험증서 등이 있다.

채권증서의 교부는 점유개정방법으로도 가능한지에 대하여 학설이 대립한다.

소수설은 제347조는 채권증서의 교부를 효력요건으로 정하고 있고 또 동조는 동산질권에 관한 설정계약의 요물성(제330조)에 대응하는 규정이므로 증서의 교부는 현실의 교부에 한하며 점유개정은 허용되지 않는다고 하고, 질권설정계약이 성립된 후 채권증서를 교부하면 채권질권은 소멸한다고 주장한다(이영준, 물권법, 750면).

다수설은 채권질권에 있어서 질권자에게 채권증서를 교부하더라도 이로 인하여 설정자로부터 채권의 이용, 즉 처분을 빼앗는 것이 아니므로 제332조를 준용할 실질적 이유가 없고, 따라서 지명채권의 입질에 있어서 증서의 교부는 점유개정의 방법도 무방하며 또한 증서를 반환하더라도 질권의 소멸을 초래하지 않는다고 한다.

3. 대항요건

채권에 대하여 질권을 설정하는 경우에는 채권양도에 관한 대항요건을 구비하여야 한다. 공시방법은 지명채권, 지시채권과 무기명채권의 경우가 다르다.

지명채권 · 지시채권 · 무기명채권

- 지명채권(指名債權)이라 함은 채권자가 특정되어 있는 채권이다. 이러한 지명채권은 채권의 성립, 존속, 행사 등에 있어서 증서의 작성 · 교부를 필요로 하지 않으며 채권증서가 작성되어 있는 경우에도 그것은 하나의 증거방법에 불과할 뿐이다.
  증권적 채권에 대하여 일반적인 채권을 말한다. 전형적인 지명채권으로는 금전소비대차계약에 기한 채권이나 물품대금채권 등이 있다.
- 지시채권(指示債權)이라 함은 특정인 또는 그가 지정한 자에게 변제하여야 하는 증권적 채권이다. 증권적 채권은 채권의 성립 · 양도 · 행사 등에 있어서 그 채권의 존재를 나타내는 증서를 필요로 한다. 가장 전형적인 지시채권으로서 수표, 어음, 화물상환증 등이 있다.
- 무기명채권(無記名債權)이라 함은 특정의 채권자를 지정함이 없이 증권의 소지인에게 변제하여야 할 증권적 채권이다. 예컨대 상품권, 승차권, 극장입장권 등이 여기에 속한다.

(1) 지명채권

지명채권을 목적으로 한 질권의 설정으로 설정자가 제3채무자 기타 제3자에게 대항하기 위하여는 제3채무자에게 질권설정의 사실을 통지하거나 제3채무자가 이를 승낙하여야 한다(제349조 1항, 제450조 1항).

제3채무자 이외의 제3자에게 대항하기 위하여는 질권설정의 통지나 승낙은 확정일자 있는 증서로 하여야 한다(제349조 1항, 제450조 2항).

(2) 지시채권

지시채권을 목적으로 한 질권의 설정은 증서에 배서하여 질권자에게 교부함으로써 그 효력이 생긴다(제350조).

(3) 무기명채권

무기명채권을 목적으로 한 질권의 설정은 증서를 질권자에게 교부함으로써 그 효력이 생긴다(제351조).

(4) 저당권부채권(抵當權附債權)

저당권으로 담보한 채권을 질권의 목적으로 한 때에는 그 저당권등기에 질권의 부기등기(附記登記)를 하여야 그 효력이 저당권에 미친다(제348조).

즉, 저당권부채권에 질권을 설정하면서 저당권등기에 질권의 부기등기를 하지 않은 경우에는 질권은 성립하더라도 그 질권의 효력이 저당권에까지는 미치지 않는다.

(5) 기명사채/무기명사채

기명사채(記名社債)는 지명채권의 일종으로서 지명채권에 준하여 취급된다. 그러므로 기명사채에 질권을 설정할 때에는 당사자 간에 질권설정 의 합의와 기명사채의 교부로 그 효력이 생긴다(제346조, 제347조).

무기명사채(無記名社債)는 무기명채권의 일종으로 질권을 설정함에 있어서 채권을 질권자에게 교부함으로써 효력이 생긴다(제351조).

4. 채권질권의 효력

(1) 피담보채권의 범위

채권질권이 담보하는 채권의 범위는 동산질권의 경우와 같다(제355조, 제334조). 또한 불가분성도 인정된다.

(2) 효력이 미치는 목적의 범위

채권질권은 입질된 원본채권뿐만 아니라 그에 대한 이자채권과 인적 담보 및 물적 담보의 모두에 효력이 미친다.

피담보채권이 입질채권보다 금액이 적은 경우에도 질권의 효력은 입질채권의 전부에 대하여 미치며(대판 72.12.26. 72다1941), 입질채권이 이자부채권인 경우에는 원본으로부터 발생한 이자에 대하여도 질권의 효력이 미치는지에 대하여 특약이 있으면 특약에 의할 것이지만 특약이 없는 경우에는 민법 제100조 제2항이 취지에 따라서 긍정하는 것이 통설이다.

입질채권이 담보부채권이나 보증채무인 경우에 질권의 효력은 이들 종된 권리에도 미친다.

(3) 유치적 효력

채권질권자는 교부받은 채권증서를 점유하고 피담보채권의 전부를 변제받을 때까지 이를 유치할 수 있다.

(4) 질권설정자 및 제3채무자에 대한 구속력

(가) 질권설정자의 권리처분제한 질권설정자는 질권자의 동의 없이 질권의 목적된 권리를 소멸하게 하거나 질권자의 이익을 해하는 변경을 할 수 없다(제352조).

그러므로 질권설정자는 채권의 추심, 면제, 상계 등의 입질된 채권을 소멸케 하는 행위 또는 경개, 변제기의 연장 등의 채권을 변경함으로써 질권자가 질권의 목적인 채권에 대하여 가지는 배타적 지배권능을 해치는 행위를 하여서는 안 된다.

다만 질권의 목적인 채권의 양도행위는 민법 제352조 소정의 질권자의 이익을 해하는 변경에 해당되지 않으므로 질권자의 동의를 요하지 아니한다(대판 2005.12.22. 2003다55059).

질권설정자는 입질채권이 시효로 소멸할 염려가 있는 경우에 이를 보존하기 위하여 확인의 소나 이행의 소를 제기할 수 있겠는가?

통설은 시효중단을 위하여 이행의 소를 제기할 수는 없지만 채권의 소멸시효를 중단하기 위하여 채권존재확인(債權存在確認)을 구하는 소는 제기할 수 있다고 한다.

질권설정자가 질권의 목적된 권리를 소멸하게 하는 행위를 하였다고 하더라도 이는 질권자에 대한 관계에 있어서는 무효가 된다(대판 97.11.11. 97다35375).

즉 질권설정자로 하여금 질권자의 동의 없이 질권의 목적된 권리를 소멸하게 하거나 질권자의 이익을 해치는 변경을 할 수 없도록 한 제352조의 규정은 질권자가 질권의 목적인 채권의 교환가치에 대하여 가지는 배타적 지배 권능을 보호하기 위한 것이므로, 질권설정자와 제3채무자가 질권의 목적된 권리를 소멸하게 하는 행위를 하였다고 하더라도 이는 질권자에 대한 관계에 있어 무효일 뿐이어서 특별한 사정이 없는 한 질권자 아닌 제3자가 그 무효의 주장을 할 수는 없다고 할 것이다.

(나) 제3채무자에 대한 구속력 제3채무자에 대하여는 제352조(질권설정자의 권리처분제한)와 같은 규정이 없다. 통설은 제3채무자의 제352조에 반하는 행위는 대항요건이 갖추어진 때에는 무효이지만, 대항요건을 갖추지 못한 경우에는 유효하다고 해석한다.

(5) 우선변제적 효력

채권질권자는 입질채권으로부터 피담보채권의 전부를 후순위권리자 기타 채권자보다 우선하여 변제를 받을 수 있다. 우선변제받는 방법으로서 채권을 직접 청구하는 방법(제353조)과 민사집행법에서 정한 집행방법(제354조)에 의하는 두 가지 방법이 있다.

(가) 채권의 직접 청구 질권자는 질권의 목적이 된 채권을 직접(直接) 청구할 수 있다(제353조 제1항).

'직접 청구한다' 함은 질권설정자의 위임에 의하지 않고 질권자가 자기의 이름으로 제3채무자에 대하여 이행의 소(訴)를 제기하는 등의 방법으로 채권을 추심할 수 있는 것을 말한다. 다만, 그 효과는 입질채권의 채권자(권리질권설정자)에게 귀속하며 당연히 질권자의 채권에 충당되는 것은 아니다.

따라서 채권의 목적물이 금전인 때에는 질권자는 자기 채권의 한도에서 직접 청구함으로써 피담보채권의 변제에 충당할 수 있지만(제353조 제2항), 채권의 목적물이 금전 이외의 물건인 때에는 질권자는 그 변제를 받은 물건에 대하여 질권을 행사할 수 있을 뿐 그 목적물로부터 직접 변제에 충당할 수 없다(제353조 제4항).

결국, 질권자는 추심한 목적물에 대하여 동산질권을 취득한 것으로 되어 동산질권이 실행방법에 의하여 채권을 만족받게 된다.

입질채권의 변제기가 질권자의 채권의 변제기보다 먼저 도래한 때에는 질권자는 제3채무자에 대하여 그 변제금액의 공탁을 청구할 수 있다. 이 경우에 질권은 그 공탁금에 존재한다(제353조 제3항).

(나) 민사집행법에 의한 집행 질권자는 채권의 직접 청구방법에 의하지 않고 민사집행법에 의한 집행방법에 의하여 질권을 실행할 수도 있다(제354조, 민사집행법 제210조 내지 제212조, 제229조 내지 제245조, 251조). 이 경우에 집행권원(執行權原)은 필요 없다.

(6) 유　질

유질계약의 금지에 관한 규정(제339조)은 권리질권에도 준용된다(제355조). 그러나 금전채권의 입질에 있어서는 피담보채권의 한도 내에서 변제에 갈음하여 입질채권을 질권자에게 이전할 것을 약속하는 것은 허용된다(통설).

Ⅳ. 기타의 권리질권

채권 이외에도 주식이나 무체재산권에 대하여 질권을 설정할 수 있다. 이에 대하여는 민법에 규정을 두고 있지 않고 주식에 질권을 설정하는 것은 상법에서 규율하고 있고(상법 제388조 이하 참조), 특허권, 실용신안권, 지적재산권 등의 무체재산권에 대하여는 각각의 법률에 따라 질권을 설정할 수 있다.

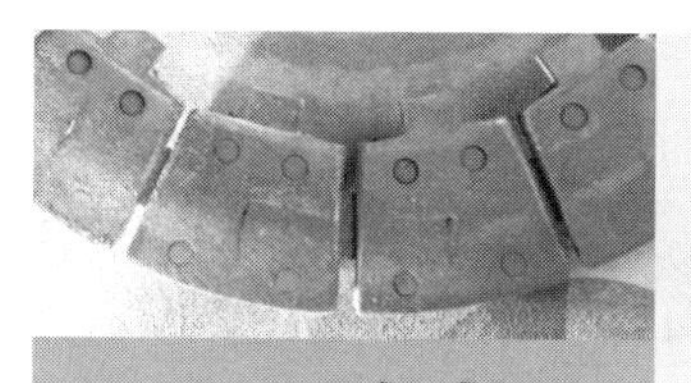

제10장 저 당 권

제1절 서 설

Ⅰ. 의 의

저당권(抵當權)이라 함은 채무자 또는 제3자가 채무의 담보로 제공한 부동산 기타 목적물의 교환가치로부터 채권의 우선변제를 받을 권리를 가지는 담보물권을 말한다.

Ⅱ. 법적 성질

1. 약정담보물권

저당권은 당사자 간의 합의에 의하여 성립하는 약정담보물권(約定擔保物權)인 점에서 질권과 같고 법정담보물권인 유치권과 다르다.

2. 담보물권에 공통하는 성질

저당권은 담보물권에 공통된 성질로서 부종성(제369조), 수반성, 불가분성(제370조, 제321조)과 물상대위성(제370조, 제342조)을 갖는다.

3. 타 물 권

저당권은 타인의 물건에 대하여 성립하는 타물권(他物權)이다. 따라서 저당권자가 저당권이 설정된 목적물에 대하여 소유권을 취득하면 저당권은 혼동에 의하여 소멸하는 것이 원칙이다.

그러나 저당권이 성립한 후에 동일한 목적물에 대하여 후순위저당권이 성립한 때에는 선순위저당권자가 목적물에 대한 소유권을 취득하더라도 선순위저당권은 소멸하지 않고 존속한다. 결과적으로 자기 소유의 물건에 대하여 저당권을 가지는 모습으로 존속하게 된다.

제2절 저당권의 성립

저당권이 성립하기 위하여는 저당권설정에 대한 합의와 등기가 필요하다(제186조). 다만, 일정한 경우에 법률의 규정에 의하여 저당권이 성립되는 경우도 있다. 이를 법정저당권(法定抵當權)이라고 한다(제649조, 제666조).

이 절에서는 당사자의 약정에 의하여 성립하는 저당권을 설명한다.

Ⅰ. 저당권설정계약

종된 권리로서의 저당권이 성립하기 위하여서는 채권이 성립하고 있고(저당권의 부종성), 당사자 간에 저당권설정의 합의가 있어야 한다.

저당권설정계약의 당사자는 저당권을 취득하는 저당권자와 부동산 위에 저당권을 설정하여 주는 저당권설정자이다.

저당권자는 채권자에 한한다. 저당권설정자는 채무자에 한하지 않고 제3자라도 상관없다. 이와 같이 타인의 채무를 담보하기 위하여 자기의 재산에 저당권을 설정하는 제3자를 물상보증인(物上保證人)이라고 한다.

즉, 물상보증인은 채무 없이 책임을 부담하는 자이다. 다만, 채무자가 채무를 변제하지 않아서 물상보증인이 변제하였거나 또는 저당권의 실행에 의하여 물상보증인이 저당목적물의 소유권을 잃은 경우에는 채무자에게 구상권을 행사할 수 있다(제370조,

제341조).

저당권을 설정하는 행위는 처분행위에 해당하므로 저당권설정자는 저당목적물에 대하여 처분권을 가지고 있어야 한다.

II. 저당권의 설정등기

1. 설정등기

저당권을 취득하기 위하여는 저당권설정계약과 저당권설정등기를 하여야 한다(제186조).

2. 등기사항

저당권등기에는 채권액과 채무자를 기재하여야 한다. 이 경우 등기원인에 변제기, 이자 및 그 발생기 · 지급시기, 원본 또는 이자의 지급장소, 채무불이행으로 인한 손해배상에 관한 약정이나 저당권의 효력범위에 관한 약정이 있는 때에는 그 약정을, 그리고 채권이 조건부인 때에는 이를 기재하여야 하며(부동산등기법 제75조 제1항), 저당권의 설정등기를 신청하는 경우에 그 권리의 목적이 소유권 이외의 권리인 때에는 신청서에 그 권리의 표시를 하여야 한다.

저당권설정등기에 따른 비용에 관하여 당사자 간에 다른 특약이 없으면 채무자가 부담하는 것이 거래상의 관행이라는 것이 판례(대판 62.2.15. 4294민상291)이다.

3. 저당권등기가 불법말소된 경우 저당권의 효력

저당권설정등기가 유효하게 경료된 후에 그 등기가 불법으로 말소되면 저당권은 소멸하는지 아니면 존속하는지에 대하여 학설이 대립한다.

등기는 물권변동의 효력발생요건인 동시에 그 존속요건이라는 견해에 의하면 등기에 의하여 일단 발생한 물권변동의 효력이 존속하기 위하여서는 등기의 존속을 요한다고 설명한다. 따라서 일단 행하여진 등기가 후에 이르러 불법으로 말소된 경우에도 등기는 효력을 잃게 되며 그 말소된 등기에 관하여는 회복등기를 할 수 없다고 주장하는 견해가 있다.

다수설과 판례(대판 82.9.14. 81다카923)는 등기는 물권의 효력발생요건일 뿐 존속요건이 아니라고 새긴다. 그리하여 물권에 관한 등기가 원인 없이 말소된 경우에 그 물권의 효력에는 아무런 영향이 없고, 말소된 등기의 회복등기가 행하여지면 그 회복등기는 말소된 등기와 동일한 순위의 효력을 갖는다는 입장이다.

다만, 저당권등기가 불법으로 말소된 이후에 다른 저당권자의 신청으로 경매절차가 진행되어 경락된 경우에는 그 한도에서 저당권도 소멸한다는 것이 판례(대판 98.10.2. 98다27197)이다. 저당권은 경락으로 인하여 소멸하기 때문이다(민사집행법 제91조 제2항).

4. 무효등기의 유용

무효등기의 유용(無效登記流用)이란 변제 등의 원인에 의하여 피담보채권이 소멸되어 저당권등기도 효력을 잃어버렸지만(제369조 참조) 무효인 저당권등기가 아직 말소되지 않고 있는 경우에 당사자 간에 다시 저당권설정계약을 체결하고 말소되지 않은 종전의 저당권등기를 이용할 수 있는가 하는 문제이다.

판례(대판 86.12.9. 86다카716)는 저당권등기가 무효로 된 이후에 당사자 간에 무효인 등기를 유용하기로 하는 합의를 할 때까지 등기부상에 이해관계 있는 제3자가 나타나지 않는 경우에 한하여 유효하다는 입장이다.

부동산의 소유자 겸 채무자가 채권자인 저당권자에게 당해 저당권설정등기에 의하여 담보되는 채무를 모두 변제함으로써 저당권이 소멸된 경우에 그 저당권설정등기 또한 효력을 상실하여 말소되어야 할 것이나, 그 부동산의 소유자가 새로운 제3의 채권자로부터 금원을 차용함에 있어 그 제3자와 사이에 새로운 차용금 채무를 담보하기 위하여 잔존하는 종전 채권자 명의의 저당권설정등기를 이용하여 이에 터잡아 새로운 제3의 채권자에게 저당권 이전의 부기등기를 경료하기로 하는 내용의 저당권등기 유용의 합의를 하고 실제로 그 부기등기를 경료하였다면, 그 저당권이전등기를 경료받은 새로운 제3의 채권자로서는 언제든지 부동산의 소유자에 대하여 그 등기 유용의 합의를 주장하여 저당권설정등기의 말소청구에 대항할 수 있다고 할 것이다. 다만, 그 저당권 이전의 부기등기 이전에 등기부상 이해관계를 가지게 된 자에 대하여는 위 등기 유용의 합의 사실을 들어 위 저당권설정등기 및 그 저당권 이전의 부기등기의 유효를 주장할 수는 없다고 할 것이다.

그러나 채무자인 부동산 소유자와 새로운 제3의 채권자와 사이에 저당권등기의 유용의 합의를 하였으나 아직 종전의 채권자 겸 근저당권자의 협력을 받지 못하여 저당권 이전의 부기등기를 경료하지 못한 경우에는 부동산 소유자와 종전의 채권자 사이에서는 저당권설정등기는 여전히 등기원인이 소멸한 무효의 등기라고 할 것이므로 부동산 소유자는 종전의 채권자에 대하여 그 저당권설정등기의 말소를 구할 수 있다고 할 것이지만, 부동산 소유자와 종전의 채권자 그리고 새로운 제3의 채권자 등 3자가 합의하여 저당권설정등기를 유용하기로 합의한 경우라면 종전의 채권자는 부동산 소유자의 저당권설정등기말소청구에 대하여 그 3자 사이의 등기 유용의 합의 사실을 들어 대항할 수 있고 또한 부동산 소유자로부터 그 부동산을 양도받기로 하였으나 아직 소유권이전등기를 경료받지 아니하여 그 소유자를 대위하여 저당권설정등기의 말소를 구할 수밖에 없는 자에 대하여도 마찬가지로 대항할 수 있다고 할 것이다(대판 98.3.24. 97다56242).

Ⅲ. 저당권의 목적물

저당권은 목적물에 대한 점유를 필요로 하지 않기 때문에 등기나 등록 등의 공시방법이 마련되어 있는 것에 한하여 저당권을 설정할 수 있다. 민법에서 인정하는 저당권의 객체로는 부동산(제356조)과 지상권, 전세권(제371조)이 있다.

민법 이외의 법률에서 인정하는 저당권의 객체로는 등기된 선박(상법 제871조), 입목(입목에 관한 법률 제3조), 광업권(광업법 제10조), 어업권(수산업법 제16조), 공장재단(공장 및 광업재단 저당법 제1조), 광업재단(공장 및 광업재단 저당법 제52조), 자동차 · 항공기 · 건설기계(자동차 등 특정동산 저당법 제3조) 등이 있다.

Ⅳ. 피담보채권

저당권에 의하여 담보될 수 있는 채권은 금전채권이 대부분이지만 이에 한하지 않는다. 금전채권 이외의 급부를 목적으로 하는 채권도 채무불이행에 의하여 손해배상청구권(제390조)으로 변할 수 있고, 손해배상은 금전배상이 원칙(제394조)이기 때문에 저당권에 의하여 담보되는 채권은 처음부터 일정한 금전의 지급을 목적으로 하는 것일 필요가 없다. 다만, 피담보채권이 금전채권이 아닌 경우에는 그 채권의 평가액을 기록하여야 한다(부동산등기법 제77조).

또한, 피담보채권은 저당권이 설정될 당시에 확정되어 있어야 하는 것은 아니고 조건부채권이나 기한부채권과 같이 장래에 발생할 특정의 채권을 위하여 미리 저당권을 설정하는 것도 가능하다(통설).

저당권은 장래에 확정될 불특정의 채권을 담보하기 위하여 설정할 수도 있는데, 이를 근저당(根抵當)이라고 한다(제357조).

제3절 효　　력

Ⅰ. 저당권의 효력이 미치는 범위

1. 피담보채권의 범위

민법 제360조는 피담보채권의 범위에 관하여 「저당권은 원본, 이자, 위약금, 채무불이행으로 인한 손해배상 및 저당권의 실행비용을 담보한다. 그러나 지연배상에 대하여는 원본의 이행기일을 경과한 후의 1년분에 한하여 저당권을 행사할 수 있다.」고 규정하고 있다.

당사자 간에 이자에 관한 약정이 있는 경우에 저당권의 효력은 변제기까지의 이자채권에 무제한적으로 미친다. 따라서 모든 이자채권에 대하여 후순위저당권자 등보다 우선변제를 받을 수 있다. 이자채권에 대한 이율, 발생기, 지급시기, 지급장소의 약정이 있는 때에는 이를 등기하여야 한다.

채무불이행으로 인한 손해배상, 즉 지연배상(遲延賠償)에 관하여는 원본의 이행기일을 경과한 후 1년분에 한하여서만 저당권의 효력이 미치는 것으로 하고 있다. 이와 같이 저당권의 효력이 미치는 지연배상의 범위를 제한하는 이유는 피담보채권의 이행기가 도래하여 저당권을 실행할 수 있음에도 불구하고 저당권자가 저당권을 실행하지 않으면 그 동안 지연이자가 계속 증가하게 될 것이고, 이 경우에 모든 지연이자에 대하여서까지 저당권의 효력을 미치도록 하면 결국은 후순위저당권자나 다른 채권자의 이익을 해치게 되기 때문이다.

2. 목적물의 범위

(1) 저당권의 효력이 미치는 목적물의 범위—부동산, 부합물, 종물

민법 제358조는 저당권의 효력의 범위에 관하여 「저당권의 효력은 저당부동산에 부합된 물건과 종물에 미친다. 그러나 법률에 특별한 규정 또는 설정행위에 다른 약정이 있으면 그러하지 아니하다.」고 규정하고 있다.

저당권이 설정된 부동산의 부합물(附合物)이면 부합물이 부합될 당시에 누구의 소유이었는지를 가릴 것 없이 또한 그 부합시기가 저당권설정의 전이든 후이든 묻지 않고 저당권의 효력이 미친다(통설, 대판 2008.5.8. 2007다36933, 36940). 예컨대 건물이 증축된 경우에 증축부분이 본래의 건물에 부합되어 본래의 건물과 분리하여서는 전혀 별개의 독립물로서의 효용을 갖지 않는다면, 위 증축부분에 관하여 별도로 보존등기가 경료되었고 본래의 건물에 대한 경매절차에서 경매목적물로 평가되지 아니하였다고 할지라도 경락인은 그 부합된 증축부분의 소유권을 취득한다(대판 81.11.10. 80다2757, 2758).

저당권의 성립 전후에 상관없이 종물(從物)에 대하여도 저당권의 효력이 미친다. 다만 그 부동산의 상용에 공하여진 물건일지라도 그 물건이 부동산의 소유자가 아닌 다른 사람의 소유인 때에는 이를 종물이라고 할 수 없으므로 부동산에 대한 저당권의 효력에 미칠 수 없어 부동산의 낙찰자가 당연히 그 소유권을 취득하는 것은 아니라고 할 것이다(대판 2008.5.8. 2007다36933, 36940).

나아가서 저당부동산에 종된 권리에도 저당권의 효력이 미치는지에 대하여 판례는 긍정한다. 판례(대판 96.4.26. 95다52864)는 저당권의 효력이 저당부동산에 부합된 물건과 종물에 미친다는 민법 제358조 본문을 유추하여 보면 건물에 대한 저당권의 효력은 그 건물에 종된 권리인 건물의 소유를 목적으로 하는 지상권에도 미치게 되므로, 건물에 대한 저당권이 실행되어 경락인이 그 건물의 소유권을 취득하였다면 경락 후 건물을 철거한다는 등의 매각조건에서 경매되었다는 등 특별한 사정이 없는 한, 경락인은 건물 소유를 위한 지상권도 민법 제187조의 규정에 따라 등기 없이 당연히 취득하게 되고, 한편 이 경우에 경락인이 건물을 제3자에게 양도한 때에는, 특별한 사정이 없는 한 민법 제100조 제2항의 유추적용에 의하여 건물과 함께 종된 권리인 지상권도 양도하기로 한 것으로 봄이 상당하다고 한다.

다만, 부합물이나 종물에 대하여 법률에 특별한 규정이 있는 경우 또는 설정행위에서 다른 약정을 한 경우에는 저당권의 효력이 미치지 않는다(제358조 단서). 설정행위로 다른 약정을 한 때에는 이를 등기함으로써 제3자에게 대항할 수 있다(부동산등기법 제75조 제1항).

(2) 저당권의 효력이 미치지 않는 경우

(가) 독립한 건물, 저당토지 위의 건물 저당권의 효력은 저당부동산과 그 부합물

그리고 종물에 한하여 미치며 그 이외에는 저당권의 효력이 미치지 않는다.

따라서 사회적 관점이나 경제적 관점에 비추어 저당건물과 별개의 독립한 건물이라고 볼 수 있는 경우에는 그 건물에는 저당권의 효력이 미치지 않는다(대판 90.10.12. 90다카27969).

또한, 토지에 저당권을 설정한 경우에는 그 토지 위의 건물에 대하여는 저당권의 효력이 미치지 않는 것은 당연하다. 다만, 토지를 목적으로 저당권을 설정한 후 그 설정자가 그 토지에 건물을 축조한 때에는 저당권자는 토지와 함께 그 건물에 대하여도 경매를 청구할 수 있다(제365조 참조).

판례(대판 97.9.26. 97다10314)도 저당권은 법률에 특별한 규정이 있거나 설정행위에 다른 약정이 있는 경우를 제외하고 그 저당부동산에 부합된 건물과 종물 이외에까지 그 효력이 미치는 것이 아니므로, 토지에 대한 경매절차에서 그 지상 건물을 토지의 부합물 내지 종물로 보아 경매법원에서 저당 토지와 함께 경매를 진행하고 경락허가를 하였다고 하여 그 건물의 소유권에 변동이 초래될 수 없다고 한다.

(나) 과 실 저당권은 질권과 달리 담보물의 점유를 저당권설정자에게 맡기고 있기 때문에 저당물로부터 발생한 천연과실에는 저당권의 효력이 미치지 않는다.

다만, 저당부동산에 대한 압류(押留)가 있은 후에 저당권설정자가 그 부동산으로부터 수취한 과실 또는 수취할 수 있는 과실에 대하여는 저당권의 효력이 미친다(제359조). 이는 저당물의 소유자가 일부러 경매절차를 지연시킴으로써 그 동안에 발생하는 과실을 취득하는 불합리한 결과를 막기 위함이다.

법정과실(法定果實)에 대하여도 저당권의 효력은 미치지 않으며, 제359조의 규정이 적용되는 것으로 해석하는 것이 다수설이다.

다만, 저당권자가 그 부동산에 대한 소유권, 지상권 또는 전세권을 취득한 제3자에 대하여는 압류한 사실을 통지한 후가 아니면 이로써 대항하지 못한다(제359조 단서 참조).

(다) 입 목 명인방법을 갖춘 수목이나 '입목에 관한 법률'에 의하여 등기된 입목(立木)은 토지와 독립한 부동산으로서 토지에 관한 저당권의 효력은 이들에 미치지 않는다.

(3) 물상대위

저당권은 저당물의 멸실, 훼손, 공용징수로 인하여 저당권설정자가 받을 금전 기타 물건에 대하여 이를 행사할 수 있다. 이 경우에는 금전 기타 물건이 저당권설정자에게 지급 또는 인도 전(前)에 압류(押留)하여야 한다(제370조, 제342조).

저당물의 멸실 등의 경우에 저당권자로 하여금 저당권설정자가 받을 금전이나 기타 물건의 지급 또는 인도 전에 압류하도록 하는 이유는 저당목적물의 변형물인 금전이나 물건이 저당권설정자의 다른 재산 속에 섞여버려 그 특정성을 잃어버린 후에도 저당권자로 하여금 추급할 수 있도록 하면 다른 채권자의 이익을 해칠 수 있기 때문이다. 그러므로 저당목적물의 변형물인 금전 기타 물건에 대하여 이미 제3자가 압류하여 그 금전 또는 물건이 특정된 이상 저당권자는 스스로 이를 압류하지 않고서도 물상대위권을 행사할 수 있다(대판 96.7.12. 96다21058).

또한 저당권자가 물상대위권에 기하여 수용재결로 인한 손실보상금청구권을 추급할 수 있는 시한(時限)에 대하여 물상대위권자의 압류 전에 양도 또는 전부명령 등에 의하여 보상금 채권이 타인에게 이전된 경우라도 보상금이 직접 지급되거나 보상금지급청구권에 관한 강제집행절차에 있어서 배당요구의 종기에 이르기 전에는 여전히 그 청구권에 대한 추급이 가능하다고 할 것이다(대판 2000.6.23. 98다31899).

민법 제370조에 의한 저당권자의 물상대위권의 행사는 민사집행법 제273조에 의하여 담보권의 존재를 증명하는 서류를 집행법원에 제출하여 채권압류 및 전부명령을 신청하거나, 민사집행법 제247조에 의하여 배당요구를 하는 방법에 의하여 하는 것이고, 이는 늦어도 민사집행법 제247조 제1항 각 호 소정의 배당요구의 종기까지 하여야 하는 것으로 그 이후에는 물상대위권자로서의 우선변제권을 행사할 수 없다고 하여야 할 것이다. 이와 같이 물상대위권자로서의 권리행사의 방법과 시한을 제한하는 취지는 물상대위의 목적인 채권의 특정성을 유지하여 그 효력을 보전하고 평등배당을 기대한 다른 일반 채권자의 신뢰를 보호하는 등 제3자에게 불측의 손해를 입히지 아니함과 동시에 집행절차의 안정과 신속을 꾀하고자 함에 있다(대판 2003.3.28. 2002다13539).

II. 우선변제적 효력

1. 저당권자가 우선변제받는 방법

(1) 저당권에 기하여 우선변제를 받는 방법

저당권자가 저당권에 의하여 피담보채권을 우선변제받는 방법으로는 담보권실행경매에 의한 저당권실행의 경우와 담보권실행경매에 의하지 않고 저당권을 실행하는 경우로 나누어 생각해 볼 수 있다. 후자의 방법을 특히 유저당(流抵當)이라고 한다.

(가) 담보권실행을 위한 경매 담보권실행을 위한 경매에 있어서 집행권원(執行權原)은 필요 없다. 담보권실행을 위한 대략적인 경매절차는 다음과 같다.

채권자의 경매신청 → 법원에 의한 경매개시결정 → 경매개시결정의 송달 및 경매신청등기의 촉탁 → 현황조사 → 경매실시 → 경락허가결정 → 경락대금의 배당

경락인은 경락대금을 완납한 때에 등기없이도 경매목적물에 대한 소유권을 취득한다(민사집행법 제268조, 제135조).

실체상 존재하는 저당권에 기하여 경매개시결정이 있었다면 그 후 저당권이 소멸된 경우에도 경매절차가 진행된 결과 경락허가결정이 확정되고 경락대금이 완납(完納)되었다면 경락인은 적법하게 부동산의 소유권을 취득한다(민사집행법 제267조, 대판 71.9.28. 71다1310).

(나) 유저당계약의 유효성 유저당계약(流抵當契約)이라 함은 저당권설정계약을 체결하면서 또는 피담보채권의 변제기가 도래하기 전의 계약으로 저당권자에게 변제에 갈음하여 저당목적물의 소유권을 취득하게 하거나 또는 민사집행법에 의한 경매에 의하지 않고 임의의 방법으로 저당목적물을 처분하거나 환가(換價)하기로 하는 내용의 약정을 말한다(제339조 참조).

유저당계약은 유효한가?

피담보채권의 변제기가 도래한 후의 유저당계약은 채무자의 궁박을 이용한 폭리의 문제가 없기 때문에 유효하다.

문제는 변제기가 도래하기 전의 유저당계약의 유효성이다. 이에 대하여 저당권에 있어서는 질권에서와 같은 금지규정(제339조)이 없을 뿐만 아니라 유질계약의 금지에 관한 규정을 준용하도록 하고 있지 않다는 이유로 그 유효성을 인정한다(통설).

유저당에는 저당권설정자가 채무를 불이행하면 저당물의 소유권을 저당권자에게 귀속시키는 대물변제예약의 형태와 법률의 규정에 의하지 않고 임의의 방법으로 저당물을 환가하는 형태가 있다.

대물변제예약형태(代物辨濟豫約形態)의 유저당에는 다시 저당권을 설정하면서 저당권설정등기 외에 대물변제의 예약을 원인으로 소유권이전청구권의 보전을 위한 가등기를 하는 경우와 가등기를 하지 않고 대물변제의 예약만 하는 경우가 있다.

가등기가 되어 있는 대물변제예약의 경우에는 '가등기담보 등에 관한 법률'에 의하여 규율된다. 이 경우에 가등기담보권은 독립한 담보물권이므로 저당권자는 동일 목적물 위에 저당권과 가등기담보권을 병존적으로 취득한다. 이 가등기담보권은 독립한 물권이므로 유저당계약이라고 보기 어렵다.

저당목적물에 대한 가등기가 없는 대물변제의 예약도 유효하다는 것이 일반적인 견해이며, 저당권자가 저당목적물의 소유권을 취득하기 위해서는 민법 제607조와 제608조가 적용되어 저당권자는 채무자 등에게 정산 내지 청산의무를 부담한다.

임의환가(任意換價)의 약정의 경우에는 저당부동산의 환가를 경매에 의하지 않고 임의환가의 방법에 의하는 경우이다. 예컨대 저당부동산을 경매가 아닌 저당권자가 임의로 제3자에게 매각한 후에 청산하는 특약으로서 이러한 특약도 유효하다.

(다) 후순위저당권자나 일반채권자에 의한 경매 저당부동산에 대하여 후순위저당권자도 경매를 청구할 수 있다. 후순위저당권자가 저당목적물에 대하여 경매를 청구한 경우에 선순위저당권자는 이를 저지할 수 없을 뿐만 아니라 경락에 의하여 선순위저당권은 소멸한다. 다만, 선순위저당권자는 우선순위에 따라서 후순위저당권자보다 피담보채권을 우선적으로 변제받을 수 있을 뿐이다.

후순위저당권자가 경매를 청구하는 경우 최저매각가격으로 압류채권자의 채권에 우선하는 부동산의 모든 부담과 절차비용을 변제하면 남을 것이 있는 때에 한하여 경매를 청구할 수 있다(민사집행법 제102조). 이를 잉여주의라 한다.

채무자인 저당권설정자의 일반채권자도 집행권원을 만들어서 저당부동산에 대하여 경매를 청구할 수 있다. 이 경우에도 저당부동산 위의 저당권은 경락에 의하여 모두 소멸하고 우선순위에 따라서 변제를 받을 수 있을 뿐이다.

(2) 저당권자가 일반채권자로서 변제를 받는 방법

저당권자는 저당부동산으로부터 변제를 받지 못한 부분의 채권에 한하여 채무자의 다른 재산으로부터 변제를 받을 수 있다(제370조, 제340조). 이 경우에 저당부동산으로부터는 후순위권리자나 다른 채권자에 대하여 우선변제권이 인정되지만 저당부동산이 아닌 채무자의 다른 재산에 대하여는 우선변제권이 인정되지 않는다.

그러나 저당부동산보다 먼저 다른 재산에 관한 배당을 실시하는 경우에는 저당권자는 채권 전액(全額)을 가지고 배당절차에 참가할 수 있다. 이 경우에 다른 채권자는 저당권자에게 그 배당금액의 공탁을 청구할 수 있다(제370조, 제340조 제2항 단서).

저당권자가 저당권을 실행함이 없이 채무자의 일반재산에 대하여 일반채권자로서 강제집행을 실시할 수 있는지는 문제이다.

저당권자가 채무자의 일반재산에 대하여 강제집행을 실시하는 경우에 채무자가 이의를 제기할 수 있는지에 대하여 채무자는 이의를 할 수 없다는 것이 통설이다.

이에 대하여 저당권자는 피담보채권의 채권자로서 채무자의 일반재산에 대해 스스로 강제집행을 청구할 수는 없지만 배당에 참가할 수 있다는 견해가 있다(이은영, 777면).

(3) 우선변제의 순위

저당권자는 담보물의 교환가치로부터 피담보채권의 전액을 우선변제받을 권리가 있다. 이하에서 구체적인 경우를 검토한다.

(가) 일반채권자에 대한 관계 저당권자는 일반채권자에 대하여 우선변제권을 가지는 것이 원칙이다. 다만, 주택임대차보호법상의 대항요건과 계약서상의 확정일자를 갖춘 임차인은 임차보증금반환청구권에 관하여 후순위 저당권자에 우선하며(주택임대차보호법 제3조의 2), 상가건물임대차보호법상의 대항요건인 건물의 인도와 사업자등록신청을 하고 관할 세무서장으로부터 임대차계약서상의 확정일자를 받은 임차인은 보증금반환청구권에 관하여 후순위저당권자에 우선한다(상가건물임대차보호법 제3조).

또한, 보증금 중의 일정액의 보호를 받는 임차인은 주택이나 건물에 대한 경매신청의 등기 전에 대항요건을 구비하면 선순위 저당권자에 대하여도 우선변제권을 인정받는다(주택임대차보호법 제8조, 상가건물임대차보호법 제14조).

(나) 저당권자 상호 간의 관계 동일한 부동산 위에 수 개의 저당권이 설정된 경우에 저당권자 간의 우선순위는 등기의 선후에 의한다. 따라서 후순위저당권자는 선순위저당권자가 변제를 받고 남은 금액에 한하여 우선변제권을 행사할 수 있다.

동일한 부동산 위에 수 개의 저당권이 설정되어 있는 경우에 선순위저당권이 변제 등의 사유로 소멸하면 후순위저당권의 순위가 승진하게 되는데, 이를 순위승진의 원칙(順位昇進原則)이라고 한다

(다) 전세권과 저당권의 관계 전세권이나 저당권에는 모두 우선변제권이 인정되어 있다(제303조 제1항, 제356조). 그러므로 저당권이 설정된 후 전세권이 설정된 경우에는 등기의 선후에 의하여 우선변제권이 인정된다.

전세권이 설정된 후에 저당권이 설정된 경우에 전세권자가 경매를 청구한 경우에도 전세권과 저당권 사이에서는 등기의 선후에 따라 우선변제권이 인정된다.

그러나 전세권이 설정된 후 나중에 저당권이 설정된 경우에 후순위인 저당권자가 경매를 청구하더라도 선순위인 용익물권으로서의 전세권은 소멸하지 않고 매수인이 인수한다. 다만, 전세권자가 배당요구를 하면 부동산의 매각으로 전세권은 소멸한다(민사집행법 제91조).

(라) 국세기본법상의 조세채권과 저당권 국세기본법상의 조세채권(국세 · 가산금 또는

체납처분비)은 일반의 채권에 대하여 우선권을 갖는다. 다만, 저당권 목적물의 소유자가 체납하고 있는 국세는 법정기일(法定期日)을 기준으로 하여, 조세채권이 저당권이 설정된 후에 발생한 때에는 조세채권은 저당권에 우선하지 못하지만 조세채권이 법정기일 이전에 발생한 때에는 조세채권이 저당권에 의하여 담보되는 채권에 우선한다(국세기본법 제35조 제1항).

그러나 저당권목적물 자체에 대하여 부과된 국세와 가산금은(이를 당해세(當該稅)라고 한다) 법정기일 이전에 설정된 저당권에 대하여도 언제나 우선한다(국세기본법 제35조 제1항 제3호 참조).

법정기일이라 함은 다음과 같다.

① 과세표준과 세액의 신고에 의하여 납세의무가 확정되는 국세에 있어서 신고한 당해 세액에 대하여는 그 신고일

② 과세표준과 세액을 정부가 결정 · 경정 또는 수시부과 결정하는 경우에 고지한 당해세액에 대하여는 그 납세고지서의 발송일

③ 원천징수의무자 또는 납세조합으로부터 징수하는 국세와 인지세에 있어서는 가항 및 나항의 규정에 불구하고 그 납세의무의 확정일

④ 제2차 납세의무자의 재산에서 국세를 징수하는 경우에는 국세징수법 제12조의 규정에 의한 납부통지서의 발송일

⑤ 양도담보재산에서 국세를 징수하는 경우에는 국세징수법 제13조의 규정에 의한 납부통지서의 발송일

⑥ 국세징수법 제24조 제2항의 규정에 의하여 납세자의 재산을 압류한 경우에 그 압류와 관련하여 확정된 세액에 대하여는 가항 내지 마항의 규정에 불구하고 그 압류 등기일 또는 등록일

(마) 임금채권 · 퇴직금채권과 저당권 근로관계로 인한 최종 3개월분의 임금, 최종 3년간의 퇴직금, 재해보상금채권은 사용자의 총재산에 대하여 질권 또는 저당권 또는 동산 · 채권 등의 담보에 관한 법률에 따른 담보권에 따라 담보된 채권, 조세 · 공과금 및 다른 채권에 우선하여 변제된다(근로기준법 제38조, 근로자퇴직급여 보장법 제11조 제2항).

근로기준법 제38조 제2항은 최종 3개월분의 임금 채권이 같은 조 제1항에도 불구하고 사용자의 총재산에 대하여 질권 또는 저당권에 따라 담보된 채권에 우선하여 변제되어야 한다고 규정하고 있을 뿐, 사용자가 사용자 지위를 취득하기 전에 설정한 질권 또는 저당권에 따라 담보된 채권에는 우선하여 변제받을 수 없는 것으로 규정하고

있지 않으므로, 최종 3개월분의 임금 채권은 사용자의 총재산에 대하여 사용자가 사용자 지위를 취득하기 전에 설정한 질권 또는 저당권에 따라 담보된 채권에도 우선하여 변제되어야 한다(대판 2011.12.8. 2011다68777).

(바) 파산채권자에 대한 관계 파산재산에 대한 채권은 채무자 회생 및 파산에 관한 법률상의 파산절차에 따라 행사하는 것이 원칙이다. 그러나 저당부동산의 소유자가 파산선고를 받은 경우, 저당권자는 채무자 회생 및 파산에 관한 법률에 의하여 별제권(別除權)을 가지며, 별제권은 파산절차에 의하지 아니하고 행사한다(채무자 회생 및 파산에 관한 법률 제411조, 제412조).

Ⅲ. 저당권과 목적물에 대한 용익관계

저당권은 담보물의 교환가치로부터 우선변제받을 권리가 인정될 뿐이며 목적물은 설정자가 점유하여 사용·수익한다. 그러므로 저당권이 설정된 후에도 부동산에 대한 용익권이 설정될 수 있는데 저당권이 실행되면 용익권의 운명은 어떻게 될 것인지, 저당권의 실행으로 토지와 건물의 소유자가 각각 달라지는 경우에 건물의 사용을 위한 지상권의 발생문제 그리고 저당목적물에 대하여 소유권을 취득한 자나 지상권·전세권을 취득한 제3자의 보호는 어떻게 할 것인지 등이 문제이다.

1. 동일한 목적물 위에 저당권과 용익권이 존재하는 경우

저당권이 설정된 후에 목적물에 대하여 제3자가 용익권(지상권, 지역권, 전세권, 등기된 임차권)을 취득한 경우와 저당권이 설정되기 전에 취득한 경우가 다르다.

용익권이 설정된 후에 저당권이 설정된 경우에는 저당권이 실행되어도 용익권은 소멸하지 않는다. 이 경우에 지상권, 지역권, 전세권 및 등기된 임차권은 매수인이 인수한다. 다만 전세권의 경우에는 전세권자가 배당요구를 하면 매각으로 소멸된다(민사집행법 제91조 제2항).

저당권이 설정된 후에 동일 목적물 위에 제3자가 용익권을 취득한 경우에는 저당권의 실행으로 그 용익권은 모두 소멸하고 경락인은 부담 없는 부동산의 소유권을 취득한다.

부동산 위에 1번 저당권이 설정된 후에 대항력 있는 임차권이 발생하였고, 다시 2번 저당권이 설정된 경우에는 1번 저당권이 실행되는 경우뿐만 아니라 2번 저당권이 실행되는 경우에도 임차권은 소멸한다. 왜냐 하면 후순위저당권이 실행되면 선순위저당권도 소멸하게 되므로(민사집행법 제91조 제2항) 결국 1번 저당권이 실행되는 것과 같은 관계가 발생하기 때문이다(대결 90.1.23. 89다카33043).

2. 법정지상권(法定地上權)

(1) 의 의

동일인 소유의 토지와 건물의 어느 한쪽 또는 양쪽에 저당권이 설정된 후에 저당권의 실행으로 인하여 토지와 그 지상건물이 다른 소유자에 속한 경우에는 토지소유자는 건물소유자에 대하여 지상권을 설정한 것으로 본다(제366조).

즉, 법정지상권이라 함은 토지와 건물이 동일인에게 속하고 있는 경우에 토지와 그 지상건물 모두에 대하여 저당권이 설정되거나 또는 어느 한쪽에 저당권이 설정되었다가 저당권의 실행으로 토지와 지상건물의 소유자가 각각 다르게 된 경우에는 법률의 규정에 의하여 건물의 소유자를 위하여 대지에 대하여 지상권의 성립을 인정하는 것을 말한다.

법정지상권이 인정되는 이유는 민법상 토지와 건물은 독립한 부동산으로 취급되는데 토지와 건물이 동일인의 소유에 속하였다가 저당권의 실행으로 소유자를 각각 달리하게 된 경우에 건물의 철거라는 사회경제적 손실을 방지하고자 함에 있다.

(2) 성립요건

(가) 저당권설정 당시에 토지 위에 건물이 존재하고 있을 것 법정지상권이 성립하기 위하여는 저당권설정 당시에 토지 위에 건물이 존재하고 있어야 한다(대판 92.6.25. 92다20330).

토지에 관하여 저당권이 설정될 당시 토지 소유자에 의하여 그 지상에 건물을 건축 중이었던 경우 그것이 사회관념상 독립된 건물로 볼 수 있는 정도에 이르지 않았다 하더라도 건물의 규모·종류가 외형상 예상할 수 있는 정도까지 건축이 진전되어 있었고, 그 후 경매절차에서 매수인이 매각대금을 다 낸 때까지 최소한의 기둥과 지붕 그리고 주벽이 이루어지는 등 독립된 부동산으로서 건물의 요건을 갖추면 법정지상권이 성립하며, 그 건물이 미등기(未登記)라 하더라도 법정지상권은 성립한다고 할 것이다(대판 2004.6.11. 2004다13533).

이에 대하여 저당권설정 당시는 저당권의 목적인 토지 위에 건물이 존재하지 않았다 하더라도 그 후에 설정자가 건물을 축조하고 저당권자가 제365조에 의하여 토지와 건물을 일괄경매에 붙인 결과 토지와 건물의 소유자가 다르게 된 경우에도 법정지상권의 성립을 인정하여야 한다는 견해도 있다.

(나) 토지와 건물이 동일인의 소유에 속할 것 저당권설정 당시(抵當權設定當時)를 기준으로 하여 토지와 건물이 동일인의 소유에 속하고 있어야 한다. 저당권설정 당시에 토지와 건물의 소유자가 다른 경우에는 법정지상권의 성립이 인정되지 않는다.

그러므로 미등기건물을 그 대지와 함께 양수한 자가 대지에 대하여서만 소유권이전등기를 넘겨받고 건물에 대하여는 등기를 이전받지 못하고 있는 상태에서 그 대지가 경매되어 소유자가 달라지게 된 경우에 법정지상권이 발생하지 않고(대판 91.8.27. 91다16730), 또한 건물의 등기부상의 소유명의를 타인에게 신탁한 경우에 신탁자는 제3자에 대하여 그 건물의 소유권을 주장할 수 없기 때문에 토지와 건물이 동일인의 소유임을 전제로 한 법정지상권은 발생하지 않는다(대판 95.5.23. 93다47318).

이에 대하여 공유로 등기된 토지의 소유관계가 구분소유적 공유(區分所有的共有)관계에 있는 경우에는 공유자 중 1인이 소유하고 있는 건물과 그 대지는 다른 공유자와의 내부관계에 있어서는 그 공유자의 단독소유로 되었다 할 것이므로 건물을 소유하고 있는 공유자가 그 건물 또는 토지지분에 대하여 저당권을 설정하였다가 그 후 저당권의 실행으로 소유자가 달라지게 되면 건물 소유자는 그 건물의 소유를 위한 법정지상권을 취득하게 되며, 이는 구분소유적 공유관계에 있는 토지의 공유자들이 그 토지 위에 각자 독자적으로 별개의 건물을 소유하면서 그 토지 전체에 대하여 저당권을 설정하였다가 그 저당권의 실행으로 토지와 건물의 소유자가 달라지게 된 경우에도 마찬가지라 할 것이다(대판 2004.6.11. 2004다13533).

(다) 토지나 건물의 어느 한쪽 또는 양쪽에 저당권이 설정되었을 것 동일한 소유자에게 속하는 토지나 건물 중 어느 한쪽에만 저당권을 설정하였다가 토지소유자와 건물소유자가 다르게 된 경우에는 토지소유자는 건물소유자에 대하여 지상권을 설정한 것으로 본다.

토지에 저당권을 설정할 당시 토지의 지상에 건물이 존재하고 있었고 그 양자가 동일 소유자에게 속하였다가 그 후 저당권의 실행으로 토지가 낙찰되기 전에 건물이 제3자에게 양도된 경우, 건물을 양수한 제3자가 법정지상권을 취득한다고 할 것이다.

즉, 민법 제366조 소정의 법정지상권을 인정하는 취지가 저당물의 경매로 인하여 토지와 그 지상 건물이 각각 다른 사람의 소유에 속하게 된 경우에 건물이 철거되는 것과 같은 사회경제적 손실을 방지하려는 공익상 이유에 근거하는 점, 저당권자로서는 저당권설정 당시에 법정지상권의 부담을 예상하였을 것이고 또 저당권설정자는 저당권설정 당시의 담보가치가 저당권이 실행될 때에도 최소한 그대로 유지되어 있으면 될 것이므로 위와 같은 경우 법정지상권을 인정하더라도 저당권자 또는 저당권설정자에게는 불측의 손해가 생기지 않는 반면, 법정지상권을 인정하지 않는다면 건물을 양수한 제3자는 건물을 철거하여야 하는 손해를 입게 되는 점 등에 비추어 위와 같은 경우 건물을 양수한 제3자는 민법 제366조 소정의 법정지상권을 취득한다(대판 99.11.23. 99다52602).

토지와 건물의 양쪽에 저당권이 설정되었다가 저당권의 실행으로 토지소유자와 건물소유자가 다르게 된 경우에도 법정지상권의 성립을 인정할 것인가?

구민법은 「동일한 소유자에 속하는 토지와 건물 어느 한쪽에 대해서만 저당권이 설정된 후 저당권의 실행으로 토지와 건물의 소유자가 다르게 된 때」 법정지상권을 인정하는 규정을 두었으나, 현행 민법 제366조는 이러한 제한을 두고 있지 않기 때문에 토지와 건물의 양쪽에 저당권이 설정되었다가 각각의 소유자가 다르게 된 경우에도 법정지상권의 성립을 인정하여야 할 것이다.

대법원 전원합의체(대판 2003.12.18. 98 다43601 전원합의체)는 동일인 소유의 토지와 그 지상 건물에 관하여 공동저당권(共同抵當權)이 설정된 후 그 건물이 철거되고 다른 건물이 신축된 경우, 저당물의 경매로 인하여 토지와 신축건물이 서로 다른 소유자에게 속하게 되면 민법 제366조 소정의 법정지상권은 성립하지 않는다는 입장이다.

즉, 동일인 소유의 토지와 그 지상 건물에 관하여 공동저당권이 설정된 후 그 건물이 철거되고 다른 건물이 신축된 경우, 그 신축건물의 소유자가 토지의 소유자와 동일하고 토지의 저당권자에게 신축건물에 관하여 토지의 저당권과 동일한 순위의 공동저당권을 설정해 주는 등 특별한 사정이 없는 한 저당물의 경매로 인하여 토지와 그 신축건물이 다른 소유자에 속하게 되더라도 그 신축건물을 위한 법정지상권은 성립하지 않는다고 해석하여야 하는바, 그 이유는 동일인의 소유에 속하는 토지 및 그 지상 건물에 관하여 공동저당권이 설정된 경우에는 처음부터 지상 건물로 인하여 토지의 이용이 제한 받는 것을 용인하고 토지에 대하여만 저당권을 설정하여 법정지상권의 가치만큼 감소된 토지의 교환가치를 담보로 취득한 경우와는 달리, 공동저당권자는 토지 및 건물 각각의 교환가치 전부를 담보로 취득한 것으로서, 저당권의 목적이 된 건물이 그대로 존속하는 이상은 건물을 위한 법정지상권이 성립해도 그로 인하여 토지의 교환가치에서 제외된 법정지상권의 가액 상당 가치는 법정지상권이 성립하는 건물의 교환가치에서 되찾을 수 있어 궁극적으로 토지에 관하여 아무런 제한이 없는 나대지로서의 교환가치 전체를 실현시킬 수 있다고 기대하지만, 건물이 철거된 후 신축된 건물에 토지와 동순위의 공동저당권이 설정되지 아니 하였는데도 그 신축건물을 위한 법정지상권이 성립한다고 해석하게 되면, 공동저당권자가 법정지상권이 성립하는 신축건물의 교환가치를 취득할 수 없게 되는 결과 법정지상권의 가액 상당 가치를 되찾을 길이 막혀 위와 같이 당초 나대지로서의 토지의 교환가치 전체를 기대하여 담보를 취득한 공동저당권자에게 불측의 손해를 입게 하기 때문이라고 판시하였다.

이에 대하여 민법 제366조가 법정지상권제도를 규정하는 근본적 취지는 저당물의 경매로 인하여 토지와 그 지상건물이 다른 사람의 소유에 속하게 된 경우에 건물이 철거됨으로써 생길 수 있는 사회경제적 손실을 방지하려는 공익상 이유에 있는 것이지 당사자 어느 한편의 이익을 보호하려는 데 있는 것이 아니고, 법정지상권은 저당권 설정 당사자의 의사와 관계없이 객관적 요건만으로써 그 성립이 인정되는 법정물권인바, 저당권자가 그 설정 당시 가졌던 '기대'가 어떤 것이었느냐에 의하여 법정지상권의 성립 여부를 달리 판단하는 다수의견은 법정지상권 성립요건의 객관성 및 강제성과 조화되기 어렵고, 토지와 건물 양자에 대하여 공동으로 저당권이 설정된 경우, 원칙적으로 그 공동저당권자가 토지에 관하여 파악하는 담보가치는 법정지상권의 가치가 제외된 토지의 가치일 뿐이고, 건물에 관하여 파악하는 담보가치는 건물 자체의 가치 외에 건물의 존속에 필요한 법정지상권의 가치가 포함된 것이며, 법정지상권은 그 성질상 건물에 부수하는 권리에 불과하므로 구건물이 멸실되거나 철거됨으로써 건물저당권 자체가 소멸하면, 공동저당권자는 건물 자체의 담보가치는 물론 건물저당권을 통하여 파악하였던 법정지상권의 담보가치도 잃게 되고, 이에 따라 토지 소유자는 건물저당권의 영향에서 벗어나게 된다고 보는 것이 논리적으로 합당하다.

그러므로 토지 소유자는 그 소유권에 기하여 토지 위에 신건물을 재축할 수 있고, 그 후 토지저당권이 실행되면 신건물을 위한 법정지상권이 성립하며, 다만 그 내용이 구건물을 기준으로 그 이용에 일반적으로 필요한 범위로 제한됨으로써 공동저당권자가 원래 토지에 관하여 파악하였던 담보가치, 즉 구건물을 위한 법정지상권 가치를 제외한 토지의 담보가치가 그대로 유지된다고 보아야 하고, 이것이 바로 가치권과 이용권의 적절한 조절의 모습이라고 하여 법정지상권의 성립을 인정하는 견해도 있다.

(라) 경매로 인하여 소유자가 달라질 것 저당권을 실행한 결과 경매로 인하여 토지와 건물의 소유자가 달라졌어야 한다. 그러므로 경매 이외의 방법으로 토지와 건물의

소유자가 달라진 경우에는 관습법상의 법정지상권은 성립할 수 있어도 본조의 법정지상권은 성립하지 않는다(대판 91.4.9. 89다카1305).

(3) 효　　력

(가) 강행규정　대지소유자는 건물소유자에 대하여 지상권을 설정한 것으로 본다(제366조). 법정지상권에 관한 민법 제366조는 강행규정이므로 당사자 간의 특약으로 법정지상권의 성립을 배제하는 약정을 하더라도 그 특약은 효력이 없다(통설, 대판 88.10.25. 87다카4017).

(나) 법정지상권의 등기　법정지상권은 법률의 규정에 의한 부동산 물권변동이므로 등기를 요하지 않는다. 그러나 이를 처분하려면 등기를 하여야 한다(제187조).

(다) 존속기간　법정지상권의 존속기간은 법정지상권이 성립된 후 그 지상목적물에 따라 규정하고 있는 민법 제280조 제1항 소정의 각 기간으로 보는 것이 상당할 것이다(대판 92.6.9. 92다4857).

(라) 지료지급의무　법정지상권자는 대지소유자에 대하여 지료를 지급하여야 한다. 지료는 당사자의 협의로 정하며 협의가 성립하지 못한 경우에는 당사자의 청구에 의하여 법원이 정한다(제366조 단서).

지료를 지급할 의무 있는 지상권자가 2년 이상의 지료를 지급하지 아니한 때에는 대지소유자는 지상권의 소멸을 청구할 수 있다(제287조 참조).

판례(대판 2001.3.13. 99다17142)는 법정지상권의 경우 당사자 사이에 지료에 관한 협의가 있었다거나 법원에 의하여 지료가 결정되었다는 아무런 입증이 없다면, 법정지상권자가 지료를 지급하지 않았다고 하더라도 지료의 지급을 지체한 것으로는 볼 수 없으므로 법정지상권자가 2년 이상의 지료를 지급하지 아니하였음을 이유로 하는 토지소유자의 지상권소멸청구는 이유가 없다고 한다.

또한, 법정지상권을 가진 건물소유자로부터 건물을 양수하면서 법정지상권까지 양도받기로 한 자에 대하여 대지소유자가 소유권에 기하여 건물철거를 구하는 것은 신의성실(信義誠實)의 원칙상 허용될 수 없다고 한다(대판 85.4.9. 84다카 1131, 1132 전원합의체). 이 경우에 양수인은 채권자대위의 법리에 따라 전(前) 건물소유자 및 대지소유자에 대하여 차례로 지상권의 설정등기 및 이전등기절차이행을 구할 수 있다 할 것이고, 이러한 법정지상권을 취득할 지위에 있는 자에 대하여 대지소유자가 소유권에 기하여 건물철거를 구한다는 것은 지상권의 부담을 용인하고 그 설정등기절차를 이행할 의무있는 자가 그 권리자를 상대로 한 청구라 할 것이어서 신의성실의 원칙상 허용될 수 없다고 판시하고 있다.

이에 대하여 토지소유자로서는 법정지상권을 가진 건물소유자로부터 건물을 양수하였을 뿐 아직 법정지상권을 취득하지 못하고 있는 건물양수인에 대하여 법정지상권의 승계취득에 협력할 의무를 부담하지 않고 있으며, 그 의무는 법정지상권자에게 있을 뿐이므로 의무 없는 토지소유자에게 그 승계취득에 관한 건물양수인의 이익을 배려하라고 요구할 수는 없고 이를 배려하지 아니한 행위를 형평에 어긋나거나 신뢰를 저버린 것이라 나무랄 수는 없어 대지소유자가 건물양수인에 대하여 하는 소유권에 기한 건물철거청구를 획일적으로 신의칙위반이라고 배척할 수는 없다는 것이다. 또한, 건물양수인은 앞으로 법정지상권을 유효하게 취득함으로써 건물을 보호받을 수 있는 법적 수단을 가진 자이므로 이런 법적 수단을 갖춘 경우에만 토지소유자의 토지용익권에 우선할 수 있고 그렇지 않는 한 토지소유자의 철거청구에 대항할 수 없다고 보는 것이 토지이용관계의 조정상 공평하고 합리적인 해석이며, 또 현행 부동산공시제도의 원칙에도 합당하다고 주장하는 견해도 있다.

(마) 법정지상권의 범위 법정지상권이 인정되는 범위는 건물의 대지부분에만 한하지 않으며 사회통념상 건물의 이용에 필요한 한도에서 대지 이외에도 미친다(대판 77.7.26. 77다921).

3. 저당권자의 일괄경매청구권

(1) 일괄경매청구권의 의의

민법 제365조는 「토지를 목적으로 저당권을 설정한 후 그 설정자가 그 토지에 건물을 축조한 때에는 저당권자는 토지와 함께 그 건물에 대하여도 경매를 청구할 수 있다. 그러나 그 건물의 경매대가에 대하여는 우선변제를 받을 권리가 없다.」고 규정하고 있다.

(2) 제도적 취지

저당권자에게 일괄경매청구권(一括競賣請求權)을 인정한 제도적 취지는 저당권은 담보물의 교환가치의 취득을 목적으로 할 뿐 담보물의 이용을 제한하지 아니하여 저당권설정자로서는 저당권설정 후에도 그 지상에 건물을 신축할 수 있는데, 후에 그 저당권의 실행으로 토지가 제3자에게 경락될 경우에 건물을 철거하여야 한다면 사회경제적으로 커다란 손실이 생기게 되어 이를 방지할 필요가 있으므로 이러한 이해관계를 조절하고, 저당권자에게도 저당토지상의 건물의 존재로 인하여 생기게 되는 경매의 어려움을 해소하여 저당권의 실행을 쉽게 할 수 있도록 하고자 하는 것이다.

(3) 성립요건

(가) 저당권설정 당시에 지상에 건물이 없을 것 저당권을 설정할 당시에는 지상에 건물이 없었으나 후에 건물이 신축된 경우라야 한다. 저당권설정 당시에 건물이 존재하고 있는 경우는 제366조의 법정지상권이 성립할 수 있다.

(나) 저당권설정자가 축조 · 소유하는 건물일 것 저당권설정 후에 저당권설정자가 축조하고 소유하는 건물에 한하여 일괄경매청구권이 인정된다(대결 99.4.20. 99마146). 그러므로 저당권설정자가 아닌 제3자가 건물을 축조한 경우나 저당권설정자가 건물을 축조한 후에 이를 제3자에게 양도한 경우에는 일괄경매청구권은 인정되지 않는다.

저당권설정자로부터 저당토지에 대한 용익권을 설정받을 자가 그 토지에 건물을 축조한 경우라도 그 후 저당권설정자가 그 건물의 소유권을 취득한 경우에는 저당권자는 토지와 함께 그 건물에 대하여 경매를 청구할 수 있다(대판 2003.4.11. 2003다3850).

(다) 일괄경매청구권은 저당권자의 권리 저당권자의 일괄경매청구권은 저당권자의 권리이며 의무가 아니다(대판 77.4.26. 77다77). 그러므로 저당권자는 저당권이 설정된 토지에 대하여 경매를 청구할 수 있고 또 토지와 함께 지상건물도 일괄경매청구를 할 수도 있다.

토지의 경락대금으로부터 피담보채권을 변제받기에 충분한 경우에도 일괄경매청구가 권리남용에 해당한다는 특별한 사정이 없는 한 일괄경매는 허용된다(대결 67.12.22. 67마1162).

(4) 효 력

일괄경매를 하는 경우에도 저당권자는 저당권이 설정된 토지의 경락대금으로부터만 우선변제를 받을 수 있고, 건물의 경매대가로부터는 우선변제권이 인정되지 않는다(제365조 단서).

일괄경매를 청구한 경우에는 가능한 한 토지와 건물을 동일인에게 경락시키는 것이 본조의 취지에 맞을 것이다.

4. 제3취득자의 보호

(1) 제3취득자

제3취득자(第3取得者)라 함은 저당권이 설정된 부동산에 대하여 소유권, 지상권 또는 전세권을 취득한 제3자를 말한다. 후순위근저당권자는 제3취득자에 해당하지 않는

다(대판 2006.1.26. 2005다17341).

(2) 제3취득자의 보호의 필요성

저당권이 설정된 경우에도 저당부동산은 채무자가 점유하며, 사용・수익할 뿐만 아니라 채무자는 저당물을 처분할 수도 있다.

저당권이 실행되기 전에는 저당목적물에 대하여 제3자가 소유권을 취득하거나 저당부동산을 용익하는 데 아무런 제한을 받지 않는다. 특히, 채무자가 변제를 하면 저당권은 소멸하게 되어 제3자의 지위에 어떠한 영향도 미치지 않는다.

그러나 저당권이 실행되면 저당물에 대한 제3자의 소유권, 지상권, 전세권 등은 소멸하게 되기 때문에 그 지위가 불안정하므로 제3자를 보호할 필요가 있다.

(3) 제3취득자의 지위

(가) 저당목적물의 경매인(競買人) 제363조 제2항은「저당물의 소유권을 취득한 제3자도 경매인이 될 수 있다.」고 규정하고 있다. 저당물의 소유권을 취득한 자에 한하지 않고 지상권이나 전세권 등의 권리를 취득한 자도 경매인(競買人)이 될 수 있다.

제3취득자가 경매인이 될 수 있다는 것은 제3취득자에게 경매절차에 참가하여 경매목적물을 경락받을 수 있는 기회를 제공하겠다는 의미에 불과하다. 제3취득자가 원한다고 하여 반드시 경락인이 될 수 있다는 보장이 없는 소극적인 방어방법에 지나지 않는다. 또한 이러한 규정이 없는 경우에도 제3취득자가 경매인이 될 수 있을 것이므로 당연한 규정으로서 제3취득자의 보호를 위한 특별한 의미가 없다.

(나) 제3취득자의 변제권 민법 제364조는「저당부동산에 대하여 소유권, 지상권 또는 전세권을 취득한 제3자는 저당권자에게 그 부동산으로 담보된 채권을 변제하고 저당권의 소멸을 청구할 수 있다.」고 규정하고 있다.

(a) 채무자의 의사에 반하는 변제: 저당목적물의 제3취득자는 이해관계 있는 제3자로서 채무자의 의사에 반하여서도 채무를 변제할 수 있다(제469조 제2항).

(b) 변제할 채무의 범위: 제3취득자가 민법 제364조의 규정에 의하여 변제하여야 할 채무의 범위는 채무자의 모든 채무가 아니라 '그 부동산으로 담보된 채권'이다(통설). 그러므로 지연이자는 원본의 이행기일을 경과한 후의 1년분만 변제하면 된다(제360조).

(c) 변제기도래 전의 변제: 저당목적물의 제3취득자는 채무의 변제기가 도래하기 전에 변제하고 저당권을 소멸시킬 수 있는지에 대하여 긍정설과 부정설이 대립한다. 다수설과 판례(대판 79.8.21. 79다783)는 부정설에 따른다.

(d) 제3취득자의 변제와 저당권의 말소등기의 필요성 여부: 제3취득자가 채무를 변제한 경우에 저당권은 말소등기 없이도 소멸되는지에 대하여, 제3취득자의 변제로 피담보채권이 소멸되면 저당권은 부종성에 의하여 등기 없이도 당연히 소멸된다고 한다(제369조, 통설).

(e) 제3취득자의 구상권: 제3취득자가 변제한 경우에는 채무자에 대하여는 구상권을 취득하고 또한 변제로 인하여 저당권은 제3취득자에게 이전한다(제481조).

(f) 제3취득자의 비용상환청구권: 저당물의 제3취득자가 그 부동산의 보존, 개량을 위하여 필요비 또는 유익비를 지출한 때에는 제203조 제1항, 제2항의 규정에 의하여 저당물의 경매대가에서 우선상환을 받을 수 있다(제367조).

Ⅳ. 저당권의 침해에 대한 구제

1. 저당권의 침해의 특징

저당권의 침해라 함은 저당권자의 담보를 위태롭게 하는 일체의 행위를 말한다. 예컨대 저당권의 목적물의 멸실 또는 훼손, 종물을 부당하게 분리하는 행위 등이 그것이다.

저당권은 목적물의 교환가치를 파악하여 그로부터 채권의 우선변제를 받는 권리이므로, 채무자가 목적물을 통상의 용도에 따라 이용하거나 또는 제3자로 하여금 사용하게 하는 행위는 저당권의 침해가 아니다.

또한 저당권설정자가 저당목적물을 처분하는 행위도 저당권을 침해하는 행위는 아니며, 이 경우에 양수인은 목적물에 대하여 저당권의 부담을 가지는 권리를 취득하게 된다.

2. 저당권의 침해에 대한 구제

저당권이 침해된 경우에 침해행위의 중지를 청구할 수 있을 뿐만 아니라 저당권의 침해를 이유로 불법행위에 의한 손해배상을 청구할 수 있다.

(1) 저당권에 기한 물권적 청구권

(가) 침해행위의 제거 또는 예방청구 저당권의 침해가 있는 경우, 담보물의 교환가치가 피담보채권을 만족시킬 수 있더라도 저당권자는 저당권에 기한 침해행위의 제거 또는 예방을 청구할 수 있다(제370조, 제214조).

저당권은 목적물의 점유를 수반하지 않는 담보물권이므로 저당권에 기한 목적물반환청구권은 인정되지 않는다. 즉, 제370조에서 제213조(소유물반환청구권)를 준용하고 있지 않고 있다.

(나) 무효등기의 말소청구 선순위저당권이 피담보채권의 변제로 소멸되었음에도 저당권등기가 말소되지 않고 있는 경우에 후순위 저당권자는 그 선순위저당권등기의 말소를 청구할 수 있다.

(다) 제3자 이의의 소 저당목적물은 종물 등과 함께 일체를 이루고 있기 때문에 채무자의 다른 채권자가 종물에 대하여 강제집행을 실시하는 경우에 저당권자는 저당권의 침해를 이유로 제3자 이의(異議)의 소(訴)를 제기할 수 있다(민사집행법 제48조).

(2) 손해배상청구권

저당권이 침해된 경우에 저당권자는 불법행위를 이유로 손해배상을 청구할 수 있다(제750조). 저당권자가 저당권의 침해를 이유로 손해배상을 청구하려면 저당권자가 목적물의 교환가치로부터 피담보채권의 완전한 만족을 얻을 수 없어야 한다. 그러므로 저당권을 침해하여 저당물의 교환가치가 감소되더라도 목적물의 교환가치가 피담보채권액을 넘는 경우에는 저당권자가 손해를 입었다고 할 수 없기 때문에 손해배상청구를 할 수 없다. 저당권자의 손해배상청구는 저당권의 실행 전이라도 상관 없다(통설).

(3) 채무자에 대한 특별효과

(가) 담보물보충청구권 채무자의 책임 있는 사유로 인하여 저당물의 가액이 현저히 감소된 때에는 저당권자는 저당권설정자에 대하여 그 원상회복 또는 상당한 담보제공을 청구할 수 있다(제362조).

'저당물의 가액이 현저히 감소된 때'라 함은 담보물의 교환가치의 감소로 피담보채권을 다 갚지 못할 염려가 있는 경우를 말한다.

(나) 즉시변제청구권(기한의 이익상실) 저당권의 침해가 채무자의 책임 있는 사유에 의하여 발생한 경우, 채무자는 기한의 이익을 상실하므로(제388조) 채권자는 변제기의 도래와 상관없이 채무자에게 즉시 변제를 청구할 수 있고, 즉시변제청구과 함께 불법행위를 이유로 손해배상을 청구할 수 있다(채권자의 즉시 변제청구권).

채권자의 즉시변제청구권은 담보물보충청구권과 함께 행사할 수 없고 선택적으로 행사할 수 있을 뿐이다. 그러므로 채권자가 담보물보충청구권을 행사한 경우에는 저당권의 침해로 인한 손해배상청구권이나 기한의 이익의 상실로 인한 즉시변제청구권은 행사할 수 없다(통설).

V. 저당권의 처분

1. 저당권의 처분의 제한

저당권자는 피담보채권의 변제기가 도래하기 전에 저당권을 처분함으로써 투하자본을 회수할 수 있다. 다만, 민법 제361조는 「저당권은 그 담보한 채권과 분리하여 타인에게 양도하거나 다른 채권의 담보로 하지 못한다.」고 하여 저당권의 부종성을 강화하고 있다. 따라서 저당권자는 피담보채권과 함께 저당권을 양도하거나 입질함으로써 투하자본을 회수할 수밖에 없다.

저당권의 처분제한에 관한 제361조는 강행규정으로서 저당권만을 양도하거나 저당권만의 입질은 무효이다.

2. 저당권부채권(抵當權附債權)의 양도

(1) 채권과 함께 저당권의 양도

저당권은 그 담보한 채권과 분리하여 타인에게 양도하거나 다른 채권의 담보로 할 수 없고 저당권과 피담보채권을 함께 처분하여야 한다. 이와 같이 저당권부채권의 양도는 채권양도를 포함하기 때문에 채권양도에 관한 민법규정(제449조 내지 제452조)이 적용된다. 또한, 저당권의 양도에 대하여는 이전등기를 하여야 그 효력이 발생한다(제186조).

(2) 대항요건

저당권부채권의 양도는 채권의 양도를 포함하므로 채권양도로 채무자 기타 제3자에게 대항하기 위해서는 양도인이 채무자에게 통지하거나 또는 채무자가 승낙하여야 한다(제451조 제1항).

(3) 채무자에 대한 양도통지

채권자가 채권양도의 통지를 한 때에 채무자는 그 통지를 받은 때까지 양도인에 대하여 생긴 사유로써 양수인에게 대항할 수 있다(제451조 제2항). 예컨대 채무자가 변제나 기타의 항변권을 가지고 있는 경우에 양수인에 대하여 이를 주장할 수 있다.

(4) 채무자의 승낙

채권양도에 대한 채무자의 승낙에는 이의를 보류한 승낙과 이의를 보류하지 않은 승낙이 있다. 채무자가 이의를 보류하여 승낙한 때에는 통지와 마찬가지의 효력이 생긴다.

그러나 채무자가 이의를 보류하지 않고 승낙한 때에는 채무자는 양도인에 대하여 대항할 수 있는 사유로써 양수인에게 대항하지 못한다(제451조 제1항). 그러므로 채무자는 선의의 양수인에 대하여 채권의 불성립 또는 채권의 소멸을 주장할 수 없게 되고, 양수인은 유효하게 채권을 취득하게 된다.

문제는 이 경우에 실질적으로 채권이 소멸한 경우에 저당권은 어떻게 되는가 하는 것이다. 즉, 저당권이 부활하는지(저당권부활설) 아니면 저당권은 부활하지 않고 단지 저당권에 의하여 담보되지 않는 채권만을 취득하는 것인지(부활부인설) 학설이 대립한다.

저당권부활설은 양수인이 채권을 취득하는 것은 채권양도에 대해서 공신의 원칙이 인정된 결과이며, 채권양도에 대한 채무자의 승낙으로 채권의 존재가 인정된 이상 저당권도 부활하여 양수인은 저당권부채권을 취득한다는 설명이다.

이에 대하여 부활부인설은 피담보채권의 소멸로 저당권은 당연히 소멸하는 것이고 무효인 저당권등기에 기초하여 저당권이전등기가 경료되었다고 할지라도 등기에 공신력이 인정되지 않기 때문에, 채권양도에 의하여 양수인이 유효하게 채권을 취득하였다고 할지라도 저당권은 부활하지 않으며 양수인이 취득한 채권은 저당권에 의하여 담보되지 않는 단순한 채권일 뿐이라고 한다(통설).

3. 채권의 일부양도

피담보채권의 일부가 양도된 경우에는 저당권의 불가분성에 의하여 양도인과 양수인은 채권액의 비율로 저당권을 준공유하게 된다(통설).

4. 저당권부채권의 입질(入質)

저당권은 피담보채권과 분리하여 다른 채권의 담보로 할 수 없으므로(제361조), 저당권에 의하여 담보되는 채권을 입질하고자 하는 경우에는 저당권과 함께 하여야 한다.

이 경우에 채권의 입질과 저당권의 입질에 대하여는 권리질권에 관한 규정(제349조)이 적용되며, 저당권의 등기에 질권의 부기등기(附記登記)를 하여야 질권의 효력이 저당권에 미친다(제348조).

저당권부채권에 질권이 설정되면 질권자는 채권의 추심권을 가지며(제353조) 채권담보의 실현으로서 저당권을 실행할 수 있다.

저당권에 의하여 담보된 채권액이 질권에 의하여 담보된 채권액을 초과하는 경우에도 질권설정자(저당권자)는 그 차액에 대하여 추심할 권한을 가지지 못한다. 왜냐 하면 질권은 불가분성에 의하여 입질채권의 전액을 구속하기 때문이다.

VI. 저당권의 소멸

1. 저당권 소멸사유의 일반

저당권은 목적물의 멸실, 공용징수, 혼동과 같은 물권의 일반적 소멸원인에 의하여 소멸할 뿐만 아니라 경매, 제3취득자의 변제 등의 사유로 소멸한다.

2. 담보물권에 공통한 소멸원인

민법 제369조는 「저당권으로 담보한 채권이 시효의 완성 기타 사유로 인하여 소멸한 때에는 저당권도 소멸한다.」고 규정하고 있다.

주된 권리로서의 피담보채권이 소멸시효에 걸리지 않는 한 종된 권리인 저당권만 독립하여 소멸시효에 걸리지 않는다(통설).

취득시효에 의한 소유권취득은 원시취득이므로 저당부동산에 대하여 제3자가 시효취득하면 목적부동산 위의 저당권은 소멸한다. 그러나 채무자 또는 채무자 아닌 저당권설정자가 저당물에 대하여 취득시효에 의하여 소유권을 취득하더라도 저당권의 소멸을 주장할 수 없다고 할 것이다.

3. 저당권의 포기

저당권자는 타인의 권리를 해치지 않는 한 저당권을 포기할 수 있다.

포기(抛棄)는 단독적 물권행위로서 저당권의 말소등기를 함으로써 소멸의 효력이 생긴다(제186조).

지상권 또는 전세권에 저당권을 설정한 자는 저당권자의 동의 없이 지상권 또는 전세권을 포기하는 등 이들 권리를 소멸케 하는 행위를 하지 못한다(제371조).

제4절 특수저당권

민법에서 인정하는 특수저당권으로서 근저당(제357조)과 공동저당(제368조)이 있다. 이 외에도 특별법에서 인정하는 입목저당, 재단저당, 동산저당 그리고 광업권의 저당 등이 있다.

Ⅰ. 근 저 당

1. 의 의

근저당(根抵當)이라 함은 계속적인 거래관계로부터 발생하는 다수의 불특정채권을 장래의 일정한 한도까지 담보하는 저당권을 말한다(제357조 참조).

예컨대 삼성전자와 그 대리점을 경영하는 甲 사이에 물품공급계약이 체결되어 있는 경우, 甲이 물품을 공급받은 경우에 대금채무가 발생하고, 甲은 삼성전자에 대한 대금채무의 지급을 위하여 甲 소유의 부동산에 저당권을 설정하였다가 채무자가 채무를 변제하면 저당권은 소멸한다.

저당권이 소멸한 후에 甲이 다시 물품을 공급받고 또 저당권을 설정하게 되는 경우에 저당권설정에 따른 비용발생은 물론 거래행위시마다 저당권을 설정하여야 하는 것이 번거롭다.

이와 같이 계속적 거래관계에 있는 삼성전자와 그 대리상 甲 사이에 일정한 기간을 정하여 그 때까지 발생하는 다수의 불특정 채권을 일정한 한도까지 저당물로부터 담보하는 계약을 체결하는 것이 편리한데, 이러한 경우에 주로 이용될 수 있는 제도가 근저당이다.

2. 특 징

(1) 피담보채권의 불특정성

일반의 저당권은 '특정의 채권'을 담보하는데, 근저당은 장래의 증감 · 변동하는 '불특정의 채권'을 담보하는 점에 차이가 있다.

(2) 부종성의 완화

일반의 저당권은 피담보채권이 소멸하면 부종성에 의하여 저당권도 소멸하는데,

근저당은 장래의 증감·변동하는 불특정의 채권을 담보하기 때문에 이행기가 도래하기 전에는 피담보채권이 일시적으로 존재하지 않는 경우에도 근저당은 소멸하지 않는다.

즉, 근저당에 있어서는 '피담보채권이 소멸하면 저당권도 소멸한다'는 저당권의 소멸에 있어서의 부종성이 요구되지 않는다. 다만, 피담보채무가 확정되면 근저당권이 부종성을 가지게 되어 보통의 저당권과 같이 취급된다.

3. 근저당권의 성립

근저당은 근저당권설정계약과 등기에 의하여 이루어진다(제186조).

(1) 근저당권설정계약

근저당권설정계약의 당사자는 근저당권자와 근저당권설정자이다. 근저당권자는 채권자인 것이 원칙이지만, 제3자를 근저당권 명의인으로 하는 근저당권을 설정하는 경우 그 점에 관하여 채권자와 채무자 및 제3자 사이에 합의가 있고, 채권양도, 제3자를 위한 계약, 불가분적 채권관계의 형성 등 방법으로 채권이 그 제3자에게 실질적으로 귀속되었다고 볼 수 있는 특별한 사정이 있는 경우에 한하여 제3자 명의의 근저당권설정등기도 유효하다고 할 것이다(대판 2007.1.11. 2006다50055).

근저당권설정자는 채무자가 일반적이지만 채무자 아닌 제3자라도 상관없다. 이러한 제3자를 물상보증인(物上保證人)이라고 한다.

근저당권설정계약에는 담보할 채권의 최고액과 피담보채권의 범위를 정할 수 있는 기준(예컨대 결산기) 그리고 피담보채권으로 될 채권의 기초가 되는 계속적 법률관계, 예컨대 물품공급계약과 같은 기본계약관계가 정해져 있어야 한다.

(2) 등　　기

근저당권등기를 신청할 경우에 등기원인이 근저당권설정계약이라는 뜻과 채권최고액(債權最高額) 및 채무자(債務者)를 기재하여야 한다(부동산등기법제75조 제2항).

근저당권의 존속기간이나 결산기에 관한 약정은 필수적 등기사항이 아니다. 근저당권의 존속기간을 정하지 않은 경우에는 근저당권설정계약의 해지로 근저당권이 확정되고 그때까지 발생한 피담보채권액을 기준으로 채권최고액의 범위에서 우선변제권을 갖는다.

4. 담보되는 채권의 확정

근저당권을 실행하여 피담보채권을 우선변제받기 위해서는 유동·교체하는 채권이 확정되어야 한다.

다음의 경우에는 피담보채권이 확정된다.

① 근저당권설정계약 또는 기본계약에서 정한 결산기가 도래한 때.

② 근저당권의 존속기간이 있는 경우에는 그 존속기간이 만료한 때.

③ 근저당권설정계약 또는 기본계약이 해지되거나 해제된 때.

④ 채무자가 파산선고를 받은 때.

계속적 거래계약에 기한 채무를 담보하기 위하여 존속기간의 약정이 없는 근저당권을 설정한 경우에 그 거래관계가 종료됨으로써 피담보채무로 예정된 원본채무가 더 이상 발생할 가능성이 없게 된 때에는 그 때까지 잔존하는 채무가 근저당권에 의하여 담보되는 채무로 확정된다(대판 96.10.29. 95다2494).

근저당권자가 피담보채무의 불이행을 이유로 경매신청을 한 경우에는 경매신청시에 근저당권의 피담보채권액이 확정된다(대판 98.10.27. 97다26104, 26111). 그러므로 근저당권에 의한 경매신청 후 발생한 원금채권은 그 근저당권에 의하여 담보되지 않는다(대판 91.9.10. 91다17979).

다른 채권자가 근저당목적물에 대하여 경매를 신청한 경우에는 경매개시결정이 있는 때를 기준으로 피담보채권이 확정된다고 할 것이다. 또한, 경매신청을 하여 경매개시결정이 있은 후에 경매신청이 취하되었다고 하더라도 채무확정의 효과가 번복되는 것은 아니다(대판 2002.11.26. 2001다73022). 후순위 근저당권자가 경매를 신청한 경우, 선순위 근저당권자의 피담보채권액은 경락대금을 완납(完納)한 때에 확정된다(대판 99.9.21. 99다26085).

피담보채권이 확정된 후에는 근저당권은 부종성을 가지게 되어 보통의 저당권과 같은 취급을 받게 된다(대판 98.10.27. 97다26104, 26111).

그러나 근저당권은 계속적인 거래관계로부터 발생·소멸하는 불특정다수의 채권 중 그 결산기에 잔존하는 채권을 일정한 한도액의 범위 내에서 담보하는 것으로서 그 거래가 종료하기까지 그 피담보채권은 계속적으로 증감·변동하는 것이므로, 근저당 거래관계가 계속되는 관계로 근저당권의 피담보채권이 확정되지 아니하는 동안에는 그 채권의 일부가 대위변제(代位辨濟)되었다 하더라도 그 근저당권이 대위변제자에게 이전될 수 없다(대판 2000.12.26. 2000다54451).

5. 피담보채권의 범위

근저당권자는 결산기에 발생한 채권에 대하여 최고액의 범위 내에서 우선변제권을 가진다.

지연이자를 원본의 이행기일을 경과한 후 1년분에 한하여 최고액에 포함된다고 할 것인지 또는 최고액의 한도 내이면 이행기일을 경과한 후의 1년분에 한정할 필요 없이 모두 포함하는지에 대하여 견해가 대립한다. 다수설은 최고액의 범위 내에서 이행기일을 경과한 1년 후의 지연이자에 대하여서도 우선변제권이 있다고 한다.

이에 대하여 근저당권이 확정되기 전의 피담보채권의 지연이자는 1년분에 한하지 않지만 근저당권이 확정된 후의 피담보채권의 지연이자는 1년분에 한하여야 한다는 견해도 있다(김상용, 755면). 그 이유로 근저당권이 확정되면 그 때부터 보통의 저당권으로 전환되기 때문이라고 한다.

근저당권의 실행비용(實行費用)도 최고액에 포함되는지에 대하여 학설은 긍정설과 부정설이 대립한다. 판례(대결 71.5.15. 71마251)는 실행비용은 채권최고액에 포함되지 않는다는 입장이다.

채무액이 채권최고액을 초과하는 경우에 채무자 겸 근저당권설정자가 위 근저당권설정등기의 말소를 구하기 위하여 변제할 채무액의 범위는 최고액의 범위를 넘는 실제의 채권액 전부에 미친다(대판 81.11.10. 80다2712).

이에 대하여 경매부동산을 매수한 제3취득자는 그 부동산으로 담보하는 채권최고액까지만 변제하고 근저당권의 소멸을 청구할 수 있다(대결 71.5.15. 71마251). 근저당권의 물상보증인도 민법 제357조에서 말하는 채권의 최고액만을 변제하면 근저당권설정등기의 말소청구를 할 수 있고 채권최고액을 초과하는 부분의 채권액까지 변제할 의무가 있는 것이 아니다(대판 74.12.10. 74다998).

근저당권 설정 후 부동산 소유권이 이전된 경우 근저당권설정자인 종전의 소유자도 피담보채무의 소멸을 이유로 근저당권설정등기의 말소를 청구할 수 있는지에 대하여 판례(대판 94.1.25. 93다16338)는 근저당권이 설정된 후에 그 부동산의 소유권이 제3자에게 이전된 경우에는 현재(現在)의 소유자가 자신의 소유권에 기하여 피담보채무의 소멸을 원인으로 그 근저당권설정등기의 말소를 청구할 수 있음은 물론이지만, 근저당권설정자인 종전(從前)의 소유자도 근저당권설정계약의 당사자로서 근저당권소멸에 따른 원상회복으로 근저당권자에게 근저당권설정등기의 말소를 구할 수 있는 계약상

권리가 있으므로 이러한 계약상 권리에 터잡아 근저당권자에게 피담보채무의 소멸을 이유로 하여 그 근저당권설정등기의 말소를 청구할 수 있다고 봄이 상당하고, 목적물의 소유권을 상실하였다는 이유만으로 그러한 권리를 행사할 수 없다고 볼 것은 아니라고 한다.

6. 근저당권의 소멸

근저당권이 소멸되는 것은 피담보채권이 확정된 때에 담보할 채권이 전혀 존재하지 않거나, 채권이 존재하는 경우에도 변제로 인하여 소멸한 경우 또는 근저당권의 실행이 종료한 경우 등이다.

그러므로 근저당권은 피담보채권이 확정되기 전에는 채권이 모두 변제되었다 할지라도 소멸하지 않는다. 다만, 피담보채권이 확정되기 전일지라도 채권이 모두 변제되고 채무자가 더 이상 계속적 거래를 할 의사가 없는 경우에는 설정자는 기본계약을 해지하고 근저당권의 말소를 구할 수 있을 것이다.

판례(대판 96.10.29. 95다2494)도 계속적 거래계약에 기한 채무를 담보하기 위하여 존속기간의 약정이 없는 근저당권을 설정한 경우에 그 거래관계가 종료됨으로써 피담보채무로 예정된 원본채무가 더 이상 발생할 가능성이 없게 된 때에는 그 때까지 잔존하는 채무가 근저당권에 의하여 담보되는 채무로 확정되며, 이 때 근저당권을 설정한 채무자나 물상보증인은 근저당권자에 대한 의사표시로써 피담보채무의 확정을 구할 수 있고, 그 확정 당시에 피담보채무가 존재하지 아니하게 되었다면 근저당권의 말소를 구할 수 있다고 한다.

7. 포괄근저당

(1) 의 의

포괄근저당(包括根抵當)이라 함은 채권자와 채무자 사이에 일정한 기본적인 거래관계 없이 특정한 채권자가 채무자에 대하여 취득하는 일체의 채권을 담보하는 근저당권을 말한다.

이러한 포괄근저당은 당사자 사이에 기본적인 거래관계가 없이 성립하는 데 대하여, 근저당권은 채권자와 채무자 사이에 일정한 기초가 되는 계속적 거래관계를 맺고 그 거래관계로부터 발생하는 불특정 다수의 채권을 일정한 한도액까지 담보하는 점에서 다르다.

(2) 유효성에 관한 논의

(가) 제한적 유효설 채무자에 대한 일체의 채권을 담보하는 극단적인 포괄근저당에 대하여는 그 유효성을 인정하지 않고, 피담보채권의 발생가능을 사실적 · 객관적으로 특정할 수 있을 정도의 기초적인 관계가 있는 경우에 한하여 제한적으로 그 유효성을 인정하는 견해이다.

예컨대 당사자 사이에 불법행위로 인한 손해배상채권과 같이 우연히 발생하는 채권까지도 담보하는 포괄근저당은 허용하지 않지만, 우리 나라 금융기관에서 이용되고 있는 경우처럼 현재 및 장래의 은행거래로 인하여 발생하는 일체의 채권을 담보하는 포괄근저당은 유효하다는 입장이다.

(나) 전면적 유효설 피담보채권의 발생원인을 묻지 않고 최고액의 범위 내에서 장래의 일정한 시기에 특정될 수 있는 포괄근저당이면 일반적으로 그 유효성을 인정한다는 입장이다.

(다) 판례의 입장 판례(대판 97.5.28. 96다9508 등)는 은행거래에 이용되는 포괄근저당권의 유효성을 인정한다. 예컨대 판례(대판 82.12.14. 82다카413)는 「근저당권설정계약서에 그 피담보채권으로서 '근저당권설정 당시의 차용금채무뿐만 아니라 기타 각종 원인으로 장래 부담하게 될 모든 채무까지 담보한다'라고 기재되어 있으면 위 계약서의 내용은 위 차용금채무뿐만 아니라 원고가 피고에 대하여 현재 또는 장래 부담하게 될 보증채무를 포함한 모든 채무를 담보하기 위하여 위 근저당권이 설정된 것이라고 해석하여야 하고, 다른 특별한 사유 없이 약관의 해석을 달리하여 위 근저당권의 피담보채무는 저당권설정 당시의 차용금채무에 국한된다고 할 수 없다.」고 하여 제한적 유효설의 입장이다.

「은행과의 근저당권설정계약서에 그 피담보채무를 특정하지 아니하고, 그 범위를 현재 및 장래에 부담하는 보증채무 등 여신거래로 인한 모든 채무로 정하고 있는 경우, 이는 이른바 포괄근저당권을 설정한다는 문언임이 명백하므로, 채무자의 당초 대출금채무뿐만 아니라, 근저당권설정등기를 마친 이후에 채무자가 채권자에게 추가로 부담하게 된 연대보증채무까지도 그 피담보채무에 속한다고 보아야 하고, 그로 인하여 채무총액이 근저당권의 채권최고액을 초과하게 되어 채권자인 은행의 내부적 경영지침으로 정한 담보비율을 유지할 수 없게 된다는 사유가 있다는 것만으로 이러한 채권자의 담보취득행위가 이례에 속하는 것이라거나, 근저당권의 피담보채무를 당초 대출원리금으로 제한하기로 하는 개별약정이 있었다고 할 수는 없다.」고 하였다(대판 2001.

1.19. 2000다44911).

유의할 것은 약관을 이용하여 포괄근저당설정계약을 체결한 경우에 그 해석에 관하여는 이른바 예문해석을 하고 있다. 예컨대 판례(대판 97.5.28. 96다9508)는 「근저당설정계약서는 처분문서이므로 특별한 사정이 없는 한 그 계약 문언대로 해석하여야 함이 원칙이지만, 그 근저당권설정계약서가 금융기관 등에서 일률적으로 일반거래약관의 형태로 부동문자로 인쇄하여 두고 사용하는 계약서인 경우에 그 계약 조항에서 피담보채무의 범위를 그 근저당권 설정으로 대출받은 당해 대출금채무 외에 기존의 채무나 장래에 부담하게 될 다른 원인에 의한 모든 채무도 포괄적으로 포함하는 것으로 기재하였다고 하더라도, 당해 대출금채무와 장래 채무의 각 성립 경위 등 근저당설정계약 체결의 경위, 대출 관행, 각 채무액과 그 근저당권의 채권최고액과의 관계, 다른 채무액에 대한 별도의 담보확보 여부 등 여러 사정에 비추어 인쇄된 계약 문언대로 피담보채무의 범위를 해석하면 오히려 금융기관의 일반 대출 관례에 어긋난다고 보이고, 당사자의 의사는 당해 대출금채무만을 그 근저당권의 피담보채무로 약정한 취지라고 해석하는 것이 합리적일 때에는 위 계약서의 피담보채무에 관한 포괄적 기재는 부동문자로 인쇄된 일반거래약관의 例文에 불과한 것으로 보아 그 구속력을 배제하는 것이 타당하다.」고 한다.

Ⅱ. 공동저당

1. 의 의

공동저당(共同抵當)이라 함은 동일한 채권을 담보하기 위하여 수 개의 부동산 위에 저당권을 설정하는 것을 말한다.

예컨대 A가 B에 대하여 5,000만원의 채권을 가지고 있는 경우에 그 채권의 담보로 B소유의 토지와 건물에 대하여 저당권을 설정하는 경우이다.

2. 공동저당의 특징

저당권자는 수 개의 저당목적물 중 어떤 담보물이든 자유롭게 선택하여 저당권을 실행할 수 있을 뿐만 아니라 수 개의 담보물 가운데 일부에 대하여 가격의 하락, 멸실 등의 사유로 가치가 감소되는 경우에도 다른 담보물로부터 변제를 받을 수 있어서 편리하다.

또한, 채무자도 개개의 부동산의 가치가 피담보채권에 미달하는 경우나 이미 부동산에 담보권이 설정되어 있는 경우에도 여러 개의 부동산 위에 공동저당을 설정하여 신용을 확보할 수 있어서 편리한 점이 있다.

다만, 공동저당권자는 담보물 중에서 선택적으로 저당권을 실행할 수 있기 때문에 각 저당부동산의 소유자나 후순위저당권자 사이에 불공평의 문제가 발생할 수 있고, 또는 피담보채권액보다 많은 담보가치가 공동저당의 형식으로 묶일 수 있다는 단점이 있다.

3. 공동저당의 성립

(1) 설정계약

동일한 채권의 담보로 수 개의 부동산 위에 저당권이 설정되면 공동저당이 성립한다.

공동저당은 각각의 부동산에 대한 저당권의 설정시기, 저당권의 순위, 저당목적물의 소유자가 달라도 상관없고, 또한 민법상의 저당권과 공장 및 광업재단저당법에 의한 저당권과 같이 저당권의 종류가 달라도 상관없다.

(2) 등 기

각각의 부동산에 대하여 저당권설정등기를 하여야 한다(부동산등기법 제78조 제1항). 이 경우에 그 부동산의 등기기록에 다른 부동산에 관한 권리의 표시를 하고 그 권리가 함께 담보의 목적이라는 뜻을 기재하여야 하는데, 이는 수 개의 부동산이 공동저당관계에 있음을 공시하기 위한 것이다.

공동저당의 경우에 부동산이 5개 이상인 때에는 신청서에 공동담보목록을 첨부하여야 하며(부동산등기법 제78조 제2항), 이 때에 공동담보목록은 등기기록의 일부로 간주된다(부동산등기법 제78조).

4. 공동저당의 효력

(1) 효력일반

공동저당이 성립하면 복수의 부동산 위에 하나의 저당권이 있는 것이 아니라, 각각의 부동산마다 저당권이 성립한다.

공동저당권자는 수 개의 저당목적물 중에서 어느 담보물이든 자유롭게 선택하여 피담보채권의 전부나 일부에 대하여 후순위저당권자보다 우선변제를 받을 수 있다.

다만, 이 원칙을 그대로 관철하면 담보부동산의 소유자나 후순위저당권자 등에게 불공평한 결과가 될 수 있기 때문에 민법은 경매대가를 동시에 배당할 경우에 각 부동산의 경매대가에 비례하여 그 채권의 분담을 정하고 있으며(제368조 제1항) 또한 저당부동산 중 일부의 경매대가를 먼저 배당하는 경우에 후순위저당권자로 하여금 선순위자를 대위하여 저당권을 행사할 수 있도록 하고 있다(제368조 제2항).

(2) 후순위저당권자와의 관계

(가) 동시에 배당하는 경우 민법 제368조 제1항은「동일한 채권의 담보로 수 개의 부동산에 저당권을 설정한 경우에 그 부동산의 경매대가를 동시(同時)에 배당하는 때에는 각 부동산의 경매대가에 비례하여 그 채권의 분담을 정한다.」고 규정하고 있다.

이 규정은 부동산에 관하여 후순위저당권자가 존재하는 경우는 물론 후순위저당권자가 존재하지 않는 경우에도 적용된다고 할 것이다(통설). 왜냐 하면 부동산의 경매대가를 배당하는 절차에 참가하는 자는 저당권자에 한하지 않고 가압류채권자나 집행권원을 가진 배당요구자 등도 포함되기 때문이다.

예컨대 설례에서 토지의 경락대금으로 6,000만원을 받고, 건물의 경락대금으로 4,000만원을 받아 이를 동시에 배당한다면 A가 B에 대하여 가지는 5,000만원의 채권은 토지의 경락대금으로부터는 3,000만원을 배당받고, 건물의 경락대금으로부터는 2,000만원을 배당받게 된다. 이렇게 함으로써 토지와 건물에 대하여 후순위저당권자가 있는 경우에 이들을 보호할 수 있게 된다.

공동저당권이 설정되어 있는 수개의 부동산 중 일부는 채무자 소유이고 일부는 물상보증인(物上保證人)의 소유인 경우, 위 각 부동산의 경매대가를 동시에 배당하는 때에는 물상보증인이 민법 제481조, 제482조의 규정에 의한 변제자대위에 의하여 채무자 소유 부동산에 대하여 담보권을 행사할 수 있는 지위에 있는 점 등을 고려할 때 “동일한 채권의 담보로 수개의 부동산에 저당권을 설정한 경우에 그 부동산의 경매대가를 동시에 배당하는 때에는 각 부동산의 경매대가에 비례하여 그 채권의 분담을 정한다”고 규정하고 있는 민법 제368조 제1항은 적용되지 아니한다고 봄이 상당하다. 따라서 이러한 경우 경매법원으로서는 채무자 소유 부동산의 경매대가에서 공동저당권자에게 우선적으로 배당을 하고, 부족분이 있는 경우에 한하여 물상보증인 소유 부동산의 경매대가에서 추가로 배당을 하여야 한다(대판 2010.4.15. 2008다41475).

(나) 이시(異時)에 배당하는 경우

(a) 후순위저당권자의 대위권: 민법 제368조 제2항은「동일한 채권의 담보로 수

개의 부동산에 저당권을 설정한 경우에 저당부동산 중 일부의 경매대가를 먼저 배당하는 경우에는 그 대가에서 그 채권전부의 변제를 받을 수 있다. 이 경우에 그 경매한 부동산의 차순위저당권자는 선순위저당권자가 제1항의 규정에 의하여 다른 부동산의 경매대가에서 변제를 받을 수 있는 금액의 한도에서 선순위자를 대위하여 저당권을 행사할 수 있다.」고 규정하고 있다.

차순위저당권자(次順位抵當權者)라 함은 공동저당권자의 바로 다음 순위의 후순위저당권자만을 의미하지 않고 공동저당권자 이후의 후순위저당권자 모두를 포함하는 것으로 해석한다.

예컨대 설례에서 A가 1번 저당권을 가지고 있는 토지에 甲이 3,000만원의 채권으로 2번 저당권을 가지고 있는 경우에, 공동저당권자인 A가 토지에 대하여서만 저당권을 실행한 결과 받은 6,000만원의 경락대금으로부터 5,000만원의 피담보채권의 전부를 변제받을 수 있다. A가 채권의 전부를 변제받은 경우에는 후순위권리자 甲은 A가 동시에 배당을 했더라면 건물의 경락대금으로부터 배당받았을 2,000만원의 한도에서 선순위자인 A를 대위하여 배당받을 수 있게 된다.

(b) 대위권을 인정하는 취지: 공동저당에 있어서 이시배당(異時配當)을 하는 경우에 후순위저당권자의 대위를 인정하는 취지는 공동저당권자가 공동저당권의 목적부동산 중 어느 일부의 부동산을 먼저 경매하여 배당하는 우연한 사정으로 경매된 부동산 위의 후순위저당권자가 부당하게 불리하거나 불공평하게 되지 않도록 하기 위한 것이다.

(c) 대위의 범위: 저당권자가 채권의 일부를 변제받은 경우에도 후순위저당권자의 대위권을 인정할 것인지에 대하여 이를 긍정하는 것이 통설이다. 왜냐 하면 저당부동산 위에 존재하는 후순위저당권자들 사이에 공평성을 유지하여야 하기 때문이다.

또한, 판례(대판 2002.7.12. 2001다53264)는 민법 제368조 제2항 후문이 정하고 있는 후순위저당권자의 대위권은 민법 제368조 제1항이 적용됨을 전제로 하는 것이므로 동일한 채권의 담보로 부동산과 선박에 저당권이 설정된 경우, 차순위자의 대위에 관한 민법 제368조 제2항 후문의 규정을 적용 또는 유추적용할 수 없다고 한다.

즉, 선박을 목적으로 하는 담보권의 실행을 위한 경매절차와 부동산을 목적으로 하는 담보권의 실행을 위한 경매절차는 법률상 별개의 절차에 해당하고, 따라서 동일한 채권의 담보로 부동산과 선박에 근저당권이 설정된 경우 민법 제368조 제1항이 적용될 여지가 없으므로 동일할 채권의 담보로 부동산과 선박에 저당권이 설정된 경우 민법 제368조 제2항 후문의 규정이 유추적용된다고 볼 수 없다고 해석한다.

(d) 대위권의 발생시기: 대위권이 발생하는 시기는 저당권자가 채권을 완전히 변제받은 때이다. 그러므로 채권전부를 변제받은 경우에는 변제시에 대위권이 발생하고, 채권의 일부만을 변제받은 경우에는 저당권자는 잔액에 대하여 다른 부동산 위에 여전히 저당권을 가지기 때문에(불가분성) 저당권자가 장차 다른 부동산의 경매대가로부터 채권전부의 변제를 받아 저당권이 소멸한 때에 비로소 후순위저당권자는 선순위저당권자를 대위하게 된다고 할 것이다.

(e) 대위의 효과: 대위의 효과로서 선순위저당권은 법률상 당연히 후순위저당권자에게 이전한다는 것이 다수설이다(권리이전설). 이에 대하여 대위에 의하여 저당권의 이전이 일어나지 않고 다만 공동저당권자의 권리를 부분적으로 대위행사하는 것뿐이라는 견해(대위행사설)가 있다.

대위에 의한 저당권이전은 법률의 규정에 의한 물권변동이므로 등기는 필요 없다(제187조).

대위자는 대위의 부기등기 없이도 선순위자의 대위를 주장할 수 있는지는 문제이다. 이에 대하여 경우를 나누어서 채무자나 저당권설정자에 대하여는 대위의 부기등기 없이도 대위를 주장할 수 있다고 한다. 왜냐하면 이들은 다른 부동산의 후순위저당권자에 의하여 대위행사되는 것을 당연히 예상하여야 할 입장에 있기 때문이다(김상용, 746면).

그러나 공동저당권자의 저당권등기가 말소된 후 제3자를 위하여 저당권이 설정된 경우에는 대위의 부기등기를 하여야 한다고 주장한다. 왜냐 하면 대위의 등기 없이 대위를 주장할 수 있다면 거래의 안전을 해치기 때문이다(김상용, 746면 ; 김형배, 615면).

(3) 물상보증인과의 관계

공동저당의 목적물의 전부나 일부가 채무자 이외의 자, 즉 물상보증인이나 제3취득자의 소유에 속하는 경우에 대위권의 행사와 관련하여 문제가 발생한다.

물상보증인 또는 제3취득자가 제공한 담보물에 대하여 저당권이 실행되어 채권자가 변제를 받은 경우에는 물상보증인 또는 제3취득자는 변제자대위의 규정(제481조, 제482조)에 의하여 다른 목적물 위의 공동저당권자를 대위한다.

다른 한편, 공동저당권이 설정된 부동산 중 일부에 대하여 실행한 경우에 후순위저당권자도 다른 부동산의 선순위저당권을 대위하게 된다. 그 결과 물상보증인에 의한 변제자대위와 공동저당권의 후순위저당권자의 대위 사이에 충돌이 생기게 되어 어느 것을 우선시켜야 할 것인지의 문제가 그것이다.

이에 대하여 물상보증인을 우선시켜야 한다는 견해와 후순위저당권자를 우선시켜야 한다는 견해가 대립한다. 판례(대판 94.5.10. 93다25417)는 물상보증인을 우선시켜야 한다는 입장이다.

물상보증인을 우선시켜야 한다는 견해는 공동저당에 있어서 이시배당의 경우에 후순위저당권자는 선순위저당권자를 대위한다는 민법 제368조 제2항은 채무자 소유의 수 개의 부동산 사이에서만 인정되는 제도라는 전제에서, 물상보증인은 채무자 소유물의 담보력을 신뢰하여 담보물을 제공한 것이고 또한 만약에 자신의 소유물이 경매되면 채무자 소유의 다른 공동저당물에 대위할 수 있음을 기대한 것이므로 물상보증인의 이러한 신뢰와 기대를 보호하는 것이 타당하다고 주장한다.

그리고 후순위저당권자는 물상보증인 소유의 부동산에 저당권이 설정된 후에 채무자 소유의 공동저당물에 저당권을 설정받은 것이므로 물상보증인의 법정대위를 예상할 수 있었을 것이므로 물상보증인의 대위를 우선시키더라도 후순위저당권자에게 불측의 손해가 발생하는 것은 아니라고 한다.

이에 대하여 후순위저당권자를 우선시켜야 한다는 견해는 민법 제368조 제2항이 소유자를 달리하는 부동산 사이에서는 적용되지 않는다고 하면 공동저당의 목적물의 일부가 제3자에게 양도되었다는 우연한 사정으로 후순위저당권자의 지위가 부당하게 불안하게 되기 때문에 타당하지 않다고 한다. 또한, 물상보증인은 공동저당의 목적물을 제공한 이상 그 부동산의 가격에 비례한 피담보채권의 부담을 각오하고 있을 것이므로 그 한도에 있어서는 후순위저당권자에게 우선하지 않는 것으로 해석하는 것이 타당하다고 한다.

판례(대판 94.5.10. 93다25417)는 물상보증인 소유의 부동산에 대하여 먼저 경매가 이루어져 그 경매대금의 교부에 의하여 1번 저당권자가 변제를 받은 때에는 물상보증인은 채무자에 대하여 구상권을 취득함과 동시에 변제자대위에 의하여 채무자 소유의 부동산 위에 1번 저당권을 취득하고, 이러한 경우 물상보증인 소유의 부동산에 대한 후순위저당권자는 물상보증인에게 이전한 1번 저당권으로부터 우선변제를 받을 수 있다고 한다.

또한, 공동저당에 있어서 채무자 소유 부동산 위의 후순위저당권자의 대위권이 물상보증인 소유의 부동산에까지 미치는지에 대하여, 판례(대판 96.3.8. 95다36596)는 이 경우에는 민법 제368조 제2항은 적용되지 않으므로 후순위저당권자는 물상보증인 소유 부동산에 대하여 선순위저당권을 대위행사할 수 없다는 입장이다.

판 례

공동저당의 목적인 물상보증인 소유의 부동산에 후순위저당권이 설정되어 있는데, 그 부동산에 대하여 먼저 경매가 실행되어 선순위공동저당권자가 변제를 받은 경우, 아직 경매되지 않은 공동저당물의 소유자가 선순위저당권자에 대한 피담보채무의 소멸을 이유로 그 선순위저당권의 말소등기를 청구할 수 있는지 여부(소극)

공동저당의 목적인 물상보증인 소유의 부동산에 후순위저당권이 설정되어 있는 경우, 물상보증인 소유의 부동산에 대하여 먼저 경매가 이루어져 그 경매대금의 교부에 의하여 선순위공동저당권자가 변제를 받은 때에는 물상보증인은 채무자에 대하여 구상권을 취득함과 동시에 민법 제481조, 제482조의 규정에 의한 변제자대위에 의하여 채무자 소유의 부동산에 대한 선순위저당권을 대위취득하고, 그 물상보증인 소유의 부동산의 후순위저당권자는 위 선순위 저당권에 대하여 물상대위를 할 수 있다.

그러므로 그 선순위저당권설정등기는 말소등기가 경료될 것이 아니라 위 물상보증인 앞으로 대위에 의한 저당권이전의 부기등기가 경료되어야 할 성질의 것이며, 따라서 아직 경매되지 아니한 공동저당물의 소유자로서는 위 선순위저당권자에 대한 피담보채무가 소멸하였다는 사정만으로는 그 말소등기를 청구할 수 없다고 보아야 한다.

그리고 위 후순위저당권자는 자신의 채권을 보전하기 위하여 물상보증인을 대위하여 선순위저당권자에게 그 부기등기를 할 것을 청구할 수 있다(대결 2009.5.28. 2008마109).

Ⅲ. 특별법상의 저당권

저당권에 관한 민법의 규정은 민법 이외의 다른 법률에 의하여 설정된 저당권에 준용한다(제372조).

1. 입목저당

'입목에 관한 법률(이하 입목법이라 한다)'에 의하여 등기된 수목의 집단, 즉 입목은 토지와는 독립한 부동산이다. 그러므로 토지와 분리하여 양도 및 저당권의 목적으로 할 수 있다(입목법 제3조 제2항). 이와 같이 입목을 목적으로 하여 설정된 저당권을 입목저당(立木抵當)이라고 한다.

입목을 목적으로 하는 저당권의 효력은 입목을 벌채한 경우에 그 토지로부터 분리된 수목에 대하여도 미친다(입목법 제4조 제1항). 입목법에서는 입목을 저당권의 목적으로 하고자 하는 경우에는 그 입목을 보험에 가입하도록 하였다(입목법 제22조 제1항).

입목의 경매 기타 사유로 인하여 토지와 그 입목이 각각 다른 소유자에게 속하게 되는 경우에는 토지소유자는 입목소유자에 대하여 지상권을 설정한 것으로 봄으로써 법정지상권의 성립을 인정한다(입목법 제6조 제1항).

2. 재단저당

재단저당(財團抵當)이라 함은 기업을 구성하는 토지, 건물, 기계 등의 물적 설비와 기업에 관한 면허 등으로 재단을 구성하고 그 재단을 일괄하여 저당권의 목적으로 하는 것을 말한다. 현재 재단저당에 관한 특별법으로는 공장 및 광업재단저당법이 있다.

3. 동산저당

동산은 저당권이 목적이 될 수 없다. 다만, 등기나 등록에 의하여 공시되는 동산, 예컨대 자동차나 선박에 대하여는 저당권의 설정을 인정하는데 이를 동산저당(動産抵當)이라고 한다.

자동차저당(자동차 등 특정동산저당법 제3조), 선박저당(상법 제871조), 항공기저당(자동차 등 특정동산저당법 제3조), 건설기계(자동차 등 특정동산저당법 제3조)가 있다.

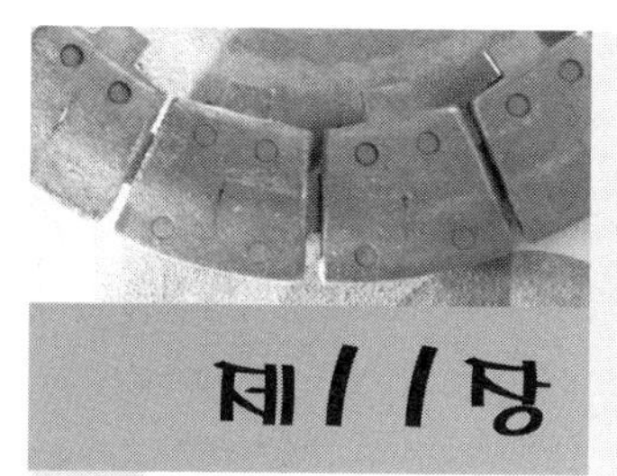

제11장 가등기담보와 양도담보

제1절 가등기담보

Ⅰ. 서　　설

1. 가등기담보권의 설정

가등기담보권(假登記擔保權)은 가등기담보계약과 가등기를 함으로써 성립한다. 가등기담보계약의 당사자는 채권자와 채무자인 것이 보통이지만 채무자가 아닌 물상보증인도 계약당사자가 될 수 있다.

피담보채권이 유효하게 성립하고 있어야 한다. 피담보채권으로 될 수 있는 채권의 종류에 대하여 학설이 대립한다.

소비대차에 의하여 발생한 채권에 한한다는 견해에 대하여 소비대차에 의한 채권뿐만 아니라 기타 다른 원인에 의한 채권, 예컨대 외상거래로 생긴 상품대금채권, 불법행위채권 등도 포함된다고 주장하는 견해도 있다.

이에 대하여 판례(대판 2002.2.3. 2000다29356, 29363 ; 동 92.4.10. 91다45356, 45363 등)는 소비대차(준소비대차를 포함한다)에 의하여 발생한 채무의 이행을 위하여 대물반환의 예약 등을 한 경우를 전제로 하므로 소비대차가 아닌 매매대금채권이나 공사대금채권의 담보를 위한 가등기 등에는 적용되지 않는다는 입장이다.

가등기담보권 등을 규율할 목적으로 '가등기담보 등에 관한 법률(이하 '가담법'이라 약칭함)'이 제정되어 시행되고 있다.

2. 채권담보의 목적이면 명칭은 불문

가담법은 민법 제608조의 규정에 의하여 그 효력이 상실되는 대물반환의 예약에 포함되거나 병존하는 채권담보계약에 의하여 가등기 또는 소유권이전의 본등기가 경료된 모든 유형의 비전형적인 담보를 규율대상으로 한다.

채권담보의 목적으로 이루어진 것이면 명칭이 대물변제예약이든 양도담보, 환매 또는 재매매의 예약이든 상관없이 가담법이 적용된다(가담법 제2조 제1호).

3. 본법의 적용의 확장

가담법은 부동산소유권 이외에도 등기 또는 등록할 수 있는 권리의 취득을 목적으로 하는 담보계약에 관하여 이를 준용한다. 다만, 질권, 저당권 및 전세권은 제외한다(가담법 제18조).

그러므로 소유권 이외에도 지상권, 지역권, 등기한 선박, 자동차 등의 권리의 취득을 목적으로 하는 담보계약에도 가담법이 적용된다.

II. 본법의 적용범위

1. 대물반환의 예약

가담법은 '차주(借主)가 차용물(借用物)의 반환에 관하여 다른 재산권을 이전할 것을 예약'한 경우에 적용된다.

가등기담보계약은 채무자의 채무불이행시에 일정한 권리를 채권자에게 이전할 것을 내용으로 하는 계약이므로, 소비대차계약(제598조) 또는 준소비대차계약(제605조)을 체결하면서 동시에 그로부터 발생하는 채권을 담보할 목적으로 소유권을 이전하는 형식을 취하기로 하는 양도담보계약은 여기서 말하는 가등기담보계약이 아니다.

또한, 소비대차계약에 의하여 발생한 채권이라 할지라도 대물변제예약의 약정이 없는 경우에는 가담법의 적용이 없다. 따라서 유담보(流擔保)의 특약이 없는 정산형 비전형담보에 대하여는 가담법이 적용되지 않는다.

2. 차용액 및 이자의 합산액을 초과하는 예약

가담법은 대물반환의 예약에 있어서 '그 재산의 예약 당시의 가액이 차용액 및 이에 붙인 이자의 합산액을 초과하는 경우'에 적용되며, 재산의 예약 당시의 가액이 차용액 및 이에 붙인 이자의 합산액을 초과하지 않는 경우에는 적용되지 않는다(대판 93.10.26. 93다27611).

3. 채권담보 목적의 가등기 등

가담법은 '담보계약과 그 담보의 목적으로 경료된 가등기 또는 소유권이전등기의 효력을 정함'을 목적으로 하므로 채권담보의 목적으로 가등기 또는 소유권이전등기가 경료되지 않은 경우에는 적용이 없다. 그러므로 대물반환의 예약만을 하고 있을 뿐 가등기를 하고 있지 않으면 가담법은 적용될 여지가 없다.

또한 가담법은 차용물의 반환에 관하여 다른 재산권을 이전할 것을 예약한 경우에 적용되므로 매매대금채권을 담보하기 위하여 가등기를 한 경우에는 위 법률은 적용되지 않으며(대판 2002.12.24. 2002다50484), 가등기 또는 소유권이전등기를 할 수 없는 주식이나 동산에 대하여서도 본법은 적용되지 않는다.

Ⅲ. 가등기담보권의 처분

가등기담보권자는 채권의 변제기가 도래하기 전이라도 가등기담보권을 양도함으로써 투하한 자금을 회수할 수 있다. 다만 저당권의 부종성으로 인하여 피담보채권과 함께 양도하여야 하며, 피담보채권과 분리하여 양도할 수 없다(통설).

양도방법은 양도인과 양수인 사이에 가등기담보권의 양도에 관한 합의와 등기가 있어야 한다(제186조). 등기는 기존의 가등기에 권리이전의 부기등기를 하게 된다.

Ⅳ. 가등기담보권의 효력

1. 일반적 효력

(1) 피담보채권의 범위

가등기담보권의 피담보채권의 범위에 관하여는 저당권의 피담보채권에 관한 민법

제360조의 규정이 적용된다(가담법 제3조 제2항). 따라서 가등기담보권은 원본, 이자, 위약금, 채무불이행으로 인한 지연배상에 대하여는 이행기를 경과한 1년분의 손해배상, 담보권실행비용을 담보한다.

가등기담보 채권자가 가등기담보권을 실행하기 이전에 그의 계약상의 권리를 보전하기 위하여 가등기담보 채무자의 제3자에 대한 선순위 가등기담보채무를 대위변제하여 구상권이 발생하였다면 특별한 사정이 없는 한 이 구상금채권도 담보가등기의 피담보채권에 포함된다고 할 것이다(대판 2002.6.11. 99다41657).

(2) 목적물의 범위

가등기담보권의 효력이 미치는 목적물의 범위는 설정계약으로 정하여지는 것이 일반적이지만 특별한 약정을 하지 않은 경우에는 부합물과 종물에 대한 민법 제358조와 과실에 관한 민법 제359조가 유추적용되며, 가등기담보권은 저당권과 마찬가지로 물상대위성을 갖는다(민법 제370조, 제342조).

(3) 우선변제권

담보가등기권리자는 가등기인 채로 그 순위를 보유하며 우선변제권을 가지므로(가담법 제13조) 그 범위에서 담보가등기는 실체법상의 효력을 가진다. 즉, 담보가등기가 경료된 부동산에 대하여 경매 등이 개시된 경우에 담보가등기권리자는 가등기인 채로 그 가등기 순위에 기하여 우선변제권을 행사할 수 있으므로 이러한 점에서는 본등기와 동일한 효력을 가진다.

(4) 목적물의 사용

가등기담보권은 양도담보권과 달리 담보권의 실행이 있을 때까지는 담보목적물의 소유권은 가등기담보권설정자에게 있다. 그러므로 가등기담보권설정자는 담보목적물을 자유롭게 사용할 수 있다.

조세나 공과금은 담보물의 소유자인 설정자가 부담한다. 가등기 전에 부동산에 대하여 용익물권이 설정된 경우에 용익물권은 가등기에 우선하므로 담보가등기가 실행되어도 소멸하지 않는다.

(5) 대외적 효력

채권자는 가등기담보권을 피담보채권과 함께 제3자에게 양도할 수 있다.

담보가등기권리는 국세기본법, 국세징수법, 지방세법, 회사정리법의 적용에 있어서는 이를 저당권으로 보며(가담법 제17조 제3항), 가등기담보권설정자가 파산한 때에는 가등기담보권자는 채무자 회생 및 파산에 관한 법률상의 별제권(別除權)을 갖는다(가담법 제17조 제1항, 채무자 회생 및 파산에 관한 법률 제411조).

2. 가등기담보권의 실행

(1) 가등기담보권의 실행방법

채무자가 채무를 임의로 이행하지 않는 경우에 가등기담보권자는 담보권을 실행함으로써 권리의 만족을 얻을 수 있다. 가등기담보권을 실행하는 방법으로는 특단의 사정이 없는 한 처분정산이나 귀속정산 중 채권자가 선택하는 방법에 의할 수 있다(대판 88.12.20. 87다카2685).

가담법에서는 가등기담보권의 사적(私的) 실행방법으로 귀속정산의 원칙을 규정(가담법 제3조, 제4조)함과 동시에 공적(公的) 실행방법으로 경매의 청구 및 우선변제권 등 처분정산의 방법(가담법 제12조, 제13조) 중에서 선택적으로 행사할 수 있도록 하였다.

그러므로 가등기담보권의 사적 실행에 있어서 채권자가 청산금의 지급 이전에 본등기와 담보목적물의 인도를 받을 수 있다거나 청산기간이나 동시이행관계를 인정하지 아니하는 처분정산형의 담보권실행은 가등기담보 등에 관한 법률상 허용되지 아니한다(대판 2002.12.10. 2002다42001).

(2) 권리취득에 의한 실행

(가) 담보권의 실행통지

(a) 통지사항: 가등기담보권을 실행하기 위해서는 채권자가 그 채권의 변제기 후에 청산금(淸算金)의 평가액을 채무자 등에게 통지하고, 그 통지가 채무자 등에게 도달한 날로부터 2월(이하 '청산기간'이라 한다.)이 경과하여야 한다. 채권자가 채무자 등에게 통지하여야 할 사항은 통지 당시의 목적부동산의 평가액에서 그 채권액을 공제한 금액, 즉 청산금이다(가담법 제3조 제1항 전단). 청산금이 없다고 인정되는 때에는 그 뜻을 통지하여야 한다(가담법 제3조 제1항 후단).

실행통지에는 통지 당시의 목적부동산의 평가액과 민법 제360조에 규정된 채권액을 명시하여야 한다. 이 경우 부동산이 2 이상인 때에는 각 부동산의 소유권이전에 의하여 소멸시키려고 하는 채권과 그 비용을 명시하여야 한다(가담법 제3조 제2항).

채권자는 일단 통지하고 난 후에는 그가 통지한 청산금의 액수에 관하여 다툴 수 없다(가담법 제9조).

(b) 통지의 상대방: 가등기담보권의 실행의 통지의 상대방은 채무자, 물상보증인 및 담보가등기 후에 소유권을 취득한 제3자이다(가담법 제2조 제2호).

통지는 이들 모두에게 하여야 하는 것으로서 채무자 등의 전부 또는 일부에 대하여 위 통지를 하지 않으면 청산기간이 진행할 수 없게 되고, 따라서 가등기담보권자는 그 후 적절한 청산금을 지급하거나 실제 지급할 청산금이 없다고 하더라도 가등기에 기한 본등기를 청구할 수 없으며, 설령 편법으로 본등기를 마쳤다고 하더라도 그 소유권을 취득할 수 없다고 할 것이다(대판 2002.4.23. 2001다81856).

(c) 통지의 시기: 피담보채권의 변제기 이후라면 언제라도 상관 없다(가담법 제3조 제1항).

(d) 통지의 방법: 통지의 방법에는 서면에 의하든 구술에 의하든 제한이 없다.

채권자는 가등기담보권의 실행통지가 채무자 등에게 도달한 때에는 지체 없이 후순위권리자에게 그 통지의 사실, 내용 및 그 도달일을 통지하여야 한다(가담법 제6조 제1항). 담보가등기 후에 등기한 제3자(대항력있는 임차 권자를 포함한다)가 있는 경우에도 같다(가담법 제6조 제2항).

(나) 청 산 가등기담보권자는 실행통지가 채무자 등에게 도달한 날로부터 2개월의 청산기간이 경과할 때까지 채무자가 변제를 하지 않으면 청산에 들어가게 된다(가담법 제3조 제1항).

(a) 청산방법: 청산방법에는 귀속청산방법과 처분청산방법이 있지만 가담법에서는 사적실행방법으로는 귀속청산방법만을 인정하고 있다.

그러므로 가등기담보권자는 청산기간이 경과한 후에 청산금을 설정자에게 지급하는 것과 동시에 가등기에 기한 본등기청구 및 목적물인도를 청구할 수 있다(가담법 제4조 제3항). 담보가등기 후에 대항력 있는 임차권을 취득한 자와 주택임대차보호법상의 대항력 있는 임차권을 취득한 자도 청산금의 범위 안에서 동시이행의 항변권을 행사할 수 있다(가담법 제5조 제5항).

(b) 청산금: 청산금은 실행통지 당시의 목적부동산의 평가액에서 피담보채권액을 공제한 차액이다(가담법 제4조 제1항 전문).

목적부동산에 선순위담보권 등의 권리가 있을 때에는 그 채권액을 계산함에 있어서 선순위담보권 등에 의하여 담보된 채권액을 포함한다(가담법 제4조 제1항 후문).

채권자는 가담법 제3조제1항에 따라 그가 통지한 청산금의 금액에 관하여 다툴 수 없다(가담법 제9조).

(c) 청산금청구권자: 청산금청구권자는 가등기담보권의 설정자, 제3취득자, 후순위권리자이다(가담법 제4조 제1항 제5조 제1항,). 그 이외에 담보가등기 후에 성립한 대항

력 있는 임차권을 취득한 자도 청산금의 범위 내에서 보증금의 반환을 청구할 수 있다(가담법 제5조 제5항).

(d) 후순위권리자의 권리행사: 후순위권리자는 그 순위에 따라 채무자 등이 지급받을 청산금에 대하여 제3조 제1항의 규정에 의하여 통지된 평가액의 범위 안에서 청산금의 지급시까지 그 권리를 행사할 수 있고, 채권자는 후순위권리자의 요구가 있는 경우에는 이를 지급하여야 한다(가담법 제5조 제1항).

채권자가 후순위권리자에게 청산금을 지급한 때에는 그 범위 안에서 청산금채무는 소멸한다(가담법 제5조 제3항).

(e) 청산금의 지급시기와 처분제한: 청산금의 지급시기는 청산기간이 만료한 때이다. 그러므로 채권자가 청산기간의 경과전에 채무자에게 청산금을 지급하였거나 또는 채무자가 청산기간의 경과전에 청산금에 관한 권리를 양도하거나 기타의 처분으로 후순위권리자에게 대항하지 못한다(가담법 제7조).

(f) 청산금의 공탁: 청산금채권이 압류 또는 가압류된 경우에 채권자는 청산기간이 경과된 후 이에 해당하는 청산금을 채무이행지를 관할하는 지방법원 또는 지원에 공탁하여 그 범위에서 채무를 면할 수 있다(가담법 제8조 제1항).

청산금을 공탁한 경우에는 채무자 등과 압류채권자 또는 가압류채권자에게 지체없이 공탁의 통지를 하여야 한다(가담법 제8조 제4항).

(다) 소유권취득 가등기담보권자가 실행통지를 하고 청산기간이 경과한 후 청산금을 지급하고, 가등기에 기한 본등기를 함으로써 목적부동산의 소유권을 취득한다(가담법 제4조 제2항 후단). 채권자가 이미 목적부동산에 관하여 소유 권이전등기가 경료된 경우에는 청산기간 경과 후 청산금을 채무자 등에게 지급한 때에 목적부동산의 소유권을 취득한다(가담법 제4조 제2항 전단).

목적부동산의 가액이 채권액을 넘지 않아서 청산금이 없는 경우에는 청산기간이 경과한 후 가등기에 기한 본등기를 함으로써 소유권을 취득한다.

가담법 제3조, 제4조에 위반하여 청산절차를 거치지 아니하고 이루어진 본등기는 무효라고 할 것이며(대판 94.1.25. 92다20132), 설령 그와 같은 본등기가 가등기권리자와 채무자 사이에 이루어진 특약에 의하여 이루어졌다고 할지라도 만일 그 특약이 채무자에게 불리한 것으로서 무효라고 한다면 그 본등기는 여전히 무효일 뿐, 이른바 약한 의미의 양도담보로서 담보의 목적 내에서는 유효하다고 할 것이 아니다.

다만, 가등기권리자가 가담법 제3조, 제4조에 정한 절차에 따라 청산금의 평가액을 채무자 등에게 통지한 후 채무자에게 정당한 청산금을 지급하거나 지급할 청산금이 없는 경우에는 채무자가 그 통지를 받은 날로부터 2월의 청산기간이 경과하면 위 무효인 본등기는 실체적 법률관계에 부합하는 유효한 등기가 될 수 있을 뿐이라고 할 것이다(대판 2002.6.11. 99다41657).

(라) 채무자 등의 가등기말소청구권

(a) 가등기말소청구권: 채무자, 물상보증인 또는 이들로부터 담보가 등기 후에 목적물에 대한 소유권을 취득한 제3취득자는 청산금채권을 변제받을 때까지 그 채무액(반환시까지의 이자와 손해금을 포함한다)을 채권자에게 지급하고 그 채권담보의 목적으로 경료된 소유권이전등기의 말소를 청구할 수 있다(가담법 제11조 본문).

이 경우에 채무자 등이 가지는 가등기말소청구권은 소유권에 기한 것으로서 물권적 청구권의 성질을 가진 것으로 이해된다.

(b) 가등기말소청구권의 제한: 채무자 등의 가등기말소청구권은 채무의 변제기가 경과한 때로부터 10년이 경과하거나 또는 선의의 제3자가 소유권을 취득한 때에는 행사하지 못한다(가담법 제11조 단서).

가등기말소청구권의 행사기간과 관련하여 채무자 등이 청산금을 지급받지 못하였다 하더라고 채무의 변제기로부터 10년이 경과한 때에는 가담법 제11조 단서 전문의 규정에 의하여 채무자 등은 가등기말소를 청구하지 못한다는 견해가 있다.

이에 대하여 일정한 경우에는 10년이 경과한 후에도 가등기말소를 청구할 수 있다고 주장하는 견해가 있다. 즉, 첫째로, 채권자가 가등기담보권의 피담보채권을 10년간 행사하지 않아서 채권이 소멸시효의 완성에 의하여 소멸한 경우에는 담보가등기는 무효인 가등기가 되기 때문에 가등기의 말소를 청구할 수 있고, 둘째로, 10년이 경과한 후에도 시효의 중단 또는 정지사유에 의하여 소멸시효가 완성되지 못한 경우에는 채무자 등은 채권액을 제공하여 가등기의 말소를 청구할 수 있다고 한다.

(c) 법정지상권: 토지 및 그 지상의 건물이 동일한 소유자에게 속하는 경우에 그 토지 또는 건물 중 어느 한쪽에 가등기담보권이 설정되었다가 실행된 결과 가담법 제4조 제2항의 규정에 의한 소유권을 취득하거나 담보가등기에 기한 본등기가 행하여진 경우에는 그 건물의 소유를 목적으로 그 토지 위에 지상권이 설정된 것으로 보아 법정지상권을 인정한다(가담법 제10조).

(3) 경매에 의한 실행

담보가등기권리자는 목적부동산의 경매를 청구할 수 있다. 이 경우 경매에 관하여는 담보가등기권리를 저당권으로 본다(가담법 제12조 제1항).

3. 가등기담보권자의 배당참가

(1) 배당참가

담보가등기의 목적물에 대하여 제3자에 의하여 경매가 진행되는 경우에 가등기담보권자는 그 배당절차에 참가하여 다른 채권자보다 자기 채권의 우선변제를 받을 권리가 있다. 이 경우 가등기담보권은 저당권으로 본다(가담법 제13조).

소유권의 이전에 관한 가등기가 되어 있는 부동산에 대한 경매 등의 개시결정이 있는 경우에는 법원은 가등기권리자에 대하여 그 가등기가 담보가등기인 때에는 그 내용 및 채권의 존재, 원인 및 액수를, 담보가등기가 아닌 경우에는 그 내용을 각각 경매법원에 신고할 것을 상당한 기간을 정하여 최고하여야 하며(가담법 제16조 제1항), 채권신고를 한 경우에 한하여 그 채권자는 매각대금으로부터 배당을 받을 수 있다(가담법 제16조 제2항).

담보가등기권리자가 집행법원이 정한 기간 안에 채권신고를 하지 아니하면 매각대금의 배당을 받을 권리를 상실한다(대판 2008.9.11. 2007다25278).

(2) 후순위담보권자의 경매와 가등기담보권자의 지위

담보가등기의 목적물에 대하여 후순위권리자가 있는 경우에 후순위권리자는 청산기간 내(期間內)에 한하여 그 피담보채권의 변제기가 도래하기 전(前)이라도 목적부동산의 경매를 청구할 수 있다(가담법 제12조 제2항).

이 규정은 후순위담보권자는 청산금액이 평가액에 미달하여도 그것을 다툴 수 없기 때문에 후순위담보권자로 하여금 평가액에 불만이 있는 경우에 경매를 청구할 수 있도록 함으로써 가등기담보권자가 목적물의 소유권을 취득하는 것을 저지할 수 있도록 하기 위한 것이다.

Ⅴ. 가등기담보권의 소멸

1. 가등기담보권의 실행에 의한 소멸

가등기담보권자가 가등기담보권을 권리취득에 의한 방법으로 실행함으로써 담보목적물의 소유권은 채권자에게 이전하고 가등기담보권은 소멸한다.

2. 경매에 의한 소멸

담보가등기가 경료된 부동산에 대하여 경매 등이 행하여진 때에는 담보가 등기권리는 그 부동산의 매각에 의하여 소멸한다(가담법 제15조).

3. 기타의 소멸원인

목적물의 멸실, 채무의 변제로 인하여 가등기담보권은 소멸한다. 또한, 가등기담보권은 독립하여 소멸시효에 걸리지 않지만 피담보채권이 시효로 소멸하면 가등기담보권도 소멸한다.

제2절 양도담보

Ⅰ. 서 설

1. 의 의

양도담보(讓渡擔保)라 함은 채권담보의 목적으로 물건의 소유권을 채권자에게 이전하고 채무자가 채무를 이행하지 않는 경우에 채권자가 그 목적물로부터 우선변제를 받을 수 있지만, 채무자가 채무를 이행하면 목적물을 다시 원소유자에게 반환하도록 함으로써 채권을 확보하는 비전형적인 담보제도의 하나이다.

2. 사회적 작용

동산에 대하여 양도담보를 설정하는 경우에 담보물의 점유를 담보권자에게 이전하지 않고 설정자가 계속하여 점유·사용할 수 있어서 동산에 저당권을 설정한 것과 같은 효과를 거둘 수 있으며, 아파트 입주권과 같은 형성과정에 있는 재산권을 담보화하는 데 용이하다.

또한, 질권이나 저당권의 실행절차는 비교적 복잡하거나 비용이 많이 드는데, 양도담보의 경우에는 목적물의 환가방법에 있어서 법원에 의한 경매에 의하지 않고 당사자가 임의로 정할 수 있기 때문에 실행절차가 간단하다는 것이다.

3. 양도담보의 유형

(1) 대외적 이전형(약한 의미의 양도담보)**과 대내·외적 이전형**(강한 의미의 양도담보)

대외적 이전형은 목적물의 소유권이 대외적으로는 채권자에게 이전되고 당사자 사이에서는 소유권이 설정자에게 유보되어 있는 형태이다. 이를 약한 의미의 양도담보라고도 한다.

대내·외적 이전형은 대외적으로나 대내적으로 목적물의 소유권이 채권자에게 이전되는 형태이다. 이를 강한 의미의 양도담보라고도 한다.

(2) 유담보형(流擔保型)**과 정산형**(精算型)

채무자가 채무를 불이행한 경우에 담보물의 가액으로 원리금에 충당하고 정산을 필요로 하지 않는, 즉 목적물의 가액이 원리금을 충당하고 남은 것이 있어도 이를 반환하지 않는 형태의 담보를 유담보형이라 한다.

이에 대하여 정산형은 담보물의 가액으로 원리금에 충당하고 남은 것이 있으면 설정자에게 반환하는 형태의 양도담보이다.

II. 양도담보의 법률관계

1. 신탁적 소유권이전설

신탁적 소유권이전설은 양도담보를 채권담보를 위하여 목적물의 소유권을 신탁적으로 채권자에게 이전하는 것이라고 이해하는 입장이다. 즉, 양도담보가 설정되면 목적물의 소유권은 채권자에게 이전되고, 다만 채권자는 채권담보를 위한 목적의 범위 내에서만 소유권을 행사하여야 할 의무를 부담하게 된다.

이 견해에 따르면 양도담보의 설정으로 목적물의 소유권이 양도담보권자에게 이전하게 되므로 변제기가 도래하기 전에 양도담보권자가 채권담보의 목적을 넘어서 목적물을 제3자에게 양도한 경우에 양수인은 선의·악의를 불문하고 목적물에 대한 소유권을 취득한다.

2. 담보물권설

담보물권설(또는 제한 물권설)은 양도담보가 설정되어도 목적물의 소유권은 여전히 양도담보설정자에게 남아 있고 채권자는 양도담보권이라는 특수한 제한물권(담보물권)

을 취득할 뿐이라는 입장이다.

Ⅲ. 양도담보권의 설정

양도담보권은 당사자 사이에 양도담보설정계약과 공시방법을 구비함으로써 성립한다.

1. 양도담보설정계약

양도담보설정계약은 담보권자인 채권자와 채무자 또는 물상보증인인 제3채무자의 사이에 체결된다. 피담보채권은 금전채권에 한하지 않는다.

담보목적물은 동산은 물론 부동산 또는 재산권도 양도성을 가지고 있으면 목적물로 할 수 있다.

2. 공시방법

담보목적물이 동산인 경우에는 인도를 하여야 한다. 인도방법에는 제한이 없고 점유개정의 방법도 가능하다.

부동산을 대상으로 양도담보를 설정할 경우에는 등기를 하여야 한다. 보통은 매매를 원인으로 소유권이전등기를 한다. 그러므로 피담보채권에 관한 사항은 등기부에 기재되지 않으며, 이러한 점에서 비전형적인 담보제도인 것이다.

재산권을 담보의 목적으로 하는 경우에는 그 권리이전에 필요한 요건을 구비하여야 한다(제450조, 제451조).

Ⅳ. 양도담보의 효력

1. 효력일반

(1) 피담보채권의 범위

양도담보권의 피담보채권의 범위에 관하여는 저당권의 피담보채권에 관한 민법 제360조의 규정이 적용된다(가담법 제3조 제2항). 그러므로 양도담보권의 피담보채권은 원본, 이자, 위약금, 채무불이행으로 인한 손해배상 및 저당권의 실행비용을 포함한다.

지연배상에 대하여는 원본의 이행기일을 경과한 후 1년분에 한하여 피담보채권의 범위에 포함된다(제360조 제1항 단서).

(2) 목적물의 범위

양도담보권의 효력이 미치는 범위는 설정계약에 의하여 정할 수 있고, 설정계약에서 정하지 않은 경우에는 목적물, 부합물, 종물에 미치며 과실에는 미치지 않는다(제358조).

양도담보 목적물로서 원물인 돼지가 출산한 새끼 돼지는 천연과실에 해당하고 그 천연과실의 수취권은 원물인 돼지의 사용·수익권을 가지는 양도담보설정자에게 귀속되므로, 다른 특별한 약정이 없는 한 천연과실인 새끼 돼지에 대하여는 양도담보의 효력이 미치지 않는다(대판 96.9.10. 96다25463).

(3) 물상대위

양도담보권은 일종의 담보물권이므로 물상대위성을 갖는다(제342조). 다만 양도담보의 경우에 형식상으로는 담보물의 소유권이 양도담보권자에게 속하기 때문에 민법 제342조 단서는 적용이 없다. 즉, 담보물에 갈음하는 대표물이 지급 또는 인도 전에 압류할 필요는 없다.

예컨대 양도담보권자는 양도담보 목적물이 소실되어 양도담보 설정자가 보험회사에 대하여 화재보험계약에 따른 보험금청구권을 취득한 경우, 담보물 가치의 변형물인 위 화재보험금청구권에 대하여 양도담보권에 기한 물상대위권을 행사할 수 있다(대판 2009.11.26. 2006다37106).

2. 대내적 효력 - 목적물의 점유와 이용관계

목적물의 점유 또는 이용을 어떻게 하느냐는 양도담보의 요소가 아니므로 목적물에 대한 점유 또는 이용관계는 당사자가 합의로 정할 수 있다.

특별한 사정이 없는 한 양도담보권설정자가 목적물을 점유하여 이용하는 것이 보통이므로, 양도담보권설정자와 양도담보권자 사이에 양도담보권자가 목적물을 사용·수익하기로 하는 약정이 없는 이상 목적부동산을 임대할 권한(權限)은 양도담보권설정자에게 있다고 할 것이다(대판 2001.12.11. 2001다40213).

3. 대외적 효력

(1) 양도담보권자의 대외적 지위 - 소유자

동산에 관하여 양도담보계약이 이루어지고 양도담보권자가 점유개정의 방법으로 인도를 받은 경우, 그 청산절차를 마치기 전이라 하더라도 담보목적물에 대한 사용·수익권은 없지만 제3자에 대한 관계에 있어서는 그 물건의 소유자임을 주장하고 그 권리를 행사할 수 있다(대판 94.8.26. 93다44739).

따라서 동산에 대하여 점유개정의 방법으로 이중양도담보를 설정한 경우 처음의 양도담보권자는 뒤의 양도담보권자에 대하여 배타적(排他的)으로 자기의 담보권을 주장할 수 있고, 뒤의 양도담보권자가 양도담보의 목적물을 처분함으로써 원래의 양도담보권자로 하여금 양도담보권을 실행할 수 없도록 하는 행위는 위법(違法)한 행위이다(대판 2000.6.23. 99다65066).

담보목적물이 동산인 경우에 양도담보권설정자는 담보물에 대한 처분권이 없는 무권리자에 해당하므로, 양도담보권설정자가 이중으로 양도담보계약을 체결하고 뒤의 양도담보권자(양수인)가 민법 제249조[선의취득]에 따라 점유개정 이외의 방법으로 담보물을 인도받은 때에는 담보물에 대한 소유권을 취득한다.

(2) 양도담보권자의 양도담보권의 처분

양도담보권은 일종의 담보물권이므로 담보물권의 부종성에 따라 양도담보권자는 피담보채권과 함께 양도담보권을 처분할 수 있다.

(3) 양도담보권설정자의 담보물의 처분 - 동산에 대한 이중양도담보설정계약

금전채무를 담보하기 위하여 채무자가 그 소유의 동산을 채권자에게 양도하되 점유개정의 방법으로 인도하고 채무자가 이를 계속 점유하기로 약정한 경우, 특별한 사정이 없는 한 그 동산의 소유권은 신탁적으로 이전되는 것에 불과하여, 채권자와 채무자 사이의 대내적 관계에서는 채무자가 소유권을 보유하나 대외적인 관계에서의 채무자는 동산의 소유권을 이미 채권자에게 양도한 무권리자가 되는 것이어서 다시 다른 채권자와 사이에 양도담보설정계약을 체결하고 점유개정의 방법으로 인도하더라도 선의취득(善意取得)이 인정되지 않는 한 나중에 설정계약을 체결한 채권자로서는 양도담보권을 취득할 수 없는데, 현실의 인도가 아닌 점유개정의 방법으로는 선의취득이 인정되지 아니하므로 결국 뒤의 채권자는 적법하게 양도담보권을 취득할 수 없다(대판 2005.2.18.2004다37430).

Ⅴ. 양도담보권의 실행

양도담보권자는 피담보채권의 이행지체가 있는 경우에 양도담보권을 실행하여 다른 채권자보다 피담보채권을 우선변제받을 수 있다(대판 2000.6.23. 99다65066).

양도담보권자는 담보권의 실행을 위하여 담보채무자가 아닌 제3자(예컨대 임대차 계약이 체결된 경우에 임차인)에 대하여도 담보물의 인도를 구할 수 있고, 인도를 거부하는 경우에는 담보권 실행이 방해된 것을 이유로 하는 손해배상을 구할 수는 있으나, 그러한 경우에도 양도담보권자에게는 목적 부동산에 대한 사용·수익권이 없으므로 임료(賃料) 상당의 손해배상을 구할 수는 없다(대판 91.10.8. 90다9780).

목적물이 부동산인 경우에는 가등기담보 등에 관한 법률 제2조 내지 제11조가 원칙적으로 적용된다. 그러므로 양도담보권자에게 담보부동산에 대한 소유권이전등기가 경료된 때에도 양도담보권설정자에게 청산금을 지급할 때까지는 양도담보권자는 소유권을 취득하지 못하며(가담법 제4조), 채무자인 양도담보권설정자는 청산금을 지급받을 때까지 그 채무액을 채권자인 양도담보권자에게 지급하고 소유권이전등기의 말소를 청구할 수 있다(가담법 제11조). 다만 선의의 제3자가 담보물에 대한 소유권을 취득한 때에는 말소등기를 청구할 수 없다고 할 것이다(가담법 제11조 단서).

Index 판례색인

Index 사항색인

【ㅁ】

【ㅂ】

【ㅇ】

【ㅈ】

【ㅍ】

【ㅎ】

著者略歷

건국대학교 법과대학 졸업
법학박사(건국대학교)
강원대학교, 국민대학교, 중앙대학교, 능률협회, 경기도 인재개발원 등 강사
건국대학교 법과대학 강의교수 역임
現 국제정보교육원 한국생산성본부 강사, 건국대학교 법학과 겸임교수

[저서 및 논문]

민법의 이해(국제정보교육원, 2013)
민법강의 I (도서출판 형설, 2011)
민법총칙(도서출판 형설, 2011)
물권법(형설출판사, 2010)
민사소송법(형설출판사, 2002)
객관식 민법(도서출판 형설, 2011)
객관식 민사소송법(신지원, 2000)
제조물책임의 법리에 관한 연구
계약인수에 관한 연구
의사의 설명의무와 환자의 동의
의료행위에 있어서 환자의 동의능력
계약책임과 불법행위책임의 교차
재판상의 화해에 관한 연구 등

민법강의 I

2014년 04월 30일 初版 印刷
2014년 05월 04일 初版 發行

著 者 이 명 우
發行人 河 仁 雄
發行處 圖書出版 三 潮 社

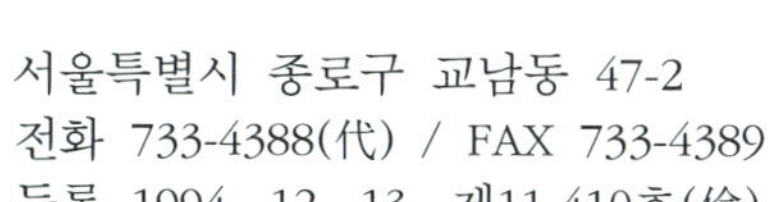

서울특별시 종로구 교남동 47-2
전화 733-4388(代) / FAX 733-4389
등록 1994. 12. 13. 제11-410호(倫)

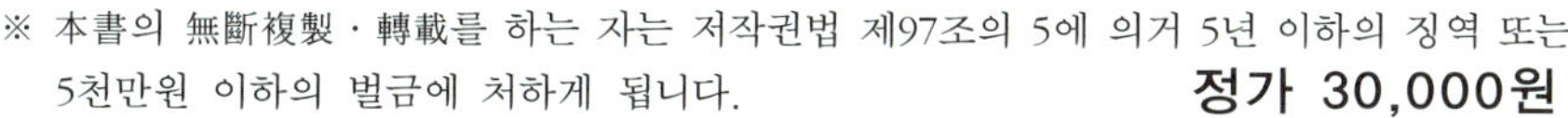

정가 30,000원

ISBN 979-11-5595-014-2 93360